D1618136

EMIL E. KOBI   Grundfragen der Heilpädagogik

EMIL E. KOBI

Grundfragen der Heilpädagogik

Eine Einführung in heilpädagogisches Denken

5., bearbeitete und ergänzte Auflage

Verlag Paul Haupt Bern · Stuttgart · Wien

Die Erstauflage wurde mit Unterstützung des Schweizerischen National-
fonds zur Förderung der wissenschaftlichen Forschung publiziert.

Umschlag: Bild von Pia Marbacher, Stettfurt (CH)

Die Deutsche Bibliothek – CIP-Einheitsaufnahme

KOBI, EMIL E.
Grundfragen der Heilpädagogik: eine Einführung
in heilpädagogisches Denken / Emil E. Kobi. – 5., bearb. und erg.
Aufl. – Bern; Stuttgart; Wien: Haupt, 1993
ISBN 3-258-04742-1

Alle Rechte vorbehalten
Copyright © 1993 by Paul Haupt Bern
Jede Art der Vervielfältigung ohne Genehmigung des Verlages ist unzulässig
Printed in Germany

Die Untersuchung und Beurteilung der Psyche ist vor allem Sache des Vorsitzenden.

(Schweizer Armee. Militärärztliche Beurteilung der Diensttauglichkeit. Bern, 1.2.1978, 59.10/II d, Randziffer 296.)

Loot joon Finger vun den Appeln
Ok wenn't jökt dorno to grabbeln

BOY LORNSEN

Sien Schöpfung un wat achterno keem
(Hamburg, 1991)

Inhaltsverzeichnis

11

Dasein im Design[1]

Qui osera un Essai sur la Bêtise
comme moteur de l'Histoire?[2]

Den Ort und die Atmosphäre, aus denen heraus ich fühle, denke, handle und schreibe, kann ich nicht selbst erfassen und beschreiben: wiewohl und weil sie entscheidend sind für meine Sicht- und Interpretationsweise. – «Individualität [ist] im Grunde genommen ein Gemeinschaftsunternehmen» (BRIGGS, J./PEAT, F. D., 1990, p. 250). Ich bin existentiell auf Andere angewiesen, die mit Aussentangenten das umzirkeln, was für mich zum Lebensort werden kann, dem ich innewohne. Das Interieur wird wahrnehmbar in den Spotlights von Aussenansichten.

***

... Er befand sich in einer alten Stadt voll Intelligenz und Kraft; aber sie war von Patrizierstolz erfüllt, in sich abgeschlossen und selbstzufrieden. Eine bürgerliche Aristokratie, die arbeitsam und hochkultiviert, aber engherzig und frömmelnd von ihrer und ihrer Stadt Überlegenheit fest überzeugt war ... Im täglichen Leben herrschte strenge Sparsamkeit. Dafür eine sehr grosszügige Verwendung dieser mächtigen Vermögen für Kunstsammlungen, Bildergalerien, soziale Werke; riesige und fortlaufende, fast stets anonyme Spenden für wohltätige Gründungen oder zur Bereicherung von Museen. Ein Gemisch von Grösse und Lächerlichkeiten, die beide aus einem andern Zeitalter stammten ...

Ab und zu ging aus diesem Kreise eine aufrührerische Persönlichkeit hervor, ein kraftvoller Künstler oder ein unerschrockener Denker, der seine Fesseln brutal zerbrach und den Aufpassern der Stadt manche Nuss zu knacken gab. Sie waren so intelligent, dass sie sich niemals mit dem Empö-

---

1 Titel eines Kabarett-Programms von S. und M. BIRKENMEIER, Basel
2 GOUBERT, P. (1984) Initiation à l'histoire de la France (Fayard-Tallandier) p. 10

13

Kreativität setzt ein kreatives Umfeld voraus.

CIBA-GEIGY   SANDOZ   ROCHE   LONZA

Jörg Stadler ASG

3 Werbegrafik von JÖRG STADLER ASG, in: ZS Thema. Magazin zu Forschung und Wissenschaft an den Schweizer Hochschulen, Nr. 11/12, 1991
STADLER hält in Magritt'scher Manier eine Doppelparadoxie in der Schwebe: Die in sterile Leere gesetzte Einforderung eines kreativen Umfeldes sowie eine indifferente Bewegung der Verflaschung des Geistes-, der Vergeistigung der Flasche. – Stadler positioniert somit meine Wirkungsmöglichkeiten in einer chemikalisierten Bischofsstadt in genialer Emblematik zwischen Krummstab und Erlenmeyer-Kolben.

14

rer, falls er der Stärkere war, und sie ihn nicht schon im Keim erstickt hatten, in einen hartnäckigen Kampf eingelassen hätten –, der Kampf hätte möglicherweise skandalöse Auftritte mit sich geführt – also nahmen sie ihn in Beschlag. War er Maler, steckten sie ihn ins Museum, war er Denker, in die Bibliotheken. Er mochte sich noch so sehr die Lungen ausschreien, um Ungeheuerlichkeiten von sich zu geben: sie taten, als hörten sie nicht. Vergebens beteuerte er seine Unabhängigkeit; sie legten Beschlag auf ihn. So war die Wirkung des Giftes aufgehoben: ein homöopathisches Verfahren. – Aber solche Fälle waren selten; die Mehrzahl der Empörer kam gar nicht ans Tageslicht. Die friedlichen Häuser umschlossen ungeahnte Tragödien. Es kam vor, dass einer ihrer Bewohner mit seinem ruhigen Schritt und ohne besondere Erklärung davonging und sich in den Fluss stürzte. Oder man schloss sich wohl auch für ein halbes Jahr ein; man sperrte seine Frau ins Irrenhaus, um ihr den Kopf wieder zurechtzusetzen. Man sprach darüber wie von etwas Natürlichem ohne Verlegenheit und mit der sanften Ruhe, die einen der schönen Züge der Stadt ausmachte, und die man dem Leiden und dem Tod gegenüber zu bewahren wusste...[4]

Im Kanton Basel-Stadt leben rund 15 Prozent der Bevölkerung unter der Armutsgrenze. Konjunkturelle Schwankungen gefährden weitere 10 Prozent. Nahe am Existenzminimum leben viele Frauen, Kinder, ältere, alleinstehende und schwach verdienende Menschen. Unser System der sozialen Sicherheit ist zwar recht gut ausgebaut. Es orientiert sich aber an der Erwerbsarbeit und einem Familienbild, dem immer weniger Haushalte entsprechen. Dadurch entstehen Lücken. Das geht aus einer Studie des Soziologischen Seminars der Universität Basel hervor, die am Montag erschienen ist. Die Ergebnisse sind für die ganze Schweiz von Bedeutung.[5]

---

4 ROMAIN ROLLAND (1866–1944) frz. Schriftsteller. Nobelpreis 1915. Friedensaktivist. Etliche Jahre in der Schweiz wohnhaft und auch mit Basel bekannt. Zitat aus dem Entwicklungsroman Jean Christophe (1912) in der Übersetzung von E. und O. GRAUTOFF, Zürich, 1947) p. 447/49.
5 ZS Tagesanzeiger, Zürich 27.8.1991 unter Bezugnahme auf eine Studie von U. MÄDER et al. des Soziologischen Seminars der Universität Basel. – Basel-Stadt verfügt über das höchste Pro-Kopf-Einkommen aller Schweizer Kantone.

Keine Klage
wegen Kastration

Basel. – Die Basler Staatsanwalt-
schaft will im Fall der Kastration
eines geistig Behinderten in der Psychiatrischen Universitätsklinik
(PUK) keine Klage gegen den verantwortlichen Abteilungsleiter erheben: Er gehe davon aus, dass Pro-
fessor Hans Feer genügend Gründe
gehabt habe, um die medizinisch-
psychiatrische Indikation für gegeben zu halten, erklärte der Erste
Staatsanwalt.

Die 1987 vorgenommene Kastration
war mit vier früheren Eingriffen im
letzten März bekannt geworden;
Klinikleitung und Sanitätsdeparte-
ment setzten darauf eine Experten-
kommission ein, die sich in ihrem
Urteil aber nicht einig war.[6] (SDA)

Wer mochte schon einen Buckligen töten, seine Ehre mit dem Tod eines Narren beflecken? – Da war kein Reichtum, kein Ruhm zu gewinnen, nur Spott und Verachtung. Keiner war schwach genug, einen Krüppel nieder-zustechen. Sie liessen mich leben.[7]

6 ZS Tagesanzeiger, Zürich 7.8.1991. – Basel weist die höchste Ärztedichte der Schweiz aus.
7 GABRIELLE ALIOTH (*1955 in Basel), Der Narr (1990) Roman (Nagel und Kimche, Zürich) p. 176.

0. Fragestellungen

Alles Fragen ist ein Eindringen[1]

Diese Schrift soll an die Grundfragen heilerzieherischen Handelns und heilpädagogischen Denkens heranführen ohne sich dabei in Details und Tages-Querelen zu verlieren.

Dieser Zielsetzung liegt die Auffassung zugrunde, dass die erlebte und aufgewiesene Frag-Würdigkeit eines Gegenstands- und Handlungsbereichs die Voraussetzung darstellt für ein freiheitliches Denken und schöpferisches Handeln. – Die Frage, **woran** man zu denken habe und **worüber** nachzudenken sich lohne, ist dieser Auffassung gemäss den Fragen, **was** man (inhaltlich) und **wie** man (formal) zu denken habe, voranzustellen.

Denkprodukte (Gedanken) und in deren Folge auch Handlungsprodukte (Taten) sind entscheidend davon abhängig, an welchen Fragen sich das erkenntnisleitende Interesse entzündet und woran der Gestaltungswille Anstoss nimmt.

Ausgangspunkt eines (erzieherischen) Handelns und (pädagogischen) Denkens ist damit stets ein **Subjekt,** welches eine personale Befindlichkeit als irritierend, eine Situation als frag-**würdig** erlebt, diese in der Folge als Problem definiert, hierauf einen ihm zugänglichen und erfolgversprechenden Lösungsweg einschlägt und schliesslich die bewirkten Veränderungen auf der Deutungs- und Handlungsebene als befriedigender, angemessener oder aber nach neuen Lösungen verlangend **interpretiert.** Es gibt in diesem Sinne keine gegenstands- oder situationsimmanente Frag-Würdigkeit (Problematik, Rätselhaftigkeit, Interessantheit) «an sich», sondern je nur in Relation zu betroffenen Subjekten.

In dieser Konsequenz wird unser Fragenkatalog mit der Existentiellen Frage nach den subjektiven Voraussetzungen eröffnet und mit der Dialogischen Frage nach der personalen Verantwortung beschlossen. Diese beiden

---

1 Canetti, E. (1960) Masse und Macht (München) Bd. II, p. 11

Fragen bilden die Klammer, durch die alle Zwischen-Fragen erst ihre Wertigkeit und Bedeutung erhalten.

Soweit auch Antworten referiert oder selbst in Vorschlag gebracht werden, haben diese exemplarisch-illustrativen Charakter hinsichtlich der kreisförmigen Abhängigkeiten von: Problemempfinden – Fragestellung – Lösungsformel – Handlungsentwurf – Praxis – Evaluation. Sie können daher auch durch andere ersetzt werden –; samt den sich hieraus erhofften oder zu befürchtenden Konsequenzen.

Heilerziehung und Heilpädagogik befassen sich mit Problemen der Erziehung und Bildung in menschlichen Beziehungs- und Lernverhältnissen, welche durch Behinderungen eine Beeinträchtigung erfahren, die nach Art und Ausmass als so schwerwiegend gilt, dass sie den konventionellen Erziehungs- und Bildungsrahmen sprengt.

Die Fragen, welche diese Umschreibung enthält, sind Gegenstand dieser Schrift (Schema 1):

– Die **Existentielle Frage** (**wer**?), welche sich auf die Existenzbedingungen des Erzieherischen bezieht, auf dessen Ausgangs- und Zielpunkt der menschlichen Subjekthaftigkeit.

– Die **Phänomenologische Frage** (**was**?), welche sich auf die Bestimmungen, Beschreibungen und Interpretationen dessen richtet, was als Erziehung und Pädagogik bzw. als Heilerziehung und Heilpädagogik bezeichnet und ausgegrenzt wird.
Von qualitativen (eigenschaftlichen) Bestimmungen und Definitionen sind quantitative Ergebnisse (Prävalenzen, Frequenzen, Häufigkeiten) unmittelbar abhängig, so dass im selben Zusammenhang auch auf die **Numerische Frage** (**wieviel**?, **wie oft**?), die sich auf Vorkommenshäufigkeiten (z.B. von Behinderungen) richtet, einzugehen ist.

– Die **Topologische Frage** (**wo**?), welche sich auf die situativen Bedingungen, das Umfeld der Heilerziehung und Heilpädagogik bezieht.

– Die **Chronologische Frage** (**wann**?), welche sich auf das prozessuale Geschehen, den Zeitfaktor bezieht und den historischen Aspekt umfasst.

– Die **Aetiologische Frage** (**warum**? **wozu**?), welche sich retrospektiv auf Ursachen, Kausalzusammenhänge und Urheberschaften (causa efficiens) und Zweckursachen (causa finalis) richtet und sich prospektiv mit Motiven beschäftigt.

– Die **Teleologische Frage** (**wozu**? **wohin**?), welche sich prospektiv mit Sinn- und Wertprämissen, mit Normen und Geltungsansprüchen, Perspektiven und Zielsetzungen befasst.

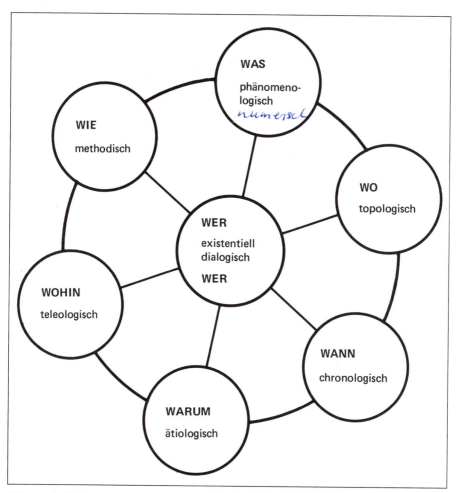

Schema 1: Heilpädagogische Grundfragen: Verknüpfung

Fragestellung		Fragerichtung zielt auf	Fragebeantwortung durch
existenziell	wer →	Herstellung →	Bestimmung, Definition
phänomenologisch	was →	Erscheinung →	Widerspiegelung Beschreibung
topologisch	wo →	Kontext →	Arrangement, Einordnung
chronologisch	wann →	Prozess →	Historik, Einreihung
ätiologisch	warum →	Ursache →	Erklärung, Begründung
teleologisch	wohin →	Perspektive →	Normierung, Zielsetzung
methodisch	wie →	Vorgehensweise →	Handhabung, Steuerung
dialogisch	wer →	Umgangsweise →	Kompetenz, Verantwortung

Schema 2: Heilpädagogische Grundfragen:
       Fragestellung / Fragerichtung / Fragebeantwortung

- Die **Methodische Frag**e (**wie**?), welche sich auf ziel- und zweckgerichtete Durchführungstechniken, Mittel und Wege, Instrumente und Institutionen bezieht.
- Die **Dialogische Frage** (**wer**?), die sich stellt in bezug auf die personalen Vermittler und deren individuelle Möglichkeiten, eine konkrete Erziehungsaufgabe mitzutragen und mitzuverantworten.

Illustrierendes Beispiel zur gegenseitigen Verflochtenheit der heilpädagogischen Grundfragen:

wer? existen Helte

Psychologe X definiert das von den Eltern am Kind Y registrierte auffällige Verhalten als Ausdruck einer Geistigen Behinderung. Die nähere und weitere Mitwelt schliesst sich diesem Urteil mehr oder weniger an und bestätigt es in verschiedenen Handlungsvollzügen. Ob und wieweit auch die als behindert definierte Person sich dem Urteil anschliesst, bleibt in unserem Falle zwar zunächst offen. Es ist jedoch wichtig, dass Behinderte selbst von keiner der Grundfragen ausgeschlossen werden.

Behinderung wird unter der existentiellen Fragestellung **erzeugt** (was nicht identisch ist mit «verursacht»!) durch Bestimmungen und Definitionen von Subjekten.

was? phänomenolog Merkmale

Als Ausgangsmaterial und Beleg hierfür wird auf verschiedene für eine (Geistige) Behinderung als charakteristisch geltende Erscheinungen hingewiesen, die sich in der subjektiven Widerspiegelung der Definitoren (zu denen auch der Behinderte selbst zählt) zum Bild einer (Geistigen) Behinderung verdichtet haben.

In unserem Beispiel könnte dabei allerdings der Fall eintreten, dass Psychologe X und die Eltern von Y

- nicht dieselben Merkmale als auffällig («stigmatisierend») registrieren: Für die Eltern ist es vielleicht bedeutsam, dass Y vor fremden Leuten oft bockig ist und sich weigert, die Hand zu reichen. – Dr. X hingegen registriert u.a. die Tatsache, dass Y mit fünf Jahren sich zeichnerisch noch im Kritzelstadium befindet, was für die Eltern andererseits ziemlich irrelevant ist, da sie für Y ohnehin keine künstlerische Laufbahn vorgesehen haben und zeichnerische Fähigkeiten gering achten.
- dieselben Merkmale unterschiedlich gewichten und interpretieren: Die Eltern führen die Verweigerung des Begrüssungszeremoniells auf die persönliche Widerborstigkeit, den schlechten Willen von Y, das Kritzeln auf Desinteresse und mangelhafte Ausdauer zurück. Dr. X hingegen interpretiert beides – im Kontext der umfassenden Abklärung – als Ausdruck einer deutlichen, unter anderem eben auch psychosozialen Entwicklungsverzögerung.

Aufgrund unterschiedlicher Merkmalsfindung und -interpretation können sich daher Definitionskonflikte einstellen: Der Tatsache, dass Y mit fünf Jahren noch keine Menschenzeichnung zustandebringt, wird elterlicherseits entgegengehalten, dass Y am vergangenen Weihnachtsfest positiv und eindeutig auf die feierliche Stimmung ansprach. – Der Tatsache, dass Y vorzeitig zahnte, wird von Dr. X entgegengehalten, dass die Sprachentwicklung verspätet einsetzte und bis dato noch nicht über Zweiwortsätze hinaus gediehen ist.

Im Definitionsstreit innerhalb und zwischen Angehörigen, Nachbarn, Experten usw. wird überdies oft die Selbstdefinition der beurteilten Person kaum mehr zur Kenntnis genommen. Dabei können zwischen der Art und dem Ausmass, in welcher ein Mensch als behindert **gilt,** und der Art und dem Ausmass, in welchem er sich als behindert **erlebt,** situativ und temporär zusätzlich erhebliche Diskrepanzen bestehen.

wieviel?   *numerisch*

Es ist stets eine Ermessensfrage, wie stark Abweichungen sein und wie häufig sie in Erscheinung treten dürfen, bis sie persönliche, institutionelle und gesamtgesellschaftliche Toleranzgrenzen sprengen. – In unserm Beispiel reagieren die verschiedenen Fachleute offenbar empfindlicher als die Eltern von Y, (was in andern Fällen freilich auch umgekehrt sein kann)

wo?   *topolog .*

Unter dieser Fragestellung werden die erfassten Merkmale (z.B. das Versagen in einem normierten Testverfahren) im intra- und interpersonellen Kontext eingeordnet, wodurch sich die Merkmale nach einem Figur-Grund-Prinzip vor einem Erwartungshintergrund abheben:

– Intrapersonell finden sich in unserm Beispiel wahrscheinlich weitgehende Entsprechungen zwischen den verschiedenen Fähigkeitsbereichen. Das heisst, das Kind Y weicht in umfassender Weise (psychomotorisch, perzeptiv, kognitiv, sprachlich, affektiv, sozial) ab von einem als normal (üblich, erwünscht) geltenden Anforderungsprofil. – Würden sich hingegen nur punktuelle Abweichungen (z.B. bezüglich der zeichnerischen Fähigkeiten) oder anderweitige erhebliche intra-individuelle Diskrepanzen abzeichnen, so würde die Bestimmung «Geistige Behinderung» in Frage gestellt werden müssen.
– Interpersonell ergibt sich in unserem Beispiel offenbar eine erhebliche und durchgehende Diskrepanz bezüglich Leistung, Verhalten und Präsentation des Kindes Y vis-à-vis dem sozialen Arrangement. Es «fällt aus dem Rahmen», hebt sich gesamthaft als «Figur» ab innerhalb seiner Familie, seiner Altersgenossengruppe, des Kindergartens usw. Wäre dies nicht der Fall, so würde die Bestimmung «Geistige Behinderung» ebenfalls in Frage gestellt werden müssen. – Extremes Beispiel: prüfte man Kinder eines zentralaustralischen Pygmäenstammes mit einem bei uns üblichen, das heisst auf unsern gesellschaftlichen Kontext ausgerichteten Intelligenztest, so würden die numerischen Resultate sehr wahrscheinlich auf «Schwachsinn mittleren Grades» hindeuten, was jedoch unter Berücksichtigung des gesellschaftlichen Kontextes und der anders gelagerten Erfordernisse eine Fehldiagnose wäre. Der Test hätte zwar (im Rahmen seiner Gütekriterien) richtig, jedoch unangemessen gemessen.

Auch in bezug auf die topologische Frage ist soweit als möglich die subjektive Dimension des Behinderten miteinzubeziehen, das heisst zu prüfen, ob und inwiefern er selbst die intra- und interpersonellen Diskrepanzen registriert und sich entsprechend abgehoben erlebt.

wann? *chronolog.*

Ähnliche Relativierungen drängen sich auf hinsichtlich der Zeitachse. Diesbezüglich sind sowohl epochale, wie auch individuelle Zeitumstände zu berücksichtigen. – Dies bedeutet in bezug auf unser Beispiel, dass die die Geistige Behinderung charakterisierenden Merkmale «im Laufe der Zeit» zu überprüfen und in ihren auch subjektiv erlebten Wandlungen immer wieder neu in den «Lebenslauf» einzureihen sind. Dies ist darum notwendig, weil unter Umständen zwar ein Defekt (eine Hirnschädigung zum Beispiel), nicht aber der dadurch erzeugte Behinderungszustand im Laufe der Zeit gleichbleibt. Dieselbe (Geistige) Behinderung lässt im kindlichen Entwicklungsgeschehen, sowie vor dem Hintergrund der sich wandelnden gesellschaftlichen Kulissen immer wieder neue psychosoziale Facetten hervortreten.

warum? *ätiologisch*

Retrospektiv kann in unserem Beispiel vielleicht festgestellt werden, dass die Geistige Behinderung von Y durch eine objektivierbare Hirnschädigung verursacht wurde, die ihrerseits auf einen perinatalen Sauerstoffmangel zurückgeführt werden kann, welcher seinerseits durch eine Nabelschnurumschlingung bedingt war, der ihrerseits wieder eine Ursache zugrunde liegt... usw. (Geistige) Behinderung kann somit ein Stück weit und in mehr oder weniger grossen Teilbereichen erklärt werden.

wozu? *teleolog*

Prospektiv, und damit bereits zur teleologischen Frage überleitend, geht es in unserem Beispiel um die Frage, wozu das Faktum Geistige Behinderung führt, wozu es Y, seine Eltern, den Psychologen X sowie sämtliche am Behinderungszustand beteiligten Personen veranlasst. – Mit welcher, freilich nur zum Teil ausformulierbaren Motivation weicht Y in der Vorschulgruppe nicht von der Seite seiner Mutter, verordnet Dr. X eine Familientherapie, plädiert der Kindsvater für eine Heimeinweisung, rät die Nachbarin zu einer Frischzellenbehandlung, erklärt der Hausarzt Y für bildungsunfähig und entwirft andererseits die Früherzieherin ein Förderprogramm, usw.?...

wohin? *teleolog*

Die genannten Begründungen und Legitimationsversuche sind Ausdruck von Perspektiven und Zielsetzungen: Y möchte bei der Mutter bleiben, weil er sich bei ihr anscheinend am sichersten fühlt; Dr. X möchte die symbiotische Mutter-Kind-Beziehung durch eine Familientherapie auflösen; der Kindsvater möchte die belastenden Familienverhältnisse normalisieren; die Nachbarin sieht Heilungsmöglichkeiten; der Hausarzt sieht die Zukunft von Y in einem unveränderbaren status quo; die Heilpädagogin erkennt Hoffnungen erweckende Entwicklungsmöglichkeiten...

wie? *methodisch*

In unmittelbarem Zusammenhang mit derartigen Perspektiven stehen die in Vorschlag gebrachten Massnahmen und Vorgehensweisen und in der Folge auch das Stigma-Management und die Handhabung des Behinderungszustandes: Y klammert sich an die

22

Mutter; Dr. X möchte der Mutter im Rahmen seiner Therapie die überbehütende Haltung ins Bewusstsein heben; der Kindsvater sucht nach einem geeigneten Heim; die Nachbarin beschafft die Adresse eines bekannten Spezialisten; der Hausarzt schliesst seine Akten; die Heilpädagogin versucht mit wiederholten Hausbesuchen das Vertrauen von Y zu gewinnen...

wer?

Diese Frage führt zurück zum existentiellen Ausgangspunkt. – In unserem Beispiel treten, ausser der in jedem Falle mitzuberücksichtigenden Person des Behinderten, unter anderen folgende Akteure in Erscheinung, die sich je befähigt und berechtigt, kompetent und verantwortlich fühlen, innerhalb des sie miteinschliessenden Behinderungszustandes zu wirken:

Die Mutter: sie fühlt sich unmittelbar verantwortlich für das Wohl ihres Kindes; durch Nähe glaubt sie den kindlichen Bedürfnissen zu entsprechen.

Der Vater: er glaubt sich vor allem für das psychodynamische Gleichgewicht der Familie einsetzen zu müssen, da er der Meinung ist, dass sich seine Gattin zu sehr aufreibt für Y, was den anderen Familienmitgliedern auf Dauer abträglich sein könnte.

Dr. X: er teilt die Meinung des Kindvaters, sieht die Lösung jedoch nicht in einer Heimeinweisung von Y, sondern in einer Umstrukturierung der Familiensituation, die herbeizuführen er sich via Familientherapie anheischig macht.

Die Nachbarin: Sie ist der Überzeugung, dass die Heilungsmöglichkeiten für Y noch nicht voll ausgeschöpft wurden. Sie kann diese zwar nicht selbst realisieren, fühlt sich aber verantwortlich dafür, die Eltern auf therapeutische Hilfen aufmerksam zu machen.

Der Hausarzt: Er ist der Auffassung, dass man sich im Umfeld von Y Illusionen macht über dessen Entwicklungschancen. Er kann sich im Grunde genommen mit keiner der Perspektiven identifizieren und schert daher aus dem Behinderungszustand aus. Er glaubt sich seiner Pflicht und Schuldigkeit entledigt zu haben damit, dass er den Leuten «klaren Wein einschenkte». Die Sache mit Y (in dessen Existenzform einer Geistigen Behinderung) ist für ihn erledigt –, was selbstverständlich nicht heisst, dass er sich mit Y als Fall von Masernerkrankung, Bronchitis oder ähnlichen, für ihn sinnvolle medizinische Perspektiven eröffnenden Zuständen, nicht weiter zu beschäftigen bereit ist.

Die Heilpädagogin: Sie erkennt in verschiedenen Fähigkeitsbereichen von Y Entwicklungsmöglichkeiten, die im Rahmen einer systematischen Früherziehung realisiert werden müssten. Sie insistiert daher auf der mit den Eltern gemeinsam zu lösenden und zu verantwortenden Erziehungsarbeit und drängt die Eltern dazu, nicht länger zuzuwarten und keine wertvolle Zeit zu verlieren.

Das Beispiel zeigt, dass das, was wir verkürzt als «Behinderung» bezeichnen nicht gleichzusetzen ist mit einer Naturtatsache. Behinderung präsentiert sich stets als (lebens-)geschichtliches und (gesellschafts-, familien-, bildungs-)politisches Beziehungsphänomen.

Heilpädagogisch bedeutsam sind nicht die «fest»-stehenden Fakten, sondern die sich «in-zwischen» wandelnden Beziehungen.

Behinderung bildet sich ab in einer Sozialen Matrix (Schema 3):

	Mutter	Vater	Arzt	Lehrer	Kind	u.a
Mutter	I	1	2	3	4	
Vater	1	II	5	6	7	
Arzt	2	5	III	8	9	
Lehrer	3	6	8	IV	10	
Kind	4	7	9	10	V	
u.a.						

Schema 3: Soziale Matrix

Als leerer Kasten innerhalb einer bestimmten Situation, welche den Rahmen abgibt, ist sie im konkreten Einzelfall aufzufüllen. In den mit Römischen Ziffern belegten Feldern geht es um das jeweilige Selbstbild (Selbst- und Rollenverständnis) der am Behinderungszustand beteiligten Personen, wobei die Frage, wer nun «eigentlich» behindert sei, von nur indirekter und untergeordneter Bedeutung ist. Die paarig angelegten Arabischen Ziffern bezeichnen jene Felder, in denen es um die durch eine Behinderung thematisierten Beziehungen **zwischen** den Beteiligten geht.

I. Die Existentielle Frage

*Und Gott der Herr rief dem Menschen
und sprach zu ihm: Wo bist Du?[1]*

Unter der existentiellen Fragestellung befassen wir uns mit den Existenz-
und Rahmenbedingungen, innerhalb derer die Erziehungsfrage ins Bewusstsein gehoben wird.

Wir versuchen dementsprechend in diesem Kapitel Antwort zu geben auf
die Frage:

Wie werden Erziehung und Pädagogik per definitionem erzeugt?

Auf welchen Betrachtungsebenen und unter welchen Dimensionen erscheint das (behinderte) Kind als homo educandus?

und

unter welchen Voraussetzungen installiert und präsentiert sich eine Wissenschaft von der Erziehung des Menschen?

1. Das Subjekt als Ausgangspunkt

Erziehung hat es (als Praxis) mit der Gestaltung, Pädagogik (als Theorie)
mit der Deutung menschlicher Beziehungsverhältnisse zu tun, die durch
Subjekte gestiftet und unterhalten werden. Pädagogik thematisiert als erzieherisch bedeutete Beziehungsformen zwischen Subjekten.

Vor jedem Etwas steht ein Jemand. Was auch immer festgestellt oder negiert, getan, gesagt, gefragt oder beantwortet wird, hat **jemand** per definitionem (d.h. von sich und anderm abgrenzend) als Sein oder Nichtsein, als
Tun oder Lassen, als Aussage, Frage oder Feststellung erlebt, erkannt, be-

---

1 1. Mose 3/9

deutet und dadurch zur Existenz gebracht. Das Subjekt und seine Gestaltungs- und Erkenntnisbereiche stehen in gegenseitiger Abhängigkeit. Wir haben es im erzieherischen Bereich somit stets mit einer her- und ausgerichteten, mit einer von vornherein von Subjekten definierten und interpretierten Wirklichkeit zu schaffen. Erziehung ist ein subjekthaftes Kulturprodukt und keine objekthafte Naturtatsache. Erziehung ist kein Objekt, sondern ein Beziehungs-Regulativ, und Pädagogik hat demgemäss keinen Gegenstand, sondern ein Thema zu bearbeiten.

Die existentielle Vorfrage hat sich somit immer wieder auf jene Subjekte zu richten, von denen und für die (z.B. erzieherischer) Handlungsbedarf angemeldet, Handlungsansprüche erhoben und (z.B. pädagogische) Meinungen und Erkenntnisse in Umlauf gesetzt werden. Das nach dem Wesen des Erzieherischen fragende und das Erziehungsgeschäft nach Inhalt und Umfang bestimmende und definierende Subjekt lässt sich nicht überspringen, einklammern oder verdrängen.

Gewicht und Bedeutung irgend einer Handlungsweise sind entscheidend von dieser personalen Urheberschaft (auctoritas) abhängig.

Die Bedeutungskonsequenzen der Aussage: «Ali ist doof!» (Grafitti am Gemäuer eines Schulhauses) sind abhängig sowohl von der Person des Schreibers (Schüler, Lehrer, Schulrat), wie auch von der Identität Alis (Schulrat, Lehrer, Schüler...Hund).

Die Trivialität des Beispiels darf nicht darüber wegtäuschen, dass die Tellen-Frage: «Wer sagt das, Knabe?»[2] gleich einem Orgelpunkt das gesamte «Gefuge» von (erzieherischer) Praxis und (pädagogischem) Wissenschaftsgebaren markiert. Die definitorische Gewalt generiert (erzeugt) Sein und Nichtsein, Richtig und Falsch, Normalität und Abnormität. Von ihrer Verwaltung, Administration und dem alltäglichen Gebrauch sind Existenz und Daseinsgestaltung behinderter Menschen unmittelbar abhängig. Die Frage nach dem Subjekt darf nicht in der Echolosigkeit der Anonymität verhallen.

2. Wirklichkeit als rahmenabhängiges Konstrukt

Soziale Beziehungs- und Austausch-Systeme machen ganzheitliche (holistische) und oekologische (hausgemeinschaftliche) Denk- und Handlungsweisen erforderlich. Sein und Nichtsein treten in subjekthafter Ver-

---

2 SCHILLER von, FRIEDRICH (1804) Wilhelm Tell. Schauspiel. 3. Aufzug / 3. Szene

mittlung in Erscheinung. Ihre Repräsentation (Vergegenwärtigung) ist abhängig vom jeweiligen «Standpunkt des Beobachters» (WATZLAWICk, P. 1988, p. 14). «Soziale Systeme erweisen sich als das Produkt der Deutung bzw. Sinngebung von Beobachtern; sie existieren nur im semantischen [bedeuteten; bedeutungshaltigen, EEK] Raum» (LUDWIG, B. in: ROTTHAUS, W., 2.A. 1989, p. 94).

Desgleichen sind es die Rahmenbedingungen (frames of reference), die das definieren (eingrenzen und ordnen), worüber sich das betrachtende Subjekt ins Bild setzt, bzw. sich ein Bild macht; der Rahmen dient der und ist zugleich die «Organisation der Erfahrung» (GOFFMAN, E., 1980, p. 19).

Die philosophisch-erkenntnistheoretische Frage, ob überhaupt ein Sein und eine Welt «an sich», ausserhalb unserer Wahrnehmungs- und Vorstellungsmöglichkeiten und unabhängig von unseren Erfahrungsweisen, existiere, muss uns also in diesem Zusammenhang nicht weiter beschäftigen, weil das pädagogische Thema in jedem Fall **subjekthaft** erlebtes, erfahrenes und gestaltetes Dasein ist. Was uns in der alltäglichen Praxis bewegt, ist die Frage, wie wir das, was wir als Realität erfahren und (als) wahr (-nehmen), miteinander in Beziehung setzen und aufeinander abstimmen und wie wir auf diese Weise dynamisch wechselnde gemeinsame Welten und Kooperationsbasen herzustellen vermögen. – Für Heilerziehung und Heilpädagogik ist dies darum von existentieller (d.h. über Sein oder Nichtsein entscheidender) Bedeutung, als wir daselbst personalen Erlebnis- und Ausdrucksformen begegnen, die sich nicht in unbekümmert-naiver Selbstverständlichkeit introspektiv (im Eigenvergleich) und über eine quasi-logische Parallelprojektion («als wär's ein Stück von mir») identifizieren und «verstehen» lassen. Die Eigentümlichkeit eines Behindertseins besteht im Gegenteil darin, dass ein Mensch durch seine Repräsentationen aus dem für uns das Sein und Sollen qualifizierenden und garantierenden Rahmen fällt.

Heilerziehung und Heilpädagogik bedürfen daher eines «verflüssigten» (Kapitel VI/3.5, Schema 42) Verständnisses und Verhältnisses zu dem, was gemeinhin als "die Realität" benannt wird.

"Realität" ist für uns ein statischer, in sich selbst zurücklaufender (tautologischer) Begriff: Realität umfasst das, was für Subjekte in erlebnis- und erfahrungsmässiger Selbstverständlichkeit als real **gilt**. Dieses «Realitätsempfinden» erweist sich, zumal in ideologisch (die Sinngebung und Deutung betreffend) und pragmatisch (die Daseinsgestaltung betreffend) geschlossenen Systemen als ziemlich rigide (starr) und viskös (zäh), so dass örtliche (überall) zeitliche (immer und ewig) und numerische (alle und alles) Totalisierungen und Generalisierungen (Kapitel VII, Schema 47) na-

27

heliegen. In Konsequenz dazu pflegt die als Utopie, Phantasmagorie, Aber-Glaube, Patho-Logie ausgegrenzte Irr-Realität denn auch aus schierer Übergewissheit je nach Einschätzung negiert, verspottet, verfolgt oder aber energischen Therapie- und Wiedereingliederungsbestrebungen unterworfen zu werden. «Rehabilitation» kann in diesem Zusammenhang, im strengen Wortsinn einer «Wiederbehausung», als Rückführung in die existenzbestätigenden Gehäuse des Denkens, Fühlens und Wollens verstanden werden.

Heilpädagogik, die es wesensmässig mit unüblichen Weltbegegnungs-, -erfahrungs- und -repräsentationsweisen zu tun hat, bedarf demgegenüber eines systemisch offenen Wirklichkeitsbegriffs:

"Wirklichkeit" ist dynamisch, relational und konstruktiv; wirklich ist, was wirkt und als subjekthaftes Betroffensein und Betreffnis in Erscheinung tritt. Das kann auch ein Traum, eine Illusion, ein Irrtum ... sein. – Unsere Frage lautet demnach nicht: Wie ist eine an sich seiende Realität (z.B. einer Behinderung) beschaffen, der wir uns entgegen zu stellen haben? – Sondern: Woraus bestehen unsere Subjektwelten, was sind deren Inhalte und wie verlaufen die Sinnbänder, welche diese bündeln? Worin zeigen sich inhaltliche und strukturelle Differenzen? – Und schliesslich: Wie und wo können wir «konsensuelle Wirklichkeit erzeugen»? (SCHMITT, S. J. in: ROTT-HAUS, W. 2.A. 1989, p. 67) und einander daselbst finden?[3]

Wir gehen also davon aus, «dass die sogenannte Wirklichkeit das Ergebnis von Kommunikation ist» (WATZLAWICK, P. 12.A. 1984, p. 7). Wirklichkeit ist das Erzeugnis zwischenmenschlicher Vereinbarung (WATZLA-WICK, P., 1988, p. 15). Zeit und Raum entstehen durch Geschehen (CIOMPI, L., 1988, p. 112) im «Konjugativen Beziehungsnetz» (Kapitel IX, Schema 59), und desgleichen sind Personen Vollzugs-Erzeugnisse, ein «Set von Beziehungen» (LAING, R. 1979, p. 54). Ich existiere als ICH in der Welt der Kommunikation als Element einer sozialen Grammatik (BATESON, G., 1988). Sowohl meine Wesentlichkeit (im Sinne von: Bedeutung) wie auch meine Wesenheit (im Sinne von: Eigenart) ist ein Erzeugnis der im gegenseitigen Diskurs von Subjekten vollzogenen Konjugationen, Deklinationen,

---

3 Einer der ersten, die im engern psycho-pädagogischen Feld von "Oekologie" sowie von "Wirklichkeiten" und deren Relativismen und Kontextverbindungen sprachen, war der in Saarbrücken lehrende Schweizer Psychologe BOESCH, E.E. (1971). Dass er interkulturelle Differenzen ernst nahm und nicht eurozentrisch als Exotika betrachtete, hängt wahrscheinlich mit seinen profunden Kenntnissen und persönlichen Erfahrungen mit fernöstlichen Gesellschaften zusammen. Provizialismus dürfte demgegenüber eher zu Verabsolutierungen der Eigenheimlichkeit führen.

Komparationen etc. – «Wir hängen auf Gedeih und Verderb von der Ratifizierung unserer Wirklichkeit durch die andern ab» (WATZLAWICK, P. 1988, p.45). – Lebende Systeme bedienen sich der Rückkoppelung zur ständigen Selbsterneuerung ("Autopoiese", MATURANA, H.R./VARELA, F.J., 3.A. 1987). Sie verhalten sich dabei ausgesprochen paradox: einerseits sind sie autonom (als Personen z.B.), dies aber nur aufgrund einer engen Verbundenheit mit ihrer Umgebung. «Jede autopoietische Struktur hat eine einzigartige Geschichte, aber ihre Geschichte ist in die Geschichte der weitern Umgebung unter allen andern autopoietischen Strukturen eingebunden» (BRIGGS/PEAT, F.D., 1990, p. 230). Wohl bestehen Grenzen zwischen den einzelnen Systemen (Organen, Personen, Gruppen etc.), diese sind aber zugleich offen und verbinden das/den Einzelne(n) mit dem Andern. Die zitierten Autoren sprechen von einer «präzisen Choreographie» (a.a.O., p. 231), welche z.B. Konversationspartner verbindet; sie berühren damit daselbe Phänomen, das BUBER als die Konstitution des «Zwischenmenschen» bezeichnet (Kapitel II/1).

Die Bezugsrahmen, nach denen das Subjekt seine Widerfahrnisse zu registrieren, zu ordnen und implizit auch stets zu werten hat, entstehen ihrerseits in sozialen Austauschprozessen. Erfahrung (und schon gar nicht Erkenntnis!) ist keineswegs nur von Objektqualitäten und Subjekteigenschaften abhängig, sondern wird entscheidend durch die als beachtungsnotwendig erlernten Rahmengesetzlichkeiten bestimmt. Im Anfang steht zwar das Subjekt mit seinen Erfahrungen. Dieses hat mit der Sache aber zugleich die Regeln zu erlernen, aufgrund derer «die Sache als sachlich» gelten kann.

Es sind vor allem folgende Typen von Rahmungsgesetzen, die zu verinnerlichen sind, um zu der für uns «richtigen» Weltanschauung zu gelangen:

	Definitionen	Anweisungen
btr. Verhalten und Handlungen	Du tust...!	Tu das!
btr. Potenzen, Fähigkeiten	Du kannst...!	Du sollst!
btr. Sein, Wesen	Du bist...!	Sei so!

LAING, R. (1979) macht darauf aufmerksam, dass diese Erfahrungsregelungen vor allem dadurch zum selbstverständlichen und «verlässlichen» Realitätsempfinden werden, dass man vergisst, dass man vergass, das man sie erlernt hat.

Verinnerlicht werden bei diesem Lernprozess also nicht Objekte, sondern Beziehungsmodelle (LAING, R., 1979, p. 17). Das (kindliche) Subjekt lernt, **was** erfahren und als Erfahrung Geltung beanspruchen darf und was als Täuschung zu annullieren ist, **wie** zu Erfahrungen zu gelangen ist, welche Zugangswege erlaubt, welche unstatthaft sind, etc. (LAING, R., 1979, p. 96).

Hundertfältige subjektive Erfahrungen
– dass die Erde eine Scheibe ist und dass die Sonne auf- und untergeht
– dass ich meiner verstorbenen Mutter begegnete
– dass ich meinen Freund seit aller Ewigkeit kenne
– dass ich mich an eine Gegend erinnere, wo ich noch nie war...
sind vorschriftgemäss als Traum, Phantasie, Metapher, Täuschung auszuscheiden. LAING, R. (1979, p. 90) spricht geradezu von der «Hinrichtung unserer Erfahrung auf dem Altar der Konformität». Eine Heimstätte bzw. Entsorgung finden derartige Subjektivismen nur noch in ausgegrenzten Lebensformen der Kunst, der Psychopathologie, der Infantilität, des Rausches, der «Primitiv»-Kultur, z.T. der, ihrerseits dogmatisch überprüften, Religion.

Die hier vertretene Position eines subjektzentrierten, sozialphänomenologischen Konstruktivismus' besagt also inbezug auf die (heil-)pädagogische Thematik:

– «Das Chaos als Quelle aller Gestalt und allen Lebens» (BRIGGS, J./PEAT, F.D., 1990, p. 228) erfährt durch das Subjekt jene ordnende und sinnstiftende Sichtweise, die diesem als (seine) Wirklichkeit erscheint. – Aus zuhandenem Sein wird gestalthaftes Dasein und Mitsein.
– Diese «Autopoiese», verstanden als permanente Sich-Selbst-Erschaffung/«Re-Kreation» des Subjekts ist ihrerseits nur im Zuge einer «Ko-evolution» (d.h. einer Mitentwicklung des Gesamtsystems) und aufgrund «symbiotischer Rückkoppelungen» (d.h. gegenseitiger Austauschprozesse zwischen den Teilen und dem übergeordneten Ganzen) möglich, wie BRIGGS, J./PEAT, F.D., 1990, p. 241) feststellen.
– Eine strikte Trennung von Subjekt und Objekt, Person und Gegenstand, Innen und Aussen, Seele und Körper, Ich und Du, etc., wie sie in unzähligen Entweder-Oder-Brechungen ein dualistisches Weltbild charakterisieren (WATZLAWICK, P. 1988; BERMAN, M. 1985) wird dadurch überwunden.
– Rahmen und Bild bedingen einander. Das Sein bestimmt das Bewusstsein stets in der Perspektive eines Subjekts. Erziehung und Pädagogik präsentieren gerahmte Wirklichkeiten. Sowohl Erziehung, welche in einer gerahmten Haltung und in interessegeleitetem Handeln innerhalb und gegenüber einer reflektierten Lebenssituation zum Ausdruck kommt, wie

30

auch Pädagogik als Erfassungsmuster, Ordnungssystem und gerahmte Aussicht innerhalb und gegenüber einem als erzieherisch bedeutungsvoll erklärten Lebensbereich, stehen in unmittelbarer Abhängigkeit zu Perspektiven und Erwartungen.

Damit distanzieren wir uns von objektivistischen Auffassungen, welche der paradoxen Idee einer voraussetzlosen (Erziehungs-)Wissenschaft und einer objektiven (Erziehungs-)Praxis anhängen. Die Forderung nach einer wertfreien Erziehungswissenschaft führt letztlich bloss vor die Frage, ob der Definitionsrahmen, innerhalb dessen sich eine solche Wissenschaft einnistet, mit zur Diskussion gestellt, die de facto vorgenommenen Wertungen und deren Konsequenzen transparent gemacht und diesen ihre Relativität und Relationalität belassen werden sollen-, oder ob man sich reflexionslos, naiv-gläubig einem wissenschaftlichen Klerus (einer sogenannten scientific community) unterwerfen will, der seine intersubjektiv ausgehandelten Geltungsansprüche unter wissenschaftlichen Beschwörungsritualen (Objektivität, Validität, Reliabilität, Signifikanz, Repräsentanz...) gemäss seiner konstruktimmanenten Logik zum allgemeinen Gesetz des Denkens, Forschens und Handelns erhebt.

Erziehung ist weder etwas zu Verabsolutierendes, sich selbst gleich Bleibendes, noch etwas Beziehungsloses, «an sich» Fassbares:

Erziehung ist **relativ,** d.h. abhängig von Entscheidungen darüber, was sie soll; sie wird erzeugt durch das, was sie soll.

Erziehung und Bildung können nicht mehr (allerdings weniger) sein als das, was ein bestimmter Definitionsrahmen dafür vorsieht, und es ist gerade für das behinderte Kind, die Heilerziehung und Heilpädagogik von existentieller Bedeutung, **wer** Erziehung und Bildung **wie** begründet und ausrichtet. Definitionen entscheiden über Sein und Nichtsein des behinderten Kindes als homo educandus (Schema 45).

Bei der Bestimmung dessen, was Erziehung soll und zu sein hat, haben wir von heilpädagogischer Seite daher Sorge zu tragen dafür, dass wir nicht einem Erziehungs- und Wissenschaftsbegriff aufsitzen, der die Problem- und Aufgabenstellung dem behinderten Kind gegenüber nicht einzubewältigen vermag.

Erziehung ist ferner **relational** und nicht etwas beziehungslos «an sich» Seiendes. Erziehung ist ein Beziehungsmodus menschlicher Subjekte, welcher als existentielle Klammer deren Gegenwart (als gedeutetes So-Sein) und Zukunft (als erhofftes Werden-Können) umfasst. Erziehung hebt da an, wo zwischen Gegenwartsdeutung und verheissungsvolle

Perspektive der von Hoffnung getragene Wille zur gemeinsamen Daseinsgestaltung tritt.

Erziehung lebt in einer Gegenwart für eine Zukunft. Ihrer Vergangenheit, Gegenwart und Zukunft bewusste Subjekte legen die Rahmenbedingungen fest, unter denen ein Bild entstehen kann über das was war, ist und werden soll.

Erziehung setzt somit die Fähigkeit voraus

– zur Existenzerfahrung: Ich bin in und mit meiner Existenzform **so**, und damit abgehoben von andern Existenzformen
– zum Existenzvergleich: Ich bin in und mit meiner Existenzform so, und damit in unterschiedlichen Graden **anders** als andere Existenzformen
– zur Existenzänderung: Ich und andere Existenzformen sind **wandelbar** und gestaltungsfähig hinsichtlich der Deutung, Ausrichtung und Einrichtung unserer Lebensweisen.

Das Allgemeinste, was über Erziehung ausgesagt werden kann, ist, dass es sich um eine im intersubjektiven Vergleich (**Ich** erlebe mich **so – Dich** erlebe ich **anders**) wurzelnde Intention zur personalen Existenzänderung und Daseinsgestaltung handelt.

3. Erzieherische Gestaltbildung im Schnittpunkt von Subjektivität, Normativität, Objektivität

Drei Elemente bestimmen demgemäss den existentiellen Ausgangspunkt (heil-)erzieherischen Handelns und (heil-)pädagogischen Denkens:

– Wir haben es primär und letztlich mit **Menschen,** mit uns selbst zu tun, was eine personbezogene, subjektiv-anteilnehmende Umgangsweise und die gegenseitige Berücksichtigung von Eigenbefindlichkeiten notwendig macht.
– Wir haben es mit einem Erziehungs- und Bildungs-**Auftrag** zu tun, was eine wertbezogene, normative Ausrichtung und die Berücksichtigung von Perspektiven und kollektiven Geltungsansprüchen notwendig macht.
– Wir haben es mit **Behinderungen** zu tun, welche die Berücksichtigung erwartungswidriger spezifischer Abweichungen in einem als normal geltenden Merkmalsbestand notwendig macht.

Die heilpädagogische Aufgabe erfährt somit ihre Gestaltbildung im **Schnittpunk**t

– der **subjektiven** Dimension, unter welcher die behinderte Person, deren Befindlichkeit und Leiden zu respektieren sind
– der **normativen** Dimension, unter welcher Krankheit und Leiden, Gebrechen und Behinderung ihre Definition und Wertung, Haltungen und Handlungsweisen ihre Sinndeutung und Zielorientierung erfahren
– der **objektiven** Dimension, unter welcher die eine Behinderung, ein Gebrechen, eine Krankheit charakterisierenden Merkmale und Zustandsgrössen zu erfassen sind.

Erst im Schnittpunkt dieser drei Dimensionen und durch deren fortwährend gemeinsame Berücksichtigung ergibt sich eine neue Qualität, welche die existentielle Grundlage für Heilerziehung und Heilpädagogik abgibt.

Die Geschichte macht denn auch deutlich, dass die Heilpädagogik erst in dieser, in Praxis und Theorie, im konkreten Einzelfall und in verallgemeinernden Äusserungen durch- und auszuhaltenden Trias von Subjektivität, Normativität und Objektivität ihre Existenzbedingungen fand und umgekehrt in Existenznöte geriet oder völlig aufgerieben wurde in Situationen, wo sie eine dieser Dimensionen freiwillig oder gezwungenermassen aufgab.

– Die subjektive Dimension kann zwar zu einer verstehenden Haltung führen und Mitleid erwecken. – In Verbindung mit der objektiven Dimension kann sie zu einer Therapeutik verschiedenster Herkunft und Methode führen, die jedoch in ihrem naiven Funktionalismus oder einer bewusst zur Schau getragenen Wertfreiheit unterschiedliche Normansprüche übersieht, als spekulativ und «unwissenschaftlich» ausklammert oder als repressiv empfindet und daher zu überwinden trachtet –: ohne zu bemerken, dass damit lediglich ein normativer Abtausch vollzogen wird.
– Die normative Dimension weist zwar Sollensansprüche und Zielsetzungen auf und kann Ideen und Werte produzieren. – In Verbindung mit der subjektiven Dimension kann sich eine personalistische Pädagogik appellativen Charakters und charitatives Engagement entwickeln, die jedoch häufig der verlässlichen empirischen Fakten entbehren und das angestrebte Gute im bloss Gutgemeinten zuschanden kommen lassen.
– Die objektive Dimension verspricht zwar eine Fülle von Fakten und Daten. Eine Wissenschaft auf dem Niveau unverbindlichen Sammelns und Rechnens bleibt in ihrer Wertfreiheit jedoch wertlos. – In Verbindung mit der normativen Dimension kann sie zu eindrücklichen Klassifikationssystemen und Typologien führen, womit sich allerdings immer wieder

die Gefahr verbindet, dass die objektivierbare Behinderung mehr interessiert als das Individuum, das als «Fall von...» in einem statistischen Brei oder einer Ideologie unterzugehen droht.

Desgleichen verschüttet eine defektorientierte Forschung das für Integrationsbestrebungen unverzichtbare Bewusstsein der Verwandtschaft in der existentiellen Situation zwischen verschiedenen Kategorien Behinderter, sowie zwischen behinderten und nichtbehinderten Menschen (Schema 46).

Am Anfang der Heilpädagogik steht nicht einfach das Faktum «Behinderung», sondern das menschliche Subjekt, das aufgrund seiner Existenzbewusstheit sich als ein Ich-Selbst in Beziehung setzt zu einem als Nicht-Ich erlebten DU und zu einem als verwandtschaftlich erlebten WIR und im Existenz-Vergleich ein So-Sein von einem Anders-Sein abhebt und wertet. Behinderungen sind aufgrund eines Existenzvergleichs gewertete Person- und Verhaltensmerkmale. – Nicht der Defekt allein und als solcher schafft die Behinderung, sondern die soziale (als behindert gelten) und individuale (sich behindert fühlen) Definition.

Defektmerkmale werden kausal-linear **verursacht,** Behinderungen hingegen werden in interaktional-kreisförmigen Beziehungsmustern im Spannungsfeld von Sein und Sollen, individualen und sozialen Ansprüchen und Erwartungen **erzeugt.** – Behindert in einem heilpädagogisch relevanten Sinne ist ein Mensch, der erstrebenswerten Bildungs- und Erziehungsansprüchen nicht in einem erwarteten Mass, nicht in der als üblich vorausgesetzten Art und Weise zu entsprechen vermag. – Behindert **ist** ein Mensch, der bestimmte Erwartungen nicht zu erfüllen verspricht; behindert **bleibt** ein Mensch, für den keine als sinnvoll und befriedigend empfundene Daseinsformen gefunden und realisiert werden können.

4. Objektbezogene und subjektbezogene Fragestellung

Heilpädagogik kann es sich daher nicht leisten, bloss eine Wissenschaft zu sein. Sie hat nicht nur einen Forschungs-«Gegenstand», sondern auch ein Mandat. Dieses Mandat ist – in Praxis und Theorie – die Frage nach dem Sein eines Menschen, den wir als behindert und in der Folge oft als hinderlich empfinden. Es ist ferner die Frage nach unserm gemeinsamen **Dasein** und endlich die Frage nach dem, was wir **füreinander sein** können.

Der Mensch erlebt und präsentiert sich als Einheit von Subjekt (Person) und Objekt (Gegenstand). Dementsprechend kann er sich sowohl als Objekt, d.h. in seinen Dingeigenschaften (als Erscheinungsform und Organismus) und Objektivationen (seinen Produkten und Hinterlassenschaften) wahrnehmen, beobachten und erforschen –, wie auch als Subjekt, d.h. auf sein Erleben, seine Befindlichkeit und seine Handlungsweisen hin befragen und erkunden.

Aus der schematisierten Gegenüberstellung (Schema 4) soll deutlich werden, dass Subjekt und Objekt nicht unterschiedliche Gegenstände, Seinsformen oder Welten, sondern Resultanten unterschiedlicher Betrachtungsweisen und Sinnstiftung repräsentieren. Massgeblich sind immer wieder situativ schwankende Grade der Verwandtschaftlichkeit, des Mir-zugehörig-Seins, der bestätigenden Beziehung zwischen den Extremen des Allein-Seins und All-Einsseins.

Die objektive, d.h. gegenstandsbezogene und objektivierende, d. h. das Subjekt ausklammernde Frage auf der Objektebene	Die subjektive, d.h. personbezogene und subjektivierende, d. h. das Subjekt miteinbeziehende und erschliessende Frage auf der Subjektebene
Objekte sind, bzw. gelten als Wirklichkeit	Subjekte stellen die für sie bedeutungsvolle Wirklichkeit her
Die objektivierende Frage richtet sich dementsprechend auf eine als gegeben betrachtete, fest-«gestellte» Wirklichkeit und ist interessiert daran, herauszufinden, wie diese Wirklichkeit «an sich» beschaffen ist.	Die subjektivierende Frage richtet sich dementsprechend auf das diese Realität feststellende und definierende Subjekt und ist interessiert daran, herauszufinden, wie diese Wirklichkeit per definitionem hergestellt wird und für mich (dich, sie, uns ...) beschaffen ist.
Wirklichkeit erscheint als etwas Vorhandenes, Vorzufindendes, zu Entdeckendes	Wirklichkeit erscheint als etwas Geschaffenes, Herzustellendes, zu Erfindendes
Auf der Objektebene macht sich eine Person mit zuhandenem Zeug zu schaffen und stiftet ein Ich-Es-Verhältnis zu Sachen	Auf der Subjektebene begegnet eine Person einer andern Person und stiftet ein Ich-Du-Verhältnis zu Ihresgleichen

Schema 4: Schematisierte Gegenüberstellung der objektivierenden Fragestellung auf der Objektebene und der subjektivierenden Fragestellung auf der Subjektebene

Objektebene	*Subjektebene*
Objekte werden nach Aussenkriterien definiert und einer externalen Zweckbestimmung unterworfen	Subjekte definieren sich nach Eigenkriterien und werden ihrer eigenen Sinngebung gemäss interpretiert
Über Objekte kann man sich innerhalb der vorausgesetzten Rahmenbedingungen ein Bild machen	Subjekte präsentieren sich als aufgegebenes Bild, für welches die Rahmenbedingungen zu finden sind
Objekte sind ihrem Wesen nach von relativer Dauer	Subjekte sind ihrem Wesen nach von dauernder Relativität
Ziel der objektivierenden Fragestellung und Forschung ist die zunehmende Ent-Subjektivierung, Depersonalisation und Versachlichung in der Objektwelt (aus Ich und Du soll Man und Es werden)	Ziel der subjektivierenden Fragestellung und Erkundung ist die zunehmende Subjektivierung und Personalisation in den Welten der Subjekte (aus Ich/Wir und Es soll Ich/Wir und Du/Ihr werden.)
Objektivität schafft und beruht auf Distanz zwischen dem Ich und der Gegenstandswelt. Sie begründet eine monologische Beziehung; Objekte können reagieren, aber nicht antworten	Subjektivität schafft und beruht auf Nähe zwischen dem Ich und der Personwelt. Sie begründet ein dialogisches Verhältnis; Subjekte können antworten
Objekte werden über bestimmte Reizsetzungen zum Reagieren gebracht	Subjekte werden über Fragestellungen zur Vernehmlassung eingeladen
Die objektivierende Frage richtet sich auf das Verhalten	Die subjektivierende Frage richtet sich auf das bedeutungsverleihende Erleben
Gegenstände werden in ihrer Eigenschaftlichkeit erforscht, auf ihre immanente Gesetzlichkeit hin untersucht, um sie in ihrem Verhalten kontrollieren und steuern zu können	Personen werden auf ihre Befindlichkeit hin erkundet und auf ihre emanenten Gesetzgebungen hin befragt, um sie von Zwängen zu befreien und zur Autonomie führen zu können
Objekte sind in ihren Reaktionen idealerweise (voraus-) berechenbar, d.h. bestimmbar.– Sie sind den gesetzten Reizbedingungen unterworfen, sind wahlunfähig, heteronom	Subjekte sind in ihren Erlebnis- und Verhaltensweisen idealerweise unberechenbar, d.h. zur Selbstbestimmung fähig. Sie können sich auch reizwidrig verhalten, sind wahlfähig, autonom
Objekte lassen sich idealerweise messen und wägen	Subjekte sind idealerweise massgebend und erwägungsfähig

Schema 4: Fortsetzung

36

Objektebene	*Subjektebene*
Objekte lassen sich behandeln	Mit Subjekten lässt sich verhandeln
Auf der Objektebene ist eine objektive Haltung im Sinne der Sachlichkeit und Sachtreue vonnöten, um der Wahrheit, d.h. der dem Gegenstand innewohnenden Gesetzlichkeit nahe zu kommen nach den Kriterien richtig/falsch	Auf der Subjektebene ist eine subjektive Haltung im Sinne der personalen Erschliessung und Transparenz vonnöten, um der Wahrhaftigkeit, d.h. der individualen und sozialen Identität der Person nahe zu kommen nach den Kriterien stimmig/unstimmig
Objektivität weist sich durch Masse, Verallgemeinerungsfähigkeit, regelmässige Wiederholbarkeit, Subjektunabhängigkeit aus – Der Einzelfall und das Einmalige, nicht von jedermann Überprüf- und Wiederholbare haben wenig oder überhaupt keine Beweiskraft	Subjektivität weist sich durch Individualität, Vereinzelungsfähigkeit, regel-bestimmende Einzigartigkeit und Subjektabhängigkeit aus. – Auch dem Einzelfall, dem situativ und historisch Einmaligen, in Raum und Zeit nicht Wiederholbaren, kommt Beweiskraft zu
Die objektivierende Frage ist interessiert an den Beziehungen von Objekten untereinander. –: unter möglichst weitgehendem Ausschluss subjekthafter Einflüsse	Die subjektivierende Frage ist interessiert an den Beziehungen von Subjekten (und deren Objektivationen) untereinander –: unter möglichst weitgehendem Einbezug subjekthafter Anmutungen
Die Objektwelt ermöglicht und erfordert distanzierte Exaktheit («Ex»-Aktheit) und kann demzufolge eine Technik (verstanden als System von Behandlungsformen) begründen und unterhalten	Die Subjektwelt ermöglicht und erfordert anteilnehmende Interaktion («Inter»-Aktheit) und kann demzufolge eine Politik (verstanden als System von Verhandlungsformen und Vertragsabschlüssen) begründen und unterhalten
Die retrospektiv objektivierende Frage richtet sich auf das Verhältnis von Ursachen und Wirkungen	Die retrospektiv subjektivierende Frage richtet sich auf das Verhältnis von Erzeugern und Erzeugnissen
Die prospektiv objektivierende Frage richtet sich auf Verwendungszwecke	Die prospektiv subjektivierende Frage richtet sich auf Sinngehalte und Korrespondenzmöglichkeiten
Von Objekten abgezogene Daten sind daher von mittelbarem Wert	Von Subjekten erhaltene Auskünfte sind daher von unmittelbarer Bedeutung

Schema 4: Fortsetzung

Objektebene	Subjektebene
Objekte lassen sich in ihrem So-Sein erklären, d.h. auf rückwärtige Kausalzusammenhänge zurückführen	Subjekte lassen sich in ihrem Da-Sein verstehen, d.h. in Übereinstimmung bringen mit dem, was sie als ihre Realität be-deuten
Gegenüber Objekten können unterschiedliche Bekanntheitsgrade erreicht werden, vor allem durch Aufdeckung ihrer Gesetzlichkeiten	Gegenüber Subjekten können unterschiedliche Verwandtheitsgrade erreicht werden, vor allem durch Ich-Entdeckung im Andern
Die objektivierende Erforschung kann objekthaften Widerständen im Sinne der Rätselhaftigkeit und Unerforschlichkeit begegnen	Die subjektivierende Erkundung kann subjekthaften Widerständen im Sinne der Verweigerung, der Verstellung, des Aus-dem-Felde-Gehens (Segregation) begegnen
Die objektivierende Forschung ist vom Willen geleitet, der Objektwelt ihre Geheimnisse zu entreissen	Die subjektivierende Erkundung ist vom Willen geleitet, die Intimität des Subjekts zu respektieren

Schema 4 : Schluss

Das existentielle Problem für die Pädagogik besteht nun darin, dass sie es einerseits mit Subjekten, deren Beziehungs- und Daseinsgestaltungsformen zu tun hat, die Idee der Wissenschaft (als Institut) und der Wissenschaftlichkeit (als Haltung) sich hingegen der Dreifaltigkeit von Objektivität – Neutralität – Generalität unterstellt, was zu Distanzierung und Versächlichung zwingt. So etwas wie eine «subjektive Wissenschaft» (Abschnitt 8) erscheint als Widerspruch in sich selbst.

Für die Heilpädagogik verschärft sich diese Situation insofern, als die Sache der Behinderung die Person des Behinderten in der Eigen- sowohl wie in der Fremdperspektive zu dominieren und festzulegen tendiert. Die Apologie (Verteidigung) des Subjekts – des/der Behinderten gegen die Behinderung – in Praxis und Theorie ist daher durchgehender Auftrag einer personorientierten Heilpädagogik (MENKE, A., 1964; GERNER, B., 1965). Dies soll nachfolgend sowohl im sozialpsychologischen wie im wissenschaftstheoretischen Kontext aufgezeigt werden.

5. Behinderung und Entfremdung: Der objektivierte Mensch

Die Faszination, welche von einem Defekt, einer Normabweichung auszugehen pflegt; die Reduktion des Kindes auf diesen Defekt und in der Folge die Neigung auch des Behinderten selbst, seine Identität in der Behinderung zu suchen; die Focusierung, welche eine Behinderung durch die sachnotwendig spezifizierten pädagogisch-therapeutischen Vorkehrungen erfährt; die beherrschende Rolle, welche eine Behinderung für die Lebensgestaltung und im Zukunftsentwurf einnimmt; die «Totale Institution» (sensu GOFFMAN, E. 1973), in deren Sog ein behinderter Mensch – «von der Wiege bis zur Bahre» – geraten kann, sowie die Betreuungs- und Besorgungszwänge, denen auch seine nähere Umgebung ausgesetzt ist –: All dies schafft eine Situation, in welcher Behinderte zum Behandlungsgut, zur Dienstleistungsware, zur depersonalisierten Ballastexistenz zu werden drohen, die in letzter utilitaristischer Konsequenz (SINGER, P. 1984) der Entsorgung zugeführt werden kann. Heilpädagogik hat, wie kaum eine andere Disziplin, immer wieder auf dem Qui-vive zu sein, dass ihr «Gegenstand und Thema» nicht durch puritanischen Eifer vorsorglich wegrationalisiert werden (Kapitel VII/1).

Hinsichtlich einer Entfremdung durch Objektivierung können persönliche Distanzphänomene und szientistische Neutralisation sich gegenseitig befördern und existenzbedrohliche Synergieeffekte erreichen.

Eine «Objektivierung des Subjekts» (BASAGLIA, F., 1974) erfolgt im wesentlichen über drei Wege:

– über eine **Reifikation** (Verdinglichung), wodurch aus dem partnerschaftlichen Zeugen ein vorfindbares Zeug wird
– über eine **Invalidierung** (soviel wie Schwächung, Wertlos-Erklärung; schweizerdeutsch «vernütele»), wodurch anstelle der horizontalen eine vertikale (hierarchische) Beziehung hergestellt wird
– über eine **Exkommunikation,** aufgrund derer das Subjekt nicht mehr als wesensverwandter Partner anerkannt wird und in der auch das fragende Subjekt, seine Subjektivität verhüllend, nicht mehr als Person, sondern als Funktions-Aggregat eines übergeordneten (Wissenschafts-)Systems und als «Instanz» (vgl. SIEGRIST, J. 2.A. 1975) auftritt.

5.1 Reifikation

Unter Reifikation ist in diesem Zusammenhang eine Betrachtungs- und Handlungsweise zu verstehen, unter welcher eine Person nicht nur in ihrem Objektstatus, sondern darüber hinaus auch als Subjekt als Ding ohne Eigenbefindlichkeit, ohne Möglichkeit zur Selbstdefinition und eigene Sinnfindung einer Aussenlenkung (RIESMAN, D.; 1960) unterworfen wird.

Das schwerstbehinderte Kind, von dessen «Grenzwert» hier auszugehen ist zur Kennzeichnung der heilpädagogischen Situation, erzeugt einen desolaten Zustand. Es vermag seine Subjektivität weder im Formenreichtum der Selbstdarstellung noch in produktiver Selbsttätigkeit unter Beweis zu stellen. Sein schlichtes Da-Sein, ohne erkennbares Handlungszentrum, lässt die Objektseite seines Menschseins übergewichtig werden, ohne dass damit ein Verwendungszweck, (welcher Objekten ihren Wert verleiht), sichtbar würde. Die Verzweiflung, welche ein solches Kind auslöst, ist daher nicht nur sozial, moralisch und psychologisch zu fassen; sie weist vorab auf ein existentielles Problem hin. Eltern und Erzieher, die in Konsequenz ihrer verinnerlichten Gesellschaftsdoktrin, (welche die strikte Trennung zwischen handelnden Subjekten und behandelten Objekten verlangt), gelernt haben, ihre Welt zu objektivieren , und die ein hohes Grenz- und Unterscheidungsbewusstsein entwickelten zwischen Objekt- und Subjekt-Welt: für solche Menschen bricht eine paradoxe Situation auf. Sie stehen vor einem Etwas, das ihnen zugleich ein Nichts ist. Was soll man machen, wenn nichts mehr zu machen ist?

Dem behinderten Kind droht auch dadurch eine Verdinglichung, dass ihm zwei weitere Konstituenten des Subjektseins – Geschichte und Perspektive – nicht zur Verfügung stehen. Die Unverwandtheit, Unwandelbarkeit, Unheilbarkeit, «Zeitlosigkeit» seiner Behinderung (z.B. dessen, was die Psychiatrie als Idiotie bezeichnet): Sie werfen nichts ab, was einer Rückversicherung wert wäre. – Eine Zukunft andererseits, die nur verlängerte Gegenwart in Aussicht stellt, entbehrt jeder Spannung; ein unendlicher status quo eröffnet keine Perspektive. Was soll ein Sein ohne Werden für eine Erziehung, die sich als System zur Beeinflussung menschlichen Verhaltens versteht?

Die existentielle Problematik des behinderten Kindes besteht schliesslich darin, dass es in entscheidenden Lebensbereichen «nicht anders kann». – Seine Behinderung drückt ihm zwar den Stempel des Aussergewöhnlichen auf, pflockt es aber zugleich an eingeengte Rahmenbedingungen. – Die Schwere einer Behinderung ist aus existentieller Sicht also nicht nur an der eingeschränkten Produktivität, an der reduzierten Verwertbarkeit abzulesen, sondern auch am Grad der Berechenbarkeit und Voraussagbarkeit des Verhaltens. Berechenbarkeit, tote Eigenschaftlichkeit sind Objekt-Charakteristika. Total objektiviert erscheint ein Mensch, dessen Zukunft aus seiner Geschichte abzulesen ist.

5.2 Invalidierung

Die Disqualifikation des Sachverhalts einer Behinderung greift oft auf die Person des/der Behinderten über. Eine Behinderung wertet diesfalls die Person ab....bis hin zur Frage nach ihrer Daseinsberechtigung (SINGER, P. 1984; MÜRNER, Ch. 1991). Invalide werden durch Invalidierung invalid,

- wo ihnen prestigeverleihende Ämter, Betätigungen, Embleme etc. vorenthalten werden
- wo sie im gesellschaftspolitischen Fliess-System tendenziell an den linken (sinister!), untern (chtonisch!) Rand (peripher!) geschwemmt werden –, während sich die definitorische Macht in Metapher und Allegorie (vgl. MÜRNER, Ch., 1990) raumsymbolisch in der rechten (richtig!), obern (celestisch!) Mitte (zentral!) installiert. Behinderte sind Verwiesene
- wo sie in einer quasi-infantilen Daseinsgestaltung gehalten und mit ebensolchen Bezugsformen bedacht werden
- wo ihre Wirklichkeit missachtet und dieser «die» Realität übergestülpt wird und man «selbstredend» das für sie Notwendige und Richtige vorkehrt
- wo Personalität und «Spuren der Subjektivität» (MANNONI, MAUD, 1973, p. 43) dadurch ausgelöscht werden, dass bereits ein Kind über seine Behinderung typisiert wird. Gemeinsamkeiten des Defekts und in der Behinderungsstruktur lassen dabei vergessen, dass die für die existentielle Situation relevanten Subjekt – Differenzen und Eigen-Arten innerhalb einer Behinderungskategorie grösser sein können, als Unterschiede zwischen Behinderten und unversehrten, sich der Normalität zuzählenden Individuen
- wo unbedingte, bedingungslose Existenzberechtigung sich in zugebilligte, zugesprochene Existenz wandelt gemäss der geläufigen Auch-Formel: Auch Behinderte sollen, dürfen....Behinderte sind keine Menschen, sondern **auch** Menschen
- wo Reversibilität in starrer Rollenfixierung (Helfer-Beholfener) verunmöglicht wird.

Durch permanente und systemimmanente Invalidierung gelingt es einem Behinderten vielleicht zeitlebens nicht, von einem therapierten, besorgten, versorgten...ES zu einem partnerschaftlichen DU zu werden, welches seinerseits Unverzichtbares für den andern zu bieten hätte: als ein Subjekt, auf das man hört, von dem man etwas lernt, das man benötigt, das mir hilft, auf das ich angewiesen bin.

5.3 Exkommunikation

Es ist ein für die Heilpädagogik zentrales Phänomen, dass die auf der Objektebene registrierten Behinderungen einen interpersonalen Schattenwurf erzeugen auf der Subjektebene:

Der objektiv Blinde macht uns subjektiv blind, indem wir mit ihm den uns vertrauten Visualisationsbezug in der zwischenmenschlichen Begegnung nicht herstellen können.
Der objektiv Gehörlose macht uns subjektiv taub, weil wir mit ihm zusammen in eine schallose Welt versetzt werden.
Der objektiv Geistigbehinderte macht uns subjektiv dumm, weil wir uns in der Kommunikation mit ihm nicht der uns geläufigen Denkmittel bedienen können. etc.

Behinderungszustände sind generell dadurch charakterisiert, dass Austausch- und Kommunikationsprozesse auf der Objekt- und der Subjektebene eingeschränkt, erschwert oder gestört sind. Ausmass und Qualität sind zwar je nach Behinderungsart verschieden. Was bleibt, ist jedoch die Tatsache, dass dem behinderten sowohl wie dem nicht behinderten Kommunikationspartner ein extra effort abgefordert wird, wenn Behinderung in jedem Kommunikationsakt immer wieder neu überwunden werden soll.

Bereits eine nur vorübergehend gedämpfte Kommunikationsfähigkeit (aufgrund mangelhafter Fremdsprachenkenntnisse oder ungenügender Themen- und Personenvertrautheit), pflegt bekanntlich eine unangenehme Deklassierung nachsichzuziehen.

Ausmass und Dauer können im Falle einer Behinderung oder einer anderweitigen negativen Stigmatisierung zu «ichentwertenden, pathogenen Kommunikationsformen» (WATZLAWICK, P. (1988, p. 20 ff.) führen.
Damit sind nicht nur und nicht einmal in erster Linie direkte verbale oder tätliche Abweisungen gemeint, sondern die weitaus wirksameren handlungsleitenden Strukturen und «Grammatiken» des sozialen Umgangs. Der obengenannten «Auch-Formel» entspricht hier jene des «Als-ob»: Ich verhalte mich Dir gegenüber so, als ob Du und Deine Repräsentationsweisen

42

für mich Realitätswert hätten. In (meiner) Wirklichkeit figurieren sie jedoch lediglich als Transformationen, die meinem Ordnungssystem kompatibel sind.

Ich nehme eine Erzählung aus der Wirklichkeit des Andern entgegen, plaziere sie in der meinen aber als symptomatische Konfabulation.

Ich breche in entzückte Belobigungen aus ob der Malerei einer Geistigbehinderten und markiere durch eben diese Affektiertheit soziales Gefälle. Eine Paradoxie, welche die so angegangene Person kaum aufzubrechen imstande ist.

Weitere Beispiele liefert die oftmals infantilisierend-herabsetzende Sprache im pflegerischen Umgang mit behinderten, kranken, alten Menschen; desgleichen eine Alsob-Kumpanei («Wir gehen jetzt unter die Dusche!»); ferner unangebrachte «Dreiecksgespräche», in denen mehr über die als mit der Person gesprochen wird («Was isst er denn gern»?).

Zu erinnern ist im weitern an topologisch-architektonische Verweisungen in der Art einer Ghettoisierung Behinderter, wie sie in der Geschichte des Behinderten- und Irrenwesens Tradition hat (vgl. die noch aus der zweiten Hälfte unseres Jahrhunderts stammenden Reportagen von BLATT, B. 1974; 1976 aus US-amerikanischen Oligophrenen-Anstalten).

Behinderung ist in der Weise auf einer metakommunikativen Ebene praktisch durchwegs durch soziale Abhängigkeit und Verweisung charakterisiert (vgl. HAHN, M. 1981)

Von exkommunizierender und invalidisierender Auswirkung sind im weitern:

– Eine Peripherierung (für nebensächlich, unwichtig erklären und behandeln) dessen, was für ein (behindertes) Kind im Moment von zentraler Bedeutung wäre (Angst z.B., aber auch Freude, eine neue Entdeckung u.a.m.).
– Eine Mystifikation (im Sinne einer "Entwirklichung") persönlicher Erfahrungen und Betreffnisse («Das gibt's doch gar nicht!» – «Das hast Du doch nur (!) geträumt!») bis hin zur Wahrnehmungsvernichtung gemäss dem Motto, dass nicht sein kann, was nicht sein darf.
– Willkürlicher meta-kommunikativer Regelwechsel. Das heisst, die Interpretations- und Umgangsformen mit demselben Ereignis wechseln nach für das Kind unerfindlichen und ihm auch nicht transparent gemachten Regeln.

Reifikation (Du bist eine Ware!), Invalidierung (Du bist nichts wert!) und Exkommunikation (Du gehörst nicht dazu!) sind insgesamt von identitätsvehindernder bzw. -zerstörender Bedeutung. Sie entfalten ihre Wirkung nur zu einem geringen Teil via Beziehungsinhalte (**wa**s sprechen und machen wir miteinander?), sondern via Beziehungsstrukturen (**wie** sprechen und handeln wir miteinander?)

6. Der (behinderte) Mensch im Wissenschaftssystem

Es ist nun bedenkenswert bedenklich, dass wir, systemimmanent (!), im partikularistischen Wissenschaftsverständnis und -betrieb (Schema 5) strukturidentischen Vernichtungs-Ritualen des Subjekts – in der Rolle des Erforschten wie auch jener des Forschenden! – begegnen, (wozu die obengenannten Reportagen von BLATT, B. eklatante Beispiele liefern, in denen die depersonalisierten Insassen als Forschungsobjekte Warenwert erlangen).

6.1 Reifikation

Die objektivierende Fragestellung wird von dem Moment weg für die personale Existenz bedrohlich und im Extremfall vernichtend, wo sie auf die Beziehungsebene übergreift: «Die positivistischen Kriterien, die das menschliche Individuum ausschliesslich aufgrund seiner objektiv feststellbaren Placierung in der individuellen Kommunikation charakterisieren, setzen die subjektiv verstandene Individualität als potentiellen Forschungsgegenstand sozusagen ausser Kraft» (KOLAKOWSKI, L. 1971, p. 87).

Die Person wird zum Produkt, der wahre Wert des Subjekts auf den Warenwert seines Objektstatus' reduziert. Das Subjekt wird zu Fall gebracht, indem es zum Fall gemacht wird. Ein «Fall» weist sich im Unterschied zu einer Person durch forschungsseitig interessierende Objektmerkmale und nicht durch subjektive Existenzdeutung aus. Als Fall kann die Person höchstens dadurch (sekundär) einen Sonderstatus erringen, dass gewisse Objektmerkmale exemplarischen Charakter besitzen zur Stützung einer bestimmten These. Je interessanter hingegen eine Person auf der Objektebene erscheint, um so mehr tritt ihre Subjekthaftigkeit in den Hintergrund. Der Behinderte erscheint als ein Objekt, welches «etwas (störend-überflüssiges) hat» oder dem «etwas (störend-normwidrig) fehlt»: d.h. Behinderung wird nach den reifikationswirksamen Kriterien des Habens oder Nichthabens und nicht nach solchen des interaktionalen Seins dingfest gemacht. Behinderung ist ein Ding, kein Seinsmodus.

Als objektiviertes «Subjekt» ist die Person ein kausallinear verursachtes, abhängiges, zur Erzeugung unfähiges, steriles Etwas, welches dementsprechend in einem Definitionszirkel gehalten werden kann: Es mag tun und lassen, was es will, es verbleibt in dem ihm zugewiesenen Wahrnehmungssystem, z.B. nach dem Ritual:

Partikularistische	_Wissenschaft_	_Holistische_
Eine partikularistische Wissenschaftsauffassung parzelliert die Wirklichkeit durch fortschreitenden Reduktionismus (methodisch, inhaltlich, teleologisch) und versucht sich additiv zu verganzheitlichen		Eine holistische Wissenschaftsauffassung hat 'das Ganze' im Auge im Bewusstsein, nicht das Ganze zu sein
Aus Teilaspekten und Wirklichkeitspartikeln ergibt sich additiv eine Summe		Das Ganze ist mehr als seine Teile und besitzt Eigenschaften, welche die Einzelteile nicht aufweisen
Dualistisch-dichotomes Weltbild bzgl. Objekt/ Subjekt; Geist/Materie; aussen/innen; etc.		monistisch-ganzheitliches Weltbild; Geist und Körper sind Aspekte derselben Wesenseinheit
Voraussetzung einer «realen Realität» als ein Ansich-Seiendes, getrennt vom betrachtenden Subjekt		Pluralistische Wiklichkeits-Konstrukte bzw. -abbilder
Diese schlechthinige Realität wird entdeckt		Wirklichkeiten werden konstruiert («erfunden»)
Basiert auf einer unbedingten rationalistischen und als solitär betrachteten Logik. «Die Déesse Raison gibt den wissenschaftlichen Ton an» (WATZLAWICK, P. 1988, p. 36)		Lässt auch andere als rationalistische Erfahrungsweisen zu und geht davon aus, dass es verschiedene von Ort und Zeit abhängige Logiken gibt
Lineare Zeit; Glaube an die Unendlichkeit von Fortschritt und Wachstum. Maximierungsprinzip (higher, bigger, faster). Stillstand ist zu vermeiden		Kreislaufstruktur. Konservierendes Optimierungsprinzip. Durch Maximierung bedingtes Durchdrehen des Systems ist zu vermeiden
Unterwerfung und Steuerungsmöglichkeit in bezug auf das gesamte Universum als Ziel. Entsprechend aggressive Forschung		Konviktion und Erfahrungsannäherung in menschlich überschaubaren ökologischen Einheiten. Entsprechend fraternisierende Erkundung
Neigt zu einer «Herr-im-Haus»-Rolle und geriert sich als Ordnungsmacht über Natur und Gesellschaft		Ist auf oekologische («oikos», grch. das Haus) Einordnung in das kosmische Gesamtgebäude bedacht

Schema 5: Partikularistische und holistische Wissenschaftsauffassung
in schematisierter Gegenüberstellung (in Anlehnung an: BERMAN, M. 1985)

Tendiert in ihren technologischen Ausgeburten zu einem universalen Machbarkeitswahn. Das Leben ist als Problem grundsätzlich lösbar	Beachtet kosmologische Grenzen und folgt einer «Heuristik der Furcht» (JONAS, H. 1984 p. 64) und der Scheu vor Lösungen, die schlimmer sind als schicksalshafte Gegebenheiten
In Verbindung mit staatspolitischer und wirtschaftlicher Macht läuft szientifischer Partikularismus Gefahr, sich Profit und Allmachtsinteressen zu unterwerfen. «L' art pour Dollar Forschung» (THÜRKAUF, M., 1982)	Ein holistischer Wissenschaftsbetrieb hält Macht dadurch dispers, dass unterschiedliche, einander in Konkurrenz abpuffernde Aktivitäten unterhalten werden
Das «Kohärenzdenken» (DUERR, H.P. 1979, p. 305ff.) ist von systemerhaltender Bedeutung. Vorschriftgemässe Mustergültigkeit der Erkenntnisgewinnung	Divergentes Denken und «Turbulenzen» (BRIGGS/PEAT, 1990, p. 313) sind nicht nur statthaft, sondern zur Erhaltung eines dynamischen Gleichgewichts und zum Zweck der Machtdezentration erwünscht
Partikuläre, kontextunabhängige, analytische Forschung	Ganzheitliche, kontextverbundene, synthetisierende Erkundung
Reduktion auf quantitative Aspekte	Vorrangig an Oualitäten interssiert
Reduktiv-rationalistische Distanzierung; digitale Entweder-oder-Logik	Partizipierendes Bewusstsein (Mimesis); sanfte Ana-Logik; analoge Sowohl-als-auch-Logik
Nüchternheit als Oualitätsbeleg für den forschenden Sachbezug	«Erotisches» (CIOMPI, L. 1988, p. 35), «romantisches» (SACKS, O. 1988) Verhältnis im ursprünglichen Sinne der «Philosophie» (= Liebe zur Weisheit)
Emotionen werden als irrational auszuschliessen und abzuspalten versucht	Raison du coeur, Affektlogik, Algorithmen des Herzens werden mitberücksichtigt
Lineare Denk- und Handlungsformen (Wenn-dann-Prinzip) funktionalistischer Art	Zirkuläre Denk- und Handlungsformen systemischer Art
Weitestmögliche Formulation (Mathematisierbarkeit)	Weitestmögliche Anschaulichkeit (Ikonographie)

Schema 5: Fortsetzung

Wahrheit bzw. Wahr-Scheinlichkeit als Ziel	Stimmigkeit («fitness/fitting») als Ziel
Personalisierte Objektivität	Personzentrierte Subjektivität
An der Entzauberung der Natur («Geheimnisse entreissen») sowie an deren Kontrolle interessiert	An Naturverständnis und am Bemühen, sich ihr einzuordnen, interessiert
An der Aufdeckung und Beherrschung von Gesetzlichkeiten zur maximalen Ausbeutung interessiert	An der Erfindung von Gesetzen zur optimalen Daseinsgestaltung interessiert
An der Generalisierbarkeit von Resultaten interessiert. Hat für das konkrete Einzelne kaum Verwendung	An der Individualisierbarkeit von Resultaten interessiert. Ist als «Narratologie» (SACKS, O. 1988, p. 242) an konkreter Erfahrung unmittelbar interessiert
Orts- und zeitunabhängige ES- und MAN-Gesetzlichkeiten	Ökologisch-epochal bedeutsame ICH-DU und WIR-IHR-Regelungen
Wertneutralität. Trennung von Ding und Wert	Ding und Wert werden als Einheit aufgefasst mit entsprechend unmittelbarer Verantwortlichkeit
Neigt zu totalisierender Überschreitung und Kontrolle dessen, was als wissenschaftlicher Objektbereich ausgegrenzt wurde. Beansprucht definitorische Macht auch über das Un-Wissenschaftliche (Aberglaube, Kurpfuscherei, Spekulation, Kosmologie, etc.)	Beachtet und achtet auch andere als wissenschaftlich reduktiv wahrgenommene Wirklichkeiten und ist bestrebt , mit diesen im Gespräch zu bleiben.

Schema 5: Schluss

Was ES tut, ist Ausdruck seiner Behinderung (ES hat keine Eigenschaften mehr, sondern besteht nur noch aus seinen Symptomen). Was ES sagt, ist irrelevant, soweit es nicht mit den Erkenntnissen, die man über diese Sache besitzt, übereinstimmt. Was immer man ihm antut, ist zum Wohle eines übergeordneten Fortschritts. Fühlt ES sich besser, so hat ES den Beweis hierfür. Fühlt ES sich schlechter, so benötigt ES unsere Machenschaften um so mehr. Fühlt ES sich überhaupt nicht mehr, so erfüllt ES die an ein Materialobjekt gestellten Forderungen am trefflichsten.

Das objektivierte Subjekt hat sich in einer hergerichteten Wirklichkeit seiner Realitätsbestimmer zu präsentieren: unter den Bedingungen eines Forschungs-Sets, einer Experimentalsituation, eines strukturierten Fragenkatalogs. Seine Kundgebungen werden durch das Sieb der «Methode» gepresst, paradigmen- und modellkonform gehalten. Der objektivierte Mensch hat sich in einer eindeutigen, schattenlos-schattierungslosen Weise zu präsentieren, die Gewähr bietet, dass das Fangnetz der Methode nicht zerrissen wird. Dialektik, Paradoxie, Absurdität, Ironie, Witz, Verstellung, eine reservatio mentalis, Irrationalität, Verrücktes, Phantastisches, Utopisches, Vagheit, Zwiespältiges, Fliessendes, Ambivalenz, Mehrdeutigkeit, Metaphern, «anything» (FEYERABEND, P., 1977) sind systemwidrig, fallen aus dem Programm-Rahmen und müssen daher entweder künstlich verschachtelt oder, mit dem Faktor Null versehen, vernichtet werden.

Wissenschaft etablierte sich seit dem Aufklärungszeitalter denn auch zunehmend als Ordnungsmacht des Rationalismus und Realismus. Wissenschafter bilden die «Einordnungskräfte», die «intellektuelle Polizei» (DUERR, H.P. 3.A. 1979, p. 852) des Verstandesdenkens und der dadurch definierten Realität. «Die Kontrolle der Natur durch das menschliche Denken ist der Kernpunkt des reduktionistischen Traumes» (BRIGGS, I./PEAT, F.D., 1990, p. 311).[4]

Die Angst vor der Unberechenbarkeit und Vereinzelung («Anarchie»), einem «Anything goes» (FEYERABEND, P., 1977) – if You want! wie man dazusetzen müsste –, lässt dieses Sekuritäts- und Kontrollbedürfnis verständlich werden, ist es doch ausschliesslich das Subjekt, welches Glasperlenspiele verspotten, Definitionen negieren, aus zugewiesenen Rollen ausbrechen, Rahmenbedingungen unterlaufen kann und zum Revertieren und Revoltieren imstande ist. Subjekte sind so lange unzuverlässig, als sie frei sind.

Die ostinate Larmoyanz objektivierender Forschung bezieht sich denn auch bezeichnenderweise auf zu geringe Objektivität, Signifikanz, Korre-

---

4 Wissenschaft gerät da zur Pararreligion, wo sie sich anheischig macht oder dazu gedrängt wird, das ideelle Vakuum zu füllen, das durch die Auflösung metaphysischer Sinngehalte entstand (vgl. WATZLAWICK, P. 1988)

Kirche und Universität, Religion und Wissenschaft installierten in der nachkulturkämpferischen Phase eine fragwürdige Koexistenz von scheinbarer Wirklichkeit und anscheinender Realität, von Sonntagsglauben und Werktagswissen.

Der Klerus der materialistischen Wissenschaft (BATESON, G. 1988, p. 148) wacht über die Fragen, die gestellt werden dürfen, der kirchliche Klerus darüber, welche Antworten zu geben sind.

An «Ehrfurcht vor der Ungewissheit» (PETER SENGE) mangelt es hier wie dort.

lation, Reliabilität, Validität...: auf Subjektanteile, die auch raffiniertesten Rasterungen entschlüpfen und die man – wenn man ihrer nicht habhaft werden kann – wenigstens als irrelevant, irrational, unwissenschaftlich, inexistent erklären muss. Mit Bedauern – statt mit Freude! – wird die Unberechenbarkeit und Unzuverlässigkeit – d.h. die Freiheit! – des Subjekts registriert.

Die den einzelnen Individuen abgezogenen Daten werden ferner auf einen Haufen geworfen, kompostiert. Durch Verwendung desselben Messinstruments und derselben Masseinheiten wird Strukturgleichheit der Personen und Situationen vorgetäuscht bzw. «gemacht»; durch eine exakte numerische Verrechnung werden Qualitäten und Konstellationen als Mengen ausgegeben und via mathematische Logik eine Psycho-Logik installiert. In diesen «Verlagerungen von der Qualität zur Quantität [ist] der Härtetest für etwas Existierendes ... Quantifizierbarkeit» (BERMAN, M. 1985, p. 118/46). – Soweit die Resultate computerkonform zu sein haben, werden die Fragestellungen von vornherein digitalisiert. Aus (historisch) fliessenden Übergängen werden Sprünge, aus gesellschaftlich-sozialen Landschaften werden Territorien und Schichten. Gestattet sind definite, eindeutige Stellungnahmen, jedoch keine subjektiven Freiheitsgrade wie: sowohl-als-auch; mal-so-mal-so; je-nach-dem; weder-noch; vielleicht; manchmal; vorläufig; unter der Voraussetzung, dass ... Ethisch-normative Fragen bleiben ausgeklammert, d.h. in den Vorhof der «eigentlichen» Wissenschaft verwiesen, wo im Sinne der herrschenden Wissenschaftsideologie darüber entschieden wird, welchen Gegenständen und Fragestellungen das wissenschaftliche Interesse zugewendet werden darf, welche Zielsetzungen, Denkformen und Methoden anzuerkennen sind, wer als zünftiger Wissenschafter aufgenommen wird und wen andrerseits das Verdikt der Unwissenschaftlichkeit zu treffen hat, wie Forschungsgelder verteilt und verwendet werden sollen usw. (vgl. FEYERABEND, P., «zur Tyrannei der Wissenschaft» 1977, p. 392 ff.). – Oder ethische Fragen werden in den Nachhof der «eigentlichen» Wissenschaft verwiesen, wo Philosophen, Theologen, vielleicht auch bestallte «Hofethiker» (PRAETORIUS, Ina, in: MÜRNER, Ch., 1991) über Sinn und Unsinn, Menschenbild und Weltanschauung, d.h. partikular-wissenschaftlich nicht fassbare Themen debattieren dürfen, ohne in ihrer Widersprüchlichkeit und Subjektivität ernst genommen werden zu müssen und wo Praktiker und Politiker letztlich darüber befinden sollen, wie wissenschaftliche Ergebnisse mit der Alltagspraxis zu verbinden sind und wo demzufolge sogenannte Laien für allfällige Fehlentwicklungen in der praktischen Anwendung die Verantwortung zu tragen haben.

So werden derzeit Fragen der Pränatalen Diagnostik, der Gentechnologie, der Sterilisation (Behinderter), des Schwangerschaftsabbruchs, der «künstlichen» Befruchtung, der Tierversuche etc. in einer Art abgehandelt, als würde nicht nur der Zweck die Mittel heiligen, sondern das Prädikat "wissenschaftlich" jedwedem Tun und Lassen per se eine sittliche Hochschätzung verleihen.

Wissenschaft erscheint nicht nur als das Institut, von dem aus letztlich (alle) Menschheitsprobleme zu lösen sind, sondern auch als Hüterin des Edlen und Wahren, der Sachlichkeit und Selbstlosigkeit, die in den Niederungen gesellschaftlichen Lebens keinen Ort mehr finden. Wissenschaft wurde zu einem populären quasi-religiösen Hoffnungsträger. Dieser Szientismus wird geleitet vom «Utopie-Syndrom» (WATZLAWICK, P., et al. 2.A. 1974, p. 69 ff).

– einer durchgängigen Verwissenschaftlichung der Welt (inklusive zwischenmenschliche Beziehungen)
– einer kollektiven Einheitswissenschaft mit allgemein verpflichtenden Regeln der Problemdefinition und Problembearbeitung
– einer durchgehenden Berechenbarkeit des Menschen, seiner Handlungs- und Vergesellschaftungsformen. Reine Wissenschaft ist da «realisiert», wo nichts mehr unkontrolliert variiert.

Erst der chloroformierte und aufgespiesste Schmetterling und das mundtot gemachte, unpolitische «Subjekt» erhält die Würde eines wissenschaftlichen Gegenstandes zugesprochen. Objektivierungen werden unter einer nekrophilen (FROMM, E. 1974) Perspektive entwickelt: «Im begrifflichen Denken werden auch die lebenden Dinge (Menschen) so genommen, als seien sie tot, das begriffliche Denken geht sezierend vor, wie der Mediziner am Kadaver....Die Ware ist die wahre nature morte, das Still-Leben, in dem alles Leben stillgeworden ist, angeblich «Stil» hat, das heisst aufgehört hat» (DISCHNER, GISELA., in: HÄSING ET AL. 3.A. 1980, p. 101).

Der reifizierende Forscher ist aber nicht nur darauf bedacht, das begegnende Subjekt auszuschliessen, sondern auch die eigene Person aufzuheben und zu anonymisieren. «ES erforscht ES» in den Gefilden eines sich selbst legitimierenden Kollektivgeistes unter den apolitischen, d.h. die Polis ausschliessenden (diese lediglich noch als «Nährstand» benötigende) Strukturen eines Autoren-Kollektivs, einer Wissenschafts-Kolchose.

Forschungs-Design und -methode sowie die innere Stimmigkeit der Forschungsresultate können dabei (wie die extremen Beispiele aus dem Bereich der nationalsozialistischen Medizin zeigen, (vgl. MITSCHERLICH, A. et al., 1960) durchaus die verschiedenen «Gütekriterien» einer positivistischen Wissenschaftsideologie erfüllen (zumal «Menschlichkeit» darin keine conditio sine qua non darstellt).[5]

Wissenschaft ist jargongemäss fortschrittlich; Fortschritt ist ihr Ziel, Weg und Wesen zugleich. Auch dieser «Fortschritts-Mythos» (ILLICH, I. 1978) ist Ausdruck einer profanisierten Heilsbotschaft und -erwartung, dergemäss das menschliche Leben als immanentes Problem erscheint, das grundsätzlich denn auch einer innerweltlichen Lösung zuzuführen ist. Er folgt dabei einem Maximierungsprinzip unendlicher quantitativer Steigerung; erstrebenswert und gut ist die Überholung als solche.

Die Heilpädagogik begegnet diesem wissenschaftlichen Cargokult hauptsächlich in den Kontakten mit dem noch stark vom Bemächtigungsgeist der Naturwissenschaften des 19. Jahrhunderts geprägten Medizinalsystem und dessen gigantischem Therapismus.

6. 2 Invalidierung

Das menschliche Subjekt wird unter der exzessiv objektivierenden Fragestellung invalidiert, d.h. seiner Selbstbedeutung und eigenen Sinnhaftigkeit beraubt:

– sie beraubt das Subjekt des ihm eigenen Deutungshorizontes, indem sie es aus dem zeitlichen (Geschichte), dem situativen (Mitwelt), dem teleologischen (Wertausrichtung) und personalen (Ich) Kontext herauslöst (vgl. MYRDAL, G., 1971) und als «Ding an sich» betrachtet, das externalisierten Normen unterworfen wird
– sie beraubt das Subjekt unter der Zielsetzung der durchgehenden Berechenbarkeit und Steuerbarkeit der Freiheit und Wandelbarkeit
– sie beraubt das Subjekt seiner Individualität und Eigen-Art, indem der Einzelne nicht sich selbst, sondern – als Partikel – eine Masse repräsentiert. Der Einzelne hat so lange keine Beweiskraft, als er sich nicht multiplizieren und verallgemeinern lässt und nicht innerhalb der grossen Zahl eine statistische Signifikanz stützen hilft. Relevant (von Belang) ist das, was in grosser Zahl von einer grossen Zahl registiert ist. Das einmalige

---

5 So war es denn auch bezeichnend, dass die aus der Wissenschaftindustrie stammende Gegnerschaft der Schweizerischen Initiative «Weg vom Tierversuch!» ihre Kampagne unter dem Motto: «Tierversuche "Ja oder Nein" ist keine Gefühlsfrage!» führte (ZS Baselstab vom 11.2.1992). Menschenversuche konsequenterweise auch nicht. Die wahre Ware Wissenschaft ist fühllos.

Erlebnis eines einzelnen Rezipienten hat einen Nullwert: «Liquidation des Subjekts im Namen eines Allgemeinen» (DISCHNER, GISELA in: HÄSING, et al., 3.A. 1980, p. 115). – Als harte Tatsache gilt, was unter bestimmten (z.B. methodischen) Rahmenbedingungen jedermann, jederzeit, beliebig oft zu reproduzieren vermag. Das Vereinzelte ist eine Zufallsgrösse. Das Ich wird auf das Man reduziert. Die Invalidierung trifft somit auch den Erforscher, der darauf bedacht sein muss, paradigmakonforme Wahrnehmungen zu machen und diese modellkonform zu verarbeiten, damit seine Resultate von der scientific community, (deren Ideologie entsprechend), ratifiziert und zur Veröffentlichung freigegeben werden

– sie beraubt das Subjekt der individuellen Erfahrung, indem sie diese in ihrer Vereinzelung nicht nur als irrelevant erklärt, sondern auf das in der Verallgemeinerung Gültige pflockt. Das, was das Ich vom Man trennt, das nur mit Zugängliche, nur für mich Bedeutsame, bleibt invalid

– sie beraubt das Subjekt der Alternative, der Wahlfähigkeit, der Ambiguität, indem sie es «exakt» auf Eindeutigkeit, Uniformität, Widerspruchslosigkeit, Rationalität und konstrukt-immanente Logik einschränkt und es exklusiv unter ihrem Paradigma der Wahrheitsfindung sich darzustellen zwingt. Abweichungen hiervon sind ungültig und werden unter Umständen mit Exkommunikation, Entzug der Öffentlichkeit, Kranksprechung sanktioniert. Nicht vorgesehene und daher unstatthafte Denk- und Handlungsformen werden solange als möglich als inexistent erklärt (ausgeblendet, verdrängt), bei einem störenden sich Vordrängen freilich dann auch zwischen den Polen madness und badness ausser Kurs gesetzt; es wird ihnen das geistige/materielle Deckungskapital entzogen

– sie beraubt das Subjekt der Mündigkeit und der Autorität (im Sinne der auctoritas = Urheberschaft) und damit auch der Verantwortung und Schuldfähigkeit.

6.3 Exkommunikation

Der Mensch wird unter den Bedingungen einer exklusiv objektivierenden Fragestellung desgleichen exkommuniziert

– indem ihm in einer für ihn nicht mehr durchschaubaren stripping-Prozedur (vgl. MOLLENHAUER, K., 1973) Daten abgezogen werden, ohne dass nach seiner Befindlichkeit und Sinndeutung gefragt wird und indem diesbezügliche Verlautbarungen ihrerseits objektiviert (und z.B. als zu einem definierten Krankheitsbild gehörig betrachtet) werden

- indem sie die von ihm abgezogenen Daten in einen Fachjargon übersetzt, systemimmanent interpretiert und das Geheimnis als Machtmittel gegen irgendwelche Revertierungsversuche einsetzt. Einem Objekt ist man keine Rechenschaft schuldig, da die Resultate nicht im Sinne des Subjekts (d.h. gemäss seiner Identität), sondern in dem der sozialen Identität der bestätigenden/kontrollierenden Scientific community «wahr», d.h. akzeptabel sein müssen
- indem sie lediglich Beziehungen funktionaler (z.B. kausaler) Art innerhalb und zwischen Objekten thematisiert und nicht jene zu sich selbst. Gegenstand des Forschens ist das ausserhalb meiner selbst Liegende, das ich im Griff zu haben versuche, das jedoch mein Sein ihm gegenüber nicht bestimmt. Die objektivierende Fragestellung hält sich zur Rettung ihrer Objektivität au-dessus de la mêlée
- durch die Verweigerung der Responsivität, (d.h. des Verantwortens und Beantwortens der Fragen des Partners), sowie durch die «verweigerte Wechselseitigkeit» (BASAGLIA, F., 1974, p. 10) und die Verunmöglichung der «Reversibilität» (Umkehrbarkeit), d.h. der prinzipiellen Möglichkeit eines Rollenabtausches. Die vertikale Beziehungsebene, welche keine Replik und Duplik zwischen Forscher und Erforschtem kennt, bildet das Rückgrat objektivierender Forschung und Lehre
- durch die institutionalisierte Dreigliederung, in welcher Definitoren Geltungsbereiche und Richtlinien festlegen und bestimmen, **was ist-,** Vollstrecker festlegen, was, wie, wo zur Anwendung gelangt und bestimmen, **was geschieht** (wie das als real Geltende realisiert werden soll)-, und Materialobjekten, welche das Experimentierfeld darstellen, den Stoff liefern und durch ihre Reaktionsweisen den Zirkel der Realitätsbestimmung schliessen sollen (als Beweismaterial)
- indem Subjekte nicht nur **als** Objekte, sondern auch **wie** Objekte erfasst und beschrieben werden: Methodisch auf dieselbe Art wie eine Zecke, eine Gesteinsart, ein Automodell, denen gegenüber es uns verwehrt ist, personale Beziehungen zu ihrer Eigenbefindlichkeit herzustellen. – Mit grossem Detailreichtum werden die Oberflächenstruktur und Funktionszusammenhänge (im Falle des Faktums «Geistige Behinderung» zum Beispiel) dargestellt; streng darauf bedacht, zwischen sich und dem Andern auch nicht den Anschein von so etwas wie einem «Verhältnis» durchschimmern zu lassen. – Diese Unnahbarkeit des Subjekts wird aufrecht erhalten durch den oben erwähnten Filter des Forschungsapparats, welcher mir und den Meinen stets den Beweis zu liefern imstande ist, dass ich mich nicht «eingelassen» habe und die Keuschheit der Wissenschaft

keinen Makel der Subjektivität erlitt. Ich habe weder etwas getan noch gesagt: die Resultate haben sich (selbst) ergeben

– indem die objektivierende Fragestellung das Subjekt in eine double-bind-Situation (eine Zwickmühle) bringt durch den Neutralismus (ihre angebliche Ideologie- und Vorurteilungslosigkeit) auf der einen –, ihre rigiden methodologischen Vorschriften, Kalkulationen und Verzweckungen auf der andern Seite. Wissenschaft wird dadurch gewissermassen zu einer Uhr ohne Zeiger, die fortschrittgemäss läuft und läuft, ohne anzugeben, was es geschlagen hat. Die double-bind-Situation wird ferner bekräftigt durch den Umstand, dass man sich auf der einen Seite des Subjekts entledigt, dieses durch die Nebentür in Form von scientific communities und advocacy-groups, welche als Gralshüter der mondialen Einheitswissenschaft wirken, wieder einführt

– indem in dem uns interessierenden pädagogischen Bereich Erziehung auf Verhaltensmodifikation und Sozialisation reduziert wird. Als «erzogen» (sozialisiert) gilt, wer aufgrund eines erfolgreichen Reiz- und Reaktionslernens sich (token-)systemkonform verhält: ohne Rücksicht auf seine Identität und Befindlichkeit. Wahr ist, was funktioniert.

Auch dieser Exkommunikationsprozess schlägt schliesslich auf den Erforscher zurück: Wer sich von den Erfahrungen des Partners ablöst, isoliert sich selbst. Die gemeinsame Erfahrungswelt geht verloren, indem das erforschende und das erforschte Subjekt unterschiedlich rezipieren, je eine andere Wirklichkeit herstellen und diese in einer andern Sprache abbilden.

Allgemeingültigkeit und Objektivität setzen eine «tote» Objektwelt und erstorbene zwischenmenschliche Beziehungen voraus. Der «desituierte Experimentator» (SARTRE, J. P., 1967) entdeckt keine Dialektik mehr, da es eine «Dialektik nur gibt, wo es mehr als eine Möglichkeit gibt, d. h. eine Alternative» BASAGLIA, F., 1974, p. 25). – Alternative Wissenschaft hinwiederum ist aus objektivistischer Sicht eine contradictio in adjecto und als solche unwissenschaftlich (nulla salus extra scientiam). – «Die Angst, die carte d'identité nicht zu erhalten» lässt dem Forscher jedoch keine Möglichkeit, aus der «Forschungshysterie» mit ihrem «Produktionsfetischismus» auszuscheren (DISCHNER, GISELA. in: HÄSING et al., 3.A. 1980, p. 107 ff).

7. Die subjektbezogene Fragestellung

In unserer Zeit wurde die Bezeichnung «subjektiv» zu einem diffamieren-
den Schimpfwort. Was auch immer seinen Existenz- und Wahrheitsbeweis
antreten möchte, hat dies unter dem Diktat der Objektivität zu tun. Das Subjekt hat keine Wahrheit, und es scheint bisweilen, dass man ihm sogar seine Existenz erst über einen Objektivierungsvorgang zugesteht: man muss
etwas sein, um zu sein. Objektivität, (mit welcher Wertfreiheit vorgetäuscht
wird), ist ihrerseits zu einem unbedingten Wert geworden! «Im Gegensatz
zum respektierlichen 'objektiv' oder 'wissenschaftlich' haben wir das ver-
rufene 'subjektiv'. Es ist zum Beispiel interessant, dass man häufig das Wort
'lediglich' vor subjektiv antrifft, während es beinahe unvorstellbar ist, von
jemandem als 'lediglich' objektiv zu sprechen» (LAING, R., 1976, p. 20).
Und weil dies anscheinend unvorstellbar ist, begegnen wir denn auch oft
einem «entrahmten» Objektivismus partikularistischer Wissenschaft.

Was für den weltläufigen Psychologen und Journalisten U. SONNEMANN tägliche Erfahrung ist – «der Weg zur Objektivität führt über das Subjektivste, also nicht die Fotografie, sondern die Reflexion» (in: HÜBNER, P., 1964, p. 12) – und dem mit soziodynamischen «Verknotungen» vertrauten Phänomenologen LAING (1980) zur Paradoxie
gerinnt – dass es nämlich stets Subjekte sind, die Objektivität fordern und fördern, her-
und in Frage stellen (LAING, R., 1976), das brachten bedeutende Wissenschafter, speziell Physiker, freilich bereits vor bald einem Jahrhundert zum Ausdruck. Sie leiteten damit die Wende von einem naiven Empirismus und Funktionalismus, hin zur Erkenntnis
des «grundsätzlich kollektiven Charakters der Natur» (BRIGGS, J./PEAT, F.D. 1990, p.
283) ein. (Zusammenfassend zum Wissenschaftswandel z.B. BERMAN, M. 1985).

In jedem als "objektiv" bezeichneten Sachverhalt ist demnach Subjektivität enthalten: «Objectivity is a subjects delusion that observing can be
done without him» (v. FOERSTER, H., in: ROTTHAUS, W., 2.A. 1989, p. 21).
Objektivität kann nicht Subjekt-Unabhängigkeit, sondern lediglich situative und temporale Kongruenz in der Wahrnehmung und Interpretation von
Subjekten bedeuten. Objektivität ist nicht eine vorfindbare Gegenstandseigenschaft, sondern Erzeugnis gemeinsamer Reflexion. Objektivität verlangt
somit die un-bedingte Anerkennung des Subjekts.

Das Subjekt wird existentiell ernstgenommen,

– indem wir es als unseresgleichen, nicht als ein Ding, sondern als Person
  anerkennen, deren Existenz- und Daseinsberechtigung a priori dieselbe
  Qualität und Bedeutung hat wie jene der beurteilenden Definitoren und
  Instanzen

- indem das Subjekt auch in den unter festgelegten Rahmenbedingungen und Sichtweisen (religiöser, rationalistischer, politischer, oekonomischer, pädagogischer...) herausfallenden, störenden und unpässlichen Repräsentationsweisen (als) wahr genommen wird
- indem wir mit ihm statt eines künstlichen einen kunstvollen Umgang pflegen und den pädagogischen Auftrag (wieder) vermehrt als einen künstlerisch-aesthetischen statt eines szientistisch-aletischen auffassen
- indem wir auf die hohe Bedeutung der «Nuancen» (BRIGGS, J./PEAT, F.D., 1990, p. 298ff.) zwischen den Subjekterfahrungen achten und beachten, dass es die kleinen **Unterschiede** und **kleinen** Unterschiede sind, die in intersubjektiven (z.B. erzieherischen) Beziehungsmustern stimulativ sind (Schema 43)
- indem die subjekthafte, in der Wahrnehmungsorganisation, in Interpretationen, Verhaltens- und Handlungsweisen, Perspektiven und Werthaltungen zum Ausdruck kommende Wahrheit vorbehaltlos und ungefiltert entgegengenommen wird. Die subjektive Wahrheit und Existenzdeutung einer Person akzeptieren heisst dabei nicht zwangsläufig, diese sich zu eigen machen (BODENHEIMER, A.R., 2.A. 1992), sie jedoch als gleichrangigen Ausgangspunkt für die gegenseitige Verständigung zu respektieren[6]
- indem ich andrerseits meine Existenzdeutung unverstellt und transparent zum Ausdruck bringe. – Einem andern meine Wahrheit erschliessen heisst dabei nicht, sie ihm aufnötigen, sondern sie meinerseits zum Ausgangspunkt für eine gegenseitige Verständigung zu machen
- indem «Wahrheit», «Realität», «Richtigkeit», «Logik», «Evidenz» auf ihren je subjektiven Ursprung zurückgeführt werden, von dem sie sich als das Schlechthinige abgelöst und entfremdet haben. Die Linie von der subjektiven Anmutung zum objektivierten Wissen ist auf die subjektive Bedeutung zurückzuführen, bevor ein Diskurs über Sein und Nichtsein in unsern Erlebniswelten stattfinden kann

6 Dezidiert z.B. noch bei BUSEMANN, A. (1959), Psychologie der Intelligenzdefekte (München), einem renommierten Empiriker und qualifizierten Kliniker, dem "Erfahrung" auch persönlich noch etwas bedeutete:
«Das 'Meinesgleichen' ist kein Ding..., es wird nicht ergriffen, festgehalten..., seine Bewältigung muss einen andern Weg gehen als den des Begreifens. Von ihrem Ursprung her ist die Leistung, die wir in der menschlichen intellektuellen Höhenlage 'mitmenschliches Verstehen' nennen, anderer Art, als die Auseinandersetzung mit den erfassbaren Dingen... Das 'Meinesgleichen' wird angesprochen... Dem 'Meinesgleichen' begegnet man im engern Sinne des Wortes» (a.a.O., p. 38)

- indem wir unsere Bemühungen darauf konzentrieren, eine vielfältige intersubjektive Stimmigkeit durch «Erfahrungsannäherung» (Kapitel VIII/1.4) zu erreichen, um immer wieder neu jenen «Zwischenmenschen» zu konstituieren, welcher in der «Erfahrung der Gegenseite» (BUBER, M., 1962) seinen Ursprung hat
- indem das, was Subjekte miteinander tun und zueinander sagen, als ebenso bedeutsam erachtet wird, wie das, was sie mit Objekten tun und über sich als Objekte aussagen. «Die Phänomene, die in den Wechselbeziehungen zwischen Organismen im weitesten Sinne des Wortes... auftreten, unterscheiden sich grundsätzlich und wesentlich von den Eigenschaften der beteiligten Einzelorganismen» (WATZLAWICK, P. et al., 4.A. 1974, p. 21)
- indem die Erfahrungen über uns zur Emanzipation des Subjekts, d.h. zu dessen Hinausführung aus anonymen Zwängen und Abhängigkeiten genutzt werden. Objekte können behandelt und verzweckt werden –, Subjekte sind zu befreien und zu erlösen. Heilpädagogik hat diesbezüglich eine Entlastungsfunktion wahrzunehmen gegenüber dem existentiellen Gewicht eines Behinderungszustandes
- wo dementsprechend dem Subjekt in einem dialektischen Gegenzug zu Vermittlungs- und Führungsansprüchen stets auch jener Freiheitsraum geöffnet wird, welcher es einer Person ermöglicht, sich (z.B. erzieherischen) Ansprüchen auch entgegenzustellen
- indem wir im speziellen Fall heilpädagogischer Fragestellungen bzgl. Qualifizierung und Umgangsformen zwischen Schädigung/Behinderung als Sachverhalt, Behindertsein im gemeinsamen Kontext und Person unterscheiden. Ob ein Sachverhalt, eine Beziehung oder eine Person als «gestört» bezeichnet wird, ist von entscheidender kommunikativer Bedeutung (WATZLAWICK, P. 1988, p. 16).

Subjektivität wird hier also verstanden als die Möglichkeit, die unerwartete «Drehung des Sisyphos» (CAMUS, A., 1964) zu vollziehen, anders zu sein, Voraussagen Lügen zu strafen, aus dem Gesetz auszubrechen, unwahrscheinlich zu handeln, Ausnahme zu sein, sich die Freiheit zu **nehmen** und nicht nur zugestehen zu lassen (STIRNER, M., 1845).

8. Heilpädagogik als subjektive Wissenschaft

Nach einer Formulierung PIAGETS «beginnt Wissenschaft da, wo man übereinkommt, ein Problem derart abzugrenzen, dass seine Lösung durch Feststellungen gesichert ist, die allgemein zugänglich und verifizierbar sind, da sie von Fragen der Wertungen oder der Überzeugung freigehalten werden».[7]

Derartige Wissenschaftsdefinitionen sind weder richtig noch falsch, da durch sie ja erst eine Übereinkunft getroffen werden soll darüber, was fürderhin als richtig bzw. falsch gelten soll. Wertfreiheit wird freilich hergestellt via offensichtliche Wertentscheidungen, sowie in der Paradoxie, den Wert der Wertfreiheit aufrechtzuerhalten.

Aufgrund solchermassen verordneter Beziehungslosigkeit lässt sich ein dialogisches Verhältnis, in welchem Subjekte subjektiv ernstgenommen werden, allerdings weder begründen noch fassen. Aussagen wie jene Piagets sind bestenfalls als Vorschrift darüber anzuerkennen, wie Subjekte einen Konsens finden können hinsichtlich eines als wissenschaftlich bezeichneten Umgangs mit **Objekten,** die unfähig sind zu einer Replikation. Die Frage hingegen, wie Subjekte **miteinander** umgehen können, kommt damit nicht ins Blickfeld. (Objektivierende) Wissenschaft «beginnt» daher nicht nur an dem von Piaget bestimmten Punkt, sie endet auch daselbst.

Im ergänzenden Gegensatz dazu wird eine subjektbezogene Beziehungswissenschaft da installiert, wo wir, (d.h. nicht ein Man, sondern das sich erkundigende und das erkunde Subjekt), eine **gemeinsame** Lebenssituation derart ausgrenzen, dass das gemeinsame Interesse (Kapitel II/1.4a) bezüglich unserer Daseinsgestaltung sichtbar wird. Die Wahrung unserer gemeinsamen Interessenlage wird sichergestellt durch die permanente Berücksichtigung und den **Miteinbezug** unserer Wertungen oder unserer Überzeugung, welche für unsere Existenzdeutung und damit für unsere gegenseitigen Wahrnehmungen, Interpretationen und Handlungsweisen richtungsbestimmend sind. Die gegenseitige Verifikation unserer Existenz hat das gemeinsame Erleben zur Voraussetzung.

Wir gehen, einer holistischen Wissenschaftsauffassung gemäss, davon aus, dass «auch wissenschaftliche Erkenntnis... strikt subjektabhängig [ist]» (SCHMIDT, S.J. in: ROTTHAUS, W. 2.A. 1989, p. 64).

Wenn ich mich im folgenden den Bestimmungsstücken und unverzichtbaren Wesenselementen einer Beziehungswissenschaft, wie der der Heilpädagogik, zuwende, beschränke ich mich auf einige wenige Hauptpunkte. Im Unterschied zu positivistischen Ansprüchen, eine allgemeinverbindliche Einheitswissenschaft zu begründen und durchzusetzen, bescheiden wir uns ferner mit einer relativen und relationalen Gültigkeit im Bereich zwischenmenschlicher, intersubjektiver Beziehungen:

---

7 In: Erkenntnistheorie der Wissenschaften vom Menschen (1973) (Frankfurt/M.)

– Eine subjektorientierte, an sozialer Wahrnehmung und zwischenmenschlicher Beziehung interessierte Fragestellung umfasst jederzeit und jedenorts das fragende und das erkundete Subjekt in ihrem partnerschaftlichen Zueinander. «In Beziehungen sind wir selbst enthalten» (WATZLAWICK, P. et al. 4.A. 1974, p. 90). Eine Beziehungswissenschaft gestattet dem Forscher nicht, sich au-dessus de la mêlée zu halten; wer Beziehungen erkundet, befindet sich stets auch auf dem Wege zu sich selbst, und wer sich nicht wesentlich (d.h. mit seinem Wesen) auf das Wesen einer Person einlässt, kann kaum (pädagogisch) Wesentliches erfahren.

– Subjekte erleben und agieren in einem Netz divigierender Bezugssysteme, deren Bestimmungspunkt die jeweilige Person darstellt. Gemeinsame Perspektiven sind nicht einfach vorgegeben, sondern müssen immer wieder neu ausgehandelt werden. Es gibt keinen «Archimedischen Punkt», von dem aus die Interpunktionen der personalen Beziehungen ein für alle Mal festgelegt und verabsolutiert werden könnten. Wir haben es daher mit «weichen Daten» und «fliessenden Fakten» zu tun, welche erst über die ausgehandelte Interpretation eine «gelegentliche» Kontur annehmen. Dasselbe Phänomen (bestimmte Merkmale einer Person z.B.) kann auf unterschiedliche Weise als «Tatsache» (als Behinderung z.B.) erfahren werden und macht daher wiederholte Perspektivenwechsel und eine situations- und zielspezifische Erörterung notwendig. Es geht hierbei also nicht (wie auf der Objektebene), um die Entdeckung einer naturimmanenten Gesetzlichkeit, sondern um die Einigung hinsichtlich einer kulturemanenten, gesellschafts- und geschichtsorientierten Gesetzgebung. Pädagogik weist daher eine weit grössere Wesensverwandtschaft auf mit Kunst, Rechts- und Politikwissenschaft, als mit den Naturwissenschaften. Erziehung ist nicht ein vorgegebener Naturgegenstand, sondern eine immer wieder neu zu schaffende soziale Institution.

– Faktizität und Interpretationsrahmen bedingen sich gegenseitig und stehen in einer dynamischen Beziehung zueinander. «Dasselbe» ist in dem Moment nicht mehr das «Selbe», wo der Erfahrungshintergrund, die Erlebnisweise oder die Zielsetzungen wechseln. Unter der subjektiven Fragestellung ist Wirklichkeit nicht etwas Statisches, an sich Seiendes. «Wirklichkeit ist für uns vermutlich das, was wir für wirklich halten» (WATZLAWICK, P. et al., 4.A. 1974, p.244).

– Es gibt auf der Subjektebene keine Wirklichkeit, die «wirklicher» ist als jene, die Subjekte je miteinander auszumarchen imstande sind. Das Aufdrängen von Wirklichkeit ist eine Form der Unterdrückung auch da, wo sie sich glaubt wissenschaftlich rechtfertigen zu können. Dabei kann ein Individuum zwar gezwungen werden, sich «richtig» zu verhalten und anzupassen, via Informationsfilterung und -manipulation vielleicht sogar dazu, das «richtige» Bewusstsein zu erlangen und «richtig» zu denken, nicht aber dazu, «richtig» zu erleben. Ein Subjekt kann sich allenfalls erlebniswidrig «richtig» verhalten.... mit Aussicht darauf freilich, in dieser «Schismogenese» (BATESON, G. 1988) zu erkranken.

- Subjektives, ich-identisches Verhalten ist erlebnisabhängig! – Hinter einem als abnorm oder störend erlebten und entsprechend qualifizierten Verhalten steht eine dieses Verhalten steuernde Erfahrung: Verhalten ist Ausdruck von Erleben. Auch im Verhalten des behinderten Kindes ist mein Verhalten via dessen kindseitiges Erleben enthalten. Jedes Subjekt widerspiegelt auch mich.

- Ein behinderter Mensch ist aus subjektiv-erlebnismässiger Sicht zu definieren als eine Person, die mein Verhalten nicht so zu erleben vermag, wie dies **meinem** Erleben entsprechen würde

  Es macht daher einen prinzipiellen Unterschied, ob wir z.B. Oligophrenie versachlicht (objektiviert und reifiziert) als ein von uns abgetrenntes «Ding» und eine am «Ende» einer linearen Kausalkette stehende Wesenseigentümlichkeit («Status nach Hirnschädigung») auffassen oder ob wir von einer gegenseitigen Beeinträchtigung des Informationsaustausches sprechen, die den Definitor aufgrund zirkulärer Kommunikationsprozesse jederzeit mitenthält. – Die Haltungskompetenz des Erziehers wird durch derartige Perspektivenwechsel ganz entscheidend beeinflusst.

- Es geht auf der Subjektebene nicht darum, bestimmte Merkmale als Symptome aus dem Beziehungsnetz herauszulösen, sondern im Gegenteil «objektive Befunde» als subjektive, interaktionale Befindlichkeiten auszuweisen. Was uns heilpädagogisch interessiert, sind die sich in einem Behinderungszustand ausbreitenden «Befindlichkeitsstörungen»; es interessiert nicht die Behinderung an sich, sondern das Leid und das Leiden der davon betroffenen Personen. Verhalten hat keinen immanenten Sinn und muss daher im zwischenmenschlichen Kontext studiert werden. Verhalten, auch als abnorm qualifiziertes, bringt stets auch eine Interpretation zum Ausdruck; «kein Erfahren ohne Interpretation» (LAING, R. 9.A. 1977). Wenn auf der Subjektebene eine Entwertung («disconfirmation», WATZLAWICK, P. et al. 4.A. 1974, p. 85) der Person vermieden und statt dessen eine «Ratifizierung der Identität» des Andern (a.a.O., p. 84) gewährleistet werden soll, so kann eine Verhaltensveränderung letztlich nur über eine Erfahrungsänderung erreicht werden. Die heilpädagogisch entscheidende Frage lautet daher nicht: Wie ändert man ein kindliches Störverhalten?, sondern: wie stelle ich mich einem Kind dar, dass es mich in einer Art und Weise erlebt, die ihm ein angemesseneres Verhalten ermöglicht? Existentiell ausschlaggebend ist, wie oben erwähnt, jene Wirklichkeit, die Kind und Erzieher **gemeinsam** und in **derselben Weise** zu erfahren imstande sind. Verstehen gründet im gemeinsamen Erleben.

– Subjektiven Theorien geht es nicht um zeit- und kontextabgehobene Wahrheit an sich, sondern um Stimmigkeit für bzw. zwischen uns im Hier und Jetzt, um ein gemeinsam konstruiertes «Fitting». Es gibt keine «'objektive Wahrheiten', sondern bloss kontextgebundene 'operationale Stimmigkeiten'» (CIOMPI, L., 1988, p. 284).[8]

Heilpädagogik befasst sich als subjektive Wissenschaft, bildlich gesprochen, mit Wasser (vom «köstlichen Nass» bis zur «dräuenden Flut») und nicht mit H_2O. Heilerziehung als Praxis benötigt Einsichten und Aussichten, Erfahrungen und Erlebnisse, in denen die Subjekte (noch) enthalten sind. Heilpädagogik als Theorie benötigt einen Wissenschaftsbegriff, in welchem die Subjektivität eine das Mass gebende Rolle spielt. «Die Wissenschaft von den Personen ist eine Studie menschlicher Wesen, die ausgeht von der Beziehung zum andern als Person und zu einer Darstellung des andern, immer noch als Person, gelangt» (LAING, R. 1976, p. 17). «Depersonalisation in einer Theorie, die eine Theorie von den Personen sein soll... ergibt, ... obwohl durchgeführt im Namen der Wissenschaft, ... falsches 'Wissen'» (LAING, R. 1976, p.20). Pädagogisches Geschehen ist interact, nicht ex-act; «Gegenstand» pädagogischen Bemühens und Forschens ist nicht das ausserhalb der Subjektivität Liegende, sondern das, was Subjekte im geschichtlichen Kontext und unter einer bestimmten Perspektive konstituieren. Subjekte erschliessen sich in subjektiver Begegnung. Wer sehen will, muss **sich** sehen lassen und die Maske der Objektivität abstreifen.

Solche Thesen wird man im Namen einer objektiv-objektivierenden Wissenschaft freilich ablehnen müssen, verdankt diese doch ihre Existenz und ihre Erfolge der Tatsache, dass es gelang, den Menschen auf strikte Sub-

---

8 Wie schwierig es ist, dieser These nachzuleben, belegt CIOMPI, L. indem er vom Moment weg, wo er als "richtiger Psychiater" und nicht mehr als kognitiv freier Mensch spricht, alsogleich wieder auf «den» (einen und einzig richtigen) «Realitätsbezug» einschnappt (a.a.O., p. 318) und damit zunftgemäss auch seinen Beitrag liefert zur "Schismogenese".

jekt-Objekt-Trennung zu trimmen.[9] Dennoch sind auch in einem Ich-Es-Verhältnis (zu Sachen) verschiedene und situativ schwankende Grade der Objektivierung und des Ausschlusses subjektiven Betroffenseins sowie subjektiver Anmutungen festzustellen.

9 Das szientistische Objektivitäts-Diktat bewirkte im Erziehungsbereich seit den fünfziger Jahren eine eigenartige Ambivalenz: Unter dem Einfluss der Siegermächte und hauseigener Vaterkomplexe suchte man in deutschen Landen (und mit der traditionellen Verspätung auch in Helvetien) das neue Heil in der «Verwissenschaftlichung» von Forschung, Lehre und Ausbildung. Der «west-östliche Diwan der sogenannten objektiven Psychologie» (WELLEK, K., Psychologie, Bern, 1965) ohne Seele, sollte durch entsprechende Purgationen (Ausgrenzungen von Philosophie, Praxis, Lehrmeinungen und jedweder anrüchigen Subjektivität) in einer objektiven Pädagogik ohne Person ihr Pendant finden. Einen wissenschaftsideologischen Kampf gegen «Ideologien», zumal sozialistischer Konvenienz, führte insbesondere BREZINKA, W. (vgl. z.B.: Metatheorie der Erziehung, München, 4.A. 1978 et al.).
Eine Zeitlang machte es den Anschein, als wollte auch die Heilpädagogik ihre buchstäblich "spannende" Position **zwischen** Wissenschaft, Kunst und Politik verlassen und als «Heil-Erziehungswissenschaft» sich ihrer selbst entfremden. Soweit ihr diese «heillose Trennung von 'arts and sciences'» (TER HORST, W., 1983, p. 80) gelang, geriet sie denn auch prompt ins Abseits jener "splendid isolation", wie sie OSKAR PFISTER vor über siebzig Jahren bereits für die Universitäts-Psychologie ausgemacht hatte:
«... An einem grossen Teil der grauenhaften Kindernot ist die Einseitigkeit und Engherzigkeit unsrer auf den Universitäten herrschenden Psychologie und Pädagogik schuld... Als Paradiesvogel hat der Schöpfer den Menschen ins Dasein gestellt; der Mensch der akademischen Seelenkunde ist ein armseliges gerupftes Hühnlein. Es gibt nichts abnormeres als den angeblichen Normalmenschen der alten, leider noch immer die deutschen und einige schweizerische Universitäten allein bedienenden Psychologie... Fast alle grossen Fortschritte der neueren Seelenkunde sind ausserhalb der deutschen Universitätspsychologie erzielt worden, und die letztere tat nichts, als wie ein ewig kläffender Hund nebenher zu rennen und die Arbeit der nicht zur Psychologenzunft gehörigen Forscher auf diesem Gebiete zu verketzern, ohne sie überhaupt richtig zu kennen... Dass sie auf ihrem engen Gebiet immerhin einige kleine Einsichten gewonnen hat, die man sich aneignen soll, wurde stets zugegeben. Nur steht das Erzielte in keinem Verhältnis zu dem kolossalen Kraftaufwand...» (PFISTER, O. (1921) Die Behandlung schwer erziehbarer und abnormer Kinder (Bern/Leipzig) p. 15/17)

Im Gehege universitärer Parklandschaften mögen Gesellschaftswissenschaften zwar maximal ungefährlich und systemerhaltend sein. Nur:
– Erziehung findet auf der Objektebene und unter der Perspektive einer exklusiv objektivierenden Fragestellung weder Ziel noch Auftrag. Einer Beziehung, innerhalb derer die Partner nichts vor sich haben und nichts vorhaben bezüglich ihrer Daseinsgestaltung und die sich daher in gegenseitiger Registratur erschöpft, fehlt das erzieherische Konstitutivum
– (Heil-)Pädagogik findet auf der Objektebene und unter der Perspektive einer ex-

Wir können dabei folgende Stufen des Abkoppelungsprozesses der Person von der Sache unterscheiden:

Anmutung:
«Angenehmes Farberlebnis»: Eine Augenweide, die **mich** beglückt, an deren schlichtem Vorhandensein **ich mich** freue und in der **ich mich** enthalten fühle. **Ich** nehme die Farbe in **mich** auf und vertiefe **mich** zugleich in sie

Trennung:
«Violette Kristalle/lila Flüssigkeit»: Die «violette Anmutung» wird auf ihren Auslöser zurückgeführt und dieser **vom Erlebnis getrennt;** das Objekt wird bezeichnet und «fest»-gestellt

Einordnung:
«Kaliumpermanganat»: Das erkannte Objekt wird in ein vorhandenes, diesfalls chemisches, System **eingeordnet.** Das Erlebnis wird der Erkenntnis- und Klassifizierungsfunktion unterstellt

Formulation:
«KMnO$_4$»: Das Objekt wird **in eine Formel** übergeführt, der Sinnlichkeit enthoben und damit auf rein abstrakter Ebene berechenbar. Mit KMnO$_4$ kann auch gerechnet werden ohne die sinnliche Erfahrung, die sich für ein Subjekt damit verbinden könnte.

Wissenschaft benötigt die Welt nicht mehr, nachdem man sich einmal ein Konstrukt hierüber erschaffen hat.

Objektivität hat freilich dort ihre Grenzen, wo die Welt der Objekte aufhört. Bedeutungsvoll («relevant») wird je das von Subjekten Be-Deutete; existent ist das von Subjekten Heraus-Gestellte. Interpersonell relevante Fakten und Wirkungen entstehen in der Konvergenz von Intentionen und Interpretationen der Handlungsvollzüge. – Es ist daher Aufgabe der Beziehungswissenschaften, derartige Reduktionen in einem dialektischen Gegenzug wieder auf das Subjekt und zur Subjektivität zurückzuführen.

klusiv objektivierenden Fragestellung kein pädagogisches Thema, keinen als pädagogisch auszuweisenden Gegenstands- (genauer: Personen-)Bereich und zerbröselt bestenfalls in Psychopathologie
– Der Mensch findet auf der Objektebene und unter der Perspektive einer exklusiv objektivierenden Fragestellung weder Sinn noch Bedeutung. Unbedeutetes Sein bleibt unbedeutendes Sein.
Es ist daher tröstlich, wenn Ulrich Bleidick, als profunder Kenner zeitgeschichtlicher Entwicklungen, das klassische Zitat des alten LICHTWARK aus dem Jahre 1911 zum Motto erhebt: «Erziehung ist bisher eine Kunst. Jetzt läuft sie Gefahr, eine Wissenschaft zu werden» (vgl. BLEIDICK, U., in: GERBER, GISELA ET AL. 1987, p. 47).

So ist z.B. ein Verrechnungsresultat (IQ 35) auf seine Bedeutung (z.B. Geistige Behinderung), auf die anthropologische Situation (z.B. ein Kind mit Verständnis- und Ausdrucksschwierigkeiten) und endlich auf das dialogische Betroffensein meiner selbst (z.B. Irritation und Verunsicherung in der Begegnung mit diesem Kind) zurückzuführen, um von da aus überhaupt einen interpersonalen Zugang finden zu können aufgrund einer Beziehungsänderung.

Die objektbezogene und die subjektbezogene Erkundung schliessen einander freilich nicht aus und stehen auch nicht in einem Verhältnis der Unter- oder Überordnung. Die objektgerichtete (und in diesem Sinne objektivierende) Frage und die subjektgerichtete (und in diesem Sinne subjektivierende) Frage sind von unterschiedlichen Interessen geleitet: Die objektivierende Gegenstandszuwendung erforscht das Sein; die subjektivierende Personenzuwendung erkundigt sich nach dem Befinden. Entsprechend unterschiedlich sind Art und Methoden der Zuwendung, die schliesslich auch zu andersartigen, nicht gegeneinander austauschbaren Resultaten bzw. Antworten führen. – Objektivität und Subjektivität sind Ideal-Konstrukte, die sich im empirisch-historischen Kontext in «reiner Form» weder finden noch herstellen lassen, es sei denn durch verblendende Reduktions- und Ausschlussverfahren, auf die BATESON, G. (1988, p. 329/330) aufmerksam macht: «Die Newton'sche Welt schreibt Objekten Realität zu und erreicht ihre Einfachheit dadurch, dass sie den Kontext des Kontexts ausschliesst» und damit auch alle Metabeziehungen. «Im Gegensatz dazu besteht der Kommunikationstheoretiker auf der Erforschung der Metabeziehungen, wobei er die Einfachheit dadurch erreicht, dass er alle Objekte ausschliesst».

Die Unmöglichkeit totaler Objektivierung zeigt sich in dem Moment, wo sich die Subjekte der Forschenden über ihre formalisierten Objekte unterhalten, die personale Subjektivität als Kommunikationsvehikel also wieder "ins Spiel" bringen müssen. Sowie sich der Rückgriff auf die Sprache aufdrängt, wird Objektivität brüchig. «Miteinander reden» ist nicht auf Reaktionsabtausch reduzierbar.

Totale Subjektivierung, verstanden als eine Erfahrungsannäherung bis zur permanenten und allseitigen Erlebniskongruenz, würde andrerseits die Subjekthaftigkeit des Einen wie des Andern auflösen (vgl. dazu MOLLEN-HAUER, K., 1972): Subjekthaftes Einssein durch Repression, aber auch in der Liebe («ein Herz und eine Seele sein»), hebt das Erziehungsverhältnis, das stets in einer «Differenz» (MOLLENHAUER, K., 1972) gründet, auf. Liebe und Glück sind «konservativ» und von der bangen Hoffnung erfüllt, dass es «ewig so bleiben möge». – In Analogie zum bekannten Satz HERBARTS, wonach Erziehung weder unter der Voraussetzung absoluter Freiheit, noch unter jener der völligen Determiniertheit möglich sei, können wir sagen, dass weder aus der völligen subjektiven Verschmelzung – in welcher Kind und Erzieher ineinander aufgehen – noch aus der objektiven Vergegenständlichung, in welcher keine subjekthaften Beziehungen mehr vorhanden sind, ein erzieherisches Verhältnis gestiftet werden kann.

Erziehung und Pädagogik bewegen sich zwischen der Unzulänglichkeit ausschliessender Objektivität und der Unerreichbarkeit identischer Subjektivität. Wesentlich an dieser sowohl nach der Objekt- wie nach der Subjekt-Seite hin indefiniten Praxis und Theorie ist jedoch, dass sie sich **bewegen** und den Dialog aufrechterhalten.

Das dialektische Verhältnis von Objektivität und Subjektivität erzeugt Spannung, Widerstand, auch Angst. Mit der Befürchtung, in zugespitzter Objektivierung das Subjekt und damit auch sich selbst aufzugeben, korrespondiert jene andere, subjektivierend letztlich seine Realität und damit erneut sich selbst zu verlieren. Auf-einander-zu-Schritte und Handreichungen sind zwar zu verzeichnen, (so z.B. in psychiatrischen Randbereichen der naturwissenschaftlich dominierten Medizin), doch die Angst, den Blick von der Monstranz des Kognitivismus und Rationalismus abzuwenden und "schweifen zu lassen" auf das, was da in der Prozession alles mit-läuft, ist unverkennbar. Dennoch ist das Wagnis, sich auf den ursprünglich breiten, – d.h. Intuition, Affektlogik, Paralogik, Ikonisches Verstehen, Raison du coeur etc. mit einschliessenden –, im personalen Bezugsrahmen gefassten Begriffsinhalt von Kognition (= Erkenntnisfähigkeit und -tätigkeit) einzulassen, für die Pädagogik unverzichtbar, will sie **zwischen** Wissenschaft, Kunst und Politik ihren Wirkungsort nicht verfehlen.

Objektivität und Subjektivität haben zweifellos je ihren Preis, wie dies MOOR, P. (1965, p. 293) prägnant zum Ausdruck bringt: «Die grössere erlebnismässige Nähe mag dabei einen grösseren Reichtum der erfahrenen Gehalte ermöglichen, die grössere Distanzierung aber eine grössere Sachlichkeit der Feststellungen. Denken wir daran, dass wir einerseits beides brauchen, den Wirklichkeitsgehalt **und** die Sachlichkeit, dass aber anderseits die grössere erlebnismässige Nähe zwar in die Intimität führt, aber auch ins Persönliche und nur Persönliche im Sinne der Unsachlichkeit, und die grössere Distanzierung wohl die Sachlichkeit wahrt, aber die Inhalte verarmen lässt, so müssen wir daraus schliessen, dass wir nach beiden Richtungen gehen und dass die dabei zu erzielenden Ergebnisse sich ergänzen und gegenseitig durch einander korrigiert werden müssen». – Der Weg vom «beurteilenden Begreifen», zum «verzeihenden Identifizieren» und schliesslich zum «liebenden Bejahen» (a.a.O., p. 301), den jeder Erzieher zu gehen hat, wenn er zu irgend einem Erziehungsziel gelangen will, dieser Weg, den mit einem behinderten oder störenden Kind zu beschreiten sich als enorm beschwerlich erweist, führt nicht am Subjekt und an der Subjektivität vorbei, sondern durch sie hindurch.

An diesem Weg liegen daher auch die zu bestellenden Problemfelder einer Heilpädagogik als Wissenschaft.

9. Grundthemata

In Verbindung mit dem vorgestellten Fragenkatalog ergeben sich folgende Grundthemata einer Allgemeinen Heilpädagogik, welche durch gesamthafte Berücksichtigung die Möglichkeit erschliessen, die existentielle Bedeutung eines Behinderungsstatus' unter einer pädagogischen Perspektive darzustellen:

– im Bereich der **phänomenologischen** Fragestellung sind jene **Merkmale** auszumachen, welche sich in Verbindung mit der normativen Dimension vor dem Erwartungshintergrund des Üblichen und Gewohnten abheben und dadurch den Merkmalsträger nach einem Figur-Grund-Prinzip **auffällig** werden lassen. – Auf der Subjektebene ist der Frage nachzugehen, ob und in welcher Art der Merkmalsträger diese Auffälligkeit subjektiv als **Andersheit** erlebt und wie es um die Korrespondenz von objektiver Auffälligkeit und subjektiver Andersheit bestellt ist. – Behinderung erscheint im **Merkmalsvergleich** unter dem Kriterium der **Prägnanz**: Ein Merkmalskomplex bezeichnet (konturiert) eine Person. – In **numerischer** Hinsicht präsentiert sich Behindertsein als **Minderheiten**-Problem. Einer Minderheit anzugehören ist dabei nicht nur in der trivialen quantitativen, sondern vor allem in der damit verbundenen qualitativen Bedeutung zu erfassen.

– im Bereich der **topologischen** Fragestellung sind die **Felder** abzustecken, innerhalb derer die erfassten Merkmale und die registrierten Merkmalsträger ausgemacht wurden. Merkmale sind in bestimmten Persönlichkeits- und Fähigkeitsbereichen zu orten; Merkmalsträger sind in den für sie wesentlichen Lebensbereichen zu situieren. – In Verbindung mit der normativen Dimension können sich bestimmte Merkmalskomplexe innerhalb situativer Rahmenbedingungen als einordnungswidrig, **nonkonform** erweisen, was subjektseitig zum Erlebnis einer persönlichkeitsimmanenten Desintegration (bestimmte Merkmale passen nicht zu mir) und des **Ausgewiesenseins** (ich passe nicht in die vorgegebenen Verhältnisse) führen kann, woran sich die Frage nach der Korrespondenz von Nonkonformität und Ausgewiesenheit anzuschliessen hätte. – Behinderung erscheint in **Feldvergleich** unter dem Kriterium der **Inkongruenz:** Eine in bestimmter Weise konturierte Person oder einzelne Merkmale derselben passen nicht in vorgegebene Rahmenbedingungen

– im Bereich der **chronologischen** Fragestellung werden **Prozesse** (des Wachstums, der Reifung, der Entwicklung; der individualen und gesellschaftlichen Geschichte) erfasst. – In Verbindung mit der normativen Dimension zeichnen sich Abweichungen temporärer Art ab, wodurch Merkmale und Merkmalsträger objektiv den Charakter des **Unzeitigen,** subjektiv den Erlebniswert des **Unzeitgemässen** erhalten. Er stellt sich damit die Frage nach der Korrespondenz von Unzeitigkeit und Unzeitgemässheit. – Behinderung erscheint im **Zeitvergleich** unter dem Kriterium der **Dyschronie:** Merkmale, Verhaltensweisen, Produkte zeitigen sich nicht erwartungsgemäss

– im Bereich der **ätiologischen** Fragestellung werden merkmalsbestimmende **Ursachenkomplexe** aufgedeckt und Erklärungsmodelle entworfen. – In Verbindung mit der normativen Dimension sind jene Ursachen von besonderer Bedeutung, welche (als Schädigung, Defekt, Mangel) eine Person objektiv in **Abhängigkeit** hiervon versetzen und subjektiv zum Erlebnis des **Ausgeliefertseins** führen, womit sich die Frage nach der Korrespondenz von Abhängigkeit und Ausgeliefertsein verknüpft. – Behinderung erscheint im **Bedingungsvergleich** unter dem Kriterium der **Heteronomie:** Bestimmte Ursachenkomplexe schränken die Autorität (im Sinne der Urheberschaft) und den Selbstbestimmungsbereich der Person ein

– im Bereich der **teleologischen** Fragestellung geht es um die Voraussage- und Vorausbestimmungsmöglichkeiten von Ursache-Wirkungs-Zusammenhängen. – In Verbindung mit der normativen Dimension werden **Abweichungen** und Reduktionen von **Normen,** verbindlichen Zielsetzungen und verpflichtenden Richtigkeitsvorstellungen herausgestellt, die sich subjektiv-erlebnismässig als **Abwertung,** Disqualifikation und Invalidierung niederschlagen. Dies führt vor die Frage nach der Korrespondenz zwischen objektivierter Devianz und subjektiv empfundener Fehlorientierung und Insuffizienz. – Behinderung erscheint im **Wertvergleich** unter dem Kriterium der **Devianz** (unerwünschte Abweichung): Behindert ist eine Person, die objektiv und subjektiv verbindlichen Normen und Erwartungen nicht entspricht

- im Bereich der **methodischen** Fragestellung geht es um die Entwicklung von Technologien (im weitesten Sinne des Wortes, der Umgangs- und Behandlungsweisen) zur **Steuerung** von Systemen (die physikalischer, biologischer, sozialer, politischer usw. Art sein können), sowie der hierzu notwendigen Instrumente und Institutionen. – In Verbindung mit der normativen Dimension, nach welcher sich das methodische Vorgehen ausrichtet, können sich bestimmte (Merkmals-, Ursachen-)Konstellationen als nicht in der geläufigen Art handhabbar, objektiv wenig veränderbar, **widerständig** erweisen. – Subjektiv bildet sich diese Widerständigkeit im Erlebnis der Handlungsbeschränktheit und einer verminderten Selbstkontrolle ab. Es stellt sich damit die Frage nach der Korrespondenz zwischen objektiv festgestellter Widerständigkeit und subjektiv erlebter Handlungsbeschränkung. – Behinderung erscheint im **Handlungs-Vergleich** unter dem Kriterium der **Resistenz:** Der Gestaltung und Wandelbarkeit der Daseinsformen sind ungewöhnliche Hindernisse in den Weg gelegt
- im Bereich der **dialogischen** Fragestellung kommen zwischenmenschlich-partnerschaftliche Beziehungsformen und deren gegenseitige Spiegelungen ins Blickfeld. – In Verbindung mit der normativen Dimension, hier speziell mit verinnerlichten Ordnungs-Rahmen und Normen, sind vor allem die durch bestimmte Persönlichkeits- und Verhaltensmerkmale provozierten **Distanz**-Phänomene (der Irritation, Ängstigung, Scheu, Aversion, Missachtung usf.) festzuhalten, die subjektiv zum Erlebnis der **Isolation** führen können, womit sich die Frage nach der Korrespondenz der beiderseitigen Erlebnismuster von Distanz und Isolation stellt. – Behinderung erscheint im **Partnerschaftsvergleich** unter dem Kriterium der **Entfremdung:** Behindert ist ein Mensch, der keine personale Bestätigung mehr findet, als Unperson auf seinen Objektstatus reduziert wird und aus dem gemeinsam-verwandtschaftlichen Daseinszusammenhang herauszufallen droht.

Zusammenfassend halten wir fest:

Behindert in einem heilpädagogisch bedeutsamen Sinne ist ein Mensch,

- der als auffällig gilt und sich als abgehoben erlebt,
- der als nonkonform gilt und sich als unpassend erlebt,
- dessen Entwicklungsgang als unzeitig gilt und der sich als unzeitgemäss erlebt,

- der als abhängig gilt und sich als ausgeliefert erlebt,
- der in einem als negativ erachteten Sinne als abnorm gilt und sich als minderwertig erlebt,
- dessen Gestaltbarkeit reduziert erscheint und der sich in seinen Handlungsmöglichkeiten als beschränkt erlebt,
- der im partnerschaftlichen Bezug Distanzphänomene auslöst und sich als isoliert erlebt.

Fragestellung

existentiell	phänomenologisch	topologisch	chronologisch	aetiologisch	teleologisch	methodisch	dialogisch
	Merkmalsvergleich: Prägnanz	Feldervergleich: Inkongruenz	Zeitvergleich: Dyschronie	Bedingungsvergleich: Heteronomie	Zielvergleich: Devianz	Handhabungsvergleich: Resistenz	Partnerschaftsvergleich: Entfremdung
Objektebene objektive Dimension objektivierende Fragestellung	Merkmale	Felder	Prozesse	Ursachen	Voraussagen	Steuerung	Beziehung
Normebene normative Dimension normierende Fragestellung	Auffälligkeit	Nonkonformität	Unzeitigkeit	Abhängigkeit	Normabweichung	Widerständigkeit	Distanz
Subjektebene subjektive Dimension subjektivierende Fragestellung	Andersheit	Ausgewiesenheit	Unzeitgemässheit	Ausgeliefertheit	Abwertung	Handlungsbeschränktheit	Isolation

Schema 6: Grundthemata

II. Die Phänomenologische Frage

Die Erziehung der meisten
ist nur ein System von Regeln,
sich das Kind ein paar Schreibtische weit
vom Leib zu halten.[1]

Unter der phänomenologischen Fragestellung befassen wir uns mit dem Wesensgehalt und der Erscheinungsform (phainómenon, grch. soviel wie Erscheinung) des Heilerzieherischen, sowie mit dem Gegenstands- und Aufgabenbereich von Heilerziehung und Heilpädagogik. – Wir versuchen dementsprechend in diesem Kapitel Antwort zu geben auf die Frage:

Was ist Heilerziehung / Heilpädagogik?

1. Erziehung

Soll Heilerziehung als **Erziehung** ausgewiesen werden, so haben wir zunächst nach einem Erziehungsbegriff zu suchen, welcher auch die spezifisch heilerzieherischen Aufgabenstellungen, Zielsetzungen und Bemühungen zu tragen und zu umfassen vermag.

Im Alltag wird das Wort Erziehung (erziehen) verschiedenen Bedeutungen nach verwendet:

– im Sinne der **Aufzucht.** Ein Kind erziehen heisst hier soviel wie: für dessen Unterhalt sorgen, es in pflegliche Obhut nehmen. – Das Kind gilt als erzogen, wenn es selbst für seinen Lebensunterhalt aufzukommen vermag

---

1 RICHTER, JEAN PAUL (1763–1825), Levana... (1806)
Levana («die sich Erhebende/Aufhebende») war eine altrömische Göttin des Sonnenaufgangs und Beschützerin neugeborener Kinder. Sie war dafür besorgt, dass der pater familias durch die Geste des Aufhebens eines ihm vor die Füsse gelegten Kindes dieses als das seine anerkannte.

– im Sinne moralischer und **ideeller Beeinflussung.** Ein Kind erziehen heisst in diesem Fall: es auf die in der betreffenden Gesellschaft geltenden Massstäbe ausrichten und es auf die geläufigen sozialen Umgangsformen abrichten (sogenannte Sozialisation).

Das Kind gilt als erzogen, wenn es in Sitte und Brauchtum so weit eingeübt ist, dass sein Verhalten den gesellschaftlichen Normen entspricht und es demzufolge keinen Anstoss mehr erregt

– im Sinne der Schulung und **Bildung.** Ein Kind erziehen heisst hier: ihm jene Kenntnisse und Fertigkeiten vermitteln, die in der betreffenden Gesellschaft als wichtig und wünschenswert erachtet werden, es (hauptsächlich in Form der Belehrung) einführen in Kulturtechniken und es hinlenken zum Wissen (zur «Wissenschaft») seiner Zeitepoche.

Das Wort «Erziehung» (Education) weist zurück auf das lateinische «educere» (= hinausführen). Bedeutungsmässig dürfte educere dem oben genannten «Aufziehen» am nächsten stehen.

Im weitern kommt darin die (in der Antike durchgehende) Auffassung zum Ausdruck, wonach das Kind aus einem Zustand der Unvollkommenheit, der Schwächlichkeit und Dürftigkeit zur Hochform des Erwachsenen zu führen ist. Im Wort «ziehen» ist diese Dynamik deutlich gemacht.

Erziehung ist demnach mit der Absicht verbunden, eine quantitative und qualitative Zustandsveränderung im Sinne einer Verbesserung, Vervollkommnung und Werterhöhung des Menschen hervorzubringen. Damit wird deutlich, dass die Frage nach dem Wesen der Erziehung unlösbar verbunden ist mit jener nach dem Ziel. Der Begriff Erziehung ist ohne subjekthafte Wertausrichtung nicht zu fassen.

Erziehung ist eine entschiedene, wertbestimmte und wertvermittelnde (mediale) Haltung innerhalb und bezüglich menschlicher Lebensverhältnisse. Erziehung ist wertorientierte, sinngemässe Daseinsdeutung und -gestaltung. Erzogenheit findet ihren Ausdruck in interpersonal gestalteten Beziehungs-, Lebens- und Daseinsformen.

«Was wir Erziehung nennen, die gewusste und gewollte, bedeutet **Auslese der wirkenden Welt** durch den Menschen; bedeutet einer Auslese der Welt, gesammelt und dargelegt im Erzieher, die entscheidende Wirkungsmacht verleihen... (p. 23) Erziehung bedeutet, eine Auslese der Welt durch das Medium einer Person auf eine andere Person einwirkenzulassen... (p. 41) Mit dem eigenen Sein auf das Sein anderer einzuwirken, ist hier Amt und Gesetz geworden... (p. 41) Der Erzieher sammelt die aufbauenden Kräfte der Welt ein. In sich selber, in seinem welterfüllten Selbst scheidet er, lehnt ab und bestätigt... (p. 45) Der Erzieher erzieht sich zu ihrem Organ... (p. 45) Und mitten drin in dieser prägenden Unendlichkeit steht der Erzieher, nur ein Element unter unzähligen, aber von ihnen allen unterschieden durch den **Willen,** an der Prägung des Charakters teilzunehmen, und durch das **Bewusstsein,** eine bestimmte Auswahl des Seins, die **Auswahl** des "Richtigen" dessen, was sein **soll,** dem werdenden Menschen gegenüber zu vertreten... (p. 67) Diktieren, was im allgemeinen gut und böse ist, das ist seines Amtes nicht, aber antworten, auf eine konkrete Frage antworten, antworten, was in einer bestimmten Situation richtig und was falsch ist, das ist seines Amtes... (p. 69)»

Erziehung ist nach diesen Worten BUBERS (1960a) eine mediale, Sinn und Gestalt vermittelnde Haltung.

Mit einer solchen Umschreibung verbinden sich nun allerdings eine Reihe von Absagen an geläufige Erziehungsvorstellungen:

1.1 Erziehung ist eine Haltung und keine spezifische Tätigkeit

Das Verb «erziehen» sowie die zunehmende Professionalisierung im Erziehungsbereich verführen dazu, Erziehung als eine besondere Art des Tätigseins aufzufassen. Versucht man jedoch diese erzieherische Tätigkeit zu spezifizieren und abzugrenzen, gerät man in Verlegenheit: Während Aussagen wie «Ich habe den ganzen Nachmittag unterrichtet» oder «Das Kind wird zweimal wöchentlich therapiert» akzeptabel sind, wirkt der Satz «Ich habe über Mittag meine drei Kinder erzogen» stossend.

Sowie Erziehung als Tätigkeit ausgewiesen werden soll, findet gewissermassen ein Rückzug, ja eine «Degeneration» statt auf äusserliche Transformationsformen, in denen erzieherische Ansprüche häufig zum Ausdruck gebracht zu werden pflegen. Erziehung als eine Seins-Situation wird reduziert auf methodisch-instrumentelle Formen der Belehrung, der Verhaltensmodifikation und (zumal im heilerzieherischen Bereich) der Therapie. Stattgehabte Erziehung (als etwas Getätigtes) soll dementsprechend in gegenständlich fassbaren, unmittelbar aus Tätigkeit entsprungenen Produkten ansichtig werden.

Erziehung bezeichnet nicht eine Tätigkeit, sondern eine **Haltung.** Diese erzieherische Haltung kann in den verschiedensten Tätigkeiten ihren Ausdruck finden, und ebenso im Nicht-Tun (nicht zu verwechseln mit Nichts-Tun!). **Was** ich mit, vor einem oder für ein Kind «mache», ist von untergeordneter Bedeutung gegenüber der Art, **wie** ich dem Kind begegne. Damit finden wir zurück zur alten, aber durch methodische Raffinessen oft überdeckten Wahrheit, dass der Erzieher weniger wirkt durch das, was er tut, als durch das, was er ist.

Erziehung erfüllt sich nicht darin, ein Haben (von Wissen, Können usw.)

zu mehren, sondern ein Sein (im Miteinander und Zueinander) zu vertiefen. Ebensowenig bemisst sich Erzogenheit nach einem quantitativen Haben von Etwas, sondern nach dem qualitativen Sein für Etwas und Jemanden. Eine erzieherische Haltung kann, wie vorerwähnt, praktisch in sämtlichen Tätigkeiten eingenommen werden: Entscheidend dabei ist, dass das jeweilige Tun über den Eigenbereich hinausgerichtet ist auf die Daseinsgestaltungsbedürfnisse und -möglichkeiten eines Andern. Eine erzieherische Haltung ist dadurch charakterisiert, dass sie persönliches Sein und Verhalten aufschliesst, dem Andern durchsichtig und nachvollziehbar macht. Über diese erzieherische, auf das Miteinander ausgerichtete Haltung kann einem Kind ein Angebot gemacht werden; sie kann für ein Kind eine Herausforderung sein; sie kann ein Kind unter Zugzwang bringen und es in Schranken halten: Sie hält es jedoch in jedem Moment agil, d.h. handlungs- und geschäftsfähig im Rahmen seiner Daseinsgestaltungsmöglichkeiten.

Die damit gemeinte Situation lässt sich vergleichen mit einem – allerdings unverhältnismässig lange dauernden – Schachspiel, in welches ein Anfänger durch Spielen eingeführt wird. – Die Tätigkeiten (d.h. diesfalls die verschiedenen Züge) werden nicht aus einer feindlichen, konkurrierenden und damit irgendwie auf «Sieg» ausgerichteten Haltung heraus vorgenommen, sondern sie sind so angelegt, dass dem Lernenden aus den wechselnden Arrangements heraus immer wieder neue, seinem Verständnishorizont angemessene Erlebnis- und Erfahrungschancen zugespielt werden.
Die Dialektik des Erzieherischen – sich zu installieren mit dem Ziel sich aufzulösen – kommt in diesem Vergleich darin zum Ausdruck, dass schliesslich der «Erzieher» durch den «Zögling» matt gesetzt und damit aus dem Erziehungsdiskurs entlassen wird.

Erziehung ist die Kunst, auf möglichst hohem Niveau – verlieren zu können.

1.2 Erziehung ist ein gemeinsam vollzogener Gestaltungsprozess und nicht ein einseitiges Tun und Erleiden

Problematisch ist auch die Vorstellung, Erziehung realisiere sich innerhalb einer strikten Rollenverteilung zwischen einem Erzieher und einem Zögling: – Der Erzieher erzieht, der Zögling wird erzogen.

Unsere Auffassung von Erziehung als **gemeinsamer** Daseinsgestaltung widerspricht solchen materialhaften Vorstellungen des Erziehens als eines aktiven Tuns und des Erzogenwerdens als eines passiven Erleidens, wie sie sich im Laufe der Erziehungsgeschichte immer wieder in Bildern und Metaphern niedergeschlagen haben: Das Kind als Tonklümpchen in der Hand des Erziehers oder als tabula rasa, in welche der Erzieher seine Handschrift einträgt; der Erzieher in der Gestalt des Gärtners vis-à-vis der Kinder-pflanze; der Erzieher als Programmierer, das Kind als Computer, u.ä.

Ein Kind ist keine amorphe Masse, kein chaotisches Etwas, aus dem erst der Erzieher einen Jemand schafft. Kind und Erzieher arbeiten an einem gemeinsamen Dritten, das BUBER, M. (1962) als den «Zwischenmenschen» bezeichnet: d.h. an einer gemeinsamen Welt der gegenseitigen Verständigung. Erziehung ist ein gegenseitiger Wandlungs- und Gestaltungsprozess, und so, wie der Vater seinen Sohn, der Lehrer seinen Schüler bildet, schafft dieser seinen Vater und jener seinen Lehrer.

Den persönlichen Zielsetzungen sowie dem Mandat, das ein Erzieher (in seiner Rolle als Elternteil oder als professioneller Pädagoge) von der Sozietät übertragen erhielt, stehen von Anfang an und permanent die existentiellen, wesensmässigen kindlichen Grundbedürfnisse (Kapitel VI/2.3) gegenüber, die in kreisförmigen, interaktinonalen Austauschprozessen in die gemeinsame Daseinsgestaltung einfliessen. Das kindliche Subjekt ist an der gemeinsamen Daseinsgestaltung daher ebenso aktiv und kreativ beteiligt wie seine Erzieher. Erziehung ist ein Prozess gegenseitiger Anverwandlung:

> Der PESTALOZZI vor und nach Stans war nicht derselbe, sowenig wie MAKARENKO vor und nach dem Erziehungsexperiment in der Gorki-Kolonie. Desgleichen hat ANNE SULLIVAN nicht einfach als Lehrerin der taubblinden HELEN KELLER gewirkt, sondern hat durch die Begegnung mit dieser Schülerin entscheidende Wandlungen vollzogen.

Erziehung ist unserer Auffassung nach also weder ein Handwerk, in welchem ein Material eine planmässige Zurüstung erfährt hinsichtlich eines bestimmten Verwendungszwecks; sie ist auch nicht einer Kultivation gleichzusetzen, bei welcher man einem Organismus eine artgemässe Pflege zukommen lässt hinsichtlich einer bestimmten Züchtungsidee, und sie ist schliesslich auch nicht vergleichbar der Programmierung eines Computers mit dem Ziel, auf Abruf bestimmte Funktionsketten in Gang setzen zu können. – Erziehung stellt sich uns dar als permanente Suche nach einem modus vivendi innerhalb einer sich wandelnden lebensgeschichtlichen Situation. Von Erziehungszielen kann daher nur unter Mitberücksichtigung kindlicher Grundbedürfnisse gesprochen werden, wenn Erziehung nicht zu Dressur entarten und Pädagogik nicht in Philosophie entschweben soll. – Erziehung vollzieht sich als permanentes Aushandeln von Perspektiven und Vorgehensweisen bezüglich der gemeinsamen Beziehungs- und Daseinsgestaltung, die als «Vertragswerk» stets einer bilateralen Sinnstiftung bedarf. Erziehung ist ein gegenseitiges Sich-Vertragen, nicht ein einseitiges Herstellen.

Nicht nach speziellen **Behandlungs-,** sondern nach differenzierteren **Verhandlungs**-Möglichkeiten zu suchen ist heilpädagogischer Auftrag.

1.3 *Erziehung ist ein gegenseitiges Aushandeln von Gestaltungsmöglichkeiten und keine einseitige Durchsetzung von Machtansprüchen*

Eng verknüpft mit der oben kritisierten Vorstellung ist jene, Erziehung markiere ein prinzipielles, unilaterales Machtgefälle zwischen einem wissenden und erfahrenen Erzieher und einem unwissenden, unerfahrenen Kind.

Sowenig jedoch ein Erzieher wesensmässig und funktional allmächtig ist, ist das Kind wesensmässig und funktional ohnmächtig. Der Überlegenheit des Erwachsenenstatus' hinsichtlich bestimmter Fertigkeiten steht die Überlegenheit des Kindseins bezüglich des Werdenkönnens gegenüber. – Ferner wird gerade im heilerzieherischen Bereich deutlich, dass eine bestimmte Behinderung Kind **und** Erzieher neue Rahmenbedingungen aufnötigt. Macht kann sich nur im Machbaren entfalten. Was auch immer als Erziehungsproblem definiert wird, erweist sich als **gegenseitige** und **gemeinsame** Beschränkung der Daseinsgestaltungsmöglichkeiten, egal wo im einzelnen die Ursache hierfür eruiert werden kann.

Erziehung entsteht aus und besteht in der gegenseitigen Abhängigkeit von:

– **Erziehungsbedürftigkeit**
– **Erziehbarkeit**
– **Erziehungsfähigkeit**
– **Erziehungswilligkeit**

Erziehungsbedürftigkeit resultiert aus dem qualitativen Vergleich eines gegenwärtigen mit einem für die Zukunft vorgesehenen, erstrebenswerten Zustand personaler und sozialer Lebensformen.

Erziehbarkeit resultiert aus der partnerbezogenen Einschätzung der Möglichkeiten und Potenzen, die ein Mensch bietet hinsichtlich der Daseinsgestaltung. Die Erziehbarkeit eines Kindes steht somit in Abhängigkeit von der Beantwortung der Frage: Was bietet mir/uns dieses Du/Ihr an Realisierungsmöglichkeiten dessen, was ich/wir unter einer bestimmten edukativen Perspektive anstreben?

Erziehungsfähigkeit resultiert aus der personalen und sozialen Einschätzung der Möglichkeiten, welche ein Mensch (Ich) bzw. eine Sozietät (Wir) Andern zu bieten haben hinsichtlich deren Daseinsgestaltung und Lebensbemeisterung.

Erziehungswilligkeit resultiert aus dem im gelebten, haltungs- und handlungswirksamen Engagement zum Ausdruck kommenden Willen, die nach Massgabe der Erziehbarkeit und Erziehungsfähigkeit anerkannte Erziehungsbedürftigkeit zu befriedigen.

Für das Zustandekommen und den Fortbestand eines Erziehungsverhältnisses gilt dabei in dem Sinne ein Alles-oder-nichts-Gesetz, als die Annullation oder die Verkennung auch nur eines dieser Gesichtswinkel die Unmöglichkeit bzw. den Zusammenbruch der Erziehung nachsichzieht:

Wird die **Erziehungsbedürftigkeit** des Menschen schlechthin oder eines bestimmten Individuums annulliert, so ist auch schon die Frage nach dem Sinn der Erziehung hinfällig. Wo keine Bedürfnisse anerkannt werden, wird die Suche nach Möglichkeiten zu deren Befriedigung überflüssig.

Wird die **Erziehbarkeit** aufgrund bestimmter Vorstellungen darüber, was Erziehung unabdingbar zu sein und zu leisten habe vis-à-vis einem Menschen, der keinerlei Handhabe in dieser Richtung zu bieten scheint, annulliert, so wird damit zum Ausdruck gebracht, dass die Existenz dieses Menschen unter meiner/unserer pädagogischen Perspektive keinen Sinn ergibt und für eine gemeinsame Daseinsgestaltung ohne Bedeutung bleibt.

Wird **Erziehungsfähigkeit** in Abrede gestellt, so werden umgekehrt das Ich und das Wir invalidiert und als untauglich erklärt zur Stiftung und Aufrechterhaltung eines Erziehungsverhältnisses.

Erziehungswilligkeit weist Erziehung als ein partnerschaftliches, personales Vertragswerk aus, welches, im Unterschied zu einer materialorientierten ICH-ES-Beziehung, auf der prinzipiellen, im Laufe der Entwicklung auch kindseitig immer deutlicher zum Ausdruck gelangenden Autonomie und freien Entscheidungsfähigkeit (im Sinne eines personalen Entgegenkommens und der Willfährigkeit) beruht. Ein Erziehungsverhältnis macht daher einen kontinuierlichen, personbestimmten Wandel durch und trägt von allem Anfang an den Kern zur Auflösung und Ablösung in sich. – Ein Erziehungsverhältnis beruht zwar nicht unbedingt auf einer ausdrücklichen und reflektierten Willensentscheidung, benötigt jedoch ein Minimum von Anteilnahme und Anteilnehmenlassen an der personalen Daseinsgestaltung und mithin an partnerschaftlicher Empathie und Aufmerksamkeit. Wo gegenseitige Entfremdung und Desinteresse Platz greifen oder nicht überwunden werden können, und wo keine existentielle Verwandtschaft in einem gemeinsamen Schicksal mehr gestiftet wird, zerfällt ein Erziehungsverhältnis auch da, wo allenfalls noch ein gewisser sachbezogener (z.B. therapeutischer) Funktionsaustausch stattfindet.

Kind und Erzieher bilden eine Schicksalsgemeinschaft, innerhalb derer ein Machtmissbrauch sich stets auf **alle** Beteiligten auswirkt.

Wer im oben genannten Schachspiel-Vergleich das Kind bereits auf einem tiefen Niveau seiner Spielgestaltungsversuche schachmatt setzt oder aber dem Kind einen billigen Sieg andient, bereitet dem gegenseitigen Erlebnis-, Gedanken- und Erfahrungsaustausch ein frühes Ende; das Spiel ist aus, noch bevor es realisiert werden konnte, und die Partner haben im buchstäblichen Sinne nur noch ein kariertes Brett vor dem Kopf.

1.4 Erziehung ist ein themenzentrierter Diskurs und keine gegenstandsbezogene Produktion

Erziehung hat keinen Gegenstand, wie dies im Rahmen von Objektbezügen der Technik und des Handwerks der Fall ist. In der Erziehung geht es vielmehr um das gemeinsame **Thema** der Daseinsgestaltung zwischen Subjekten. Das Kind und ebenso der Erzieher sind einander lediglich im grammatikalischen Sinne «Objekt»; Erziehung findet zwischen Subjekten und demgemäss auf der Subjektebene statt. Erziehung beschäftigt sich mit einem Thema und nicht mit einem Gegenstand. Diese Thematik der Erziehung als Praxis und der Pädagogik als Theorie und Deutungsmuster lässt sich unter den Begriffen

- **Interesse,** verstanden als Seins-Modus
- **Dialektik,** verstanden als Betrachtungs-Modus
- **Dialogik,** verstanden als Umgangs-Modus

  fassen:

a) Den Begriff **Interesse** verstehe ich, abweichend vom heute vorherrschenden motivationalen Wortgebrauch des Interessiert-seins-für-etwas, im ursprünglichen und wörtlichen Sinne von «Inter-Esse» = Dazwischen-Sein. Mit Interesse bezeichne ich den für die Erziehung (als Praxis), wie auch für die Pädagogik (als Theorie) wesensmässigen, konstitutiven **Seins-Modus.** Erziehung bezeichnet ein Verhältnis zwischen wenigstens zwei Personen (einem Edukator und einem Edukanden), sowie das Verhältnis zwischen einer präsenten Situation, innerhalb derer sich diese Dyade befindet und einer antizipierten Situation, auf die ihr Verwirklichungsstreben zielt. Erziehung ist a priori gerichtet: auf personale Verhältnisse, sowie auf konstitutive Ziele. Der Erzieher ist ein Interventionist; Erziehung, die nichts mehr vor sich hat und vorhat mit dem Menschen, ihrer Prospektion und Perspektive verlustig geht, verliert ihren Wesensgehalt. Wo der Mensch keine Zukunft mehr hat, kann keine Erziehung mehr stattfinden. Pädagogisch wird eine Frage nicht dadurch, dass sie sich auf Kindhaftes richtet und kindliches Verhalten zum Inhalt hat, sondern dadurch, dass in ihr die Dialektik zwischen einer humanen (nicht nur kindhaften) Situation und einer diese Situation wertbetont transzendierenden Perspektive sichtbar wird. Aus der Problematik des «Dazwischen-Stehens» (GROSSMANN, E.M. 1967) werden daher auch sämtliche Handlungs- und Denkweisen mehrdeutig, d.h. aus verschiedenen Perspektiven zu deutend und fragwürdig, d.h. würdig, in Frage gestellt werden:

Erziehung vollzieht sich **zwischen**

- den Intentionen der unmittelbar Erziehungsverantwortlichen,
- den individuellen und subjektiven Bedürfnissen der Heranwachsenden
- den Ansprüchen der Gesellschaft und ihrer Institutionen
- den Forderungen aus den über die Gegenwart hinausreichenden Perspektiven.

Ein erster, in bestimmten Phasen und Situationen sogar dominierender und massgebender Beziehungspunkt ist die (je einzelne) **Erziehungsperson.** – Das Kind erfährt über sie am konkreten Beispiel, was menschliche Existenz ist und sein kann. Diese Anschaulichkeit, Unmittelbarkeit und Nähe einer zugeordneten Erzieherperson ist, wie vor allem die Deprivationsforschungen zeigen, eine unabdingbare Voraussetzung menschlicher Entwicklung und Personwerdung. Die Ich-Entwicklung ist von einem Du unmittelbar abhängig. – Die Frag-Würdigkeit dieser Bezugsperson liegt andrerseits in deren suggestiven Macht, welche einer Selbstwerdung des Kindes im Wege stehen kann und dieses, wie Jean PAUL RICHTER (1806; 1963) zu sagen pflegt, zu einem blossen «Kebs-Ich» werden lässt. Die dialektische Situation und Aufgabe besteht daher für Erzieher darin, das Kind in Akten der Bindung zugleich Distanz-, und in solchen der Trennung zugleich Verbundenheit erfahren zu lassen.

«Eine Dyade enthält zwei Epizentren der Erfahrung, zwei Standpunkte, zwei Perspektiven...» stellen LAING et al. (3.A. 1976, p.73) fest. Das zweite «Epizentrum» bildet in einem Erziehungsverhältnis somit das **Kind.** Seine konkreten, zunächst vorwiegend naturhaften Bedürfnisse («Basic needs»), später in zunehmendem Masse jedoch auch sein Eigen-Sinn und sein persönlicher Gestaltungswille erfordern den «reziproken Vergleich» (a.a O.).

Die Frage aus dieser Perspektive lautet nicht: Was tue ich alles **für** dieses Kind, sondern **mit** ihm? – auf welcher "interessanten" (d.h. **zwischen** unsern Ansprüchen und Aufgaben liegenden) Vertragsbasis bewegen wir uns am günstigsten in Richtung einer Ausweitung und Differenzierung unserer Dyade?

Das Bedeutsame eines solchen pädozentrischen Denkens und Handelns liegt darin, dass das konkrete Kind in seiner unverwechelbaren Individualität, in seinen spezifischen Bedürfnissen und in seiner Sonderexistenz sichtbar wird. Es ist nicht mehr einfach «Materialobjekt» der Erziehung, sondern wird in seiner Eigenständigkeit, in seinem Eigensinn (sowohl in seinem eigenen Willen wie in seiner eigenen Sinnhaftigkeit) samt seinen Eigentümlichkeiten anerkannt.[2] Damit eröffnet sich denn auch – grundsätzlich und

2 Wir werden hier mit einem pädagogischen Denken konfrontiert, dessen Wurzeln sich freilich bis auf SOKRATES (ca. 470–399 v. Chr.) zurückverfolgen lassen und das mindestens seit der Renaissance über ERASMUS (1466–1536), VIVES, L. (1492–1540), MONTAIGNE, M. (1533–1592) und ROUSSEAU, J.J. (1712–1778) als «Pädagogik der Existenz» jene «Pädagogik der Essenz» (SUCHODOLSKI, B. 1966), die den Menschen auf «**das** Menschenbild (spezifiziert gar «für die Heilpädagogik») verpflichtet, begleitet und das in einer Tagebuch-Notiz von PESTALOZZI, J.H. (1746–1827) eine schlichte Formulierung findet: «Wir träumen uns Bilder von der Menschheit und geben indessen auf den Buben nicht Acht, den du Hans heisst, und der Bub wird nichts nutz, weil wir, umnebelt von den Träumen der Menschheit, den Hans vergessen».
Die Existenzphilosophie hat der Pädagogik der Neuzeit ermöglicht, die Erziehungsproblematik unter diesem personalen Gesichtswinkel zu sehen.- Ihre Ansatzpunkte finden sich in der (Wieder-)Entdeckung des Einzelnen (KOBI, E.E. 1966) durch KIERKEGAARD, S. (1813–1855). Es ist daher kein Zufall, dass sich erst in diesem ideellen Umfeld so etwas wie ein heilpädagogischer Kerngedanke herausbilden konnte, der eine allmähliche kritische Distanzierung ermöglichte sowohl vom Aktionismus caritativen Beispringens wie auch vom Kuriositätenkabinett und den Exotismen zeitgenössischer Psychiatrie.
Es ist der Heilpädagogik infolge ihrer traditionellen Anlehnung an die Psychopathologie leider kaum bewusst geworden, wie viel sie KIERKEGAARD verdankt; einzig bei MOOR, P. finden sich meines Wissens direkte Bezüge auf diesen bedeutenden Denker.
«Die menschliche Persönlichkeit ist für Kierkegaard... ein nicht reproduzierbares Phänomen, dazu verdammt, sich selbst zu sein und gezwungen, in einem täglich neuen dramatischen Ringen das zu werden, was sie als höchste Stufe der Persönlichkeit anstrebt». So «formuliert Kierkegaard eine Theorie der Persönlichkeit nicht mit Hilfe irgendwelcher Gehorsamskategorien gegenüber objektiven gesellschaftlichen Institutionen..., sondern mittels der Kategorien der individuellen Risikobereitschaft und des persönlichen 'Engagements'. Jeder Versuch, diese Kategorien auf objektive Institutionen zurückzuführen, würde das sofortige Ende jener tragischen, weil ständig bedrohten individuellen Freiheit bedeuten, die nach Kierkegaard das wahre Wesen des Menschen ausmacht» (SUCHODOLSKI, B. a.a.O., p.42)

nicht nur als emotionale Beigabe – eine heilpädagogische Perspektive: Wo ein Mensch akzeptiert und ernst genommen wird einfach aufgrund seines Daseins und seiner Personhaftigkeit, gleichgültig, ob er irgendwelchen Normen entspricht oder nicht (bzw. diese erfüllen kann oder nicht), wo also der **konkrete** Mensch wichtiger ist, als das Menschen-**Bild**, da bietet sich auch dem Behinderten eine Überlebenschance. In solchem Überleben nach Lebensmöglichkeiten zu suchen: dies ist denn auch die Aufgabe der in diesem existenzphilosophischen Umfeld ermöglichten Heilerziehung.

Führt eine Erziehung, die ihren Beziehungspunkt im Kinde hat, nicht auch immer wieder über dieses hinaus, so droht dem Erziehungsprozess allerdings die Stagnation: Der Erzieher, der sich **nur** nach dem Kind und dessen gegenwärtigem Status ausrichtet, ist der Gefahr ausgesetzt, in seinen «erzieherischen» Aktionen selbst kindisch zu werden. Wo ausschliesslich das Kind Beachtung findet, wird das soziale Element und mithin das Kollektiv mit seinen Ansprüchen negiert. Eine egozentrische «Erziehung» ist ein Widerspruch in sich selbst und käme denn auch nicht über einen lebensfeindlichen Solipsismus hinaus.

GLAESER, F. (1963) hat versucht, das Grundanliegen einer solchermassen «existentiellen Erziehung» herauszuarbeiten:

GLAESER möchte «der Erziehung die Aufgabe stellen, den Menschen zu sich selbst zu führen, noch deutlicher: zu seinem Selbstsein, zu seinem vollen, eigenen Menschsein». Er wehrt sich dagegen, «die Aufgabe der Erziehung darauf zu beschränken, dass man den einzelnen Menschen zum brauchbaren Mitglied der Gesellschaft macht oder ihn bloss für bestimmte Zwecke abrichtet».

«Existentielle Besinnung wird sich immer gegen fertige Bilder vom Menschen auflehnen»... «Für pädagogisches Denken und Wirken soll die Grundtendenz der existentiellen Besinnung gelten: als Auflehnung gegen alles, was von aussen her als fertiges und allgemeines Menschentum an das unmittelbare, einmalige, sich selbst gehörende Dasein herantritt und es mit seinen Totalitätsansprüchen zu verschlingen droht, als die Forderung, man müsse überall vor allem den Menschen sehen, ihn befreien aus den Mechanismen der Funktionalisierung des Lebens und aus den Klammern aller starren Systeme».

«Die existentielle Blickrichtung erfordert durchgegend eine bestimmte Anschauung von dem Menschen, der erzogen und gebildet werden soll. Sie verbietet, ihn als 'Objekt' zu sehen, als ein Etwas, das geformt und an dem etwas verrichtet werden soll. Das erzieherische Denken und Wirken darf in ihm keinen Gegenstand und kein 'Material' sehen, es muss ihn von vornherein und ständig als ganzen Menschen in seinem Dasein und in seinem Personsein erfassen»... «Aufgabe der Erziehung ist es, dem heranwachsenden Menschen dazu zu verhelfen, dass er die Sprache seines Daseins finde, dass er seine eigene Sprache spreche»... «Erziehung kennt, so gesehen, kein genormtes Ideal» (p. 115–122).

Die Fragwürdigkeit der pädozentrischen Perspektive bricht da auf, wo der Erzieher sich als charmanter Pädo-Philister zum advocatus angeli macht, wenn er sich gelegentlich auch hinter **nicht** kindsgemässe Ansprüche zu stellen hätte. Er erzeugt auf diese Weise inflationäre Verhältnisse und prellt das kindliche Subjekt um notwendige Grenzerfahrungen. – Die dialektische Aufgabe besteht vis-à-vis dem Kind also darin, ihm durch die Ansprüche anderer **begrenzte** Entfaltungsmöglichkeiten zu bieten.

Die Dyade von Erzieher und Kind bildet zwar die kleinstmögliche und daher stets als Ganzes ins Auge zu fassende Einheit für die Pädagogik. Sie kommt freilich nirgends isoliert und unabhängig vor. Erziehung ist keine ausschliessende Privatangelegenheit, sondern wird mitgetragen und mitbestimmt durch die **Sozietä**t und deren Institutionen. Diese melden – informell und formell, offiziös und offiziell – ihre Wünsche und Absichten an die Adresse der Erziehungsverantwortlichen bezüglich der Erziehung und Bildung der jungen Generation. Bestand und Weiterentwicklung einer Gesellschaft sind entscheidend von Tradition abhängig. Unter diesem gesellschaftlichen Aspekt werden Aufgaben der Anpassung, der Sozialisation, der Enkulturation sichtbar.

Frag-würdig wird diese soziale Perspektive in der Missachtung der individuellen Daseinsgestaltung, und sie findet daher ihren dialektischen Gegensatz in der Non-Konformität, im Widerstand und im sich Verweigern-können gegenüber kollektiven Ansprüchen.

Ein vierter Beziehungspunkt ergibt sich schliesslich aufgrund der unausweichlichen ideologischen Ausrichtung jeder Erziehung und der Wertprämissen, welche jeder Art von Pädagogik (auch einer sogenannten «Anti-Pädagogik») zugrundeliegen. Derartige Sollensansprüche können, wie in unserer pluralistischen Gesellschaft, vielfältig und kontrovers sein: Solange sich jedoch Pädagogik mit der Aufhellung von Realisierungsversuchen der für die Erziehungspraxis konstitutiven Seinsentwürfe beschäftigt, sind normative Implikationen nicht auszuschliessen. **Ideologien** und die mit ihnen verbundenen erzieherischen Zielsetzungen mögen wechseln; die Sinnfrage jedoch (wozu das alles?) bleibt für Praxis und Theorie bestehen. Sollensansprüche weisen je in eine die Gegenwart transzendierende Zukunft.

Frag-würdig werden sie da, wo sie eine peinvolle Gegenwart einer verklärten Zukunft opfern oder eine heile Welt von Konstrukten, Theoremen, Utopien erzeugen, die keine Verbindung mehr aufweist zum Hier und Jetzt. Ihr dialektisches Gegengewicht müssen derartige «pneumatische» Entwicklungen daher im Ballast der Alltagsrealität des konkreten Menschen und seinen Vergesellschaftungsformen finden. Heilpädagogisch ist jede

Ideologie daraufhin zu befragen, wie sie es mit dem behinderten Kinde hält und welchen Sinn sie seinem Leben und Dasein beizumessen bereit ist.

Der Erziehungspraxis bietet sich unter diesen Perspektiven (Erzieher-Kind-Gesellschaft-Ideologie) freilich keine Wahlsituation: Die Bedürfnisse des Kindes erfüllen (unter Vermeidung jeder autoritären Anmassung) **oder** das Kind den gesellschaftlichen Ansprüchen unterwerfen und es auf eine bestimmte Perspektive ausrichten (unter Missachtung persönlicher Sinnhaftigkeit). Pädagogisches Inter-Esse bezeichnet eine Situation, die **keine** Wahl lässt – nicht einmal die des Nichtwählens. Sie ist gekennzeichnet durch die **gleichzeitige** Verantwortung des Erziehers dem Kind, der Gesellschaft im status quo, der Perspektive und sich selbst gegenüber. Mit dieser **existentiellen** Verantwortung ist existentielle Schuld verbunden.[3]

CAMUS, A. (1964) hat diese freilich auch allgemein-menschliche Situation in meisterhafter Prägnanz und Dichte im Bilde des Sisyphos, der sich auf dem Rückweg zu seinem Stein befindet, zusammengefasst: Psychologisch betrachtet zweifellos ein unbeschreiblich «frustrierender» Moment-, existentiell jedoch Ausdruck eines lebenserhaltenen Entschlusses, mit «dieser leichten Drehung», wie es heisst, sich erneut seinem Stein zuzuwenden. Was, wenn es gelänge, den Stein auf den Gipfel zu schieben? Was, wenn es gelänge, «das Subjekt zu versteinern» (KIERKEGAARD, S., 1971), alles Du in Es überzuführen (BUBER, M., 1962) und den sich jeder Formung entziehenden existentiellen Kern des Menschen (BOLLNOW, O., 1959a) zu spalten? Der Erfolg des Sisyphos, der seinerseits versucht haben soll, den Tod zu fesseln, brächte die Harmonie um den Preis des Lebens.

«In der heilpädagogischen Arbeit kann uns keine Pädagogik genügen, die an einem festen Standpunkt unverrückbar festhält, die aus einer festgehaltenen weltanschaulichen Überzeugung, aus einem ein für alle Male festgelegten -ismus, aus einer Ideologie, bloss die Folgerungen zieht angesichts der allgemeinmenschlichen Situation... Als Heilpädagogen müssen wir uns offen halten für **alle** Möglichkeiten eines menschlichen Sonderschicksals und bereit sein, den von uns persönlich bevorzugten Standpunkt immer wieder in Frage stellen zu lassen durch die besondere Not, die es zu wenden gilt» (MOOR, P. in: RÖHRS, 1964, p.394).

---

3 Diese kann ihren psychischen Ausdruck finden im sog. «burn-out-Syndrom» (= Ausgebrannt sein). Es ist geprägt durch Gefühle permanenten Ungenügens, des Zerrissenseins, Sisyphusarbeit zu leisten und durch das dringende Bedürfnis, endlich einmal **das** Pädagogische Grundgesetz und **die** unfehlbare Methode zu finden, welche einen aus der paradoxen Situation erlösen könnte, durch das Verlangen ferner, das menschliche Subjekt via Objektivierung dingfest zu machen und ihm die Unberechenbarkeit zu rauben: den Schmetterling aufzuspiessen, der einem immer wieder davonflattert (Kapitel I/6.1).

b) Während wir mit Inter-Esse den für Erziehung und Pädagogik charakteristischen Seins-Modus bezeichneten, verstehe ich in diesem Zusammenhang unter **Dialektik** den aus diesem Seins-Modus des Dazwischen-Stehens heraus erforderlichen **Betrachtungs-Modus.**

Dialektik bezeichnete ursprünglich und konkret die Kunst des Streitgesprächs. Es scheint mir auch hier nützlich zu sein, von diesem alten Wortsinn auszugehen. Voraussetzungen eines derartigen Streitgespräches sind: ein Gesprächsgegenstand und zwei Kontrahenten, von denen der eine als Verfechter einer bestimmten These auftritt, der andere den konträren Standpunkt einnimmt. Welcher Art die Gegensätze sind und wie die Sache in Rede und Gegenrede schliesslich ausgeht, ist hier nicht von Belang. Sichergestellt muss jedoch bleiben, dass der Sachbezug nicht verloren geht, dass in der Divergenz der Ansichten die Gemeinsamkeit des Gesprächsgegenstandes gewahrt bleibt. – Diese, in einer kontradiktorischen Veranstaltung starre, leicht zur Erstarrung und damit zur Aufhebung der dialektischen Dynamik führende Rollenverteilung (Pro und Contra) kann nun, in einer Weiterentwicklung der Dialektik zu einer Denkmethode (Kapitel VIII/2.4), aufgehoben und in einer Person vereinigt werden. – SCHMIED-KOWARZIK, W. (1974), der die aus dem pädagogischen Inter-Esse heraus entwickelten dialektischen Denkformen von SCHLEIERMACHER bis MAKARENKO und FREÍRE verfolgt, stellt fest, dass die Erziehungswirklichkeit von ihrer Beschaffenheit her überhaupt nur dialektisch erfasst werden kann. – Dialektische Erziehungswissenschaft trifft sich mit andern kritischen Wissenschaftstheorien, so etwa jenen der (Anti-)Psychiatrie (COOPER; LAING; BASAGLIA; SZAZS; MANNONI; u.a.) und der Interaktions-Forschung. – Dialektisches Denken ist für die Heilpädagogik aus verschiedenen Gründen von existentieller Bedeutung:

– weil es als «verstehende Dialektik» abtrünniges, nonkonformes, linearem Denken entglittenes oder un–interessant gewordenes Leben zurückholt in den Daseinszusammenhang und in unsere gemeinsame Welt
– weil es den Widerspruch nicht aufhebt durch Stillegung von Kontrahenten, sondern - um auch hier das Wort von CAMUS (1964) aufzunehmen - «auch das Absurde leben lässt»
– weil es die Verschränktheit von Gegensätzlichem, die gegenseitige Abhängigkeit pädagogischer Antinomien, sichtbar macht, Totalitarismus und Dogmatismus in deren eigener Negation aufhebt und so eine Basis herstellt für den Dialog zwischen Entfremdeten: Geistesschwachen

und Geistreichen, Stigmatisierten und Stigmatisierenden, Gesetzeshütern und Gesetzesbrechern, Patienten und Therapeuten.

Dialektik kann schliesslich eine Lebensform bezeichnen, die sich im Widerspruch und Positionswechsel immer wieder Freiheitsräume zu verschaffen sucht und «mit den Widersprüchen der Wirklichkeit dialektisch lebt» (BASAGLIA, F. 1974, p. 25). Dialektisches Leben ist allerdings nur da möglich, wo es Alternativen gibt (a.a.O.), und es setzt daher seinerseits Freiheit in der Wahl der Perspektive und des Deutungsmodells voraus. Dialektisches Denken und Handeln bewegen sich, bildlich gesprochen, auf einer elliptischen Bahn um die zwei Epizentren der Erfahrung: Des Ego und des Alter. Deren personale und direkte, (d.h. nicht mehr ausserhalb ihrer selbst liegende Sachverhalte betreffende), Beziehungen konstituieren ihren Dialog.

Wiewohl die moderne Anthropologie – und dies nicht zuletzt im Hinblick auf das pädagogische Inter-Esse – mit aller Deutlichkeit zeigt, dass polare Gegensätzlichkeiten zur Grundstruktur des Menschen gehören, wirkt dialektisches Denken, wo immer es sich zu entfalten versucht, provokativ auf uni-forme Denkklischees, Einheitsideologien und absolutistische Fundamentalismen, allwo diese Widersprüche, Gegensätze, sowie logische, moralische und aesthetische Vielgötterei mit den in Kapitel I geschilderten Vernichtungsritualen bedenken. Nur der Politheismus lässt auch dem Monotheismus eine Lebenschance!

c) Dialektik und Dialogik sind zwar in ihren Ursprüngen miteinander verwandt, trotzdem aber nicht identisch. Mit **Dialogik** bezeichne ich hier den im pädagogischen Inter-Esse sich herausbildenden zwischenmenschlichen (interpersonellen) **Umgangs-Modus.**
Während die dialektische Betrachtungsweise sich auf eine Sache, einen Sachverhalt, auf objektiviertes ES richtet, bezeichnet Dialogik die unmittelbaren, intersubjektiven Bezüge zwischen Personen. Nicht eine Sache, sondern sie selbst stehen über ihr Verhältnis im Diskurs (Schema 7). Mit einem Wortspiel könnte man sagen: In einer dialektischen Betrachtungsweise geht es darum, die in **Sach**-«Verhalten» liegenden Antinomien aufzudecken –, in einer dialogischen Kommunikation (die durchaus nicht nur lautsprachlich vonstattengehen muss, sondern auch körpersprachlich, stimmungshaft, im Schweigen, mitunter sogar in der parapsychologischen Koinzidenz von Gedanken und Visionen zum Ausdruck kommen kann) geht es um das **Verhalten** zur «Sache» der beteiligten Subjekte.

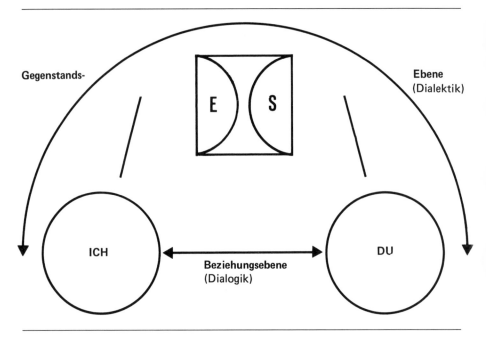

Schema 7: Gegenstandsebene / Beziehungsebene

1.5 Erziehung vollzieht sich im bilateralen Beziehungswandel und erfüllt sich nicht nur in kindseitiger Verhaltensänderung

Kindseitige Verhaltensänderung und Kompetenzerweiterung möglichst dauerhafter, zuverlässiger Art in Richtung auf bestimmte, als erstrebenswert und sinnvoll erachtete Lebens- und Beziehungsformen liegen zwar durchaus im erzieherischen Interesse. Dennoch ist zu beachten,

– dass nicht jede (kindseitige) Verhaltensänderung erziehungsbedingt ist bzw. erzieherischen Intentionen entspricht: Endogene Reifungsprozesse, aus zufälligen Umweltsbeziehungen sich ergebende Prägungen, verhaltensbeeinflussende Eingriffe in den Objektstatus des Menschen (z.B. medizinischer Art), aber auch das Subjekt ausklammernde oder unterdrückende Dressurakte liegen ab von personaler Daseinsgestaltung unter Subjekten

und

– dass sich andrerseits Erziehung nicht erschöpft in (kindseitiger) Verhaltensänderung. Erziehungsbegriffe, welche einseitig und exklusiv die Ver-

86

änderbarkeit des **kindlichen** Verhaltens und der Leistungsfähigkeit zur conditio sine qua non erklären, führen unweigerlich zum pädagogischen Ausschluss menschlicher Existenzformen, welche diese Bedingung nicht zu erfüllen mögen.

Wir müssen daher bereits bei der phänomenologischen Erfassung des Erzieherischen darauf achten, dass uns nicht das schwerstbehinderte Kind, welches für die Heilpädagogik die Nagelprobe darstellt (Kapitel I/5.1) durch die Maschen des Begriffs gleitet. Wir benötigen einen Erziehungsbegriff, der uns eine positive Antwort gestattet auf die existentiellen Grundfragen:

– kann Erziehung sein? (Möglichkeitsnachweis)

und

– soll Erziehung sein? (Bedürfnisnachweis)

Beide Fragen sind dabei bilateral, aus der das Erziehungsverhältnis konstituierenden Dyade heraus, zu beantworten. Die positive Beantwortung der Frage, ob Erziehung sein soll und sein kann, wurzelt im Bewusstsein des **gemeinsamen** Schicksals.

Erziehung ist da und so lange möglich, als ein personaler Wille vorhanden ist, sich von einem andern in seiner Daseinsgestaltung mitbestimmen zu lassen und an der Lebensform anderer mitgestaltend teilzunehmen. – Erziehung entspricht da und so lange einem Bedürfnis, als in einem Andern eine Verheissung erkannt wird, durch gemeinsame Daseinsgestaltung zu einem den status quo übergreifenden Ziel zu gelangen. Verheissung, Glaube, Hoffnung, Sehnsucht... gelten zwar als unwissenschaftliche Begriffe, bezeichnen jedoch die tragenden Elemente jeder menschlichen Aktivität. Ohne unbestimmbare Verheissung (Moor, P. 2.A. 1960) lassen sich nicht einmal die Motive und Motivationen einer Motivationspsychologie bestimmen! (Kobi, E. E., 1990)

Existenzänderung umfasst daher mehr und in Einzelfällen auch Wesentlicheres als nur Verhaltensänderung (Kapitel VI/1.4). Grundsätzlich geht es um eine Wandlung in der Haltung dem andern **gegenüber,** um einen Wechsel der Perspektive, eine neue Sinnverleihung und Be-Deutung in einem zwischenmenschlichen Beziehungsverhältnis. Die Frage, von welcher «Seite» aus diese Neukalibrierung erfolgt, steht im Hintergrund, sofern diese Frage in den kreisförmigen Beziehungsmustern (Kapitel VI/3.5) überhaupt noch relevant sein kann.

Die Frage, ob Erziehung sein könne, entscheidet sich dieser Auffassung gemäss also **nicht** daran, ob ein Kind sich, wie ein Materialobjekt, gemäss irgendwelchen Zielsetzungen verformen lässt oder nicht, sondern ob wir **füreinander** etwas bedeuten.

Desgleichen entscheidet sich die Frage, ob Erziehung sein soll dieser Auffassung gemäss nicht daran, ob ein Mensch auch ohne zwischenmenschliches Dazutun, nur aufgrund seiner naturhaften Ausstattung, mit sich zurande käme, sondern gegenüber der Verheissung eines gemeinsam zu konstituierenden Zwischenmenschen.

Erziehung lässt sich dieser Auffassung gemäss nicht aus der Einzahl heraus begründen gemäss der Frage: Soll und kann aus diesem Zeug da etwas hergestellt werden? – Existentieller Ausgangspunkt ist die von der **Zweiheit** her gestellte Frage: Wie gelangen wir im Hinblick auf den Andern über uns hinaus? Die «Wendung vom manipulativen zum kommunikativen Erziehungsverständnis» (MOLLENHAUER, K. 1972) ist speziell für die Heilerziehung von axiomatischer Bedeutung. Über das cartesianische: Ich denke, also bin ich! kann das Ich sich zwar seiner eigenen Existenz und per analogiam der Existenz anderer ICHs versichern, nicht aber die für die Erziehung grundlegende ICH-DU-Beziehung aus dem WIR heraus entwickeln. Nicht das ICH, sondern das WIR und nicht das Sein, sondern das Werden bilden hierzu die unabdingbaren Voraussetzungen für die Erziehung. Nicht mein Bewusstsein, dass ich denke, sondern das Bewusstsein, dass wir (alle miteinander) werden, ist der entscheidende Reflexionspunkt. Treffender ist der altertümliche Ausdruck des Wandelns, da dieser noch das ganze Begriffsfeld vom Sich(ver-)Wandeln bis hin zum Wandern (d.h. die immanente und die emanente Änderung) abdeckt. Das Werden bestimmt das Wandlungsbewusstsein. Dieses bildet eine notwendige, jedoch noch keine zureichende Voraussetzung für die Erziehungsthematik. Diese bricht erst mit der Frage nach den subjektiven Gestaltungsmöglichkeiten auf. Schema 8 zeigt, dass in bezug auf diese, für die Erziehung existentielle Frage theoretisch vier Extrempositionen eingenommen werden können:

– **Prädestinative Position:** Menschliches Werden ist external determiniert, d.h. von ausserhalb des Subjekts liegenden Instanzen (der Natur, einem transzendenten Creator) her festgelegt und vorausbestimmt. Das Subjekt kann die Zwangsläufigkeit seiner «Geschichte» (als Schicksalsverlauf) zwar erkennen; es verfügt seinerseits jedoch über keine determinierenden, mitbestimmenden Möglichkeiten. Irgend eine Form von subjektgesteuerter Daseinsgestaltung erweist sich von dieser Position aus als unmöglich.

- **Solipsistische Position:** Menschliches Werden ist ausschliesslich internal determiniert, d.h. durch das einzelne Subjekt bestimmbar. Der Einzelne ist das Werk seiner selbst, eine Auto-Kreation. Daseinsgestaltung ist von dieser Position aus eine rein private, ich-hafte Angelegenheit. Gemeinsame Daseinsgestaltung, wie sie für Erziehung konstitutiv ist, ist nicht nur unnötig, sondern für das exklusive Selbstverwirklichungsstreben des Einzelnen hinderlich und störend.
- **Zufalls-Position:** Menschliches Werden ist in keiner Weise und von keiner Seite determiniert und determinierbar. Was ist, ist Zufall. Daseinsgestaltungsversuche sind weder möglich noch unmöglich, weder störend noch hilfreich, da sie jeden Sinns entbehren.
- **Edukative Position:** Menschliches Werden ist sowohl objektiv-external, wie auch subjektiv-internal determiniert bzw. determinierbar. Die externale Determination erscheint gewissermassen fragmentarisch, rahmenhaft, potentiell, sie ist erkennungs- und realisierungsbedürftig und führt somit zur Frage, was aus dem, was werden kann, werden soll. «Der Mensch ist die Potentialität in ihrer faktischen Beeinträchtigung» (BUBER, M. 1962, p. 259). – Es geht, nach einer Formel PESTALOZZIS, darum, dem Haschen der Natur nach Vollkommenheit Handbietung zu leisten. Damit ist die Frage nach einem Ziel gestellt.

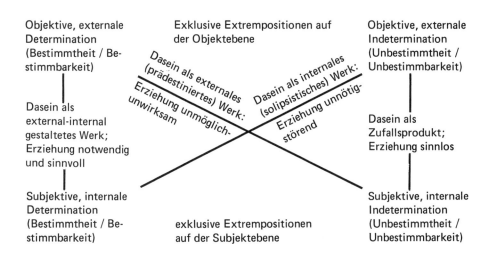

Objektive, externale Determination (Bestimmtheit / Bestimmbarkeit)

Dasein als external-internal gestaltetes Werk; Erziehung notwendig und sinnvoll

Subjektive, internale Determination (Bestimmtheit / Bestimmbarkeit)

Exklusive Extrempositionen auf der Objektebene

Dasein als externales (prädestiniertes) Werk: Erziehung unmöglich-unwirksam

Dasein als internales (solipsistisches) Werk: Erziehung unnötig-störend

exklusive Extrempositionen auf der Subjektebene

Objektive, externale Indetermination (Unbestimmtheit / Unbestimmbarkeit)

Dasein als Zufallsprodukt; Erziehung sinnlos

Subjektive, internale Indetermination (Unbestimmtheit / Unbestimmbarkeit)

Schema 8: Positionen bezüglich menschlicher Daseinsgestaltung

1.6 Erziehung ist ein stimulativer, kein instruktiver Vorgang

Nach dieser gedanklichen Vorarbeit können wir es schliesslich wagen, auch an den «Mythos des Veränderns» (PLEYER, K. H. in: ROTTHAUS, W. 2.A. 1989, p. 107) zu rühren: Das heisst an die Annahme, Erziehung sei eine Art Transmissions-Geschäft, vergleichbar einer Impfkampagne mit der Milch der frommen Denkungsart. – Erziehung produziert und transportiert nicht(s) (vgl. TER HORST, W. 1983, p. 104) und ist daher weder mit mechanischen noch energetischen Wirkungsmodellen (Kapitel VI 3.1 + 3.2) abzubilden. Erziehung ist ein Muster, ein Strukturelement, eine Konstellation und Konfiguration innerhalb derer **dieselben** materialen, psychischen und sozialen Gegebenheiten und Ereignisse sehr unterschiedliche Erlebens- und Lebensbedeutungen erlangen können.

Wenn ein Subjekt (Erzieherin) ein anderes (Kind) informiert (instruiert, belehrt, erzieht, therapiert etc.), dann bedeutet dies also nicht, dass irgend ein Fluidum transportiert wird, sondern dass eine Person veranlasst wird, eine möglichst ähnliche Wirklichkeitskonstruktion (Kapitel I/2) vorzunehmen. Kommunikation ist nicht Informations**austausch,** sondern parallele Informations**konstruktion** (SCHMIDT, S.J. in: ROTTHAUS, W., 2.A. 1989, p. 65): «Menschen vollziehen keine instruktive Interaktion. Das bedeutet für die Erziehung: Die erzieherische Intervention determiniert nicht, was das Kind lernt; es ist vielmehr die Struktur des Kindes, die das Schicksal der erzieherischen Intervention determiniert. Der Erzieher kann also nicht einseitig das Verhalten des Kindes bestimmen» (a.a.O. p. 76). – Lernerfolge, Heilungen, Kenntniserwerb und dergleichen personale Zustandsverbesserungen können nicht übermittelt, sondern lediglich angestossen werden, «indem man für das System Situationen schafft, in denen das System erfolgreich neue Selbst- und Weltkonzepte konstruiert» (a.a.O. p. 73). «Heilen wird kaum gelingen, wenn es als intendierte Zustandsveränderung eines von der Norm des Heilenden abweichenden Zustands eines fremden Systems geplant wird; heilen kann sich ein lebendes System nur selbst, wenn es seine Selbstkonzepte im Rahmen seines Wirklichkeitsmodells zu verändern imstande ist» (a.a.O.).

Es handelt sich hier um eine grundsätzliche, für die Gestaltung der Erziehungspraxis und die Performance (das Auftreten und die Darstellung) der Erziehungsperson folgenreiche Entscheidung:

– ob ich Erziehung (und desgleichen subjektorientierte Therapien) als Vorgang essentieller Transformation erzieherischer Wesenheiten (meiner

Schlauheit, Herzensbildung, Edelkeit...) auf den Schüler/Patienten betrachte

oder

– ob ich der Auffassung bin, in breiter sozialer und systemischer Phantasie Impulse abgeben zu können auf ein "autopoietisches System", das innerhalb seines Gestaltungsrahmens seine eigene «Muster-Gültigkeit» kreiert.

SCHMIDT, S.J. (in: ROTTHAUS, W. 2.A. 1989, p. 73) fasst diese konstruktivistischen Annahmen, die ich auch meinem Verständnis von Erziehung zugrunde lege, in folgenden Punkten zusammen:
«dass Menschen im kognitiven Bereich keine trivialen Input-Output-Maschinen sind, sondern nicht-triviale Selbstorganisationssysteme;
dass Kommunikation nicht als Austausch von Information funktioniert, sondern als (parallele) Konstruktion von Information im kognitiven Bereich;
dass Menschen aufgrund der organisationellen Geschlossenheit ihres autopoietischen Systems wie ihres selbstreferentiellen und selbstexplikativen Gehirns autonom und individuell einsam sind;
dass Menschen aufgrund der Arbeitsweise des Gehirns nie «die Wirklichkeit» exakt abbilden, sondern soziale Wirklichkeiten erzeugen, auf die sie ihr Erkennen und Handeln in sozialen Systemen ausrichten;
dass «Verstehen» als innersystemischer Prozess der Kommunikatbildung über Texten modelliert werden sollte.
Akzeptiert man diese Annahmen, dann muss man davon ausgehen, dass Veränderungen, Lernerfolge, Heilungen usw. in menschlichen Systemen selbst erfolgen».

Heilerziehung ist qualifiziertes «anstössiges» Verhalten, in der Absicht, personale Systeme, die in ihren Repräsentationen von den Gepflogenheiten und Erwartungen des sozialen Kontexts unvorteilhaft abweichen, zu Modifikationen zu veranlassen, welche der Spannungsminderung in der sozialen Homöostase dienen.

Zusammenfassend halten wir fest:

Erziehung ist kein Gegenstand aus dem Bereich des Gegebenen, über den man sich unreflektiert, rein «pragmatisch», hermachen kann, sondern ein **Thema,** das zunächst als eine Aufgabe erkannt und zur Sprache gebracht werden muss. – Erziehung wird nicht vorgefunden, sondern muss aus Notwendigkeit arrangiert werden. Erziehung ist nicht eine zu entdeckende Seinsform, sondern eine zu erfindende Bewusstseinsform. Erziehung ist keine Selbstverständlichkeit, sondern eine Durch-uns-Verständlichkeit. Erziehung ist nicht etwas Natürliches (Naturhaftes), Gegebenes, sondern etwas kultürlich Aufgegebenes. Erziehung findet ihre Existenzgrundlage nicht im An-sich-Seienden, sondern erst im Für-jemand-Werdenden. Erziehung gründet in einer intersubjektiven Beziehung, innerhalb derer eine wertorientierte Handlungsfähigkeit zu einer als sinnvoll erachteten Form der Lebensbewältigung und Daseinsgestaltung erworben und vermittelt wird. Erziehung ist ein psychosoziales Arrangement, in welchem ein verbindendes Muster, eine Textur, zur gemeinsamen Daseinsgestaltung gesucht wird.

2. Pädagogik

Ausgehend vom programmatischen Satz MOOR's (2.A. 1960, p. 7): «Heilpädagogik ist Pädagogik und nichts anderes!» gilt es zunächst einen kurzen Blick zu werfen auf den Gesamtbereich der Pädagogik, innerhalb dessen die Heilpädagogik eine Sondersparte darstellt.

2.1 Wortbedeutung und -geschichte

Wortgeschichtlich lässt sich die Bezeichnung «Pädagogik» zurückführen auf das griechische «pais» (= Knabe, Nachkomme) und «ago» (= führen, ich führe). Die wörtliche Übersetzung lautet demnach «Knabenführung». Der altgriechische paidagogos war ursprünglich kein Lehrer oder Erzieher, sondern im buchstäblichen Sinne Knabenführer, d.h. derjenige, dem die Kinder auf dem Schulweg anvertraut wurden. Erziehungs- und Bildungsaufgaben wurden ihm erst in späterer Zeit übertragen.

Als Fachausdruck fand das Wort «Pädagogik» erst im 18. Jahrhundert - im Zusammenhang mit den Bemühungen, den erziehungswissenschaftlichen Bereich gegenüber der Theologie zu verselbständigen – Eingang in den Sprachgebrauch.

In der heutigen Alltagssprache wird das Adjektiv «pädagogisch» oft gleichbedeutend mit «erzieherisch» und «schulisch» verwendet. Als Pädagogen im weitesten Sinne werden daher alle Personen bezeichnet, die natürlicherweise (Eltern), berufsmässig (Lehrer, Erzieher) oder auch nur sporadisch (Kursleiter) erzieherisch oder unterrichtlich tätig sind.

In der wissenschaftlichen Begriffsfassung bedeutet «Pädagogik» allerdings nicht nur die Erziehungspraxis, sondern «das Gesamt erzieherischen und unterrichtlichen Denkens und Tuns» (MÄRZ, F. 1965, p. 15) und vorab die auf die Erziehungspraxis bezogene Theorie.

In diesem pädagogischen Gesamtfeld lassen sich folgende, miteinander verzahnte und aufeinander bezogene Bereiche unterscheiden (Schema 9):

- Die **Erziehungspraxis,** das ist der Gesamtbereich erzieherischen Wirkens, und zwar auch des naiven, noch unreflektierten sich Bemühens um den homo educandus. Ich spreche in diesem Sinne von Erziehung bzw. Heilerziehung, allwo wir es mit praktischen, konkreten Bemühungen zu tun haben. Die Erziehungspraxis geht jeder Reflexion und Theorie zeitlich voran und stellt in diesem Sinne eine Voraussetzung der pädagogischen Besinnung und Forschung dar.

- Die **Reflexion,** das ist die Besinnung auf einzelne Erziehungsprobleme, welche an kritischen Punkten des Erziehungsfeldes auftauchen und ein naives Weiterschreiten verunmöglichen. Reflexion setzt daher ein Innehalten in der tätigen Auseinandersetzung voraus, ein Aufmerken mindestens und verlangt eine Distanznahme vom erzieherischen Alltag. Die Reflexion kann je nach dem zu einer persönlich beschränkten Erkenntnis führen – zu dem, was eine Person ihre «Erfahrung» nennt – und als solche unmittelbar wieder einfliessen in die Praxis oder aber in einer vordergründigen, handwerklich orientierten und daher meist unsystematischen «Gebrauchsanweisung» ihren Niederschlag finden, die nach dem Motto: «Aus der Praxis – für die Praxis!» persönliche Erfahrungen weiterreicht.

- Kritische Reflexion kann aber auch zum Ausgangspunkt werden für eine tiefere Besinnung und gezielte Erforschung nicht nur vereinzelter Erziehungsprobleme, sondern des Phänomens «Erziehung» überhaupt. Hier wird Reflexion als anhaltende Bewegung zu einem konstituierenden Moment einer **Erziehungswissenschaft:** Unter diesem dynamischen Aspekt betrachtet ist Erziehungswissenschaft (Pädagogik im engern Sinne) die Besinnung auf das Erziehungsphänomen, die als solche immer wieder den Anstoss gibt zur systematischen und gezielten Erforschung der Erziehungsproblematik mit der Absicht, im gesellschaftshistorischen Prozess handlungsleitende und haltungsbegründende Perspektiven und Deutungsmuster zu gewinnen. «Die Erziehungswissenschaft ist gleichsam die kontemplative und reflexive Instanz für die immer schon vorgegebene Erziehungswirklichkeit, die hier eine begründete Ordnung und Erhellung ihrer vielfältigen Erscheinungsformen erfährt» (RÖHRS, H. 1964, p. 4). In diesem Sinne verwende ich die Bezeichnungen Pädagogik und Heilpädagogik stets da, wo dieser theoretische Bereich zur Diskussion steht.

– **Erziehungslehre** bezeichnet eine Zusammenstellung praktischer (praxisbezogener) Konsequenzen, die aus der kritischen Auseinandersetzung mit dem Erziehungsphänomen gezogen wurden. Die Höhe der Reflexionsstufe kann allerdings grosse Unterschiede aufweisen. Von den Gedanken, die sich ein besorgter Familienvater über die Erziehung seiner Kinder macht, über den pädagogischen Sprichwortschatz und Lehrgedicht (vgl. DURSCH, G.M., 1853: Hitopadesas) bis hin zum genialen pädagogischen Entwurf finden sich alle möglichen Abstufungen. Stets handelt es sich aber um eine erneute, jetzt nicht mehr völlig naive, sondern besonnene, bedachte, als richtig erkannte Hinwendung zur Erziehungspraxis. Jede Erziehungslehre ist daher intentional gerichtet. Sie ist ein final bestimmter, von Ziel- und Richtigkeitsvorstellungen her vorgenommener Handlungs- und Seinsentwurf für die Erziehungspraxis. – Auch die Erziehungswissenschaft kann via eine solche Erziehungslehre in die Praxis zurückwirken: soweit ihre Resultate von praktischer Bedeutung sind und soweit sie überhaupt gewillt ist, sich in den Dienst der Praxis zu stellen. – Sinngemäss verstehe ich unter einer Heilerziehungslehre eine praktische Einführung in die Problematik gestörter, beeinträchtigter Erziehungsverhältnisse.

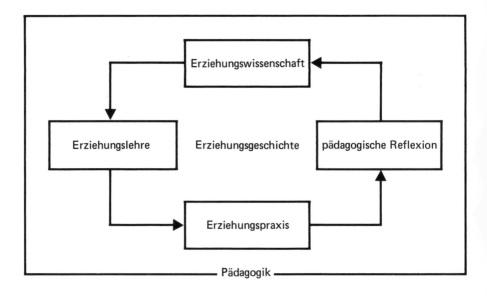

Schema 9: Pädagogische Theorie-Praxis-Verknüpfung

– **Erziehungsgeschichte** beinhaltet die Aufzeichnung und Interpretation des Entwicklungsganges, welchen Erziehungspraxis, Reflexion, Erziehungswissenschaft und –lehre innerhalb der Menschheitsgeschichte, sowie im Zusammenhang und in Abhängigkeit mit verschiedenen Kulturen genommen haben.

2.2 Gegenstands- und Aufgabenbereich

Gegenstands- bzw. Themenbereich der Pädagogik sind jene zwischenmenschlichen Beziehungs- und Kommunikationsverhältnisse, innerhalb derer es im Sinne der Erziehung um die gemeinsame, wertorientierte Daseinsgestaltung geht.

Auch in bezug auf die Bestimmung des Aufgabenbereiches der Pädagogik sind einige Hinweise notwendig, um unsere Position gegenüber anderen Auffassungen und Prämissen zu verdeutlichen

a) Pädagogik thematisiert nicht nur, wie die Kinderpsychologie, «das Kind», sondern das Verhältnis Erzieher-Kind unter der Perspektive einer wertorientierten Daseinsgestaltung. – Pädagogik ist damit per se eine beziehungs- und wertorientierte Wissenschaft. Sie ist, im Unterschied zu Wissenschaften, welche sich mit (menschlichem) Verhalten beschäftigen, eine Wissenschaft menschlichen Handelns und Befindens. – Eine Pädagogik, die nicht **ausgeht** von der Tatsache permanenter Existenzänderung als spezifisch menschliche Chance und Aufgabe und die nicht **zurückführt** in diesen Handlungsbereich, geht ihres Gegenstandes verlustig und entschwebt in Gedanken- oder Datenspielereien, die zu «an sich» zwar stimmigen Resultaten führen mögen, ohne jedoch beziehungsstiftend eine Person zu repräsentieren und für eine Person bedeutungsvoll zu werden.

b) Pädagogik umfasst mehr als Erziehungswissenschaft (empiristischer Konvenienz) und lässt sich nicht bloss als Beobachtungswissenschaft auf der Zuschauertribüne des Lebens fassen. – «Beobachtung allein vermag das Chaos möglicher Untersuchungsdaten nicht in systematisches Wissen zu verwandeln... Bevor man einen Überblick geben kann, muss man einen Fixpunkt besitzen; das aber erfordert eine wertende Stellungnahme» (MYRDAL, G. 1971, p. 55). Pädagogik geht es um die Rekonstruktion von Erlebnis-Linien, um das Verstehen der Genese von Bedeutungen. Sie richtet sich auf jene Sinnbezirke, unter denen sogenannte Tatsachen erst hergestellt und subjektiv die Bedeutung der Faktizität erhalten. «Das zu Untersuchende wird hier als 'Hergestelltes' behandelt» (LORENZER, K. zit. nach GERSPACH, M. 1981, p. 107)

c) Das Verhältnis der Pädagogik zur Erziehung ist reflexiver, nicht präskriptiver Art. Erziehung und Pädagogik haben je ihre eigene personale Verantwortlichkeit, die sie nicht aufeinander abwälzen können.

Pädagogik stellt als Deutungsmuster gewissermassen verschiedene Spiegel in unterschiedlicher Position in menschliche Daseinsgestaltungsformen. Sie ist für deren Position und die Reflexion verantwortlich. Es kann sich hierbei, um im Bild zu bleiben, um Planspiegel, Konkav- und Konvexspiegel, auch um Teleskopspiegel, Lupen und Mikroskope handeln. Das heisst, sie bündelt erzieherische Erfahrung unter bestimmten Brechungsbedingungen. Was und wie auch immer Pädagogik (als) Erziehungsprobleme in ihr Objektiv fasst, speziell beleuchtet, focussiert, vergrössert, verkleinert, in die Totale erhebt oder im Hintergrund verschwinden lässt, ist objektiv im Rahmen des vom Subjekt aufgesetzten Objektivs (Kapitel I/2).

Pädagogik gestattet somit keine Flucht aus der Verantwortung-: weder im dialogischen, noch im normativen Sinne.

d) Eine Pädagogik, die andern etwas bedeuten soll, muss sich stets der Ganzheit menschlicher Daseinsgestaltung bewusst bleiben und zwar vor allem da, wo sie, aus Gründen einer unumgänglichen thematischen Beschränkung, sich zu einer aspekthaften Betrachtung eines Problems genötigt sieht. Thema bleiben stets menschliche Beziehungsverhältnisse zwischen Sein, Sollen und Werdenkönnen: auch da, wo sie unter dem bewusst verengten Gesichtswinkel

wie beispielsweise der beruflichen Eingliederung von Hilfsschulabsolventen in die gegenwärtige Arbeitswelt im Kanton Zürich; der Gestaltung des Verkehrsunterrichts in einer Vorschulinstitution für gehbehinderte Kinder; usf.

speziellen Fragen nachgeht. – Wer Variablen isoliert, isoliert auch sich selbst. Er schnürt einen Lebensbereich ab, der dadurch Sinn und Gestalt verliert. Ein Spezialistentum ist auf die Dauer nicht lebensfähig ohne Rückbindung in die Gesamtheit des Beziehungsnetzes. Ein tragendes Fundament ist ferner aus politischen und organisatorischen Gründen notwendig. Die gegenseitige ideelle und praktische Kontaktnahme all jener, die sich mit der Erziehung und Bildung behinderter Kinder beschäftigen, ist eine unabdingbare Voraussetzung für die gesellschaftspolitische Effizienz der Pädagogik in Theorie und Praxis.

e) Erziehung ist nicht angewandte Pädagogik, sondern Pädagogik ist reflektierte Erziehung. Sie kann dem Erzieher zu einer grösseren subjektiven Wahrhaftigkeit, nicht aber zu einer objektiven Wahrheit verhelfen.

96

Pädagogik, so wie ich sie verstehe, verhilft zu einem Läuterungsprozess der Subjektivität. Sie kann als Theorie (Theoria = «Schau») der Erzieherschaft ein Licht aufsetzen. Theorie bildet nicht ab, sondern macht sichtbar. Sie bietet eine Sichtweise, keinen Katechismus für erzieherisches Handeln.[4]

So wie dem Erziehungswissenschafter das Recht eingeräumt werden muss, bestimmte Erziehungsphänomene, auch losgelöst vom Gesamtrahmen, innerhalb dessen der Erzieher zu wirken hat, zu analysieren, ist dem Erzieher das Recht einzuräumen, jene wissenschaftlichen Resultate zu einer Erziehungslehre zusammenzufassen, die ihm für die Lösung seiner Aufgabe nützlich zu sein scheinen. Damit soll erneut deren mediale Position verdeutlicht werden.

Der Freiheitsraum der Erziehung liegt darin, dass auch innerhalb desselben bio-sozialen Bedingungsgefüges für den Einzelnen und die Gesamtheit qualitativ unterschiedliche Daseinsgestaltungsmöglichkeiten vorliegen.

Damit grenze ich mich ab von zwei den Erziehungsauftrag und die Erziehungsmöglichkeiten verkennenden Extrempositionen, nämlich

– einerseits von einem panpädagogischen Allmachtsanspruch, der menschliches Leben und Schicksal gesamthaft zu durchdringen versucht und
– andererseits von einer technologischen Auffassung, nach welcher Pädagogik und Erziehung lediglich Erfüllungsgehilfen eines je nach dem als naturhaft angelegt gedachten oder ideologisch vorausgesetzten Gestaltungsmusters sind.

Pädagogik steht sowohl zu den auf der Objektebene fassbaren Gegebenheiten materialer, biologisch-physiologischer Natur, wie auch zu den gesellschaftspolitischen und kulturellen Vorgegebenheiten in einem dialekti-

---

4 «Damit hat sich gezeigt, dass Pädagogik praktische Wissenschaft von der und für die Erziehung nur sein kann, wenn sie sich als rationale Aufklärung des auf die Menschwerdung der heranwachsenden Generation ausgerichteten erzieherischen Handelns versteht und sich bewusst hält, dass ihr Wissen von der und für die Erziehung über den Erzieher vermittelt ist. Nicht um ihrer selbst willen ist sie Theorie der Erziehung, sondern sie steht im Dienst der Erzieher. Nicht von sich selbst her vermag sie auf die Praxis einzuwirken, sondern nur über den im praktischen Primat seiner erzieherischen Aufgaben stehenden Erzieher. Sie ist daher nur dann praktische Wissenschaft von der und für die Erziehung, wenn sie sich unter den praktischen Primat stellt, in dem der Erzieher immer schon seine Praxis ausübt» (SCHMIED-KOWARZIK, W. 1974, p. 168).

schen **Verhältnis**. Wo sie sich anmasst, in den naturhaft-materialen Bereich einzugreifen und sich – was für die Heilpädagogik naheliegend ist – einen quasi-medizinischen Gestus zulegt, wird sie ohnmächtig. Wo sie sich anmasst, zur Politik und damit identisch zu werden, wird sie allmächtig und zum Ausführungsorgan einer Gesellschaftsdoktrin.

Pädagogik und Erziehung sind nicht einer Technik, sondern eher einer Regieführung vergleichbar, welche auf einer gegebenen Bühne, gemäss einem vorliegenden Text, mit einem bestimmten Ensemble für eine optimale Rollenbesetzung und Darstellung eines Lebensstücks (eines Stück Lebens) besorgt zu sein haben. Sie bringen innerhalb gegebener materiell-biologischer, gesellschaftlich-politischer und epochaler Verhältnisse Leben zur Auf- und Ausführung. Vgl. dazu GERSPACH, M. (1981, p. 23), der in Anlehnung an LORENZER treffend von einem «szenischen Verstehen» spricht.

3. Behinderung

"Behinderung" ist zunächst weder ein pädagogischer Begriff noch ein erzieherischer Sachverhalt. Worte wie "Hindernis", "Behinderung" bezeichnen Situationen in der (physischen) Gegenstandswelt, in denen bestimmte Bewegungen oder Prozesse aufgehalten und in ihrem üblichen oder vorgesehenen Verlauf gehemmt werden. Wenn daher in unserer durch exzessive Mobilität gekennzeichneten Welt von "Behinderungen" die Rede ist, so in aller Regel im Zusammenhang mit Verkehrsbehinderungen. – "Behinderung" ist zunächst aber auch kein medizinischer Begriff und Sachverhalt. Das medizinische Interesse gilt primär der Krankheit (d.h. einem dynamischen Geschehen) und nur bedingt und indirekt einer Behinderung (d.h. einem statischen Zustand).

Der ursprünglich physikalische Behinderungsbegriff wird erst via gesellschaftspolitische Entwicklungen zu einer heilpädagogischen Kategorie. Dabei ist stets eine Doppeldeutigkeit im Auge zu behalten: Behindert ist, wer an für ihn/sie wesentlichen gesellschaftlichen Aktivitäten nicht oder nur mangelhaft partizipieren kann, und behindert ist, wer sich gegenüber gesellschaftlich als wesentlich geltenden Bestrebungen als hinderlich erweist. "Behinderung" bezeichnet in dem Moment nicht mehr bloss eine Funktionsbeeinträchtigung, sondern einen Status ("Behindertsein").

Behinderung (desgleichen: Schädigung, Störung, Krankheit, Gebrechen u.ä.) ist demzufolge **per se** ein Wert(-ungs-)Begriff. Bestimmte Erscheinungsformen, Funktions- und Verhaltensweisen einer Person werden von dieser selbst und/oder von bedeutsamen Repräsentanten aus ihrer näheren Umgebung als mangelhaft und nicht der Erwartungsnorm entsprechend eingestuft. Im weitern werden sodann besondere, d.h. unkonventionelle/nicht allgemein übliche Massnahmen und Vorkehrungen (sogenannte «Hilfen») als notwendig erachtet, um die Behinderung zu beheben, zu überbrücken oder sie in Grenzen zu halten. Eine Behinderung wird entscheidend durch Art und Umfang der anberaumten Massnahmen qualifiziert (Kapitel IX/3).

3.1 Zur Sozialphänomenologie

Behinderung greift über die als behindert identifizierte Person hinaus und schliesst die wechselnde Summe des interagierenden Personenkreises und dessen Daseinsgestaltungsformen mit ein. – Damit wird erneut deutlich, dass für eine heilerzieherisch bedeutsame Behinderung weniger die auf der Objektebene feststellbaren Auffälligkeiten ausschlaggebend sind, als die

Beziehungs-felder → Frage-stellungen	Partnerschaft Intimität	Politik Soziätet	Ethik Normativität	Kosmologie Fatalität
Ausgangs-punkte (wodurch?)	Irritation Entfremdung	Belastung Bedrohung	Normwidrigkeit Devianz	Miss-Geschick Absurdität
Beziehungs-richtung (wozu?)	Einvernehmlich-keit und Verständigung vs. Exkommunikation	Vergesell-schaftung und Sozialisation vs. Invalidierung	Idealität und Normalität vs. Verwahrlosung	Stimmigkeit Gleichgewicht vs. Sinnberaubung
Denk- und Handlungs-weisen (wie?)	Erfahrungs-annäherung	Anpassung	Bildung	Sinnstiftung

Schema 10 Zur Erzeugung von Behindertsein

auf der Normebene vorgenommenen Definitionen, sowie die auf der Subjektebene erlebte Abweichung: Behinderungen werden nicht einfach linear durch Schädigungen **verursacht** –, sondern per definitionem et comparationem in kreisförmigen Interaktionsprozessen **erzeugt:**

Derartige Auszeugungsprozesse verlaufen im wesentlichen über vier Dimensionen (KOBI, E.E. 1988b):

– im intra- und intersubjektiven Beziehungsfeld der einzelnen Personen
– im sozialen Beziehungsfeld von und zwischen gesellschaftlichen Gruppierungen
– im ideellen Feld zu und zwischen Normen und Richtigkeitsvorstellungen
– im kosmischen Bereich universellen Schicksals.

a) Im **subjekthaften interpersonalen Bezug** erscheint Behinderung als Auswirkung einer Irritation und Verzerrung geläufiger Kommunikationsprozesse auf psychomotorischer, perzeptiver, kognitiver, sprachlicher und affektiver Ebene. Die Einvernehmlichkeit und Selbst-Verständlichkeit des personalen Austauschs erfährt eine Beeinträchtigung. Milde und passagere Formen begegnen uns häufig:

– Ich verstehe eine Aussage meines Gesprächspartners akustisch oder inhaltlich nicht ausreichend.
– Ich werde in einer mir nicht geläufigen Sprache angesprochen.
– Ich begegne einer Dame mit ausgespanntem Schirm, stelle zugleich fest, dass es zu regnen aufgehört hat.
– Im Gedränge der Strassenbahn tritt mich jemand auf den Fuss.
– Ich stehe vor einem Gemälde von MAGRITTE, das in naturalistischer Manier eine Tabakpfeife zeigt; darunter steht der Satz: Ceçi n'est pas une pipe.
– etc.

Die Irritation bleibt zunächst freischwebend. D.h., sie liegt **zwischen** den Kommunikationspartnern. Sie ist noch nicht geortet und verwiesen. Wenn sich die Verzerrung nicht lösen lässt, setzt der Versuch ein, die Störung zu lokalisieren und je nach dem in mir selbst oder im anderen den Ort der "Behinderung" auszumachen:

– der andere spricht unartikuliert oder ich bin leicht übelhörig
– der andere kann nicht deutsch oder ich kann nicht englisch
– die Dame ist wohl etwas gedankenversunken oder ich habe die letzten Regentropfen nicht mehr verspürt
– der Mitfahrer, vielleicht aber auch ich, war unachtsam
– MAGRITTE ist verrückt oder ich bin zu wenig sachverständig, seine paradoxe Aussage zu verstehen
– etc.

100

Halten Irritation und Befremdung weiter an oder wiederholen sie sich, so findet eine Personifikation statt: Die verrückte Situation wird auf einen mutmasslichen Urheber zurückgeführt. – In Verbindung mit dieser Lokalisation und Personifikation findet meist auch bereits eine situative und generelle Qualifikation und mithin eine Differenzierung zwischen noch normaler, «statthafter» und einer aus dem Bezugsrahmen herausfallenden Kommunikationsverzerrung statt:

Wer permanent schlecht hört, unartikuliert spricht, englisch redet, sich verändernde Umweltgegebenheiten zu wenig beachtet, andern auf die Füsse tritt, paradoxe Aussagen macht, etc. ... wird kategorisiert und gerät massstabgerecht zum
– Schwerhörigen und Dyslaliker –, und damit zum Behinderten
– Engländer –, und damit zum Fremd-Sprachigen
– Spinner –, und damit je nach dem zum «Original» oder/und zum psychisch Kranken
– Trampel –, und damit je nach dem zum Ungezogenen oder zum Dyspraktiker
– etc.

Festzuhalten ist also: Behinderung hat ihren sozialphänomenologischen Ausgangspunkt in etwas Befremdlichem. Der Schritt vom Behindernden zum Behinderten erfolgt aufgrund einer Personifikation und eines Zuschreibungsprozesses. Diese Komparations-, Lokalisations- und Normierungsprozesse laufen in der Regel miteinander verschränkt und simultan ab und sind daher meist nur phänomenologisch, kaum jedoch zeitlich voneinander abzuheben.
Die angeführten Beispiele zeigen aber auch, dass Befremdlichkeit allein noch keinen zureichenden Grund für Behinderung abgibt.

b) In der Grundstruktur vergleichbare, wenngleich weitaus komplexere Irritationen finden sich in **Gesellschaftssystemen.** Eine Vergesellschaftungsform, sei dies ein Paar, eine Gruppe oder eine Gesellschaft, ist durch Kooperation zwischen Elementen oder Teilsystemen gekennzeichnet, die den letzteren ihrerseits wieder zugutekommt und ihre Fortexistenz gewährleistet.
Behinderte sind primär Behindernde. Sie stellen eine soziale Belastung dar. Dieser Umstand mag in materiell saturierten Gesellschaften, die es sich leisten können, auch eine grössere Zahl Unproduktiver durchzutragen, an Bedeutung verlieren, und die Nöte nomadisierender Stämme, die Kranke, Alte und Behinderte oft dem Tod überantworten mussten (KOTY, J., 1933) erscheinen nur noch als historische Reminiszenzen. Das Spannungsverhältnis zwischen Individuum und Art (individuale Not versus soziale Notwendigkeit) sprengt freilich

auch in der Gegenwart rasch die humanitäre Hülle, und auch das «Sauve qui peut!» lugt mitunter mit grimmiger Fratze aus der historischen Ecke.[5] Die Realität der Angst und der Bedrohung braucht der Realität der Gefahr nicht einmal zu entsprechen; das Kollektivempfinden kann auch ohne «rationale» Grundlage in seinen jeweiligen epochalen Ausprägungen handlungsbestimmend sein.

Zwischenmenschliche Beziehungen sind ferner stets dualer Art. Real und konkret ist nur der je Andere erfahrbar. Auch da, wo ich mich einlasse mit einer Gruppe, setzt diese sich aus den für mich unterscheidbaren Bezügen zu den einzelnen Gruppenmitgliedern zusammen. Gruppen sind abstrakte Gebilde, die mir als solche nur in emotionaler und kognitiver Verdichtung bzw. Abstraktion verfügbar sind. Es entwickeln sich runenhafte Bilder und Embleme, die sich z.B. mit dem Begriff «Behinderter» verbinden, wie sie in Pictrogrammen und in der Wohlfahrtsreklame ihren Niederschlag finden: stilisierter Rollstuhlfahrer, Stock und Krücke, gebeugt-gestützte Gestalt, hilfeerheischende Mimik und Gestik, gequälter Ausdruck. Dieser «Behinderte», wie ihn das Kollektivempfinden versinnbildlicht, besitzt möglicherweise nur wenig Realitätsgehalt und ist oft kein verlässliches Abbild aktueller und konkreter Behindertenproblematik. Trotzdem ist er realitätswirksam: Denn so, wie Art und Grad interpersonaler Kommunikationsverzerrung stets auch vom Verständnishorizont des Interpreten abhängig sind, sind soziale Belastung und Bedrohung durch Behinderte abhängig vom jeweiligen Volksempfinden, das sich im Interesse seiner Existenz zwangsläufig als «gesund» zu qualifizieren pflegt. Rationaler Agitation sind diesbezüglich oft enge Grenzen gesetzt.

c) Normen sind weder Subjekteigenschaften noch Ideen, sondern **Bezugsformen** zwischen dem, was Subjekte als ihre Realität (Sein) erfahren

---

5 JANTZEN, W. (1982), benennt für die bürgerliche Gesellschaft folgende Belastungs- bzw. Definitionsmomente von Psychischer Krankheit und Behinderung:
«Behinderung und psychische Krankheit als
– Arbeitskraft minderer Güte
– reduzierte Geschäftsfähigkeit
– reduzierte soziale Konsumfähigkeit
– reduzierte Ausbeutungsbereitschaft
– reduzierte Gebrauchswertversprechen, insbesondere auf Grund der Warenästhetik in der sekundären Ausbeutung, also Ästhetik des Hässlichen
– Minderwertigkeit wie in allen klassengestellten Gesellschaften
– Behebung der Störung der gesellschaftlichen Normalität durch den sozialen Ausschluss von Behinderung und psychischer Krankheit» (p. 212)

und dem, was sie als ihre Idealität (Sollen) zu erkennen glauben. Normalität ist eine Perspektive (Kapitel VII/4.1). Als solche ist sie stets auch abhängig vom jeweiligen Standort, dem Erfahrungshorizont und dem Blickwinkel des massstabanlegenden Subjekts. Das, was als das Richtungsweisende und Seinsollende herausgestellt wird, ist somit sowohl der individuellen Entwicklung in der Lebensgeschichte des Einzelnen, als auch dem kulturellen und gesellschaftshistorischen Wandel unterworfen.

Behinderung, die aus solchem Perspektivenvergleich erzeugt wird, ist nicht mehr dingfest zu machen.

Ob beispielsweise ein verschliffen-stumpf gesprochener S-Laut (= objektiver Sachverhalt)
– als eine noch in der Entwicklungsnorm liegende Artikulationsvariante unbeachtet bleibt,
– als Normlaut (th) einer bestimmten Sprache respektiert wird,
– als sympathische Sprecheigenheit einer Person empfunden wird,
– oder aber als interdentaler Sigmatismus anomalisiert wird, ist von den «frames of reference» (d.h. den jeweiligen Orientierungsrahmen) abhängig.

d) Behindertsein ist nicht nur Faktum, sondern auch Fatum. Behinderung erscheint unter diesem Aspekt als Ausdruck einer **kosmischen Verstimmung** und nicht nur als individuelle Abweichung. Sie ist damit ein nicht weiter rekurrierbares Miss-Geschick innerhalb des kosmischen Heilsplanes, in welchem das Individuum lediglich als Glied einer unendlichen Kette von Geschehnissen und Wandlungen erscheint.

Das Verhalten und die gesamte Seinsweise eines behinderten Menschen ist unter Umständen nicht nur norm- oder sittenwidrig, sondern überhaupt nicht mehr einzuordnen in das Gesamtbild dessen, was uns (noch) als menschlich und menschenmöglich zu erscheinen vermag.

Behinderung ist **in der Tat** (d.h. im kommunikativen Vollzug) und im wortwörtlichen Sinne eine «Erscheinung» für das betrachtende Subjekt (BATESON, G. 1988, p. 548). Behinderung ist die Auswirkung eines Unterschieds (a.a.O. p. 581; LAING, R. 1979, p. 82) an Lebensqualität. Ein Behinderungszustand als psychodynamisches Muster erhält seine kommunikative Realität dadurch, dass er in Form von Mit-Teilungen erscheinungswirksam wird und sich im subjektiven Bewusstsein abbildet als

– Entfremdung und Verzerrung der interpersonellen Austauschprozesse;
– Belastung und Bedrohung sozialer Gebilde;
– normwidrige Präsentation und Verhaltensweise
– absurde Existenzform, die den Sinnhorizont verdunkelt.

3.2 Ethnosoziologische Implikationen

In ethnosoziologischer Hinsicht geht es um die Frage, ob und wie weit bestimmte Personmerkmale universal (d.h. kulturübergreifend) oder interkulturell variabel, ferner kulturell uniform (d.h. innerhalb einer bestimmten Kultur gleichförmig) oder intrakulturell variabel (d.h. innerhalb derselben Kultur verschieden) als «Behinderung» definiert und qualifiziert und mit entsprechenden Massnahmen bedacht werden.

Was die Erforschung von **Einstellungen und Umgangsweisen** anbetrifft, empfiehlt es sich, einen **emischen** von einem **etischen** (STRECK, B. 1987) Ansatz zu unterscheiden:

Emischer Ansatz	Etischer Ansatz
1. untersucht Verhalten von innen, aus dem System heraus	1. untersucht Verhalten von einer Position ausserhalb des Systems aus
2. untersucht nur eine Kultur	2. untersucht viele Kulturen im Vergleich
3. die Struktur wird vom Forscher aufgedeckt	3. die Struktur wird vom Forscher entwickelt
4. Kriteren sind auf interne Charakteristika bezogen	4. Kriteren gelten als absolut oder universal

Schema 11: Emischer und etischer Ansatz (nach NEUBERT, D / CLOERKES, G., 1987. p. 20)

Verhaltensbiologisch orientierte Sichtweisen neigen zur Auffassung, dass sozietäre Verhaltensweisen gegenüber Behinderten (unabhängig von der kulturellen Zugehörigkeit) durch Universalia bestimmt werden. Universelle Ausstossungsreaktionen ("angeborener", "instinktiver" Art?) werden vor allem durch schwere, augenfällige, funktions-/kommunikationseinschränkende und bedrohliche Behinderungen ausgelöst. – Sozio-kulturell orientierte Sichtweisen neigen demgegenüber zur Auffassung, dass sozietäre Verhaltensweisen gegenüber Behinderten vor allem kulturspezifisch sind. Dies trifft vor allem auf leichte, verdeckte, die Integrität der Person nicht unmittelbar in Mitleidenschaft ziehende, mehr oder weniger kompensierbare und kontrollierbare Behinderungen zu.

Bezüglich der **Normalitätserwartung** besteht universell eine Reihe von Gemeinsamkeiten hinsichtlich gattungsspezifischer Eigenschaften (vor allem leibliche Unversehrtheit und Funktionalität betreffend). Abweichungen und Mängel haben in der Regel Stimulusqualität und bewirken soziale Figur-Grund-Effekte des Auffälligen. Dass Auffälligkeiten zum Teil auch absichtlich hergestellt werden (von Kopfdeformationen bis hin zu Sterilisation) zeigt, dass diese nicht von vorneherein mit einer negativen Bewertung verbunden sind. "Auffälligkeit" ist quasi ein phänomenologisch-wahrnehmungsmässiger und noch kein Wert-Begriff. – **Bewertungen** erfolgen erst in einem nachfolgenden Schritt. Diese sind abhängig von kulturspezifischen Erfordernissen, zumal existentieller Art (Mobilität; Sinnestätigkeit; Fortpflanzungsfähigkeit; Kommunikationsfähigkeit; Lenkbarkeit). Extreme Mängel in diesen gattungsspezifischen Bereichen sind daher generell unerwünscht. Dazu treten (wenngleich weniger ins Gewicht fallend), ästhetische, moralische, religiöse, geschlechts- und rollenspezifische Wertmassstäbe.

Die **sozietären Reaktionsweisen** sind allerdings meist nicht monotendent-eindeutig, sondern ambivalent (schwankend zwischen Ausstossung/Attraktion; Ablehnung/Hilfe). Universell ist der ausgelöste Konflikt, spezifisch hingegen dessen Lösungsversuch. – Wichtig ist auch in diesem Zusammenhang die Unterscheidung zwischen Behinde**rung** (als Sachverhalt) und Behinder**tem** (als Person): Behinderungen werden mehrheitlich (universell und interkulturell) negativ qualifiziert, was aber nicht automatisch eine Dysqualifikation des Behinderten (als Person) nachsichziehen muss. – Aus der Diskrepanz zwischen: Ablehnung der Behinderung und Akzeptanz des Behinderten können mannigfache sozietäre und soziale Konflikte resultieren, die ihrerseits Auswirkungen haben auf das Selbstkonzept des Einzelnen.

Desgleichen müssen **Einstellungen und offenes Verhalten** gegenüber Behinderten nicht deckungsgleich sein. Zu den interpretations- und handlungswirksamen Faktoren zählen die Art der Behinderung und deren Ausmass, ferner Alter, Geschlecht, soziale Stellung des Behinderten. – Aus dem sozietären Umfeld kommen dazu: oekonomische Bedingungen, Migrationsausmass, magische Vorstellungen, Kausalattribuierungen, Fremdenfurcht, sowie eine Vielzahl von Bewertungen einzelner Funktionen und Seinsweisen. – Die emischen Typologien und Deutungen von Andersartigkeit sind eine wichtige Grundlage für die jeweilige Reaktion.

Insbesondere Hexereiverdacht kann zu Extremreaktionen, aber auch zu speziellen Rollen führen: je nach Erklärungsansatz und Bedrohungsgefühl (z.B. durch auffällige Missbildungen). Die Extremreaktion der Tötung bezieht sich hauptsächlich auf Neugeborene. Derartigen Infantiziden gehen meist Beratungen voraus (z.T. auch magische Heilungsversuche), und sie werden ritualisiert vollzogen.[6]

6 Diese wie andere Rituale sind weitestgehend strukturidentisch mit den heutzutage allerdings wissenschaftlich und nicht mehr kosmologisch interpretierten und gerechtfertigten Medizinal-Ritualen um Abtreibung, Pränatale Diagnostik, Schwan-

Die meisten Kulturen weisen eine ziemliche Bandbreite der konkreten Umgangsweisen gegenüber Behinderungen und Behinderten auf. Häufungen bestimmter Reaktionsformen (universell und intrakulturell) hängen mit Ausmass und Art der Behinderung sowie mit deren Kompensierbarkeit bzw. Kontrollierbarkeit zusammen (Schema 12). – Umgekehrt ist die Anzahl der Grundmuster (settings) im Umgang mit "Abnormität"/"Erwartungswidrigkeit" erstaunlich klein und beschränkt sich auf folgende Formen, die wir – in Variationen – bereits bei Naturvölkern und noch in hochzivilisierten Gesellschaften antreffen (KOBI, E. E. 1990 b; Schema 13)

geren-Beratung, In-vitro-Fertilisation... bis hin zu den Geheimhalte- und den «Erscheinungsritualen» des Grossen Chef-Magiers, dem «Clangewissen», dem «Aseptischen Drama» usf. (WEIDMANN, R. (1990) Rituale im Krankenhaus (Wiesbaden) Das Ritual

«– vereint die Beteiligten in der Angst und Angstbewältigung;
– weist jedem eine gesicherte Rolle inklusive der entsprechenden Rollenideologie zu;
– stellt eine Idee vor, die sich zur forcierten Errichtung eines Clangewissens eignet;
– bietet eine Alltagstheorie an (z.B. Sicherheitstheorie), die dem Handeln einen subjektiven Sinn zu geben vermag;
– legt ein gemeinsames Thema-Horizont-Schema fest, z.B. Blick auf Krankheitserreger und Schmutz statt auf Erotik oder Arbeitsbedingungen;
– baut Thematisierungsbarrieren auf, z.B. gegen Aggression und Wissenschaftshörigkeit;
– lässt eine kollektive Phantasie entwickeln, die durch ihren Wunsch- und Furcht-Aspekt (Befreiung und Ansteckung)
– Bedürfnisse im Kontext betrieblicher Erfahrungen artikuliert,
– die Einzelnen zusammenführt und homogenisiert,
– die Solidarität in der Konfliktbewältigung fördert
– Bedürfnisbefriedigung in der Phantasie ermöglicht;
– organisiert eine kanalisierte Triebbefriedigung und legt z.B. fest, wo
– Aggression ausgelebt wird (zuviel Chemie im Putzwasser, Erniedrigung der Patienten zum Infektionsherd usw.),
– erotische Kontaktbedürfnisse ausgelebt werden (als anale Triebhaftigkeit regressiv abgewehrt im ständigen Hantieren in phantasierten Ausscheidungen der Patienten usw.);
– führt Bedürfnisse und deren Artikulation durch die Anwendung und Ausgestaltung verkehrsformbestimmter Interaktionsmuster in die ökonomischen Funktionskreise zurück und festigt diese;
– schränkt die Möglichkeit der Gruppe ein, die Beziehungen und deren Bedeutungen immer wieder neu auszuhandeln;
– und trägt zu einer speziellen 'Charakterbildung und Verhaltenskultivierung' bei (FÜRSTENAU 1979, S. 198)» (WEIDMANN, R., a.a.O., p. 137/38).

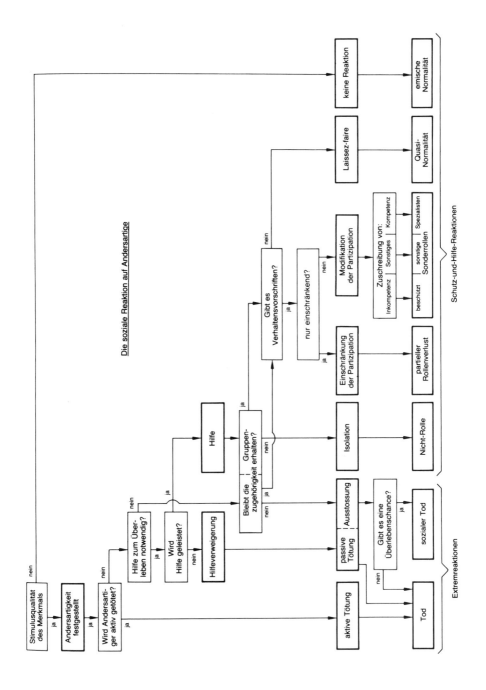

Schema 12: Die soziale Reaktion auf Andersartige NEUBERT, D. / CLOERKES G.
(1987, p. 55)

Reaktionsweise / Behinderungsformen	Körperbehinderte, – deformierte / funktionelle Einschränkungen	Sinnesbehinderte / Sprachbehinderte	Sexuell Behinderte (Sterilität, Intersexualität)
Extremreaktionen (Tötung, Isolation, Aussetzung) meist nur bei extremen Behinderungen bzw. in Notlagen	relativ häufig, aber nur bei Geburt (Infantizid), kaum bei erworbenen Behinderungen	bei Blinden selten und nur bei Neugeborenen; gelegentlich Isolation	kaum; allenfalls ♀ bei Sterilität, z.T. Tötung von Zwillingen (meistens des weiblichen)
Negative Qualifikation (Sünde)	gelegentlich als Sünder disqualifiziert («Bosheit»)	positive und negative Qualifikationen nebeneinander	Partnerwechsel (meist Frauenaustausch) Diskriminierung bei Sterilität (meist Frauen)
Gesellschaftlich / räumliche Peripherierung	verschiedentlich (Schutz / Schonraum) spez. Quartiere	z.T. spezielle Quartiere. Heirat nur unter ihresgleichen möglich	z.T. Spott
Eingeschränkte Partizipation (Ämter, Heirat, religiöse Rituale) relativ häufig	relativ häufig	relativ häufig; auch für Sprachbehinderte	Statusverlust bei Sterilität
Modifizierte Partizipation, relativ häufig	Possenreisser, Diener. Auch Heiler, Wahrsager	Blinde: Seher, Sänger, Heiler, Dichter, Prostitution Gehörlose: Bordelltürsteher	z.T. Intersexuelle zur Prostitution benutzt oder als Heiler betrachtet wegen erweitertem Wissen
Nichtbeachtung; laisser faire; Vernachlässigung insgesamt eher selten	selten	Sinnesschwache z.T. nicht als solche registriert	oft
Hilfe (Unterkunft; Nahrungsmittelbeschaffung); Heilungsversuche	fast durchwegs (Versorgung mit Nahrungsmitteln, Pflege etc. z.T. auch um das Wohlergehen der Gesunden zu sichern	relativ häufig	Heilungsversuche
Sozialer Status / Prestige-Verlust (Privilegien, Ämter, Mitbestimmung Partnerwahl)	Minderung des sozialen Status. Verspottung. Eingeschränkte Heiratschancen	Blinde gelegentlich; Gehörlose oft Geistigbehinderten gleichgestellt	Statusverlust
Privilegierung eher selten	gelegentlich Schulbesuch ermöglicht	Blinde: z.T. Schulbesuch ermöglicht gelegentlich auch Tributbefreiung	z.T. Heiler (Intersexuelle)

Schema 13: Gesellschaftlicher Umgang mit Abweichungen
(in Anlehnung an NEUBERT, D. / CLOERKES, G., 1987, p. 55)

Reaktionsweise / Behinderungsformen	Geistigbehinderte	Psychisch Behinderte Verhaltensauffällige (im weitesten Sinne) stark deutungsabhängig	Alte
Extremreaktionen (Tötung, Isolation, Aussetzung) meist nur bei extremen Behinderungen bzw. in Notlagen	z.T. Tötung (wegen Nutzlosigkeit / Belastung)	gelegentlich Tötung (z.B. Depressiver). Desgleichen Antisozialer / Krimineller (Todesstrafe)	evtl. Aussetzung (wenn sterbenskrank) bzw. in extremen Notlagen
Negative Qualifikation (Sünde)	meist negativ, selten positive (in Verbindung mit überirdischen Mächten) Qualifikation	zum Teil (Hexereiverdacht)	Alterungsprozesse werden grundsätzlich als normal betrachtet
Gesellschaftlich / räumliche Peripherierung	z.T. Isolation	oft Isolierung / Einschliessung	z.T. spezielle Unterbringungsorte
Eingeschränkte Partizipation (Ämter, Heirat, religiöse Rituale) relativ häufig	Verlust der Geschäfts- und der Heiratsfähigkeit	eingeschränkte Geschäftsfähigkeit	oft aus Ämtern entlassen («Pensionierung»)
Modifizierte Partizipation, relativ häufig	gelegentlich bedingte Sonderrolle	Heiler, Seher (falls kontrolliert!)	evtl. Wahrsager
Nichtbeachtung; laisser faire; Vernachlässigung insgesamt eher selten	leichtere Grade «profilieren» sich z.T. nicht	oft grössere Toleranzbreite; distanzierte Duldung	
Hilfe (Unterkunft; Nahrungsmittelbeschaffung); Heilungsversuche	evtl. besonderer Schutz da als heilig angesehen (in Verbindung mit Albinismus)	häufig Hilfe und Heilungsversuch	meist Hilfe, Schutz Versorgung
Sozialer Status / Prestige-Verlust (Privilegien, Ämter, Mitbestimmung Partnerwahl)	Status- / Prestigeverlust	oft, wenn nicht kontrolliert	Statusverlust durch psychisch / geistige Gebrechen
Privilegierung eher selten	kaum	evtl. als mit überirdischen Kräften ausgestattet betrachtet. Ambivalenz: Bewunderung / Angst	soweit rüstig: geachtet. Weisheit geschätzt (z.T. auch Furcht vor magischen Kräften)

Schema 13: Schluss

- Nichtbeachtung, laisser-faire. D.h. die Normabweichung wird zwar registriert, ohne dass hingegen in einer spezifischen Art darauf Bezug genommen wird
- Ausmerzung im Zuge sog. Extremreaktionen (der Tötung oder Aussetzung). Die Abweisung bezieht sich hier also nicht nur auf die Behinderung (als negativ gewertetes Merkmal), sondern auf den Merkmalsträger, der in der Folge als Person verfolgt wird
- Negative Qualifikationen nicht nur oder nicht in erster Linie der Behinderung sondern der Person des Behinderten, die als sündhaft erachtet wird und via Schuldzuweisung in ihrer Ehre herabgesetzt wird (ein langzeit tradiertes Exempel bildet hiefür das «gefallene Mädchen»)
- Gesellschaftlich/räumliche Peripherierung bis hin zur Isolation der durch eine Behinderung stigmatisierten Person; dies zumeist als Folge oder verbunden mit einer negativen Qualifikation (Versorgungsprinzip)
- Eingeschränkte oder modifizierte Partizipation (bzgl. Aemtern, Heirat, Ritualen etc.). Man könnte hier, in Ergänzung zur horizontal-topologischen Ausgrenzung, von einer vertikal-hierarchischen Verweisung sprechen (heutzutage z.B. bzgl. Karriere-Chancen)
- Privilegierung/Positiver Sonderstatus. Gemeint sind hier die kulturgeschichtlich allerdings seltenen bzw. spezifischen Fälle, wo die als solche negativ qualifizierte Behinderung als ein die Person positiv auszeichnendes Merkmal erachtet wird. Als jeweils allerdings rasch verblassendes Paradebeispiel kann der verstümmelte Kriegsveteran angeführt werden, der sich seine Behinderung auf dem Felde der Ehre zuzog und sich, ordensgeschmückt, einer Rente sowie Fahrgastprivilegien in öffentlichen Verkehrsmitteln erfreuen darf
- Hilfe und Beistand, die generell materieller (Naturalien, Geld), instrumenteller (Handreichungen) und ideeller (Trost, Fürbitte) Art zu sein pflegen, wobei die Hilfe zur Selbsthilfe bereits überleitet zu
- Behandlung («Therapie») und Belehrung. Die erstere richtet sich dabei primär gegen die Behinderung, die zweite wendet sich an die Person und deren Ressourcen.

Ausschliesslich kulturpessimistische bzw. -optimistische Auffassungen, wonach die zwischenmenschlichen Einstellungen und Verhaltensweisen im Laufe der Menschheitsgeschichte zunehmend "positiv" bzw. "negativ" werden, lassen sich somit nicht aufrechterhalten. Das «Prinzip Entsorgung» ist auch hinter rezenter therapeutisch-didaktischer Geschäftigkeit antriebswirksam.

Systemisch betrachtet ist «Behinderung» also nicht eine Eigenschaft, sondern der Versuch eines (Sub-)Systems, sich in Reaktion auf eine Irritation («Perturbation», MATURANA/VARELA, 1984; «Turbulenz», BRIGGS/PEAT, 1990) in ein neues Gleichgewicht zu regeln. Aus dieser Sicht kann daher das, was zunächst (behinderungsbedingt) als Problem erscheint, auch als Lösung betrachtet werden, d.h. als «eine Reaktion des betreffenden Organismus oder des Individuums..., die darauf abzielt, etwas wieder herzustellen, zu ersetzen, auszugleichen und die eigene Identität zu bewahren, ganz

gleich, wie seltsam die Mittel zu diesem Zweck sein mögen» (SACKS, O.
1988, p. 21). – Diese Einsicht wird für uns auch bzgl. der Bestimmung des
heilpädagogisch/heilerzieherischen Gegenstandsbereiches wegleitend sein.

4. Heilerziehung

4.1 Begriff / Definition

Als Heilerziehung bezeichnen wir jenen Bereich der Erziehungspraxis, auf
dem wir uns mit der Daseinsgestaltung in menschlichen Beziehungs- und
Lernverhältnissen befassen, welche durch Behinderungen nach Art und
Ausmass als so schwerwiegend und nachhaltig beeinträchtigt gelten, dass
sie den konventionellen Erziehungs- und Bildungsrahmen einer bestimmten gesellschaftlich-historischen Situation sprengen. Wir bringen damit zum
Ausdruck, dass heilpädagogisch relevante Behinderungen, die zu Behinderungszuständen (s. Abschnitt 4.2) führen, weder an sich noch absolut bestimmt und erfasst werden können, sondern relational und relativ (Kapitel
I/3) abhängig sind vom jeweiligen gesellschaftlich-historischen Kontext
und den darin enthaltenen, interpretationswirksamen Normen und Ansprüchen.

Die Population, die heute unter dem Oberbegriff "behindert" zusammengefasst wird, stand bis in die Neuzeit hinein am Rande eines speziellen pädagogischen und medizinischen Interesses. Die Abnormität, der Mangel und die Einschränkung wurden zwar – zumindest in ihren groben
Umrissen und den unmittelbaren sozialen Auswirkungen – registriert, und
es wurde im Umgang damit auch darauf reagiert: Sie wurden jedoch – von
Einzelfällen abgesehen – nicht zum Anlass genommen, «Behinderte» als
eine spezielle Kategorie von Menschen zu betrachten und für diese ein besonderes System schulisch-unterrichtlicher bzw. rehabilitativ-medizini-
scher Aktivitäten aufzubauen.

Das konstituierende Moment für eine später so genannte "Heilpädagogik" liegt also nicht einfach in der Existenz behinderter und sozial bedrängter
Kinder. Konstituens und Agens für die Heilpädagogik war eine neue Optik, aus welcher der Mensch wesensmässig erziehungsbedürftig ist. Diese
These konnte erst da auch zu einem Fundamentalsatz einer Heilpädagogik
werden, wo er sich nicht nur auf das ideelle Gattungswesen "Mensch", sondern existentiell auf das reale Individuum **dieses** Menschen bezog: **Dieser**
Mensch ist, qua Mensch, erziehungsbedürftig und erziehungsberechtigt. –

Es waren vor allem drei Strömungen, die in ihrem Zusammenfliessen ein heilpädagogisches Denken konstituierten:

- ein von verschiedenen Bewegungen vorgetragenes **Solidaritätsideal,** dessen Wurzeln sich bis zur Fraternité der französischen Revolution und weiter bis zum christlichen Gedanken der Gotteskindschaft zurückverfolgen lässt (vgl. die Bezüge von LAVATER bis HANSELMANN, BOPP, HAEBERLIN u.v.a. sowie in säkularisierter Form in der sozialistischen Rahabilitationspädagogik bei BECKER, JANTZEN etc.)
- eine **Personale Pädagogik,** die, abgesehen von antiken Vorläufern (SOKRATES z.B.) aus der Gottebenbild(imago dei)-Lehre stammt (vgl. LAVATER, Schema 46), zum anderen aber auch durch lebens- und existenzphilosophische Strömungen in säkularisierter Form befördert wurde (vgl. HENGSTENBERG, ALLERS, KÖNIG, MOOR und viele andere). Die jedem Menschen eigene Personhaftigkeit und personale Würde gilt ihr als unabdingbare Verpflichtung zur mitmenschlichen Zuwendung (KOBI, E. E. 1985)
- **pragmatische Tendenzen,** wie sie für den modernen Industrie (= «Fleiss»-)-staat kennzeichnend sind, die die Produktivität des einzelnen Gesellschaftsmitgliedes zum Ideal erheben und die daher vor allem reparativ-rehabilitativ-therapeutische Bemühungen initiierten.

Schulpflicht und Schulungsrecht, Jugendschutz, arbeitsrechtliche Regelungen, das moderne Versicherungswesen sind weitere Errungenschaften im Umfeld dieser sozialgeschichtlichen Entwicklungen.

Behinderung im heilpädagogischen Sinne ist ein sozialpolitischer Begriff der **Dienstbarkeit** vis-à-vis sozialer Erwartungswidrigkeit. Er ist – wie andere metaperspektivische Begriffe der Nutzung, des Umgangs etc. («Zierfisch», «Haustier» «Tourist» u.a.m.) – weder an Gemeinsamkeiten der Symptomatik noch an solchen der Ätiologie festzumachen. Es erweist sich daher immer wieder als unmögliches Unterfangen, so etwas wie apriorische Verwandtschaft und Solidarität ausfindig machen zu wollen innerhalb dessen, was heilerzieherische Praxis und heilpädagogische Theorie in ihrer Perspektive haben und das in dieser Verheissung Liegende als konsistenten Inhalt zu einer Einheitslehre zu verfassen.[7] In diesem Schritt vom individu-

---

7 Dass auf der pädagogischen Ebene Behinderungen als gesellschaftshistorische, dynamische Konstellationsbildungen auftreten, lässt sich an den Bedeutungswandlungen aufzeigen, welche Behinderungen (desgleichen Störungen, Fehler, Abnormitäten), aber auch "Tugenden" («sozialintegrative Verhaltensweisen», wie man gegenwartsnah formulieren müsste!) im Laufe der Zeit und von Ort zu Ort durch-

ellen Merkmalsträger und Repräsentanten bestimmter Eigenschaften und Eigenheiten, hin zum Angehörigen einer ausgegrenzten Kategorie der «Abnormen», «Gehemmten», «Gebrechlichen» und neuerdings «Behinderten», liegt für die Daseinsgestaltung der solchermassen Kategorisierten Chance und Gefahr zugleich. Auch für eine Pädagogik, die es sich zur Aufgabe macht, sich dezidiert Behinderten/Behindernden anzunehmen, ergibt sich eine unaufhebbare Antinomie, welche die innerdisziplinäre Diskussion um Legitimation und Indikation erzieherisch-bildender Aktivitäten zu einem Dauerthema macht (Kapitel VII)

4.2 Behinderungszustände als Aktionsfeld

Aufgaben- und Bewährungsfeld der Heilerziehung sind Behinderungszustände, verstanden als psychosoziale Systeme eingeschränkter und verzerrter zwischenmenschlicher Kommunikation in und gegenüber den unter bestimmten gesellschaftlich-historischen Verhältnissen als bedeutsam geltenden Gegenstands- und Personwelten.

Heilerziehung hat die Aufgabe der Beziehungsstiftung in Verhältnissen, in denen eine Person

– durch objektiv feststellbare Behinderungen auf der **Objektebene**
– aufgrund normativer Ausgrenzungen auf der **Normebene**
– und durch subjektiv erlebte Isolation auf der **Subjektebene**

in ihren intrapersonalen und interpersonellen Aneignungs-, Austausch- und Integrationsprozessen so beeinträchtigt und benachteiligt ist, dass sie in personal und sozial als wesentlich geltenden Bereichen und Zeitabschnitten aus dem gemeinsamen Daseinszusammenhang herauszufallen droht.

machen (vgl. z.B. die Wandlungen von der "Selbstbefleckung" zur "Funktionsvorbereitung der Sexualorgane"; vom umdressurbedürftigen Linkshänder zum Lateralisationsoriginal; aber auch von einem, der die Rechtschreibung schlecht beherrscht, zum Dysorthografiker; von dem, der zwei linke Hände hat, zum Dyspraktiker; vom Tölpelhannes zum Debilen usw.) Hier wird deutlich, wie aus Merkmalen und Eigenschaften per definitionem und per conclusionem Behinderungen erzeugt werden, wodurch eine Quasi-Verwandtschaft und -Zusammengehörigkeit hergestellt wird zwischen Blinden, Tauben, Krüppeln, Blödsinnigen, Vagabunden, Kriminellen usw., die auf der personalen Erlebnisebene und bezüglich ihrer Identität kaum etwas miteinander gemein haben.

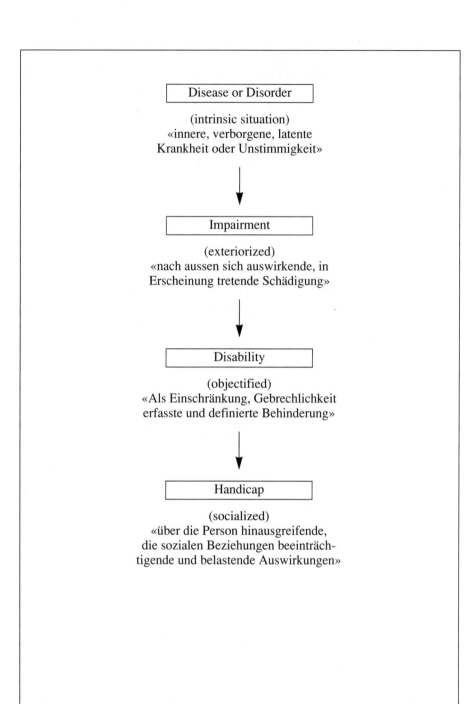

Schema 14: Bedeutungsebenen

Es ist demgemäss zu unterscheiden zwischen den Begriffen **Irregularität, Schädigung, Behinderung, Behinderungszustand:**

- **Irregularität,** d.h. eine meist passagere und teilbereichliche Unstimmigkeit, wie sie für lebende Systeme (Organismen; Sozialkörper) nichts Aussergewöhnliches sein muss. – Eine derartige Irregularität (z.B. eine Krankheit) kann (muss aber nicht) eine
- **Schädigung,** d.h. eine negative Abweichung oder die Ermangelung eines wesentlichen Elements in der Gestalt (Morphologie) eines Organismus oder Sozialkörpers zur Folge haben. – Aus einer derartigen Schädigung kann (muss aber nicht) eine
- **Behinderung,** d.h. eine funktionelle Beeinträchtigung (Funktionsminderung oder -ausfall) resultieren, die ihrerseits Auswirkungen haben kann auf die nähere und weitere Umgebung und hier allenfalls einen
- **Behinderungszustand,** verstanden als Feld verzerrter, erschwerter psychosozialer Kommunikation und Identifikation erzeugt.

Im Englischen sind die genannten Bedeutungsebenen und Akzentunterschiede noch besser zum Ausdruck zu bringen (Schema 14)

Ein Behinderungszustand (Schema 15) ist ein **psychosoziales Feld,** das sich aufbaut zwischen
- dem Fremdbild, in welchem bestimmte Merkmale als behinderungsspezifisch definiert werden,
- dem Selbstbild und der Eigenbefindlichkeit der als behindert definierten Person,
- den Normen und Anforderungsprofilen in einer bestimmten gesellschaftshistorischen Situation,
- sowie den Erleichterungsbemühungen und Hilfen, die dem Behinderten als adäquat erscheinend angeboten werden.

Dieser **Behinderungszustand** ist nicht nur durch die objektiv feststellbaren Materialien (Fakten, Daten, Symptome, Merkmale) bedingt, sondern durch deren **Verbindung.** «Gegenstand» der heilpädagogischen Bemühungen ist daher nicht der die Behinderung (kausal) bedingende Defekt (z.B. eine Hirnschädigung und die rückwärtige Kausalkette), nicht die Behinderung als solche (z.B. die Summe der eine Lernbehinderung kennzeichnenden Merkmale), nicht die als behindert bezeichnete, sich von einer bestimmten Norm abhebenden Person (z.B. des lernbehinderten Kindes), sondern ein **Beziehungsfeld,** welches sich ausspannt zwischen:

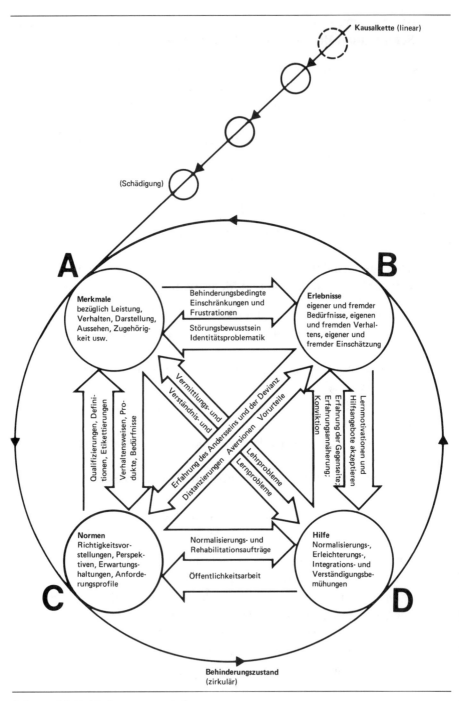

Kausalkette (linear)

(Schädigung)

A

B

Merkmale
bezüglich Leistung, Verhalten, Darstellung, Aussehen, Zugehörigkeit usw.

Behinderungsbedingte Einschränkungen und Frustrationen

Störungsbewusstsein Identitätsproblematik

Erlebnisse
eigener und fremder Bedürfnisse, eigenen und fremden Verhaltens, eigener und fremder Einschätzung

Qualifizierungen, Definitionen, Etikettierungen

Verhaltensweisen, Produkte, Bedürfnisse

Vermittlungs- und Verständnis- und

Erfahrung des Andersseins und der Devianz

Distanzierungen Aversionen Vorurteile

Lehrprobleme Lernprobleme

Erfahrung der Gegenseite; Erfahrungsannäherung; Konviktion

Lernmotivationen und Hilfsangebote akzeptieren

Normen
Richtigkeitsvorstellungen, Perspektiven, Erwartungshaltungen, Anforderungsprofile

Normalisierungs- und Rehabilitationsaufträge

Öffentlichkeitsarbeit

Hilfe
Normalisierungs-, Erleichterungs-, Integrations- und Verständigungsbemühungen

C

D

Behinderungszustand
(zirkulär)

Schema 15: Behinderungszustand

A **Merkmalen** (bezüglich Verhalten, Leistung, Produktivität, Präsentation usw.), die in ihrer Gesamtheit als Charakteristikum einer Behinderung gelten

B dem **subjektiven Erleben** einer Person, die sich aufgrund bestimmter Einschränkungen und Versagungen als behindert einschätzt und erfährt

C den **Instanzen,** welche nach Massgabe ihrer Massstäbe (Normen, Erwartungen, Anforderungsprofile usw.) bestimmte Entäusserungen einer Person als nicht normgemäss herausgreifen und als mangelhaft, störend, nicht-sein-sollend werten und allenfalls, noch einen Schritt weitergehend, aufgrund bestimmter Symptome auch die Person, an welcher sie abgelesen werden, zu einer Figur werden lassen, die sich von einem Erwartungshintergrund abhebt.

D den **Aussichten** und Erfolgen der Normalisierungsbemühungen unter bestimmten zeitlichen und situativen Gegebenheiten (von der prothetischen Versorgung über die Umweltoptimierung bis hin zu speziellen erzieherischen und unterrichtlichen Massnahmen).

Ein Behinderungszustand wird nicht nur kausal-linear (vgl. die unendliche Kausalkette, über welche Ursachen von Ursachen... immer weiter zurückverfolgt werden können bis in einen transzendenten Bereich hinein, wo es keine menschenmöglichen Antworten mehr gibt) **verursacht,** sondern in kreisförmigen Gestaltungsmustern **erzeugt** (ausgezeugt) bis in einen Bereich hinein, wo «Ursache» und «Wirkung» ineinander übergehen und eins werden. Wir haben hier dann eine (lebens-)geschichtliche Situation um uns herum, die sich selber trägt und fortentwickelt und oft kaum mehr mit irgendwelchen (oft ohnehin nur vermutbaren) Erstursachen in Verbindung steht. Andererseits ist ein derartiger Behinderungszustand ein lebendiges **System,** das sich insofern als "lernfähig" erweist, als es sich via Rückkoppelungsschleifen veränderten Kontextbedingungen anpasst (Kapitel V/4). Systeme sind in der Weise zwar potentiell flexibel –, infolge Gewohnheitsbildungen (bzgl. der Art und Weise, wie auf Veränderungen zu reagieren ist) freilich oft derart viskös und träge, dass ein in sich gefangener «dinglicher» Seinszustand vorgetäuscht wird (BATESON, G., 2.A. 1988, p. 356 ff; SORRENTINO, A.M., 1988).

BATESON (a.a.O.) weist am Beispiel der Schizophrenie darauf hin, dass und wie eine Familie sich z.B. um den «identifizierten Patienten» (p. 341) herum organisiert. Diese Vorgänge lassen sich, bis in Details der Disqualifizierung, Invalidierung, der Verwechslung bzw. Gleichsetzung des Buchstäblichen mit dem Metaphorischen etc. auf Behinderungszustände übertragen.

Es gehört somit zum Wesen eines Systems, dass es seine Selbsterhaltung zu gewährleisten sucht durch Ausdehnung, Abschottung, Abweisung, Vereinnahmung, Angliederung etc. und meist erst im «Notfall» innovativ wird und eine «Neukalibrierung» und neue «Interpunktion» vornimmt. Ein System, das – hochredundant – nur noch sich selbst reproduziert, «dreht durch», transmissioniert nicht mehr, funktioniert funktionslos (KOBI, E. E., 1990b).

Pädagogisch betrachtet besteht die Hauptgefahr einer derartigen Entwicklung darin, dass sie eine Person aus dem gemeinsamen Lebens- und Erlebniszusammenhang, ihrem anthropologischen Hintergrund, von dem her sie ihr menschliches Existenzbewusstsein aufbaut, herausfallen lässt, wie das Teilstück eines Zusammensetzspiels, das verloren ging und auch dann, wenn irgend jemand es irgendwo findet, nicht mehr als Teil eines übergeordneten, sinngebenden Ganzen erkannt wird und als bedeutungslos (irrelevant) weggeworfen wird.

Integration, verstanden als gemeinsame Existenzdeutung und Daseinsgestaltung, ist daher als ein organischer, zu organisierender, d.h. als ein immer wieder die Gesamtzusammenhänge aufweisender Prozess zu betrachten. Er ist von existentieller und nicht nur von moralischer Bedeutung: und zwar für **alle** Beteiligten! Integration ist eine in bezug auf Sonderung und Aussonderung gegenläufige, mit dieser spannungsvoll verbundene (dialektische) Bewegung. Separation und Integration stehen nicht in einem Verhältnis der Ausschliesslichkeit zueinander, sondern bilden das spannungsgeladene und oft konfliktreiche Organisationsmuster (Kapitel VIII/2.4; Schema 57) der helfenden Bemühungen, wie dies auch in der terminologischen Unsicherheit um das Selbstverständnis der Sonderpädagogik/Heilpädagogik zum Ausdruck kommt:

«Sonder»pädagogik legt terminologisch den Akzent auf den unbestritten notwendigen und hilfreichen Sonderungsprozess, über welchen die besondere Seinsweise und die besonderen (speziellen, individuellen) Bedürfnisse einer als behindert und daher als hilfebedürftig erkannten Person überhaupt erst einmal wahrnehmbar gemacht werden.

«Heil»pädagogik legt terminologisch den Akzent auf den ebenso notwendigen Prozess der Integration (Heilung im Sinne der Verganzheitlichung verstanden), und zwar in jenes «komplexe Ganze», das wir als Behinderungszustand umschrieben haben.

Ich möchte hier ausdrücklich diese **beiden** Aspekte berücksichtigt wissen: Ohne den Hintergrund des Gesellschaftsganzen droht der Ausgesonderte seiner menschlichen Sinnhaftigkeit verlustig zu gehen. Bedeutungslos ist eine Existenz, die niemandem mehr etwas bedeutet, für niemanden mehr west und wesentlich ist. Ohne stete Rücknahme der Sonderung verliert jedoch auch die Summe der Aussonderer ihre Ganzheit. Die Erfahrung, dass einer menschlichen Gesellschaft etwas fehlt, wenn sie sich einzelner ihrer Mitglieder entledigt, ist ein tragendes Element heilpädagogischer Bestrebungen.

Das Thema Behinderung/Behindertsein/Behinderte ist somit auf unterschiedlichen Ebenen anzugehen, und es befassen sich dementsprechend eine Vielzahl von Disziplinen (Medizin in Spezialbereichen; Psychologie und Psychopathologie; Soziologie; Versicherungswesen; Pädagogik und Heilpädagogik u.a. mehr) unter unterschiedlichen Fragestellungen und Zielsetzungen damit.

Während sich die medizinischen Disziplinen schwerpunktmässig mit Krankheit und Schädigungen und deren Ursachen, z.T. auch (vor allem was die paramedizinischen Professionen z.B. der Physio- und der Ergotherapie anbetrifft) mit funktionellen Problemen befassen und desgleichen die Gesellschaftswissenschaften (Soziologie, Anthropologie, Ethik, Politologie) sich auf dysfunktionale Gestaltelemente in Makrosystemen der Societät konzentrieren, haben es Psychologie und (Heil-)Pädagogik zunächst mit den funktionellen Problemen einer Behinderung zu tun, darüber hinaus dann aber vor allem mit deren psychosozialen und (mikro-/meso-) systemischen Auswirkungen. Heilerziehung und Heilpädagogik befassen sich **nicht** oder nur indirekt mit Schädigungen und Behinderungen als solchen; diese werden nur dann und insofern auch zu einem heilpädagogischen Problem und zu einer heilerzieherischen Aufgabe, wenn sich um sie herum ein Behinderungszustand aufbaut, innerhalb dessen spezielle («unkonventionelle») Beziehungs-, Erziehungs- und Bildungsprobleme sichtbar werden. Dies ist darum häufig nicht der Fall, weil, wie erwähnt, zwischen Schädigungen, Behinderungen und Behinderungszuständen keine obligaten Kausalbeziehungen bestehen: So gibt es zahlreiche, auf der Objektebene feststellbare Schädigungen und Irregularitäten, die weder objektiv noch subjektiv zu einer Funktionsbeeinträchtigung im Sinne einer Behinderung führen (z.B. innerorganische Anomalien, die oft nur per Zufall entdeckt werden; oder zwar visible, jedoch funktionell und erlebnismässig belanglose Abnormitäten wie kleinere Pigmentausfälle, Sechszehigkeit u.ä.). Desgleichen können zwar bestimmte personale und societäre Merkmale (wie Schüchternheit oder Armut) sich von einer Norm abheben und prägnant werden, ohne dass hieraus eine funktionsbeeinträchtigende Behinderung resultieren muss, da sie Stilelement einer Lebensform sind. Ferner gibt es Behinderungen, welche zwar die Funktionalität und Erlebnisfähigkeit in bestimmten Situationen und Anforderungsbereichen beschneiden (z.B. Rot-Grün-Farbenblindheit, auskorrierbare Kurzsichtigkeit; Unmusikalität; unvollständige Familie; Randgruppenzugehörigkeit), ohne dass hiedurch jedoch ein Behinderungszustand ausgezeugt wird, innerhalb dessen spezielle Kommunikations-, Erziehungs- und Bildungsprobleme auftreten.

Umgekehrt können freilich auch Behinderungszustände entstehen, ohne dass eine (morphologische) Schädigung oder eine (funktionelle) Behinderung vorliegen: Ein bestimmtes körperliches, personales oder soziales Merkmal kann **per definitionem** durch den Merkmalsträger selbst oder durch definitorische Potentatengruppen (Kapitel VII/Schema 50) den Charakter eines Stigmas (Kapitel IV/2.1)) erhalten. So kann sich auch da ein heilpädagogisches Problem ergeben, wo sich ein Mensch – aus welchen Gründen auch immer – behindert **fühlt** und seine, von einem objektivierenden Standpunkt aus gesehen gesunde und unversehrte Personalität nicht akzeptieren kann oder durch seine Lebenslage in seinen Ansprüchen und in seinem Selbstwertstreben frustriert und verletzt wird.

Ziel der heilpädagogischen Arbeit ist also **nicht**

– eine Schädigung zu beheben. Falls dies möglich sein sollte, sind, was den Individualkörper anbetrifft, die Medizin, was den Sozialkörper anbetrifft Politik und Gesellschaftswissenschaften gefordert
– eine funktionelle Irregularität zu korrigieren. Hierzu sind (funktionelle) therapeutische Aktivitäten erforderlich,

sondern ein **System** zu optimieren. Heilpädagogik , wie ich sie verstehe, ist einer «Ethik der Optima» (BERMAN, M. 1985, p. 283), einer «Erhaltergesellschaft» (a.a.O. p. 307) und nicht einer forcierten Ausbeutungs-, Vermehrungs- und Beschleunigungsdoktrin verpflichtet (Kapitel IX/3.

Heilpädagogik schafft weder Behinderungen noch Behinderte ab, sondern bemüht sich, als systemisches Integral, um deren Integration. Sie hat nicht eine behandelnde (therapeutische, heilende, reparative), sondern eine vermittelnde (mediale, verganzheitlichende, kooperative) Aufgabe zu erfüllen. – Sie ist generell da gefordert, wo eine Person durch Desintegrationsprozesse aus Identität, Soziätät und Normativität in existenzgefährdende Isolation getrieben zu werden droht.

Zusammenfassend halten wir fest:

Schädigungen und Behinderungen sind objektivierbare Sachverhalte auf der Objektebene-, ein Behinderungszustand ist ein subjektivierbares Beziehungsmuster auf der Subjektebene. Schädigungen, deren Ursachen und (Behinderunges-)Folgen können objektiv erfasst werden-, Behinderungszustände sind unter subjektiven Perspektiven zu deuten. Schädigung und Behinderung charakterisieren je eine bestimmte Person (als Merkmalsträger)-, Behinderungszustände charakterisieren zwischenmenschliche Verhältnisse zwischen Definitoren und Definierten. Gegenstands- und Aufgabenfeld der Heilerziehung ist eine Konstellation wechselnder, dynamischer Beziehungsverhältnisse, die auf verschiedenen Ebenen (organisch, psychisch, sozial, politisch) zu erfassen und zu deuten sind (Schema 15):

- Über die Achse D-A verlaufen alle jene behinderungsspezifischen (z.B. sonderschulischen) Massnahmen, welche ganz allgemein auf Kompetenzvermittlung und -ausweitung, mithin auf die Verminderung von Lern-, Anpassungs-, Durchsetzungsschwierigkeiten abzielen. Lernschwierigkeiten des Schülers und Lehrschwierigkeiten des Lehrers stehen dabei in einem gegenseitigen Abhängigkeitsverhältnis.
- Auf der Achse D-B geht es (gleichzeitig) um die Wahrnehmung der personalen Bedürfnisse der/des Behinderten sowie um die Frage, wie er/sie (aus seiner/ihrer Perspektive) das erlebt, was wir (aus unserer Perspektive) als Behinderung bezeichnen. Das heisst, wir müssen unsere Erfahrungen jenen des behinderten Kindes so weit annähern, dass unsere (heilpädagogischen) Absichten im Interesse der Erziehungswilligkeit ein Entgegenkommen finden können. In einem pädagogischen Beziehungsfeld gibt es keine Massnahmen «an sich», sondern nur solche «für uns». Dass ich über eine gemeinsame Perspektive und gemeinsame Erfahrungen mit einem (z.B. geistigbehinderten) Kind verwandt werde, ist eine wesentliche Voraussetzung dafür, einen gemeinsamen Lernweg zu finden.
- Auf der Achse D-C schliesslich geht es um die Entwicklung einer Integrationswilligkeit und Integrationsfähigkeit (im transitiven Sinne: willens und fähig sein, Behinderte in seinen Lebenskreis aufzunehmen) in der Öffentlichkeit: angefangen bei mir selbst, weiter bei den Eltern, der Familie, der Nachbarschaft, der Altersgenossengruppe des Kindes, den Bildungsinstitutionen von der Früherziehung bis hin zur beruflichen Eingliederung.

5. Heilpädagogik

5.1 Wortbedeutung und -geschichte

Das Wort «Heilpädagogik» taucht im pädagogischen Schrifttum erstmals auf in einem zweibändigen Werk «Die Heilpädagogik mit besonderer Berücksichtigung der Idiotie und der Idiotenanstalten» (1861/1863) von

DEINHARDT, H.M. (1821–1880) und GEORGENS, J.D. (1823–1886). – Die beiden Autoren hatten 1856 in der Nähe von Wien eine «Heilpflege- und Erziehungsanstalt» namens «Levana» gegründet und berichten in dem genannten Werk nicht nur über ihre diesbezüglichen Erfahrungen, sondern versuchen darüberhinaus auch bereits eine Systematik zu entwickeln (Schema 16).

Der Begriff des «Heilens» fand in der pädagogischen Literatur allerdings schon wesentlich früher Verwendung:

Einen der ersten schriftlichen Belege hierzu finden wir in dem epochalen Werk «Magna Didactica» (1627/28) des Pädagogen und Bischofs der böhmisch-mährischen Brüdergemeinde KOMENSKY, J.A. (Comenius) (1592–1670). Comenius bezieht daselbst den Begriff des Heilmittels (Antidotum, Remedium) auf Kinder, die wir nach heutigem Sprachgebrauch als geistigbehindert bezeichnen würden.

Ein weiterer Ausgangspunkt liegt in der Schrift «Some Thoughts Concerning Education of Children» (1693) des englischen Arztes, Philosophen, Staatsmannes und Pädagogen LOCKE, J. (1632–1704), wo im Zusammenhang mit «Kinderfehlern», kindlichen Untugenden (also nicht eigentlich mit Behinderungen) das Verbum «heilen» (to cure, to remedy) benutzt und mit der Vorstellung der Wiederherstellung normaler Verhaltensweisen verbunden wird.

ROUSSEAU, J.J. (1712–1778) verwendet in seinem pädagogischen Hauptwerk «Emile ou de l'éducation» (1762) den Begriff «remédier» im ähnlichen Sinne wie Locke, auf den er sich auch verschiedentlich beruft.

Von Rousseau führt die Linie weiter zur Schrift «Levana oder Erziehlehre» (1806) des deutschen Dichters und Pädagogen RICHTER, J.P. (Jean Paul) (1763–1825), der, seinerseits von Rousseau beeinflusst, ebenfalls in einem metaphorischen Sinne von «Heilung» spricht in bezug auf kindliche Fehlentwicklungen. – Es ist denkbar, dass Jean Pauls Werk Georgens und Deinhardt bei der Namensgebung für ihr Erziehungsheim inspiriert hat.

Der auf diese Weise in die Pädagogik übernommene Begriff des **Heilens** blieb daselbst freilich schillernd und umstritten. Man begegnet in der Hauptsache vier ineinander übergehenden Interpretationen, welche in ihren Grundzügen bereits in den ersten Gesamtdarstellungen zur **Heilpädagogik** erkennbar sind:

– einer wörtlichen und in der Neuzeit volkstümlichen Interpretation als Gesundmachen und Wiederherstellen, was gelegentlich auch in Bezeichnungen wie «Pädagogische Therapie» seinen Ausdruck findet.

122

Konsequenterweise wird bei dieser Begriffsfassung denn auch der Gegenstandsbereich eingeschränkt auf Fehlentwicklungen, die einer behinderungsorientierten Heilung zugänglich sind (vgl. z.B. ALLERS R. 1935; Schema 16)

– einer prophylaktischen, auf die Vermeidung und den Abbau der sozialen und lernpsychologischen Folgen gerichteten Interpretation. Geheilt wird dieser Auffassung gemäss nicht die Behinderung als solche, sondern die aus einer Behinderung resultierenden Entwicklungsabweichungen (vgl. z.B. VON DÜRING E. 1925 Schema 16)

– einer existentiell-anthropologischen bzw. theologischen Interpretation, nach welcher Heilung sich auf den göttlichen Heilsplan bezieht: «Alle Motive, die zu wahrer erzieherischer Grundhaltung führen, lassen sich letztlich auf einen Beweggrund zurückzuführen: auf das Heil des Kindes» (MÄRZ, F. 1963). (Vgl. dazu z.B. BOPP, L. 1930, der dementsprechend von «**Heils**pädagogik» spricht; Schema 16) (dazu auch: GAUCH, J. 2.A. 1986, p. 60 f)

– und schliesslich einer insofern interpretationslosen Übernahme und Beibehaltung der Bezeichnung, als zwar der Name Heilpädagogik zur Kennzeichnung jenes pädagogischen Fachgebietes, wo man sich mit der Erziehung und Bildung Behinderter befasst, benutzt wird, bei gleichzeitiger Distanzierung von den mit dem Begriff «Heilung» verbundenen Vorstellungen und Inhalten:

So z.B. bei MOOR, P. 1958), der feststellt, «dass der Begriff der Heilpädagogik sich nicht mehr deckt mit dem, was der **Name** Heilpädagogik anzudeuten scheint» und hinzufügt: «Es geht in der heilpädagogischen Arbeit nur am Rande darum, durch Erziehung etwas zu heilen, und auch dort meist nur in einem übertragenen Sinne. Die Hauptaufgabe der immer noch so genannten 'Heilpädagogik' besteht darin, nach Möglichkeiten der Erziehung zu suchen, wo etwas Unheilbares vorliegt». (1965, p. 259/260) Wir... wenden uns der Seele des Leidenden zu, nicht um sie von ihrem Leiden zu befreien, sondern um ihr zu helfen, ihre Bestimmung zu erfüllen, ihr Leben zu einem erfüllten zu machen» (a.a.O. 1958, p. 12). Nicht mehr in der Frage: Was tut man dagegen?, sondern in der Frage: Was tut man dafür? (MOOR, P. 1965) liegt das Entscheidende: Was kann trotz der Behinderung an Lebensglück und Lebensfülle gefunden werden? – Auch WIDMER, K. interpretiert den Heilsbegriff nicht mehr im Sinne von Gesundheit und Unversehrtheit, sondern als Befindlichkeit: «So gesehen bedeutet Heilsein zuversichtliche Geborgenheit in und trotz Gefährdung und Bedrohung...;» 'Heil' hat demnach, wer glücklich ist, wer weiss, dass ihm jemand in Gefahren beisteht». Der tiefste Sinn der Heilpädagogik besteht nach Widmer darin, «dem entwicklungsgehemmten Kind trotz der Bedrohung durch die Entwicklungsstörung eine zuversichtliche Geborgenheit zu ermöglichen» (ZS für Heilpädagogik) Hannover 1966/17).

Es liegt auf der Hand, dass aufgrund dieser begrifflichen Unklarheiten schon früh Kritik geübt wurde an der überrissene Hoffnungen erweckenden Bezeichnung. Bereits HANSELMANN, H. (1941) brachte die Bezeichnung **Sonderpädagogik** in Vorschlag, ohne sich allerdings selber daran zu halten. Sie setzte sich nach dem Zweiten Weltkrieg dann vor allem in der BRD durch. Später wurde sie auf den schulischen Bereich einschränkt, während die Bezeichnung Heilpädagogik im ausserschulischen, erzieherisch-pflegerischen und klinischen Bereich beibehalten wurde und zum Teil auch für berufsständische Abgrenzungen benutzt wird.

Auch im Begriff Sonderpädagogik vermischen sich verschiedene Bedeutungsinhalte:

– Zum einen bezieht er sich auf die Sonderbarkeit und Absonderlichkeit der Adressatengruppe und ersetzt damit die früher gebräuchliche Bezeichnung Abnormität. So ist z.B. bei BLEIDICK, U. (1974) von der «Sonderstellung des behinderten Menschen» die Rede, welche aus dem biologischen Defizit, der sozialen Insuffizienz und dem psychischen Anderssein resultiere. – Die Bezeichnung Sonderpädagogik akzentuiert einen Sonderstatus Behinderter und lässt wesensverwandtschaftliche Beziehungen zwischen Behinderten und Nichtbehinderten verblassen. Sie suggeriert unter Umständen aus- und absondernde Massnahmen und Handlungsweisen, die nicht im Interesse integrativer und dialogischer Zielsetzungen liegen.

– Im weitern weist der Begriff auf das Besondere und die Besonderheiten hin, welche die Erziehung und Bildung behinderter Kinder erforderlich machen. Diese Besonderheit wird generell in der Erschwerung und Komplizierung der Erziehungsaufgabe (vgl. z.B. MOOR, P. 2.A. 1960) sowie in den besonderen Massnahmen, Methoden, Einrichtungen usw., gesehen. Die Besonderheit bezüglich der Aufgabenstellung teilt die Sonderpädagogik allerdings mit verschiedenen andern pädagogischen Spezialdisziplinen: Auch die Wirtschaftspädagogik, die Erwachsenenpädagogik, die Vorschulpädagogik usw. sind «Sonderpädagogiken» in dem Sinne, dass sie sich mit speziellen Fragestellungen bzw. Adressatengruppen beschäftigen. – Auch müsste man sich von normalpädagogischer Seite dagegen verwahren, dass die Normalpädagogik nichts Besonderes leiste, keine Sonderfälle kenne und sich quasi nur mit Normaltypen von Kindern und Erziehern beschäftige.

Auch die Bezeichnung "Behinderung" stellt einen heilpädagogischen Importartikel dar. Sie findet sich erstmals im Werk von EGENBERGER, E. (1958)

(Schema 16) und wird später von BLEIDICK, U. (1972 ff.) dazu benutzt, anstelle von Heil-/Sonderpädagogik von **Behindertenpädagogik** zu sprechen. Diese Bezeichnung hat zwar den Vorteil, dass die Adressatengruppe unmissverständlich genannt wird; sie deckt diese bei näherem Zusehen aber nicht ab:

– So ist daran zu erinnern, dass durchaus nicht jede/r Behindert/e spezieller pädagogisch-erzieherischer Bemühungen bedarf-, während andrerseits auch normalentwicklungsfähige Kinder aufgrund psychosozialer Verzerrungen im Kommunikationsfeld zu Adressaten der Heilpädagogik werden können.
– Ferner thematisiert die Heilpädagogik nicht die «Behinderung», sondern die (allenfalls) daraus erzeugten Behinderungszustände, an denen auch Nichtbehinderte definitorisch und reaktiv Anteil haben.
– Der Behinderungsbegriff wird umgangssprachlich stark auf visible Funktionsbeeinträchtigungen (zum Teil sogar nur auf körperliche Invalidität) eingeschränkt, so dass z.B. Verhaltensstörungen und soziale Beeinträchtigungen nicht ohne Nötigung dem Behinderungsbegriff subsumiert werden können.

Die Bezeichnung hat sich denn auch – zumal im Kinder- und Jugendbereich – nicht weiter durchsetzen können.

Die hauptsächlich im angelsächsischen (Special Education) und französischen (Education specialisée) Sprachgebiet gebräuchliche Bezeichnung **Spezielle Pädagogik** liegt zwar nahe bei der Bezeichnung Sonderpädagogik, dürfte jedoch unverfänglicher, allerdings auch inhaltsärmer sein als diese.

Die Bezeichnung **Orthopädagogik** (vgl. TER HORST, W. 1983) ist z.T. noch in den Benelux-Staaten gebräuchlich (und war es eine Zeitlang als "Orthopédagogie" auch in der Schweizer Romandie). Sie betont mit dem Präfix "Ortho-" (= richtig/recht) eine Aufgabe des Zurechtrückens und Wiederherstellens, was therapeutische Vorstellungen erwecken könnte. Dies trifft für Bereiche einer z.B. klinisch, verhaltenstherapeutisch, technisch-prothetisch orientierten Heilpädagogik zwar zu, nicht aber für Gegenstandsbestimmungen, wie sie auch TER HORST, W. (1983) selbst vornimmt. [8]

8 TER HORST, W. (1983) nimmt im Gegenteil eine ausgesprochen subjektorientierte Gegenstandsbestimmung vor, indem er das «Erziehungsleid» (p. 46) ins Zentrum stellt: «Orthopädagogik (beschäftigt sich)... mit der Erziehung, die solches Leid mit sich bringt, dass die Beteiligten keinen Ausweg mehr sehen» (p. 10)

Der Begriff «Rehabilitation» taucht zwar bereits in der zweiten Hälfte des 19. Jahrhundert im pädagogischen Umfeld auf, wiewohl er sich ursprünglich auf die Eingliederung erwachsener Invalider bezog. Rehabilitation (soviel wie «Wiederbehausung») hat zwei Bedeutungsinhalte: Zum einen geht es um die personale bürgerliche Ehrenhaftigkeit, zum zweiten um die (funktionale) Wiedereingliederung in übergeordnete (Produktions)-Prozesse hauptsächlich in der Arbeitswelt (vergl. AUGSBURGER, W., 1977; STOCKSMEIER/HERMES, 1981; WIEDL, H., 1986; WITTE, W., 1988).

Die Bezeichnung **Rehabilitationspädagogik** stammt aus der ehemaligen Deutschen Demokratischen Republik (DDR) und akzentuiert vor allem die letztgenannte Bedeutung der Zurüstung und Produktivitätssteigerung:

«Rehabilitation ist die zweckgerichtete Tätigkeit eines Kollektivs in medizinischer, pädagogischer, sozialer und ökonomischer Hinsicht zur Erhaltung, Wiederherstellung und Pflege der Fähigkeiten des geschädigten Menschen, aktiv am gesellschaftlichen Geschehen teilzunehmen... (BECKER, K.-P. 2.A. 1984, p. 234).

Die Rehabilitationspädagogik befasst sich innerhalb diese Systems mit Lernbehinderungen im weitesten Sinne des Wortes, d.h. mit Menschen, die – aus irgendwelchen Gründen – in ihren Aneignungs- und Austauschprozessen beeinträchtigt sind (vgl. BECKER, K.-P. , in: THEINER, W. 1977).

Im Zusammenhang mit Integrations-Debatten hat sich in jüngster Zeit schliesslich eine generelle (Be-)Zeichnungsscheu ausgebreitet. Verständliche Bedenken gegenüber Etikettierungs-, Stigmatisierungs-, Abstempelungs-, Festschreibungs-, Ontologisierungs- etc. Effekten dürften der Heilpädagogik allerdings nicht «die Sprache verschlagen» und sie ins Raunen abdrängen. Wer immer bezeichnet, der zeichnet und konturiert –: sogar mit seinem Schweigen und seiner Sprachverweigerung.

So enthebt uns denn auch der Vorschlag, künftig von Kindern «mit speziellem Förderungsbedarf» oder «speziellen Erziehungsbedürfnissen» (z. B. bei SPECK, O., 2.A. 1988) zu sprechen, nicht der Gefahr, dass uns die Zunge (oder zumindest das Wort!) abgeschnitten werden könnte, wenn wir eine Lippe wagen und Peinliches benennen. Nicht nur bleibt die Frage offen, worin Bedarf und Bedürfnis denn konkret bestehen (sie muss denn wohl hinter vorgehaltener Hand beantwortet werden); auch ist nur ein Schritt zur Personifikation der «Bedürftigen» und den ihnen gemässen Veranstaltungen und Anstalten.

Trotz verständlicher Einwände gegen die Bezeichnung Heilpädagogik/Heilerziehung habe ich in vorliegender Arbeit daran festgehalten. Der Begriff Heilpädagogik lässt sich meines Erachtens dann vertreten, wenn wir

126

- die Bezeichnung «heilen» nicht mehr nur im speziellen Sinne des «Gesundmachens», sondern im umfassenderen Sinne der Verganzheitlichung und Sinnerfüllung des Lebens verstehen
- den «Gegenstand» unserer Bemühungen nicht ausschliesslich im behinderten Kind sehen, sondern in bedrohten oder beeinträchtigten Erziehungsverhältnissen, die wir zu erfüllen, zu vertiefen, integrativ zu gestalten oder überhaupt erst einmal zu stiften versuchen.

5.2 Gegenstands- und Aufgabenbereich

Ebenso wechselnd und schillernd wie die Fachbezeichnung blieb während Jahrzehnten der Gegenstandsbereich der Heilpädagogik.

Zwar hatten sich bereits GEORGENS und DEINHARDT zum Ziel gesetzt, eine heilpädagogische Gesamtwissenschaft zu begründen. Der Umstand, dass sie sich in ihrem Werk – ihrem Erfahrungshintergrund gemäss – dann aber doch hauptsächlich mit schwachsinnigen Kindern beschäftigten, mag dazu beigetragen haben, dass (unterschwellig sogar bis in die Gegenwart hinein) Heilpädagogik oft mit Geistigbehindertenpädagogik gleichgesetzt wurde.

Es dauerte in der Tat mehr als ein halbes Jahrhundert, bis die Heilpädagogik zu dem heute betreffend Adressatengruppe, Zielsetzungen und wissenschaftlicher Einordnung grosso modo anerkannten Gegenstands- und Aufgabenbereich gefunden hatte.

Die Übersicht in Schema 16 macht deutlich, wie stark zunächst ein medizinisches Denkmodell dominierte. – Diese medizinisch-psychiatrische Tradition wurde fortgesetzt von ALLERS, R. (1935), später durch ASPERGER, H. (1956ff.), MEINERTZ, F. (1962ff.) und HOLZINGER, F. (1978f.). Inhalt, Betrachtungsmodus, Zielorientierung und Diktion der genannten Werke entsprechen denn auch eher einer pädagogisierten Kinderpsychopathologie und psychiatrischen Therapeutik als einer grundlegend und konsequent pädagogischen Ausrichtung, und sie liegen daher – entgegen dem plakatierten pädagogischen Anspruch – weitaus stärker in der kinderpsychiatrischen Tradition von HOMBURGER, A. (1926) bis LUTZ, J. (1962). In neueren Gesamtdarstellungen der Kinderpsychiatrie fällt die Pädagogik praktisch dann völlig aus Abschied und Traktanden oder wird in groteskem Reduktionismus als spezielle «Therapie»-form aufgeführt.

Dennoch ist nicht zu verkennen, dass die geschichtlichen Wurzeln der Heilpädagogik hauptsächlich im caritativen sowie im (sozial-)medizinischen Bereich und nicht – wie man zunächst vermuten würde – in der

Pädagogik liegen. Hier waren es praktisch ausnahmslos Aussenseiter (von PESTALOZZI bis MAKARENKO) die sich, in Theorie und Praxis, mit Problemen behinderter Kinder befassten. Daher charakterisiert die PESTALOZZI'sche Klage: «O Goethe in deiner Höhe, ich sehe hinauf von meiner Tiefe, erzittere, schweige und seufze. Deine Kraft ist gleich dem Drang grosser Fürsten, die dem Reichsglanz Millionen Volkssegen opfern» (in: Abendstunden, 1780) –, in treffend-makabrer Weise die Notlage einer Heilpädagogik, die immer wieder Mühe hatte, in der etablierten, «zünftigen» Pädagogik eine Wohnstätte zu finden. Die spöttische, auf XENOPHON und ROUSSEAU gemünzte Bemerkung von JEAN PAUL RICHTER (1806), diese hätten «bloss ein Sonnengöttchen in die Schule genommen» trifft, von wenigen Ausnahmen abgesehen, auch auf die neuere und heutige Pädagogik zu:

SPRANGER, E. (1927; 1968) schiebt die heilerzieherischen Aufgaben im wesentlichen auf den Arzt ab; NOHL, H. (1949) fühlt sich, wie er sagt, als «Universitätspädagoge» nicht zuständig; BALLAUF, ESTERHUES, FLITNER, LANGEVELD, MÄRZ, PERQUIN und viele andere erwähnen die Behindertenproblematik überhaupt nicht in ihren Gesamtdarstellungen. In der Gegenwart hat diese sich, allen Integrationskonzerten zum Trotz, weiter verflüchtigt. So wird die heilpädagogische Thematik auch in dem gewichtigen, mehr als tausend Seiten umfassenden Handbuch von ROTH, L. (1991) nicht einmal ansatzweise rezipiert geschweige denn integriert (vgl. auch DICKOPP, K.-H., 1983).
Dasselbe gilt für die meisten Darstellungen zur Geschichte der Pädagogik.

Die Heilpädagogik hat sich also nicht über den Weg einer Spezialisierung aus einem übergeordneten Ganzen (der Pädagogik) heraus entwickelt, sondern stellt sich dar als ein Konglomerat verschiedener, in den einzelnen Sparten unterschiedlich weit gediehener Bemühungen um das Wohl behinderter Kinder.

Die **pädagogische** Entwicklungslinie (vgl. MÜLLER, M., 1991) hat – von einigen Vorläufern hauptsächlich im Bereich der Hilfsschulpädagogik abgesehen – bei HANSELMANN, H. (1930; 4.A. 1953) und BOPP, L. (1930) ihren Ausgangspunkt. Diese fassen die bislang in den einzelnen Behinderungssparten in bezug auf die Pädagogik ziemlich peripheren und punkto Geschichte, Konzeption, Institutionalisierung, Methodik und Begrifflichkeit zwischen Fürsorge, Medizin und Schulpädagogik verlaufenen erzieherisch-unterrichtlichen Bemühungen um behinderte und sozialgefährdete Kinder erstmals ideell zusammen in einer in den Grundzügen bis heute tradierten Systematik. – Diese ist charakterisiert durch ein Gliederungsprinzip nach Behinderungsarten (5.3).

Jahr	Autor/Werk	Definition	Behinderungssparten
1861/ 63	**H. M. Deinhardt** (1821–1880) deutscher Philosoph und Lehrer und **J. D. Georgens** (1823–1886) deutscher Lehrer; medizinische Studien «Die Heilpädagogik mit besonderer Berücksichtigung der Idiotie und der Idiotenanstalten» (Reprint; Giessen 1979)	«Heilpädagogik ist ein Zweig der allgemeinen Pädagogik» Sie hat nicht nur auf die ihr überantworteten Kinder, sondern auch auf die Gesellschaft und deren Einrichtungen Einfluss zu nehmen	Idiotie / Blödsinn / Schwachsinn Sprachgebrechen Sinnesschädigungen Schwererziehbare und Besserungsfähige Waisen
1904	**Th. Heller** (1869–1938) österr. Psychologe und Pädagoge «Grundriss der Heilpädagogik» (Leipzig, 1904)	Heilpädagogik ist ein «Zweig der allgemeinen Pädagogik». Sie «stellt ein Grenzgebiet zwischen Pädagogik und Psychiatrie dar». Der Heilpädagoge beschäftigt sich mit den «im Kindesalter vorkommenden geistigen Abnormitäten»	Geistesschwäche unterschiedlicher Formen und Grade; «Nervosität». Sinnesschädigungen werden expressis verbis ausgeschlossen; desgleichen finden Körperbehinderungen und Sprachbehinderungen keine Berücksichtigung
1925	**E. v. Düring** (1858–1938) deutscher Arzt und Psychiater «Grundlagen und Grundsätze der Heilpädagogik» (Zürich, 1925)	Heilpädagogik ist ein Teil der Erziehungslehre. «Sie hat zum Gegenstande erstens die Erkenntnis derjenigen Abweichungen von der Norm der psychischen Persönlichkeit, durch welche die Erziehung der Kinder und Jugendlichen erschwert wird... Zweitens soll sie darüber unterrichten, welche Wege und Hilfen vorhanden sind, um auf erzieherischer Grundlage möglichst die schädlichen Folgen solcher Anomalien zu verhüten oder zu heilen»	Geistesschwäche, Hysterie, Neurasthenie und «Nervosität», Epilepsie, Enuresis, Psychosen und Psychopathien. «Störungen, Anomalien, die erzieherischer Beeinflussung nicht zugänglich sind, gehören nicht in den Rahmen...» Sinnesschädigungen werden expressis verbis ausgeschlossen; desgleichen bleiben Körper- und Sprachbehinderungen unerwähnt
1926	**A. Homburger** (1873–1930) deutscher Kinderpsychiater «Vorlesungen über Psychopathologie des Kindesalters» (Reprint Darmstadt, 1967)	Heilpädagogik ist die «Lehre von der Verknüpfung der Erziehung und des Unterrichts mit Massnahmen, welche auf Heilung, Besserung und Ausgleich seelisch-gesundheitlicher Mängel abzielen»	Schwachsinnige Mindersinnige Abnorme Charakteranlagen Combinationen

Schema 16: Zur Entwicklung des Gegenstandsbereiches und der Begriffsbestimmung der Heilpädagogik

Jahr	Autor/Werk	Definition	Behinderungssparten
1930	**H. Hanselmann** (1885–1960) schweiz. Heilpädagoge «Einführung in die Heilpädagogik» (Zürich, 1930 ff.)	Ausgehend vom Zentralbegriff der «Entwicklungshemmung» definiert Hanselmann Heilpädagogik als «die Lehre vom Unterricht, von der Erziehung und Fürsorge aller jener Kinder, deren körperlich-seelische Entwicklung dauernd durch individuale und soziale Faktoren gehemmt ist»	Mindersinnigkeit und Sinnesschwäche, Geistesschwachheit/Schwachsinn (inklusive spezielle Leistungsstörungen) Sprachleiden Schwererziehbare – mit neuropathischer Konstitution – mit psychopathischer Konstitution – mit Umweltsfehlern (unter Einschluss Körperbehinderter)
1930	**L. Bopp** (1887–1971) deutscher Theologe katholischer Konfession «Allgemeine Heilpädagogik in systematischer Grundlegung und mit erziehungspraktischer Einstellung» (Freiburg, 1930)	Heilpädagogik wird als Theorie der Heilerziehung definiert: «Diese sucht auf dia- und prognostischer Grundlage erziehungsgefährdende Defekte bzw. Minderwertigkeiten, vorzüglich der Kindheit, durch erzieherische Massnahmen zu beseitigen in der Richtung auf möglichst gesteigerte und möglichst normale Wertfähigkeit und Wertwilligkeit»	Schwachsinn; Neuropathie; Psychopathie; Verwahrlosung und Kriminalität. Sinnesgebrechen, Sprachbehinderungen und Krüppelhaftigkeit gehören nur indirekt – soweit sich damit eine «Wertsinnsgehemmtheit» verbindet – zur Heilpädagogik
1931	**K. Heinrichs** (1899–?) deutscher Hilfsschullehrer und Verleger «Versuch einer wissenschaftstheoretischen Grundlegung der Heilpädagogik» (Halle, 1931)	«Heilpädagogik als reine Wissenschaft untersucht Schäden im Erziehungsvollzug und Vorgänge, die zur Aufhebung dieser Schäden führen.– Heilpädagogik als angewandte Wissenschaft sucht Schäden im Erziehungsvollzug zu beheben»	Schäden auf seiten des Erziehungsobjekts: Schäden in den körperlichen Bedingungen der Erziehung a. Beeinträchtigung der Sinnestätigkeit (Seh- und Hörgebrechen) b. Beeinträchtigungen in der sonstigen Organtätigkeit (Erkrankungen, Missbildungen) c. Beeinträchtigungen der gesamten körperlichen Tüchtigkeit Schäden in den seelischen Bedingungen der Erziehung a. Beeinträchtigung der Intelligenz b. Beeinträchtigungen des Gefühls- und Willenslebens c. Schäden in den besonderen seelischen Bedingungen des Wertsinns

Es ist bemerkenswert, dass HEINRICHS, K. sowohl was die Definition, wie auch was die Präsentation des Gegenstandsbereichs anbetrifft, bereits nicht mehr den «Defekt», sondern die beeinträchtigten **Erziehungsverhältnisse** ins Zentrum rückt. Dieser, wahrscheinlich von der Gestaltpsychologie beeinflusste Gedanke, ging in den nachfolgenden Jahrzehnten leider wieder verloren.

Schema 16: Fortsetzung

Jahr	Autor/Werk	Definition	Behinderungssparten
			Schäden auf seiten des Erziehungssubjekts: Schäden im Erziehungssystem a. Durch Verabsolutierung eines Wertgebietes b. Durch Unterdrückung eines Wertgebietes Schäden in der Person des Erziehers (die ähnlichen wie auf seiten des Erziehungsobjektes) Schäden in der Erziehungsgemeinschaft Schäden im Erziehungsraum
1935	**R. Allers** (1883–1963) österr. Psychiater «Heilerziehung bei Abwegigkeit des Charakters» (Einsiedeln, 1935)	«Die Erziehung der zwar abwegigen aber hirngesunden, vollsinnigen und körperlich normalen Kinder und Jugendlichen ... ist ein Teil dessen, was man gemeinhin unter dem Titel der ‚Heilpädagogik' zusammenfasst. Dieser Teil ist sogar derjenige, der allein auf den Namen einer Heilerziehung Anrecht hat. Denn Heilen kann immer nur besagen wollen: Beseitigung eines von der Norm abweichenden Zustandes und Wiederherstellung des normalen; dabei kann die erreichbare Wiederherstellung eine vollkommene sein – restitutio ad integrum – oder eine, wie die Klinik sagt, 'Heilung mit Defekt'»	Charakterabwegigkeiten Psychopathien Neurosen Verwahrlosung Kriminalität
1951/ 58	**P. Moor** (1899–1977) schweiz. Heilpädagoge «Heilpädagogische Psychologie». Band I (Bern, 1951 f.) Band II (Bern, 1958 f.)	«Heilpädagogik ist Pädagogik und nichts anderes ... Die Lehre von der Erziehung mindersinniger, geistesschwacher, schwererziehbarer Kinder ... ». «Das Besondere an ihr ist, dass sie ihre Arbeit unter erschwerenden Bedingungen zu vollziehen hat»	Schwererziehbarkeit (Neuropathie und Psychopathie) Verwahrlosung Geistesschwäche Gehörlosigkeit Blindheit Körperliche Behinderung

Schema 16: Fortsetzung

Jahr	Autor/Werk	Definition	Behinderungssparten
1952	**H. Asperger** (1906–1980) österr. Kinderpsychiater «Heilpädagogik» (Wien, 1952 ff.)	Heilpädagogik wird definiert als «jene Wissenschaft ..., welche, auf biologisch fundierter Kenntnis abnormer kindlicher Persönlichkeiten aufbauend, vornehmlich pädagogische Wege zur Behandlung intellektueller und Sinnesdefekte, nervöser und seelischer Störungen des Kindes- und Jugendalters sucht»	Schwachsinn und Enzephalopathien Psychopathie Neuropathie Schizophrenie diverse Einzelsymptome (Sprachstörungen, Lügen, Stehlen, sexuelle Abartigkeiten, Ängstlichkeit)
1958	**R. Egenberger** (1877–1959) deutscher Hilfsschulpädagoge «Heilpädagogik» (Berlin, 1958)	«Wir sprechen von Heilpädagogik, obwohl wir nicht sehr viel davon besitzen ... Wir haben 100 Jahre Hilfsschule, aber noch keine Heilpädagogik»	(Hilfsschulbedürftige) Debilität; diverse spezielle Leistungsstörungen schulischer Art
1962	**F. Meinertz** (1919–1964) deutscher Arzt und Psychiater «Heilpädagogik» (Heilbronn, 1962 ff.)	«Heilpädagogik ist die Lehre von der Heilerziehung; Heilerziehung ist die Erziehung derjenigen Kinder, bei denen die landläufige, natürliche Erziehung nicht ausreicht»	Schwachsinn und Hirnschädigungen Endokrinopathien Schizophrenie/Psychopathien Neurosen/Hysterie Sprachstörungen Diverse Auffälligkeiten (Lügen, Stehlen, Streunen, Verwahrlosung, Enuresis, Sexuelle Fehlformen)
1967	**E. Montalta** (1907–1986) schweiz. Heilpädagoge in: **Jussen, H. (Hrsg.)** «Handbuch der Heilpädagogik» (München, 1967)	Montalta benutzt den von Bopp übernommenen Begriff der «Wertsinnshemmung ... als zentrales Abgrenzungskriterium zwischen Normalerziehung und Heilerziehung» «Heilpädagogik ist die Theorie von der Erziehung wertsinnsgehemmter Jugend» Heilerziehung wird definiert als «Erziehung vermindert wertfähiger und (oder) wertwilliger Jugend»	1. Innerlich, durch die personale Gesamtstruktur bedingte Phänomene: – Sinnesschwäche, Mindersinnigkeit, Sprechbehinderung, motorische Behinderung, körperliche Gebrechlichkeit, Geistesschwäche, Neuropathien, Neurosen und Hysterische Zustände, Psychopathien, Psychosen 2. Äusserlich, durch Umweltfaktoren bedingte Phänomene: – Milieugefährdung, -schädigung, Verwahrlosung 3. Durch innere und äussere Faktoren bedingte Phänomene: – Bildungsschwierigkeiten, Erziehungsschwierigkeiten, Bildungs- und Erziehungsschwierigkeiten

Schema 16: Fortsetzung

Jahr	Autor/Werk	Definition	Behinderungssparten
1969	**D. Löwisch** deutscher Pädagoge «Pädagogisches Heilen. Versuch einer erziehungsphilosophischen Grundlegung der Heilpädagogik» (München, 1969)	«Heilerziehung ist das pädagogische Heilen von Störungen im Vollzug der prinzipiellen Aktivität des Subjekts und die Beförderung der stufenweise freigelegten Vollzugsmöglichkeit zum jeweils höchstmöglichen Vollzugsstand. Heilpädagogik ist die Theorie des pädagogischen Heilens von Vollzugsstörungen der prinzipiellen Aktivität des Behinderten, was sowohl den Auftrag der pädagogischen Führung als auch den Auftrag des Heilens der Vollzugsstörungen der Aktivität umfasst»	Sinnesgeschädigte Körperbehinderte Sprechbehinderte Lernbehinderte Geistigbehinderte psychodynamisch Behinderte Mehrfachbehinderte
1972	**E. E. Kobi** schweiz. Heilpädagoge «Grundfragen der Heilpädagogik und der Heilerziehung» (Bern, 1972 ff.)	«Heilpädagogik ist jene Sparte der Pädagogik, welche sich mit dauernd oder über längere Zeit beeinträchtigten Erziehungsverhältnissen beschäftigt» «Heilerziehung ist jene Sparte der Erziehungspraxis, welche sich mit Menschen beschäftigt, welche in ihrer Erziehbarkeit, Erziehungswilligkeit, Erziehungsfähigkeit... behindert sind»	Körperbehinderte Sehgeschädigte – verengte Hörgeschädigte – verarmte Sprechbehinderte – verfremdete Geistigbehinderte – brüchige Lernbehinderte Erziehungs- Verhaltensgestörte verhältnisse
1972	**U. Bleidick** deutscher Sonderpädagoge «Pädagogik der Behinderten» (Berlin, 1972 ff.)	«Eingeschränkte Lernfähigkeit in den Kulturtechniken und gestörte oder geminderte Erziehbarkeit mit erschwerter sozialer Eingliederung sind die durchgängigen Phänomene, die die sonderpädagogische Bedeutsamkeit der Behinderungen ausmachen. Der Wirklichkeitsbereich der Behindertenerziehung umfasst den Lernprozess, im weitern Sinne den Bildungsprozess und den Erziehungsvorgang beim Behinderten»	Pädagogik der Sehgeschädigten Hörgeschädigten Sprachgeschädigten Intelligenzgeschädigten Körperbehinderten (inklusive langfristig Kranke) Verhaltensgestörten
1975	**H. Bach** deutscher Sonderpädagoge «Sonderpädagogik im Grundriss» (Berlin, 1975 ff.)	«Sonderpädagogik ist die Theorie und Praxis der Erziehung all jener, deren Personalisation und Sozialisation unter erschwerenden Bedingungen erfolgt» ...	Erschwerungen im Bereich des Lernens – im Bereich des Aufnehmens – im Bereich des Verarbeitens – im Bereich des Speicherns

Schema 16: Fortsetzung

133

Jahr	Autor/Werk	Definition	Behinderungssparten
		«Sonderpädagogik ist die Theorie und Praxis der Erziehung bei Beeinträchtigungen und zwar – der Sondererziehung (Behindertenpädagogik) bei vorliegender Behinderung – der Fördererziehung bei vorliegender Störung – der Vorsorgeerziehung (Sozialpädagogik im engern Sinne) bei vorliegender Gefährdung – der Gesellschaftserziehung bei vorliegender Sozialrückständigkeit»	Erschwerungen im Bereich des Beeinflussens – im Bereich der personalen Umwelt – im Bereich der Sachumwelt – im Bereich der formellen und offiziellen gesellschaftlichen Normen
1977	**K.-P. Becker** deutscher Rehabilitationspädagoge (DDR) in: **Theiner et al.** (1977) «Zur Theorie und Praxis der Erziehung und Bildung Geschädigter in sozialistischen Ländern» (DDR-Berlin, 1977)	«Sozialistische Rehabilitation ist eine interdisziplinäre kollektive Tätigkeit, besonders in medizinischer, pädagogischer und sozialer Hinsicht, mit dem Ziel, geschädigte Menschen zur aktiven Teilnahme am produktiven, politischen, kulturellen und familiären Leben in der sozialistischen Gesellschaft zu befähigen, einmal entwickelte Fähigkeiten dieser Art zu erhalten oder verlorengegangene wiederzugewinnen ... Die zielgerichtete planmässige und organisierte Führung des Prozesses der Persönlichkeitsentwicklung Geschädigter mit dafür spezifischen Mitteln und Kräften obliegt innerhalb der Rehabilitation der Pädagogik»	Topologisch werden unterschieden: «Gehörlosigkeit, Schwerhörigkeit, Blindheit, Sehschwäche, Schwachsinn leichteren Grades, Schwachsinn mittleren bis schweren Grades. Sprachstörungen. Körperbehinderungen. Verhaltensstörungen.» Prozessual werden unterschieden: «Andersartigkeit – entwickelte oder entwickelbare Fähigkeiten Geschädigter, Tätigkeiten auf andere Art und Weise auszuführen, als es Nichtgeschädigte gleichen Alters tun, Störung – beeinträchtigte Fähigkeiten, Tätigkeiten qualitativ altersentsprechend auszuführen, Retardation – zurückgebliebene aber entwickelbare Fähigkeiten, Tätigkeiten quantitativ und qualitativ altersentsprechend auszuführen, Abweichung – ungenügend entwickelte und unvollständig entwickelbare Fähigkeiten, Tätigkeiten quantitativ und qualitativ altersentsprechend auszuführen, Zerfall – schwindende Fähigkeiten, Tätigkeiten qualitativ und quantitativ altersentsprechend auszuführen»

Schema 16: Fortsetzung

Jahr	Autor/Werk	Definition	Behinderungssparten
1981	**M. Gerspach** deutscher Pädagoge/Heilpädagoge «Kritische Heilpädagogik» (Frankfurt, 1981)	Heilpädagogik wird als «sinnverstehende Wissenschaft» ausgewiesen, die «beschädigte Beziehungsstrukturen» anhand von «Erlebnisstrukturen» erfasst und sich um ein «szenisches Verstehen der Behinderung» bemüht. Heilerziehung wird als «Sozialisationshilfe zur Vervollständigung inkonsistenter Praxisfiguren» bezeichnet	GERSPACH behält das traditionelle Kategoriensystem, d.h. die Gliederung nach Behinderungsarten, bei

Was die «Behinderungssparten» anbetrifft ist festzustellen, dass die seit HANSELMANN klassische Gruppierung sowohl in den erwähnten Gesamtdarstellungen, wie auch in Heilpädagogischen Enzyklopädien und Handbüchern weitgehend beibehalten wurde. Was hingegen die «Definition» anbetrifft , ist eine Entwicklung von einem biologischen, defekt- bzw. krankheitsorientierten, herkunftsmässig «Medizinischen Modell» (Schema 33), hin zu einem meta-physischen, dissoziations- bzw. kommunikationsorientierten und die entsprechenden Lehr-/Lernprozesse akzentuierenden «Sozialdynamischen Modell» zu verzeichnen. Die medizinale, sich nach (morphologischen) Schädigungen ausrichtende Klassifikation und die psychosoziale, sich nach (interaktionalen) Dissoziationen ausrichtenden Gegenstansbestimmungen klaffen daher auseinander.

Schema 16: Schluss

5.3 Klassifikation

Heilpädagogik[9] befasst sich in Praxis (Heilerziehung) und Theorie (Heilpädagogik) mit Behinderungszuständen um Kinder und Jugendliche[10] deren personale und soziale Entwicklung durch Behinderungen unterschied-

9 Folgende Fachbezeichnungen sind im internationalen Schrifttum gebräuchlich:
Heilpädagogik (CH, A, H, D)
Pédagogie curative, Orthopédagogie (CH, F, B, N)
Remedial Education, Orthopedagogics (GB, USA, SA)
Sonderpädagogik (D, CH)
Spezialpädagogik, Spezielle Pädagogik (CH, PL, CS)
Education Specialisée (CH, F)
Special Education (GB, USA)
Behindertenpädagogik (D)
Rehabilitationspädagogik (D)
10 Ich grenze hier den Begriff «Heilpädagogik» auf den Kinder- und Jugendlichensektor ein, da sonst die Wortbedeutung von **Päd**-Agogik überdehnt und das Aufgabenfeld teleologisch und methodisch zu sehr ausgeweitet würde.– Die Übertragung des pädagogischen Gestus auf die Erwachsenen- bzw. Alten-Arbeit droht andererseits kommunikative Verzerrungen in Richtung einer Infantilisierung nachsichzuziehen.

135

licher Art und Genese als so stark beeinträchtigt oder bedroht gilt, dass sich in bezug auf den konventionellen (üblichen, als normal und verbindlich geltenden) Erziehungs- und Bildungsrahmen einer bestimmten gesellschaftshistorischen Situation und Epoche spezielle erzieherische, unterrichtliche, psychagogisch-therapeutische, sozialberaterische und -fürsorgerische Massnahmen aufdrängen zur gemeinsamen Lebensbewältigung und Daseinsgestaltung.

Die **Allgemeine Heilpädagogik** beschäftigt sich mit wissenschaftstheoretischen und spartenübergreifenden Grundfragen existentiell-ideeller, phänomenologisch-begrifflicher, situativ-topologischer, chronologisch-historischer, axiomatisch-ätiologischer, teleologisch-normativer, methodisch-methodologischer und dialogisch-kommunikativer Art.

Die **Spezielle (differenzielle) Heilpädagogik** gliedert sich traditionellerweise nach den hauptsächlichsten Behinderungsarten auf.[11]

Die **Körperbehindertenpädagogik** (Somatopädie) befasst sich mit Behinderungszuständen um Kinder und Jugendliche, die durch Gliedmassendefekte, Bewegungs-(ablaufs-)störungen oder anderweitige Funktionsstörungen in ihrer Entwicklung sowie in ihrer Lern- und Leistungsfähigkeit so stark beeinträchtigt sind, dass sich spezielle erzieherische und unterrichtliche Massnahmen zur Lebensbewältigung und Daseinsgestaltung aufdrängen.

Die **Krankenpädagogik** (Medizinalpädagogik)[12] befasst sich mit Behinderungszuständen um Kinder und Jugendliche, die an chronischen und langwierigen, aktivitätseinschränkenden und/oder entwicklungsbehindernden Krankheiten bzw. Therapien leiden, so dass sich spezielle erzieherische Bemühungen zur Lebens- und Daseinsgestaltung aufdrängen. Sie befasst sich ferner mit psychohygienischen, erzieherischen und schulischen Problemen, die sich bei hospitalisierten bzw. langzeitkranken Kindern und Jugendlichen stellen.

Die **Sehgeschädigtenpädagogik** (Typhlopädie) befasst sich mit Behinderungszuständen um Kinder und Jugendliche, die auch bei maximal aus-

---

11 Ich halte mich im folgenden an eine symptomatologisch-phänomenologische Systematik, in welcher die Ursachenfrage offenbleibt.– Diese kann und sollte meines Erachtens im heilpädagogischen Bereich jeweilen nur einzelfallbezogen beantwortet werden, um fragwürdige Voraus-Typologisierungen zu vermeiden.
12 Gelegentlich wird die Krankenpädagogik auch noch der Körperbehindertenpädagogik zugerechnet.

korrierter Sehbehinderung in ihrem Visualisationsbezug so stark eingeschränkt sind, dass sich spezielle erzieherische und unterrichtliche Massnahmen zur Lebensbewältigung und Daseinsgestaltung aufdrängen.

Der Zweig der **Sehbehindertenpädagogik** befasst sich mit Kindern und
Jugendlichen, deren Sehvermögen erlebnis- und verhaltensmässig noch
eine massgebende Orientierungsfunktion hat. – Der Zweig der **Blindenpädagogik** befasst sich mit Kindern und Jugendlichen, deren Sehvermögen nur noch von untergeordneter oder gar keiner Bedeutung ist für die In-
formationsgewinnung.

Die **Hörgeschädigtenpädagogik** (Surdopädie) befasst sich mit Behinderungszuständen um Kinder und Jugendliche, deren Hörvermögen auch
bei maximaler Auskorrektur so sehr eingeschränkt ist, dass sich spezielle
(v.a. den Sprachaufbau betreffend) erzieherische und unterrichtliche Massnahmen zur Lebensbewältigung und Daseinsgestaltung aufdrängen.

Der Zweig der **Schwerhörigenpädagogik** befasst sich mit Kindern und
Jugendlichen, deren Sprachaufbau und Kommunikation im wesentlichen
noch über das Gehör erfolgen können.

Der Zweig der **Gehörlosenpädagogik** befasst sich mit Kindern und Jugendlichen, deren Sprachaufbau und Kommunikation im wesentlichen vi-
suell-taktil erfolgen müssen.[13]

Die **Sprachbehindertenpädagogik** (Logopädie)[14] befasst sich mit Behinderungszuständen um Kinder und Jugendliche, welche in ihrer sprachlichen Kommunikationsfähigkeit so stark und nachhaltig beeinträchtigt
sind, dass sich spezielle therapeutische (Sprach-/Sprechtherapie), erzieherische und unterrichtliche Massnahmen zur Lebensbewältigung und Daseinsgestaltung aufdrängen.

Sprach**therapie** ist stärker defekt- und störungsorientiert und zielt auf
Heilung (Störungsfreiheit).

---

13 Z.T. werden auch Untergruppierungen wie «Resthörige», «(im Sprachbesitz) Er-
   taubte» unterschieden. Quantität und Qualität des (Laut-)Sprachbesitzes sowie
   Fragen des angemessenen Kommunikationssystems (Lautsprache; sign language;
   diverse Misch- und Ergänzungsformen) sind heutzutage von grösserer klas-
   sifikatorischer Bedeutung als Audiometrie-Werte.
14 Die Bezeichnung «Logopädie» wird unterschiedlich weit gebraucht: Als Synonym
   für Sprachheilpädagogik überhaupt oder aber eingeschränkt auf den klinisch-the-
   rapeutischen Bereich der Sprachheilbehandlung.

Sprach**heilpädagogik** ist stärker kind- und umweltorientiert und zielt auf Erziehung und Bildung.

Die **Geistigbehindertenpädagogik** (Psychopädie) befasst sich mit Behinderungszuständen um Kinder und Jugendliche, welche bezüglich Informationsverwertung in ihrer Lernfähigkeit, Intelligenz und psychosozialen Auseinandersetzung so stark und umfänglich beeinträchtigt sind, dass sich den gesamten Lebenskreis umfassende und meist bis ins Erwachsenenalter fortzusetzende erzieherische, unterrichtliche und fürsorgerische Massnahmen zur Lebensbewältigung und Daseinsgestaltung aufdrängen. Geistigbehinderte Menschen sind in komplexen und wechselnden Lebensverhältnissen dauernd auf eine nachgegende Führung und Hilfe angewiesen.

Die **Schwerst-** (bzw. **Intensiv-)behindertenpädagogik**[15] befasst sich mit Behinderungszuständen um Kinder und Jugendliche, deren Entwicklungsmöglichkeiten durch komplexe Behinderungen so sehr beschnitten sind, dass sie vollumfänglich oder in entscheidenden Bereichen auch der alltäglichen Selbstbesorgung dauernd ideell-konzeptionell und/oder organisatorisch-ausführungstechnisch neben den erzieherischen (und allenfalls unterrichtlichen) auch auf erhebliche pflegerische und existenzsichernde Bemühungen zur Lebensbewältigung und Daseinsgestaltung angewiesen sind.

Die **Lernbehindertenpädagogik** befasst sich mit Behinderungszuständen um Kinder und Jugendliche, die, ohne gröbere Defekte oder Persönlichkeitsstörungen aufzuweisen, in öffentlichen Bildungssystemen (hauptsächlich der Normal-Schule) so grosse Lernschwierigkeiten haben und Lehrschwierigkeiten bereiten, dass sich spezielle, hauptsächlich unterrichtliche Massnahmen aufdrängen.

---

15 Der Bereich der Schwerstbehindertenpädagogik hat in jüngerer Zeit vis-à-vis der Geistigbehinderten- und Körperbehindertenpädagogik eigene Konturen gewonnen. Diese Entwicklung ist begrüssenswert, wenngleich grosse Überschneidungsbereiche bestehen. Unter dem behinderungsspezifischen Aspekt betrachtet, handelt es sich um Menschen, die entweder so schwer bewegungsbehindert (und damit in ihren Handlungsvollzügen eingeschränkt) sind, dass sie zur Realisierung ihrer Handlungsentwürfe einer vielfältigen, permanenten, organisatorisch-technischen Unterstützung und Ausführungshilfe bedürfen
oder/und
um Menschen, die so schwer geistigbehindert (und damit in ihren Handlungskonzepten beschränkt) sind, dass sie vielfältiger und permanenter Strukturierungshilfen bei der Alltagsbewältigung bedürfen. Hier liegt u.U. eine funktionsfähige Leibesorganisation bei extrem eingeschränkten Möglichkeiten zur Konzeptbildung und Handlungsplanung vor.

Als **Lernbehinderungen** (im engern Sinne) bezeichnet man Schwierigkeiten, die sich aufgrund eines chronisch und generell herabgesetzten Niveaus der schulischen Lern- und Aneignungsprozesse ergeben.

Als **Lernstörungen** bezeichnet man Schwierigkeiten, die sich aufgrund eines passager und/oder partiell herabgesetzten Niveaus der schulischen Lern- und Aneignungsprozesse ergeben.

Die **Verhaltensgestörtenpädagogik**[16] (Ethopädie) befasst sich mit Behinderungszuständen um Kinder und Jugendliche, die durch unterschiedlich akzentuierte Verhaltens- und Verhältnisstörungen, sowie durch Schwierigkeiten in der Erfahrungs- und Erlebnisverarbeitung in ihren Um- und Mitweltsbezügen so stark beeinträchtig sind und/oder werden, dass sich spezielle erzieherische und zum Teil auch unterrichtliche, therapeutische und sozialfürsorgerische Massnahmen zur Lebensbewältigung und Daseinsgestaltung aufdrängen.

Gelegentlich ist auch von **Mehrfachbehindertenpädagogik** die Rede, wobei man in der Regel Kinder und Jugendliche im Auge hat, die (primär) in mehreren Funktionsbereichen beeinträchtigt sind, so z.B. taub-blinde, geistigbehindert-schwerhörige, lernbehindert-verhaltensgestörte Kinder usw. Die Abspaltung eines Spezialbereiches rechtfertigt sich meines Erachtens allerdings nicht und zwar aus folgenden Gründen:

– jede Behinderung führt, (zumal bei einem Kind), sekundär (konsekutiv) via Generalisierungseffekt zu einer Mehrfachbehinderung; Heilpädagogik und Heilerziehung haben es generell mit «integral» mehrfachbehinderten Kindern und Erziehungsverhältnissen zu tun
– die differentialdiagnostische Trennung in primäre und sekundäre Mehrfachbehinderungen ist im Einzelfall äusserst schwierig und beruht letztlich auf Ermessensentscheiden
– der Begriff «Mehrfachbehinderung» evoziert auf der Subjektebene inakzeptable Defizit- und Überbein-Vorstellungen: Der Behinderte ist ein Normalmensch, dem ein Etwas fehlt oder der ein Etwas hat, das als Störungskörper gegenständlich fassbar ist
– Institutionsorganisatorisch leistet der Begriff Tendenzen in den übrigen Spezialbereichen Vorschub, sich auf die theoretisch reinen «Minus»- bzw. «Plus»-Fälle einzuschränken (den «intelligenten, braven Blinden» usw.).

16 Die Verhaltensgestörtenpädagogik weist starke Affinitäten und Überschneidungen mit der Sozialpädagogik auf, deren Akzent jedoch stärker im prophylaktischen und ausserschulischen Bereich liegt.

Diese tradierte, quasi-medizinische Klassifikation ist gemäss heutiger Vorstellungen über den integralen Charakter eines Behindertseins überholt. Mehr als institutionsgeschichtliche Gründe lassen sich dafür kaum mehr namhaft machen. Die ideell aus dem 18. Jahrhundert stammende Klinische Nosologie (vgl. FOUCAULT, M. 1991) findet allerdings in defektologischen Betrachtungsweisen rezenter Kinderpsychiatrie eine Fortsetzung.

5.4 Problemstrukturen

Weder behinderungs- noch institutionsorientierte Systematisierungsversuche und schon gar nicht ätiologisch-quasimedizinische Tableaux vermögen der spezifisch pädagogischen Problematik Rechnung zu tragen. «Gegenstand des heilpädagogischen Begriffs ist die **pädagogische** Aufgabenstellung und nicht mehr der medizinische Sachverhalt... Wir dürfen nicht weiterhin unsere wissenschaftlichen Begriffe einfach von einer andern Wissenschaft übernehmen, bloss weil diese schon klare und exakte Begriffe besitzt» (MOOR, P., in: RÖHRS, H. 1964 p. 394). – Bereits HEINRICHS, K. (1931) sah diese Verhältnisse klar: «Nirgends ist die biologische Krankheit als solche Anlass oder Gegenstand unserer Bemühungen, sondern nur der durch sie bewirkte Erziehungsdefekt». Entscheidend ist also ein Muster, welches die Akzentverschiebungen der **erzieherischen** Aufgabenstellung zum Ausdruck bringt. Diese wird über drei Einflussbereiche bestimmt (Schema 17):

– interaktional durch die Kommunikationseinbusse
– chronologisch durch die Entwicklungsphase
– teleologisch durch die Bildbarkeitsstufe

Im Schnittpunkt dieser drei Dimensionen findet die heilerzieherische «Individuallage» (PESTALOZZI) jeweils ihre generellen Gestaltmerkmale. Eine weitergehende allgemeine Kategorisierung ist meines Erachtens nicht möglich, ohne in Typisierungen zu geraten, welche die «individuelle Einmaligkeit» verstellen.

a) In **kommunikativ-interpersonaler** Hinsicht orientieren wir uns an unterschiedlichen Beeinträchtigungsformen eines Erziehungsverhältnisses, die ich benenne als: **Verengung – Verarmung – Verfremdung – Brüchigkeit** (Schema 18).
Eine **Verengung** wird beispielsweise durch Mängel und Ausfallerscheinungen im Bereich des Sinnestätigkeit und der körperlichen Funkti-

140

onstüchtigkeit bewirkt. Eingeengt sind die zwischenmenschlichen Kontaktmöglichkeiten, und geschmälert ist überdies der Zugang des Kindes zur Sachwelt. Die Erziehung hat dadurch ebenfalls mit einem verengten Zugang zu dem betreffenden Kind zu rechnen. – Aber auch von seiten der Erzieherschaft kann eine Verengung, freilich ganz anderer Art – zum Beispiel durch die Verabsolutierung eines Wertgebietes, durch Fanatismus, durch das Überwertigwerden einer Idee – zustandekommen. – Generelles Ziel heilerzieherischer Bemühungen ist daher eine Verganzheit-

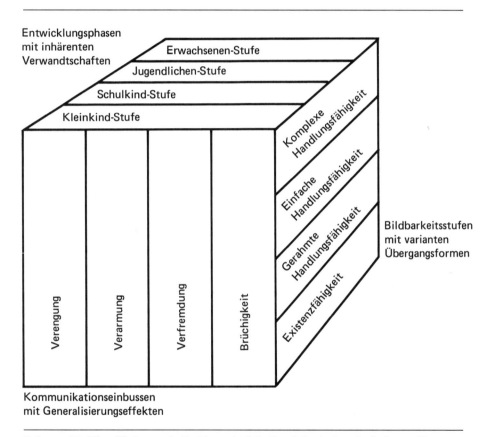

Schema 17: Klassifizierung heilpädagogisch-heilerzieherischer Aufgabenstellungen

lichung, eine Überbrückung des verengten Zugangs durch Kompensation der Ausfallerscheinungen. Die Sinnesgeschädigtenerziehung hat denn auch diese ihre kompensatorische Aufgabe frühzeitig erkannt und derzufolge versucht, den Informationsausfall auf einem bestimmten Wahrnehmungsgebiet wettzumachen durch spezielle Förderung in Bereichen intakter Sinnestätigkeit. Im erweiterten Rahmen der Rehabilitation spielen ferner die Einführung in den Gebrauch apparatlicher Hilfen sowohl bei sinnesgeschädigten wie bei invaliden Kindern eine grosse Rolle.

Eine **Verarmung** des erzieherischen Verhältnisses sehen wir in der Folge einer Beschränktheit des Kindes bzw. des Erziehers. Zentrale Persönlichkeitsstörungen, so die verschiedenen Formen und Grade geistiger Behinderung, schränken die Kontaktmöglichkeiten ein ohne dass hier eine Kompensation und Überbrückung obgenannter Art möglich ist. Ist im Falle einer Verengung der Reichtum und die Mannigfaltigkeit der Beziehungsmöglichkeiten zur Person- und Sachwelt verringert, so ist eine Verarmung durch mangelnde Tiefe, Dichte und Intensität des erzieherischen Verhältnisses gekennzeichnet. – Eine Verarmung des Erziehungs-Verhältnisses kann auch gesellschaftliche Gründe haben. So wird von soziologischer und psychologischer Seite namentlich die Unterprivilegierung bestimmter Volksschichten verantwortlich gemacht für die mangelhaften Entwicklungsmöglichkeiten der davon betroffenen Kinder. – Generelles Ziel ist die Erfüllung und Vertiefung des erzieherischen Verhältnisses durch Intensivierung und Differenzierung der Kontakte. Ein Beispiel hiefür ist das erhöhte Trainingsangebot, aufgrund dessen sich bei einem geistigbehinderten Kind eine Verankerung von Kenntnissen, Gewohnheiten und Verhaltensformen ergeben kann.

In ihrem Verhalten oder in ihrer Leistungsfähigkeit gestörte Kinder sind stets auch ihre Umgebung und speziell das erzieherische Verhältnis störende Kinder. Ihre Unberechenbarkeit, Ausfälligkeit, ihre oft nicht einzuordnenden Reaktionen tragen Verunsicherung und **Verfremdung** in das Erziehungsfeld. Kind und Erzieher stehen einander verständnislos gegenüber. – Der Grund zu einer Entfremdung kann aber auch auf seiten der Erzieherschaft liegen, namentlich da, wo die gesellschaftlichen Verhältnisse kaum mehr eine kindgemässe Gestaltung der erzieherischen Begegnung zulassen. – Wo für ein Kind das Biotop lebensfeindlich wird, wie für den ans Land gezogenen Fisch, da ist sein Störverhalten ebenso adäquat wie das Zappeln des Fisches!. – Die erzieherische Aufgabe besteht daher generell darin, durch eine Erhellung der Störungssituation zu einem umfassenderen Verständnis des gestörten Verhältnisses zu gelangen. Psychotherapeutische Massnahmen, Beratungen und Systemveränderungen sind nötig, um zu einem angemesseneren, sinn- und verständnisvolleren und damit zu einem «normal verstehbaren» Verhältnis zu finden. Wo eine derartige Äquilibrierung nicht möglich ist, müsste Heilerziehung personal und sozial in der Lage sein, wenigstens ein «paranormales», d.h. jenseits des Normalverständnisses liegendes Erziehungsverhältnis zu stiften und aufrechtzuerhalten. Es geht hier also nicht mehr darum, das Erziehungsverhältnis einer Durchschnittsnorm anzugleichen, sondern Handbietung zu leisten zu einer Selbstverwirklichung und Daseinsgestaltung ausserhalb der Gepflogenheiten der Gesellschaft. Dabei sind uns freilich oft enge Grenzen gesetzt, weil Extremvarianten menschlicher Daseinsgestaltung auch dann kaum Duldung finden, wenn keine Gemeinfährlichkeit damit verbunden ist. Generelles Ziel der Heilerziehung ist hier jedoch die Verbundenheit. Sie muss sich dafür einset-

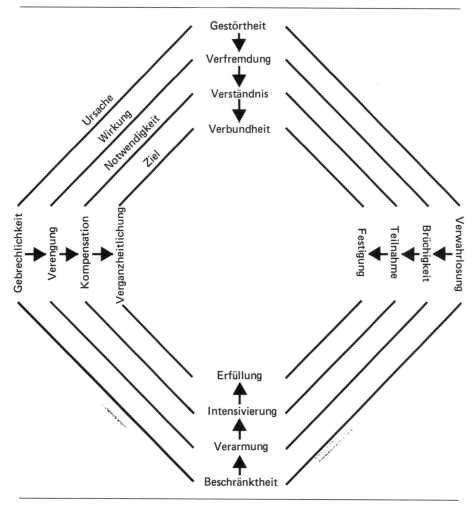

Schema 18: Beeinträchtigungen des Erziehungsverhältnisses

zen, dass die Gesellschaft auch dem für sie Befremdlichen und Absurden einen Lebens- und nicht nur einen Überlebensraum zubilligt.

Verwahrlosung, das heisst die Missachtung der Erziehungsaufgabe dem Kind gegenüber, hat eine **Brüchigkeit** des Erziehungsverhältnisses zur Folge, und ein solches kommt in Extremfällen überhaupt nicht mehr zustande. Gerade diese Form der Beeinträchtigung des Erziehungsverhältnisses zeigt, dass die Störungsursachen nicht nur im Kind gesehen werden können und dass auch ein von Natur aus voll entwicklungsfähiges Kind zum Adressaten der Heilerziehung werden kann. Durch die geringe Bindungsfähigkeit Verwahrloster gehört deren Nacherziehung mit zu den schwierigsten Aufgaben der Heilerziehung. Um das generelle Ziel, eine Festigung des erzieherischen Verhältnisses, zu erreichen, benötigt ein Mensch Teilnahme im doppelten Sinne: dass ich ihn an meinem Leben Anteil nehmen lasse und meinerseits an seinem Leben Anteil nehme. Ein brüchiges Erziehungsverhältnis kann nur gefestigt werden, wenn ich ohne jeden Vorbehalt und in «deckungsloser Offenheit» (BOLLNOW, O. 1959a) mit dem Kind in gemeinsamer Daseinsgestaltung (KOBI, E. E. 1990) **zusammen lebe,** wie dies PESTALOZZI im «Stanserbrief» zum Ausdruck bringt in den Worten: «Ihre Suppe war die meinige, ihr Trank war der meinige. Ich schlief in ihrer Mitte».

b) In **chronologisch-evolutiver** Sicht orientieren wir uns an Entwicklungsphasen, die nicht nur zeitlich, sondern auch aufgrund wechselnder Attitüden und Rollenerwartungen kulturübergreifend voneinander abgegrenzt werden können. Lediglich die hier verwendeten Phasenbezeichnungen sind unserem Kulturkreis entnommen.

- Die **Kleinkindstufe** ist durch die Entwicklung von Basisfunktionen in den verschiedenen Fähigkeitsbereichen gekennzeichnet.
- Die **Schulkindstufe** ist durch die Auseinandersetzung mit öffentlichen (Aus-)Bildungsanforderungen bezüglich bestimmter Kulturtechniken und sozialer Anpassungsformen gekennzeichnet.
- Die **Jugendlichenstufe** ist durch die zum Erwachsenenstatus führenden Reifungs-, Entwicklungs- und Individuationsprozesse, sowie durch deren sozio-kulturell bestimmte Gestaltungsformen gekennzeichnet.
- Die **Erwachsenenstufe** ist durch die Übernahme und Erfüllung von Rechten und Pflichten, Rollen und Attitüden usw., wie sie innerhalb einer bestimmten Kultur für deren Mitgestalter vorgesehen sind, gekennzeichnet.

Damit wird Abstand genommen von der Vorstellung, eine sich objektiv gleich bleibende Behinderung bewirke auch auf der Subjektebene statische Verhältnisse. Der Zeitfaktor kann zwischen Behinderungen desselben Topos' heilpädagogisch gesehen grössere Divergenzen schaffen, als zwischen Behinderungen in unterschiedlichen Fähigkeitsbereichen.

c) Hinsichtlich der **Bildbarkeit** und des hieraus abzuleitenden Bildungsauftrages werden unterschieden:

– Eine Stufe der **Existenzfähigkeit,** wo es personal und sozial um die Existenz- und Lebenssicherung und die Ausbildung existenzsichernder Bedürfnisse geht. – Normalerweise wird elementare Überlebensfähigkeit im Säuglings-/Kleinkindalter erreicht, kann jedoch in Fällen intensiver und umfassender Behinderung permanente heilerzieherische Aufgabe bleiben.

– Eine Stufe **Gerahmter Handlungsfähigkeit,** die erreicht wird, wenn ein Kind unter «prothetischem Geleit» Handlungen (anderer) nachvollziehen kann, ohne selbst bereits spontan Agent bzw. Initiant zu sein. – Diese Stufe wird normalerweise im Kleinkindalter erreicht.

– Eine Stufe **Einfacher Handlungsfähigkeit,** die erreicht wird, wenn eine Person sich ohne direkte Hilfe in vorstrukturierten, vertrauten Verhältnissen zurechtfinden kann. – Diese Stufe wird im allgemeinen vom Kleinkindalter weg und deutlich im Schulalter erreicht.

– Eine Stufe der **Komplexen Handlungsfähigkeit,** die erreicht wird, wenn eine Person in der Lage ist, Situationen und Handlungsweisen eigenständig zu strukturieren und optimal aufeinander abzustimmen. – Diese Stufe wird im allgemeinen vom Schulalter weg und deutlich im Jugendlichen- und Erwachsenenalter erreicht.

Anzumerken ist auch hier, dass die situativen Inhalte und die erforderlichen Handlungsziele von den kulturellen und epochalen Verhältnissen her bestimmt werden.

Eine Behinderungssituation ist nun generell durch Diskrepanzen individualer und sozialer Art charakterisiert, welche ausserhalb der individualen und sozialen Toleranzbreite der Norm (Kapitel VII) liegen. – Die daraus resultierende soziale Dynamik innerhalb eines Behinderungszustandes soll abschliessend an einem Beispiel illustriert werden:

Ein neugeborenes Kind scheint zunächst in sämtlichen Fähigkeitsbereichen die volle (normale) Existenzfähigkeit zu besitzen. Eine heilerzieherische Problematik ist somit nicht erkennbar.

Eine aufgrund des Umstandes, dass es seine Lallmonologe einstellte durchgeführte pädaudiologische Untersuchung ergibt, dass das Kind gehörlos ist. So besitzt es im akustisch/auditiven Bereich keine Existenzfähigkeit, und das Erziehungsverhältnis erfährt eine beidseitige Verengung sowohl was die expressiven wie auch was die impressiven Akte anbetrifft. In dieser Perspektive stellt sich die heilerzieherische Aufgabe, dem Kind und seiner Mitwelt kompensatorisch anderweitige Existenzmöglichkeiten im Kommunikationsbereich zu erschliessen.

In der weiteren Entwicklung des Kindes machen sich Generalisierungseffekte bemerkbar, aufgrund derer das Kind nicht nur als gehörlos, sondern auch als erheblich sprachentwicklungsverzögert zu bezeichnen ist. Allenfalls sind weitere, mehr oder weniger gravierende Auffälligkeiten (betreffend Psychomotorik, Motivation, Sozialverhalten) zu registrieren, welche über die primäre Verengung des Erziehungsverhältnisses hinaus auch Formen der Verfremdung, der Verarmung und der teilweisen Brüchigkeit manifest werden lassen.

Mit sechs, sieben Jahren befindet sich das Kind in der Schulkindphase; durch die fortgeschrittene Generalisierung seiner Behinderung (speziell den kommunikativen und kognitiven Bereich betreffend) steht es zum Teil aber noch auf der Stufe einer gerahmten Handlungsfähigkeit, wodurch es sonderschulbedürftig wird.

Noch einmal später hat der am Beginn des Jugendalters stehende Mensch in allen Bereichen zumindest die Stufe der einfachen Handlungsfähigkeit erreicht, so dass ihm, mit situationsspezifischen Strukturierungshilfen, eine zeitweilige Partizipation an einem gemeinsamen Unterricht mit Hörenden ermöglicht werden kann. Die damit verbundenen erhöhten Anforderungen und die unausweichliche Begegnung mit Situationen, welche eine komplexe Handlungsfähigkeit voraussetzen, können eine Akzentverschiebung der Problematik in den Sozialbereich hinein bewirken.

Der junge Erwachsene ist nach wie vor (medizinisch gesehen: unverändert) gehörlos. Dank seiner guten Begabung und Förderung ist er nun jedoch insofern komplex handlungsfähig, als er auch in auditiv-sprachlich schwierigen Situationen sich die behinderungsbedingt notwendigen Strukturierungshilfen selbst beschaffen kann, indem er z.B. seinen hörenden Partnern Anweisungen gibt, wie diese sich ihm gegenüber kommunikationsdienlich verhalten können.

Zusammenfassend halten wir fest:

«Gegenstand» der Heil-Pädagogik ist nicht einfach «das Kind» oder «die Erzieherschaft» sondern deren Beziehung im Kontext gesellschaftlicher Verhältnisse. Diese Beziehungen werden bestimmt durch Subjekte, welche nicht nur Materialeigenschaften aufweisen, sondern sich in ihrem Zueinander auch konstituieren. Pädagogik hat es nicht mit toten, definiten, ahistorischen, zur Konstitution und Selbstdarstellung unfähigen Objekten, sondern mit lebendigen, offenen, geschichtlichen, auf konstitutive Seinsentwürfe ausgerichteten Subjekten zu tun. Derartige Subjekte sind daher nicht nur (wie Objekte) zum Reagieren zu bringen (durch irgendwelche Reagenzien, in Experimenten, Tests u.ä.), sondern zu interpellieren, zur Vernehmlassung zu bewegen. Es ist ihnen die Möglichkeit zu bieten, sich in ihrer subjektiven Wahrheit darzustellen und ihre sozialen Beziehungen zu definieren.

Relativität und Relationalität (Kapitel I/3) der Erziehungswirklichkeit ertragen weder Absolutismus noch Exklusivität. Sie überbinden die Aufgabe, sich auch mit dem **Andern** in Beziehung zu setzen und diesem auch da noch etwas zu **sein,** wo nichts mehr zu **machen** ist. – Erziehung kennt keine Frage der Indikation und Objektivität. Wer sich mit ihr einlässt, dem raubt sie die Unbefangenheit. Wo Befangenheit Richter in den Ausstand zwingt, setzt sie Erzieher erst in ihr Amt ein.

III. Die Numerische Frage

*Dadaismus und Dataismus
gedeihen auf dem Feld
der Sprachlosigkeit*

Unter der numerischen Frage befassen wir uns mit der Vorkommenshäufigkeit und Verbreitung (Epidemiologie) von Behinderungen und Behinderten, sowie mit den damit zusammenhängenden Fragen der Quantifizierbarkeit heilpädagogischer Phänomene.

Wir versuchen dementsprechend in diesem Kapitel Antwort zu geben auf die Frage:

Was für eine Bedeutung fällt quantifizierenden Angaben in heilpädagogischen Aufgabenfeldern zu?

Was repräsentieren diesbezügliche Zahlen (über Häufigkeiten, Verteilungen, Gradabstufungen etc.) und wovon sind sie abhängig?

1. Zum Bedeutungsgehalt von Zahlen

Zahlen suggerieren Genauigkeit und Unbestechlichkeit; darum eignen sie sich noch weitaus besser für Täuschungen und Fälschungen als Worte. Der mit wissenschaftlichem Bluff und Zahlenakrobatik unvertraute Leser ist oft aber auch der irrigen Meinung

– mathematisch ermittelte Ergebnisse seien unumstösslich und allgemeingültig
– die in Mode geratenen Wörter «signifikant» und «repräsentativ» zeugten allein schon (oder erst) für Wissenschaftlichkeit
– Genauigkeit mit Wahrheit und Quantifizierbarkeit mit Wesentlichkeit in eins setzen zu können.

Der ideologische Autoritarismus des Wortes droht in dieser Perspektive durch den neutralistischen Absolutismus der Zahl abgelöst zu werden. Vor Zahlen ist somit ausdrücklich zu warnen! Wo immer sie in einer Beziehungswissenschaft auftauchen, sind sie zu erwahren und zu be«deuten».

149

Empirische Zahlenangaben sind in mehrfacher Hinsicht bezugsrahmenabhängig:

- von der Gegenstandsbestimmung bzw. den Erfassungskriterien (was wird z.B. als «Behinderung» definiert? oder zumindest «empfunden»?)
- von der Sichtweise und dem Ermessen des Zählers (wobei z.B. Mediziner und Heilpädagogen unterschiedliche Erfassungswinkel haben)
- vom Zweck der Zählung (z.B. das Ausmass spezieller Erziehungs- und Bildungsbedürftigkeit feststellen)
- von der Art des Messinstruments, (das aus einem Zählrahmen bis hin zu einem mehrdimensionalen Testverfahren bestehen kann).

Zahlen sind daher auf unterschiedlichen Ebenen zu überprüfen:

- auf ihre Angemessenheit: Lässt sich das, was sie repräsentieren sollen, überhaupt quantifizierend zum Ausdruck bringen? – Dies ist überall da fraglich, wo Qualitäten (Eigenschaften, Anmutungen, Werte, Einschätzungen etc.) in Quantitäten transformiert werden sollen

  Zwischen den Schul-Noten 5 und 6 liegt arithmetisch zwar dasselbe Intervall wie zwischen 3 und 4; empfindungsmässig dürften jedoch «sehr»(gut) und «un»(genügend) unterschiedliche Distanzen bezeichnen

- auf ihre herkunftsmässige Vereinbarkeit. Mit Zahlen lässt sich immerfort «rechnen», und jede Rechnerei gebiert erneut Zahlen. Dem bekannten Problem, dass man Äpfel und Birnen nicht zusammenzählen kann, ohne durch Vermusung deren Qualität zu zerstören oder auf die Abstraktion «Kernobst» auszuweichen, ist daher gebührend Beachtung zu schenken. Dies vor allem da, wo Eigenschaften, Produkte, Leistungen, Verhaltensweisen (Intelligenzen, Aengste, Weitsprünge, Zeichnungen verschiedener Personen oder derselben Person in verschiedenen Zeit- und Raumverhältnissen) «in eins gesetzt» werden sollen.

  Was etwa Psychologen in ihren wissenschaftlichen Austauschprozessen diesbezüglich herumreichen, ist weder die Intelligenz und die Angst der Probanden noch die eigene, sondern je Konstrukte hievon. Der Diskurs bezieht sich somit auf die Speisekarte und nicht aufs Menu, so dass es einen nicht wundern darf, wenn man darob nicht satt wird.

- auf den tatsächlichen bzw. vorgespiegelten Präzisionsgrad. Quantitäten sind auch von der «Präzision» des Messinstruments bzw. der Messmethode abhängig. Auch Quantität erweist sich als ein relativer Begriff, da stets ein "Ausschmieren" von Details damit verbunden ist.

150

Ein Wollknäuel (ist / wird / erscheint) länger, wenn wir ihn mikroskopisch unter Berücksichtigung sämtlicher Knicke und Unebenheiten ausmessen, die wir von blossem Auge zu übersehen pflegen (vgl. BRIGGS, J./PEAT, F.D. , 1990 p. 136/37)

– Unfug wird oft mit dem Begriff «Dunkelziffer» getrieben. Der Sache nach ist damit eine unbekannte, höchstens zu vermutende Anzahl gemeint, die daher logischerweise nicht zu benennen ist. Mengenimponiergehabe hält sich freilich nicht daran und erklärt Dunkelziffern in floskelhafter Stereotypie nicht nur ständig als «erheblich grösser», als die namhaft zu machende Anzahl (von Infizierten, Opfern, Tätern, Vergehen und dergl.), sondern liefert meist auch noch "erhellende" Prozentangaben nach.

Zahlen treten in der Heilpädagogik hauptsächlich in folgenden Formen und Zusammenhängen in Erscheinung:

1.1 Anzahlen

Anzahlen und Häufigkeitsangaben können sich beziehen auf:

– Behinderungen. Es geht hierbei um objektivierbare bzw. operationalisierbare **Sachverhalte.** Ohne eine derartige Definition bleiben Zahlenangaben frei flottierend.
– Behinderte. Es geht hierbei um **Personen,** die eine Behinderung im o.g. Sinne aufweisen oder sich selbst als behindert definieren. – Fasst man behinderte Personen ins Auge, so begegnen wir – vor allem im Kindesalter – meist dem Faktum primärer und sekundärer Mehrfachbehinderung. Welcher Kategorie ein Kind dann zugezählt wird, hängt meist von situativen und pragmatischen Gründen ab.
– **Mitglieder** einer (definierenden) Institution (z.B. einer Hilfsschule). – Bezieht man sich auf einen «institutionalisierten» Personenkreis, so hat man zwar den Vorteil einer von vorherin definierten Gesamtmenge für sich, bewegt sich jedoch in einem Zirkelschluss («gehörlos ist, wer eine Gehörlosenschule besucht»).

Zwischen diesen drei Kategorien bestehen lediglich Teilkongruenzen. Häufigkeiten sind also unmittelbar von Definitionen (speziell vom sog. cut-off, der "Schnittstelle" zwischen «noch» und «nicht mehr») abhängig.

Ob wir beispielsweise den cut-off für Geistige Behinderung bei einem IQ 50/55 (wie im internationalen Schrifttum allgemein üblich) setzen oder aber bei 70/75 (wie im schweizerischen Invalidenversicherungsgesetz), macht zahlenmässig einen erklecklichen Unterschied aus: im ersten Fall müsste man mit 5–6 ‰, im zweiten mit rund 2–5 % Geistigbehinderten rechnen. Dasselbe gilt für Grenzwerte zwischen: Normaler Hörfähigkeit/Schwerhörigkeit/Gehörlosigkeit; normaler Sehfähigkeit/Sehbehinderung/Blindheit; u.ä.

Häufigkeiten können ferner zu- oder abnehmen, ohne dass sich die objektivierbaren Sachverhalte quantitativ änderten:

– durch bessere/feinere/andersartige Diagnoseinstrumente
– durch angestrengte «Rasterfahndungen» nach einem bestimmten Störungsbild – durch vermehrte Diagnose-, Therapie- und Förderungsangebote; Angebote können Bedürfnisse wecken
– durch ein umsichgreifendes Coming-out und Enttabuisierungen (z.B. Homosexualität; Inzest)
– durch nosologische Umgruppierungen (z.B. von Neurasthenie und Hysterie in Richtung «Psycho-organisches Syndrom»)
– durch neue Sichtweisen, bis hin zur Normalisierung (wie z.B. betreffend Linkshändigkeit)
– durch Etikettenwechsel (z.B. von Geistige Behinderung in Richtung Autismus).

1.2 Anteile

Anteile lassen nur inbezug auf die Gesamtmenge eine Interpretation zu.

Der Anteil z.B. von Ausländerkindern in Heilpädagogischen Institutionen trägt erst dann zur Problemfindung bei, wenn er in Beziehung gesetzt werden kann zur gesamten Schülerpopulation, zur jeweiligen Ausländerkategorie, Schichtzugehörigkeits-, Alters- etc. Gruppe.

1.3 Durchschnitte

Durchschnitte können sich auf Dinge, Personen, Eigenschaften, Leistungen, etc. beziehen, sind als solche dann aber nicht mehr auf eine empirische «Realität» zurückführbar.

Die Feststellung, dass X und Y durchschnittlich 156 cm gross sind, ist praktisch bedeutungslos ohne längenwachstumsrelevante Gruppen-Zugehörigkeitsangaben (v.a. Alter und Geschlecht) und Streuungsabweichung. Die Zahl 156 ist weder auf X noch auf Y zutreffend.

Der Durchschnitts-IQ einer Schulklasse (mit oder ohne Lehrkraft) stellt ein Konstrukt zweiten Grades dar; real ist lediglich die Ziffer, und sie symbolisiert nicht mehr als eine Rechenoperation.

Durchschnittsentsprechungen und -abweichungen können also quantitativ und qualitativ sehr unterschiedlicher Art sein. Zumindest die Gesamtmenge und das Streuungsmass müssten bekannt sein, um einen Durchschnitt gewichten zu können.

1.4 Verhältnisse

Letzteres ist besonders bei Verhältniszahlen, wie z.B. Intelligenzquotienten, (die in vielen Testverfahren Lebensalter und Intelligenzalter relationieren), zu beachten.

So repräsentieren numerisch identische IQ's (100 z.B.) qualitativ sehr unterschiedliche Verhaltensweisen und Leistungen. – Desgleichen signalisiert ein über eine längere Zeitstrecke numerisch gleichgebliebener IQ qualitative Leistungsverbesserungen; etc.

1.5 Positionen

Positionsangaben sind anzutreffen in Form von Ordinalzahlen, Zensurnoten, Perzentilrängen usf. – Um Bedeutung zu erlangen, muss auch hier der jeweilige Referenzrahmen (Gesamtzahl, Bezugsgruppe, etc.) sowie die Rang-Skala mit ihren Bewertungen bekannt sein.

Der siebente von 35 ist besser, als der fünfte von 9; der Beste dieser Hilfsklasse; Note «5» in der Wertungsskala von Lehrer X; etc.

1.6 Korrelationen

Korrelationsangaben bringen zum Ausdruck, dass verschiedene Erscheinungsweisen und Prozesse in einem proportionalen oder reziproken Abhängigkeits-/Beeinflussungsverhältnis zueinander oder zu einem gemeinsamen Dritten stehen.

Aus Korrelation kann daher nicht ohne weiteres auf Kausalität geschlossen werden (wie dies z.B. gelegentlich noch bezüglich Linkshändigkeit/Leseschreibschwäche getan wird)

Zur Wertschätzung von Zahlenangaben kann insgesamt also erneut der für uns wegleitende Fragenkatalog benutzt werden:

– **Wer** zählt, misst und rechnet? – Ist die Identität der Person/des Personenkreises bekannt?

- **Was** wird gezählt/gemessen? – Ist das Faktum definiert/operationalisiert?
- **Wo/Wann** wird gezählt/gemessen? – Sind Kontext und Zeitpunkt/ -spanne hinlänglich bekannt?
- **Warum/Wozu?** wird gezählt/gemessen?– Sind Sinn und Zweck bekannt?
- **Womit/Wie?** wird gemessen/gerechnet?– Sind Mess-/Erfassungsinstrument und Methode benannt?

2. Statistische Methoden

Es handelt sich um mathematische Verfahren, die dazu geeignet sind, ein bereits nach bestimmten methodischen Prinzipien gesammeltes und geordnetes Material auf seinen quantitativen Aussagewert hin zu prüfen. Statistische Methoden sind demnach Methoden zweiter, «nachgestellter» Ordnung (Methoden der Verarbeitung), die nur noch indirekt etwas zu tun haben mit dem Erkenntnisgegenstand. Die statistischen Methoden sind in den letzten Jahrzehnten so weit verfeinert worden, dass die mathematische Auswertung das sicherste Glied zwischen Erkundung und Interpretation darstellt.

Eine statistische Datenverarbeitung kann wichtige Hinweise geben darauf, wo und wann eine Verallgemeinerung eines Ergebnisses vorgenommen werden kann, welchen Geltungsbereich eine derartige Generalisierung beanspruchen darf und mit welcher Fehlerquote zu rechnen ist.

Die Statistik stellt eine Klärungshilfe dar, leistet wertvolle Dienste beim Abbau von Vorurteilen, vermag Scheinresultate als solche zu entlarven und kann einen Forscher davor bewahren, seinen eigenen Hypothesen zum Opfer zu fallen.

Statistik ist jedoch nicht mehr als ein Instrument, das eine sichere Handhabung verlangt und der zur Diskussion stehenden Untersuchung angemessen sein muss. – Fehlen dem Untersucher die notwendigen mathematischen Voraussetzungen, so gelangt er zu falschen Resultaten. Wendet er seine (an sich richtigen) Formeln auf ein Material an, das diesen nicht entspricht, so führt dies zu einer Pseudoexaktheit, die sich bei der heute verbreiteten Zahlengläubigkeit noch verheerender auswirken kann als eine rechnerisch unzulängliche Verarbeitung. – Sind beispielsweise bei der Materialbeschaffung Fehler unterlaufen oder erweist sich das Material als lückenhaft, einseitig, zu wenig umfangreich usw., so können auch durch eine statistische «Aufbereitung» die genannten Unzulänglichkeiten nicht beseitigt, sondern höchstens vernebelt werden.

Wer ein Daten-System benutzt, gewinnt hierdurch zwar eine bessere Uebersicht und Vergleichbarkeit, sieht sich zugleich aber gezwungen, entweder seinen Blick von vornherein auf einfache (mitunter sogar banale) Sachverhalte einzuschränken oder aber ein komplexes Geschehen auf dessen Grundstrukturen bzw. einzelne Aspekte zu reduzieren (mitunter sogar zu simplifizieren). Die Grenzen des Dataismus sind somit durch die ihm eigene Beschränktheit gegeben.

Bedenklicher scheint mir die Tatsache zu sein, dass durch die statistische Aufbereitung eines Problems das einzelne Kind in seiner Sonderexistenz verschwindet-, mit welcher sich aber gerade der Erzieher zu beschäftigen hätte. Gegenstand der Erziehung ist das Kind, nicht eine statistische Grösse. Statistische Ergebnisse sind nicht an sich schon erzieherisch relevant.

Statistische Angaben sind demzufolge – wie im vorangegangenen Abschnitt dargelegt – nicht nur auf ihre Richtigkeit (einwandfreies mathematisches Vorgehen), sondern auch auf ihre Rechtmässigkeit (Angemessenheit gegenüber dem Material und der Fragestellung) hin zu überprüfen.

Alle die nachstehenden Häufigkeitsangaben über Behinderung/Behinderte sind daher lediglich exemplarischer Art und sind in einer relativierenden Sichtweise aufzufassen.

3. Gesamtzahlen im Bereich des Behindertenwesens

SPECK, O. (2.A. 1988) nennt unter Bezugnahme auf die von Socialdata 1984 vorgelegten Ergebnisse einen Prozentsatz von 13,54 Behinderten im Gebiet der BRD. – Dazu treten noch 2 % Psychisch Behinderte, die 1975 durch die Psychiatrie-Enquête der Bundesregierung registriert wurden.

Einem Bericht in: «Deutsche Behindertenzeitschrift» (Bonn, 3/1988, p. 13) zufolge ist in der BRD jeder zwölfte Einwohner schwerbehindert:

«Ende 1987 lebten in der Bundesrepublik 5,1 Mio. amtlich anerkannte Schwerbehinderte. Hierunter werden Personen verstanden, denen von den Versorgungsämtern ein Grad der Behinderung von 50 Prozent oder mehr zuerkannt worden ist. Über die Hälfte der Schwerbehinderten (54 Prozent) waren Männer. Ihre Anzahl betrug 2,80 Mio. gegenüber 2,40 Mio. schwerbehinderter Frauen. Im Durchschnitt war somit jeder zwölfte Einwohner schwerbehindert. 45,5 Prozent der Schwerbehinderten waren älter als 65 Jahre, weitere 28 Prozent gehörten der Altersgruppe zwischen 55 und 65 Jahren an.

Die weitaus meisten Behinderungen – nämlich 81 Prozent – traten als Folge von Krankheiten auf. 6,2 Prozent der Schwerbehinderten hatten dauernde Schäden im Krieg, Wehr- oder Zivildienst erlitten und in 4,3 Prozent der Fälle war die Behinderung angeboren. Bei 3,0 Prozent wurde das Leiden durch einen Unfall oder eine Berufskrankheit verursacht.

Häufigste Behinderungsart ist die Beeinträchtigung der Funktion von inneren Organen oder Organsystemen (36 Prozent). Darunter befanden sich allein 1,1 Mio. Herz- und Kreislaufkranke. Am zweithäufigsten kamen Funktionseinschränkungen der Wirbelsäule und des Rumpfes vor (16 Prozent). Bei 15 Prozent der Schwerbehinderten wurde eine Funktionseinschränkung der Gliedmassen festgestellt, weitere 4,4 Prozent waren blind oder sehbehindert.»

SCHWARZMANN, U., (in: LAKO (Hrsg.), 1987, p. 121) stellt inbezug auf schweizerische Verhältnisse (ca. 6,5 Mio Einwohner) fest :

«Nach internationalen Schätzungen gelten jeweils ungefähr 10 % der Bevölkerung als behindert. Nach den Schätzungen von **Pro Infirmis** und ihren Fachverbänden sehen die Zahlen der klassischen Behinderungsarten in der Schweiz ungefähr folgendermassen aus:

500 000	Körperbehinderte	7 000	Blinde und Sehschwache
7 000	Gehörlose	30 000	Epileptiker
400 000	Schwerhörige	180 000	Geistig Behinderte
25 000	Sprachbehinderte	100 000	Milieu- und verhaltensgestörte Kinder

Diese Zahlen dürfen nicht zusammengezählt werden, da viele Behinderte an mehreren Gebrechen leiden. Dazu kommen noch die psychisch Behinderten und die Suchtkranken».

4. Spezielle Populationen

Die zitierten Beispiele zeigen, dass der genannte 10 %-Anteil für mitteleuropäische und vergleichbare Verhältnisse in etwa zutreffen mag. Es handelt sich dabei jedoch um eine Zahl, die allenfalls versicherungstechnisch und volkswirtschaftlich dahingehend etwas aussagt, dass das Behindertenwesen insgesamt einen imposanten Dienstleistungssektor darstellt, zur Beantwortung von Detailfragen jedoch unbrauchbar ist.

4.1 Alterspopulationen

Behinderungsursachen, -arten und -schweregrade verändern sich im menschlichen Lebenslauf erheblich, so dass auch ein quantitativ wenig veränderter Anteil je nach Altersstufe qualitativ sehr Unterschiedliches umfasst:

– im Kleinkindalter ist es vor allem der Familienrahmen mit seinen noch relativ weichen Toleranzen, innerhalb dessen ein Kind, meist via «Entwicklungsverzögerung», als "behindert" auffällt

- im Schulalter ist es vor allem die Schule, die mit ihren spezifischen kognitiven (aber auch motivationalen und sozialen) Anforderungen Behinderung via «Schulversagen» erzeugt. – Es ist daher naheliegend, dass in diesem Altersabschnitt vor allem "Lernbehinderungen" (im weitesten Sinne) und schulisch relevante Leistungsstörungen die grösste Gruppe bilden.
- im Erwachsenenalter (vie active) sind es vor allem die Arbeitsbedingungen und beruflichen Anforderungen, die Behinderung definieren (vor allem motorische und sensorische Beeinträchtigungen sowie chronische Krankheiten mit entsprechender Schonungsbedürftigkeit; ferner psychiatrische Behinderungen)
- Körperbehinderungen (speziell wenn Chronische Krankheiten mitgezählt werden) nehmen mit höherem Alter bzw. Lebenserwartung progressiv zu. Dasselbe gilt für Sinnesbehinderungen (Schwerhörigkeit/Sehbehinderung) und cerebrale Abbauprozesse. Je älter ein Mensch wird, um so grösser wird auch die Wahrscheinlichkeit, dass er behindert wird. Hohes Alter und Behindertsein ist – statistisch betrachtet – normal.

4.2 Andere Populationen

Auch andere Populationsunterschiede sind je nach dem in Betracht zu ziehen, z.B.

- Geschlechtzugehörigkeit (der männliche Anteil unter Behinderten liegt – allerdings bei breiter behinderungsspezifischer Streuung – um 10–20 % über dem weiblichen)
- Behinderungen (zumal als Folgeerscheinungen endemischer Krankheiten, Mangelernährung, mangelnder Informationen, Betreuung und Hygiene) sind in Unterschichten (und deutlich in Elendsverhältnissen) häufiger als in gehobenen Schichten oder Ethnien.
- Verschiedene Behinderungsarten traten/treten in bestimmten Regionen gehäuft auf (klassisches historisches Beispiel: der Endemische Kretinismus in gewissen schweizerischen und österreichischen Bergtälern; Erblindung in bestimmten afrikanischen Regionen)
- Behinderungen sind im allgemeinen häufiger in städtischen Agglomerationen (oder werden daselbst engmaschiger registriert) als auf dem Lande, wo sich früher z.T. allerdings konsanguinische (= blutverwandtschaftsbedingte) Häufungen (z.B. von Schwerhörigkeit) fanden.
- es zeigt sich ferner, dass Diaspora-Situationen, Sprachprobleme und Kul-

turbrüche, wie sie z.B. ausländische Arbeitnehmer und deren Familien oft erleben, die Tendenz verstärkt, in einen Behinderungszustand zu geraten. Dies lässt sich vor allem aus den erhöhten Sonderschülerquoten bei Ausländerkindern ablesen (Bulletin Schweiz. Zentralstelle für Heilpädagogik, 1989/1).

Obligatorische Schule 1987/88		Normaler Lehrplan	Besonderer Lehrplan
Schüler:	insgesamt: 698'380	665'220	33'160
	in Prozent	95,25 %	4,75 %
	weiblich	49 %	39 %
	männlich	51 %	61 %
	Schweiz	83 %	69 %
	Ausland	17 %	31 %

Schema 19a: Anteile Geschlecht / Ausländer in Schweizer Schulen mit Besonderem Lehrplan

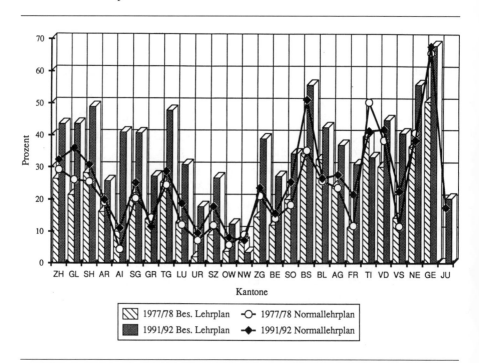

Schema 19b: %-Anteil Schüler ausländischer Herkunft mit Besonderem Lehrplan 1977/78 und 1991/92 (Bulletin SZH SPC 3/92)

158

– Ferner mag es sinnvoll sein, je nach Fragestellung auch verschiedene «Lebensstil-Populationen» (Genussmittelkonsumenten; Alleinerzieher; u.a.m.) zu berücksichtigen. Eine allfällig sich ergebene signifikante Korrelation zwischen einer bestimmten Population und dem gehäuften Vorkommen einer Behinderungsart sagt über direkte Kausalbeziehungen allerdings zunächst noch nichts aus, und vor vorurteilsbegünstigenden Kurz-Schlüssen ist zu warnen.

4.3 Kindes- und Jugendalter

Nach SPECK, O. (2.A. 1988, p. 150) wurde «als Gesamtquote behinderter Kinder und Jugendlicher im Alter zwischen 6–18 Jahren... 3,6 % (von der altersgleichen Bevölkerung) ermittelt». – (SPECK bezieht sich dabei auf das Statistische Jahrbuch der BRD von 1983).

Bei der Aufgliederung nach Behinderungsarten bezieht auch er sich, (a.a.O. p. 151), wie verschiedene andere Autoren (BLEIDICK, U., BACH, H. 13.A. 1989, p. 21; HENSLE, U. 4.A. 1988, p. 28/29) auf die zwar angejahrten, in ihren Relationen wahrscheinlich aber nach wie vor zutreffenden Angaben von SANDER, A. (in: DEUTSCHER BILDUNGSRAT, Behindertenstatistik, Stuttgart, 1973, p. 98):

«Unter Berücksichtigung der teilweise nur vorübergehenden Sonderschulbedürftigkeit ergaben sich als Quoten des Dauerbedarfs an Sonderschulplätzen, bezogen auf die gleichaltrige Jugend:

2,5	%	Lernbehinderte, sofern die sozio-kulturell bedingten Schulversager in Institutionen der Vorschulerziehung sowie in Fördereinrichtungen der Normalschule optimal betreut werden; andernfalls höhere Prozentsätze
0,6	%	geistig Behinderte
0,9	%	Verhaltensgestörte
0,012	%	Blinde
0,3	%	Sehbehinderte
0,05	%	Gehörlose
0,3	%	Schwerhörige
0,7	%	Sprachgestörte
0,3	%	Körperbehinderte
0,2	%	langfristig Kranke

Es ist also mit insgesamt knapp 6 % sonderschulbedürftigen Kindern und Jugendlichen zu rechnen».

KANTER, G. (in: ZS Die Sonderschule, Berlin, 1993,1) bietet eine Trend-übersicht für die BRD:

Behinderungsquoten*	1980	1985	1986	1987	1988	1989	1990
alle Behinderungsarten	4,189	4,189	4,196	4,188	4,122	4,050	4,031
davon:							
Lernbehinderte	2,887	2,534	2,455	2,363	2,267	2,166	2,131
sonstige Behinderte	1,301	1,664	1,741	1,825	1,854	1,884	1,899
Blinde	0,016	0,018	0,017	0,016	0,021	0,019	0,018
Sehbehinderte	0,031	0,036	0,036	0,035	0,034	0,033	0,033
Gehörlose	0,048	0,050	0,049	0,048	0,045	0,043	0,038
Schwerhörige	0,078	0,089	0,087	0,083	0,080	0,079	0,079
Sprachbehinderte	0,169	0,276	0,301	0,321	0,330	0,345	0,357
Körperbehinderte	0,162	0,213	0,213	0,223	0,226	0,228	0,210
Geistigbehinderte	0,548	0,643	0,650	0,641	0,631	0,609	0,535
Verhaltensgestörte	0,115	0,132	0,138	0,144	0,146	0,148	0,149
Kranke	0,069	0,101	0,099	0,124	0,124	0,122	0,110
Mehrfachbehinderte /							
Hausunterricht /							
schulische Erziehungshilfe	0,076	0,123	0,152	0,190	0,216	0,258	0,372

* Schüler in Sonderschulen in v. H. der Schüler im Alter der Vollzeitschulpflicht (Klassenstufen 1 bis 10 und Sonderschulen)

aus: KANTER, G. in: Entwicklungstrends in der Lernbehindertenpädagogik ZS Die Sonderschule 28 (1993) 1

Schema 20

BECKER, K.-P. (2.A. 1984, p. 291) beziffert den Anteil Behinderter im Schulpflichtalter in der DDR auf insgesamt etwa 5 % in folgender Vertei-lung:

0,01 % Blinde
0,05 % Sehschwache
0,04 % Gehörlose
0,12 % Schwerhörige
2,50 % Intellektuell Geschädigte (schulbildungsfähige)
0,40 % Intellektuell Geschädigte (schulbildungsunfähige Förderungsfähige)
1,00 % Sprachgeschädigte
0,50 % Körperbehinderte
0,50 % Verhaltensgeschädigte

4.4 Behinderte Schüler

Die oben angeführten Beispiele haben deutlich werden lassen, wie sehr – ja oft mit Selbstverständlichkeit – der schulische Referenzrahmen benutzt wird, um Behinderung im (Schul-)Kindesalter zu definieren. Dies mag zwar für (sonder-)unterrichtliche und damit ein gutes Stück weit generell heilpädagogische Interventionen angemessen sein. Es dürfte jedoch nicht vergessen lassen, dass andere Institutionen (Familiensystem, Medizinalsystem, Produktionssystem, Versicherungssystem u.a.) zum Teil davon abweichende Definitionen und Gewichtungen vornehmen, die systemimmanent durchaus auch ihre Richtigkeit haben, wenngleich sich bei systemübergreifender Kooperation hieraus nicht selten Konflikte einstellen.

Ein Klumpfuss ist orthopädisch eine Behinderung/pädagogisch sollte er nicht als solche (heilpädagogisch) in Erscheinung treten.
Lernbehinderung ist ein heilpädagogisches Problem/eine Medizinierung zur Krankheit würde das Lehr-Lern-Set hingegen per reductionem auflösen.
«Konzentrationsstörungen» werden unter schulischen Rahmenbedingungen weitaus häufiger registriert als unter familiären; über die Häufigkeit kindlicher Ess- und Schlafstörungen hingegen weiss andererseits die Schule oft kaum Bescheid, etc.

Es ist in dieser Tendenz verständlich, wenn in der heilpädagogischen Literatur von behinderten Kindern meist in der Rolle als «Schüler» die Rede ist. Dies gilt z.B. für die Schweizer Bildungsstatistik, wo der «Besondere Lehrplan», nach welchem ein Kind unterrichtet wird, als (schul-)pädagogisches Kriterium für sein (schul)politisch relevantes Behindertsein gewählt wird.

Das schweizerische «Bundesamt für Statistik» rechnet in dieser Konsequenz pauschal mit Schülern, die «nach besonderem Lehrplan» (d.h. in Klein- oder Sonderklassen) unterrichtet werden. Nicht berücksichtigt werden dabei Kinder, die eine normalklassen-integrierte/ambulante heilpädagogische Betreuung finden (Heilpädagogischer Stützunterricht; diverse pädagogisch-therapeutische Massnahmen).

DITTLI, DANIELA / STURNY, G. (1991, p. 45 ff.) stellen folgende Entwicklung fest:

«1977/78 werden gesamtschweizerisch 4,4 % der Schüler der obligatorischen Schule in Schulen mit besonderem Lehrplan unterrichtet (vgl. Abb. 6)...
In den einzelnen Kantonen verläuft die Entwicklung sehr unterschiedlich. Die Sonderschüleranteile der Westschweizer Kantone liegen tendenziell unter dem schweizerischen Mittel. Offenbar zeigt sich hier der Einfluss der dort stärker verbreiteten Stütz- und Fördermassnahmen für lernschwache und behinderte Schüler in Regelklassen...
Abb. 7 veranschaulicht die unterschiedlichen Entwicklungen der einzelnen Kantone. Regionale oder von der Kantonsgrösse abhängige Gesetzmässigkeiten sind nicht auszumachen...
Innerhalb der Kleinklassen entfällt der grösste Anteil auf Klassen für Lernbehinderte... Die Schülerzahlen in diesen Klassen sind in den letzten sieben Jahren von

46 % auf 52 % gestiegen. Gleichzeitig kann man eine Abnahme der Anzahl Schüler in... Einrichtungen für Geistigbehinderte von 30 % auf 20 % feststellen. In den meist als Internat geführten Einrichtungen verbleiben vor allem die schwer- und mehrfachbehinderten Schüler...

Heute besitzt durchschnittlich jeder dritte Schüler, welcher nach «besonderem Lehrplan» unterrichtet wird, einen ausländischen Pass. Damit ist der Ausländeranteil doppelt so hoch wie in Klassen mit Nomallehrplan...

Betrachtet man die Entwicklung der Anzahl ausländischer Schüler seit 1977/78, so ist sowohl in Regelschulen als auch in Schulen mit besonderem Lehrplan eine steigende Tendenz feststellbar. In den Regelschulen beträgt die Zunahme durchschnittlich 2 %, im Sonderschulbereich 10 %.»

5. Ursachengruppen

Nachdem es schon im konkreten Individualfall recht schwierig ist, streng lineare Kausalitäten nachzuweisen, muss es als unmögliches Unterfangen bezeichnet werden, dies inbezug auf ganze Populationen vornehmen zu wollen.

Die Frage nach der Gewichtung einzelner Ursachenfaktoren am Zustandekommen von Schädigungen und Behinderungen taucht zwar immer wieder auf, lässt sich jedoch kaum quantifizierend beantworten.

Einzelne, bestimmte und eng umschriebene Behinderungen (wie z.B. das Down Syndrom, die Duchenne Muskeldystrophie, das Psycho-Organische-Syndrom, etc.) sind zwar nach Art des exogenen bzw. endogenen (genetisch/chromosomalen) Defekts und dessen Auswirkungen relativ gut fassbar. Dies darf aber nicht darüber wegtäuschen, dass nur bei einer geringen Anzahl von Behinderungen derartige Zuordnungen möglich sind und dass das, was als **pädagogisches** Problem in Erscheinung tritt, auch in diesen Fällen überlagert ist von mannigfachen individualen und sozialen Einflüssen.

Fest steht bezüglich kausaler Gewichtung,

- dass Erbfaktoren (genetische Ursachen) insgesamt als Behinderungsursache ein weitaus geringeres Gericht zufällt, als dies ein verbreitetes Vorurteil annimmt. Erbkrankheiten spielen im Aufgabenfeld der Heilpädagogik quantitativ eine untergeordnete Rolle
- dass exogene Einwirkungen auf den kindlichen Organismus (prä-, peri- und postnataler Art) demgegenüber zahlenmässig von grösserer Bedeutung sein dürften. Wir haben diesbezüglich jedoch auf die (ihrerseits oft widersprüchlichen oder vagen) medizinischen Beurteilungen abzustellen.

162

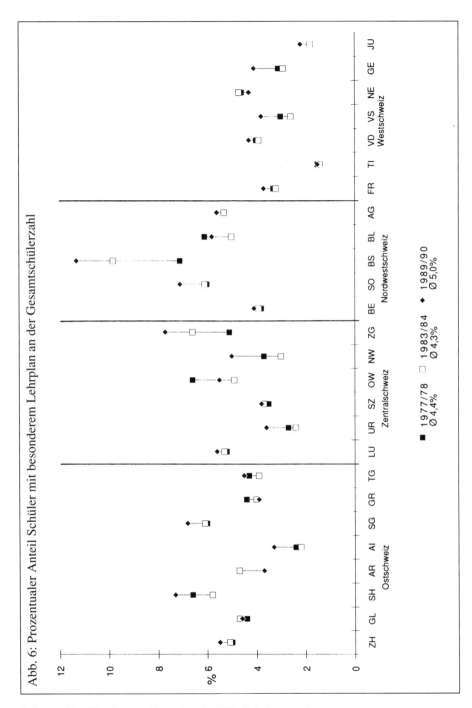

Abb. 6: Prozentualer Anteil Schüler mit besonderem Lehrplan an der Gesamtschülerzahl

Schema 21a: Zur Dynamik regionaler Häufigkeitsverteilung

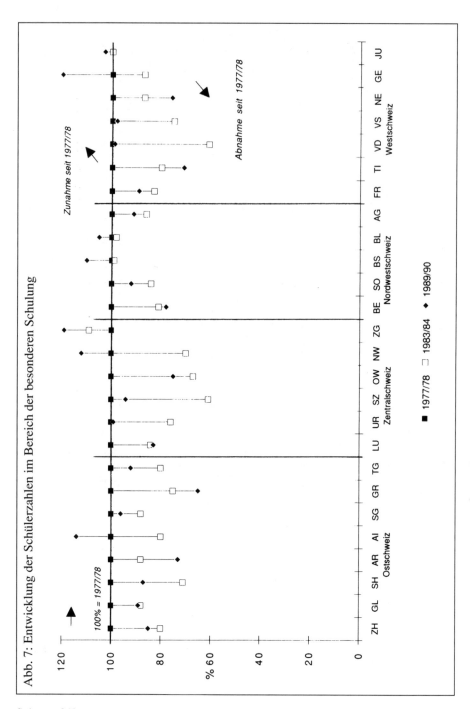

Abb. 7: Entwicklung der Schülerzahlen im Bereich der besonderen Schulung

Schema 21b

– dass die soziodynamisch im Vordergrund stehenden Lern- und Verhaltensprobleme – auch bei Vorliegen einer organischen Komponente – ihre Auszeugung überwiegend lerngeschichtlich erfahren und somit in jedem Fall multifaktoriell bedingt sind
– dass die Kausalitätsfrage bei einem grossen Teil (wenigstens einem Drittel) überhaupt nicht schlüssig (es sei den spekulativ) zu beantworten ist.

Wenn wir davon ausgehen, dass 10 % der heilpädagogisch relevanten Probleme (nicht der Behinderungen!) genetisch verursacht sind, 10 % durch exogene organische Schädigungen, 50 % lerngeschichtlich bedingt und 30 % unbekannter Genese sind, so ist diese Annahme zwar auch spekulativ, ermöglicht meines Erachtens jedoch eine aufgabenspezifisch realistische heilerzieherische Arbeit.

6. Schweregrade

Vor allem aus Praxisfeldern wird konstant das Bedürfnis angemeldet, sowohl zwischen verschiedenen Behinderungen wie auch innerhalb derselben Behinderungskategorie sogenannte «Schweregrade» zu unterscheiden.

Relationsbegriffe wie schwer/leicht sind nun freilich nirgends und überall festzumachen und sind daher per se standpunktsgebunden.

Eine sogenannt «schwere Geburt» kann schwer gewesen sein a) für die Gebärerin b) für das Kind c) für die Geburtshilfe und das alles überdies den jeweiligen Umständen entsprechend.

Eine Lernbehinderung kann schwer -(wiegend) sein für die unterrichtlichen Rahmenbedingungen einer Normalklasse, üblich jedoch für eine Sonderklasse.

Blindheit wird im Volksempfinden meist als «schwereres» Schicksal empfunden als Taubheit. Angeborene Gehörlosigkeit führt jedoch zwangsläufig zum Doppelgebrechen einer Hör-Sprach-Behinderung, die heilpädagogisch weitaus anspruchsvoller ist als eine Blindheit.

Die in der Psychiatrie übliche Schwachsinns-Abstufung – Debilität/Imbezillität/Idiotie – unterstellt in ihrer materialistischen Sichtweise, dass durchgehend derselbe Mangel eines substantiell gedachten «Geistes» die «Sache» qualitativ vergleichbar mache –: unter systemischer Einbeziehung des beurteilenden Psychiaters, der sich entsprechend mehr von jenem spirituellen Etwas zuerkennt, als seinem idiotischen Vis-à-vis. Womit offensichtlich wieder Erlebnisqualitäten in substantielle Produktions-Quantitäten transferiert werden.

Der Verlust eines Fingers kann für einen Musiker unvergleichlich schwerer wiegen als für einen Handwerker.

Eine schwere (im Sinn von deutlich erkennbar) Behinderung kann bezüglich sozialer Akzeptanz und individualem coming out (Selbstentlarvung) leichter sein, als ein kleiner (und als solcher verhüllbarer) Makel.

Ein hochbegabtes Kind kann schwerer erziehbar sein, als ein minderbegabtes

usf.

Diese Hinweise machen insgesamt deutlich, dass Schweregradbestimmungen ohne personalen Bezugsrahmen und ohne eine gewisse Willkür in den Wahlakten nicht möglich sind.

So werden im Versicherungsbereich natürlich (eigentlich: «kultürlich»!) Gewichtungen, Wertungen und «Kapitalisierungen» vorgenommen, wobei die Ermessensspielräume bekanntlich reichlich Platz bieten für gerichtliche Händel.

Ein frühes Beispiel für eine derartige Quantifizierung von Lebens-Qualität stammt von DEFOE, D. aus dem Jahre 1697. Den Referenzrahmen bildet der damalige Seemannsberuf:

«Wird ein solcher Seemann durch Kampf oder einen anderen Unfall auf See dienstunfähig, so sollte er von besagtem Versicherungsamt die folgenden Geldsummen, wie es ihm beliebt, entweder als lebenslängliche Pension oder als Kapital erhalten:

	eines Auges...	25 £	2 £	
	beider Augen...	100 £	8 £	
	eines Beines...	50 £	4 £	
	beider Beine...	80 £	6 £	
Für den	der rechten Hand	80 £ oder	6 £	lebenslänglich
Verlust	der linken Hand	50 £	4 £	pro Jahr
	des rechten Armes	100 £	8 £	
	des linken Armes	80 £	6 £	
	beider Hände...	160 £	12 £	
	beider Arme...	200 £	16 £	

(DEFOe, D. 1975, p. 62) [Autor des nachmalig berühmten Robinson Crusoe])

Schliesslich ist auch in diesem Zusammenhang zu unterstreichen, dass irgendwelche Messresultate für die Heilpädagogik von lediglich mittelbarer Bedeutung sind. Eine Gesichtsfeldeinschränkung von n Grad, ein Hörverlust von n Dezibel lassen die Frage nach dem Seh- und Hör-**Verhalten** zunächst noch offen. Was ein Kind aus und mit seinen verbliebenen Möglichkeiten «macht», ist aus der numerisch fassbaren Einschränkung nicht zu erschliessen.

166

7. Tendenzen

Häufigkeiten sind ständig im Fluss, zumal in einem sensiblen psychosozialen System wie dem des Behindertenwesens.

Derartige Wandlungen können sachliche Gründe haben: Durch verbesserte hygienische Verhältnisse, Vorsorgeuntersuchungen und therapeutische Möglichkeiten sind in den vergangenen Dezennien z.B. Behinderungsformen, wie sie früher im Anschluss an Infektionskrankheiten oder als Folge von Fehlernährung im Kindesalter nicht selten waren, zahlenmässig zurückgegangen (Poliomyelitis; Rachitis; Syphilitische Augenerkrankungen; infektiös bedingte Hörschäden u.a.m.). – Medizinische Fortschritte bei der Aufzucht von Mangelgeburten und von schwer Geburtsbehinderten haben andererseits dazu geführt, dass wir diesen Kindern heute vermehrt auch im Bildungsbereich begegnen. – Pränatale Diagnostik ermöglicht heute freilich auch in vermehrtem Umfang embryonale Schädigungen frühzeitig zu entdecken, was Eltern und Aerzte vor die Entscheidung stellt, das heranreifende Leben sich weiter entwickeln zu lassen oder ihm ein vorzeitiges Ende zu bereiten.

Diese Hinweise zeigen Gegenläufigkeiten in den Entwicklungen auf, die insgesamt einen Prävalenz-Index konstant halten können, wiewohl sich Qualitäten und Inhalte in der Gesamtpopulation erheblich änderten.

Dies ist nun dahingehend der Fall, als der Anteil peripher (motorisch und sensorisch) behinderter Kinder gegenüber jenem mit zentralen (cerebralen) und mithin umfänglichen und oft diffus-komplexen Behinderungen abgenommen hat.

Ferner kann man von einer Verschiebung der Ursachenkomplexe aus einem naturhaft-materialen («Organdefekte») in den kulturhaft-ideellen Bereich («Milieuschäden») hinein sprechen.

Desgleichen zeichnen sich Verschiebungen in den Altenbereich hinein ab. Im Zuge der generell gesteigerten Lebenserwartung hat auch jene Behinderter zugenommen. Damit fällt Heilpädagogischer Erwachsenenbildung, zumindest spartenspezifisch, ein vermehrtes Gewicht zu.

Wenigstens teilbereichlich zeigt ferner die (Regel-Schul-)Pädagogik ein gewisses integratives Entgegenkommen gegenüber leichter behinderten Kindern, was da und dort zur Folge hat, dass sich in heilpädagogischen Institutionen Kerngruppen vergleichsweise schwer behinderter Kinder ansammeln. Die Integration der einen hat die, unter Umständen wiederholte, Aussonderung der andern zum Preis.

Nehmen wir alle diese systemischen Einflussfaktoren mit ins Bedenken, so wird deutlich, dass wir uns bezüglich Häufigkeiten mit schwankenden Schätzwerten zu begnügen haben.

Heilpädagogen haben es lediglich indirekt mit berechenbaren Objekten und Facts, hingegen sehr direkt mit unberechenbaren Subjekten – denen sie ebenfalls angehören – zu tun. Der Mangel an fixen Zahlen mag für sie deshalb eher zu verschmerzen sein, als für Sozialplaner und Statistiker. Diese bedauern immer wieder die fehlende Meldepflicht, von der sie verlässlichere Daten erwarteten. Dagegen bestehen andererseits verständliche Bedenken im Hinblick auf damit verbundenen Missbräuche. Diagnoseschlüssel, Meldepflichten, Behindertenstatistiken und Registraturen sind fragwürdige Steuerungsinstrumente, über die, nicht ohne anonymisierte Willkür, Richtungsverläufe bestimmt werden können.[1]

Zählen ist jedenfalls stets auch ein personaler Eingriff und kein belanglos-neutraler und per se objektiver Akt, zu dem es gerne verharmlost wird. Gezählt wird, was in der Perspektive des Zählers zählt. Was gezählt wird, das gibt's; Zählen ist, nicht minder als das Benennen, ein Akt der Existenzzusprache oder –verneinung mit all' den damit verbundenen Auswirkungen.

---

1 Vgl. die Schweizer Fichen-Affäre, die anfangs der neunziger Jahre aufgedeckt wurde und zeigte, dass Hunderttausende von Personen während Jahrzehnten sicherheitspolizeilich registriert worden waren: Von wem, wozu und mit welchen stillen Folgen blieb im Interesse einer anonymen Staatssicherheit im dunkeln.

IV. Die Topologische Frage

Man nimmt sich mit, wohin man geht.
Und das in unserer Enge,
samt dem begrenzten Ort, worauf man steht[1]

Unter der topologischen Fragestellung befassen wir uns mit den intrapersonalen Fähigkeits- und Erlebnisbereichen, in denen Behinderungen in Erscheinung treten und zu einer bestimmenden Komponente werden für die Persönlichkeitsentwicklung –, sowie mit den sozialen Institutionen, in denen Behinderungszustände interpersonal registriert und zu einem Integral der gemeinsamen Daseinsanalyse und -gestaltung ausgezeugt werden.

Wir versuchen dementsprechend in diesem Kapitel Antwort zu geben auf die Frage:

Wo treten Behinderungen im Persönlichkeitsganzen primär und akzentuiert in Erscheinung und welche konsekutiven (abgeleitet-sekundären) Generalisierungs- und Integrationseffekte ergeben sich hieraus für das Daseinserleben in der Person- und Sachwelt Behinderter?

und

Welche institutionsspezifischen Strukturverzerrungen und Kommunikationskonflikte ergeben sich in der Topographie der kindlichen Lebens- und Erlebnisräume, welche durch die Registratur einer Behinderung eine Erschütterung ihrer psycho-sozialen Homöostase erfahren?

Es geht uns also um die gegenseitigen Abhängigkeiten zwischen dem «Betreffnis» (d.h. der Behinderung), dem «Betreffenden» (d.h. der als behindert ausgestellten, figurierten/figurierenden Person) und den «Betroffenen» (d.h. dem jeweiligen Kollektiv, das die durch den Behinderungszustand ausgelöste Irritation zu verarbeiten hat).

---

1 BLOCH, E. (1964) Tübinger Einleitung in die Philosophie (Frankfurt/M.)

1. Intrapersonale Fähigkeitsbereiche

Heilpädagogisch relevante Behinderungen sind dadurch charakterisiert, dass sie die Fähigkeiten (Potenzen) eines Kindes schmälern und dadurch den Erwerb und die Ausbildung von Fertigkeiten (Kompetenzen), welche für die personale und soziale Daseinsgestaltung in einer bestimmten gesellschaftlichen Situation von existentieller Bedeutung sind, erschweren oder teilbereichlich verunmöglichen, so dass schliesslich auch die Aus- und Aufführungsweisen (Performanz) als gestört erscheinen.

Ich unterscheide im folgenden sechs intrapersonale Fähigkeitsbereiche, in denen heilpädagogisch bedeutsame Behinderungen primär und dominant oder sekundär und subdominant in Erscheinung treten können:

Psychomotorik, Perzeption, Kognition, Sprache, Affektivität, Soziabilität (Schema 29)

1.1 Psychomotorik

Unter Psychomotorik verstehen wir sämtliche Bewegungsformen, die dem Subjekt in hohem Masse verfügbar, von ihm steuerbar sind und via Training weitreichende Differenzierungen und Spezialisierungen zulassen. – Es handelt sich ferner um jene Bewegungskomplexe, die von unmittelbarer und/oder mittelbarer sozialpsychologisch-kommunikativer Bedeutung sind; sie enthalten zumeist soziale Intentionen und führen das Handlungssubjekt über sich hinaus auf den andern oder das andere hin.

Die Psychomotorik hat für die menschliche Daseinsgestaltung im allgemeinen und für die kindliche Entwicklung im speziellen vier Bedeutungsschwerpunkte, nämlich

- den **lokomotorischen** (Haltung und Fortbewegung betreffend)
- den **manuellen** (das Hand-Werk betreffend)
- den **expressiven** (den verbalen und nonverbalen Ausdruck betreffend)
- den **koordinativen** (die Bewegungsorganisation betreffend)

Als psychomotorisch behindert erscheinen demnach Kinder,
- welche in ihrer Fortbewegungsfähigkeit (Lokomotion) nach Art, Ausmass und Dauer so eingeschränkt sind, dass sie die innerhalb einer mobilen Welt bedeutsamen Positions-, Bewegungs-, Geschwindigkeits- und Raumerfahrungen nicht oder nur mangelhaft, verlangsamt, unter vermehrtem Aufwand, mit Fremdhilfe indirekt-vermittelt machen können

170

– welche in ihrer Hand-Fertigkeit (Manualität) nach Art, Ausmass und Dauer so eingeschränkt sind, dass ihnen innerhalb einer nach Handhabung verlangenden Welt zahllose Möglichkeiten des Zugreifens, Begreifens und unmittelbaren Handelns verbaut sind
– welche ihren Vorstellungen und Gefühlen in einer auf sinnenhafte Vermittlung angewiesenen Welt nur ungenügend oder missverständlich körperlichen Ausdruck verleihen können via Mimik, Gestik und Sprechmotorik
– die in ihren Bewegungsabläufen nicht jenes Organisationsmuster aufbauen können, welches in einer spezialisierten, vielgestaltigen und rasch wechselnde motorische (Re-)aktionsformen erfordernden Welt notwendig sind.

Die von medizinischer Seite objektivierten, nach Art, Lokalisation und Genese sehr unterschiedlichen Körperbehinderungen finden auf der heilerzieherisch bedeutsamen Subjektebene darin ihre Verwandtschaft, dass sie innerhalb des Behinderungszustandes die psycho-physisch-soziale Leibhaftigkeit und Leiblichkeit als in wesentlichen Bereichen nicht oder nur unzulänglich als personales Handlungsvollzugsinstrument zu erleben gestatten und permanent eine Diskrepanz zwischen Handlungsbedürfnis/Handlungsintention und entsprechendem Handlungsvollzug aufbrechen lassen.

Der Erlebnis- und Erfahrungswert des Leibes ist für das psychomotorisch beeinträchtigte Kind generell, wenngleich mit situativ und temporal unterschiedlichen Akzentuierungen, in folgenden Dimensionen reduziert:

Der **instrumentelle** Erfahrungswert des Körpers ist herabgesetzt, d.h. der «Körper als Werkzeug der Seele» gehorcht nur vermindert deren Impulsen. Das primär psychisch intakte körperbehinderte Kind identifiziert sich zwar mit Vorlagen und Zielsetzungen seiner Umwelt, ohne diese jedoch erreichen zu können. Das Anspruchsniveau Körperbehinderter reicht einesteils in die Gruppe der Unversehrten hinein; aufgrund der mangelhaften Realisierungsmöglichkeiten bleibt jedoch eine Kluft zwischen Erstrebtem und Erreichbarem offen. Das körperbehinderte Kind erlebt damit ungleich mehr und heftigere Frustrationen als das unversehrte, dessen Bemühungen rascher Früchte tragen und die intrinsische Motivation somit erhalten. Es muss ferner einen unvergleichlich grösseren voluntativen und energetischen Aufwand leisten und sich zugleich mit bescheideneren Erfolgen zufrieden geben. Auch bei höchstem Einsatz kommt es nicht um – sehr unkindsgemässe – Verzichtleistungen herum. Sein Leben ermangelt von Anfang an der

Selbstverständlichkeit, welche eine wesentliche Voraussetzung bildet für die kindliche Unbeschwertheit und Freiheit.

Unter dem **Begegnungswert** des Körpers verstehe ich dessen sozialen Anreiz für die begegnende Mitwelt, den «Body-appeal», welcher mehr und Wesentlicheres umfasst, als der geläufige Sex-appeal und der auch nur bedingt mit ästhetischen Kategorien zu erfassen ist. Näher als die Bezeichnung "Schönheit" steht dem Gemeinten die Bezeichnung "Anmut" und zwar im wörtlichen Sinne des Angemutetwerdens. Der Körper als sichtbare Hülle des Menschen wirkt durch seine Unmittelbarkeit und Sinnenhaftigkeit. Er erleichtert oder erschwert insbesondere erste und neue Kontakte. Wiewohl auch die christliche Ethik immer wieder die «inneren Werte» betont, den Geist über den Körper stellt und davor warnt, den Menschen nach seiner äusseren Erscheinungsform zu qualifizieren, darf die «Reklamewirkung» des Körpers nicht gering geschätzt werden. Ein anmutiger körperlicher Habitus hat etwas ungemein Aufschliessendes hinsichtlich Sozialkontakten; er schafft so etwas wie einen ersten Goodwill, verschafft einen sozialen Vorschuss und Vertrauenskredit. Dem körperbehinderten Kind mangelt dieser positive Begegnungswert des Körpers. Wohl vermag beim Kleinkind das sogenannte Kindchenschema noch positive, meist aber bereits mit einem aus peinlichem Betroffensein entspringenden Mitleid vermischte Reaktionen auszulösen. Schon das Schulkind, dann aber vor allem der körperbehinderte Jugendliche und Erwachsene sind darauf angewiesen, dass sich ihre Partner «wesentlich» (d.h. nach dem Wesen suchend) mit ihm einlassen und durch die körperliche Missgestalt hindurchzusehen vermögen.

Psychische Gehalte können nur mittelbar zum Ausdruck gebracht werden, wobei der Körper stets in irgend einer Form Ausdrucksfeld oder Ausdrucksmittel ist. Mimik, Gestik, Sprache, Schrift sind sinnenfällige Verkörperungen psychisch-geistigen Lebens. Für das körperbehinderte Kind kann der **Ausdruckswert** des Körpers in zweifacher Hinsicht eingeschränkt sein:

quantitativ, d.h. es kann psychische Impulse ungenügend abführen, entäussern, verkörpern

qualitativ, d.h. es kann psychische Gehalte nicht oder nur zum Teil in einer gemeinhin üblichen und selbstverständlichen Art zum Ausdruck bringen.

Besonders für das wesensmässig expansionsfreudige Kind, das zudem zunächst aufgrund der mangelhaften Beherrschung der Lautsprache sehr auf Körpersprache angewiesen ist, stellt eine motorische Behinderung eine

Beengung dar. Das Kind ist ungleich stärker auf den Körper, die Motorik angewiesen als der Erwachsene; Bewegung ist ein Lebenselement für das Kind. Die Tragik spitzt sich dadurch noch zu, dass zwar auch körperbehinderte Kinder im Rahmen ihrer Möglichkeiten ihr Bewegungsbedürfnis zu stillen versuchen, dass dies aber häufig in nicht unmittelbar verständlicher Weise geschehen kann (z.B. aufgrund athetotischer Mitbewegungen).

Beeinträchtigt ist schliesslich auch der **Spiegelungswert** des Körpers, was Auswirkungen hat auf Selbstbild und Selbstwertgefühl. Ein Kind ist hinsichtlich seines Selbstbildes entscheidend von den erlebten Spiegelungen seiner Person durch die nähere Umgebung bestimmt; es hält sich für das, wofür es gehalten wird. Ferner ist in diesem Zusammenhang Nebeneffekten der mitunter massiven und umfänglichen therapeutischen Bemühungen, denen z.B. ein cerebralparetisches Kind ausgesetzt wird, Beachtung zu schenken: schwingt doch in jeder therapeutischen Geste ein unausgesprochener Tadel mit gegenüber dem So-Sein des Kindes. Dieses erfährt permanent, dass man es in seinem Habitus nicht akzeptiert, es anders haben will, ohne dass es den Sinn dieser Machenschaften zu erfassen vermag. Widerstände, welche es den Eingriffen in den Intimbereich seiner Leiblichkeit entgegensetzt, werden üblicherweise zwar nicht gerade gebrochen, aber doch umgängelt. – Dadurch, dass das (insbesondere für das Kleinkind) erlebnismässig bedeutungsvolle motorische Verhalten immer wieder als ungenügend und falsch zurückgewiesen wird, sowie durch die gelegentlich als drangvoll erlebte Nähe und die beschnittenen Ausweichmöglichkeiten, wird unter Umständen die Basis für eine Identitätskrise gelegt.

Schema 22 illustriert in stichwortartiger Übersicht einige heilpädagogisch bedeutsame Zusammenhänge zwischen funktionellen Einschränkungen und Irregularitäten im Lebensbereich des Kindes und speziellen Erziehungsproblemen.

1.2 Perzeption

Perzeption umfasst nicht nur die physiologische und periphere Sinnestätigkeit, sondern auch die cerebrale und psychische Verarbeitung (Decodierung, Einordnung, Speicherung, Deutung...) von Sinnesdaten. Wir verstehen darunter ferner nicht nur die Akte des Aufnehmens, sondern auch jene der Ausgabe: d.h. der Perzeptionalisierung, der Versinnlichung (von Gedanken, Vorstellungen, Assoziationen...), sowie der Transsensualisierung und der Synaesthesie, d.h. des Umsetzens von Sinnesempfindungen

Obkektivierbare somato-psychische Symptome bzw. Auswirkungen einer organisch-funktionellen Beeinträchtigung	Damit zum Teil kausal-imperativ, häufiger jedoch nur konditional-konsekutiv in Zusammenhang stehende Erziehungsprobleme im psycho-sozialen Feld des Behinderungszustandes
Einschränkungen bezüglich des Expansions- und Explorationsstrebens	Verringerung des Erlebnis- und Erfahrungsschatzes; psychisch-geistige Entwicklungsverzögerung; Entladungsphänomene aggressiver Art; Bewegungsstereotypien
Funktionsverminderung in der Sinnestätigkeit	wie oben. Ferner Einschränkung der direkten Kontaktmöglichkeiten; unterrichtliche Vermittlungsprobleme
Irregularitäten in den Reifungsprozessen	durch Retardationen bzw. Akzelerationen oder Entwicklungsdisharmonie bedingte Irritation; Lern- und sozial/affektive Anpassungsschwierigkeiten; spezielle Sexualprobleme
Störung bzw. Verminderung der intellektuellen Fähigkeiten und Lernmöglichkeiten	verminderte Bildsamkeit; unterrichtliche Vermittlungsprobleme
extreme und dauernde Anhängigkeit von der Mitwelt	Beeiträchtigtes Selbständigwerden; «Verdinglichung» der Person
unumgängliche, in ihrer Art jedoch unkindgemässe Verzichtleistungen	Frustration; Verernstigung; «Frühreife»
umfassende, vielgestaltige, langdauernde Therapien	Irritation; Überforderung; Entwicklungs-Verzögerungen; Hospitalismen; gestörtes Nähe-Distanz-Verhältnis
auffällige, ästhetisch störende Entstellungen	Minderwertigkeitsgefühle; Scham; Kontaktschwierigkeiten; Leibfeindlichkeit
Stigmen geringfügiger Art	Dissimulation; Verdrängungen
keinerlei äusserlich erkennbare Beschädigungen	Verkennung; falsche Beschuldigungen; Überforderung

Schema 22: Psychosoziale Auswirkungen organisch-funktioneller Beeinträchtigungen

Obkektivierbare somato-psychische Symptome bzw. Auswirkungen einer organisch-funktionellen Beeinträchtigung	Damit zum Teil kausal-imperativ, häufiger jedoch nur konditional-konsekutiv in Zusammenhang stehende Erziehungsprobleme im psycho-sozialen Feld des Behinderungszustandes
Notwendigkeit zu erhöhten Anforderungen an Wille, Ausdauer, Konzentration	Überforderung; Verkrampfung; Resignation; Flucht in die Krankheit
direkte Einschränkung der Kommunikationsmöglichkeiten sprachlicher Art	Verständnis-/Verständigungsschwierigkeiten; Isolation; Entwicklung unkonventioneller Kommunikationssysteme
wesentliche Einschränkung einer angemessenen und normalen Triebbefriedigung	z.B. Sexualprobleme; Sublimationsschwierigkeiten
spezielle und langdauernde Schonungsbedürftigkeit	Einschränkung der Erfahrungswelt; Verzärtelung; Übergängelung; Ängstlichkeit und Unsicherheit; Gehemmtheit
direkte Verhaltensstörungen (z.B. in der Art der Enthemmung, Untersteuerung, Affektlabilität)	Sozialkonflikte; Provokation von Familienzerwürfnissen; Überforderung der Erzieher; Fehlinterpretationen
weitgehende Pflegebedürftigkeit oder sonstwie arbeitsintensive Betreuung	Organisatorische Probleme; ökonomische, physische Überlastung der Familie
für das Kind direkt erlebbare, unmittelbar evident werdende, permanente Beeinträchtigungen	Schrittweise, entwicklungsgemässe Gewöhnung an die Beeinträchtigung; dem Kind helfen, seine Behinderung «in den Griff» zu bekommen, damit umgehen und leben zu lernen
für das Kind nicht, nur zeitweise oder nur an bestimmten Auswirkungen erfassbare Beeinträchtigungen (z.B. Epilepsie)	Schwierigkeiten, das Kind zur Krankheitseinsicht zu bringen und es zu gewinnen für die notwendigen Therapie- und Schonungsmassnahmen

Schema 22: Fortsetzung

Obkektivierbare somato-psychische Symptome bzw. Auswirkungen einer organisch-funktionellen Beeinträchtigung	Damit zum Teil kausal-imperativ, häufiger jedoch nur konditional-konsekutiv in Zusammenhang stehende Erziehungsprobleme im psycho-sozialen Feld des Behinderungszustandes
permanente oder oft wiederkehrende (unter Umständen auch therapiebedingte) Schmerzzustände	Verängstigung; Hypersensibilität; Vertrauensstörungen; mitleidsbedingte Verwöhnung und Nachgiebigkeit
Beeinträchtigungen bei subjektivem Wohlbefinden und Gesundheitsgefühl; Fehlen eines Leidendruckes (z.B. bei Diabetes)	Mangel an Krankheitseinsicht und Heilungswillen; mangelhafte Kooperationsbereitschaft
Notwendigkeit strikt einzuhaltender ärztlicher Vorschriften (Diät, Medikamentation usw.) und Kontrollen	Unzuverlässigkeit der Erzieher; unkindsgemässe Reglementierung und Ritualisierung des kindlichen Lebens
Gefahr direkter Therapieschäden und iatrogener Fehlentwicklungen	Spannungen und Konflikte zwischen Arzt und Erzieher bezüglich Sinn und Wert der Therapie; Kompetenzstreitigkeiten und Zielkonflikte
Notwendigkeit der permanenten Neuanpassung und Umstellung an sich wandelnde Zustandsbilder	Irritation und Verunsicherung in der Erziehung; Pendelerziehung; Schwierigkeiten, das Anspruchsniveau adäquat anzusetzen
zunehmende Verschlechterung des Zustandes ; eventuell wesentlich verkürzte Lebensdauer	Depressive Verstimmungen ; Resignation , verwöhnend-gewährenlassende Erziehungshaltung; Todesbefürchtungen
Möglichkeiten zu einer Korrektur durch Prothesen und apparatliche Hilfen	Gewöhnung und Übung in der Handhabung und optimalen Verwendung derartiger Hilfsmittel
Probleme bezüglich einer beruflichen Rehabilitation	Frühzeitige Hinführung zu und sorgfältige Einführung in persönlichkeits- und behinderungsgemässen/r Beschäftigung. Mittel- und langfristige rehabilitationspädagogische Planung

Schema 22: Schluss

von einem Sinnesbereich in den andern und der perzeptiven Generalisierung von Empfindungen und Wahrnehmungen (zugleich innerlich sehen, was man de facto lediglich hört; etwas sich über sämtliche Sinne innerlich vergegenwärtigen, von dem de facto lediglich «die Rede» ist usf.). Und schliesslich geht es nicht nur um Fremdwahrnehmungen, sondern auch um Selbstwahrnehmung (eigene Körperempfindungen; Erfahrung der Leibhaftigkeit in Raum und Zeit, zur Person- und Gegenstandswelt), die insgesamt die entscheidende Basis abgibt für jede Art von Kooperation (psychomotorischer, sprachlicher, kognitiver Art) mit anderem.

Die Daseinserfahrungs- und Daseinsgestaltungsmöglichkeiten, welche die Perzeption insgesamt bietet, stehen in Abhängigkeit sowohl von der jeweiligen Sinnesmodalität, wie auch von der Höhe der erreichten intermodal-synaesthetischen Organisations- und Integrationsstufe. – In Schema 23 sind diese in ihren heilerzieherisch bedeutsamsten Formen stichwortartig dargestellt. –

Ohne auf Details bezüglich Perzeption und Perzeptionsbeeinträchtigungen eingehen zu können, möchte ich damit auf die heilerzieherisch wichtige Doppel-Frage aufmerksam machen,

– welche Reize (nach Quantität und Qualität) ein Kind **objektiv** aufgrund seines perzeptiven Systems aufzunehmen imstande ist?

und

– was es mit diesen perzeptiv vermittelten Reizkonfigurationen **subjektiv** aufgrund seiner personalen Verarbeitungsmöglichkeiten bezüglich Umweltorientierung und Handlungsorganisation anfangen kann?

Es ist letztlich also weder das Sinnesorgan noch das Gehirn, sondern die **Person,** die den Wahrnehmungsakt vollzieht und sich gleichzeitig in eben diesem, von innern und äussern situativen Konstellationen mitbestimmten Akt realisiert.

Folgende Positionen sind für pädagogische Belange diesbezüglich von Bedeutung:

– Jedes Sinnesorgan bietet nur den Reizausschnitt, für den es gebaut und empfänglich ist; Sinnesorgane nehmen adäquate Reize wahr. Diese spezifische Reaktionsweise eines Sinnesorgans bezeichnet man als **Modalität**

– Die verschiedenen Sinnesmodalitäten wirken normalerweise eng zusammen. Dieses Zusammenschalten verschiedener Sinnesmodalitäten zu einer ganzheitlichen, gegenseitig gesteuerten, gestützten und kontrollierten Wahrnehmung bezeichnet man als **Intermodalität.** Während die sinnesspezifische Leistungsfähigkeit angeboren ist – sich im Laufe der Entwicklung freilich noch steigert – wird die Intermodalität erst allmählich erworben und ist in hohem Masse von Lernleistungen und damit auch von Umweltkonstellationen abhängig.

– Schon auf einfachsten Entwicklungsstufen fügen sich perzeptive und motorische Systeme zu übergeordneten Einheiten zusammen, die einen Organismus erst funktions- bzw. handlungsfähig werden lassen. Motorik und Sensorik bilden eine autopoietische Sinneinheit.

– In den psycho-physischen Wahrnehmungsakten sind, je nach Aufgabenstellung, stets eine Vielzahl unterschiedlicher, normalerweise hochintegrierter, koordinierter Funktionen beteiligt. Das heisst, Perzeption ist ein ganzheitlicher, verganzheitlichender Akt. Ausser in extremen Laboratoriumsverhältnissen finden wir kaum je ein reines Sehen, Hören... usw. De facto sind bestimmte Sinnesmodalitäten lediglich mehr oder weniger dominant und führend.

– Wahrnehmung bezeichnet kein blosses Abbildnehmen, sondern eine aktive Tätigkeit. Dies wird deutlich bei den Aktiven Sinnesmodalitäten, welche ohne Tätigkeit des Subjekts keine Daten liefern. Es zeigt sich, dass das Subjekt um so aktiver sein muss, je statischer die Reizgegebenheiten sind.

– Ferner ist zu beachten, dass Wahrnehmungsakte um so weniger die Bewusstseinsstufe übersteigen, je unproblematischer sie ablaufen. Hierin liegt ein grosser Teil jener Schwierigkeiten begründet, uns mit einem Kind erlebnismässig zu identifizieren, welches beispielsweise in den uns nur unterschwellig bewusst werdenden Bereichen des Körpersinns beeinträchtigt ist.

– Die Beschreibung eines Erlebnisses wie desjenigen einer Wahrnehmung kann auf **zwei Ebenen** erfolgen:
  – auf der Objektebene der materiellen Träger-Prozesse, wo Art, Umfang, Intensität usw. der organischen/physiologischen, d.h. der cerebral-neurologischen, der hormonalen, muskulären... Veränderungen zur Darstellung gelangen (Reaktionen, Kausalzusammenhänge, messbare substantielle oder energetische Zustandsgrössen usw.)
  – auf der Subjekt-Ebene der ideellen Bedeutungen: für mich/uns und innerhalb eines bestimmten, gesellschaftlich-historischen Zusammenhangs. Hier geht es um die verhaltensmässigen Determinanten der Wahrnehmung. Deren Beschreibung bezieht sich auf Inhalte, die das Subjekt

erfasst und die ihm und/oder seiner Umgebung etwas bedeuten. Es wird festgestellt, **was** geschieht (z.B. Angst, Freude, Trauer, Aggression usw.).
- Diese beiden Ebenen sind allerdings nicht zusammenhangslos. Ein auf der Objektebene materiell fassbares Faktum kann auf der Subjektebene Unterschiedliches beinhalten, erzeugen und bedeuten. Die materiellen Trägerprozesse präsentieren sich zunächst lediglich in Form beziehungsloser Fakten; erst auf der Ebene des Verhaltens wird das «Signifikanz-Niveau» festgelegt. Reize werden aufgenommen –, Beziehungen werden gestiftet! Aus Chaos (Beziehungslosigkeit, Gestaltlosigkeit) wird über die personale und gesellschaftliche Aktivität Kosmos (Sinn und Gestalt) hergestellt. Die materielle Trägerstruktur ermöglicht, aber garantiert diesen gemeinsamen Kosmos nicht, aufgrund dessen erst interpersonelle Verständigung stattfinden kann.

Deutlich werden derartige personale Akte der Bedeutungsverleihung vor allem da, wo wir beispielsweise etwas wahrnehmen, ohne dass ein zugehöriger Reiz vorliegt, oder wo wir denselben auditiven/visuellen Eindruck (z.B. dasselbe Abbild auf der Netzhaut) unterschiedlich erleben und deuten.

Desgleichen kann die Adrenalinausschüttung gemessen und als erhöht registriert werden, oder es können bioelektrische Impulse in Form von Hirnstromkurven zur Darstellung gelangen, die vielleicht von einem gewohnten (durchschnittlichen, normalen) Bild abweichen. In beiden Fällen wird festgestellt, **dass** etwas geschieht und dass **Etwas** (vielleicht Abnormes) geschieht, ohne dass jedoch über den subjektiven Inhalt und die subjektive Bedeutung eine Aussage zu machen ist.

- Heilpädagogisch befassen wir uns mit den psycho-sozialen Strukturen, aufgrund derer Wahrnehmungsakte erst effizient und relevant werden können. Uns interessiert nicht oder höchstens mittelbar das Sehen, Hören, Tasten... usw. im Sinne des pouvoir (= wahrnehmen können aufgrund regulärer instrumenteller Ausstattung); es interessiert uns vielmehr das Wahrnehmen im Sinne des savoir (= subjektives Verfügen über das perzeptive Instrumentarium und optimaler Einsatz desselben). Es geht unter diesem pädagogischen Aspekt um die Realisierung vorhandener Möglichkeiten. Ein menschliches Subjekt kann sich bekanntlich auch – und darin liegt pädagogisch betrachtet seine Freiheit – reizwidrig, unvorhersehbar verhalten. Die subjektive Freiheit präsentiert sich als Möglichkeit zur Aus-«Wertung» und Aus-Wahl des für mich hic et nunc Bedeutungsvollen.
- Damit wird deutlich, wie sehr auf der Verhaltensebene Art und Effizienz der Wahrnehmungstätigkeit abhängig sind von erlernten Bedürfnissen, Attitüden, Motivationen, Interessen... Dies macht uns erneut aufmerksam auf die pädagogisch bedeutsame Tatsache, dass sich die menschliche Wahr-

	Gesichtssinn	Gehörsinn	Tastsinn	Körpersinn (zusammenfassende Bezeichnung für die meist nur unterschwellig bewussten Wahrnehmungen der Position, der Schwere, der Richtungsänderung, der Ausdehnung und Begrenzung, der physiologischen Bedürfnisse usw. der personalen Leiblichkeit)	Geschmackssinn	Geruchsinn
Modalitätsspezifische Leistungsstufe						
– Sinnesorgan	visuelles System: das Auge und die damit verbundenen cerebralen Zentren	auditives System: das Ohr und die damit verbundenen cerebralen Zentren	taktiles System: die Haut und die damit verbundenen neuralen und cerebralen Systeme	Gleichgewichtsorgan; Muskeln Sehnen, Gelenke; innere Organe und diverse z. T. subjektiv nicht präzis lokalisierbare Organsysteme	Zunge, Gaumen und die damit verbundenen neuralen und cerebralen Systeme	Nasenhöhle und die damit verbundenen neuralen und cerebralen Systeme
– Reiz	optisch (Lichtwellen zwischen 400 – 760 milli - μ)	akustisch (Schalldruckwellen zwischen 20 – 20 000 Hz)	haptisch (Druck-, Temperaturdifferenzen)	Muskelkontraktionen; Beschleunigungen, Lageveränderung; mechanische, chemische, physikalische Reize	Lösungen	gasförmige Stoffe
– Wahrnehmungsmodalität	Sehen. Aspekthafte Ausschnitte im Wachzustand; auch aus dem Fernraum	Hören. Kugelförmig und permanent; auch aus dem Fernraum	Tasten. Aufbau von Sukzessiv–Gestalten im Nahraum	meist unterschwellig-diffus und nicht exakt lokalisierbar. Nur bei Überschreiten von Belastgrenzen ins Bewusstsein tretend	Schmecken im oralen Nahbereich	Riechen im Nahbereich
– Wahrnehmungsaktivität des Subjekts	Augen-, Kopf-, Körperbewegungen	Kopfbewegungen	Tastbewegungen	meist keine willkürliche Aktivität	Zungen-, Kieferbewegungen	Inhalieren; schnuppern
– Reizverarbeitung	visuell	auditiv	taktil (-kinästhetisch)	via allgemeines "Befinden" und Existenzgefühl. Via Körperbewusstsein, Körperschema, Orientierung im Koordinatensystem	gustatorisch	olfaktorisch
– Orientierung über . . .	Lage, Bewegungen und Form von Objekten im Raum. Farben, Schattierungen, Tiefen, Distanzen	Geräusche, Klänge, Töne, Sprache, Raumlage und Entfernungen von Schallquellen	Grösse, Form, Konsistenz, Oberflächenbeschaffenheit von Körpern	Allgemeine Befindlichkeit Homöostase; Stellung, Ort, Bewegung, Lageveränderung, Geschwindigkeit, Schwer- und Fliehkräfte, Gewichte, Objekt/Subjektgrenzen usw.	Geschmacksqualitäten: süss, sauer, bitter, salzig. Geniessbarkeit	Düfte; Geniessbarkeit; eventuell Gifte

Schema 23: Wahrnehmungsbereiche, -organisationsstufen und -störungen

Modalitätsspezifische Funktionsausfälle und Irregularitäten	diverse Formen und Grade von Sehbehinderungen bis hin zur Blindheit	diverse Formen und Grade von Hörbehinderungen bis hin zur Gehörlosigkeit	diverse Formen und Grade von taktilen und Sensibilitätsstörungen und -ausfällen	diverse Formen und Grade von Störungen bezüglich Gleichgewicht, Organempfinden, physiologischen Reizen (Schmerz, Hunger, Durst, usw.)	Störungen/Ausfälle des Geschmacksempfindens	Störungen/Ausfälle des Geruchsempfindens Anosmie
Supramodale Leistungsstufe						
– Intermodalität	verstanden als Fähigkeit, die Daten aus verschiedenen Sinnesbereichen situativ miteinander in Beziehung zu setzen, ihre gemeinsame Gegenstandszugehörigkeit zu erfassen und sie schliesslich auch vorstellungsmässig miteinander zu verbinden und zu koordinieren					
– Serialität	verstanden als Fähigkeit, Reizfolgen temporal miteinander zu verbinden und als ein zusammengehöriges Ganzes aufzufassen, Reihungsprinzipien und Abfolgen zu erkennen und zu produzieren					
– Bedeutungsverleihung und subjektive Steuerung	verstanden als eine bereits kognitive Fähigkeit, einem Stellvertretungsprinzip gemäss Zeichen und Symbole zu verstehen, in Sinnbezirken zu orten, einzugliedern und umgekehrt zeichengebend und be-deutend sich mitzuteilen.					
Störungen und Irregularitäten bezüglich der subjektiven Wahrnehmungsverarbeitung, -steuerung und -kontrolle						
– Hyposensibilität	mangelhafte visuelle Reizbeachtung ("hinwegsehen" über Dinge/ vage, fragmentarische, zufällige Erfassung	"überhören" akustischer Reize und entsprechend vage, fragmentarische, zufällige Erfassung	verminderte Beachtung von Berührungs-/Tastempfindungen (sich anstossen, verbrühen, schneiden usw.)	z. B. mangelhafte Registratur von Schmerzen und somatisch-physiologischen Bedürfnissen (z. B. Hunger als Appetit; Blasenspannung als Bedürfniss zum Wasserlösen usw.)	verminderte/gestörte Geruchs-/Geschmacksempfindlichkeit (z. B. Erde, Kot, Stoff usw. essen)	
– Hypersensibilität	Gesteigerte, faszinative oder aversive Reaktionen auf (zum Teil sehr spezielle) Reize — z. B. glitzernde Gegenstände	z. B. bestimmte Tonfrequenzen (z. B. Schreien anderer Kinder)	z. B. Pelze, Filze, Fächlein usw. Berührungsscheu gegenüber klebrigen, schmierenden Materialien	z. B. überschiessende Reaktionen (unter Umständen catastrophic reactions); Idiosynkrasien.	spezielle Reize. Überreaktionen z. B. Übelkeit, Erbrechen auf bestimmte Geriche und Geschmacksqualitäten	

Schema 23: Fortsetzung

181

	Gesichtssinn	Gehörsinn	Tastsinn	Körpersinn	Geschmackssinn/Geruchssinn
– Figur- Grund-Differenzierungsschwierigkeiten	z. B. figuralen Details in strukturiertem Hintergrund (Heraussuchen von Gegenständen, Bild- und Figurelementen)	z. B. btr. Tönen, Melodie oder Sprachelementen in Gesamtkomplex oder bei Hintergrundgeräuschen	z. B. beim Ertasten von Oberflächendetails	z. B. Körperschema- und Körperimagostörungen; mangelhafte Registratur btr. Position und "Befindlichkeit" des Körpers oder von Teilen desselben; psychomotorische Adaptationsschwierigkeiten an wechselnde Umweltanforderungen; Probleme der Ortung im Koordinatensystem usw.)	z. B. einen bestimmten Duft/Geschmack aus einer Speise herausspüren
– Lokalisationsschwierigkeiten	Lagemerkmale einer Figur beachten	Richtungshören	z. B. Gewichtsunterschiede lokalisieren beim Ausbalancieren		z. B. Geruchsquellen finden
– Formunterscheidungsschwierigkeiten	Gegenstands-, Bild-, Figurunterscheidungen nach visuellen Merkmalen	Melodien, Klopfrhythmen, Geräusche, Stimmen, Sprechdynamik usw. unterscheiden	taktile Gegenstandsunterscheidungen im Dunkeln, im Kabbelsack usw.		Geruchs- und Geschmacksqualitäten und -intensitäten differenzieren
– Gestaltaufbauschwierigkeiten	z. B. beim Nachzeichnen, Ausmalen, Zeichnen, beim Bauen, Modellieren, Zusammensetzen usw.	z. B. beim Nachsprechen, -singen	z. B. beim Nachahmen von Bewegungen		
– Schwierigkeiten in der Hierarchisierung der Stimuli	z. B. "Rote Ampel" ist wichtiger als über die Strasse rollender Ball	z. B. auf die Anweisungen des Lehrers hören	z. B. Schubs durch Nachbarn durch Beachtung von dessen Mimik und Entschuldigung in seiner Bedeutungslosigkeit erfassen		z. B. sich durch Sättigungsgefühl vor einem "Überessen" abhalten lassen
– Schwierigkeiten btr. Wahrnehmungsverbindung	z. B. Ofen-heiss/Glocke-läuten/Zunehmendes Motorengeräusch-sich nähernde Autos/u.a.m.				

Schema 23: Schluss

nehmungstätigkeit nicht auf ein einfaches Reiz-Reaktions-Schema reduzieren lässt: Wer Augen hat zu sehen, der **sehe!** (als personale Aufgabe),
nicht:..., der **sieht!** (als zwangsläufig-kausal sich einstellende Wirkung!).
Zwischen Reiz und Reaktion baut sich das Subjekt einen/seinen «Hand-
lungsplan» auf, welcher bestimmend ist für die Art der Re-Aktion.
– Das Subjekt muss stets nach zwei Seiten hin auf die Stimmigkeit seiner
   Erkenntnistätigkeit achten, nämlich

   zwischen Wahrnehmung und Bedeutung (intrapersonal: was sehe/höre
   ich und was bedeutet das für mich hier und jetzt?)

   und

   zwischen Bedeutung und Bedeutung (interpersonal): inwieweit stimmen wir in unseren Deutungen überein und können uns darüber verständigen?)

«Sinneschädigung» wurde und wird nun allerdings in der Tradition der
Sinnesgeschädigtenpädagogik in einem dreifach einschränkenden Sinne gebraucht:

Auf Beeinträchtigungen auf der Modalitätsstufe, was in praxi weitgehend identisch
ist mit funktionellen Behinderungen im Bereich des peripheren Sinnesapparates. In-
ter- und supramodale Störungsformen wurden pädagogisch traditionellerweise eher
aus «kognitivistischer» Sicht, als «Intelligenzstörungen» aufgefasst. Wahrnehmungs-
psychologische Interpretationen wurden zumeist von therapeutischer (Physiothera-
pie/Ergotherapie) Seite an die Pädagogik herangetragen.
Auf Ausfälle bzw. Minderleistungen im Bereich des Seh- sowie des Höranaly-
sators. Störungsformen im Bereich des Tast-, des Geschmacks- und des Geruchsinns
werden (heil)pädagogisch selten thematisiert. Dass gustatorische und olfaktorische
Einschränkungen nicht ohne Belang sind für die situative Orientierung und, in erheb-
licherem Masse wahrscheinlich noch, für den affektiven Bereich, und dass sie insgesamt eine Einbusse an Lebensqualität bedeuten, dürfte jedoch nicht ausser Betracht
fallen. – Störungen im Bereich des Körpersinns pflegen ebenfalls mehrheitlich von
Therapeutinnen im Umfeld der Körper- und Mehrfachbehindertenproblematik zur Darstellung zu gelangen.
Drittens beschränkten sich die Aktivitäten der traditionellen Blinden- und Taub-
stummenpädagogik, die zu den ältesten Zweigen der Behindertenpädagogik zählen,
auf vergleichsweise massive Behinderungsgrade, aufgrund derer ein Normalschulun-
terricht unmöglich zu sein schien. Schulorganisatorische und unterrichtliche Fragen
beherrschten daher das Interessenfeld.

1.3 Kognition

Mit Kognition bezeichnen wir die Fähigkeit, Beziehungen, Bedeutungen,
Ordnungen und Sinnzusammenhänge zu erfassen und herzustellen (Ver-

gleichen, Abstrahieren, Kombinieren... von Bewusstseinsinhalten), sachgemässe Urteile zu fällen und Schlüsse zu ziehen. Kognitive Leistungen sind zwar entwicklungspsychologisch-genetisch, nicht jedoch als spätere Einzelakte unmittelbar auf Perzeption, Psychomotorik und Sprache angewiesen. Sie umfassen vielmehr die Fähigkeit, auch nicht unmittelbar sinnenhaft gegebene und handlungsmässig präsente Verhältnisse und Beziehungen zu entdecken und zu erfinden.

Die heilpädagogische Frage in bezug auf die kognitiven Fähigkeiten lautet: Wie weit und unter welchen Umständen sind wir in der Lage, eine gemeinsame Welt zu repräsentieren, zu widerspiegeln, d.h. unsere Erfahrungen in einem und als einen Kosmos zu ordnen und zu deuten, der für uns einen gemeinsamen Bezugspunkt abgibt zur gegenseitigen Verständlichmachung und Verständigung über unsere Erlebnisse und Verhaltensweisen, sowie in bezug auf unsere antizipierten Ziele zur Daseinsgestaltung?

Psychopathologische Bezeichnungen wie Lernbehinderung, Geistige Behinderung, Verhaltensstörung, Psychose usw. leiten sich demgemäss bereits aus der Erfahrung der Entfremdung hinsichtlich des gemeinsamen Erfahrungshorizontes ab.

Die Ursachen der als psychopathisch und abnorm definierten Merkmalskomplexe mögen zwar in der Person und allenfalls sogar in bestimmten Organsystemen des Merkmalsträgers geortet werden können; die mit obigen Bezeichnungen belegten Phänomene selbst liegen hingegen **zwischen** uns und betreffen unsere subjektive Befindlichkeit. – Wir registrieren zwar noch (gegenseitig) unser Sein, befinden uns jedoch nur noch teilbereichlich in einem gemeinsamen **Dasein.** – Kognition in diesem weiten Sinne umfasst also bedeutend mehr und Elementareres als die bereits fortentwickelten und spezialisierten Formen eines (logischen) Denkens und die verschiedenen Formen der Intelligenz. Kognition ist zunächst die Fähigkeit des Erkennens meiner selbst in der Begegnung mit Anderem und das Erkennen von Anderem und des Anderen im Bewusstsein meiner selbst und schliesslich das Erkennen dieses gegenseitigen Erkenntnisvorganges. Im gegenseitigen und gemeinsamen Erkennen und sich erkenntlich zeigen, liefern wir uns den gegenseitigen und gemeinsamen Existenzbeweis: **Wir** denken darum sind wir!

Der Verlust an gemeinsamer, kognitiv erfasster, gestalteter und dargestellter Welt kann über verschiedene Gradabstufungen unterschiedliche Dimensionen annehmen:

– angefangen in der symbolisierten Welt der Zeichen und Superzeichen (Bilder, Sprache, Schrift, Zahlsymbole usw.)

- weiter in der verinnerlichten, repräsentierten Welt der Vorstellungen bezogen auf Raum und Zeit
- weiter in der präsenten Welt der Personen und Sachen
- bis hin zu nicht mehr überbrückbaren Inkongruenzen in der Welt der physisch-naturhaften Bedürfnisse und der Existenzerfahrung.

An Versuchen, kognitive Irregularität in ihren verschiedenen Varianten und Ausprägungsgraden je auf ein bestimmtes organisches (cerebrales) Substrat zurückzuführen oder wenigstens in deutlich voneinander abgrenzbaren Syndromen qualitativ und quantitativ zu unterscheiden, fehlt es zwar nicht. Insbesondere die neuropsychologische und psychiatrisch-psychopathologische Literatur legt beredtes Zeugnis ab von derartigen Bemühungen. Der Umstand, dass diesbezüglich dann etwa auch von «Intelligenz-Messung» die Rede ist, ist allerdings kein Beleg dafür, dass kognitive Irregularitäten ihrer «Natur» nach Körperbehinderungen und Sinnesschädigungen vergleichbar sind und im Prinzip in derselben Art und Weise gemessen und ausgezählt werden können.

Messwerte wie: Hämoglobin (Hb) 140 g/l, Höreinbusse 40 dB, Visus 1/25 usw. lassen gegenüber einem «Mess»-Wert IQ 72 nicht nur inhaltlich, topologisch und instrumentell, sondern überdies «genetisch» (d.h. bezüglich seiner Entstehungsbedingungen) und symbolistisch (d.h. bezüglich der Bedeutungsebene) keinen Vergleich zu.

Ein IQ bezeichnet keine Gegenstandseigenschaft oder -funktion auf der Objektebene, sondern symbolisiert als Verhältniszahl ein Verhältnis zu einem Verhältnis zwischen Subjekten. Er vergegenständlicht (reifiziert) eine (ungegenständliche) Beziehung. Er ist dem auf einer Landkarte gemessenen Luftlinienabstand zwischen X und Y vergleichbar. Über die Geländetopographie und die Wegsamkeit sagen die gemessenen 12,5 cm sowenig aus, wie ein IQ 72 über eine psychosoziale Situation und den Bildungsweg. Wir besitzen damit lediglich einen Anhaltspunkt über die geographische Entfernung bzw. über die kognitive Entfremdung.

Die nachfolgenden Schemata 24, 25, 26 illustrieren diesen Verlust eines gemeinsamen Kosmos' am Beispiel unterschiedlicher Ausprägungsformen einer sogenannten Geistigen Behinderung; die Kontextabhängigkeit sowie die vor allem qualitative Andersheit werden darin deutlich.

1.4 Sprache

Sprache ist die Fähigkeit, Zeichen, Symbole (Mimik, Gesten, Figuren, Bilder; vor allem dann aber Lautsymbole in gesprochener und geschriebener Form) als solche zu erkennen, sie im Kontext zu deuten, zu verstehen (auf das Gemeinte zu reflektieren) und seinerseits darauf zu ant-

Bezeichnung; «Etikette»	Familie	Altersgenossengruppe
(Grenzfälle zu Lernbehinrungen und Teilleistungsstörungen) Konturieren sich hauptsächlich in abstraktiven, symbolistischen Anforderungsbereichen	In nicht ausgesprochen intellektuell orientiertem Milieu keine generellen Probleme	Keine durchgehenden spezifischen Auffälligkeiten.
Leichtgradig Geistigbehinderte; «Debilität» Konturieren sich zusätzlich im sprachlichen Bereich bzgl. verinnerlichtem Handeln (Planen, Rekonstruieren), durch Schwierigkeiten bzgl. Umsetzung von Sprache-Handeln-Sprache, bzgl. Vorstellungstätigkeit, z.T. auch bzgl. Gedächtnis.	Fallen als dumm, begriffsstutzig, langsam und retardiert aus dem Rahmen durchschnittlicher familiärer Denk- und Handlungsanforderungen (Kommissionen besorgen, sich im Verkehr zurecht finden, Umgang mit Geld, Geschichten verstehen u.ä.)	Fallen bei anspruchsvollen Tätigkeiten (z.B. Regelspielen) zunehmend aus dem altersmässigen Anforderungsrahmen. Evtl. Diskrepanz zwischen Interessen und Möglichkeiten des Mitgestaltens. Ausweichen in Passivrollen oder in tiefere Altersklassen. Reizen öfters auch zu Spott und neigen dann zu ungeschickten Kompensationshandlungen.
Mittelgradig Geistigbehinderte; «Imbezilität» Konturieren sich zusätzlich durch ihren äussern Habitus, durch Auffälligkeiten psychomotorischer (Ungeschicklichkeit), perzeptiver (Wahrnehmungsstörungen), sprachlicher (Sprach- und Sprechstörungen) Art.	Fallen nicht mehr nur intellektuell, sondern durch eine gesamthafte Redardation und altersabweichende Verhaltensweisen aus dem Familienrahmen. Die Symptomatik dominiert die individuelle Eigenschaftlichkeit. Werden auch von jüngeren Geschwistern bald entwicklungsmässig überholt.	Werden im Kleinkinderalter noch grosso modo akzeptiert in passiven Rollen. Werden dann aber bald uninteressant und sozial inattraktiv. Zeigen z.T. auch soziale Rückzugstendenzen bis hin zu stereotypen Spielereien. Können unter Führung jedoch miteinbezogen werden in Gruppenaktivitäten.
Hochgradig Geistigbehinderte; «Idiotie» Bis in die Biosphäre hineinreichende Entwicklungshemmung und -störung. Mehrfachbehinderungen sind die Regel. – Das Verhalten wirkt nicht nur retardiert, sondern gestört. Erheblich eingeschränkte Kontaktmöglichkeiten.	Stehen weitestgehend ausserhalb dessen, was in der näheren Umgebung handlungsmässig vorsichgeht. Vorwiegend affektiv-emotionale Teilhabe am Familiengeschehen. Im fortgeschrittenen Alter für die Familie oft nicht mehr tragbar.	Altersgenossen können, zumal aus eigener Initiative, kaum etwas anfangen mit einem schwerstbehinderten Kind, das seinerseits kaum Ansätze zeigt zu den üblichen sozialen Interessen. Kontaktpflege daher hauptsächlich mit initiativen (professionellen) nichtbehinderten Erwachsenen.

Schema 24: Psychosoziale Felder; Rahmenbedingungen

Schule	Beruf	Öffentlichkeit
Sonderklassenbedürftig. Mehrfachrepetenten; evtl. schwache Normalschüler. Kulturtechniken können in den Grundzügen erworben werden.	Einfache Lehrberufe. Anlehren. Schwierigkeiten in Berufsschule, weniger in der Praxis.	Können bürgerliche Rechte und Pflichten wahrnehmen. Gelegentliche Unsicherheiten in komplexen Situationen. Werden in der Öffentlichkeit kaum als behindert erkannt und anerkannt.
Sonderschule mit manuell-praktischen Tätigkeiten und anschaulich-vollziehendem Denken im Zentrum.	Anlehren. Qualifizierte Hilfstätigkeiten bei nachgehender Führung in strukturierten Arbeitsfeldern der offenen Wirtschaft möglich. Dies allerdings in entscheidender Abhängigkeit von Verhaltensgrundformen und Sozialisationsstand. Letzteres gilt auch für die Art der übrigen Lebensgestaltung (Wohnen, Freizeit, Mitgliedschaften u.a.m.).	Häufig Diskrepanzen zwischen normal wirkendem Habitus mit wenig auffälligem Gesamtverhalten und situativen Fehlleistungen für die sie daher in der Regel verantwortlich gemacht werden. Ehe- und Familienfähigkeit von Sozialisationsstand und Rahmenbedingen (z.B. soziale Stütze durch nicht behinderten Partner) abhängig.
Vermittlung von Kulturtechniken höchstens noch fragmentarisch (d.h. nicht mehr in übergeordneten Sinnzusammenhängen) möglich. Lebenspraktischer Unterrichtricht, welcher der Alltagswältigung dient, steht im Vordergrund.	Hilfsarbeiten bei mit- und vorgehender Führung: in familienähnlichen Institutionen oder in Geschützten Werkstätten. Relative Selbständigkeit (z.B. betreffend leiblicher Selbstbesorgung) in strukturierten Gemeinschaften (z.B. Wohnheim).	Werden in der Öffentlichkeit in der Regel als behindert erkannt und anerkannt. In präsenten und bekannten Situationen beschränkt handlungsfähig. Aus psychosozialen Gründen kaum ehe- und familienfähig. Geschäftsfähigkeit stark eingeschränkt.
Einübung lebenspraktischer Fertigkeiten, die vor allem der Selbstbesorgung im Alltag dienen. Vorwiegend Einzeltraining. Förderungs-Bemühungen gehen relativ bald in Erhaltungsbemühungen über.	Beschäftigung in stark vorstrukturierten Situationen (Beschäftigungsstätten). Nurmehr funktionell, kaum mehr produktorientierte Tätigkeiten.	Können sich nicht ohne soziale Stütze und Begleitung in der Öffentlichkeit bewegen und zurechtfinden. Extrem abhängig und weitgehend pflegebedürftig.

Schema 24: Schluss

psychomotorisch	perzeptorisch	kognitiv	sprachlich	affektiv	sozial
Keine gröberen Auffälligkeiten. Evtl. etwas ungeschickt, steif. Grosso modo normale Entwicklungsfähigkeit	Keine gröberen Auffälligkeiten. Evtl. Retardierungen in der Wahrnehmungsverarbeitung. Grosso modo normale Entwicklungsfähigkeit	Intellektuelle Beschränkung v.a. vis-à-vis schulischen Anforderungen. Deutlich «lernbehindert»	In gesprochener Umgangssprache weitgehend normalisierbar (bei restringiertem Code). Hoch-/Schriftsprache dürftig	Affektiv ansprechbar und steuerbar. Evtl. gewisse Kindlichkeit, Naivität	Findet sich in alltäglichen sozialen Situationen zurecht. Kann beruflicher Tätigkeit nachgehen, bürgerliche Rechte wahrnehmen
Leichtere Anfälligkeiten Richtung Dyspraxie und Retardation. Gewisse Normalisierung via Training möglich	Gelegentlich schon deutliche sensomotorische (impressive) Irregularitäten	Kann sich in präsenten und gewohnten Situationen zurechtfinden. Elemente von Kulturtechniken können vermittelt werden. Beschränkt handlungsfähig	Sprachentwicklung deutlich verzögert. Kann jedoch lernen, in einfachen Sprachformen zu kommunizieren	Lernen, Handeln, Arbeiten usw. stark vom affektiven Untergrund abhängig («Affektinkontinenz»)	Dünne «soziale Membran». – Hinführung zu Selbstbesorgung möglich. Benötigt jedoch nachgehende Führung
Psychomotorischer Rückstand nicht mehr ausgleichbar. Bewegungsarmut bzw. Erethie. Bleibt einfachen Bewegungsabläufen verhaftet	Wahrnehmungsverarbeitungsschwäche kaum mehr zu unterscheiden von kognitiver Beschränkung. Trainingserfolge (bei geringem Transfer!) möglich	Nicht mehr subjektiv handlungsfähig, jedoch trainierbar bezüglich einzelner Handlungsfolgen	Situativ und affektiv abhängige, rudimentäre sprachliche Verständigung in präsenter Situation möglich	Deutliche, wenngleich undifferenzierte Präferenzen für vertraute Personen und Situationen. Rasches Destabilisieren bei Neuheit («Katastrophenreaktionen») – Auch «endogene» Stimmungsschwankungen	Einfachste soziale Verhaltensweisen und Teiltätigkeiten (gestützte) in eigens strukturierter Situation (Geschützte Werkstätte u.ä.) möglich
Stark eingeschränkte motorische Möglichkeiten. Auch betr. Lokomotion, Greifen usw. Evtl. immobil	Unterscheidungsfähigkeit auf einzelne oder wiederkehrende Situationen beschränkt	Vereinzelte Reiz-Reaktions-Zuordnungen herstellbar via «Konditionierung»	Evtl. einige bedeutungshaltige Lallworte	Kaum mehr Affektkontrolle; oft auch situationsunabhängige Affektumschwünge. Spezifische, akzentuierte emotionale Ansprechbarkeit	Eventuelle und schwankende personale Unterscheidungen. Evtl. aber auch ausgeprägter «Autismus»

Schema 25: Gradabstufungen Geistiger Behinderung (fähigkeitsbereichbezogen)

	immobil, bettlägerig	(mit Hilfe) verschiedene Positionen	(mit Hilfe) fortbewegungsfähig	deutlich gestörte, jedoch selbständige Lokomotion	Grosso modo ungestörte Fortbewegungsfähigkeit
Lokomotion					
Kundgabe	keine als abgehoben fassbare Kundgabe	diffuser, lautlich-motorischer Ausdruck auf bestimmte Reize	(lautlich begleitete) Hinweisgesten (expressiv, imperativ)	gestisch-sprachliche Äusserungen in präsenter Situation	sprachliche Äusserungen auch über repräsentierte Situationen
Verständnis	keine als Re-Aktion fassbare Äusserungen	stimmungshaftes und körpersprachliches Ansprechen	affektiv-personale Einstellreaktionen. Wiedererkennen	(sprachbegleitetes) Handlungsverständnis	Konkretistisches Sprachverständnis für restringierten Code
Ausrichtung	keine erkennbare Ausrichtung	gelegentliche «Bündelung» in dichter Subjektivität	körpersprachliche Motivationen und Interessen	deutliche, auch für Aussenstehende erkennbare Ausrichtungen	Objekt- und Situationsausrichtung (personell gestützt)
Steuerung	passiv oder untersteuert in Form leerer Stereotypien	kurzfristige Steuerbarkeit in dichter Subjektivität	gestützt-begleitete Steuerungsfähigkeit in wiederkehrenden Situationen	gelegentlich «emanzipatorische» Eigensteuerungsversuche	(fremdbestimmte) Handlungssteuerung in gleichbleibenden Situationen
Orientierung	örtlich/zeitlich desorientiert	ein gewisser Biorhythmus ist vorhanden	mitgehende, «adaptierte» Orientierung in konkreter Situation	Kann Orientierungshilfen verwerten	Orientierung in subjektiver Zeit und statistischen Raumverhältnissen
Identität	keine Objekt-/Subjekt-Unterscheidung	Objekt-/Subjektdifferenzierung. Identifikation bestimmter Personen	diffuse Eigenwilligkeit, Widerständigkeit/Befriedigung	konkretistische Ich-Erfassung und Orientierung	Ich-Identität über kurze Vergangenheits-/Zukunftsstrecken
Selbstbesorgung	völlige, existentielle Abhängigkeit	weitergleiten einzelner Teilschritte in wiederholten Abläufen	mit Vervollständigung/-Unterstützung einzelner Handlungsteile	mit Erinnerungshilfen und nachgehender Führung	in situativ-gleichbleibenden Handlungsabläufen selbständig
Essen	evtl. künstlich; Probleme mit Essvorgängen	orale Interessen. Passiv/aktives Entgegenkommen	Essen von Hand bei ungestörten Essensvorgängen (Kauen, Schlucken usw.)	vorgelegt-präpariertes (gestütztes) Essen mit Löffel	selbständig mit einfachem Werkzeug
Toilette	Blase-/Darmtätigkeit unkontrolliert	Berechenbarkeit aufgrund funktioneller Anpassung	stellt sich auf Fremdrhythmus ein. Sporadische Eigenbestimmung	kann Bedürfnisse anmelden	(mit gelegentlichen Erinnerungshilfen) selbständig
Kleidung	passives Geschehenlassen/diffuse Abwehr	passiv/aktiv Entgegenkommen; «Erwartungshaltung»	kann präparierte Teilschritte selbständig vollziehen	Ergänzungshilfen und Kontrollen bei schlechtem Körpergefühl	mit nachgehender Kontrolle selbständig

Schema 26: Geistige Behinderung und Stufen der Alltagsbewältigung

189

worten: Zeichen setzend sich mitzuteilen, sich verständlich zu machen und als Teil eines übergeordneten Kommunikationssystems sich mit andern auszutauschen.

Es handelt sich hier insofern um eine spezielle Weiterentwicklung des gemeinsamen und gegenseitigen Erkennens, als Sprache ein von der erkannten und anerkannten Welt zwar abgeleitetes, aber immer wieder auch auf diese zurückweisendes Zeichensystem darstellt. Dieses Zeichensystem bildet Welt ab; es be-deutet diese lediglich noch; es vertritt sie ohne sie selbst zu sein. Sprache stellt im Sinne des miteinander Sprechens (d.h. des impressiven Verstehens und der expressiven Kundgabe) ein Symbolhandeln dar auf einer Metaebene der erkannten und anerkannten Wirklichkeit.

Die kaum fassbare Komplexität und Dynamik des Phänomens "Sprache" nötigt zu stark vereinfachenden und quasi-statischen Darstellungen. In der nachfolgenden soll immerhin der dialogische und über die Lautsprache hinausweisende Charakter von Sprache (langue) und Sprechen (parole) deutlich werden: zwei Elemente, die insbesondere für eine Sprach(heil-)pädagogik unverzichtbar sind (Schema 27).

Ich unterscheide drei **Dimensionen** anhand derer die als oder im Zusammenhang mit einer Behinderung anzutreffenden Kommunikationsprobleme und desgleichen die therapeutischen und erzieherisch-unterrichtlichen Aufgaben zur Darstellung gelangen können:

a) Die zwei Seiten der **Verständigung** im Kommunikationsaustausch, die auch im Spezialfall der Selbstinformation eine Rolle spielen, nämlich:
Sprachverständnis, d.h. die Fähigkeit, kommunikationsrelevante Zeichen als solche zu erkennen und sinnentsprechend, d.h. auf das Gemeinte hin zu beziehen und zu verstehen
Kundgabe, d.h. die Fähigkeit, Zeichen setzend sich zu äussern, mitzuteilen und sich als Teil eines übergeordnet-verbindenden und verbindlichen Kommunikationssystems mit andern auszutauschen.
Verständnis und Kundgabe haben sich gleichzeitig aber auch auf eine Meta-Ebene und eine Meta-meta-Ebene (Kapitel IX) zu beziehen unter Berücksichtigung der jeweiligen situativen, temporalen, personalen etc. Rahmenbedingungen. Jede Aussage und Geste hat einem Vorentwurf der partnerseitig vermuteten Interpretation zu folgen. Diese ist ihrerseits abhängig davon, wer-was-wann-wo-wie-wem-wozu... etwas «sagt».

BARBARA FORNEFELD (1989) zeigt an dem von ihr entwickelten «fünfphasigen helicalen Modell» von zwei miteinander verbundenen Doppelwendeln den Kommunikationsverlauf in einer leib- und handlungsnahen Beziehung auf z.B. zwischen ei-

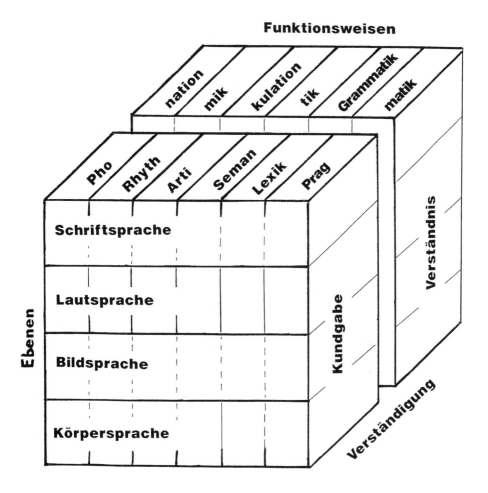

Funktionsweisen

Pho · Rhyth · Arti · Seman · Lexik · Prag

nation · mik · kulation · tik · Grammatik · matik

Schriftsprache

Lautsprache

Bildsprache

Körpersprache

Ebenen

Verständnis

Kundgabe

Verständigung

Schema 27: Dimensionen der Sprache

ner Heilpädagogin und einem schwerst (geistig) behinderten Kind. Es handelt sich hier um elementarste körpersprachliche Beziehungsformen, deren Muster aber bereits einen Komplexitätsgrad aufweist, dessen technisch-apparatliche Nachbildung ausserhalb jeder Möglichkeit liegt (Schema 61).

«Sender und Empfänger» bilden somit bereits im einfachsten Kommunikationsfall eine mehrstufige, dialogisch verschränkte Einheit, in welcher beide zugleich beides und etwas Gemeinsames sind.

b) Die verschiedenen **Ebenen,** auf denen ein solcher Informationsaustausch grundsätzlich (meist simultan) stattfinden kann, nämlich

Körpersprache, verstanden als sinnlich wahrnehmbare bzw. versinnlicht-materialisierte leibliche Reaktionsformen der Bewegung und Haltung, der Mimik und Gestik, denen ein überindividueller, wenngleich noch vager und mehrdeutiger Informationsgehalt zugehörig sein kann, der sich schliesslich bis in Grenzbereiche der willentlich und bewusst kaum mehr lenkbaren psychosomatischen Reaktionsweisen hinein verliert.

Hinsichtlich des Verständnisses kommunikationsbedeutsamer Zeichen (taktiler, visueller und vor allem dann auditiver Art), ist zu beachten, dass z.B. Geistigbehinderte oft bereits in der perzeptiven Auffassung Irregularitäten im Sinne von Wahrnehmungsverarbeitungsstörungen aufweisen. In schweren Fällen kann eine völlige Agnosie vorliegen. So werden auch Reize aus dem innerorganischen Bereich, wie Nahrungs- und Flüssigkeitsbedürfnis, Blasenspannung etc. offenbar nicht registriert, so dass man von einer bis in die Tiefen der Biosphäre reichenden Störung der «Körpersprache» sprechen muss. Es ist, als ob der Organismus sich selbst nicht verstehen und damit zu regulieren vermöchte.

Was man, eine entsprechende partnerschaftliche Empfänglichkeit in dichter Subjektivität vorausgesetzt, freilich zu Zeiten auch bei schwerst behinderten Menschen feststellen kann, ist so etwas wie ein «thymisches-Mitsein», ein Mitschwingen, wobei noch kaum von "Kommunikation" und schon gar nicht von "Sprache" in einem landläufigen Sinne gesprochen werden kann. Verständnis/Empfänglichkeit und Ausdruck/Kundgabe sind kaum voneinander zu trennen, zumal auf dieser Stufe weder eine Ich-Identität noch eine davon abgehobene Partnerbeachtung vorhanden sind. Dass derartige Phänomene für eine spröd-distanzierte "wissen"-schaftliche Forschung unzugänglich und in "logischer" Konsequenz hierzu inexistent sind, hebt die alltäglichen personalen Erfahrungen im heilpädagogischen Umgang und Mitsein allerdings nicht auf. Im Rückgriff auf PASCAL ist hier von einer "raison du coeur" zu sprechen, die sich zwar nicht beweisen, jedoch beschreiben lässt aus der subjektiven Begegnung. Sie ist freilich, so wenig wie die bekanntere "Vernunft des Kopfes", jedermann ohne weiteres – d.h. diesfalls ohne affektive Lernprozesse – zugänglich.

Die Phänomene, welche darunter subsumiert werden können, sind sehr unterschiedlicher Art. Es scheint mir jedoch wichtig für die heilerzieherische Arbeit, dass sie in der interpersonellen Wahrnehmung überhaupt registriert werden, d.h. dass Heilpädagogen sie sehen, hören, spüren lernen:

– So z.B. die Sensibilität für Stimmungen, für die Atmosphäre einer psychosozialen Situation, in welcher Behinderte selber angegangen werden oder deren pathischer Teilnehmer sie sind. Freude und Feierlichkeit in einem tragenden Sozialkörper können stimmungsmässig («thymisch») ebenso nachempfunden werden wie Zank und Bitterkeit. Es macht bisweilen den Anschein, als seien Geistigbehinderte der momentanen Gestimmtheit ihrer Mitwelt noch mehr ausgeliefert als nichtbehinderte Kinder.

– Gelegentlich kann ein an telepathische Phänomene erinnerndes, unmittelbares ("urtümliches") Erfassen von Sympathie- und Antipathiegefühlen bestimmten Personen gegenüber beobachtet werden. Schwerst behinderte Kinder können, gewissermassen über ihren gesamten leibhaft[ig]en Ausdruck, (Haltung, Körperfunktionen) unterschiedlich (und in diesem Sinne differenziert) auf verschiedene Personen ansprechen.

– Zu erinnern ist ferner an das plötzliche Aufblitzen eines Interesses, einer Einstellreaktion oder an ein kurzfristiges sich Sammeln, Ordnen und Ausrichten bis hin in eine vorübergehend ausdrucksvolle Mimik, einen be«lebten» Blick, eine straffere Körperhaltung. – Ein derartiges unwillkürliches Sich-Finden, ein Versuch auch, sich in Beziehung zu setzen zu einem Nicht-Ich, brechen freilich meist wieder zusammen, noch bevor ein vielleicht intendiertes Handlungsziel erreicht werden konnte. – Aehnlich verhält es sich mit jenen «Eclairs», mit denen sich Geistigbehinderte manchmal ganz unverhofft mit einer situationsspezifischen Reaktion, sogar einer komplexen Leistung, hervortun. Dieses Aufblitzen von "Normalität" und eines über-sich-Hinauswachsens bleibt in seinen konstellativen Bedingungen freilich meist undurchsichtig. Und es gehört daher mit zur Tragik der Eltern und Erzieher, dass derartige spontane (?) Durchbrüche kaum wiederholbar und irgendwie methodisch-systematisch «auszuwerten» sind.

– Auf dieser Ebene sind auch psychosomatische Erscheinungen anzusiedeln, mit denen Schwerstbehinderte in ganzheitlich-diffuser Art, aber doch kontext- und erlebnisbezogen auf situative Veränderungen reagieren können: Einnässen/Einkoten, Nahrungsverweigerung, Schlafstörungen u.ä., die anzeigen, dass etwas registriert wurde: Ein Personen- oder ein Ortswechsel z.B., auf die das Kind «ansprach» und der die psychosoziale Homöostase aus dem Gleichgewicht brachte.

– Näher liegen unseren Verständnismöglichkeiten schliesslich Einstellreaktionen, die sich als kurzfristige Reizbeachtung aus der diffusen Gleich-Gültigkeit abheben: ein Innehalten in stereotypen Abläufen, ein flüchtiger Blickkontakt (Schauen), eine auditive Ausrichtung (Horchen), ein taktil-kinästhetisches sich Anschmiegen. – Und noch einmal eine Stufe weiter liegen Reaktionsweisen, die zeigen, dass ein Reiz Signalcharakter angenommen hat für das Kind: Mund öffnen auf Berührungsreiz mit dem Löffel, Hantieren mit Gegenständen, ideomotorisch widerspiegelte Gesten u.ä. – Von hier aus führen schliesslich fliessende Übergänge bis hin zu einem Verständnis gesellschaftsüblicher Gesten: – Winken, Geben/Nehmen etc. Ein material- bzw. gegenstandsspezifischer Umgang - mit Glocke läuten, Ball schubsen, Kritzeln mit Kreide – zeigt überdies eine Subjekt-Objekt-Trennung sowie ein elementares Gegenstandsverständnis an: die Glocke wird [als etwas zu Schüttelndes], vom Ball [als etwas zu Schubsendes] Unterschiedenes «verstanden», was man als eine Art «Handlungssprache» bezeichnen könnte.

Bildsprache, d.h. als vergegenständlichter und damit vom unmittelbar körperlichen Geschehen abgehobener produktiver Ausdruck bildhafter, tonaler oder anderweitig non-verbal darstellender Art. Bedeutungsverleihung und Bedeutungserfassung beziehen sich auf Objekte/Objektivationen, die damit über ihr schlichtes Zuhandensein hinausgehoben werden und über sich hinausweisen. Dies können Gegenstände sein, die für das Subjekt einen bestimmten Aufforderungscharakter haben bzw. einen Verwendungszweck bedeuten, bis hin zu Abbildungen und Pictogrammen auf einem bereits relativ hohen Abstraktionsniveau. Für diese Bild- und Geräusch-«Sprache» ist jedoch eigentümlich, dass in ihr globale und mithin noch wenig differenzierte Informationen ausgetauscht werden (vgl. Verkehrszeichen, denen keine detaillierte Information entnommen werden kann/muss).

Bildsprache und Lautsprache wurzeln beide bereits in einem Zeichenverständnis. Das heisst, der akustische bzw. optische Reiz wird nicht mehr nur als solcher aufgenommen, sondern als etwas Bedeutendes, das nicht mehr in sich selbst enthalten ist. Mit der Erfassung dieses Stellvertretungsprinzips (ein Lautkomplex bzw. eine Figur stehen für einen Gegenstand, eine Person, eine Situation) wird der entscheidende Schritt in das gemeinsame, konventionell festgelegte Kommunikationssystem vollzogen. Beide Sprachformen entwickeln sich denn auch in einem sich wechselseitig beeinflussenden Verhältnis. Dies gilt grundsätzlich auch für das geistigbehinderte Kind, wiewohl wir hier – abweichend von einer lediglich als «verzögert» zu bezeichnenden Sprachentwicklung – nicht selten divergierende Entwicklungslinien von Körpersprache/Bildsprache/Lautsprache vorfinden, indem beispielsweise das Verständnis und ebenso der Gebrauch von bedeutenden Gesten relativ weit entwickelt sein kann, ohne dass daneben bezüglich Lautsprache vergleichbare Fortschritte erzielt werden. Ähnliche Phänomene können sich, wenngleich weniger ausgeprägt, (und wahrscheinlich auch für den Beobachter schwieriger auseinanderzuhalten) bezüglich des Bildgehalts zeigen.

Daher ist es nötig, sich die wichtigsten Etappen der Entwicklung der Bildsprache zu vergegenwärtigen:
Voraussetzung der Bildsprache ist, wie vorerwähnt, die auf der Gegenstandsunterscheidung aufbauende Fähigkeit, im Bild nicht nur erneut einen Gegenstand, sondern ein **Ab**bild (einen Repräsentanten) eines Gegenstandes zu erkennen.
Dies gelingt zunächst auf der Wahrnehmungsebene in einer präsenten (gegenwärtigen) Situation, in der die Gegenstand-Bild-Zuordnung simultan erfolgen kann.
Erst auf einer nächsten Stufe, auf welcher sich ein inneres Gegenstandsbild (als Vorstellung) ablöst von der Wahrnehmung, kann der Gegenstand, zumindest kurzfristig, gewissermassen bildhaft «ersetzt» werden.
Diesem Vorgang kommen zunächst «Parallelisierungen», in der Art möglichst gegenstandsgetreuer Ab-Bildungen (gleiche Grösse, Form, Farbe, klare Figur-Grund-Differenzierung) entgegen. Die Differenz zwischen Gegenstand und Bild liegt hierbei in entscheidendem Masse jedoch a) in der Reduktion der Drei- auf die Zweidimensionalität, sowie b) in den reduzierten Umgangsqualitäten bzw. Handlungsmöglichkeiten (den «richtigen» Apfel kann man essen, das Bild davon «nur» anschauen).

Auf einer weiteren Stufe gelingen bildhafte Transformationen und Abstraktionen: d.h. die bildliche Darstellung kann auf das wesentliche («das Apfelhafte») reduziert werden, das unabhängig ist von individuellen Details der Grösse, der Form, der Farbe etc. Entscheidend ist hier der Schritt vom Abbild zum Bild, das durch überindividuelle Gestaltelemente geprägt wird und dadurch einem Begriff verwandt wird. Das Bild repräsentiert jetzt nicht mehr und nicht nur einen bestimmten Apfel, sondern den Apfel schlechthin (als Fruchtsorte).

Diese Reduktionen/Abstraktionen können bekanntlich in fliessenden Übergängen von der naturgetreuen Abbildung (ein Apfelbild «zum Anbeissen») bis hin zu hochstilisierten Pictogrammen, die mehr und mehr Symbolcharakter annehmen und zum Teil mit der Urform kaum mehr einen sinnenhaften Bezug aufweisen, vorgenommen werden. Diese Übergänge finden sich z.B. im Bereich der Verkehrszeichen: Von solchen, die noch einen entfernten Abbildcharakter aufweisen (z.B. Kurvenoder Kreuzungszeichen) bis hin zu andern, bei denen dieser Bezug aufgehoben ist (Fahr- und Parkierverbot).

Ich sehe in diesem Zusammenhang den Unterschied zwischen einem Zeichen und einem Symbol darin, dass das erstere noch einen sinnenhaften Bezug aufweist (das Kreuzungszeichen ist eine, wenngleich stark reduzierte, Abbildung einer Strassenkreuzung), der beim letzteren entfällt (das Fahrverbotssymbol steht mit «Nicht fahren dürfen» in keiner sinnenhaften Beziehung). Man kann daher von einem Schritt aus der Sinnenhaftigkeit in die Sinnhaftigkeit sprechen. Der Verlust des sinnenhaften Rückbezugs muss daher ersetzt werden durch den Bezug auf eine Konvention, über die man auf einer Metaebene Bescheid wissen muss. Symbole weisen damit denn auch bereits über die Bildebene hinaus und liegen in einem Zwischenbereich von Bild und Schrift.

Lautsprache, d.h. die gesprochene Sprache, deren informatorische Leistungsfähigkeit darin steht, dass sie durch vielfältige Kombinationen eines beschränkten Lautbestandes und Stimmumfangs sowie durch Einhaltung konventionell festgelegter Regelungen praktisch «alles», was für den Menschen erlebnismässig zugänglich ist, auf einer Metaebene abzubilden vermag. «Wörter» sind auf dieser Ebene nicht bloss ein Aequivalent für «Bilder». Laute erfahren erst innerhalb von Wörtern, Wörter erst innerhalb von Sätzen und Sätze erst innerhalb von (Kon-)Texten ihre Fest-Stellung und Eindeutigkeit. Synthetisierend-analytische, sukzessivsimultane und retrospektive Prozesse laufen meist gleichzeitig und auf verschiedenen Ebenen ab. Ein Wort steht ferner nicht nur als Stellvertreter für einen Gegenstand, eine Tätigkeit etc. , sondern auch für nicht (mehr) existente oder erst künftig in Erscheinung tretende Dinge, Handlungen, Eigenschaften. Die verschiedenen instrumentellen Komponenten der Lautsprache (Phonation, Artikulation, Tempo, Dynamik etc.) können ferner in verschiedenartig zusammenlaufenden oder auseinanderstrebenden Weisen benutzt werden, was auf Empfängerseite daher ein differenziertes Entschlüsselungsverfahren notwendig macht.

Schriftsprache, d.h. ein Symbolsystem zweiter Ordnung, (Zeichen für Zeichen), das sich zwar phonematisch anlehnt an die gesprochene Sprache, dennoch aber keine «Parallelprojekteion» des Lautsprachsystems darstellt: Zum ersten stehen die Lautsymbole (= Buchstaben) in keiner «visualisierten» Verbindung mit den Lauten. Zweitens stimmen Phoneme und Morpheme über weite Strecken nicht miteinander überein. Dies bedeutet insgesamt, dass die Beherrschung der gesprochenen Sprache und deren auditive Analyse allein nicht genügen, um zu einem regelgemässen Lesen und Schreiben zu gelangen. Wortbilder (auf der Stufe der Bildsprache) wieder erkennen, zuordnen und abmalen und desgleichen ein additives Umsetzen von Buchstaben in Laute bzw. von gesprochener Sprache in deren phonetisch entsprechende Schreibung, kann allenfalls als Vorstufe zu einem sprachgemässen Lesen und (recht-)schreibgemässen Schreiben gelten.

c) Die verschiedenen **Funktionweisen** der Sprache, über die die (Laut-) Sprache als Kommunikationsinstrument erst «funktionieren» kann.

Die **Phonation,** d.h. die von verschiedenen Funktionsträgern (der Atmung, des Kehlkopfs, der Stimmbänder etc.) abhängige «akustische Vernehmlassung» der Stimmgebung

Die **Rhythmik,** d.h. die Strukturierung und Gliederung der Äusserung nach Sinn- und Bedeutungseinheiten, nach Tempo, Modulation, Akzentuierungen, Lautstärke und Dynamik.

Die **Artikulation,** d.h. die von verschiedenen Funktionsträgern (Zunge, weicher Gaumen, Lippen etc.) abhängige Fähigkeit, die sprachspezifischen Laute und Lautverbindungen in unterscheidbar differenzierter und damit verständlicher Weise zu bilden

Die **Semantik,** die in diesem Zusammenhang verstanden wird als die kognitive Fähigkeit, Sprachsymbole in ihrem Hinweischarakter und ihrer Stellvertreterfunktion zu verstehen und zu benutzen

Lexik und **Grammatik** verstanden als Fähigkeit, die Regeln der Wortfügung und des Satzbaus so einzusetzen, dass der damit (in Konjugation, Steigerung, Deklination, Mehrzahlbildung etc.) verbundene Informationsgehalt, in Ergänzung der Bedeutung des einzelnen Wortes, ebenfalls genutzt wird

Die **Pragmatik,** verstanden als Fähigkeit, willentlich interessiert auf Sprache zu achten und Sprache als Kommunikationsmittel einzusetzen

Die genannten Funktionsweisen und -bezeichnungen sind nun zwar von der Lautsprache abgeleitet und beziehen sich dementsprechend auf deren

Ebene (und allenfalls z.T. noch auf jene der Schrift-Sprache). Wenn ich sie in Schema 27 auch auf die andern Ebenen übertrage, so mag dies zunächst befremdlich wirken, zumal uns auch keine je entsprechende Begriffe und Bezeichnungen zur Verfügung stehen. Trotzdem scheint es mir, vor allem im Hinblick auf lautsprachlose Kinder und deren oftmals auf Vorstufen der Lautsprache reduzierte Kommunikationsformen, dringend notwendig, an derartige «Entsprechungsreihen», die de facto zweifellos vorhanden sind, zu erinnern.

Die Komplexität des Phänomens Sprache nötigt uns nun auch zu einer entsprechend weitgefassten Definition des Begriffs **«Sprachbehinderung»** und zeigt ein ebenso weitgestecktes Feld der Rehabilitationsbemühungen auf.

Jede spezielle und spezialisierte Tätigkeit im Sprachraum ist auf der Folie der zwischenmenschlichen Kommunikation zu sehen, von der her Therapie und Unterricht ihre Sinngebung erfahren. Ermöglichung, Ausweitung, Differenzierung zwischenmenschlicher Kommunikationsfähigkeit ist das nicht weiter hinterfragbare, axiomatisch zu setzende Ziel-, Entstummung der Person der je übergeordnete Auftrag. Existenzgrundlage jedweder Sprachrehabilitation ist das Interesse an personaler Kommunikation.

Mit diesem breiten Ansatz sind vorschnelle «Definitionen» zu vermeiden. So hauptsächlich Begrenzungen

- auf Lautsprachbehinderungen, womit nonverbale Kommunikation ebenso wie «beredtes Schweigen» ausser Betracht fallen
- auf objektivierbare, vorzugsweise organische und funktionelle Anomalien, womit der existentiell bedeutsame Aspekt der nicht person- und situationsgemässen Sprachbehauptung ausser acht gelassen wird
- auf den Bereich der Oralität, womit ausser Betracht fällt, dass auch schon bei einfachsten Sprechakten perzeptive, kognitive, umfassend psycho-motorische, sowie affektive und soziale Faktoren mitbeteiligt sind
- auf den Kreis von Individuen, die an einer scheinbar isolierten Sprachbehinderung leiden, als wären Perzeption – Sprache – Intelligenz nebeneinanderliegende, gesondert zu betrachtende «Gegenstände» und nicht vielmehr Konstrukte und Sichtweisen menschlichen Verhaltens
- auf die am sogenannten «Patienten» geortete Problematik, womit die Kommunikationsschwierigkeiten, – völlig sprachwidrig!, – monologisch, statt dialogisch angegangen werden. – Heilpädagogisch geht es aber nicht nur darum, einem behinderten Kind Sprache zu vermitteln, sondern auch die nähere Mitwelt mit diesem Kind angemessen sprechen

und kommunizieren zu lehren. – (Der stotternde Rekrut und der bestotterte Obrist bilden **einen** Problemkomplex, in welchem sie **beide** enthalten sind! Man wird sich also stets vorsehen müssen, dass nicht dem falschen Patienten der falsche Finger verbunden wird!)

– auf beziehungslose Territorien einer organisch-funktionell orientierten medizinisch-logopädischen Therapie einerseits und einer lernpsychologisch orientierten erzieherisch-unterrichtlichen Sprachheilpädagogik andererseits, womit Sprach-Behinderungen aufgrund bestimmter symptomatologischer und ätiologischer Klassifizierungen auf therapeutische bzw. pädagogische Spezialisten verteilt werden, die in der Folge Gefahr laufen, einer exklusiv defektorientierten Betrachtungsweise zu verfallen.

– auf die Arbeit **an** der Sprache, wodurch die gleichfalls kommunikationsbedeutsame Arbeit **mit** der Sprache ausgeklammert wird.

– auf die «Apparatur» des Sprechens und auf das «Instrument», das «System» der Sprache mit dem Ziel zwar, diese zu verbessern bzw. sicherzustellen, damit sie sich für die betreffende Person als gebrauchsfähig erweisen –, ohne jedoch den Umstand zu bedenken, dass auch im vollen Sprachbesitz stehende Menschen einander nicht oder falsch verstehen können aufgrund einer ungenügenden sozialen Wahrnehmung, unterschiedlicher Gesichtswinkel oder einer verzerrten Kommunikation. – Sprachbesitz ermöglicht gegenseitige Verständigung –, garantiert diese aber nicht. Dass Sprache auch zur Exkommunikation, zur Desinformation, Desozialisation, zu Lüge und Verstellung missbraucht werden kann, ist zwar bekannt. Es wirkt jedoch auch heute noch befremdlich, den Problemkomplex des Sprachmissbrauchs und der Sprachverwirrung im erweiterten Rahmen einer Sprach-Heilpädagogik zu erwähnen. Die Frage, was mit der **erlangten** Sprache geschieht, müsste die Sprach-Behindertenpädagogik im selben Masse interessieren und gelegentlich beunruhigen, wie den Physiker die zuweilen missbräuchliche Verwertung seiner naturwissenschaftlichen Erkenntnisse.

Wir müssen uns bewusst sein, dass kein Modell, welches wir aus pragmatischen und didaktischen Gründen Sprachbehinderungen bzw. der Sprachheilarbeit zugrunde legen, Abbild der tatsächlichen Verhältnisse sein kann, sondern auf eine massive Reduktion der Realität hinausläuft. – Dasselbe gilt für unsere Aussagen über sprachliche Auffälligkeiten. Stammeln, Stottern, Dysgrammatismus usw. sind Chiffren und Kürzel für eine zwischenmenschliche Kommunikationsbeeinträchtigung, welche sich in den mit diesen Etiketten belegten Facetten spiegelt, diese jedoch nicht realiter darstellt. Was die Sprachheilpädagogik zunächst in den Griff bekommt, ist ein präsentiertes, sinnenfälliges Ausdrucksgeschehen auf der Objektebene, dessen Elemente über einen Objektivierungsakt «fest»-gestellt werden. Das heisst, es interessiert die «Sprachbehinderung an sich», abgehoben vom subjektiven Betroffensein, innerhalb dessen sie primär steht. Begriffsbestimmungen und objektivierende Methoden bilden gewissermassen einen Filter zwischen den unmittelbaren personalen Bezügen, über welche sprachliche Kommunikation stattzufinden pflegt. Das Sprachgeschehen wird seiner personhaften Relativität und Relationalität entkleidet und damit eigentlich seines Wesenselementes beraubt. Sprache ist per se Ausdruck eines Jemand für Jemanden (auch im Falle eines Selbstgespräches). – Objektivierte Sprache «an sich», ohne interessierende und interessante (= dazwischen seiende) Subjekte ist tot, «sprachlos».

Wenn wir einen Patienten im Rahmen eines Diagnoseverfahrens irgendwelche Laute artikulieren, Silben wiederholen und Prüfsätze nachsprechen lassen, hat dies zwar objektiv seinen Sinn, liegt subjektiv/interpersonal jedoch ausserhalb des dialogischen Bedeutungsgehaltes der Sprache. Derartige Objektivierungsprozesse sind notwendig, um der «Sache» der Sprach-Behinderung habhaft zu werden, und sie sind auch heilpädagogisch so lange legitim, als man sich bewusst bleibt, dass hierdurch ein Konstrukt – ein interdentaler Sigmatismus z.B. – hergestellt wird, in welchem das Subjekt des Produzenten nicht mehr enthalten ist.

Pädagogik und Heilpädagogik haben es im Nachgang zu derartigen objektivierenden Fest-Stellungen über ein An-Sich (medizinischer, psychologischer Art) einer Verlautbarung jedoch mit dem Für-Uns (für Dich, für mich) zu tun

Wie sich z.B. ein geistigbehindertes Kind und dessen Eltern aus der direkten und indirekten Betroffenheit heraus verständigen und verstehen, kann weit abliegen von dem, was von ärztlich-psychologischer Seite objektiviert und diagnostisch dingfest gemacht wurde. Und wie die «objektiven» Aussagen des Experten aufgefasst und in Problembearbeitung und Schicksalsbemeisterung umgesetzt werden, liegt noch einmal auf einer andern Ebene. Die Frage: Wie muss ich meine Kommunikationsbestrebungen anlegen, dass sie von einem Kind, welches (behinderungsbedingt) einen andern Erlebnis- und Deutungshintergrund hat, in etwa meinen Intentionen gemäss interpretiert werden? –, berührt ein existentielles heilpädagogisches Problem: handle es sich nun um die «Sprache» eines geistigbehinderten, eines verängstigten, mutistischen oder eines sonstwie kommunikativ beeinträchtigten Menschen.

Die Objektivierungen gegenüber der Sprache dürfen uns also nicht übersehen lassen, dass sich Kommunikation zwischen subjektiv Gemeintem und subjektiv Verstandenem abspielt. Die Gefahr für das schwer kommunikationsbeeinträchtigte Kind ist gross, dass es nur noch über den objektivierbaren Teil seiner Verlautbarungen identifiziert und definiert wird. Dabei wird vergessen, dass auch «undefinierbaren» Entäusserungen eine intendierte Be-Deutung und eine Leitform zugrunde liegen kann und dass derartige Entäusserungen umgekehrt auch – unter bestimmten subjektiven Verhältnissen! – an Bedeutung gewinnen können. Was «an sich» nichts bedeutet, kann nichtsdestotrotz «für mich» (z.B. als Mutter dieses Kindes) bedeutungsvoll sein. Sprache ist ein Ausdrucksphänomen, an welchem der Mensch als Person beteiligt ist. «In jedem Ausdrucksgeschehen gibt der Ausdrucksträger 'sich' in seiner innern, in seiner personalen Zuständlichkeit oder Befindlichkeit nach aussen kund. Folglich sind sprachliche Auffälligkeiten nicht als isolierte Symptome zu betrachten, sondern als Ausdruck eines irgendwie und durch irgendwas behinderten oder gestörten Menschen» (WESTRICH, E. 1974).[2]

Schema 28 soll einen skizzenhaften Eindruck vermitteln über den obiger Definition gemässen Ansatz, unter welchem sprachliche Kommunikationsschwierigkeiten zu fassen sind.

1.5 Affektivität

Mit Affektivität bezeichnen wir die Fähigkeit, sich gefühls- und stimmungsmässig ansprechen zu lassen, Gefühle und Stimmungen zu halten, ihrer gewahr zu werden; die Fähigkeit ferner, sich fremden Gefühlen und Stimmungen anzuverwandeln, mitzuschwingen und sich umgekehrt auch gefühlsmässig mitzuteilen in einer situationsgemässen Form.

Wir haben in den vorangegangenen Abschnitten bereits erkennen können, dass uns exklusive Objektivierungen menschlicher Daseinsformen und Verhaltensweisen nicht an die beziehungsmässig und damit auch erzieherisch bedeutsamen Fragestellungen heranzuführen vermögen. Diese leisten im Gegenteil Entfremdungs- und Depersonalisierungseffekten Vorschub.

Dies zeigt sich nun speziell in bezug auf den affektiven und sozialen Bereich, wo im affektiven Ansprechen gerade das Enthaltensein meiner selbst (als Subjekt) im Andern (als Objekt) und das Enthaltensein des Andern (als Objekt) in mir (als Subjekt) erlebt wird und damit auch das (kognitive) Bewusstsein und Bedürfnis der Trennung aufgehoben wird. Im affektiven Betroffensein und im Ausser-sich-sein (der Verzweiflung, des Zorns, der Liebe) schwindet objektivierende Distanz.

2 WESTRICH, E. (1974), Der Stammler (Bonn)

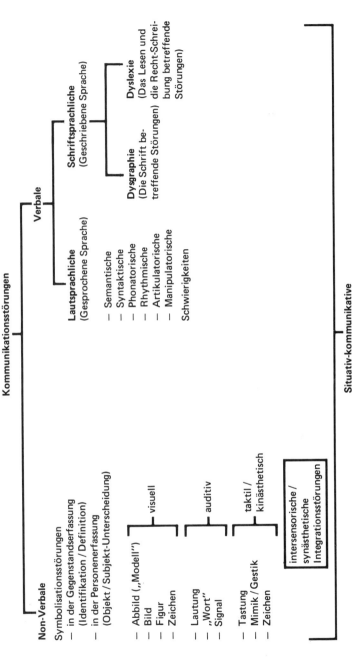

Schema 28: (Sprachliche) Kommunikationsstörungen

Beachtung digitaler und analoger Informationen (inhaltlicher und Beziehungsaspekt) in ihrem Zueinander und in der situativen und personalen Abhängigkeit. Wechseln in den Bedeutungs- und Deutungsebenen (z. B. in Fällen intendierter Zwei- und Mehrdeutigkeit, von Witz, Ironie, Sarkasmus, „beredtem Schweigen") Beachtung schenken. — Beachtung sogenannter konventioneller Sprach-„Lügen" (Euphemismus, Antiphrase, Kakophemismus, Hyperbel, Progression, Litotes, Metapher, usw.)

Sprachstörungen (im engern Sinne)	Die Sprache als System betreffend. Störungen des Sprachaufbaus, des Sprachverständnisses, des Sprachvermögens, des Sprachumgangs, der Sprachbehauptung		

Stummheit	primär	direkt	global
	sekundär	indirekt	selektiv, temporär
	(Mutitas idiotica / Auditive Agnosie (Hörstummheit, «Seelentaubheit») / Taubstummheit / (motorische) Aphasie / (elektiver) Mutismus...)		

Sprachentwicklungs-verzögerung	total (Stummheit) / Alalie
	graduell (Lallstufe, Wort-/Symbolisierungsstufe / Satzstufe / Begriffsstufe)
	primäre/sekundäre Retardation bzw. Stagnation (Sprachschwäche, z.T. auch als angeborene, primäre «Dysphasie» bezeichnet)
	speziell den Sprachaufbau, die Grammatikalisierung betreffend: (Agrammatismus / Dysgrammatismus)
	speziell die soziale Sprachverwendung betreffend: (Autistische Sprachverengung (Privatsprache, Neologismen, Echolalien...)

Sprachverlust	aphasisch	zentral	expressiv	imperativ
	dysphasisch	peripher	impressiv	(voluntativ)
	(motorische/sensorische Aphasien / (elektiver) Mutismus)			

Redestörungen	Störungen in der rhythmisch-melodisch-dynamischen Gestaltung des Redeflusses		

Stottern	tonisch	situativ	psychoreaktiv
(Balbuties)	klonisch	permanent	cerebral/funktionell

Poltern (Tumultus sermonis)	mit/ohne Artikulationsstörungen/(Bradylalie)

Stimm- und Stimmklangstörungen	Störungen in der Stimmgebung, Stimmführung, Stimm-Modulation	

Nasalität (Rhynophonie)	offenes Näseln (Rhynophonia aperta)	
	geschlossenes Näseln (Rhynophonia clausa)	funktionell/organisch

Stimmschwäche	Aphonie (Stimmlosigkeit)	organisch/funktionell/
	Dysphonie (div. Grade und Arten der Heiserkeit)	reaktiv

Sprechstörungen	Die Störungen betreffen die gesamte Artikulation (Lautbildung, Atmung, Stimmgebung usw.) – Dysarthrien – oder vor allem die periphere Lautbildung: Dyslalien

Schema 28: Fortsetzung

Dysarthrie	Zentralbedingte, umfängliche Störungen in den Sprechbewegungsabläufen, der Artikulation, Lautbildung, Stimmgebung, Stimmführung, – Gesamte Realisation des Sprechaktes mehr oder weniger beeinträchtigt (Unterschiedliche Ausprägungsgrade v.a. im Zusammenhang mit Hirnschädigungen (z.B. Cerebral-Paresen)
Dyslalie (Stammeln)	Funktionell bedingte Unzulänglichkeiten bei der Bildung einzelner oder mehrerer Laute und Lautkomplexe

Dyslalie falsche...				
partielles		Laut		sensorisch-impressiv
multiples	Stammeln	Silben	Stammeln	(audiogen)
generalisiertes		Wort-		
(Tetismus)		Satz-		zentral → Dysarthrie

Paralalie ersetzte...	Die Lautbildungsstörungen pflegen nach den mangelhaft gebildeten Lauten benannt zu werden:
Mogilalie fehlende... ...Laute	Gammazismus Kappazismus Lambdazismus Rhotazismus (R. bilabialis, R. lateralis, Para-Rhotaismus) Sigmatismus (S. interdentalis, S. addentalis, S. palatalis, S. lateralis ...)
Sprachverweigerung	Sprache wird nicht als Kommunikationsmittel benutzt, wiewohl sie als solches zur Verfügung stünde: verminderter Sprechantrieb; Sprechverweigerung, selektives Ausweichen in vergleichsweise primitive Kommunikationsformen usw.

Schema 28: Schluss

Das bedeutet nun allerdings nicht, dass Affekte und Emotionen per se strukturlos und chaotisch sind: «im Unterschied» zu Kognitionen. Es entspricht einer unbedachten façon de parler, «emotional» und «rational» als Gegensatzpaar aufzufassen und Rationalität a priori wertmässig höher einzustufen. Zum einen ist kein kognitiver Prozess bar jeder affektiven Komponente und zum andern entbehrt Affektivität nicht einer Logik. Desgleichen sind in beiden Bereichen bzw. Sichtweisen Entwicklungs-, Lern- und Gestaltungsprozesse möglich und notwendig, und die Schulung des Verstandes findet ihre unverzichtbare Ergänzung in einer Affektkultur («éducation sentimentale»). So ist es denn stets auch eine Frage des persönlichen Betroffenseins sowie des Standpunktes, des Werthorizontes, ob eine Diskussion und Problembearbeitung sachlich oder emotional erfolgen kann und soll. Es gibt nicht nur die vielgeschmähte, unangemessen-unsachliche Emotionalität, sondern auch die unangemessene emotionslose Sachlichkeit.

Eine sachliche Debatte über das Lebensrecht Behinderter grenzt an Zynismus, wenn man glaubt, jede affektive Beteiligung ausschliessen zu müssen.

«Ungeheuerlich ist der Versuch, den Intellekt vom Gefühl abzusondern...!» (BATESON, G., 1988, p. 596).

Man könnte nun auch hier versucht sein, Auffälligkeiten bezüglich des Affekterlebens und des affektiven Ausdrucks in derselben Weise wie z.B. einen interdentalen Sigmatismus zu beschreiben, zu bezeichnen, abzugrenzen, in funktionelle und kausale Zusammenhänge zu stellen usw. Dabei käme freilich nicht mehr heraus, als ein Lehrstück traditioneller Psychiatrie, das in den Grenzen seiner Standpunktlogik darüber informiert, welche Affekte wann nicht zu haben und wie Affekte nicht zum Ausdruck gebracht werden dürfen, wenn man nicht als problematische, krankgesprochene Figur vom Stimmungshintergrund seiner Mitwelt abgehoben und einer der aufgebrachten Symptomatik entsprechenden Therapie bedürftig erklärt werden will. – Was die als pathologisch erklärte Erscheinung im Psychiater und in den durch ihn vertretenen Daseinsformen auslöst und unter welchen Umständen dies geschieht, darüber gibt der apolitische und ahistorische psychiatrische «Diagnoseschlüssel» freilich keine Auskunft. Krank und damit therapiebedürftig ist der Merkmalsträger kraft der definitorischen Gewalt der diagnostischen Instanz. – Erziehen hingegen heisst eingliedern, integrieren: Anteilnehmen und Anteilnehmen lassen an der gemeinsamen Daseinsgestaltung. Heilpädagogisch «faszinierend» sind Daseinsdeutungs- und Daseinsgestaltungsformen, nicht die objektive Veränderung (negativer) Merkmale, sondern Änderungen in der psychosozialen Homöostase. Dem gigantischen Therapieangebot, das uns zur Bekämpfung störender Merkmale zur Verfügung steht, steht freilich ein weitaus armseligeres Angebot an zugelassenen Varianten der Daseinsgestaltung gegenüber. Varianten werden um so rascher zu Abnormitäten, je geringer die Manövrierfähigkeit des sozialen Systems ist. Eine hochkultivierte (bzw. zivilisierte) Gesellschaft verlangt derart viel Triebverzicht, dass dem einzelnen nurmehr wenig Affektauslauf bleibt. Die Domestikationsleistungen, die dem Kind abgefordert werden, sind im affektiven Bereich noch weitaus grösser als im kognitiven. Mit aller Deutlichkeit zeigt sich dies in der Verhaltensgestörtenpädagogik, die sich immer wieder dagegen zur Wehr setzen muss, dass die affektiven Entäusserungen der ihr überwiesenen Klientel nicht lediglich noch zum Symptomwert gehandelt und behandelt werden und dass affektive Indolenz zu einem un-bedingten Wert erklärt wird.

1.6 Soziabilität

Soziabilität bezeichnet die Fähigkeit und das Bestreben, fremde Bedürfnisse wahrzunehmen, sich widerfahren zu lassen und zu deuten. – Sie umfasst in Ergänzung dazu die Fähigkeit und das Bestreben, sich dem andern zu erschliessen, darzustellen und quasi einsichtig zu machen. Soziabilität meint Kommunikations- und Interaktionsfähigkeit (pouvoir und savoir) mit Andersheiten aus der Person-, Gegenstands-, Ideenwelt. Der Begriff sollte nicht verengt werden auf Anpassungs-, Einordnungs-, Identifikationsbereitschaft. Intakte Soziabilität umfasst neben diesen Formen der Bejahung und Zusage auch jene der Verweigerung und des Widerstandes. – Der Grad der Soziabilität ist abzulesen an der (möglichst breiten und farbigen) Registratur der Interaktionsformen, an der Sensibilität für Fremdbedürfnisse, an der Selbst-Bewahrung in Akten der Hingabe, sowie in der Bestätigung des Widerparts in Akten der Verweigerung.

Diese Fähigkeit, sich dem Andern zu erschliessen und den Andern wahrzunehmen (d.h. als in seinem Sinne wahr anzunehmen), hebt im dialektischen Gegenzug jede klassifikatorische Zuordnung und Einordnung auf und führt zur indifferenten Ganzheitlichkeit zwischenmenschlicher Begegnung (BOLLNOW, O. 1959a) zurück. Soziabilität bildet somit die integrative Klammer, durch die die Person sich letztlich als Einheit, als Ich-selbst erlebt und keineswegs als Nebeneinander jener Teilsysteme und -bereiche, die wir hier aus darstellerischen Gründen künstlich auseinanderhalten mussten.

2. Interpersonelle Sozialbereiche

Behinderungen stellen nicht nur eine personimmanente, private Angelegenheit dar. Heilpädagogisch relevante Behinderungen erschüttern stets auch die interpersonelle Homöostase sozialer Systeme.

2.1 Behinderung als Stigma; Behinderte als Randgruppe

«'Freak' is not a quality that belongs to the person on display. It is something that we created: a perspective, a set of practices – a social construction». BOGDAN, R. [1988] Freak Show. Presenting Human Oddities for Amusement and Profit (Chicago)

Behinderte werden häufig stigmatisiert. **Stigma** (soviel wie 'Zeichen'; 'Brandmal') ist allerdings nicht einfach ein sozial bedeutungsvolles Zeichen, sondern, wie GOFFMAN, E. (1975, p. 1) feststellt, «die Situation des Indivi-

von der \ zur	Psychomotorik	Perzeption
Psychomotorik	*Psychomotorisches Training* Koordination (einschliesslich Rhythmus, Flexibilität, Geschwindigkeit, Geschicklichkeit, Kraft, Gleichgewicht, Ausdauer.	Durch Bewegung Geräusche erzeugen. Figuren laufen, mimen, malen. Durch Bewegung Raum- und Zeitdimensionen erschliessen.
Perzeption visuell auditiv taktil/kinaesthetisch (gustatorisch) (olfaktorisch)	Bewegungen steuern gemäss akustischen (Rhythmen, Melodien, Signale), optischen (Gesten, Symbole), taktil-kinaesthetischen (Berührungen, Vibrations-, Temperaturempfindungen) Leitzeichen.	*Perzeptions-Training* optische (Form-, Farb-, Grössen-, Weiten- usw. Differenzierungen), akustische (Höhen-, Stärken-, Klangusw. Differenzierungen) taktilkinaesthetische (Druck-, Temperatur-, Bewegungsusw. Differenzierung).
Sprache Artikulation Redefluss, -rhythmus Stimmklang Phonation Syntax, Grammatikalisierung	Bewegungsanweisungen ausführen in diversen raumzeitlichen Zuordnungen Lautsprache in Gebärden umsetzen: Lautgebärden, Phonomimik, Pantomime, Scharaden, gebärdendes Rezitieren, mimetische Spiele.	Expressive Sprachgestaltung: artikulatorisch, phonatorisch; mimisch, gestisch, bildhaft, malerisch; melodisch, rhythmisch, schriftsymbolisch.
Kognition Abstraktion Begriffsbildung Kombination Vergleich Logik, Konsequenz Symbolik	Handelndes Experimentieren (auch mit Bewegungsideen und -vorstellungen) Durchprobieren von Handlungsentwürfen. Probleme (Rechenaufgaben z.B.) in Handlung (sketch) umsetzen, nahvollziehen.	Probleme, Ideen, Pläne: via Zeichnung, Skizze, Modell, Symbol versinnlichen, zum Ausdruck und zur Darstellung bringen, ein*sichtig,* ein*fühlbar* machen, Ideen in sinnliche Erfahrung überführen.
Soziabilität Eigenbezug Personenbezug Gegenstandsbezüge Konfliktbearbeitung	Stimmungen, Affekte, soziale Bedürfnisse in Bewegung («Körpersprache») zum Ausdruck bringen.	Soziale Signale nonverbaler Art setzen, Aufmerksamkeit erwecken und Eindruck machen in sozial integrativer, weiterführender Form.

Schema 29: Zur Förderung von Lernprozessen innerhalb und zwischen intraperso

Sprache	Kognition	Soziabilität
Bewegungsabfolgen in Sprache fassen, beschreiben (va. auch am eigenen Körper). Von Bewegungs- zu Sprachrhythmen (z.B. bei Zählakt und arithmetischen Operationen) Handlungsbegleitendes (lautes) Sprechen.	Bewegungen «verinnerlichen», sich vorstellen. Bewegungsprobleme lösen. Bewegungsplanung in wechselnden Raum- und Zeitverhältnissen. Bedeutung von Handlungsabfolgen erschliessen.	Koordination von Bewegungsabläufen zwischen Partnern. Gemeinsame, aufeinander abgestimmte Bewegungen (Tanz z.B.) Einander in die Körpersphäre aufnehmen. Bewegungen des Partners nachahmen, weiterführen.
Verbalisierung auditiver visueller, taktil-kinaesthetischer Empfindungern (Gegenstände, Bilder, Zeichen oder eigene, proprio-rezeptive Körpergefühle betreffend).	Bedeutungszuordnung, Klassifizierung, Assoziation von Perzeptions-Daten (beim Lesen beispielsweise).	Sozial bedeutsame Signale beachten und sinngemäss deuten (Mimik, Hinweisgesten, Sprachdynamik, Tonfall); Erfahrung der Gegenseite machen auch im Sinne der vorgesehenen Handlung. Selbstwahrnehmung.
Sprach-/Sprechtraining Sprach-, Sprech-, Rede-, Stimm-, Sprachaufbau- und Sprachgebrauch-Übungen.	Kognitiver Nachvolllzug sprachlich (mündlich/schriftlich) vermittelter Sachverhalte und Denkinhalte, Sprachkritische Überprüfung z.B. auf Objektivität.	Aussprache (sich dem andern mitteilen/dem andern zuhören) – Dialog (aufeinander eingehen). Diskussion (sich gemeinsam auf einen Sachverhalt beziehen). Sich sprachlich adäquat (d.h. unmissverständlich) ausdrücken.
Verbalisierung von Überlegungen, Denkprozessen («lautes Denken»). Brainstorming. Der Gedanken habhaft werden durch sprachliche Fixierung (v.a. im Hinblick auf das konvergente, «logische» Denken).	*Denk-Training* Methodologische und methodenkritische Überlegungen (heuristischer, logistischer Art) das «know how» und das Problemlösungsverhalten betreffend.	Ergründung, Begründung sozialer Beziehungen, Zusammenhänge und Konflikte. – Aufstellen sozialer Regeln und Konventionen.
Bedürfnisse, Meinungen, Wünsche usw. dem Partner in sprachlogischer und situationsgemässer (unmissverständlicher) Art kundtun.	Wirkungen der eigenen Person und deren Verhalten auf andere abschätzen und «bedenken».	*Sozial-Training* Sich unter wechselnde Systembedingungen in verschiedenen Sozialräumen (Familie; Schule; Altersgenossengruppe) bei Spiel, Arbeit, gemeinsamer Aktion usw. bewegen.

nalen Fähigkeitsbereichen. Beispiele zur Illustration (aus KOBI, E. E, 2.A./1976) duums, das von vollständiger sozialer Akzeptierung ausgeschlossen ist». Behinderung ist in diesem Sinne nicht nur eine individuelle Eigenschaft, sondern definiert eine soziale Situation als Behinderungszustand. Ein Merkmal wird dazu benutzt, eine Beziehung zu interpunktieren. GOFFMAN unterscheidet drei Typen von Stigmata: physische Deformationen (= Behinderungen im engern Sinne), individuelle Charakterfehler («Verhaltensstörungen»), phylogenetische (Rasse, Natur, Religion). Stigmatisierungsprozesse können an irgendwelchen Merk-Malen anknüpfen: Auffälligkeiten im äussern Habitus; Verhaltensweisen; Gruppenzugehörigkeiten; Herkunfts-/Wohnorte; etc. – wobei sich verschiedene allerdings – aus archetypisch-atavistisch-instinkthaften, traditionell-historischen etc. Gründen? – mehr als andere anbieten.

Stigmatisierungen und Randgruppenausscheidungen sind für eine Gesellschaft von system- und funktionserhaltender Bedeutung. Im einzelnen geht es darum,

– Normen zu bewahren und sichtbar zu machen
– die Belohnung von Normalität/Gesundheit zu gewährleisten
– eine soziale Orientierung und Strukturierung zu realisieren
– Unsicherheit durch Schaffung verhaltensstabilisierender Vorausurteile zu mindern
– eine Identitätsstrategie zur Selbstvergewisserung zu entwickeln (Ich- und Wir-Bedrohungen abwenden)
– den Verkehr zwischen Majoritäten und Minoritäten zu regeln
– Kausalitäts-«Erklärungen» (von Sündenbock-Theorien bis hin zu Verfolgungs- und Vernichtungsrechtfertigungen) zu finden und projektive Entlastung zu erreichen
– Herrschaft und entsprechende Systemstrukturen zu sichern.

Stigmatisierungsprozesse setzen sich von allem da und dann durch,

– wenn Gesetze verletzt werden
– wenn die Definitoren Macht, Einfluss, Ansehen haben und einen hohen Rang einnehmen
– wenn die Stigmatisierten machtlos sind und daher keine Gegenpotenz aufbauen können

Eine wesentliche Rolle spielen ferner sog. **Kontrollinstanzen** (z.B. im Medizinal- und Bildungssystem, Schema 33), durch welche abweichendes Verhalten definiert, erfasst und mit Sanktionen (curativer, punativer, caritativer, exkommunikativer... Art) belegt wird. Diese sind abhängig

- vom gesellschaftlichen Wertsystem (vgl. z.B. den Zusammenhang von Rehabilitationsideologie und Arbeitsethik)
- von Zuschreibungs- und Definitions-Spezialisten (Diagnoseagenturen), die mit entsprechender Amtsautorität ausgestattet sind
- von Alltagstheorien (z.B. in Form des «Klinischen Eindrucks») und/oder von als objektiv erklärten wissenschaftlichen (szientistischen) Lehrmeinungen (z.B. in Tests), die handlungsleitend sind
- von Einteilungen nach dem madness/badness-Muster etc. («helfende Drohgebärden» versus «drohende Hilfeleistungen»). – Abweichungen werden in Frühwarnsystemen präventiv erfasst; aufgetretene werden kontrolliert und verwaltet
- von Reglementierung und Bürokratisierung (z.B. im Versicherungswesen), so dass daneben die Selbstqualifikation des Einzelnen in den Hintergrund tritt

Je aktiver und umfangreicher die Kontrollinstanzen sind, umso mehr Eigendynamik entwickeln sie und umso profilierter und zahlreicher wird die Klientel. Sie versuchen v.a. auf die Einzelpersonen und weniger (im Sinne einer Oekologie) auf die stigmatisierenden Verhältnisse einzuwirken. Die Kontrollinstanzen befinden sich in der paradoxen Situation, dass sie beauftragt sind, Devianz aufzuheben, durch ihre Existenz gleichzeitig aber Devianz erzeugen und profilieren.

Randständigkeit (Marginalität) ist nun allerdings nicht per se negativ zu werten, handelt es sich doch zunächst um einen rein topologischen Begriff. Der "marginal man" kann eine ambivalente und auch durchaus kreative Position einnehmen als «Wanderer zwischen verschiedenen Welten»: als Mischling, als sozialer Auf-/Absteiger, als Angehöriger zweier Kulturen oder einer nach neuen Lebensformen suchenden Avantgarde. Epochal Randständige sind oft Schrittmacher eines exogenen Kulturwandels.

Der Einzelne ist ferner nicht bloss passives Objekt von Ausgrenzung; Randpositionen können auch gewählt werden. Auch deren gesellschaftliche Qualifikation ist unterschiedlich; gleiches gilt für Stigmen und Stigmatisierungsprozesse.

Soziologisch wird Marginalität allerdings meist nur in ihren negativen Formen und Auswirkungen untersucht (RUETTER, W. 1975; BRUSTEN, M./HOHMEIER, J. 1975; KECKEISEN, W. 1974; etc.). – Soziale Randgruppen sind Gruppen von «Personen, die durch ein niedriges Niveau der Anerkennung allgemeinverbindlicher soziokultureller Werte und Normen und der Teilhabe an ihrer Verwirklichung sowie am Sozialleben überhaupt ge-

kennzeichnet sind» (FÜRSTENBERG, nach KARSTEDT, S. in: BRUSTEN/HOH-
MEIER, 1975).

– Es sind Gruppen minderer Bedeutung, auf die die Gesellschaft glaubt
verzichten zu können
– sie entstehen aus einem quasi-«architektonischen» Ordnungsbedürfnis
(nach dem Motto: jedes Ding an seinem Ort...). Das Abdrängen und Aus-
gliedern dient somit der Reinerhaltung der Binnenkultur
– sie stehen am Rande zur Nicht-Gesellschaft (= Chaos, Rechtlosigkeit,
Strukturlosigkeit) und sie gelten zugleich als Bedrohung.

Stigma	positiv	negativ
durch die Gesellschaft aufgenötigt	z.B. Blinde, denen seherische Fähigkeiten zugesprochen werden	z.B. Obdachlose / Fahrende, bei denen Kriminalität vermutet wird
vom Einzelnen gewählt	z.B. religiöse Asketen oder künstlerische Originalität und Exzentrizität	z.B. Jugend-Gangs, die als Bürgerschreck auftreten

Schema 30: Stigmaqualität

Soziale Randgruppen wurden früher eher pragmatisch-naiv betrachtet
und behandelt[3] und aetiologisch-typologisch gedeutet. Das heisst, die Ursachen wurden in schicksalshaftem, erbbedingtem oder selbstverschulde-
tem Versagen des Einzelnen gesehen.

In der Soziologie spielt der Etikettierungsansatz (labeling approach/De-
finitionsansatz) eine zentrale Rolle. «Devianz ist keine Qualität eines Handelns an sich, sondern das Ergebnis gesellschaftlicher Definitionen, die wie
andere soziale Phänomene historischen Veränderungen unterliegen» (BRU-
STEN/HOHMEIER 1975, p. 6).

Abweichendes Verhalten wird aufgrund seiner Dysfunktionalität und Sy-
stemwidrigkeit disqualifiziert. Es wird demnach in und durch Interaktion
erzeugt/ausgezeugt. Die Fest-Legung erfolgt durch entsprechend potente
(mass-gebende) Definitoren (Einzelpersonen; Kontrollinstanzen; Macht-

---

3 Dies zeigt beispielhaft das private, mit illustren Persönlichkeiten bestückte Schweizer Jugendhilfswerk «Pro Juventute»: Dessen gutgemeint-aggressive Eingliede-
rungshilfe für sog. Zigeunerkinder galt noch bis in die Mitte dieses Jahrhunderts als
verdienstvoll und dem bürgerlichen Ehrenkodex entsprechend.

210

haber). Abweichendes Verhalten ist ohne Machtanspruch und Durchsetzungsgewalt nicht herstellbar. Weitereichende Folgen für den Stigmatisierten können sein:

- zusätzliche Attribuierungen (nach dem Motto: «wer lügt der stiehlt»)
- Generalisierungen; Typisierungen (grimmiger Verbrecher; sensibler Blinder; weibischer Homosexueller etc.)
- Rekonstruktion der Biografie (nach dem Motto: «Was ein Häkchen werden will, krümmt sich bezeiten»)
- Rollenverlust/-verunmöglichung (auf dem beruflichen Sektor z.B., wo bereits eine Schwangerschaft als passagere «Behinderung» verständnisvolle Absatzbewegungen auslösen kann)
- Minderung der Teilhabe an gesellschaftlichen Tätigkeiten; Kontaktverlust
- Normen- und Rollenkonflikte (z.B. internalisierte Norm der Abstammungskultur versus akzeptierte Norm der exogenen Kultur bei Gastarbeiterkindern), Desorientiertheit, Statusunsicherheit, gelegentlich auch ein Hang zu Überkompensation und Überanpassung.

Ein Stigma «konstituiert eine besondere Diskrepanz zwischen virtualer und aktualer sozialer Identität» (GOFFMAN, E. 1975, p. 10). Das heisst: Ein Stigma, (in unserem Fall eine Behinderung), schafft einen Widerspruch zwischen dem, was von einer Person gemeinhin erwartet wird und dem Erscheinungsbild oder Verhalten, das sie tatsächlich bietet. – Aus dieser Diskrepanz resultieren auf seiten des unversehrten Partners Irritation, Unsicherheit, Betroffenheit, vorsichtige Distanznahme.

Stigmatisierte Personen begegnen in der Gesellschaft hartnäckig tradierten, rigiden (d.h. auch über Informationskampagnen kaum auflösbaren) Stigma-Theorien. Diese bieten Auskunft über Ursachen, Wesen, Folgen von Behinderungen, und sie bestimmen zuweilen auch die Begegnungs- und Umgangsformen: – Der feinsinnige Blinde, der heimtückische Krüppel, der misstrauische Schwerhörige, der triebhafte Idiot, der klebrige Epileptiker, der grimmige Verbrecher sind bekannte Verdichtungen derartiger Stereotype (THOMAS, D. 1980). – Desgleichen haben sich Kausaltheorien: Vererbung, Alkoholkonsum, liederlicher Lebenswandel, unvollständige Familie in vorderster Front halten können zu Erklärung von Behinderungen. Sie besagen, dass ein gesunder und anständiger Mensch kaum mit der Tatsache behinderter Nachkommenschaft konfrontiert werden wird. – Umgekehrt wird die Imitation bestimmter Störungsbilder auch dazu benutzt, sich davon abzusetzen und sich seiner Normalität und Unversehrtheit zu versichern. Stimmklang- und Redeflussstörungen (Näseln/Stottern) werden z.B. tatsachenwidrig in eine symptomatische Beziehung gesetzt zu Formen der Dummheit, die ihrerseits keineswegs exklusiv Geistigbehinderte charakterisieren, sondern akzidentiell (d.h. in Fällen entgleisender Kognition) durchaus auch bei normalen und gebildeten Personen anzutreffen sind.

Diese diskreditierende Interpretation einer Behinderung erzeugt aber auch auf seiten des Stigmatisierten Unsicherheit, zumal er nicht wissen kann, ob, wie weit und in welcher Weise seine Behinderung registriert wird. Die sozialpsychologische Ausgangsposition ist daher zwiespältig für den Behinderten: Geht es darum, unter ausdrücklichem Miteinbezug des Stigmas ein Kommunikations-Arrangement herzustellen und dem Partner behilflich zu sein, seine Fassung wiederzugewinnen? Oder handelt es sich um eine Situation, in welcher die Behinderung nicht unmittelbar evident wird, so dass sich die Entscheidung aufdrängt zwischen Selbstenthüllung und Verschweigen?

Aus sozialpsychologischer Sicht ergeben sich bezüglich der eigenen (Selbstbild) und der Sozialen (Fremdbild) Identität zwei Gruppen unterschiedlich ausgerichteter Behinderter:

– jene mit unverhüllbarem, «visiblem» (GOFFMAN, E., 1975), ihre Situation praktisch jedermann preisgebendem Stigma. Behinderte dieser Gruppe (schwer Körperbehinderte, Gehörlose, Blinde) laufen daher nicht selten Gefahr, ihre Selbstverwirklichung im Defekt, bzw. in der Schicksalsgenossengruppe zu suchen, ihre Behinderung gewissermassen zum Beruf und zur Berufung zu machen und sich in dieser Konsequenz – zusammen mit ihren unversehrten Agenten – betont abzusetzen von andern Behindertenkategorien mit dem Ziel, so etwas wie einen «normalen Sonderstatus» zu erringen. Die gegenseitige Verunglimpfung zwischen Behinderten bzw. ihren jeweiligen Interessenvertretern kann gelegentlich für den Aussenstehenden kaum mehr einfühlbare Formen und Ausmasse annehmen

– jene Behinderten, die ihr Stigma in mehr oder weniger weiten Kreisen zu kaschieren oder zu bagatellisieren versuchen. Eine Gefahr für diese Gruppe liegt darin, einem Normalisierungszwang und Leistungstrotz zu erliegen, die sie zu Karikaturen ihrer selbst und dessen werden lassen, was sie als «normal» und erstrebenswert erachten.

Ihr krampfhaftes, von Therapiezwängen im Medizinalbetrieb bisweilen noch unterstütztes Bestreben, die Behinderung in die Uneigentlichkeit abzuschieben (ich bin zwar Epileptiker, aber zusammen mit meinen Medikamenten bin ich «eigentlich» gesund; mein Kind erbringt zwar nur die Leistungen eines Geistigbehinderten, aber «eigentlich» ist es ein normales Kind mit einem P.O.S.), kann eine sekundäre Devianz im Sinne einer «Normopathie» zur Folge haben.

Stigmen haben aber nicht nur im sozialen Bereich Distanzphänomene zur Folge. Behinderungen – vor allem solche, die als Schicksalsschlag in ein bislang normales Leben einbrechen – ziehen auch eine Verfremdung der Welt und der eigenen Person nach sich.

> Ein ertaubter, erblindeter, demobilisierter Mensch muss sich auch – und vor allem! – in seiner einst vertrauten und banalen Welt des Alltags neu finden: Ein Streichholz anreissen, Zähneputzen, die Notdurft verrichten, sich ankleiden: all das im Alltag des Unversehrten nicht Nennenswerte kann durch eine Behinderung plötzlich eine zentrale Bedeutung erlangen. Kleines wird gross – Grosses wird klein: Eine Behinderungssituation verlangt neue Massstäbe, eine Redimensionierung der Welt.

Desgleichen wird in bezug auf die eigene Person eine «Neuidentifizierung» (GOFFMAN, E., 1975) notwendig, über deren Verlauf man sich im Rahmen der Rehabilitationsbemühungen oft falsche Vorstellungen macht: Trotz kognitiver Verarbeitung und wider besseres Wissen kann sich eine prätraumatische Identität hartnäckig und lange halten. Die Preisgabe der unversehrten Identität bzw. die Integration der Behinderung ins Selbstbild und im Spiegel seiner vertrauten, von ihm eingerichteten Welt, ist wahrscheinlich die schmerzhafteste «Operation», die z.B. einen Paraplegiker erwartet: Und das örtlich und zeitlich weitab von der Klinik, in deren Statistik er unterdessen unter Umständen bereits als «medizinisch geheilt und mit Defekt entlassen» figuriert.

Randgruppen ordnen sich zum Teil ihrerseits wieder zu Subkulturen (z.B. Behinderten-Organisation), entwickeln oft Gegennormen, sind also nicht unbedingt chaotisch. – Sie bieten unter Umständen auch eine Chance zur Selbstverwirklichung und Statuserlangung ausserhalb der geltenden Kultur (z.B. für daselbst entwurzelte Jugendliche). – Randständige erleben und entwickeln Identität oft aber auch nur in episodenhaften Auseinandersetzungen mit den Kontrollinstanzen (z.B. der Polizei, dem Bildungs- oder Medizinalsystem)

Der gesellschaftliche Umgang mit «marginal men» steht in direkter Abhängigkeit vom Selbstverständnis der betreffenden Gesellschaft:

– Bilden gesellschaftliche Integriertheit, Kohärenz, Gleichförmigkeit und Solidarität die «selbstverständliche» Norm und Zielrichtung, so ist der Umgang tendenziell harmonisierend, zurüstend, "heilend"

– Bildet ein homöostatisches, auf Optimierung, nicht Maximierung ausgerichtetes Fliessgleichgewichtsystem (von Bedürfnis/Befriedung/Konsens/Dissens, Macht/Unterordnung, Anpassung/Widerstand etc.) die Grundlage für einen Daseinsgestaltungspluralismus, so ist der Umgang in der Tendenz konfluierend, verhandelnd.

Behinderte sind schliesslich stets in irgend einer Form speziell Abhängige. Und gegenüber Abhängigen (Kindern, Kranken, Alten, Armen, Randständigen) droht immer wieder das für eine Partnerschaft unverzichtbare «Dialogische Prinzip» (BUBER, M. 1962) aufgehoben zu werden. Dialogik und Dialektik gehen verloren, wo Subjekthaftigkeit und Objekthaftigkeit des Menschen aufgespalten werden und in Rollenfixierungen und Hierarchien erstarren: wo also eine Person permanent und per definitionem Behandlungs- und Betreuungs-Objekt bleibt. Auch das «Prinzip Hilfe» wird zum Stolperstein, wenn sich der Helfer vom Beholfenen nichts (an-)bieten lässt und nicht Sorge trägt dazu, dass «die 'horizontale Hermeneutik' – die Annäherung der lebenspraktischen Entwürfe im Verlauf eines Abarbeitens der Distanz... – immer von der Aufhebung der Differenz zwischen bewussten und unbewussten Verhaltensformen, also der Aufarbeitung der 'vertikalen Hermeneutik' begleitet wird» (LORENZER, K. zit. nach GERSPACH, M. 1981, p 107).

Wenn Heilpädagogik die **Person** als Sinnträger des Menschen bewahren und vor einer Verdinglichung retten will, so benötigt sie die «permanente Revolution», d.h. eine dialogische Umkehr der Bedingungsverhältnisse, die es gestattet, dass auch der Schüler den Lehrer belehrt, der Patient den Arzt behandelt, der Gläubige sich um die Seele des Pfarrers sorgt und ein Behinderter seinem Betreuer hilft, die Welt und sein Leben unter einer erweiterten Perspektive zu gestalten. – Sie alle sind dringend darauf angewiesen.

Die Auszeugung eines Behinderungszustandes ist auch von der Art und dem Grad der Störbarkeit abhängig, welche **einzelne** Sozialsysteme aufweisen, sowie von deren Möglichkeiten, eine Neukalibrierung vorzunehmen.

Ich beschränke mich im folgenden auf eine skizzenhafte Darstellung jener Punkte, die sich bezüglich der Grundstruktur des jeweiligen Sozialsystems in unserer Gesellschaft als besonders kritisch erweisen, wenn ein behinderter Mensch integriert werden soll. Die tabellarische Präsentation verdeutlicht, dass es sich lediglich um ein «realtypisches Skelett» handelt, das die die Grundstruktur stark überformenden individuellen Varianten unberücksichtigt lässt. Die wichtigsten Sub-Systeme, innerhalb derer sich Behinderte widerspiegeln sind: **Familie, Gesundheits-** und **Versicherungswesen, Altersgenossengruppe, Bildungsstätten, Berufs-** und **Arbeitswelt.**

Die schematisierten Gegenüberstellungen

- sind realtypischer Art
- beziehen sich auf Systeme und nicht auf Personen. Haltungen und Sichtweisen letzterer sind nicht nur differenzierter und variantenreicher, sondern nicht selten auch systemkritisch –: ohne dass freilich das System verlassen werden kann
- sind deskriptiver Art, so dass Wertungen erst aufgrund konkreter (inhaltlicher) Füllungen und Anwendungsformen möglich sind

2.2 Die Familie

Als Familie bezeichne ich hier in einem allgemeinen und zugleich landläufigen Sinne einen Kreis von Personen (speziell Eltern und Kinder), welche zusammen eine Lebens- und Schicksalsgemeinschaft bilden und der in diesem Zusammenhang auch gesetzlich spezielle Rechte und Pflichten zugesprochen werden.

Über systemische Reaktionsweisen von Familien auf ein behindertes Kind liegt mittlerweilen ein breites Schrifttum vor (vgl. z.B. NIPPERT, I., 1988; SORRENTINO, A.M., 1988), wobei strukturell und prozessual dieselben Erscheinungsbilder beobachtbar sind, wie sie sich generell bei bedrohlichen Lebenssituationen (vgl. Schema 31 von SCHUCHARDT, ERIKA, 1990, p. 113) einstellen.

2.3 Gesundheits- und Versicherungswesen

Wenngleich es meist nur indirekte Beziehungen sind, welche die Heilpädagogik mit dem Gesundheits- und Versicherungswesen verbinden, scheint es mir doch notwendig zu sein, die in diesem Kontext handlungswirksamen Strukturelemente des Medizinalsystems darzustellen (Schema 33).[4]

---

4 Unter den medizinsoziologischen Arbeiten zu diesem Thema fand ich speziell ergiebig jene von SIEGRISt, J. (2.A. 1975); FOUCAULT, M. (1963; 1991); WEIDMANN, R. (1990)

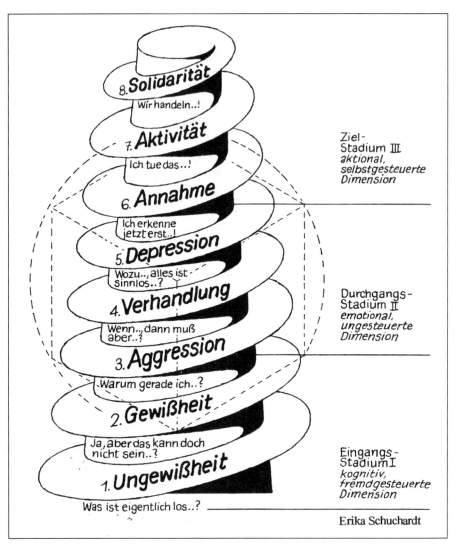

Schema 31: Krisenverarbeitung als Lernprozess (nach SCHUCHARDT, ERIKA)

Das Phänomen "Behinderung" führt überdies nicht selten zu einer «struk-turellen Koppelung» (SCHIEPEK, D. 1986, p. 25) zwischen dem Bildungs- und dem Medizinalsystem (Schema 34). Strukturelle Unverträglichkeiten können sachliche und personale Kooperation erheblich stören, falls diese systemimmanenten Unpässlichkeiten nicht metakommunikativ abtempiert und in klare Konsens-/Dissens-Ordnungen gebracht werden. Wesentlich ist die Erkenntnis, dass es diesbezüglich nicht um das Kriterium wahr/falsch,

Strukturelemente	Heilpädagogische Bedeutung
a) Die Klein- bzw. Kernfamilie (Eltern und Kinder) bildet den Regelfall	Geringe personale Mitträgerschaft und ebensolche Ausweichmöglichkeiten. Entsprechend hoher Belastungsgrad für die Einzelnen
b) Ziemlich weit gediehener sogenannter Funktionsverlust: d.h. viele Funktionen (der Kranken- und Altenpflege, der Schulung, der Vorsorge usw.) werden von der Familie an öffentliche Institutionen abgetreten	die Familie gelangt mit einem behinderten Kind relativ rasch an den Rand ihrer funktionellen Möglichkeiten und ist auf öffentliche Hilfe angewiesen
c) Zwischen den Eltern herrscht oft noch eine relativ starre Rollenverteilung: Mann berufstätig/Frau Haushalt und Erziehung	Die mit einem behinderten Kind anfallenden Schwierigkeiten hat, aus traditionellen und funktionellen Gründen, hauptsächlich die Mutter zu tragen, und diese wird durch einen Behinderungszustand unter Umständen noch stärker in den innerfamiliären Kreis gedrängt
d) Die Familien (vor allem in städtischen Verhältnissen) leben oft ziemlich «privat» und sind nicht selten auch gesellschaftlich isoliert	Mit einer selbstverständlichen Nachbarschaftshilfe kann nicht gerechnet werden. (Schon ein gelegentliches Babysitting kann Probleme aufwerfen.) Gefahr der mütterlichen Überforderung bzw. der Vernachlässigung der nicht-behinderten Kinder
e) Die (städtische) Familie steht unter zahlreichen ausserfamiliären Zeit- und Organisationszwängen (Arbeits- und Schulzeiten, Verkehrsverbindungen, Ladenschlusszeiten usw.)	Die therapeutische und schulische Versorgung eines behinderten Kindes bringt zusätzliche Organisationsprobleme (speziell wieder für die Mutter)
f) Desgleichen ist der Rhythmus von Arbeit und Erholung relativ starr festgelegt (betreffs Freizeit, Ferien z.B.), und auch die Erholungsräume sind nur bedingt für und mit Behinderte(n) zugänglich	Ein (zumal schwer) behindertes Kind kann somit die Erholungsmöglichkeiten der Familie beeinträchtigen, indem eine ganze Reihe gesellschaftlicher Ferienformen aus technisch-personellen Gründen nicht realisierbar sind

Schema 32: Schematisierte Gegenüberstellung von Strukturelementen der Familie und deren heilpädagogische Bedeutung

Strukturelemente	Heilpädagogische Bedeutung
g) Die Familie lebt (vorab in städtischen Verhältnissen) eingemietet in fremdem, selten genug kindgemässem Wohnraum	Die Wohnverhältnisse können quantitativ und qualitativ nur bedingt den Bedürfnissen eines behinderten Kindes angepasst werden, was seinerseits den psychischen Binnendruck der Familie erhöhen, bzw. Fremdplazierungen aufdrängen kann
h) Geringe Personenzahl, nur noch lockere bzw. weiträumige verwandtschaftliche Beziehungen und Kontakte zwischen den verschiedenen Generationen, strikte Rollenverteilung, hoher technischer Funktionalisierungsgrad und für ein Kind wenig durchschaubare Daseinsgestaltungsformen, haben die Attraktivität des Familienlebens stark absinken lassen	Einem Kind und Jugendlichen, die aufgrund ihrer Behinderung stark an die Familie gebunden bleiben, kann diese nur bedingt jene Erlebnisformen bieten, die von der jungen Generation heute zumeist aushäusig gesucht werden
i) Ungeachtet des erwähnten Funktionsverlustes und des beschnittenen freien Gestaltungsraumes werden traditionellerweise von seiten der Gesellschaft und des Staates von der Familie die «gute Kinderstube» und optimale Erziehungsarbeit erwartet	Eine «behinderte Familie» kommt hierdurch noch stärker unter einen sozialen Leistungsdruck und Erfolgszwang. Sie wird für Entwicklungen verantwortlich gemacht, auf die sie de facto nur geringen Einfluss hat
k) Dies bringt die Familie nicht selten in eine sozialpolitische Zwickmühle: auf der einen Seite steht ein gigantischer Therapie- und Bildungsmarkt, den zu benutzen man sich genötigt sieht, um das Wohl der Familie sicherzustellen, auf der andern Seite wird die Familie letztlich (speziell wenn etwas schief läuft oder das Funktionssystem sich als unzulänglich erweist) für «alles» verantwortlich gemacht	Es ist der Familie eines behinderten Kindes daher kaum zu verargen, wenn sie eine «Konsumhaltung» einnimmt und gelegentlich zu einem «medical- und psychological shopping» neigt.- Meist muss zudem die Familie die mediale Funktion zwischen den verschiedenen Sozialagenten übernehmen, da deren Zusammenarbeit zwar stets proklamiert, aber oft genug vernachlässigt wird

Schema 32: Fortsetzung

Strukturelemente	Heilpädagogische Bedeutung
l) Die Familie ist heute zweifellos gegenüber individuellen Bedürfnissen und Wünschen ihrer Mitglieder weitaus offener, als die zum Teil extrem patriarchalisch und autoritär geführte Grossfamilie früherer Epochen. Sie versucht sich dementsprechend nach einem demokratisch-partnerschaftlichen Ideal auszurichten	Ein behindertes Kind kann derart viele «Sach»-Zwänge heraufbeschwören, dass das hochgehaltene demokratische Familienideal unerreichbar erscheint, d.h. die Familienmitglieder werden zu persönlichen Verzichtleistungen und permissiven Tugenden genötigt, die heute kaum mehr gewürdigt werden
m) Desgleichen hat die moderne (Mittelstands-) Familie einen hohen psychologischen Differenzierungsgrad erreicht. Auftretende Schwierigkeiten pflegt man kaum mehr still zu erdulden oder einfach nach Massgabe des Familienoberhauptes zu lösen. Sie werden vielmehr, mittels des entsprechenden sozialpsychologischen Vokabulars, analysiert, hinterfragt, diskutiert und einer partnerschaftlich-demokratischen Lösung zugeführt	Kindliche Verhaltensauffälligkeiten werden dadurch früher und differenzierter erfasst, aber auch problematisiert. Dem höheren Bewusstseins und Informationsstand stehen kaum entsprechende Aktionsmöglichkeiten gegenüber
n) Überlieferte Mütterlichkeits-/Väterlichkeitsideale der liebevollen Besorgtheit, der stillen Aufopferung, der Bescheidenheit, Demut, Schicksalsergebenheit sind kaum mehr gefragt, sondern progressiv-egoistischen Idealen der Selbstverwirklichung, Ich-Durchsetzung, Emanzipation, der freien und ungebundenen Lebensgestaltung gewichen	Ein behindertes Kind kann die Familienmitglieder nicht nur an der Realisation derartiger Zielsetzungen hindern; wer sein Leben in den Dienst des behinderten Kindes stellt, wird überdies rasch als „masochistisch" bezeichnet, befindet sich angeblich auf einem «Helfertrip» und hat nach geläufiger psychiatrischer Lehrmeinung neurotische Krisen zu gewärtigen
o) Mittelständische Leistungs-Standards wirken normbestimmend bezüglich der materiellen Ausstattung und Lebensführung. Sozialprestige wird stark via materiellen Lebensstandard, Leistungsfähigkeit, Bil-	Zeitliche, organisatorische und finanzielle Verpflichtungen, die einem ein behindertes Kind aufbürdet, können einen Statusverlust und mithin eine sekundäre gesellschaftliche Isolation zur Folge haben und einem behinderten Kind ge-

Schema 32: Fortsetzung

Strukturelemente	Heilpädagogische Bedeutung
dung, sozialen Einfluss und weniger, als in früheren Zeiten durch Geburt, Name, Herkunft errungen. Jeder gilt gewissermassen als seines eigenen Glückes Schmied	genüber aversive oder doch ambivalente Gefühle erwecken
p) Die moderne Familie weist eine vergleichsweise hohe (vertikale und horizontale) Mobilität auf, bedingt durch Karrierebedürfnisse und arbeitsplatzbedingte Ortswechsel	Behinderte Kinder ertragen Wechsel im allgemeinen relativ schlecht oder aber die Therapie- und Schulungsmöglichkeiten werden zu ortsbestimmenden Faktoren. Das Kind wird damit zum «Hemmschuh» bezüglich der intendierten Mobilität
q) Aus der erwähnten Mobilität resultiert ferner eine geringe Orts- und –Traditionsverhaftung. Traditionsbrüche sind häufig, und ebenso die Vermischung von (z.B. erzieherisch bedeutsamen) Ziel und Richtigkeitsvorstellungen. Die Zukunftsorientierung ist im allgemeinen stärker als die Vergangenheits- und Traditionsverbundenheit	Je weniger traditionsverhaftet die Erziehung ist, um so modeabhängiger wird sie, woraus nicht selten ein inegaler Erziehungsstil resultiert. Ein tradiertes Know-how bezüglich des Umgangs mit Behinderten kann nur noch in seltenen Ausnahmefällen vorausgesetzt werden

Schema 32: Schluss

sondern um jenes von stimmig/unstimmig geht. Medizinische Massnahmen lassen sich sowenig unter pädagogischen Rahmenbedingungen und Zielsetzungen realisieren wie pädagogische unter medizinischen. Je deutlicher der systemische und ideelle Dissens herausgestellt wird, umso eher ist die vielbeschworene Kooperation möglich. Missionarischer Eifer und strukturelle Gleichschaltungen sind ihr abträglich.

2.4 Die Altersgenossengruppe

Unter Altersgenossengruppe verstehe ich aus einem spontanen sozialen Bedürfnis heraus entstehende, nur locker und eigenständig organisierte Gruppierungen von Kindern und Jugendlichen. Inhalte, Betätigungsformen, Zielsetzungen, Grösse und Zusammensetzung dieser Gruppen sind variabel, desgleichen die Intensität der Beziehungen zwischen den einzelnen Mit-

– Es ist definitorische Instanz bzgl. Existenz, Art und Ausmass von Krankheit/Behinderung. bestimmt desgleichen Kausalitäts- und Erklärungslegenden im allgemeinen wie im Einzelfall
– Krankheit wird als lokalisierbarer Störfall und als Wirkung einer Ursache betrachtet (= kausal-lineares Denk- und Handlungsmodell). Krankheit/Behinderung sind im wesentlichen und letztlich organischer Natur und folgen auch da, wo keine Organizität nachweisbar ist, einem organischen Muster
– Vermittelt de facto und vor allem auf der Handlungsebene ein materialistisches Welt- und biologistisches Menschenbild. Entsprechend organische und ontologisierende Fassung und Lokalisation «der» Psyche, die «hat» und «tut» und «ist» und als quasi-materiales Fluidum zwischen den übrigen Innereien herumblubbert. Der Tod markiert die Grenze des Medizinalsystems, das keine Transzendenz (aner-)kennt.
– Pathologische Orientierung. Gesundheit – sog. Symptomfreiheit – ist quasi eine Leerstelle im Pathologiesystem (Gesundheit = Nicht-Krankheit)
– Nach demselben Grundmuster werden auch Störfälle im Sozialsystem (Beziehungskonflikte, Kommunikationsstörungen, Befindlichkeits- und Wertkonflikte, Identitätsprobleme u.a.m.) definiert, diagnostiziert, gewertet und behandelt («therapiert»): oft auch durch medikamentöse Übersprunghandlungen («Pillen für den Störenfried», Voss, R. 1983)
– Funktionäre/innen des Medizinalsystems bestimmen demzufolge nicht nur im biotischen, sondern übergreifend auch in egotischen (Eigenbereich) und sozialen Bereichen (Familie, Freizeit, Partnerschaft, Arbeitsplatz, etc.) die individualen und sozialen, die situativen und temporalen, die finanziellen und ideellen... Konsequenzen eines Kranken-/Behindertenstatus': Arbeitsabsenzen, Versicherungs- und Rentenansprüche, Rekonvaleszenz und Kuraufenthalte, Tauglichkeiten, Zurechnungsfähigkeiten, Verantwortlichkeiten, Schutzwürdig- und Strafgestehungsfähigkeiten etc.
– Es qualifiziert desgleichen Lebens- und Daseinsgestaltungsformen als lebens(un)wert, degenerativ, «gesund/ungesund» etc.
– Das Medizinalwesen nimmt in weiterer Konsequenz Experten-, Zuweisungs- und Bewertungsfunktionen wahr in andern Systemen: des Bildungswesens, der Justiz, des Militärs, der Wirtschaft, des Verkehrs, der Fürsorge und beteiligt sich das Mass gebend, an Triagen von

gesund → normal → gut → erwünscht
krank → abnorm → schlecht → unerwünscht

Es bestimmt in der Folge auch Art und Ausmass der Hilfeleistungen. Das curative System beteiligt sich dementsprechend an Ausmarchungen mit dem punativen und dem edukativen System um «madness/badness»; «Therapie/Erziehung»; «Schonung/Förderung» etc.
– Es hat Vormundschafts-/Wächter-Funktionen inne gegenüber «der Bevölkerung» und beschützt diese vor Krankheit und Seuchen, Dummheit und Leichtsinn, Verwerflichkeit und Laster. D.h. es beansprucht eine normative und präskriptive Rolle bzgl. einer gesunden Lebensführung im physischen, psychischen und sozialen Bereich. Es transportiert – augenfällig in der Psychiatrie – die Paradoxie einer wissenschaftlich abgesicherten und klinisch geprüften wertneutralen Moral. – Es ist demzufolge auch darauf bedacht, «die reine Lehre» zu verkünden, verteidigt ein Behandlungs- bzw. Rezeptur-Monopol und verfolgt Abweichungen – auch dies im Interesse des Volksschutzes – als Aberglaube, Scharlatanerie und Kurpfuscherei und wird darin unterstützt durch staatliche Behörden und Polizeiorgane.

Schema 33: Strukturelle Charakteristika des Medizinalsystems

	Medizinal-System	Bildungs-System
allgemeine Charakteristika	Akzentuierte Beschäftigung mit dem Menschen im Objektstatus seiner Leiblichkeit. Behandlungsorientiert; Herstellungs-, Wiederherstellungs-, Erhaltungsbemühungen im Vordergrund Professionalisierung nach objektivierbaren Organsystemen und Funktionseinheiten	Akzentuierte Beschäftigung mit dem Menschen im Subjektstatus seiner Personhaftigkeit Belehrungsorientiert; Gestaltungs-, Entwicklungs- und Förderungsbemühungen im Vordergrund Professionalisierung nach Lernstufen und mit diesen aufsteigend zunehmend nach «Fächern» (Sachgebieten)
Glaubensrichtung Schutzpatron	Materialismus biologischer, rationaler Ausrichtung Prometheus (Sisyphos)	Personalismus idealistischer, humanistischer Ausrichtung Pigmalion
Ziel Hybris	Gesundheit; Natürlichkeit Ewiges Leben/Jugend	Kultiviertheit; Bildung Allwissenheit
Dogma	Der Mensch muss möglichst lange gesund und unversehrt sein, bleiben, gemacht werden	Der Mensch muss lebenslänglich lernen bzw. belehrt werden
System	Pathologisch: Leben heisst gesunden und therapiert werden	Scholastisch: Leben heisst lernen und belehrt werden
Struktur – vertikal: – horizontal:	 nach Verfügungsgewalten (vom Chefarzt bis zur Hilfspflegerin) nach Organsystemen, Nosologien, Spezialitäten	 nach Lern- bzw. Abschlussstufen der Klientele (von der Universität bis zur Kinderkrippe) nach (Schul-)fächern, Disziplinen
Institution/ Tempelbezirk	Klinik	Schule

Schema 34: Schematisierte Gegenüberstellung von Strukturelementen des Medizinal- und des Bildungs-Systems

Ärztliches Denken und Handeln	Pädagogisches Denken und Handeln
ist	
dementsprechend	
gestalterfassend **diskriminativ** (unterscheidend) **analysierend** (aufgliedernd) **identifizierend** (spurensichernd) wesentlich **assoziativ** sich auf **Analogien** abstützend	**gestaltaufbauend** **synoptisch** (nach Wesensverwandt-schaft suchend) **synthetisierend** (zusammenfassend) **identitätsstiftend** (spurend) wesentlich **diskursiv** sich **argumentativ** aus **Dialektik** entwickelnd
und als solches der Kriminalistik, dem Polizeiwesen und den Wehrwissenschaften verwandt	und als solches der Aesthetik, der Kunst verwandt
Es hat eine spezielle Affinität zum **Sehen** (vgl. den «Klinischen Blick»)	Es hat eine spezielle Affinität zum **Hören** (vom Zu- und Anhören über den Gehorsam bis hin zur Lehr-Sprache)
Sehen bedeutet lineare Ausrichtung und perspektivische Beschränkung	Hören bedeutet kugelförmig-umfassende Diffusion
Über eine Summation von Spezialitäten wird versucht, eine systematisierte Totalität zu erreichen	Über eine Aufgliederung und Akzentuierung wird versucht, zu einer Individualisierung zu gelangen
Der **Arzt** spricht daher als Pluralitäts-Partikel des medizinalen Global-Systems («WIR»)	Der **Erzieher** spricht daher als singulärer Künder der anonymen Gesellschaft («MAN»)
Es orientiert sich am Auf- und Abtauchen von Symptomen, die innerhalb eines systemischen Zirkels Art, Verlauf, Sitz, Schwere, Ursachen und letzthin auch die Therapie im Krankheits-/Gesundheits-Konstrukt bestimmen	Es orientiert sich am Wandel von Verhaltensweisen, der als eine sich öffnende Spirale zum Konstrukt der Gebildetheit Umgangsstil und Leistungsanspruch bestimmt
Ärztliches Denken und Handeln ist primär und wesentlich sachbezogen; die Person interessiert indirekt als Zeugin und Vermittlerin der Krankheit	Pädagogisches Denken und Handeln ist primär und wesentlich personbezogen; Sachen interessieren indirekt als Zeugnisse und Widerspiegelungen der Person

Schema 35: Medizinisches vs. Pädagogisches Denken und Handeln

Strukturelemente	Heilpädagogische Bedeutung
a) Beweglichkeit und Agilität sind hervorragende Fähigkeiten, über die ein (jüngeres) Kind verfügen muss, wenn es unter seinesgleichen sozial attraktiv sein soll	Dem Spiel mit körperbehinderten Kindern sind unter Umständen extreme Beschränkungen auferlegt
b) Kinder befinden sich wesensmässig in einer gesellschaftlich unterlegenen Position, so dass es ganz natürlich/kultürlich erscheint, wenn Kinder ihrerseits naiv und unverblümt Überlegenheitspositionen gegenüber Schwächeren und Gezeichneten zur eigenen Selbsterhöhung ausnützen	So werden Behinderungen oder Stigmen, die im funktionellen Sinne vielleicht überhaupt nicht als Behinderung gelten (rote Haare, ein bestimmter Dialekt, Fettleibigkeit usw.) oft zum Anlass für Spott genommen.– Performative (die Erscheinungswirksamkeit betreffende) Behinderungen sind für Kinder von grossem existentiellen Gewicht, so dass eine banale Varietät im Hohlspiegel des Kollektivs erlebnismässig ungeheure Dimensionen annehmen kann
c) Dasselbe gilt mit zunehmendem Alter bezüglich geistiger Verarbeitungs- und sprachlicher Verständigungsmöglichkeiten	Wirklich partnerschaftliche (und nicht bloss caritativ gemeinte) Kontakte mit Geistigbehinderten sind bald einmal langweilig-anspruchslos, solche mit Sinnes- und Sprachbehinderten mühsam und enervierend
d) Die Ich-Stärke des einzelnen Kindes und die Tragfähigkeit kindlicher Sozialgebilde (wie Spielgruppen z.B.) sind in der Regel nicht so gross, dass das sozial belastende Verhalten eines verhaltensgestörten Kindes «verstanden» und mit Besonnenheit über längere Zeit ausgehalten werden kann	Die psychosoziale Überforderung kann massive Gegenattacken auslösen und ein gemeinschaftsbedrängendes Kind in eine zusätzliche und verstärkte Isolation treiben
e) Extreme Formen der Hilfslosigkeit erwecken zwar Mitleid und ein spontanes Bedürfnis zu helfen-: ohne Rücksicht freilich auf die personalen Bedürfnisse eines Behinderten	Dies kann zu rührend wirkendem Engagement führen (wie verschiedene Integrationsversuche zeigen), wodurch freilich ein behindertes Kind, zu einem blossen Betreuungsobjekt reduziert, um wesentliche Chancen der Selbsttätigkeit

Schema 36: Schematisierte Gegenüberstellung von Strukturelementen der Altersgenossengruppe und deren heilpädagogischen Bedeutung

Strukturelemente	Heilpädagogische Bedeutung
	und Eigeninitiative geprellt werden kann (vgl. z.B. mongoloide Kinder, die in eine Kleinkind- und Clown-Rolle manövriert werden!)
f) Altersgenossengruppen (speziell älterer Kinder und Jugendlicher) agieren meist sehr spontan und aus der momentanen Stimmung heraus	Organisatorische Vorleistungen, begleitende Unterstützung und Rücksichtnahme, die für ein Mittun eines Behinderten erforderlich sind, können sich als Hemmnis auswirken
g) Zur Bildung und Aufrechterhaltung (klein-)kindlicher Altersgenossengruppen sind überdies nahe, ungefährdete und unproblematische Zugangswege und geschützte, gestaltbare Freiräume notwendig	Die meist jedoch eingeschränkten, bzw. schwer zugänglichen und zum Teil ihrerseits wieder einzirkelten «Frei»-Räume sind für ein behindertes Kind oft noch weitaus schwieriger erreichbar

Schema 36: Schluss

gliedern. – Die Altersgenossengruppe ist für die Ich-Entwicklung eines Kindes/eines Jugendlichen von zentraler Bedeutung (NAUDASCHER, B. 1978). Selbstbild und Selbstwertgefühl sind entscheidend abhängig von den Spiegelungen der eigenen Person durch das Kollektiv. Die Altersgenossengruppe ist ein Übungsfeld für Sozialverhalten gegenüber im Prinzip gleichberechtigten, jedoch ungleichartigen Partnern. Sie bietet einen noch zu gestaltenden Freiraum, in welchem Interessen direkt aufeinanderprallen und Konflikte mit kindlichen Mitteln auszutragen sind. Ein Kind erlebt in der Altersgenossengruppe mehr unmittelbare, nicht überformte oder abtemperierte Affekte und Emotionen als von Erziehern.

2.5 Bildungsstätten

Öffentliche Bildungsstätten sind durch die Zielsetzung charakterisiert, einer Gruppe bestimmte, für eine gemeinsame Lebensgestaltung innerhalb einer Gesellschaft als notwendig oder doch wesentlich erachtete Kenntnisse und Fertigkeiten bezüglich des Umgangs mit der Person- und Sachwelt zu vermitteln.– Im Rahmen unserer (normal-)schulischen Lehrpläne spielt die Vermittlung der Kulturtechniken (speziell des Lesens , Schreibens, Rechnens) eine hervorragende Rolle, da jede weiterführende, fachspezifi-

Strukturelemente	Heilpädagogische Bedeutung
a) die Schule stellt normierte Anforderungen betreffend Lerninhalten, Lernformen und Lernorganisation	die Schule schafft damit häufig erst jenen Hintergrund, vor welchem eine Behinderung ihre sozialpsychologische Kontur erhält (z.B. Lernbehinderungen)
b) die Schule erfordert grundsätzlich die Bildbarkeit in der Gruppe	Einzel- und Kleingruppenunterricht, wie er für behinderte Kinder oft erforderlich ist, wird im Rahmen des Normalschulsystems meist nur ausnahmsweise und ad hoc angeboten; er ist jedenfalls nicht systemimmanent eingeplant
c) die Schule ist praktisch durchwegs als Jahrgangsklassensystem aufgebaut	Verlangsamungen in den Aneignungsprozessen, wie sie bei behinderten Kindern aus sehr verschiedenen (durchaus nicht nur intellektuellen) Gründen häufig sind, führen damit zu Dyschronien, die das (Regel-)Schulsystem nicht zu verkraften vermag
d) die Schule tendiert auf möglichst homogene Leistungsgruppen	Schulschwache Kinder oder solche, die einen erhöhten lehrseitigen Aufwand (zeitlicher, methodischer, technischer usw. Art) erforderlich machen, sind daher normalschulgefährdet
e) die schulischen Einrichtungen sind ebenfalls weitgehend normiert; sie setzen freie Beweglichkeit, Orientierungsfähigkeit und Organisationsgeschick voraus	Architektonische, organisatorische und technisch-apparatliche Barrieren erschweren z.B. sinnesgeschädigten und motorischbehinderten Kindern den Normalschulbesuch
f) die Lehrerschaft ist an eine zum Teil ziemlich rigide Einhaltung von Pensen, Stoffplänen usw. gebunden	der Lehrer hat weder das Recht noch die Möglichkeit, kindzentrierte heilpädagogische Massnahmen zu treffen in einem Umfang, wie sie z.B. ein Arzt im Klinikbetrieb (patientenzentriert) eigenverantwortlich vornehmen darf
g) zum Teil ist der Schulstoff auf verschiedene Spezialisten aufgeteilt.	die damit geforderte häufige und rasche räumliche und personelle Umstellung

Schema 37: Schematisierte Gegenüberstellung von Strukturelementen der Schule und deren heilpädagogische Bedeutung

Strukturelemente	Heilpädagogische Bedeutung
Insbesondere Höhere Schulen sind durchwegs nach dem Fachlehrersystem ausgerichtet	schafft einem behinderten Kind zusätzliche technische und lernpsychologische Schwierigkeiten
h) die Schulpflicht wird, zum Teil bis in die Gegenwart hinein, einseitig ausgelegt: Das heisst jedes Kind ist verpflichtet, die Schule zu besuchen, wohingegen sich der Staat oft nur widerstrebend verpflichtet fühlt, jedem Kind eine ihm gemässe Schulung zukommen zu lassen	Insbesondere geistigbehinderte Kinder wurden bis in die Neuzeit als «schulbildungsunfähig» ausgeschult – ohne dass ihnen eine ihren Möglichkeiten entsprechende Schulung angeboten wurde. – In bezug auf schwerstbehinderte Kinder liegen die Verhältnisse zum Teil heute noch so
i) die Schule zielt auf Allgemeinbildung; gewisse Spezialisierungen sind erst im Bereich der Höheren Schulen und der Berufsschulen vorgesehen	auch sogenannte Teilleistungsschwächen bringen ein Kind daher rasch um die Möglichkeit, im Regelschulsystem mitzuhalten. (Allein schon Rechtschreibeschwierigkeiten können die Normalschullaufbahn gefährden)
k) im Bereich des schulischen Lernens und Lehrens spielen fiktive, vor allem sprachlich repräsentierte Als-ob-Situationen eine zentrale Rolle	Kinder, die im Rahmen eines anschaulich-vollziehenden Denkens praktisch bildbar sind, finden dabei kaum eine Möglichkeit, (auch nur teilbereichlich), mitzuhalten
l) Sprachliche Aktivität und Ausdrucksfähigkeit spielen in der Schule eine ausschlaggebende Rolle	Sprachlich-kommunikativ behinderte Kinder werden daher meist als erste aus dem Regelschulsystem ausgeschlossen
m) die Schule ist ein progressive Anforderungen stellendes Lehr- und Lernsystem	Dies hat zur Folge, dass ein behindertes Kind, trotz individueller Fortschritte, in einen immer grösseren schulischen Rückstand geraten kann
n) die Schule qualifiziert hauptsächlich Einzelleistungen	Leistungen, zu denen ein behindertes Kind nur mit Unterstützung durch den Gruppenverband gelangen kann, haben praktisch keinen «Promotionswert»
o) die Schule verpflichtet ziemlich einseitig den einzelnen Schüler – und weit weniger den Lehrer und das	«Schulversagen» wird in der Regel ausschliesslich im Schüler geortet. Eine kritische Überprüfung des Unterrichts und

Schema 37: Fortsetzung

Strukturelemente	Heilpädagogische Bedeutung
Schulsystem – dazu, bestimmte Lernziele zu erreichen	des Schulsystems (das unter Umständen vis-à-vis dem Faktum Schulversagen korrektur- und ergänzungsbedürftig wäre) findet kaum statt. – Im Konflikt zwischen (lern-)behindertem Schüler und lehrbehinderter Schule muss zumeist der Schüler weichen
p) Die Lehrerschaft ist in der Regel auf die Beschäftigung mit dem systemkonform sich verhaltenden und lernenden Schüler ausgebildet und besitzt wenig fundierte Kenntnisse über den Umgang mit schulschwachen Kindern	Normalschullehrer fühlen sich daher behinderten Schülern gegenüber oft verunsichert und hilflos. – Leichtfertige Segregations- und ebensolche Integrationsmassnahmen können daher die adäquate Schulkarriere eines behinderten Kindes empfindlich stören
q) Die Schule ist hinsichtlich der späteren Berufsaussichten und des zu erwartenden Sozialstatus' ein bedeutender Chancenverteilungsapparat. Die Schule gibt nicht nur Qualifikationen, sondern, damit verbunden, auch Berechtigungen ab für weiterführende Bildungswege	Unabhängig von der jeweiligen pädagogischen Qualität der Lehrerschaft und der methodischen Qualität des Unterrichts ergibt sich hieraus eine apädagogische Hierarchie der Schultypen aufgrund der Berechtigungen, welche diese abgeben. – Dieselbe Hierarchie wird in den Lehrerbesoldungen reproduziert und bestätigt. Die Schule vermittelt und honoriert Sozialprestige

Schema 37: Schluss

sche Schulung auf der Beherrschung dieser Zeichen- und Superzeichensysteme aufbaut bzw. mittels dieser geschieht.

In den institutionalisierten Bildungsstätten (hauptsächlich mit dem Schuleintritt) wird das Kind erstmals und ausdrücklich mit gesellschaftlich festgelegten Leistungsanforderungen konfrontiert. Ein Schulversagen bildet daher einen häufigen Anlass, einem Kind einen Sonderstatus zuzuweisen oder es als normabweichend zu definieren.

2.6 Berufs- und Arbeitswelt

Im Bereich der Berufs- und Arbeitswelt sichert sich der einzelne Mensch, zumeist indirekt als Lohnabhängiger und über das Tauschmittel des Gel-

Strukturelemente	Heilpädagogische Bedeutung
a) Die Berufs- und Arbeitswelt wird weitgehend bestimmt durch das Prinzip der Arbeitsteilung und Spezialisierung	Behinderungen schränken die Berufswahlmöglichkeiten meist erheblich ein; Neigung und Eignung klaffen bei Behinderten vergleichsweise stärker auseinander als bei Nichtbehinderten
b) Diese Spezialisierung hat zu einer kaum mehr überblickbaren Fülle von Tätigkeitsfeldern, Berufen und entsprechenden Ausbildungszweigen geführt	Behinderte sind daher auf eine sowohl behinderungsspezifische als auch tätigkeitsspezifische Beratung und Information angewiesen
c) Die Komplexität innerhalb dieser Tätigkeitsfelder erfordert qualifizierte Fertigkeiten und Kenntnisse, welche zumeist nur im Rahmen einer mehrjährigen praktischen und theoretischen Ausbildung (Studium, Lehre) vermittelt werden können	Sofern eine Behinderung nicht weitgehende Kompensationsleistungen zulässt, haben auch Behinderte mit guten Einzelfähigkeiten wenig Chancen, den komplexen Anforderungen z.B. einer Berufslehre zu genügen (vgl. z.B. unter Umständen praktisch begabte Lernbehinderte, die jedoch an den Berufsschulanforderungen scheitern).
d) Diese Arbeitsteiligkeit verlangt andererseits vom Einzelnen ein hohes Mass an Zusammenarbeit: in der Berufs- und Arbeitswelt arbeitet der Einzelne – im Unterschied zur Schule! – zumeist in einer Gruppe oder in einem grösseren Verband. Das heisst sein «Produkt», seine Arbeitsleistung, muss sich möglichst nahtlos und ökonomisch einfügen in einen übergeordneten Produktionsprozess	Kommunikations- und mobilitätseinschränkende Behinderungen schaffen daher – auch unabhängig von den tätigkeitsspezifischen Fähigkeiten – erhebliche Integrationsschwierigkeiten im Arbeitsfeld
e) In der Arbeits- und Berufswelt spielen Konkurrenzverhältnisse eine markt- und existenzbestimmende Rolle, was von einem Betrieb und seinen Mitarbeitern eine mitunter hohe Flexibilität und Umstellungsfähigkeit verlangt	Eine Behinderung zwingt einem Menschen im allgemeinen mehr «Statik» auf (in seiner gesamten Lebensführung), als dies in der Arbeitswelt – rein ökonomisch gesehen – verkraftbar ist.

Schema 38: Schematisierte Gegenüberstellung von Strukturelementen der Arbeitswelt und deren heilpädagogischer Bedeutung

Strukturelemente	Heilpädagogische Bedeutung
f) Höhere, anspruchsvollere, meist mit einem grösseren Sozialprestige verbundene und besser honorierte Tätigkeiten sind in der Regel mit Führungs-, Anleitungs-, Organisations- und Koordinationsaufgaben verbunden, die ein hohes Mass an Kommunikationsfähigkeit und Mobilität erforderlich machen	Kommunikations- und mobilitätseinschränkende Behinderungen führen daher neben der horizontalen auch zu einer vertikalen Verringerung der beruflichen (Aufstiegs-) möglichkeiten
g) In der Arbeits- und Berufswelt ist das Leistungsprinzip, die Produktivität, weitaus stärker massgebend als in der Schule, wo es in seiner Exklusivität in Frage gestellt wird	Horizontale und vertikale Einschränkungen lassen bei Behinderten vergleichsweise mehr Wünsche offen bezüglich beruflicher Zufriedenheit
h) Arbeitszufriedenheit und persönliche Erfülltheit sind gegenüber dem Produktionsprinzip nachgeordnete Werte. Sie sind mehr nur von indirekter Bedeutung, soweit über sie die Produktivität erhalten und gesteigert werden kann	Normale Produktivität kann von Behinderten – wenn überhaupt – nur unter vermehrter Anstrengung erreicht werden. Das heisst, sie müssen subjektiv mehr leisten, um objektiv zum selben Resultat zu gelangen
i) Arbeitsprozesse stehen unter der Zielsetzung der Produktivität, der Rentabilität, der Ökonomie und der Gewinnsteigerung	Ein Betrieb kann und will daher nur begrenzt soziale Zusatzaufgaben übernehmen
k) Dieser generellen Zielsetzung gemäss stehen (Arbeits-) Tugenden wie Pünktlichkeit, Zuverlässigkeit, Anpassungsfähigkeit, Speditivität u.ä. im Vordergrund	Wer über diese Fähigkeiten nicht im erforderlichen Ausmass verfügt – wie z. B. Verhaltensgestörte – droht relativ rasch aus dem «normalen» Arbeitsprozess ausgeschieden zu werden
l) Sogenannt kreative, auf Um- und Neugestaltung gerichtete Fähigkeiten sind mehrheitlich für (höhere) Kaderpositionen gefragt. In unteren Positionen werden vor allem Ausführungstugenden oben genannter Art verlangt	Von diesen Positionen sind Behinderte aus den unter f) genannten Gründen jedoch eher ausgeschlossen, so dass unter Umständen Begabungen und Wünsche in dieser Richtung wenig Realisierungschancen haben. (Ein intelligenter, jedoch schwer körperbehinderter Mensch

Schema 38: Fortsetzung

Strukturelemente	Heilpädagogische Bedeutung
	kann daher genötigt sein, eine geistig un-befriedigende Arbeit leisten zu müssen.)
m) Produktivität ist stark abhängig vom Rationalisierungsgrad der Arbeitsprozesse. Dieser wird bestimmt von Faktoren wie : Zeit (Tempo), (minimalisiertem) Material- und Energieaufwand usw.	Behinderungsbedingte Verlangsamungen, Unzulänglichkeiten und Komplizierungen sind – rein ökonomisch gesehen – unrentabel
n) Ausbildung und Persönlichkeitsbildung haben keinen Selbstwert, sondern sind unumgängliche Investitionen, die sich letztlich in erhöhter Produktivität auszahlen sollen	Verlängerte und komplizierte Ausbildungen, wie sie für Behinderte unumgänglich sein können, sind kostenintensiv und können nur bedingt und teilweise einem Produktionsbetrieb angelastet werden
o) Die Honorierung erfolgt nach Massgabe der quantitativen und qualitativen Produktivität des Einzelnen (Leistungslohn-Prinzip). – Soziale Retouchen dieses Prinzips fallen demgegenüber nur geringfügig ins Gewicht	Die exklusive, produktorientierte Anwendung dieses Leistungsprinzips schafft für verschiedene Behinderte (z.B. Geistigbehinderte) einen existentiellen Notstand. Soziallöhne, welche das Prinzip des Leistungslohns durchbrechen bzw. ergänzen, sind daher unumgänglich –: wiewohl diese aus der Sicht Nichtbehinderter auch wieder «ungerecht» erscheinen mögen. – Die Prinzipien: (Produktivitätsorientierter) Leistungslohn und (existenzorientierter) Soziallohn lassen sich kaum auf einen Nenner bringen.

Schema 38: Schluss

des, die materielle Grundlage für seine Existenz und jene der von ihm aus persönlichen Gründen und/oder aufgrund gesetzlicher Bestimmungen abhängigen Personen. Er leistet durch seine Arbeit überdies seinen (von ihm gesetzlich geforderten) Beitrag an die von seiten des Staates zu erfüllenden Verpflichtungen gegenüber der Volksgemeinschaft als ganzer. – Über diese ökonomische Bedeutung der Arbeit hinaus, vermag diese dem Einzelnen und der Gemeinschaft jedoch auch einen wesentlichen Beitrag zu leisten an die Sinnerfüllung des Lebens. Bei jeder Arbeit ist daher die Frage

traditionelle Gruppierungen ╱ traditionelle öffentliche Institutionen	Gesunde; Unversehrte; Normal Leistungsfähige; Verhaltensunauffällige	Kranke: – langezeit – chronisch – süchtige – ansteckende – letaler Prozess	Körperbehinderte; motorisch Behinderte; Missgebildete	Sehgeschädigte Blinde; Sehbehinderte; Erblindete
Kleinkind-/Vorschulinstitutionen	– aufgrund sozialer Indikation:Säuglingsheime; Krippen,Tagesstätten; (Pflegefamilien) – Kindergärten – Spielgruppen u.ä.	Einzel-/Kleingruppenbetreuung in Spitälern/Sanatorien («Spitalkindergarten»)	Vereinzelt in den üblichen Kleinkind-Institutionen. – Z.T. in spez. Heilpädagogischen Gruppen/ Kindergärten	– (ambulante) Früherziehung und -beratung – Normal-/Sonderkindergarten
Regelschulen Normalklassen	– nach Jahrgangssystem – nach schultypengemässer Leistungswilligkeit und -fähigkeit	– Schonungsbedürftige, Teildispensierte – Unter Dauermedikamentation stehende Schüler (z.B. Epileptiker, Diabetiker) – Nachhilfeunterricht nach Absenzen – evtl. Klassenrepetition – Kontakte zu hospitalisierten Schülern	– technisch überwindbare Behinderung – keine gravierenden Lernstörungen	– technisch überwindbare Formen – keine gravierenden Lernstörungen – in Verbindung mit Ambulanzen und Beratung – oft erst nach dem Erwerb bestimmter «Techniken»
Ambulatorien: – Frühberatung – Erziehungs-/ Schulberatung – spez. Therapien – Heilpädagogische Spezialangebote – Sozialberatung	Punktuell; situativ; temporär	hauptsächlich medizinisch. Später auch rehabilitationspsychologisch und sozialberaterisch	– Frühberatung/ -förderung – Div. Therapien: – Physiotherapie – Ergotherapie – evtl. Logopädie – Reiten; Schwimmen – evtl. Psychomotorische Therapie – Sozial-/Berufsberatung	– Frühberatung/ -förderung – evtl. Physio-/Ergotherapie – Psychomotorische Therapie – Orientierungs-/ Mobilitätstraining – Low-vision Training – Sozial-/Berufsberatung
Sonder-/Spezialklassen	evtl. für Speziell-/ Hochbegabte	Einzel-/Kleingruppen-Unterricht in Spitälern («Bettenschule»)	(– evtl. innerhalb eines Regelschulkomplexes)	(– evtl. innerhalb eines Regelschulkomplexes)

Schema 39: Heilpädagogische und affiliierte Institutionen in ihren Bezügen zu den traditionellerweise unterschiedenen Behinderungsformen

Hörgeschädigte Taube; Schwerhörige	Geistigbehinderte Praktisch Bildungs-fähige; Abhängige	Lernbehinderte Leistungsgestörte	Sprach-/Sprech-gestörte	Verhaltensgestörte
– Pädaulogische Früherziehung/ -beratung (meist als Haus-Sprach-Erziehung) – Normal-/Sonder-Kindergarten	– (ambul.) Frühför-derung./-beratung – Heilpäd. Grup-pen-/Sonderkin-dergarten – (Teil-)Integration im Normalkinder-garten	vereinzelt ambu-lante Frühförderung. Meist keine spezifi-zierte Strukturen	– logopädische Beratung/The-rapie – evtl. Sprachheil-kindergarten	– evtl. Kleinkinder-garten – oder integrierte heilpädagogische Betreuung
– tech. überwind-bare Formen – keine gravieren-Lernstörungen (v.a. sprachlich) – in Verbindung mit Ambulanzen und Beratung – gelegentl. erst nach Erwerb einer ausrei-chenden Kom-munikations-fähigkeit	– im öffentlichen Schulwesen selten – nur bei entspre-chender Binnen-differenzierung	– als schwache Regelschüler und Repetenten – in Verbindung mit heilpäd. Stütz-unterricht (inte-griert/ambulant)	– in Verbindung mit ambulanter Therapie meist normalschulfähig	– in Verbindung mit spez. therapeuti-schen und heil-pädagogischen Massnahmen – in integrativen Schulformen
– Frühberatung/ -förderung – Sprachanbah-nung/Logopädie – Akusto-techni-sche Beratung – Hörtraining – Ablesekurse – Sozial-/Berufs-beratung – Dolmetscher-Dienste	– Frühberatung/ -förderung – evtl. unterstüt-zende Therapien – Sozial-/Berufs-beratung – Fortbildung/Frei-zeitgestaltung	vereinzelt Frühbera-tung/-förderung unspezifisch	– Frühberatung/ -förderung – logopädische Behandlung	– Frühberatung/ -therapie – Spezielle Thera-pien (medikamen-töser bis psycho-pädagogischer Art)
(– evtl. innerhalb eines Regelschul-komplexes)	z.T. innerhalb eines Regelschulkomple-xes	meist innerhalb eines Regelschul-komplexes	– schwere umfäng-liche Sprach-gebrechen – integrierte Thera-pien (hauptsächl. Logopädie) – Spez. Unterrichts-gestaltung; Kleingruppen	– umfängliche Lei-stungs-, Motiva-tions- und Verhal-tensprobleme – innerhalb eines Regelschul-komplexes – evtl. in Verbindung mit Heim

Schema 39: Fortsetzung

traditionelle Gruppierungen / traditionelle öffentliche Institutionen	Gesunde; Unversehrte; Normal Leistungsfähige; Verhaltensunauffällige	Kranke: – langezeit – chronisch – süchtige – ansteckende – letaler Prozess	Körperbehinderte; motorisch Behinderte; Missgebildete	Sehgeschädigte Blinde; Sehbehinderte; Erblindete
Sonderschulen (intern; extern)	in Form des sog. Höheren Schulwesens	z.T in Spitälern und Sanatorien (Krankenhausschulen)	– integrierte Therapien – Teilleistungsschwächen – technisches Equipment	– technisches Equipment – spez. Unterrichtsmethoden
Hospital; Krankenhaus; Sanatorium	☐	Therapie; Pflege; Verwahrung; Medikamentation; z.T. soziale Indikation	für therapeutische Eingriffe z.T. auch Verwahrung aus sozialer Indikation	für therapeutische Eingriffe; Korrektur funktioneller Anomalien
Asyl; Anstalt; Heim; Wohnheime; Internate; Siedlungen	– Soziale Indikation Verwaisung; soz. schwaches Milieu; Gefährdung – Flüchtlinge	– Soziale Indikation – Rekonvaleszenz – Chronizität – Suchtproblematik	– Soziale Indikation – Topografische Gründe – Schwerbehinderte – Erwachsene	– Soziale Indikation – Topografische Gründe – evtl. Erwachsene
Geschützte Werkstätten; Eingliederungsstätten	☐	(evtl.) zur Auftragssicherung; individuelle Arbeitsgestaltung als Eingliederungshilfe; zur Umschulung	– Auftragssicherung – optimale Arbeitsplatzgestaltung für Schwerstbehinderte – z.T. soziale Indikation – Eingliederungshilfe – Umschulung – in Verbindung mit Mehrfachbehinderung	– Auftragssicherung – blindenspezifische Tätigkeiten – z.T. soziale Indikation – in Verbindung mit Mehrfachbehinderung Sinnesbeeinträchtigungen als solche sind heute keine ausreichende Indikation für in sich abgeschlossene Arbeitsstätten
(Gefängnis)	strafrechtlich bedingt («Kriminalität») Verstoss gegen Strafgesetz ≢ Behinderung!	z.T. Verbindungen mit Suchtproblematik	☐	☐
Selbsthilfe-Organisationen	Supporter-Gruppen für bestimmte Behinderungen	Meist krankheitsspezifisch ausgerichtet	– z.T. nach Behinderungsart – z.T. aber auch nach sozialpolitischen, freizeitlichen u.a. Interessen ausgerichtet	– z.T. nach Behinderungsart und -grad – z.T. sozialpolitisch, fortbildungsmässig, freizeitlich etc.

Schema 39: Fortsetzung

Hörgeschädigte Taube; Schwerhörige	Geistigbehinderte Praktisch Bildungsfähige; Abhängige	Lernbehinderte Leistungsgestörte	Sprach-/Sprechgestörte	Verhaltensgestörte
– technisches Equipment – spez. Unterrichtsmethoden – integrierte (v.a. logopäd.)Therap.	– spez. Unterrichtsmethoden und Einrichtungen – Kleingruppen	– (Topografische Gründe) – Ballungszentren – Schonraum (?)	– schwere umfängliche Sprachgebrechen – Soziale Indikation (Sprachmilieu)	– individuale Indikation (umfassende Leistungs- und Verhaltensstörungen)
für therapeutische Eingriffe und Abklärungen	als sog. «Pflegefälle» z.B. in Oligophrenen-Stationen		evtl. operative Eingriffe bei funktionellen Anomalien (Spaltbildungen; Nasen-/Rachenwucherungen u.a.)	als «Psychisch Kranke» in Psychiatrischen Stationen
– Soziale Indikation – Topografische Gründe – «methodisch geschlossenes» Milieu (heute kaum mehr aktuell)	– Schwerstbehinderte zs. mit soz. Indikation – Topografische Gründe – v.a. Erwachsene – «Eigenwelt» als Schutzraum-/Schonraum	– Soziale Indikation – (Topografische Gründe)	– Soziale Indikation – (Topografische Gründe)	– individuelle Indikation (gemeinschaftsbedrängend, nacherziehungsbedürftig) – soziale Indikation – heilpädagogisches/therapeutisches Milieu
– Auftragssicherung – soziale Indikation – in Verbindung mit Mehrfachbehinderung Sinnesbeeinträchtigungen als solche sind heute keine ausreichende Indikation für in sich abgeschlossene Arbeitsstätten	– Auftragssicherung – optimale Prozess-Strukturierung – Organisationshilfen – für aus individuellen oder sozialen Gründen nicht in die offene Wirtschaft vermittelbare Personen – als Eingliederungshilfe	allenfalls Grenzfälle zu Geistiger Behinderung oder in Verbindung mit psychosozialen Problemen		– z.B. im Rahmen psychiatrischer Kliniken – desgleichen im Rahmen von Vollzugsanstalten / Gefängnissen
	fällt wegen Unzurechnungsfähigkeit ausser Betracht	z.T. erhöhtes Kriminalitätsrisiko. In Abhängigkeit von krimineller Handlungsweise; Strafmündigkeit; Kausal-Attribuierung		z.T. erhöhtes Kriminalitätsrisiko. In Abhängigkeit von krimineller Handlungsweise; Strafmündigkeit. madness/badness-Einstufung
– z.T. nach Behinderungsgrad – z.T. sozialpolitisch, fortbildungsmässig, freizeitorganisatorisch etc.	– in Verbindung mit Nichtbehinderten in Freizeit-Clubs u.ä.	– Figur-Grund-Auflösungseffekte im Erwachsenenalter – kaum verbindend-einheitliche Problematik	– meist behinderungsspezifisch (z.B. Stottern)	– z.T. in Selbsterfahrungs-/Selbsthilfegruppierungen (unter fachlicher Leitung)

Schema 39: Schluss

sowohl nach der materiell-existenzsichernden, als auch nach der ideell-sinn-erfüllenden Bedeutung für den Einzelnen und für die menschliche Gesellschaft zu stellen. Ohne auch hier auf Details eingehen zu können, ist in bezug auf Behinderungszustände festzustellen, dass solche in der Berufs- und Arbeitswelt da erzeugt werden, wo aufgrund einer Behinderung die Existenzsicherung und/oder die Sinnerfüllung nicht gewährleistet sind.

Die abschliessende Übersicht (Schema 39) soll einen Eindruck darüber vermitteln, dass und wie die gegenwärtige Gesellschaft als Ganzes und desgleichen ihre Sub-Systeme auf das Phänomen "Behinderung/Behinderte" (i.w.S.) «systemisch reagieren». Es ist in der Tat erstaunlich, welche Stimulusqualität «Behinderung» heutzutage hat und welche Equilibrierungsprozesse dadurch angestossen und inganggehalten werden. Moderne Gesellschaftssysteme leben zu mehr als zur Hälfte ihres Sozialprodukts aus der Trias edukativer, punativer und curativer Massnahmen –, was anteilmässig vielleicht demselben Umfang entspricht, den die altägyptischen Pharaonen-Reiche in ihre Pyramidenbauten investierten, um die kosmologischen Beziehungen zu gewährleisten?

V. Die Chronologische Frage

Den Weg zurück ins Kinderland
möchte ich, nach reiflicher Überlegung,
doch lieber mit Jean Paul als mit S. Freud machen[1]

Unter der chronologischen Fragestellung befassen wir uns mit dem Faktor Zeit und den dadurch bedingten Wandlungen innerhalb eines Behinderungszustandes sowie in bezug auf die heilpädagogische Thematik. Behinderungen sind nicht nur innerhalb einer vorgegebenen personalen und sozialen Topographie zu ordnen; sie vergegenwärtigen sich desgleichen unter verschiedenen zeitlichen Perspektiven.

Wir versuchen dementsprechend in diesem Kapitel Antwort zu geben auf die Frage:

Wie weit sind Heilerziehung und Heilpädagogik in ihren Aufgabenstellungen bzw. Deutungsmustern abhängig von Zeitumständen?

1. Der Zeitfaktor im Erziehungsverhältnis

Daseinsgestaltung findet in der Zeit statt und ist daher stets auch als lebensgeschichtlicher Prozess zu erfassen und darzustellen. Das Kind befindet sich wesensmässig in einem stärkeren Veränderungsprozess als der Erwachsene. Kindhaftigkeit weist sich in entscheidendem Masse durch die Potenz des Werdenkönnens aus, Kindsein ist per se zukunftträchtig. Diese Wandlungs- und Gestaltungsprozesse sind der Art nach verschieden und finden auf unterschiedlichen Ebenen statt:

- **Wachstum:** Darunter versteht man die Längen- und Gewichtszunahme des Organismus. Es handelt sich um im wesentlichen endogen gesteuerte, quantitative Veränderungsprozesse.
- **Reifung:** Darunter versteht man die ebenfalls weitgehend endogen ge-

---

1 KRAUS, KARL (1968) Nachts (Köln)

237

steuerten, qualitativen Veränderungsprozesse eines Organismus: so z.B. die Gehirnreifung, die Reifung der Geschlechtsorgane usw.

– **Entwicklung:** Darunter versteht man Veränderungsprozesse, welche sich unter gegenseitiger Beeinflussung endogener und exogener Faktoren im Sinne einer Assimilitation (= Angleichung der Umwelt) und Akkommodation (= Angleichung an die Umwelt) vollziehen und die sich in zunehmender Differenzierung, Spezialisierung, Strukturierung und Integrierung manifestieren. Am Entwicklungsgeschehen sind somit artspezifische und individuelle Lern- und Gestaltungsfaktoren beteiligt. – Die Regelhaftigkeit eines Entwicklungsverlaufs zeigt sich darin, dass es sich um eine «Reihe von miteinander zusammenhängenden Veränderungen, die bestimmten Orten des zeitlichen Kontinuums zuzuordnen sind»,[2] handelt.

– **Individuation:** Unter Individuation (Selbstverwirklichung) versteht man Gestaltungsprozesse, die unter der steuernden Ich-Instanz der wertorientierten Person angestrebt werden. Haltungen, Einstellungen, Standpunkte, sowie Entscheidungen, Wertungen und Wahlen, die der Einzelne innerhalb und in bezug auf seine naturhaften Möglichkeiten sowie gegenüber den vorgegebenen Sach- und Personwelten einnimmt und trifft, sind entscheidend für seine Selbstverwirklichung.

Der Mensch ist in jedem Moment das sich in der Zeit wandelnde **gemeinsame** Werk von Natur, Kultur und Person. Die kreisförmigen Gestaltungsmuster lassen dabei keine Aspektreduktion zu: Was immer ich als rein naturhaft einklammere, definiere ich Kraft meiner Person und aus einer bestimmten kulturellen Position heraus. Was immer ich als rein sozio-kulturell und geistig abhebe, ist in der Repräsentation auf naturhafte, materielle Trägersubstanzen angewiesen, und was immer ich als ichhafte Einzigartigkeit abzuheben versuche, bedarf zu diesem Zwecke einer nicht ichzugehörigen Umwelt, mit der ich, gerade im Bemühen um Selbstverwirklichung, existentiell aufs engste verbunden bin.

2. Zeitnormen

Die Entwicklungspsychologie ist zwar von starren Phaseneinteilungen sowie von der Vorstellung der menschlichen Entwicklung als eines blossen

---

2 THOMAE, H. (1959) in: Handbuch der Psychologie, Bd. III (Göttingen)

Auswickelns eines präformierten Anlagebestandes abgerückt, so dass damit auch die Frage der Zeitnorm (d.h. der Zeitigkeit bzw. Unzeitigkeit der Umwandlung von Potenzen in Kompetenzen) in den Hintergrund getreten ist.

Trotzdem zeigen sich sowohl im gesellschaftlichen Bewusstsein wie auch im Eindrucksurteil des Einzelnen Erwartungshaltungen und Normvorstellungen bezüglich eines altersgemässen kindlichen Verhaltens. Auch in oben zitierter Definition von «Entwicklung» ist die Rede von «bestimmten Orten des zeitlichen Kontinuums», denen Veränderungen zuzuordnen sind. Die Zeitung von Wandlungen, Neuerwerbungen, quantitativen und qualitativen Umstrukturierungen, wird zweifellos auch als Zeichen einer normalen (= gewohnten, erwartungsgemässen) Entwicklung empfunden, welche in ihrer bestätigenden und beruhigenden Rückwirkung auf die Erzieherschaft von grosser Bedeutung ist. – Ein Überschreiten von Zeitgrenzen kann andererseits die soziale Homöostase erschüttern und einen Behinderungszustand entstehen lassen, auch ohne dass der Art nach befremdliche Merkmale auftreten müssen. Allein schon ein Verharren bzw. eine beschleunigte Veränderung des Merkmalsbestandes einer Person können im Vergleich zu den sich verschiebenden Normvorstellungen und Erwartungshaltungen zu einer Verzerrung im Sinne einer Dyschronie führen und damit Spannungen und Irritationen erzeugen. – So gibt es eine ganze Reihe von Behinderungen, deren Hauptcharakteristikum in der Dyschronie zwischen Individualentwicklung und gesellschaftlich erwarteten Zeitigungen liegt:

- **Retardation:** bezieht sich objektiv auf einen verspätet eintretenden Merkmalswandel bzw. Neuerwerb von Kompetenzen und verbindet sich subjektiv mit entsprechenden, über den erreichten Status hinausreichenden Hoffnungen.
- **Stagnation:** bezieht sich objektiv auf die Unwandelbarkeit eines Status quo und entbehrt subjektiv darüberhinaus weisender Hoffnungen.
- **Regression** bzw. **Demenz:** bezieht sich auf ein Zurückfallen auf vergleichsweise tiefere Entwicklungsstufen, sowie auf Rückgriffe auf einfachere und als solche bereits einmal überwundene Daseinsgestaltungs- und Weltbewältigungsformen. – Während sich der Begriff Regression eher auf personale Haltungen und Verhaltensweisen auf der Subjektebene bezieht, versteht man unter Demenz mehr einen biologisch bedingten Abbau und Zerfall von Kompetenzen auf der Objektebene. Regression bezeichnet einen Rückzug auf eine vergleichsweise primitivere Methode

der Welt- und Problembewältigung, Demenz einen Verlust an instrumentellen Möglichkeiten hierzu.

– **Akzeleration:** bezieht sich auf erwartungswidrige Beschleunigungen im Merkmalswandel sowie im Neuerwerb von Kompetenzen.
– **Progression:** bezieht sich auf ein Vorprellen in vergleichsweise komplexe, anspruchsvollere Daseinsgestaltungsformen.

Diese Dyschronien können sich auf verschiedene Veränderungs- und Gestaltungsprozesse beziehen: So können Retardationen und Stagnationen in bezug auf das Längen- und Gewichtswachstum beobachtet werden (z.B. Zwergwuchs), desgleichen in bezug auf die Reifungsprozesse (z.B. Verzögerung des Stimmbruchs, der Ausbildung der sekundären Geschlechtsmerkmale, der Myelisation des Gehirns usf.). – Die Aufgabe bzw. der Verlust einer bereits einmal erworbenen Kompetenz (z.B. die Beherrschung der Blasenfunktion) kann je nach dem als Regression (psychogenes, sekundäres Einnässen) oder als Symptom einer Demenz (infolge Hirnschädigung) in Erscheinung treten. – Eine Akzeleration kann sich in Form eines vorzeitigen und/oder extremen Wachstumsschubes (Longitudinierung), in sexueller Frühreife (somatisch und psychisch), aber auch bezüglich spezieller Begabungen, Interessen und Attitüden manifestieren. – Progressionen zeigen sich in der vorzeitigen Übernahme von Rollen und Verhaltensformen, welche gemäss Tradition und Konvention, fortgeschritteneren Altersstufen vorbehalten wären.

Die Frage, ob und in welchem Ausmass eine Dyschronie erzeugt wird und ob eine solche zum Kern eines Behinderungszustandes wird, ist nun freilich in unterschiedlichem Masse abhängig davon,

– wie gross die Kind und Erzieher in einer bestimmten gesellschaftshistorischen Situation generell zugebilligten Zeitspannen sind für die gemeinsame Daseinsgestaltung
und
– mit welchen Toleranzen/welcher Toleranz Erzieher und Kind rechnen können im Falle einer Abweichung.

Es geht also um zwei Fragen: was wird überhaupt als Dyschronie registriert? und: Wie sehr wird eine Dyschronie gewichtet und als Behinderung empfunden? – Pädagogische Probleme widerspiegeln stets jene der (bürgerlichen) Gesellschaft überhaupt und sind daher weder in bezug auf ihre Entstehung noch bezüglich ihrer Lösung eine ausschliesslich pädagogische Angelegenheit (vgl. BLOCH, E. 1948; 1971, p. 18)

Der kulturelle und epochale Vergleich bezüglich der Reinlichkeitsgewöhnung illustriert dies in exemplarischer Weise. Die bio-soziale Adaptionsleistung der Beherrschung der Blasenfunktion wird vom Kleinkind in verschiedenen Kulturen und Epochen zu unterschiedlichen Zeitpunkten erwartet und verlangt, die in ihren Extremen drei und mehr Jahre auseinander liegen können. – Die (normative) Frage, wann ein Kind trocken sein soll, bleibt damit offen und kann auch nicht mit dem Hinweis auf irgend einen «naturgemässen» Zeitpunkt schlüssig beantwortet werden.

Ähnliche temporale Einflüsse spielen eine Rolle in bezug auf Fragen der Schul-«reife», des Schutzalters usw.

Nichts ist natürlich im pädagogischen Feld, am allerwenigsten das Gerede über die "Natürlichkeit"! Wo immer der Mensch auf Natur blickt und sich in irgendeiner Weise qualifizierend dazu verhält, ist sie kultiviert (Sogar die bewusst «unberührte» Natur des Schutzgebietes entspringt einer kulturellen Tat und Definition!) (vgl. KOBI, E. E. 1991b, p. 56ff.).

In der Erziehungspraxis begegnen wir ferner unterschiedlichen Toleranzen in bezug auf registrierte Dyschronien:

Der Umstand, dass ein Kind erwartungswidrig mit zweieinhalb Jahren noch nicht spricht, kann von den Eltern als mehr oder weniger «tragisch» empfunden werden und vielleicht sogar mittels entprechender «Kausaltheorien» – Der Vater war seinerzeit auch spät dran; Stille Wasser gründen tief!; Wer spät gehen lernt, lernt auch spät sprechen! – «normalisiert» werden

Eine Dyschronie kann sich ferner auf und zwischen den unterschiedlichen Ebenen des Wachstums, der Reifung, der Entwicklung, der Individuation und der gemeinsamen Daseinsgestaltung abspielen und entweder das gesamte intra- und interpersonelle Feld betreffen oder sich, was häufiger ist, auf Teilbereiche beschränken. – Die Situation kann sich zusätzlich dadurch komplizieren, dass bei ein und derselben Person **zugleich** verschiedenartige Dyschronien in Erscheinung treten, was für die personale Identität sowie für die Gestaltung eines Erziehungsverhältnisses enorme Schwierigkeiten nach sich ziehen kann und je nach Situation verschiedene Perspektivenwechsel notwendig macht.

Die 17jährige X. zeigt hinsichtlich ihres Längenwachstums eine «Stagnation», was zu einer mädchenhaften Erscheinung führt. Intellektuell wirkt sie «retardiert», was die Kindhaftigkeit zu bestätigen scheint. Hinsichtlich ihrer Sexualität und ihrer diesbezüglichen Interessen ist X. jedoch «frühreif», und sie hat sich nach erfolgter Schwängerung «progressiv» in eine Ehe gestürzt. Die auftretenden Ehe- und Erziehungsschwierigkeiten verarbeitet X. ausgesprochen «infantil», das heisst sie «regrediert» auf ein Verhaltensmuster, welches man allenfalls einer 12jährigen zubilligen würde.

Die erzieherische Schwierigkeit besteht in derartigen Konstellationen darin, simultan ein Erziehungsverhältnis auf verschiedenen Subjektebenen aufzubauen und zugleich die Einheit der Person in der Perspektive zu behalten.

Schliesslich gibt es Verhaltensmerkmale, welche zwar nicht allein aus einer Dyschronie resultieren (d.h. auch ausserhalb des Zeitverlaufs als auffällig gelten, wie zum Beispiel Stottern, Poltern), die jedoch, je nach Zeitpunkt des Auftretens, von unterschiedlichem Stellenwert sind (was dann auch für allfällige Massnahmen von Belang ist)

Ein bei einem zweijährigen Kind gelegentlich zu beobachtendes Wiederholen von Wörtern und Silben kann zwar – rein phänomenologisch – als «Klonisches Stottern» bezeichnet werden. Ob es als solches durch Therapiemassnahmen quasi «festgeschrieben» werden soll, ist eine andere Frage. – Demselben Erscheinungsbild wird jedoch bei einem Schulanfänger ein höheres Gewicht beizumessen sein.

3. Zum Bedeutungswandel von Behinderungen im Lebenslauf

Das letztgenannte Beispiel macht uns auf den heilpädagogisch wichtigen Umstand des lebensgeschichtlichen und daseinsanalytischen Bedeutungswandels von Behinderungen aufmerksam. Ein Phänomen, ein Merkmal, ein Symptom, ein Faktum, eine Tatsache, eine «Realität» ändert sich für den Rezipienten nicht nur aufgrund einer sachimmanenten Veränderung, sondern auch infolge struktureller Verschiebungen im Hintergrund, von welchem sich ein Phänomen (gemäss dem Figur-Grund-Prizip) abhebt, sowie infolge eines Positions- oder eines (normativen, ideellen) Perspektivenwechsels, welchen er selber vornimmt: Dasselbe ist nicht mehr das Selbe, wenn die Hintergrundverhältnisse, die Position des Betrachters oder dessen Zielsetzungen sich ändern.

«Was man sieht, während man in eine Situation hineinblickt, verändert sich, wenn man die Geschichte zu hören bekommt. Ein Jahr später, nachdem man die Leute und ihre Situation ein bisschen kennengelernt hat, hat die Geschichte eine Reihe von Umwandlungen durchgemacht. Oft wird sie sich sehr stark von dem unterscheiden, was man ein Jahr vorher gehört hat; keine der beiden Versionen ist von vornherein unwahr oder wahr. Es ist eine andere Geschichte, oder man **hört** eine andere Geschichte. So wie sich im Laufe der Zeit die Geschichte wandelt, ist auch das, was man sieht, Umwandlungen ausgesetzt. Zu einem bestimmten Zeitpunkt neigt man dazu, die Situation in einer bestimmten Art und Weise zu definieren; diese Definition verändert ihrerseits die Situation in einer Art und Weise, die wir vielleicht nie definieren können. Unsere Definition der Situation kann verschiedene Geschichten auslösen. Die Leute erinnern sich an verschiedene Dinge, setzen die Dinge unterschiedlich zusammen. Dies definiert die durch unsere Definition veränderte Situation neu, gemessen daran, wie sie sich uns ursprünglich präsentiert hat. Unsere Definition ist ein Akt des Eingreifens, der die Situation verändert; sie muss deshalb neu definiert werden. Unser Eingreifen bringt einen neuen Faktor ins Spiel» (LAING, R. 1979, p. 43).

Wir schreiben gewissermassen permanent unsere Lebens- und Erlebnisgeschichte um.

Auch Behinderungen, die erscheinungsbildlich, hinsichtlich Ausmass und Schweregrad als statisch (gleichbleibend-unveränderbar) bezeichnet werden können (z.B. eine Blindheit, eine Schalleitungsschwerhörigkeit von 65 dB u.ä.), ändern sich in ihrer subjektiven Bedeutung sowie hinsichtlich der gemeinsamen Daseinsgestaltung «im Laufe der Zeit».

So macht die Funktionseinschränkung, welche eine Cerebralparese nachsichzieht, verschiedene lebensgeschichtliche Wandlungen durch: Für das wesensgemäss stark bewegungsfreudige Kleinkind wird vor allem der instrumentelle Wert der Leiblichkeit eingeschränkt (ich kann manches nicht ausführen, was ich möchte); für das Kind im Schulalter kann situativ vor allem der soziale Spiegelungswert des Körpers als behindernd erlebt werden (ich bin nicht so, wie die andern); für den Jugendlichen kann hinsichtlich partnerschaftlicher Interessen die Verminderung des sozialen Begegnungswertes seines Körpers zum Brennpunkt werden (ich bin für andere inattraktiv) usw.

Während das medizinisch fassbare Faktum: «Choreoathetose als Status nach perinataler Hirnblutung» auf der Objektebene dasselbe bleibt, vollziehen sich auf der Subjektebene entscheidende, vielleicht sogar paradoxe Wandlungen. So müssen beispielsweise objektivierbare Therapieerfolge nicht automatisch und gesetzmässig eine Verbesserung subjektiven Befindens nachsichziehen. Konkret, wie auch im übertragenen Sinne gemeint: Wer gehen lernt, erfährt eine Befreiung von einem pflanzenhaftgebundenen Dasein in eine weitaus komplexere, anstössigere, konkurrierende Welt der Bewegung. Therapieerfolge auf der Objektebene können daher auf der Subjektebene der Erziehung neue Probleme aufwerfen. Diese Feststellung ist natürlich nicht als Argument gegen therapeutische Bemühungen zu verstehen, wohl aber gegen simplifizierende Vorstellungen über eine prästabilierte Harmonie zwischen objektiven Fakten und subjektivem Erleben, objektiver Realität und subjektiver Wirklichkeit.

4. Gestreckte Zeiten

Für Heilerziehung und Heilpädagogik werden vor allem solche Behinderungen zum Problem, die sich auf die gemeinsame Daseinsgestaltung in Form einer Verlangsamung auswirken.

Durch Verfrühungen bedingte Dyschronien können zwar vorübergehend auch zu kommunikativen Verzerrungen und Identitätskrisen führen, doch liegt in der fortschreitenden Zeit weit eher die Chance einer neuen Homöostase, als bei einer Verlangsamung, durch welche ein Mensch in zunehmendem Masse aus der gemeinsamen Zeit seiner Altersgenossengruppe herauszufallen droht.

Behinderte Kinder zeigen mit grosser Regelmässigkeit, wenngleich aus unterschiedlichen Gründen, ein erhöhtes Zeitbedürfnis:

- sie benötigen mehr und wiederholte Informationen, um zu einem bestimmten Lernziel zu gelangen
- sie benötigen mehr Zwischenstufen, eine «kleinere Übersetzung» (weniger Kraft bei längerem Weg), innerhalb ihrer Aneignungsprozesse
- sie sind genötigt, Schleifen und Umwege einzulegen, um zu einem Handlungsziel zu gelangen, was seinerseits mit Komplizierungen, Energieverlusten und einer erhöhten Störungsanfälligkeit verbunden ist
- sie verharren länger auf einzelnen Entwicklungsstufen
- sie weisen individuelle Störungen des psychischen Tempos auf: Verlangsamungen, Dysrhythmien, Überhöhungen
- sie benötigen ein vermehrtes Trainingsangebot und eine breitere Kasuistik
- sie müssen spezielle Techniken zur Handhabung bzw. Kompensation ihrer Behinderung erwerben (z.B. Blindenschrift für Blinde oder visuelle Sprachauffassung für Gehörlose)

Derartige Zeitprobleme bewirken ihrerseits eine existentielle Problematik. Behindertsein heisst: hinter der Zeit (unserer Zeit) hergehen, unzeitig, unzeitgemäss sein, Bahnhöfe (allenfalls) erreichen, wenn die Züge bereits abgefahren sind. Auch wer später noch ankommt, hat unterdessen seinen personalen und sozialen Habitus verändert; der Zuspätgekommene macht eine andere Figur vis-à-vis dem «Kulturfahrplan»:

Mit 5 Jahren gehen (und fallen) lernen gestaltet sich wesentlich anders als mit 16 Monaten; mit 13 Jahren die Lese-«reife» zu erreichen, schafft in entscheidenden Punkten andere lesemethodische Voraussetzungen als mit 6 Jahren; die erste Ichfindung und eine damit verbundene «Trotzphase» eines Zweijährigen und jene eines Achtjährigen zeigt kaum noch vergleichbare Züge, usw.

Das vermehrte Zeitbedürfnis des behinderten Kindes hat erzieherseitig zur Folge, dass hier vermehrt persönliche Eigenzeit aufzuwenden ist. Erziehung benötigt Zeit –, Heilerziehung benötigt **mehr** Zeit. Während ein Erzieher normalerweise mit der Zukunftträchtigkeit des Kindseins rechnen kann, hat es der Heilerzieher in Extremfällen mit Kindern zu tun, die insofern zukunftslos sind, als sie scheinbar nicht mehr werden können. Die erdrückende Allgegenwart eines status quo kann sich ungemein lähmend nicht nur auf das erzieherische, sondern auf zwischenmenschliche Verhältnisse überhaupt auswirken. Die subjektiv empfundene Zeit-menge ist, wie CIOMPI, L. (1988, p. 39) feststellt, abhängig von der Zahl der «Ereignisse innerhalb einer objektiven Zeitspanne». Zeit wird erfahren in sich Zeitigendem. Wo sich «nichts» mehr ereignet (z.B. ent-wickelt), wird Zeit vernichtet durch Nicht-Ereignisse (a.a.O., p. 42). Nur daseiend im Kreis zu gehen mit einem Kind ist für einen dynamischen und futuristisch denkenden Erzieher ein unerträglicher Zustand. Wenn uns, wie CAMUS, A. (1964) sagt, im Alltag eines geruhsamen Lebens die Zeit trägt, so entsteht hier eine Situation, wo wir umgekehrt die Zeit tragen (ertragen) müssen. Wir stossen damit wieder einmal mehr auf die Unzulänglichkeit einer Pädagogik, welche den Sinn der Erziehung nur in einem Machen, Ändern, Bewerkstelligen und entsprechenden Erwartun-gen zu sehen vermag und nicht in der Lage ist, auch ein schlichtes, ver-antwortetes Besorgtsein für ein anderes Leben miteinzuschliessen.

Zeitopfer für eine gemeinsame Daseinsgestaltung haben aber nicht nur eine Längen-, sondern auch eine Breitendimension, da Erziehungspro-zesse nicht nur länger dauern, sondern überdies breitere Präsenzen er-forderlich machen. Das Da-Sein, von welchem BUBER, M. (1960a) spricht, wird umfangreicher, und in Extremsituationen droht ein Kind ei-nen Erzieher zeitlich dermassen zu belasten, dass der Volksmund nicht ohne Berechtigung das Bild vom Aufgefressen-werden benutzt. Das Kind nimmt einer Mutter beispielsweise so viel von ihrer persönlichen Zeit weg – in der auch sie zu wesen hätte –, dass die Situation existenzbe-drohlich werden kann.

Zweifellos gibt es auch immer wieder ein glückhaftes Zusammensein, während welchem man die Zeit samt ihren Verzerrungen vergisst, sich das Zeitopfer zum Geschenk wandelt, gespannte Erwartung sich in verheis-sungsvoller Hoffnung löst (KOBI, E. E. 1991c). Solche Momente fallen hie und da zu, können aber keineswegs organisiert werden. – In Dyschronie zu leben, wie es zu jeder Erziehungssituation gehört, erweist sich als enorm anstrengend und ermüdend, da es mir derweil verunmöglicht ist, bei mir selbst zu sein. Dyschronie wird darum gelegentlich als existenzbedrohlich erlebt, weil keine «Energieumwandlung» stattzufinden scheint: Ich habe mich zwar verausgabt, sehe aber nicht wofür. Ich bin müde, weiss «de fac-to» jedoch nicht warum. Ich habe Beziehungen gestiftet und unterhalten, die ich jedoch nicht für mich behalten darf. Ich bin da gewesen und habe nichts zurückgelassen. Ich fühle mich als ein «Nichts», dessen Fehlen erst erkennen lässt, dass es doch ein Etwas war. Erzieherin sein heisst: erst über die eigenen Negation etwas sein können.

5. Zeit als Begegnungsraum

In der gemeinsamen Daseinsgestaltung verbinden sich die biografischen Zeitlinien der daran beteiligten Subjekte; Erziehung bedeutet unter chronologischem Aspekt das Zurücklegen eines gemeinsamen Stücks Lebensweges.

Die Schwierigkeiten, die sich als Ausdruck einer Behinderung aus diesem Umstand ergeben können, sind beispielsweise die folgenden:

Das Verhalten eines Kindes kann sich einem Erzieher so darstellen, dass er in **seiner** Retrospektive nichts Vergleichbares findet, an dem er es messen und beurteilen könnte. Der Rückgriff auf Seinerzeitiges gelingt nicht; das kindliche Verhalten wird als fremdartig, da nicht nachvollziehbar, erlebt.

Einer derartigen Erfahrung der Irritation wird im Alltag Ausdruck gegeben in Worten wie: «Ich verstehe die Welt nicht mehr; seinerzeit (d.h. zu meiner Zeit) gab es das nicht.»

Derartige Erfahrungen machen deutlich, dass nur noch eine teilbereichliche Übereinstimmung besteht und dass die intersubjektive Verständigung brüchig geworden ist.

Sie zeigen ferner, dass auch Erzieher innerhalb der Zeit urteilen und agieren; nicht nur Kinder, sondern auch Erwachsene befinden sich je in einer bestimmten Entwicklungs- und Lebensphase mit speziellen Bedeutungsakzenten. Was z.B. einem verhaltensgestörten Kind an Symptomen angelastet wird, trägt stets auch die Spuren des interagierenden Personenkreises.

Beispiel: Sozialkonflikte, welche sich zwischen einer 14jährigen Tochter und einer 37 Jahre zählenden Mutter abspielen, können nicht einfach als Pubertätsprobleme abgetan werden –: ohne andererseits präklimaterische Einflüsse zu berücksichtigen.

6. Zeit als Kontinuum/Diskontinuum

Wenngleich die Entwicklungspsychologie Stufenmodelle, denen die Vorstellung einer diskontinuierlichen, schubweisen Entwicklung des Kindes zugrundeliegt, ablehnt, und der Satz, wonach die Natur keine Sprünge mache, auf der Objektebene seine Richtigkeit und Berechtigung haben mag, ist nicht zu übersehen, dass das Manifestwerden einer unter Umständen über lange Zeit latent vorbereiteten neuen Kompetenz oder eines Verhaltens sich dem Erleben auf der Subjektebene doch als plötzliche, spontane Gestaltbildung präsentieren und entsprechende Überraschungseffekte und Irritationen – sogenannte Krisen – auslösen kann.

Behinderungen können in diesem Zusammenhang als Funktionsbeeinträchtigungen bezeichnet werden, durch welche gehäuft krisenhafte Erschütterungen in Systemen der sozialen Homöostase ausgelöst werden. Behinderungen sind unter der chronologischen Fragestellung unter anderem dadurch charakterisiert, dass sie häufigere Gestaltumbildungen und Neukalibrierungen (WATZLAWICK, P. et al., 4.A. 1974) notwendig machen , deren Strukturen sich in einer «verdichteten Zeit» und unter bisweilen hohem psychosozialem Druck vorbereiten und über eine zeitweilige Auflösung und Destabilisierung (Anomie) im Organisationsganzen (einer Person, einer Familie, einer Lerngruppe, einer Therapiegemeinschaft, usw.) ergeben.

Behinderungen machen menschliches Leben krisenanfälliger und verschärfen die Problematik von Gestaltbildungsprozessen. Trotzdem sollten Krisen nicht per se psychopathologisiert werden. BOLLNOW, O. (1959a) stellt zurecht die Frage, «wie weit die Krise als eine Störung betrachtet werden darf, die man nach Möglichkeit vermeiden soll und über die man, wenn sie einmal eingetreten ist, möglichst bald wieder zu gesunden Verhältnissen streben soll oder ob die Krise etwas ist, was wesensmässig zum menschlichen Leben gehört und in diesem Sinne auch in die Erziehung miteinbezogen werden muss» (p. 35). – Aus dieser Sicht ergibt sich freilich ein Spannungsverhältnis zu den als solchen unbestreitbaren Forderungen nach präventiven Massnahmen, mit welchen Krisen vermieden, sowie zu therapeutischen Eingriffen, mittels derer auftretende Probleme und Konflikte behoben werden sollen. Die überhandnehmende Psychiatrisierung unserer Lebensverhältnisse, die Etikettierung auch banalster Handreichungen als «Therapie», sowie die Professionalisierung und Monopolisierung menschlicher Hilfeleistungen erreichten allerdings einen Grad, der einen auf die Erlösung von den Erlösern hoffen lässt. Unter derartigen Verhältnissen und angesichts eines gigantischen Medizinalapparates (MANNONI, M., 1973), der Krankheit und Gebrechen ausschliesslich als zu vermeidenden, zu kupierenden, auszumerzenden Unsinn erklärt und für den sogar der Tod nur noch als eine «im Prinzip» zu vermeidende Panne gilt, erweist es sich als notwendig, den heilpädagogischen Auftrag über ein defektorientiertes Veränderungsstreben hinaus in den Bereich der Sinnstiftung und Neuorientierung hinein zu erweitern. Diskontinuität und krisenhafte Umstrukturierungen gehören zum Wesen des Lebendigen. Jede Metamorphose ist Chance und Risiko zugleich. Kontinuität und Gleichförmigkeit können daher nicht eo ipso zu einer normativen Grösse erhoben werden. – Krankheiten, Verstimmungen, gelegentliches Ungemach, persönliches Leid und anderweitige Diskontinuitäten im Gleichstrom der Zeit sind Risiken, die auszuschalten zwar erklärtes therapeutisches Ziel ist. Sie sind jedoch auch Chancen, sich und die Welt neu zu entdecken, reicher und reifer zu werden. – Eine Therapie, welche über die Heilung hinaus gleich noch glaubt das Heil in Aussicht stellen zu können, überschreitet ihren Zielhorizont. Das menschliche Leben ist nicht einfach ein Problem, das zur Lösung ansteht, und der Mensch ist kein geborener Patient, der wesensmässig therapiebedürftig wäre. Ein derartiges «Utopie-Syndrom» (WATZLAWICK, P. et al. 1974) und «Gesundheitsfetischismus» (CHRISTOPH, F./MÜRNER, Ch., 1990) bescheren gelegentlich Lösungen, die belastender sind, als die ursprünglichen Probleme.

7. Zeit und Kausalität

Lediglich in sehr einfachen oder reduktiv verwendeten Kausalitätsmodellen (Kapitel VI/3) ist die Zeit gleich-gültig: «Das 'wenn... dann...' der Logik enthält keine Zeit» (BATESON, G. 1988, p. 364). Pädagogisch befinden wir uns allerdings unentrinnbar in der Zeit und unter deren Einflüssen. Zeit ist sowohl von normierender (Kapitel V/2) als auch von kausaler Bedeutung. Der Zeitpunkt des Eintritts einer Schädigung (Traumatisierung) sowie die Zeitdauer einer Behinderung beeinflussen die Präsentation eines Behinderungszustandes wesentlich. Frühe Traumatisierungen physischer oder psychischer Art wirken sich im allgemeinen ganzheitlicher aus als in späteren Entwicklungsphasen, lassen andrerseits jedoch auch grössere Möglichkeiten offen für kompensatorische und therapeutische Bemühungen.

So ist beispielsweise ein von Geburt weg gehörloses Kind, vor allem in bezug auf die Sprachentwicklung, zweifellos in einer schwierigeren Situation als ein Kind, welches erst nach Abschluss der ersten Sprachentwicklung eine Gehörsschädigung erlitt.

Andrerseits bietet die noch grössere entwicklungspsychologische Plastizität eines beispielsweise geburtsblinden Kindes bessere Möglichkeiten hinsichtlich des Erwerbs der verschiedenen Blindentechniken, als sie ein erblindeter Jugendlicher besitzt.

Ferner ist zu beachten, dass der menschliche Entwicklungsprozess Phasen erhöhter Verletzlichkeit (Vulnerabilität) aufweist, innerhalb derer physische bzw. psychische Schädigungen sich stärker im Sinne einer Behinderung und Deviation auszuwirken pflegen.

Als Zeiten krisenhafter Umstrukturierungen gelten z.B. die Frühphase (Umstellung vom intrauterinen, physisch verbundenen, symbiotischen Mutter-Kind-Dasein zum extrauterinen, psychosozial verbundenen Dasein in der Mutter-Kind-Dyade), die Zeit der Ich-Entwicklung und -ausprägung, die Zeit der ersten Auseinandersetzungen mit öffentlichen Leistungsanforderungen (Schulanfang), die Zeit der Ablösung aus dem Sozialverband der Familie (Pubertät) und der Findung der Geschlechtsrolle, später auch der beruflich-gesellschaftlichen Orientierung.

Bestimmte Ereignisse können inhaltlich mit der Thematik derartiger Sensibler Phasen so sehr verbunden sein, dass sie einen besonders nachhaltigen Eindruck hinterlassen und – mindestens vorübergehend – zu einer Destabilisierung und Verhaltensdesorganisation führen

Zum Beispiel: Abrupte Mutter-Kind-Trennung ohne qualitativ ausreichende Ersatzbeziehungen in der Frühphase; affektive Bevorzugung eines Geschwisters in der «oedipalen» Phase; Erfahrungen der Zurücksetzung und Abweisung in der Altersgenossengruppe im ersten Schulalter; sexuelle Attacken und Brüskierungen zur Zeit der Geschlechtsrollendifferenzierung und ähnliches.

Diese Beispiele zeigen erneut, dass einfach-kausale, lineare Ursache-Wirkung-Zuordnungen auf der subjektiven Beziehungsebene versagen. Ein Behinderungszustand entsteht nicht nur aufgrund eines einzelnen Ereignisses, sondern wird konstituiert aus alledem, was wir sind, einmal waren und noch zu werden hoffen. Der Zeitfaktor verwandelt summenhafte Ursachenkomplexe in geschichtliche Konstellationen.

Zeitliche Koinzidenzen (d.h. das zeitliche Zusammenfallen von Ereignissen) können eine Kausalbeziehung freilich auch nur vortäuschen. Auch hier hat man sich daher vor vorschnellen direkten Kausalitätssetzungen zu hüten.

8. Die Zeit im Sinne des Epochalen; Grundgestalten

Neben den individualhistorisch-lebensgeschichtlichen Konstellationen spielen für das Verständnis von Behinderungszuständen stets auch die gesellschaftshistorischen Hintergründe eine wesentliche Rolle. Behinderungszustände tragen auch «epochal-typische»[3] Züge; sie sind auch Zeichen und Zeichnungen der Zeit.

Auf der Objektebene lässt sich Geschichte als kontinuierliches Nacheinander und Auseinander darstellen, als das Gewesene, Abgeschlossene

---

3 MUCHOW, H.H. (1962) Jugend und Zeitgeist (Hamburg)

fassen und einem Gegenwärtigen gegenüberstellen. Es sind lineare Reihungen und Datierungen möglich, zumal sich in technisch-wissenschaftlichen Bereichen Geschichte als Aufdeckung naturimmanenter Gesetzmässigkeiten und zunehmende Herrschaft über die Objektwelt abhandeln lässt. Wissenschaft wird denn auch seit der Renaissance und ganz unverhohlen seit Beginn des Industriezeitalters als Bemächtigungsstreben, ja als Kampf gegen die dunklen Kräfte der Natur, der es ihre Geheimnisse und Schätze zu entreissen gilt, ausgegeben (vgl. BERMAN, M. 1981; 1985).

Wissen ist Macht; Können ist mächtiger. Geschichte stellt sich insgesamt, trotz gelegentlicher Sackgassen, Stagnationen, Rückfälle und Umwege, als linearer Annäherungsprozess an das totalitäre Ziel: Man soll alles wissen und können! dar.

Ein historischer Rückblick auf die Entwicklung des Benzinmotors oder auf die Bekämpfung der Lungentuberkulose zeigt lediglich Unzulänglichkeiten und Irrtümer auf, die, aus ihrer Zeit heraus verstanden, zwar Anerkennung verdienen, bisweilen auch nostalgische Gefühle wecken mögen, vor allem jedoch der Selbstbewunderung im Hier und Jetzt und der Glorifizierung weitergreifender Ziele dienen. Geschichte ist, in solcher Rückschau betrachtet, das Noch-Nicht, das im Vergleich zu Gegenwart und Zukunft Dürftigere, Dunklere, Ungewissere.

(Dementprechend die aggressiv-captative Sprache moderner Forschung: Strategie, Taktik, Forschungsfront, Vormarsch, Rückschlag, Sieg und Niederlage, Ausbeutung, im Besitze sein von..., Geheimnisse lüften und entreissen usw.).

Der Weg zum paradoxen Ziel, endlich das Unendliche erreichen zu können, nennt sich Fortschritt. – In bezug auf diesen «Fortschritts-Mythos» (ILLICH, I. 1978) und die Utopie, dereinst zu wissen, wie alles wurde, voraussagen zu können, wie alles werden wird[4], ES machen zu können, wie MAN will, drängt sich freilich die Frage nach der Legitimation auf: Wer ist MAN und bestimmt das Sollen? Soll man alles, was MAN kann? Kann und soll der Anonymisierungsprozess bis zu jenem Paradoxon vorangetrieben werden, wo das MAN ein ES beherrscht und in einem dialektischen Umschlag (wieder) alles zu ES wird?

Das bedeutet, dass sich die Fragestellung mehr und mehr auf die Subjektebene verlagert, wo der Mensch seinesgleichen in seiner Personhaftigkeit und Subjektivität begegnet und die politische Auseinandersetzung darüber anhebt, wer wen zum Objekt seines Bemächtigungsstrebens definiert.

---

4 Z.B. in den Anmassungen einer sog. «Prädiktiven Medizin», die aufgrund des decordierten Genotyp Aussagen liefern will darüber, wann ein Mensch woran zu Tode kommen soll.

Geschichte ist auf der Subjektebene das, was mir/uns in der personalen Retrospektive hic et nunc repräsentierbar ist. Geschichte wird von der Gegenwart her aufgerollt und erzeugt. Desgleichen ist Zukunft auf der Subjektebene nicht das Noch-nicht-Vorhandene, sondern das Antizipierte. Das Subjekt versichert sich seiner Gegenwart durch repräsentierte Vergangenheit und Zukunft. Gegenwart ist ein Nu und Nichts zwischen Vergangenheit und Zukunft. Gegenwart als erlebtes Ich bin, Du bist usw., als Möglichkeit zum Wesen, ist präsentierte Vergangenheit (ich bin, was ich war) und Zukunft (ich bin, was ich werde). Ich bin meine Erinnerung und Verheissung. Vergangenheit und Zukunft sind in ihrer Gegenwärtigkeit und Offenheit von Bedeutung. Alles was in der subjektiven Perspektive war und werden kann, **ist** zugleich. Freilich kann auch die subjektive Geschichte objektiviert, d.h. nach Daten und Fakten geordnet, aufgereiht werden. Der unbestreitbaren Tatsache, dass zwischen SOKRATES und PLATON lediglich ein zeitlicher Generationsunterschied, zwischen SOKRATES und KIERKEGAARD hingegen ein solcher von mehr als einem Jahrtausend liegt, hebt auf der Subjektebene jedoch die Tatsache nicht auf, das Kierkegaard Sokrates in wesentlichen Bezügen seines Denkens und Fühlens näher stand als Platon. Desgleichen kann eine geschichtliche Person, Idee oder Lebensform für Menschen der gleichen Epoche ungleich aktueller und bedeutsamer sein, als das Zeitgenössische.

Ich will mich zwar nicht zur extremen Auffassung versteigen, Geschichte sei auf der Subjektebene die Wiederkehr des Ewig Gleichen. Ich möchte jedoch zeigen, dass sich die für eine Beziehungswissenschaft bedeutsamen geschichtlichen Ereignisse und Konstellationen in kreisförmig-spiraligen Mustern präsentieren, so dass, im Unterschied zu linearen Verläufen, zeitlich unter Umständen weit voneinander Abliegendes zwar nicht im faktisch-objektiven Sinne identisch wird, sich jedoch als gestaltgleich erweist: Eine sich gleichbleibende Grundgestalt wird gewissermassen transponiert.

Ich möchte dies im folgenden an einigen derartigen Grundgestalten des Heilpädagogischen Themas «Der behinderte Mitmensch» illustrieren.

8.1 Grundgestalt: Es gibt nichts Absonderliches, weil es nicht absonderlich ist, dass es Absonderliches gibt

Die verschiedenen Merkmale einer Person – auch jene, die innerhalb einer anderen Grundgestalt als Zeichen einer «Behinderung» qualifiziert würden – werden zwar registriert, jedoch nicht nach den Kategorien normal/abnorm unterschieden.

Die verschiedenen Merkmalskomplexe bleiben auf derselben Bedeutungsebene: hellblondes Haar, helle Hautfarbe, spricht nichts, männlichen Geschlechts, Sohn des XY usw. Auf diese Merkmale wird zwar reagiert, ohne dass jedoch eines hievon zum Anlass genommen wird, der betreffenden Person einen Behinderten-Status zuzuweisen. Allenfalls kann sogar ein von einer andern Grundgestalt her gesehen irrelevantes Detail (die Hellhäutigkeit z.B.) interessanter und bezeichnender sein, als die Stummheit und die womöglich «übersehene» Geistige Behinderung im Rahmen eines «Albinismus», auf den ein psychiatrischer Diagnoseraster aufgrund obiger Beschreibung einschnappen würde.

Dieser Grundgestalt begegnen wir zum Teil in sogenannten Primitiv-Kulturen, sowie in Kleinkindgruppen (wie z.B. Integrationsversuche in Normalkindergärten zeigten). Dies könnte einen dazu verleiten, dieses Grundmuster generell als Ausdruck einer naiv-unreflektierten, problemblinden Haltung aufzufassen.

Naive Ahnungslosigkeit und Unvoreingenommenheit, wie sie PETER BICHSEL in einer persönlichen Erfahrung mit einem geistigbehinderten Menschen zum Ausdruck bringt, können zwar eine bestimmende Rolle spielen:

«Ich habe nicht bemerkt, dass er nicht zu uns, nicht ganz zu den Menschen gehört. Ich fand ihn wie alle andern und unter all den andern einen der besten.
Ich glaube auch, dass ich bemerkte, dass er sich von den andern unterschied, so wie eben der eine blonde und der andere schwarze Haare hat, der eine Kinder nicht mag und der andere nett ist, der eine ein Schreiner ist und der andere ein Lokomotivführer – aber ich hatte nie den Verdacht, dass er ganz ausserhalb von dem allem steht»[5]

Dennoch ist festzustellen, dass dieses Grundmuster auch immer wieder als bewusste Alternative und Gegenposition auftaucht gegenüber exzessiven Aussonderungs- und spezialisierten Zuweisungs- und Normalisierungspraktiken.

So kann in diesem Zusammenhang verwiesen werden auf Bemühungen um eine Neukalibrierung, d.h. Ausweitung der Normalklassenperspektive zur möglichst weitgehenden Integration bislang ausgesonderter Schüler, sowie auf solche einer Eingliederung der «Sonder»-Pädagogik in die «Normal»-Pädagogik.

Auch von Behinderten selbst werden oft Variationen dieses Grundmusters gewählt, so z.B. nach dem Motto: «Ich bin zwar blind, so dass sich mir – zumal in einer von und für Sehende(n) eingerichteten Welt – eine Reihe von Schwierigkeiten in den Weg stellen, aber: verschont mich mit eurem Mitleid, überrissenen Erwartungen, Typisierungen, Kategorisierungen und Zuschreibungen». – Damit wehren sich Behinderte dagegen, in erster

5 In: Erfahrungen. 14 Autoren zum Thema "Der Behinderte in seiner Umwelt" (Bern, 1970)

Linie oder gar ausschliesslich über ihre Behinderung definiert und im Extremfall pränatal zum Tode verurteilt zu werden.[6]

In Richtung Normalisierung weist auch der Ausspruch des Vaters des armlos geborenen C.H. UNTHAN, welcher in liebevoller Härte drei Forderungen für die Erziehung seines Sohnes aufstellte: «Der Junge darf nicht bedauert werden; wer es von Fremden zulässt, bekommts mit mir zu tun. – Ziehet dem Bengel keine Schuhe und Strümpfe an; lasst die Füsse bloss. – Wascht den Fuss, gebt ihm einen Löffel und lasst ihn selbst essen.»[7]

Drei weitere Meinungsäusserungen aus ganz unterschiedlichen Epochen und Kulturräumen sollen die Zeitlosigkeit und hohe Variabilität dieses Grundmusters illustrieren:

«Jedes kranke Mitglied der Gesellschaft bringt uns in Erinnerung, dass das ganze Leben der Gesellschaft falsch ist und einer Änderung bedarf; wir aber glauben, dass es für jedes Mitglied eine Anstalt geben müsse, die uns von diesem Mitglied befreien oder es korrigieren solle. Nichts hemmt so sehr den Fortschritt der Menschheit, wie diese falsche Überzeugung. Je kranker die Gesellschaft ist, desto mehr Anstalten für die Heilung der Symptome sind vorhanden und desto weniger ist man um die Änderung des gesamten Lebens besorgt.»[8]

«Lahme, Taube und Blinde, Geisteskranke und Altersschwache gehören doch natürlicherweise zur menschlichen Gesellschaft, deren Bild verfälscht wird, wenn sie nicht mehr mitten unter uns leben, weil man sie in Fürsorgeheimen, Irrenanstalten, Spitälern und Asylen untergebracht hat. Es ist eine billige Selbsttäuschung, diese sehr weitgehende Absonderungspraxis in erster Linie als menschlichen Fortschritt und als Ausdruck des sozialen Kollektivgewissens unserer Zeit zu deuten».[9]

«Die ersten Äusserungen, welche die Kinder nach ihrer Aufnahme in unsere Schule zu hören bekommen, lassen sich etwa folgendermassen zusammenfassen: 'Hör mal, wir halten von all dem Gerede über gestörtes Gefühlsleben überhaupt nichts. Wenn du

6 Es ist bemerkenswert, dass auch Vertreter restriktiver «Indikationslösungen» mit grosser Regelmässigkeit einem präventiven Vernichtungsschlag gegen definierte Gruppen zustimmen, indem sie das Stigma «Behinderung» als Tötungslegitimation gegenüber einem Embryo anerkennen. Auch die «realexistierende» behinderte Person muss sich fürderhin als Angehörige einer Gruppe erleben, die gesetzlich zur Tötung freigegeben ist und nur durch ein zusätzliches Moment ins Leben kam: als nicht entdeckter blinder Passagier, aufgrund einer bekräftigenden Zusatz-Bejahung oder auch bloss infolge Zögerlichkeit oder Nötigung
7 UNTHAn, C.H. (1848–1929) Das Pediskript (in einer Auswahl von L. NEDDERMEYER, Berlin, 1970).
8 TOLSTOI, L. (1828–1910) Russischer Dichter, Erzieher und Philosoph, Über Erziehung und Bildung (Berlin, 1902)
9 SCHOHAUS, W. (1897–1981) Lehrerseminardirektor in Kreuzlingen/Schweiz. War ein dezidierter Vertreter einer Integrationspädagogik, längst bevor diese zu ihrem Namen kam (in: 1969)

jemand mit gestörtem Gefühlsleben erleben willst, brauchst du mich nur mal gegen das Schienbein zu treten. Die Tatsache, dass deine Mutter dich schlecht behandelt hat, hat gar nichts damit zu tun, dass du mich bestiehlst, die Mitarbeit verweigerst oder einfach stinkfaul bist'.»[10]

8.2 Grundgestalt: Das Absonderliche ist die Inkarnation des Nicht-sein-Sollenden; es ist das Seinswidrige, Lebensfeindliche, Bedrohliche, dessen es sich zu erwehren und von dem es sich fernzuhalten gilt

Auch dieses Grundmuster lässt sich durch verschiedene Transpositionen in linear und räumlich weit voneinander abliegenden Epochen und Kulturen nachweisen.

Aus verschiedenen sogenannten Primitivkulturen ist bekannt, dass im negativen Sinne abnorm definierte Menschen (speziell Kinder) getötet, ausgesetzt oder einfach ihrem Schicksal überlassen wurden.

Die grundsätzliche Verfügungsgewalt der Eltern bzw. der Gesellschaft über ein Kind bestimmte desgleichen in den alten Hochkulturen (Sumer, Babylon, Ägypten), sowie in der griechischen und römischen Antike und ebenso im Germanentum das Verhältnis der Erwachsenen zur Nachkommenschaft nachhaltig, und sie machte sich besonders deutlich bemerkbar gegenüber dem gebrechlichen Kind. Nach sumerischem Recht durften Eltern ihre Kinder enterben, verkaufen oder in die Sklaverei geben. – In Babylon hatte nach dem Kodex des HAMMURABI [1728–1686 Babylonischer König und Gesetzgeber] der Kindsvater das Recht, Neugeborene wegschaffen zu lassen. – PTAH-HOTEP, ein ägyptischer Priester-Pädagoge (um 2500 v. Chr.) erklärt:

---

10 v. HILSHEIMER, G. (? – ?) Direktor der «Green Valley School» für verhaltensgestörte Kinder in Orange City, Florida. Angehöriger der Humanitas- Gesellschaft, die ihre Ursprünge in den böhmischen Brüdergemeinden des 14./15. Jahrhunderts hat.
in: How to live with your special child (1970) Verhaltensgestörte Kinder und Jugendliche (dtsch. 1975) (Ravensburg)
VON HILSHEIMER durchstösst hier in exemplarischer Weise - bei aller vordergründigen Ruppigkeit und scheinbar fehlendem «psychologischem Einfühlungsvermögen» – die distanzierenden Definitionshüllen, mit welchen Psychiatrie und Psychopathologie Kinder mit sozialen Schwierigkeiten auf therapeutische Distanz zu halten pflegen. Hier stellt ein unverstelltes ICH ein DU und frägt nach den Möglichkeiten ein WIR zu erzeugen.

«Einen Schüler, der Zwietracht stiftet, in die Irre geht, die Weisungen übertritt, sich allem widersetzt, was gesagt wird und elende Reden im Munde führt, einen solchen Schüler soll man, auch wenn es der leibliche Sohn ist, verstossen. Mache ihn zum Knecht, denn so wie sein Mund, ist sein ganzes Wesen... Sein Verderben ist schon im Mutterleib verhängt worden... Mache nicht den Krummen gerade: Du kannst tun, was du willst, jedermann wird doch nach seinem Charakter gezogen, wie nur irgendein Glied von ihm»[11]

Aus der griechischen Antike sind die in Sparta gepflegten Selektionspraktiken bekannt. PLUTARCH [45–120] berichtet, dass man Neugeborene in Wein badete, um ihre Gesundheit auf die Probe zu stellen. Kranke, missgestaltete Kinder wurden nach Weisung des Ältestenrates in eine Schlucht des Taygetos-Gebirges geworfen.

Auch SOLON [ca. 640–560, athenischer Gesetzesreformer] gestattet die Tötung neugeborener Kinder. – Ebenso widerspricht das behinderte Kind der harmonischen Architektur des Platonischen Staates:

«Um die jeweils geborenen Kinder nehmen sich dann die Behörden an... Die Kinder der Schwächeren oder irgendwie missgestaltete verbergen sie an einem geheimen und unbekannten Ort, wie es sich gehört»[12]

Auch ARISTOTELES [384–322] stellt in seiner «Politik» die Forderung auf, kein verkrüppeltes Kind aufzuziehen.

Der römische Pater familias war zwar nicht unumschränkter Herrscher, doch entschied auch er durch den Akt des Aufhebens darüber, ob ein neugeborenes Kind innerhalb der Sippe aufgezogen werden sollte oder nicht. Dass die Göttin Levana (Kapitel II/5.1) dazu bestellt war, dafür zu sorgen, dass die Kinder «aufgehoben» wurden, scheint darauf hinzudeuten, dass dieser positive väterliche Akt keine Selbstverständlichkeit war. – Ähnlich entschied auch der germanische Vater durch den Akt des Aufhebens über die Aufzucht eines Kindes.

Das Hütet Euch vor den Gezeichneten! setzt sich auch im Mittelalter fort: Insbesondere Missgeburten übten eine hohe Faszination aus und lieferten einen Anlass für phantastische Kosmologien, wie sie z.T. auch in der zeitgenössischen bildenden Kunst ihren Niederschlag fanden (MÜRNER, Ch. 1991). Sie galten als Monster ohne menschliche Seele, die unter dem Einfluss der Gestirne entstanden (LÖHMER, C. 1989). Kirchliche Morallehren machten später «widernatürliches Verhalten» der Erzeuger dafür verantwortlich.

---

11 Zitiert nach BRUNNER, H. (1957) Altägyptische Erziehung (Wiesbaden)
12 PLATON (427–347) grch. Philosoph; zitiert aus: Der Staat (Stuttgart, 1958)

Der Gedanke, dass absonderliche Menschen des Teufels Ausgeburten seien, fand seinen Niederschlag in der Vorstellung des Besessenseins von Dämonen, Geistern oder vom Leibhaftigen persönlich. Das Gefühl der Befremdung, welches ein abnormes Kind erweckt (Loux, F., 1980), liess auch den verbreiteten Glauben entstehen, das ursprünglich gesunde Kind sei (allenfalls schon im Mutterleib) gegen ein anderes, missgestaltetes ausgetauscht worden.

Nach Ploss[13] verstand man unter einem solchen, im Mittelalter als Wechselbalg bezeichneten Dämonenspross «ein dickes, geistig und leiblich verkümmertes, meist auch ungestaltetes, hässliches Wesen, welches sich nie zu voller menschlicher Ausbildung entwickelt». – Dessen Unterschiebung findet in der Regel bald nach der Geburt statt, während eines Moments mütterlicher Unachtsamkeit.

Auch Martin Luther (1483–1546) hing derartigen Vorstellungen an und äusserte sich in einer seiner «Tischreden» (1541) wie folgt:
«Solche Wechselbälge und Kielkröppe sind Söhne des Sathan, und plaget er die Leute damit. Denn diese Gewalt hat der Sathan, dass er die Kinder auswechselt und einem für sein Kind einen Teufel in die Wigen legt, das denn nicht gedeiht, sondern nur frisst und seugt. Aber man saget, das solche Wechselbelge und Kielkröppe über 18 und 19 jar nicht alt werden. Dis geschicht nu offt, das den Sechswöchnerinnen die Kinder verwechselt werden und die Teufel sich an ire stat legen und sich garstig machen mit fressen und schreien, denn sonst andere zehen Kinder, das die Eltern für solchen Unvletern keine Ruhe haben und die Mütter also ausgesogen werden, das sie nicht mehr stillen können.»[14]

Bachmann, W. (1985) weist in seiner umfassenden Studie zu diesem Thema nach, dass Wechselbalg-Vorstellungen und Teufelsaustreibungen nicht mit Volksaberglauben abzutun sind, sondern ein Stück praktiziertes und kirchlich abgesegnetes Christentum repräsentierten. Obschon gegen Ende des Mittelalters ein Trend einsetzte, die «Natur» der Behinderung zu erforschen (Löhmer, C., 1989), zeigt sich, dass sogenannte «Menschenbilder» Behinderte praktisch in keiner Kulturepoche in **Selbstverständlichkeit** und nicht nur als caritative Beigabe und in «Auch-Floskeln» (Kapitel I/5.2) einzubewältigen vermochten (vgl. Bachmann, W. 1985, p. 265 ff.). Positive Akte der Zuwendung blieben auch im Zuge der Christianisierung Ausnahmen von der Regel der Verfolgung, Vernichtung, des Strafdenkens

---

13 Ploss, H., Das Kind in Brauch und Sitte der Völker (Leipzig, 1912)
14 Zitiert nach Kirmsse, M., Der Schwachsinnige und seine Stellung im Kulturleben der Vergangenheit und Gegenwart (ZS für die Behandlung Schwachsinniger, 42. Jg. Nr. 6 + 7, Halle, 1927)

und der Exkommunikation. Behinderte gerieten sozial immer wieder in die Rolle des «Antimenschen» (a.a.O. p. 289), galten als Inbegriff des Bösen und des Nicht-sein-Sollenden und konnten höchstens noch über den «Kuriositätseffekt» (a.a.O.) eine quasi-positive Aufmerksamkeit auf sich lenken –: sei's auf dem Morionen-Markt des alten Rom, in den Schaubuden der Jahrmärkte oder in den Ordinationen voyeuristisch-exhibitionistisch förschelnder Ärzte (vgl. M...R, F. 1826; FANDREY, W. 1990; u.a.).

Trotz Brüderlichkeitsgedanke und Imago-dei-Lehre sowie zahlloser **Einzel-**Beweise für Liebestätigkeit blieb im Christentum die Haltung dem behinderten Kind gegenüber bis in die Gegenwart hinein ambivalent und desinteressiert. Zu diesem Schluss gelangt auch BESCHEL, E. (3.A. 1965), der feststellt, dass die Notwendigkeit einer Erziehung behinderter Kinder über viele Jahrhunderte nicht ins allgemeine Bewusstsein trat. Und so sehr sich Einzelpersonen und religiöse Gemeinschaften um behinderte Menschen kümmerten, standen die Kirchen der sozialen Entwicklung und Integration Behinderter bis in die Neuzeit (z.B. auch bezüglich der Zulassung zu Kommunion, Konfirmation, Abendmahl, Ehe) erschreckend häufig hindernd im Weg (BACHMANN, W. 1985, p. 243). – Unverstand und Bösartigkeit gewannen immer wieder Überhand und schlugen sich auch in der Rechtsprechung nieder, die sich bis über das Mittelalter hinaus noch stark an einem exorzistischen Modell (KOBI, E.E. in: BÜRLI, A. 1977) und einem ausgesprochenen Strafdenken orientierte.[15]

Die heutzutage weitgehend säkularisierte Heilpädagogik, wie sie sich in den vergangenen zwei Jahrhunderten allmählich herausschälte, trägt daher eine Reihe von Altlasten mit sich, die abzutragen auch künftige Aufgabe sein wird:

– Die Verquickung des Abnormen mit dem Bösen, bis hin zur Dämonisierung des behinderten Kindes mit entsprechenden Exorzismen und Purgierungen (heute v.a. medikamentöser Art) im Gefolge.
– Die Verquickung der Ursachenfrage mit der Schuldfrage mit zweifelhaften Verurteilungen im Gefolge[16]
– Die Projektion der Ursache in den transzendenten Bereich, so dass das behinderte Kind als Strafe Gottes gegenüber den Eltern erscheint. Die religiöse Praxis liefert bis in die Gegenwart hinein Beispiele, in denen –

15 ZÜRCHER, MERET, Die Behandlung jugendlicher Delinquenten im alten Zürich 1400–1789 (Winterthur, 1960)
16 Noch 1843 erschien in Basel eine fromme Teufelsschrift des Arztes VALENTI, die derartige Zusammenhänge glaubhaft zu machen suchte (vgl. VALENTI, E.I., 1843)

entgegen der **frohen** Botschaft, welche das Christentum zu verkünden hätte – mit den Mitteln der Drohung und Ängstigung[17] gearbeitet wird.

In der Neuzeit kamen vor allem sozial-darwinistische Befürchtungen auf, erbkranker Nachwuchs würde ohne gezielte eugenetische Eingriffe (d.h. dem Ausschluss minderwertiger Individuen aus dem Fortpflanzungsprozess), derart überhand nehmen, dass die völkische Existenz bedroht wäre.

Alles, was im Zuge nationalsozialistischer Erziehungs- und Vernichtungsprogramme realisiert werden sollte, fand seine Konzeption allerdings durch ideelle Vorläufer zu einer Zeit, da HITLER noch ein unauffälliger Jüngling war:

Allein schon die Aussagen, welche zeitgenössische Lehrbücher der Irrenhaus-Psychiatrie über Oligophrene und Psychopathen machen, lassen Horrorszenarien aufscheinen (exemplarisch zur Schweizer Psychiatrie-Szene vgl. EYL, M. in: MÜRNER, Ch., 1991).

Nicht minder problematisch ist die Situation in der Pädagogik. Ich nenne beispielhaft das fünfbändige «Lexikon der Pädagogik» [1913 ff. von E. M. ROLOFF im Kreise namhafter Gelehrter herausgegeben im Herder-Verlag]. Die Vermischung eines penetrant christlichen Anspruchs mit menschenverachtender Patho-Logik ergibt daselbst unter den einschlägigen Stichwörtern (Heilpädagogik; Psychopathische Minderwertigkeit u.a.m.) eine grandiose Double-bind-Situation, eine Beziehungsfalle, in die zwanzig Jahre später auch zahlreiche professionelle Sozialagenten geraten sollten.

Ideell vorbereitet durch ein von Sparta bis NIETZSCHE sich ausspannendes Recht des Stärkeren, wissenschaftlich fundiert durch vulgär-darwinistische Strömungen in der Psychiatrie (vgl. HOCHE, BINDING, u.a. in den zwanziger Jahren in Deutschland; Euthanasiebewegung in den dreissiger Jahren in England und den USA)[18] simplifiziert eingebaut in die faschistische Rassenideologie durch HITLER und seine pädagogische Gefolgschaft –

«Meine Pädagogik ist hart. Das Schwache muss weggehämmert werden. In meinen Ordensburgen wird eine Jugend heranwachsen, vor der die Welt erschrecken wird. Eine gewalttätige, herrische, unerschrockene, grausame Jugend will ich... Es darf nichts Schwaches und Zärtliches an ihr sein. Das freie, herrliche Raubtier muss erst wieder aus ihren Augen blitzen. Stark und schön will ich meine Jugend...»[19]

---

17 Z.B. in Form ärztlicher Zwangsberatung von Frauen, die eine Schwangerschaft abbrechen möchten, was eine besonders zynische Sprachregelung widerspiegelt.
18 Vgl. die menschenverachtende Magazinierung Geistigbehinderter in den USA, über die BLATT, B. / KAPLAN, F., Christmas in Purgatory (Boston, 1967) in einer Foto-Reportage berichten (1974; 1976).
19 HOFER, W., Der Nationalsozialismus (Frankfurt/M. 1967)

– 1933 mit dem «Gesetz zur Verhütung erbkranken Nachwuchses» legife-
riert und legitimiert und schliesslich ab anfang der vierziger Jahre bis gegen Kriegsende von einer «Medizin ohne Menschlichkeit» (MITSCHERLICH,
A. 1960) ausgeführt, fand das Modell der Vernichtung lebensunwerten Lebens mit der Tötung von mehr als 100 000 behinderten Menschen eine An-
wendungs-Variante, die ohne geschichtliche Parallele ist.

Eine moderne Epoche fiel hinter ihre eigene Vergangenheit zurück (vgl.
EHRHARDT, H., 1965; FOUCET, CH., 1978; RUDNIK, M.; 1991).

Weder der überlieferten christlich-abendländischen Kultur mit ihren für
eine Heilpädagogik tragenden Pfeilern der Imago-dei-Lehre, des (schwe-
sternlosen) Brüderlichkeitsgedankens und der Imitatio Christi, noch den
profanen Heilslehren im Umfeld der Französischen Revolution (Liberté,
Egalité, Fraternité) und deren sozialistischen Nachfolgerinnen mit ihren So-
lidaritätsidealen war auch nur annähernd die Realisation der angestrebten
integral-befriedeten Gesellschaft gelungen. – Das abnorme Kind passt nicht
in die altägyptische Kosmologie und nicht in den Platonischen Staat, nicht
in ROUSSEAU's naturgemässe Erziehung und ebensowenig in die Pädagogische Provinz[20] GOETHES (wo man es am liebsten mit dem Genie zu tun hat).
Es verträgt sich schlecht mit der Pansophie des COMENIUS und besteht nicht
vor dem Forum der Vernunft des Aufklärungszeitalters. Weder die roman-
tische Bewegung «im Namen des saftigen, vollkräftigen Lebens gegen die
Herrschaft des trockenen Verstanden»[21] noch die Klassik mit ihrem Erziehungsziel der inneren Harmonie der Kräfte haben es grundsätzlich in ihre
erzieherischen Bemühungen aufgenommen.

In unserer Gegenwart hat sich die Fragestellung von der Vernichtung zur
Verhinderung lebensunwert geltenden Lebens verschoben. An die Stelle der
(nachträglichen) Säuberung trat die (vorsorgliche) Verhütung. Zur geschlossenen Gesellschaft erhält nur derjenige Zutritt, der an der Pforte die
statutarisch vorgeschriebene Carte d'identité vorzuweisen vermag, die besagt, dass er einer der unsern zu werden verspricht. Die Frage ist gewissermassen von der table d'hôte an die Eingangstür verlegt worden; die Dis-
pute finden dementsprechend «Draussen vor der Tür»[22] statt. Unerwünschte
Leben und unerwünschte Tode haben die Grundgestalt der Panne beibehalten. Vorurteile, Scheu, Aberglaube, Pharisäertum und Moralismus ver-

20 So nennt J.W. GOETHE eine imaginäre Erziehungsanstalt in «Wilhelm Meisters
   Wanderjahre»
21 REBLE, H., Geschichte der Pädagogik (Stuttgart, 3.A. 1957)
22 Titel eines Dramas von WOLFGANG BORCHERT (1921–1947 in Basel), das einen Tag
   nach seinem Tod uraufgeführt wurde

bauen immer wieder die Sicht auf die Seinsweise und die Bedürfnisse Behinderter oder liessen diese zu Opfern altruistischen Missbrauchs werden (Kapitel IX/3). Die Exzesse nationalsozialistischer Euthanasie- und Eugenesie-Praktiken reihen sich denn auch nahtlos in dieses Grundmuster der Abweisung ein, das seine Allgegenwärtigkeit in den derzeitigen Diskussionen um Gentechnologie, pränatale Diagnostik und Bioethik erfährt.

8.3 Grundgestalt: Was uns auch immer als absonderlich erscheinen mag, hat in einer transzendenten Perspektive doch seinen Sinn und seine Richtigkeit

Anlässlich einer Studienreise, die mich durch verschiedene nordamerikanische Indianerreservate führte, stiess ich in der Indianerabteilung des Museums von Denver auf das Skelett eines etwa fünfjährigen Mädchens, welches, gemäss archäologischen Angaben, aus einer cliff-dwelling, d.h. von Höhlenbewohnern des 12./13. Jahrhunderts stammte. Diese indianischen Höhlenbewohner, von den spätern Navajo-Indianern Ashanti (= die Alten), genannt, lebten auf der Stufe einer Steinzeitkultur; Rad, Metalle, Pferde, waren ihnen nicht bekannt. Sie lebten als Sammler und in bescheidenem Masse als Jäger. Sie betrieben am Grunde des Canyons Ackerbau und züchteten Kleintiere. Man nimmt an, dass diese Ashanti, von denen zum Teil noch recht gut erhaltene Höhlensiedlungen existieren, (z.B. im Canyon de Chelly) im 13. Jahrhundert infolge anhaltender Dürre untergingen.

Interessant war an dem erwähnten kindlichen Skelett der medizinisch nachgewiesene Sachverhalt, dass das betreffende Mädchen an einer sogenannten Craniosthenose (d.h. einer vorzeitigen Verknöcherung der Schädelnähte) gelitten hatte und infolgedessen schwer schwachsinnig gewesen sein musste.

Man fragt sich, was in kärglichen Verhältnissen lebende, «primitive» Steinzeitmenschen dazu veranlasst haben mochte, eine derartige «Ballast-Existenz» nicht nur nicht über die Felsen zu stürzen, (wie es der unvergleichlich kultiviertere PLATON mehr als ein Jahrtausend zuvor empfohlen hatte), sondern gar noch fünf Jahre lang mit Maisbrei zu füttern, bis dieses schreiende, wimmernde, wahrscheinlich weder sprach- noch gehfähige Wesen schliesslich eines natürlichen Todes starb?

Wir wissen es nicht.

Wir müssen jedoch annehmen, dass dieses Kind den Ashantis **etwas wert** war, wiewohl sie in ihren unterirdischen Kiwas einer primitiveren Religion huldigten, als die sich zum Christentum bekennenden faschistischen Ärzte und Psychiater, welche zwischen Tausenden von stolzen Domen und Kirchen «kulturhindernde Existenzen» umbrachten, weil diese ihnen offensichtlich **nichts wert** waren.

Ohne Wertorientierung wäre die unter den damaligen Umständen erstaunliche soziale und ökonomische Leistung, ein schwerbehindertes Kind jahrelang am Leben zu erhalten, kaum möglich gewesen.

Wir finden diese Grundgestalt denn auch vor allem in religiös-weltanschaulich motivierten Bemühungen um behinderte, notleidende, kranke Menschen. Alle Hochreligionen enthalten Bestimmungen darüber, wie mit

Armen und Bedürftigen umzugehen ist (vgl. ANTES, P. 1984); diese erhalten hierdurch, mindestens indirekt, eine Rolle und einen Status zugewiesen, die den Schadlosen ermöglicht, sich durch Gute Werke den übersinnlichen Mächten wohlgefällig zu erweisen und sich deren Gunst zu versichern.

So lässt sich auch der profanisierte Fürsorgegedanke über die christliche Barmherzigkeitsübung (Caritas) zurückverfolgen bis zum Opfer, das praktisch in sämtlichen Kulturen von hoher Bedeutung ist. «Der Kult wird als Repräsentation kosmischen Geschehens betrachtet. Eines der wesentlichen Mittel dafür ist das Opfer».[23] Die Opferhandlung bringt den Menschen in «äussere Nähe zum Heiligen».[23] Das Opfer ist ein Mittel zum Zwecke der Beziehungsstiftung zwischen dem Menschen und dem Numinosen. Häufig ist mit dem Opfer auch die Absicht verbunden, das kosmische Geschehen zu erhalten und günstige Bedingungen zu schaffen für positive Einwirkungen aus dem transzendenten auf den immanenten Bereich. Das Opfer ist in erster Linie religiös motiviert. Auch im speziellen Fall des Armenopfers ist daher nicht der Bedürftige, dem das Opfer realiter zufliesst, der eigentliche Adressat, sondern die Gottheit. Der Bedürftige ist ein Vehikel zur Erreichung eines Zwecks, der ihn lediglich mittelbar berührt. Die gilt auch für die christliche Barmherzigkeitsübung. Caritas ist primär Dienst an Gott und Nachfolge Jesu und nur sekundär und mittelbar Dienst am Bedürftigen. Auch in der Caritas bleibt der altrömische do-ut-des-Gedanke (Ich gebe, dass Du gibst!) mitbestimmend. Einerseits schwingt stets die Petrusfrage mit: «Siehe, wir haben alles verlassen und sind Dir nachgefolgt; was wird uns also zuteil werden?» (MATTHÄUS 19/27) –, auf der andern Seite finden wir die wiederholten Versprechungen Jesu (z.B. MATTHÄUS 6/3), seine Nachfolger würden für ihre Treue gebührend belohnt werden. Psychologisch betrachtet ist Caritas sowenig uneigennützig wie profane Hilfe. Beide haben eine wichtige Entlastungs- und Ausgleichsfunktion (BILSKI, W. 1989), die als solche von wertneutral-lebenserhaltender Bedeutung ist. Sie konturiert weder den Empfänger noch den Spender, da beide «systemimmanent» aufeinander angewiesen sind.

Dass die Kuh «Milch gibt», ist eine anthropozentrische Sprachregelung; aus der Sichtweise der Kuh ist der Bauer ein Wesen, das ihr täglich «die Milch nimmt».

Erst durch Ziele, Mittel, Inhalte, Methoden und situative Kontextvarianten, durch Positionen, Definitionen und Sprachregelungen kommen Wertungen ins Spiel. Entscheidend ist dabei nicht ausschliesslich das Haben/

---

23 GOLDAMMER, K., Die Formenwelt des Religiösen (Stuttgart, 1960)

Nichthaben von Etwas, sondern die Bedürfnisspannung zum Spenden bzw. Empfangen. Die Macht über diese homöostatischen Prozesse besitzt derjenige, der über die «Ventile» verfügt (zur Psychologie und Psychopathologie des Altruismus und des Helfens vgl. BIERHOFF, H.W. / MONTADA, L., 1988; BRANDON, D. 1983; COMBS, A. 1975; GUGGENBÜHL, A. 4.A. 1983; SCHMID-BAUER, W. 1983; 1985; SELIGMANN, M.E.P. 3.A. 1986; WARTENWEILER, D. 1989; KRONAUER, U. 1990). Systemische Betrachtungsweisen haben auch bezüglich der für die und in der Heilpädagogik zentralen Praxisfigur des «Helfens» aufgezeigt, dass diese nicht per se sinn- und wertvoll, zweckdienlich (Kapitel VII/1 und IX/3) und hilfreich ist. Seine diesbezügliche Qualifikation und Wertschätzung kann der helfend gemeinte Stimulus (Kapitel II/1.6) erst aufgrund der ausgelösten Umstrukturierungen erfahren.

So fanden denn auch in der neueren Pädagogik, wie sie sich aus dem 17. Jahrhundert heraus entwickelte, der Ausschluss Behinderter und Formen «leiser Euthanasie» eine Fortsetzung. Dies hauptsächlich dort, wo Pädagogik als gnadenlos ungnädige Sozialisationsdoktrin die Imago-dei-Lehre insofern auf den Kopf stellte, als sie sich Gott nach ihrem Bilde schafft und IHN/SIE zumindest der kreativen Pfuscharbeit glaubt überführen zu müssen. Gott kann zwar alles, der Mensch aber muss alles besser machen.

In seiner «Magna Didactica» (1627/28) vermag COMENIUS (Kapitel II/5.1) seine Überzeugung von der Gottebenbildlichkeit des Menschen nicht auf «Ungeheuer von Menschen und solche, denen Gott den Verstand versagte» auszudehnen. Aus einem von magischen Vorstellungen noch nicht befreiten Denken heraus spricht er von «Antidota», welche sich für solche Fälle vielleicht finden liessen. Mit ähnlichen Worten wie der vorne erwähnte PTAH-HOTEP empfiehlt er dem Erzieher schliesslich, «das knorrige Holz liegen zu lassen».

Auch die ROUSSEAU'sche Mitleidsethik hält in heilpädagogischer Hinsicht nicht, was sie verspricht. Ein beinah physischer Ekel hält ROUSSEAU (1712–1778) davon ab, sich dem kranken Kinde zuzuwenden. Begeistert vom spartanischen Erziehungswesen, schliesst er das Schwächliche und Ungestalte aus seiner pädagogischen Robinsonade aus. So heisst es in seinem «Emile» (1762)[24]:

«Ich würde mich niemals mit einem kränklichen und siechen Kind befassen, sollte es auch achtzig Jahre leben. Ich mag keinen Zögling, der doch niemals sich und andern nützen kann, der nur immer an sich und seine Gesundheit denken muss, und dessen Leib so die Erziehung der Seele beeinträchtigt. Was erreichte ich anderes, wenn ich an ihn meine Sorgen verschwendete, als den Schaden der Gemeinschaft zu verdoppeln, indem ich ihr zwei Menschen statt des einen vorenthielte? Mag ein anderer sich statt meiner dieses Schwachen annehmen. Ich billige es und billige seine Christenliebe, allein ich kann das nicht. Ich kann nicht jemanden das Leben lehren, der nur darauf bedacht ist, sein Sterben zu verhindern».

24 ROUSSEAU, J.J., Emil oder über die Erziehung (Paderborn, 1958)

Auch SALZMANN, F. (1744–1811), der vielleicht bedeutenste Vertreter der Philanthropischen Pädagogik, meint skeptisch: «Die Erziehung ungesunder Kinder ist... ein höchst mühsames und fast ganz undankbares Geschäft» und rät in seinem «Ameisenbüchlein» (1806) dem Junglehrer davon ab, sich damit zu beschäftigen.[25]

Auch der Reformpädagogik, die um 1900 mit grossem Elan das «Jahrhundert des Kindes» (ELLEN KEY) einzurichten gedachte, blieb der heilpädagogische Gedanke weitum fremd. Es war, als wollte sie sich ihren Enthusiasmus nicht verderben lassen durch untaugliche Objekte. Aus der Reihe der bekanntesten Reformpädagogen/innen: KEY, GURLITT, KERSCHENSTEINER, GAUDIG, GEHEEB, LIETZ, WYNECKEN, GLÄSER, OTTO, PETERSEN, MONTESSORI, haben sich keine/r ausser den beiden letztgenannten eingehender mit dem behinderten Kind beschäftigt. Man stösst sogar ausgerechnet bei den entschiedensten Reformern auf Äusserungen, die faschistische Anschauungen der dreissiger Jahre vorwegnehmen.

So propagiert die Fanfarenbläserin der neuen Zeit, die schwedische Frauenrechtlerin und Pädagogin ELLEN KEY (1849–1926), in ihrem epochemachenden Werk «Das Jahrhundert des Kindes» (1900) spartanische Euthanasie-Praktiken:
«Während die heidnische Gesellschaft in ihrer Härte die schwachen oder verkrüppelten Kinder aussetzte, ist die christliche Gesellschaft in der 'Milde' so weit gegangen, dass sie das Leben des psychisch und physisch unheilbar kranken und missgestalteten Kindes zur stündlichen Qual für das Kind selbst und seine Umgebung verlängert. Noch ist in der Gesellschaft... die Ehrfurcht vor dem Leben nicht gross genug, als dass man ohne Gefahr das Verlöschen eines solchen Lebens gestatten könnte».[26]

LUDWIG GURLITT (1855–1931), ein vehementer Kritiker verstaubter deutscher Gymnasialpädagogik, stellt in seiner «Erziehungslehre» (1909) fest: «Wir dürfen nicht die Minderwertigen mit gleicher Liebe behandeln wie die Tüchtigen...».[27]

Damit soll freilich nicht der Eindruck erweckt werden, die Reformpädagogik sei für die Heilpädagogik bedeutungslos geblieben. Sie hat im Gegenteil durch ihre Kritik am überlieferten Schul- und Erziehungssystem auch auf dem heilpädagogischen Sektor zu einem Überdenken überfälliger Positionen geführt. – Ebensowenig sind die indirekten Wirkungen zu verkennen. So etwa die Übertragung des Arbeitsschulgedankens, des Bewegungsprinzips, des ganzheitlichen Unterrichts, des Gesamtunterrichts usw. auf die Behindertenschulung und -erziehung. Was jedoch die Reformpädagogik auch mit ihrem Motto: Vom Kinde aus! nicht zustande brachte,

25 SALZMANN, CH.G., Ameisenbüchlein (Stuttgart, 1949)
26 KEY, ELLEN (1900; dtsch. 1905) Das Jahrhundert des Kindes (Berlin) p. 31/32
27 GURLITT, L. (1909) Erziehungslehre (Berlin)

war eine pädagogische Gesamtschau, in welcher auch die heilerzieherischen Bemühungen ihren Ort hätten finden können.

In der säkularen Philosophie und Anthropologie enthält meiner Einschätzung nach einzig die Anthroposophie von Rudolf Steiner [1861–1925] und seiner Nachfolger/innen eine nicht nur abgeleitet-komplementäre, sozialmoralische, sondern eine existentielle, prinzipielle und integrale pädagogische Thematisierung und Sinnperspektive des behinderten («seelepflegebedürftigen») Kindes, die konsequent auch **in die Tat** und nicht nur in Phraseologie umgesetzt wurde (Steiner, R., 3.A. 1965; Pache, W. 1956: Arnim v. G. , 1974 u.v.a.)

Steiner brachte eine radikal neue Sichtweise und Definition dessen, was die Gesellschaft, psychiatrischer Usanz gemäss, Schwachsinn nannte. Der Geistigbehinderte ist a priori, aus-sich-selbst-verständlich und vorbehaltlos Mensch und nicht «Auch-ein-Mensch», «Trotzdem-ein-Mensch», «Minus-Variante» und was derartiger Einklammerungen mehr sein mögen. Jeder Mensch ist ganzheitlicher Ausdruck des Seinsguten; jedes Leben ist als Schicksal und Auftrag sinnvoll. Der für ein Erdenleben inkarnierte, Person gewordene Geist setzt das Individuum in einen übergeordneten Schicksals- und Sinnzusammenhang. Der Geist kann nach anthroposophischer Vorstellung nicht behindert, krank oder geschädigt sein. Eingeschränkt sind allenfalls seine empirisch fassbaren Präsentationsmöglichkeiten. Was uns im erfahrbaren «Geistigbehinderten» begegnet, ist eine missglückte Inkarnation aus einer unendlichen Reihe von Wiedergeburten. Es ist eine Seele, die, durch ihre uns befremdlich und mangelhaft erscheinende Verkörperung hindurch, derselben Zuwendung und Pflege bedarf wie irgendeine andere. Dies zwar auch, aber nicht ausschliesslich zur Verbesserung ihrer Seinsform im Hier und Jetzt. In einer überindividuellen und transpersonalen Perspektive bezieht sich Seelenpflege auf das Karma und somit auf die Qualität späterer Inkarnationen. Die Methoden der heilpädagogischen Arbeit sind zwar der besonderen Seinsweise eines solchen Menschen anzupassen; ihre Begründung und Zielsetzung erfolgt jedoch von einem für jede menschliche Existenzform gültigen Sinnhorizont her.

Man kann nun derartige Vorstellungen – nach anthroposophischer Darstellung handelt es sich um Erkenntnisse – über ein wiederholtes Erdenleben und ebenso jene über verschiedenen Hüllen der menschlichen Person und die im Siebenjahresrhythmus erfolgenden Entwicklungsschübe von einem **andern**, freilich nicht minder spekulativen, Standpunkt aus negieren. Heilpädagogisches Interesse sollte aber doch immer wieder zur Frage führen: Wie lebt es sich unter einer (z.B. dieser) Perspektive? Welche Daseinsgestaltungsmöglichkeiten eröffnet sie? – Unverrückbarer Ausgangs- und Bezugspunkt ist **dieses** behinderte Kind. Anthroposophie ist ein Beispiel dafür, dass das vergegenwärtigte Dasein nicht allein durch Vergangenheit (als Geschichte und Kausalität), sondern auch durch Zukunft (als Verheissung und Entelechie) bestimmt wird. – Die anthroposophische Heilpädagogik belegt, was eine seinsbejahende Weltanschauung und Gewissheit im wörtlichen Sinne zu be-«wirken» vermögen: Über sie wird in der Tat erst jene Wirklichkeit als Da-Sein konstituiert, welche der naive Realpolitiker für seine Vor-**Haben** glaubt allein beanspruchen zu können.

Der geistig behinderte Mensch erwies sich immer wieder, wie schon mehrfach erwähnt, als Prüfstein und Nagelprobe für Pädagogiken, Ethiken und Anthropologien jedweder Konvenienz. Doch: wieviele Philosophen und Pädagogen haben in ihre tief-gründig-hochfliegenden Gedanken über «den» Menschen nicht nur sich und ihres-gleichen, sondern auch das idiotische Kind von nebenan aufgenommen, sich von sei-nem Lallen gar etwas sagen lassen? – STEINER hat darauf geantwortet in einer Weise, die den Schwerstbehinderten unmittelbar ins Miteinander-Sein aufnimmt.

Zusammenfassend bleibt bezüglich der hier vorgestellten Grundgestalt der transzendentalen Akzeptanz des Seinsguten festzuhalten, dass offenbar immer wieder eine Diskrepanz aufbricht zwischen der Gewissheit kosmi-scher Harmonie und Sinnhaftigkeit (wie sie zumal monotheistische Reli-gionen und Schöpfungsmythen charakterisiert) und innerweltlichen Heils- und Harmonieforderungen mit entsprechenden Totalisierungstendenzen, Herstellungsbedürfnissen und Selbsterlösungszwängereien im Gefolge.

Der nicht ordnungsgemäss ausgestattete und sich nicht ordentlich ge-bärdende Mensch steht quer zur geltenden Weltordnung. Er stört in ästhe-tischer, ethischer und religiöser Hinsicht das Wunschbild von Harmonie und allseitiger Stimmigkeit.

Dass darob die Verheissung eines begnadeten Lebens dennoch nie ganz verloren ging, zeigt dieselbe Geschichte freilich auch in ihren dunkelsten Phasen von Anbeginn bis in die Gegenwart.

8.4 Grundgestalt: Das Absonderliche ist das Missglückte, Mangelhafte, das es zu vervollkommnen, zu reparieren, zu ertüchtigen gilt

Auch dieser Grundform, innerhalb derer der Versuch unternommen wird, aktiv einzugreifen und Absonderliches zurechtzurücken, begegnen wir be-reits in sogenannten Primitivkulturen in Form magischer Praktiken, exor-zistischer Prozeduren, in Form von Zauber, purgierender Massnahmen und anderweitiger Reinigungszeremonielle, von diätetischen Vorschriften, homöopathischen Kuren usf., die sich allerdings nicht auf das beschränken bzw. das abdecken, was heutzutage als Krankheit und Gebrechen definiert wird (Schema 13).

Desgleichen bildet das, was sich später bzw. andernorts in eine ärztlich-therapeutische und pädagogisch-bildende Funktion aufgliedert, daselbst noch eine sowohl personelle als auch ideelle Einheit. Der Schamane, Me-dizinmann, Geistheiler ist Arzt, Lehrer, Priester in Personalunion.

Diese rehabilitative Grundgestalt findet sich in Geschichte und Gegen-wart in drei Varianten, die ich verallgemeinernd und verkürzt als **thera-peutische, kompensatorische** und **sozialrehabilitative** bezeichne. Sie ist seit dem Aufklärungszeitalter und verstärkt seit dem 19. Jahrhundert durch eine zunehmende Ausdifferenzierung und Spezialisierung, sowie durch eine gegenseitige Durchdringung der einzelnen Richtungen charakterisiert, was es einem verunmöglicht, sie im Rahmen dieser allgemeinen Darstellung nachzuzeichnen. Ich begnüge mich daher mit der Andeutung jener Entwicklungslinien, die bis in die Gegenwart bedeutungsvoll blieben. Es ist mir ein Anliegen, zu zeigen, dass der Neuigkeitswert der zahllosen Therapie-, Kompensations- und Förderungsmethoden in der Ausdifferenzierung und Spezialisierung und nicht im Grundsätzlichen liegt.

a) Die **therapeutische** Version orientiert sich an der Folie des Medizinischen Modells (Kapitel IV/2.3)

Ein pädagogisches Beispiel hierfür liefert die Lehre von den Kinderfehlern, wie sie namentlich im Kreise der Philanthropischen Pädagogik des 18. und beginnenden 19. Jahrhunderts – BASEDOW (1724–1790), SALZMANN (1744–1811), TRAPP (1745–1818), CAMPE (1746–1818), VILLAUME (1764–1807) entwickelt wurde. Ihren Höhepunkt erreichte diese «Kinderfehlerkunde» beim HERBART-Schüler v. STRÜMPELL, L.A.H. (1812–1899):
In seiner «Pädagogischen Pathologie» (1890) bietet Strümpell einen alphabetisch geordneten Katalog von Hunderten verschiedenster Kinderfehler. Die «Störungen der Bildsamkeit», um welche Stümpell's Denken kreist, hätten zwar einen fruchtbaren Ansatzpunkt abgeben können für eine heilpädagogische Systematik, doch konnte Strümpell – trotz seiner Versuche, Pädagogik und Medizin voneinander zu trennen – nicht vermeiden, «pädagogische Phänomene mit Kategorien und Methoden der Medizin, d.h. naturwissenschaftlich zu erfassen... Die gesamte Konzeption bekommt den Charakter des Konstruierten, indem das Kategorien-Bezugssystem der Medizin auf das wesensmässig andere Gebiet der Pädagogik bedenkenlos übertragen wird» (BESCHEL, E. 3.A. 1965).

Sowohl in der pädagogischen Trivialliteratur als auch in der dem medizinischen Denken und Kategoriensystem nahestehenden Kinderpsychiatrie blieb das Auflisten kindlicher Störungsbilder bzw. Untugenden bis in die Gegenwart hinein erhalten (man vergleiche dazu einschlägige Lehrbücher zur Kinder- und Jugendpsychiatrie).

Der Therapiegedanke fand auch in der Geistigbehindertenpädagogik seinen Niederschlag:

So lag den Bemühungen des Arztes GUGGENBÜHL, J.J. (1816–1863), der 1841 auf dem Abendberg (in der Nähe von Interlaken) ein Heim für kretine Menschen eingerichtet hatte, die Idee zugrunde, durch kombinierte medizinisch-diätetisch-erzieherische Massnahmen Kretinismus zu heilen.
Wir haben ferner bereits auf die «Heilpflege- und Erziehungsanstalt Levana» von GEORGENS und DEINHARDT hingewiesen, in deren ideologischem Umfeld die Kreation der Bezeichnung «Heilpädagogik» nahe lag.
Schriften wie jene des Taubstummen- und Schwachsinnigen-Lehrers SAEGERT,

K.W. (1809–1879): «Die Heilung des Blödsinns auf intellektuellem Wege» (1845/46) liefern weitere Belege dafür, wie sehr der Therapiegedanke der Heilpädagogik zu Gevatter stand.

Auch wenn man die Zielsetzungen GUGGENBÜHLS im nachhinein als naiv-optimistisch einschätzen mag, (was ihm denn auch noch zu Lebzeiten den Ruf eines Scharlatans einbrachte), ist doch nicht zu verkennen, dass von der Therapie-Version seit der zweiten Hälfte des 20. Jahrhunderts eine zunehmende Faszination ausging.

Einen wichtigen historischen Ausgangspunkt bildeten hierfür auch die Versuche von ITARD, J. M. (1775–1838), welche dieser als Chefarzt am Taubstummeninstitut von Paris mit dem «Sauvage de l'Aveyron» (einem in den Wäldern am Aveyron aufgegriffenen Wildkind unbekannter Herkunft) durchführte. Itard wurde damit zum Begründer einer auf Perzeptionstraining beruhenden Schwachsinnigenschulung. Er hatte nicht nur einen bestimmenden Einfluss auf seinen Schüler SÉGUIN, E. (1812–1880), welcher durch ein sinnes-physiologisch orientiertes Training cerebrale Funktionsmängel glaubte ausgleichen zu können; Itards und Séguins Erfahrungen wurden in der Folge vor allem durch MARIA MONTESSORI (1870–1952) sowohl für die allgemeine Vorschulerziehung, als auch weiterhin für die Geistig- und Lernbehindertenpädagogik fruchtbar gemacht. Die Montessori-Methoden erfreuen sich aufgrund ihrer Affinitäten zum Medizinalsystem innerhalb dessen denn auch grosser Beliebtheit. – EGENBERGER, R. (1958) und vor ihm bereits LESEMANN, G. (1925; 2.A. 1963) mit seinen sogenannten «geistorthopädischen Übungen» hatten ferner die sensualistische Grundkonzeption in den Hilfsschulunterricht integriert, längst bevor unter den Schlagworten «Basale Bildungsförderung» und «Früherziehung» in den sechziger Jahren eine Montessori-Renaissance einsetzte und die alte «Sinnesschulung» – welche in der Pädagogik eine bis auf SPENCER, FRÖBEL, PESTALOZZI, ROUSSEAU, LOCKE und COMENIUS zurückreichende Tradition besitzt – von einer über weite Strecken naiv-geschichtslosen anglo-amerikanischen Neuropsychologie neu entdeckt nach Europa reexportiert wurde.

Die zahllosen Trainingsprogramme, Übungssammlungen und Materialien zur taktil-kinästhetischen, auditiven und visuellen Wahrnehmungsförderung, welche heute unter dem Titel «Therapie» angepriesen werden, liegen durchaus in dieser Tradition. – Mit ihrem zum Teil hohen, «pharmakologisch» anmutenden Spezialisierungsgrad verbindet sich allerdings die Gefahr der Desintegration einer ganzheitlich-personzentrierten Erziehung und Bildung.

Einen weiteren Impuls erhielt die therapeutische Version durch die zum Teil an archaische Praktiken der Katharsis, der Hypnose und des symbolischen Spiels anknüpfende Psychoanalyse, wobei diese allerdings einem anderen, diesfalls soziodynamischen Kausalitätsmodell folgte und sich auf eine als «neurotisch» definierte Klientel ausrichtete, welche sie vor allem im Bereich der Verhaltensstörungen fand.

Während SIGMUND FREUD (1856–1939) sich als Begründer der Psychoanalyse mehr nur am Rande und indirekt mit Kindern beschäftigte, haben sich viele seiner Schüler/innen (A. ADLER, ANNA FREUD, H. ZULLIGER, MELANIE KLEIN, O. PFISTER, A. AICHHORN u.a.) intensiv für entwicklungsgestörte Kinder und Jugendliche engagiert.

In den nachfolgenden Generationen und vor allem nach den Zweiten Weltkrieg weiteten sich die Therapieformen und –bezeichnungen ins Unübersehbare, so dass sich der Gesamtbereich mit der Nennung einzelner Namen und Schulrichtungen nicht mehr abdecken lässt.

Die zum Teil extreme Funktionalisierung und auf Honorarbasis ausgelegte Instrumentalisierung zwischenmenschlicher Beziehungen, legendäre (vor allem infantil-deterministische) Erklärungsmodelle für (kindliches) Störverhalten sowie diffuser Wertneutralismus gaben und geben in unterschiedlichen Zusammenhängen immer wieder Anlass zu Auseinandersetzungen über das Verhältnis von (Psycho-)Therapie und Erziehung.

Auch die unter den Begriffen Verhaltensmodifikation und Verhaltenstherapie zusammenfassten Methoden, welche zum Teil aus einer ausdrücklichen Gegenposition zur klassischen Psychotherapie heraus entwickelt wurden, haben der Sache nach eine bis weit hinter den Behaviorismus und die moderne Lerntheorie zurückreichende Tradition, deren Anfänge nicht ganz zufällig in der oben erwähnten Kinderfehlerkunde der Philanthropen zu finden sind.

Deren «Meritensystem» enthielt bereits das Kernstück jeder verhaltensmodifikatorischen Veranstaltung: Das Prinzip der systematischen positiven Verstärkung. – Auf sogenannten «Meriten-Tafeln» («Meriten»: soviel wie Verdienste, Ehrungen), wurden positive Verhaltensformen und gute Leistungen regelmässig (z.B. in Form eines Punkte-Systems) verzeichnet. Die Tafeln waren im oder vor dem Schulzimmer aufgehängt, so dass sich jeder Besucher ein Bild machen konnte über die Disziplin und den Leistungsstand der Klasse und des einzelnen Schülers.

Man könnte dieses Prinzip mit guten Gründen sogar bis in die jesuitische Erziehungspraxis der sogenannten «Aemulation» (Anstachelung des Lerneifers) zurückverfolgen.

Die unübersehbare Vielfalt der Therapien neuropsychologischer, psychoanalytischer, verhaltensmodifikatorischer, seit den fünfziger/sechziger Jahren auch zunehmend pharmakologischer Art («Pillenpädagogik»; vgl. VOSS, R. 1983; 1984; 1987) brachte allerdings kein neues Grundmuster hervor. Neu ist allenfalls die Dreistigkeit des Machbarkeitswahns und der Umstand, dass die Therapeutik zunehmend zu Problemen zweiten Grades führt und Lösungen beschert, die schlimmer sind, als das ursprüngliche Problem. Das Missverhältnis zwischen Aufwand und Erfolg vergrössert sich zusehends, da dem gigantischen Therapieangebot offenbar kein vergleichbarer Heilungseffekt gegenübersteht. Das therapeutische Modell scheint autogam geworden zu sein; d.h. es befruchtet sich selbst und wächst wie ein Korallenriff. Man hat gelegentlich den Eindruck, dass es den Patienten mehr zur Legitimation als zur Genese benötigt (KOBI, E.E. 1988; 1990b).

b) Die **kompensatorische** Version spielt vor allem in der Sinnesgeschädigtenpädagogik eine hervorragende Rolle.

Was die **Gehörlosenbildung** anbetrifft, ist hinzuweisen auf den spanischen Benediktinermönch PEDRO PONCE DE LEON (?–1584), der bereits im 16. Jahrhundert einzelne Taubstumme erfolgreich unterrichtet haben soll. – 1620 erschien die erste Anleitung zur Gehörlosenbildung von BONET, J.P. (1579–1633); 1692 das berühmte Werk des Schweizer Arztes AMMANN, J.C. (1669–1724): «Surdus loquens». – Einen ersten Höhepunkt erreichte die Gehörlosenbildung allerdings erst im 18. Jahrhundert unter den Antagonisten ABBÉ DE L'EPÉE (1712–1789), welcher 1770 in Paris die erste Taubstummenanstalt einrichtete und daselbst für die behinderungsadäquate Gebärdensprache eintrat und HEINICKE, S. (1727–1790), der 1778 die erste Taubstummenanstalt in Deutschland gründete und sich für die integrationsorientierte, wenngleich Gehörlosen wesensfremde, Lautsprachmethode einsetzte. – In dem jahrzehntelang geführten Streit um die französische bzw. deutsche Methode zeigte sich exemplarisch die die heilerzieherische Arbeit permanent durchziehende Antinomie einer separativ-behinderungsorientierten «Sonder»-pädagogik und einer integrativ-normalisierenden «Heil»-Pädagogik (Kapitel II/5.1). Neu mag sein, dass sich heutzutage auch Hörbehinderte selbst beteiligen an den Auseinandersetzungen um eine «Total Communication», den Einsatz von Sign-Languages, die Anerkennung einer eigenen Gehörlosensprache etc. Auch die systematische **Blindenerziehung** nimmt, von vereinzelten Ansätzen und Versuchen abgesehen, erst im 18. Jahrhundert ihren Ausgang und zwar mit den «Lettres sur les aveugles» (1749) von DIDEROT, D. (1713–1784), worin dieser sich optimistisch und zukunftsweisend über die Bildbarkeit Blinder äussert. – HAÜY, V. (1745–1822) errichtete 1784 die erste Blindenanstalt in Paris und gilt als Begründer einer systematischen Blindenpädagogik. Der entscheidende Durchbruch gelang dieser jedoch erst mit der Erfindung der Blindenschrift durch LOUIS BRAILLE (1809–1852), in welcher eine klassische Anwendungsvariante des kompensatorischen Modells ansichtig wird.

Der Kompensationsgedanke wurde auch in andern Sparten der Heilpädagogik virulent, so in der **Geistigbehinderten-** und **Lernbehindertenpädagogik** unter dem Postulat, intellektuelle Dürftigkeit durch manuelles Geschick und spezielle Tugendhaftigkeit (im Sinne der Einordnungsbereitschaft, Zuverlässigkeit und des Fleisses) wettzumachen. Auch hier ergaben sich in der Neuzeit Konflikte zwischen dieser kompensatorischen (die Behinderung quasi einklammernden) und einer stärker «heilenden» (d.h. auf den Abbau der Behinderung abzielenden) Bemühungen. Einen neuen Auftrieb erhielten Diskussionen um kompensatorische Prothesen im Zusammenhang mit Fragen, ob und wie weit elektronische Hilfsmittel (speziell Computer) nicht nur von sensomotorischer, sondern auch von kognitiver und kommunikativer Bedeutung werden können.

c) Kindseitige Auffälligkeiten werden zwar auch in der **sozialrehabilitativen** Version registriert, daselbst jedoch von vornherein in einen umfassenden, je nachdem eher sozialethischen und/oder sozialpolitischen Zusammenhang hineingestellt.

Eine sozial**ethische** Orientierung und Deutung findet sich vor allem in explizit normativen pädagogischen Erziehungslehren, wie sie aus religiös-weltanschaulichen Systemen abgeleitet zu werden pflegen.

Viele der bekanntesten Erziehungslehren des ausgehenden 18. und des 19. Jahrhunderts orientieren sich an einer christlichen Ethik (teils katholischer, teils evangelischer Richtung) und deduzieren hieraus ihre Grundsätze und Qualifikationen dessen, was unter die Bezeichnung «Erziehungsschwierigkeit» fällt.

Als Beispiel wären zu nennen: Das «Lehrbuch der Erziehungskunde» (1811/13) von MILDE, V.E. (1777–1853); «Grundsätze der Erziehung» (1796) von NIEMEYER, A.H. (1754–1828); die «Erziehungslehre» (1812/13) von SCHWARZ, F.H. (1766–1837); die «Evangelische Pädagogik» (1853) von PALMER, Ch. (1811–1875) bis hin zu FÖRSTER, F.W. (1869–1962), mit welchem diese akzentuiert moralisch orientierte Pädagogik weitgehend ihren Abschluss fand.

Es ist zwar Ansichtssache, diesen in der Pädagogik des 19. Jahrhunderts vorherrschenden Moralismus gegenüber dem im 18. Jahrhundert bereits erreichten Stand des Empirismus und der sozial-politischen Position des Aufklärungszeitalters als Rücktritt zu qualifizieren (vgl. BESCHEL, E., 3.A. 1965). Des einen Fortschritt ist nicht selten identisch mit des andern Dekadenz. Aber auch wenn man der Auffassung ist, dass es zeitloser kritischer Aufklärungsauftrag der Pädagogik sei, den Menschen über sich selbst ins Bewusstsein zu setzen und nicht irgend einer Ideologie zuzutreiben, ist nicht zu verkennen, dass auch das für die säkularisierte und von kirchlicher Bevormundung sich allmählich befreiende (Heil-) Pädagogik entscheidend wichtige Aufklärungszeitalter so aufgeklärt (zumal über sich selbst) gar nicht war. Die (Heil-)Pädagogik der Aufklärung (BLANKE, INGRID, 1984) präsentiert sich vielmehr als eine eigenartige Verquickung von Vernunftsglaube (bis hin zu Vernünftelei und rationalistischer Rechthaberei) mit Moralismus (bis hin zu frömmelnder Bösartigkeit), von Voluntarismus und Machbarkeitswahn bis hin zu den Sadismen «Schwarzer Pädagogik» (RUTSCHKY, KATHARINA, 1984).

Trotz der vorab in der pädagogischen Trivial- und Kinderbuchliteratur (vom Typ «Struwwelpeter», STAUB's Kinderbüchlein u.ä.) zu verzeichnenden Einengung und Verdünnung der normativen Frage auf einen oft bedrückenden Puritanismus, sowie einer an Äusserlichkeiten einer Spiessermoral hängengebliebenen Erziehungsideologie[28], bleibt anzuerkennen, dass die Moralpädagogik des 19. Jahrhunderts das Problem des verhaltensgestörten, erziehungsschwierigen Kindes immerhin als eine implizit **pädagogische** Aufgabe erkannte, diese in ihre Betrachtungen miteinbezog und nicht vorschnell (psycho-)pathologisierte, wie dies mit dem Heraufkommen der Psychoanalyse und der Kinderpsychiatrie zunehmend üblich wurde. Die Umdeutung des «bösen» Kindes in ein «krankes» Kind mochte zunächst zwar neue Perspektiven des Verstehens und der Konfliktbereinigung eröffnen, leistete andererseits jedoch auch einer

---

28 In den im 19. Jahrhundert aufgekommenen Manierenbüchern werden Behinderte zu demütiger Bescheidenheit, Nichtbehinderte zum geflissentlichen Wegsehen ermahnt (KRUMREY, H.V. 1984).

Behinderte verletzen durch «die oft höchst unzarte Offenlegung der Verstümmelung» die «Behaglichkeit» (ROCCO, E., 1885ff. zit. nach KRUMREY, H.V. 1984, p. 522) des Bürgers.

«Unbehaglichkeit» kennzeichnet unübertreffbar das Wesen des Behindertseins aus der tiefen Seichtigkeit kleinbürgerlicher Moral, die ihre ganze Kraft tatsächlich zum Wegsehen benötigt.

«Médicalisation du non-médical» MANNONI, MAUD, 1973), einer Psychiatrisierung und einem oft kaum mehr auf seinen Sinn und und seine Legitimation hin befragten Therapiebetrieb Vorschub, der sich gegenwärtig, wie vorerwähnt, zusehends selbst zum Problem wird. Die De-Moralisierung der Pädagogik durch einen naiven Faktenpositivismus und einen Strukturalismus der Beliebigkeit sowie die Entantwortung der individuellen Erziehungspraxis in die Neutralität eines biologischen und/oder gesellschaftlichen Kausalnexus' des ES und des MAN ist zweifellos **auch** ein Aspekt der vielbeklagten Identitätskrise unserer Epoche.

Eine exemplarisch sozial**politische** Orientierung und Deutung finden wir, bis in den praktischen Anwendungsbereich hinein, bei PESTALOZZI, J.H. (1746–1821). PESTALOZZI lässt es nicht dabei bewenden, auf verbal-theoretischer Ebene Beziehungen zwischen Pädagogik und Politik, Gesellschaftsverhältnissen und Erziehung aufzudecken und zu reflektieren, wie es vor ihm schon Dutzende von Philosophen der abendländischen Geistesgeschichte taten. Theorie und Praxis, Daseinsanalyse und Daseinsgestaltung bilden bei ihm eine lebendige Einheit. Aus seinen Neuhof-Berichten (1775/78) wird überdies deutlich, dass sein pädagogisch-sozialpolitischer Denkansatz die heilerzieherische Problematik in Selbstverständlichkeit mitumfasste, so dass es für ihn nicht opportun war, eine «Sonder»-Pädagogik zu entwickeln.

«Auch der Allerelendeste ist fast unter allen Umständen fähig, zu einer alle Bedürfnisse der Menschheit befriedigenden Lebensart zu gelangen. Keine körperliche Schwäche, kein Blödsinn allein gibt Ursache genug, solche mit Beraubung ihrer Freiheit in Spitälern und Gefängnissen zu versorgen; sie gehören ohne anders in Auferziehungshäuser, wo ihre Bestimmung ihren Kräften und ihrem Blödsinn angemessen gewählt und leicht einförmig genug ist. So wird ihr Leben, der Menschheit gerettet, für sie nicht Qual, sondern beruhigte Freude, für den Staat nicht lange kostbare Ausgabe, sondern Gewinn werden»... «Es soll aber die Menschheit sehr interessieren, dass auch Kinder vom äussersten Blödsinn, die durch gewohnte Härte dem Tollhaus aufgeopfert werden, durch liebreiche Leitung zu einem ihrer Schwachheit angemessenen, einfachen Verdienst vom Elend eines eingesperrten Lebens errettet und zur Gewinnung ihres Unterhalts und zum Genuss eines freien und ungehemmten Lebens geführt werden können...»[29]
«Neben den «Neuhof Berichten», dem «Stanserbrief» und der Schrift über Taubstummenbildung scheint mir PESTALOZZIS Studie «Über Gesetzgebung und Kindermord» (1783) eine der bedeutendsten heilpädagogischen Schriften des 18. Jahrhunderts zu sein, welche die philosophische Salonliteratur dieser Epoche ebenso hinter sich liess, wie die zeitgenössischen frömmelnd-mahnenden Moraltraktate.

29 PESTALOZZI, J.H. Werke in acht Bänden (1945) Erlenbach/Zürich. Bd. I, p. 80

Was Pestalozzi mit einem noch eher dürftigen äusseren Erfolg angestrebt hatte, nahm vom 19. Jahrhundert weg konkretere Gestalt an in der Verbindung caritativer und sozialreformerisch-erzieherischer Bemühungen. Auch das bis in die mittelalterliche Tradition zurückreichende Findel- und Waisenhaus-Konzept (vgl. CHMELIK, P. 1978; SPIEL/SCHAUFLER in: DATLER, W. 1984) erfährt vom 18. Jahrhundert weg eine nachhaltige Pädagogisierung. Beispielhaft und von nachhaltiger Wirkung waren vor allem die Werke von:

FALK, J.D. (1768–1826), der 1821 im «Lutherhof» zu Weimar verwahrloste Kinder um sich sammelte.
DON BOSCO, G. (1815–1888), der gegen die anfänglichen Widerstände der Kirche sich für die Kinder des Turiner Proletariats einsetzte und die moderne Auffassung einer Präventiv-Erziehung vertrat.
KOLPING, A. (1813–1865), Gründer des katholischen Gesellenbundes, der ebenfalls eine Erneuerung der Erziehung aus christlichem Geist anstrebte, um dadurch die Jugend gegen die Gefahren des heraufziehenden Industriezeitalters zu feien. WICHERN, J.H. (1808–1881), der als Vater der «Inneren Mission» gilt und in Hamburg die ersten Rettungshäuser für Proletarierkinder errichtete.
BODELSCHWINGH, F. v. (1831–1910) unter dessen Leitung die Anstalt «Bethel» bei Bielefeld, die er 1872 übernahm, Weltruhm erlangte.

Nicht ohne Mühen freilich, Verkümmerungen und Verflachungen, welche denn auch immer wieder Anlass zu Kritik (speziell am Anstaltswesen) boten, setzte sich in diesen und vielen andern sozialpädagogischen Werken der Erziehungs- und Rehabilitationsgedanke gegenüber dem Strafdenken durch. In Verbindung damit verliefen die Entwicklungen zur Sozialstaatlichkeit und mithin zur Verrechtlichung des Sozialwesens (KOBI, E.E., 1990b).
Ähnliche Entwicklungen erfolgten im Schulbereich, wo von der zweiten Hälfte des 19. Jahrhunderts weg und vor allem dann nach dem Zweiten Weltkrieg ein starker Differenzierungs- und Aussonderungsprozess einsetzte. Exemplarisch ist die Entwicklung des Hilfsschulwesens:

Dessen Wurzeln liegen einerseits in den Schwachsinnigenanstalten, andererseits in sogenannten «Nachhilfeklassen» und «Notschulen», wie sie vereinzelt zu Beginn des 19. Jahrhunderts für Kinder des Fabrikproletariats existierten. – Angeregt durch Schriften wie jene von STÖTZNER, E. (1832–1910) «Schulen für Schwachbefähigte Kinder» (1864) entstanden erste Hilfsschulen in verschiedenen deutschen Industriestädten (1867 Dresden; 1877 Gera; 1879 Elberfeld; 1882 wurde die erste Hilfsklasse in der Schweiz in La Chaux-de-Fonds eingerichtet; 1888 folgte Basel). – Bis zum Ersten Weltkrieg existierten in Deutschland bereits 1850 Klassen in 320 Städten; 1927/28 waren es 3966 Klassen in 750 Städten (vgl. HANDBUCH..., 1979/Bd. 4). Nach den Ersten Weltkrieg: Weitere Ausbreitung und Konsolidierung der Hilfsschule, von der man sich auch die Aufhebung des sog. «Sitzenbleiber-Elends» erhoffte. – Ausbildung von Hilfsschullehrern; Ausformung des sog. «Eigencharakters» der Hilfsschule (BESCHEL, E., 3.A. 1965). – Allmählicher Strukturwandel (Homogenisierungsbemühungen; Ausscheidung stärker behinderter Kinder). Psychodiagnostische Beurteilungen treten gegenüber medizinischen in den Vordergrund. – Während der faschistischen Ära in Deutschland können sich die Hilfsschulen z.T. retten, indem sie die «Brauchbarkeit» auch ihres minderwertigen Schülermaterials herausstellen.

Nach dem Zweiten Weltkrieg: Ausdifferenzierung des gesamten Sonderschulwesens: quantitativ (zahlenmässige Zunahme) und qualitativ (neue Klassen-Typen). – Testboom (Schulpsychologische Selektionsdiagnostik; IQ als Einweisungskriterium).

Von den sechziger Jahren weg zunehmende (vor allem sozialpolitische) Kritik an der überlieferten Hilfsschulkonzeption sowie am statischen Begabungsbegriff.

1962 findet in einem hessischen Schulerlass erstmals die Bezeichnung «Schule für Lernbehinderte» Verwendung. In der DDR wird die Hilfsschule weiterhin als Schwachsinnigen-Schule definiert, während man im Westen zunehmend von ätiologischen Bezeichnungen abkommt.

Siebziger/achtziger Jahre: Krise der Psychodiagnostik und der objektivierenden Psychologie, deren Bedeutung für die Heilpädagogik im umgekehrten Verhältnis zur Mathematisierung abnimmt. – Strukturelle, dynamische und systemische Betrachtungsweisen (btr. Schulinstitution, sozialer Herkunft, inter- und intraindividuellen Differenzen) gewinnen an Bedeutung. Dynamischer und transitiver Begabungsbegriff. Schülerrückgang, Zuwanderung von Gastarbeiterkindern, Anti-Diskriminierungs-Bewegungen, die zunehmende Bedeutung des schulischen Berechtigungswesen, Alternativschul-Bewegungen, Erfahrungen mit skandinavischen/italienischen und angloamerikanischen Gesamtschulformen u.a.m. geben dem Integrationsgedanken und dem Normalisierungskonzept Auftrieb. – (KOBI, E.E. 2.A. 1980b.) Neukonzeptionen auf integrativer Grundlage. Das Schulsystem erweist sich in seiner Gesamtheit jedoch als recht rigide und viskös.

Derzeit: Zahlreiche kleinräumige (regionale/kommunale) Versuche mit diversen Integrationsformen (Heilpädagogische Stützlehrer; Ressource-Programs; Team-teaching; Itinerant Teachers; Remedial Teaching). Dagegen allerdings auch deutlich restaurative/reaktionäre Strömungen.

Zum Teil initiiert durch die pädagogischen Reformbewegungen der zehner und zwanziger Jahre, in Verbindung ferner mit gesellschaftlichen und politischen Umwälzungen, setzte zu Beginn des 20. Jahrhunderts eine neue Welle von Institutsgründungen auch im sozialpädagogischen Sektor ein. Es handelte sich bei den Initianten fast durchwegs um sozial engagierte pädagogische Aussenseiter, die auf privater Basis neue Konzepte zu realisieren versuchten. Die gelehrte (universitäre) Pädagogik blieb demgegenüber bzgl. der Probleme behinderter Kinder ihrer Tradition der Nichtbeachtung treu und setzte diese, von kaum nennenswerten Ausnahmen abgesehen, auch unter den neuen Etiketten der Erziehungswissenschaft und Bildungsforschung bis in die Gegenwart hinein fort.

Aus der Fülle der Beispiele, die über den Zweiten Weltkrieg hinaus für die Heilpädagogik richtungweisend bleiben sollten, seien die folgenden erwähnt:

1917 Gründung eines auf Selbstverwaltung beruhenden Kinderheims in Polen durch den jüdischen Arzt und Pädagogen KORCZAK, J. (1878–1942). – Die Schriften Korczaks, der samt seinen Zöglingen im Konzentrationslager Treblinka endete, wurden im deutschen Sprachraum allerdings erst nach seinem Tode bekannt (KORCZAK, J. 2.A. 1969).

1919 Errichtung der ersten «Waldorfschule» in Stuttgart durch den Begründer der Anthroposophie STEINER, R. (1861–1925).

1920 Gründung der GORKI-Kolonie für jugendliche Rechtsbrecher durch MAKARENKO, A.S. (1888–1939) in der Nähe von Charkow. Makarenko gilt als der Klassiker sowjetrussischer Pädagogik (MAKARENKO, A.S. [dtsch. 1959ff.]

1938 Gründung der ersten Camphill-Schule für geistigbehinderte Kinder in der Nähe von Aberdeen durch den anthroposophisch orientierten Arzt KÖNIG, K. (1902–1966). (KÖNIG, K. 2.A. 1978)

Ferner ist hinzuweisen auf zahlreiche Institutionen, in welchen eine Verbindung von psychotherapeutischen und pädagogischen Methoden angestrebt wurde, so z.B. von AICHHORN, A. (Oberhollabrunn/St. Andrä 1918/22) NEILL, A.S. (Summerhill, 1921); REDL, F. (Pioneer House; Detroit 1948); BETTELHEIM, B. (1944 Übernahme der 1930 gegründeten Orthogenic School in Chicago).

Die Epoche von 1860 bis 1960 kann insgesamt – abgesehen von der faschistischen Ära und den kriegbedingten Unterbrüchen – als eine Zeit bezeichnet werden, in welcher therapeutisch-reparative, kompensatorisch-prothetische sowie sonderschulisch-rehabilitative Grundmuster einen ungeheuren Entfaltungsprozess erfuhren, was zweifellos nicht nur mit der gesellschaftspolitischen Dynamik dieser Epoche, sondern auch mit den verbesserten ökonomischen Verhältnissen im Bereich der westlichen Zivilisation, sowie mit den Entwicklungen in sämtlichen paidologischen Wissenschaftszweigen (in Medizin, Psychologie, Soziologie usf.) im Zusammenhang steht.

Eine gewisse Ernüchterung und Skepsis gegenüber der Favorisierung und zum Teil Verabsolutierung des Grundmusters des Machens und Herstellens, zeichnet sich seit den siebziger Jahren ab. Die Erkenntnis scheint zu dämmern, dass die Erfindung immer neuer Variationen und Koloraturen zwar eine Bewegung in Gang hält, die jedoch nicht in jedem Falle zu besseren Daseinsgestaltungsmöglichkeiten verhilft, sondern ein Grundmuster auch ad absurdum führen kann.

Abschliessend sei noch einmal betont, dass die dargestellten Grundmuster in mannigfachen Verbindungen, Durchdringungen, Konglomeraten allgegenwärtig sind und in ihren Variationen sowohl von gesellschaftspolitischen, ideologisch-weltanschaulichen, als auch von individualen Faktoren bestimmt werden.

Daher kann eine Geschichte der Heilpädagogik (SOLAROVA, SVETLUSA, 1983; MÖCKEL, A., 1988; MERKENS, LUISE, 1988) Vergangenes kaum im Sinne des Abgeschlossenen und Erledigten präsentieren, sondern hat das Ewig-Gestrige im Momentan-Heutigen zu thematisieren. Heilpädagogik beginnt in diesem Sinne in jedem Zeitalter, in jeder Generation, in jedem Menschen von vorn, und so etwas wie «Fortschritte», wie sie die Technik annimmt, sind von jedem Einzelnen immer wieder neu zu erringen.

VI. Die Ätiologische Frage

Alle Teile des Organismus bilden einen Kreis.
Daher ist jeder Teil sowohl Anfang als auch Ende[1]

Unter der ätiologischen (von grch. aitia, svw. «Ursache») Fragestellung befassen wir uns mit Problemen der Kausalität (causa, lat. Ursache), d.h. der Verursachung von Behinderungen und der Erzeugung von Behinderungszuständen, sowie mit entsprechenden Modellvorstellungen. Wir versuchen in diesem Kapitel Antwort zu geben auf die Frage:

In welchem Bedingungsgefüge haben Heilpädagogik und Heilerziehung ihre Aufgabe wahrzunehmen?

1. Zur Bedeutung der ätiologischen Frage für die Heilpädagogik

Die Ursachenfrage ist für die Heilpädagogik und Heilerziehung von untergeordneter Bedeutung.

Thema der Heilpädagogik und Aufgabenfeld der Heilerziehung sind nicht die hinter den Behinderungen liegenden Schädigungen und deren Ursachen, sondern die psycho-sozialen Erzeugnisse innerhalb des Behinderungszustandes (Schema 15). Das Was? und das Wie? sind wichtiger als das Warum? Radikale, d.h. an die naturhaft-materiellen oder an die gesellschaftlich-ideellen Wurzeln greifende Massnahmen sind entweder technischer oder politischer Art und demgemäss mit physischer bzw. sozialer Macht verbunden. Die Aufgaben von Heilpädagogik und Heilerziehung liegen auf der Subjekt- und nicht auf der Objektebene. Nicht am Zeug zu flicken, sondern Zeugnis abzulegen für das, was da ist und werden kann ist ihres Amtes; ihre Aufgabe besteht darin, ein optimales Arrangement zwischen (Primär-)Ursachen und (phänomenologischer) Manifestation herzustellen.

1 Hippokrates (ca. 460–375) grch. Arzt

277

Ihr Aktionsfeld liegt **zwischen** «Genotypus» und «Phänotypus» des Behindertseins. Sie ist kreativ-gestaltender, nicht reparativ-restauratorischer Art. Ihre Orientierung ist prospektiver, nicht retrospektiver Art; Pädagogik ist Zukunfts-, nicht Vergangenheitsbewältigung.

Uns interessiert **nicht,** was ein Sozialer Organismus, von irgend einem Aussenkriterium her besehen, **ist,** sondern wie er sich erlebt. Es geht uns nicht um Allgemeingültigkeit, sondern um die subjektiven Geltungen in einer Allgemeinheit. Es liegt in der Natur eines Sozialen Organismus, dass seine externen und internen Konflikte nicht mit technischen Mitteln oder personunabhängigen Verfahren aufgelöst werden können –, ganz abgesehen von der Frage, ob Konfliktlosigkeit überhaupt ein erstrebenswertes Ziel abgäbe.

Es liegt ferner in der Kultur eines Sozialen Organismus, dass stets alles mit allem verhängt und überdies in Fluss ist. Das Wesenselement eines Sozialen Organismus liegt nicht im materiellen oder energetischen, sondern im informativen und stimulativen Bereich. Ein Sozialer Organismus existiert «in bezug auf...» und kann daher nur «relativitätstheoretisch» und systemisch zur Darstellung gebracht werden.

An einem Bild exemplifiziert: Man kann ein Orchester objektiv, (nach naturwissenschaftlicher Manier), erforschen und beschreibend, quantifizierend feststellen, welche und wieviele Instrumente von jeder Art vorhanden sind, man kann den Tonumfang jedes Instruments bestimmen usf.

Man kann, gemäss einer subjektiven Methode, aber auch die Subjekte zum Zuge kommen, d.h. dieses Orchester einmal spielen lassen und sich anhören, was sich aus diesem Miteinander und Zueinander ergibt. Wollten wir derartige Verlautbarungen von Subjekten im nachhinein erneut objektivieren, so böte sich in unserm Beispiel lediglich die Messung der Schwankungen in der Frequenz (in Hz), der Lautheit (in Phon oder Dezibel), sowie der Zeitintervalle (in Sekunden und Minuten) an: Dies wären dann zwar objektive Daten, deren Kargheit und Bedeutungslosigkeit uns jedoch nicht in die Lage versetzen würde, eine Beethoven-Symphonie zu identifizieren. – Eine derartige Identifikation ist nur über den Dialog von Subjekten möglich, die je nach dem eine mehr oder weniger grosse Konkordanz finden in ihren Interpretationen und im Fortgang ihres Gesprächs vielleicht einen immer grösseren Bereich der Konvention, der Kongruenz, des Kompromisses herzustellen vermögen.

2. Verursachung und Erzeugung

Thema der Heilpädagogik sind soziale Organismen. Ihr Augenmerk richtet sich demzufolge auf die in perspektivischer Deutung durch Personen ausgezeugten Lebens- und Daseinsformen. Sie hat Zeugnis abzulegen für den subjektiven Freiheitsraum innerhalb naturhaft gegebener und gesellschaftlich vorgegebener Verhältnisse. (Heil-)Pädagogik und (Heil-)Erziehung werden erst dadurch möglich und notwendig, dass im Bereich zwischenmenschlicher Beziehungen mechanische Ursache-Wirkungs-Verhältnisse brüchig werden, wie die nachfolgenden Hinweise zeigen.

2.1 Kontamination (Verschmelzung)

Die am Zustandekommen einer Behinderung sowie an der Auszeugung und Unterhaltung eines Behinderungszustandes beteiligten Faktoren verfilzen und durchdringen einander sehr rasch und intensiv. Eine Einweisung bestimmter Phänomene und Symptome in verschiedene «Konten» (Erbmasse, Erziehung, Traumatisierung usw.) bleibt daher stets mehr oder weniger spekulativ, willkürlich und künstlich.

2.2 Unregelhafte Proportionalität

Lediglich beim Vergleich extrem unterschiedlicher Ausgangspositionen besteht eine gewisse Proportionalität zwischen Gewicht und Umfang eines Kausalfaktors, der Prägnanz eines Defekts und der Schwere und Komplexität eines Behinderungszustandes und mithin der Diffizilität der heilerzieherischen Aufgabe. Dasselbe psychosoziale Ereignis (z.B. Scheidung der Eltern) kann die Kinder einer Familie je nach Entwicklungsphase und aktuellen Beziehungsmustern sehr unterschiedlich treffen und ein ganzes Spektrum von Reaktions- und Verarbeitungsformen nach sich ziehen.

Desgleichen können sich aus nach Art und Ausmass identischen Schädigungen Behinderungen unterschiedlichen Belastungsgrades ergeben. – Aus «an sich» banalen Merkmalen können sich aufgrund ihrer Erscheinungswirksamkeit erhebliche Behinderungszustände entwickeln. Umgekehrt bauen sich um prägnante Schädigungen und funktionelle Behinderungen, (wie z.B. die Beinamputation eines Kriegsveteranen), unter Umständen nicht nur keine negativen, sondern, vorübergehend wenigstens, sogar ausgesprochen positive psychosoziale Felder auf in Form vermehrter Anteilnahme, Verehrung, Bewunderung, Hochschätzung, Prestigegewinn, usw.

Desgleichen kann die funktionelle Beeinträchtigung eines behinderten (z.B. blinden) Kindes zwar stärker sein als jene eines andern (z.B. lediglich sehbehinderten) Kindes. Trotzdem können sich Erziehung und Bildung sehbehinderter Kinder pädagogisch, didaktisch-methodisch und bezüglich instrumentellem Aufwand anspruchsvoller erweisen.

Es ist daher immer wieder ein schwieriges Unterfangen, den Schweregrad einer Behinderung zu bestimmen (Kapitel III/6).

Beispiel: Eigentlich müsste dieser Tetraplegiker (vgl. CALLAHAN, J., 1992) aufgrund seiner misslichen Lage, die ihn in vielfache Abhängigkeiten bringt, sehr unglücklich, depressiv und lebensmüde sein. – Er befremdet (beschämt, verblüfft, irritiert...) uns jedoch durch seinen Lebenswillen, seine Lebensfreude, die zu erzeugen er imstande ist und die kausal überhaupt nicht fassbar sind und gerade durch ihre Irrationalität, Unlogik, Dysproportionalität Zeugnis ablegen für eine subjektive Existenz. Dass ein Behinderter auch glücklich sein kann (was auch immer er und wir darunter verstehen mögen), lässt sich objektiv nicht erklären. Es ist das Subjekt, welches die objektiven Fakten auf den Kopf stellt und harte Tatsachen verflüssigt (Schema 42).

2.3 Polyvalenz und Inkonstanz

Wirkkraft und Bedeutung der einzelnen Zustandsfaktoren bleiben sich im individual- und sozialgeschichtlichen Wandel nicht gleich (Kapitel V/3), d.h. im Kausalnexus ergeben sich Potenz- und Bedeutungsverschiebungen. Je nach Zeitpunkt, Situation, Entwicklungsphase, Normendruck und Erwartungen wirkt sich derselbe Kausalfaktor im Laufe der Zeit mehr oder weniger gravierend auf den Gesamtzustand aus und macht eine unterschiedliche Gewichtung erforderlich (Schema 44).

2.4 Aequifinalität

Zwischen Ursachen/Schädigungen und Behinderungen, sowie zwischen Behinderungen und Behinderungszuständen bestehen keine fixen Entsprechungen, wie dies z.B. bei Infektionskrankheiten, (wo ein bestimmter Bazillus ein bestimmtes Symptombild «macht»), der Fall ist. Gleiche oder der Art nach ähnliche Schädigungen und Beeinträchtigungen können zu sehr unterschiedlichen Zustandsbildern und Entwicklungsverläufen führen, und umgekehrt können der Art nach recht unterschiedliche Kausalfaktoren praktisch identische Zustandsbilder bewirken und weitgehend dieselben Erziehungsprobleme ergeben. Die Verwandtschaft auf der Ebene der Ursachen und Schädigungen kann daher auf der Ebene der Behinderungen und Behinderungszustände völlig verloren gehen oder aber daselbst erst entstehen. Eine bestimmte, lokalisierbare Hirnschädigung, wie z.B. eine Temporallappen-Epilepsie, lässt die verschiedenen Patienten zwar in dieselbe Kausalkategorie fallen. Die subjektiven Gestaltungsformen ihrer Behinderungssituation liegen jedoch derart weit auseinander, dass wissenschaftliche Typisierungsversuche, wie sie zuhauf im medizinisch fassbaren Schädigungsbild ihren Ausgang nehmen, auf der Subjektebene zu grotesken Kompositionen führen, die dem Einzelnen kaum mehr eine Identifikation gestatten. – Desgleichen können Kinder, die traditionellerweise nach der Art ihrer Behinderung als hörbehindert/motorischbehindert/lernbehindert unterschiedlichen Behinderungskategorien zugeordnet zu werden pflegen, bezüglich des Behinderungszustandes, der sich um sie herum aufbaut, mehr verwandtschaftliche Züge aufweisen untereinander, als Kinder derselben Schädigungs- oder Behinderungsart.

Ferner ist zu beachten, dass die menschliche Individual- und Sozialgeschichte keine beliebige Wiederholung unter Ausschaltung bzw. Beifügung verschiedener Einflussgrössen gestattet, so dass Antworten auf die Frage, wie ein menschliches Schicksal sich gestaltet hätte, wenn dieser oder jener Faktor verändert worden wäre, spekulativ ausfallen müssen. – Auch dann, wenn es gelang, einen Zustandsfaktor zu variieren, bleibt er in seiner geschichtlichen Bedeutung erhalten.

Ein geheilter Legastheniker kann zwar aufgrund seiner nun normgemässen Lesefähigkeit einem Nicht-Legastheniker gleichgesetzt werden; bezüglich seiner Produkte ist kein Unterschied zur Norm mehr festzustellen. – Seine (ehemalige) Legasthenie ist jedoch, mit all ihren erlebnismässigen Auswirkungen, in die personale Geschichte eingegangen, aus der heraus die weitere Gegenwart und Zukunft dieses Kindes mitbestimmt werden.

2.5 Plausibilität

Schliesslich ist daran zu erinnern, dass in pädagogischen, wie in gesellschaftswissenschaftlichen Bereichen überhaupt, sogenannte Plausibilitäts-Ursachen gegenüber empirisch überprüften (bzw. überprüfbaren) Kausalitätsbeziehungen im Vordergrund stehen. So erscheint es zwar durchaus **plausibel,** dass schlechte Lektüre, schlechte Filme und unsittliche Leute einen «entsprechend schlechten» Einfluss auf «die Jugend» haben, und Pädagogen, die auf ihre Berufs-Ehre hielten, versäumten es denn seit jeher nicht, drohend auf derartige Gefahren hinzuweisen. – Trotzdem kann Plausibilität nicht mit Kausalität in eins gesetzt werden, zumal "Erziehung" kein materiales Transportgeschäft darstellt (Kapitel II/1.6), sondern konstruktiver Stimulans. Daher ist es je nur **möglich** (possibel), dass Anstösse in der gewünschten/befürchteten Art aufgenommen werden. Der als Zögling Gemeinte kann z.B. aber auch indifferent oder paradox reagieren. Streng genommen haben wir es daher im pädagogischen Feld nicht mit Kausalitäts-, sondern mit Possibilitätsbeziehungen zu tun. – Auch in diesem Zusammenhang sei daran erinnert, dass eine (Kausal-)Erklärung nicht mit einem Existenzbeweis gleichzusetzen ist. Existenz ist durch Unerklärlichkeit nicht in Abrede zu stellen.

3. Kausalitätsmodelle

Aufgrund der geschilderten Umstände stellt sich die Frage, welcher Art ein Modell sein müsste, um erzieherische Daseinsgestaltungsprozesse adäquat abzubilden. – Wir wollen uns zur Beantwortung dieser Frage schrittweise, von einfachsten Kausalitätsmodellen auf zunehmend komplexere Strukturen zu bewegen, in denen letztlich die physikalische Trennung von Ursache und Wirkung fragwürdig und hinfällig wird.

3.1 Mechanische Modelle

Ein mechanisches Modell, das sich mit der Formel $A \rightarrow Z$ symbolisieren lässt, bringt zum Ausdruck, dass Ursache A, wo und wann auch immer, (situationsunabhängig und ahistorisch), Wirkung Z nach sich zieht. – Es handelt sich um ein extrem reduziertes kausal-lineares Modell, welches sich zur Abbildung erzieherischer Gestaltungsprozesse innerhalb eines Behinderungszustandes zwar als völlig ungeeignet erweist, in einem technisch dominierten Denken dennoch überall da durchschimmert, wo die Frage gestellt wird: Was muss man machen, damit es so wird? – WAS steht für ein gleichbleibendes Vorgehen; MAN steht für irgend jemand; MACHEN steht für ein sich gleichbleibendes Tun; DAMIT steht für ein unmittelbares Bewirken; ES steht für eine Sache; SO steht für eine fixe Wirkung.

Beispiel: Was muss man machen, damit Stottern aufhört? Eine (heil-)pädagogische Antwort ist auf eine derartige Frage nicht zu geben, da sie von einer MAN-ES-Relation ausgeht, die pädagogisch inexistent ist; MAN und ES sind keine pädagogischen Instanzen. MAN kann nichts machen; ICH kann auf der Subjektebene kein ES produzieren.

«Zu den grundlegenden konstruktivistischen Einsichten gehört die Annahme, dass einfach gerichtete Kausalität als Beobachtungskategorie nicht zur Erklärung der Wechselwirkung kreisförmiger Regelprozesse taugt, von denen die Selbstorganisation lebender Systeme (wie vermutlich auch sozialer Systeme) bestimmt wird» (SCHMIDT, S.J. in: ROTTHAUS, W. 2.A. 1989, p. 71). – «Lineare Modelle sind... als Mittel der Vorhersage, wozu sie meist benutzt werden, notorisch unzuverlässig» (BRIGGS/PEAT, 1990, p. 267). «Für

282

jedes idealisierte Zwei-Körper-System sind die Bahnen stabil»; sowie jedoch weitere Einflussfaktoren dazutreten, sind exakte Lösungen nicht mehr
möglich (a.a.O. p. 35). Erziehung stellt ein «Nicht-lineares System» dar,
das **in sich selbst** chaotische Tendenzen bzw. Möglichkeiten enthält und
nicht einfach "von aussen" infinit wird (a.a.O. p. 37).

3.2 Energetische Modelle

Ein energetisches Modell, welches sich mit der Formel A + → Z symbolisieren lässt, bringt zum Ausdruck, dass die Wirkung Z nur dann eintritt,
wenn die Intensität von A einen bestimmten Schwellenwert überschreitet.
Unterbleibt dies, so geschieht entweder gar nichts oder es stellt sich unter
Umständen eine paradoxe Reaktion ein. – Übertragen auf erzieherische Gestaltungsprozesse werden derartige Modellvorstellungen da transparent, wo
Erziehung als eine Art Übermittlung eines emotiven Fluidums aufgefasst
wird. Dies schlägt sich in Auffassungen nieder, wonach einem (behinderten) Kind besonders viel Liebe und Geduld entgegengebracht werden müssten. Liebe wird gewissermassen quantifiziert und portioniert in einer Art
und Weise, wie sie für Stromstärken und -spannungen angemessen sind.
Der Erzieher ist einem Energiespender, einer Batterie, vergleichbar, von der
Motivations- und Stimmungsimpulse ausgehen auf ein entsprechend auf-
zuladendes Objekt.

Die moderne Erziehungswissenschaft hat bekanntlich eine ganze Reihe von Begriffen – Impuls, Kontakt, Spannung, Kurzschlussreaktion, Energie, Overloading,
Warming up usw. – aus der Elektrizitäts- und Wärmelehre entlehnt und benutzt sie in
zum Teil problematischer Weise zur Beschreibung von Erziehungsphänomenen.

Das ist besonders da der Fall, wo dem diesem Modell naheliegenden Prinzip «Mehr vom selben!» (WATZLAWICK, P. 2.A. 1979) nachgelebt wird in
Form heilerzieherischer bzw. therapeutischer «Intensivmassnahmen», die
von persönlichkeitsbedrängender Gutgemeintheit sein können (KOBI, E.E.,
2.A. 1990).

3.3 Additions-Modelle

Ein Additionsmodell, das sich mit der Formel A+B-n → Z symbolisieren
lässt, versucht Situationen Rechnung zu tragen, wo eine Ursache nur in Verbindung mit weiteren Faktoren die Wirkung Z zur Folge hat und wo daher,
um Z zu bewerkstelligen bzw. zu vermeiden, nicht nur die Ursache A, son-

dern auch die Bedingungen B,C,D usw. manipulierbar oder eliminierbar sein müssen.

Weitaus die meisten Arbeiten der empirischen Erziehungswissenschaft beruhen auf diesem Modell, welches davon ausgeht, dass dem zu manipulierenden Etwas eine Gesetzmässigkeit innewohnt, die es in den Griff zu bekommen gilt. Das Erziehungsprodukt «Kind» wird zwar in seinem Verhalten von unendlich vielen Einflüssen bestimmt, die sich jedoch in einer Experimentalsituation via Aspektausblendung auf eine überschaubare Anzahl reduzieren lassen. Die im vorgesehenen Experiment nicht interessierenden Variablen werden sog. «konstant» gehalten bzw. zwischen Kontrollgruppen «parallelisiert», sowie in der Grossen Zahl statistisch invalidiert, während die interessierende Einflussgrösse variiert wird.

Die Beschränktheit der vorgenannten Modelle liegt für die pädagogische Problemstellung darin, dass sie in quasi-naturwissenschaftlich-objektivistischer Weise insofern von Raum und Zeit, Situation und Geschichte abstrahieren, als sie die ersteren künstlich herstellen bzw. vereinfachen und die letzteren ausschneiden und vom Woher und Wohin abtrennen. Ihre Resultate geraten daher in ein paradoxes Verhältnis zur Subjektebene: Die Resultate sind um so exakter, je mehr sich die Forschungsanlage von subjekthaften Einflüssen fernhält; sie verlieren aber gleichzeitig ihre subjektive Bedeutung. Durch ihre Rückübersetzung in die subjektive Alltäglichkeit verlieren sie andrerseits wieder an Stringenz. Soweit sie sich von Raum und Zeit unabhängig erweisen, handelt es sich um subjektiv uninteressante MAN-ES-Relationen; soweit sie davon abhängig sind, lassen sie keine über das hic et nunc der Experimentalsituation hinausgehende Verallgemeinerungen zu. Es gehört daher zur Tragik einer empiristischen Erziehungswissenschaft, welche durch die Objektivierung intersubjektiver Beziehungen die Quadratur des Zirkels erzwingen will, dass ihre Resultate entweder banal und langweilig oder exklusiv-unbrauchbar sind.

Linear-kausale Wenn-Dann-Gesetzlichkeiten werden somit aufgrund der Subjektivität brüchig. Wirkungen ergeben sich in interpersonellen, dyadischen Beziehungen in «Spiralen» (LAING, R. et al., 3.A. 1976a) sich darstellender Intentionen (Bedürfnissen, Absichten), situationsspezifischer Interpretationen (Deutungen von Reizen und situativen Gegebenheiten), in Ausrichtung auf personale Perspektiven (Zielsetzungen, Normen), sowie auf seiten des Partners vermuteter bzw. von ihm erwarteter Intentionen, Interpretationen und Perspektiven, die ihrerseits wieder eine subjektive Wiederspiegelung erfahren in Metaperspektiven (Kapitel IX/Schema 60).

Beispiel: Die Wirkung eines Schlages auf die Wange eines Kindes kann zwar mittels objektivierender Methoden auf der Objektebene erfasst werden: Exakte Messungen über Aufschlaggeschwindigkeit der Hand (in m/sec.), sowie qualitative Veränderungen auf der Wange des Geschlagenen (Hautrötung im Umfeld von 73 cm2 während 22 Minuten) sind zwar objektiv richtig und erfreulich exakt, pädagogisch hingegen uninteressant.

Was sich hier, ja **ob** überhaupt etwas pädagogisch Bedeutungsvolles sich vollzog, bleibt offen und kann nur aus dem subjektiven Kontext erschlossen werden: Können sich die Kontrahenten aufgrund der Vorgeschichte, ihrer personalen Konstellation und des situativen Umfelds darüber einigen
– ob der Schlag absichtlich oder aus Unachtsamkeit erfolgte? (Intention)
– ob der Schlag als unwirsche Geste, als gezielte Ohrfeige, als Auftakt für eine weiterführende Schlägerei verstanden werden sollte? (Interpretation)
– ob der Schlag als berechtigte, angemessene Handlungsweise qualifiziert werden kann? (Legitimation)

Die Autorität/auctoritas (hier verstanden als Urheberschaft für das, was im **andern** geschieht), nimmt «im Quadrat zur Vergeistigung» der Austauschprozesse ab (Schema 44). Das heisst eine physische **Einwirkung** (Handgreiflichkeit i.w.S. bis hin zu chemischen Eingriffen) ist in ihren **Auswirkungen** eher berechenbar als eine solche immaterieller (z.B. sprachlicher, literarischer, bildhafter) Art. «Ein menschliches Wesen, das in Beziehung zu einem andern steht, hat nur eine sehr begrenzte Kontrolle über das, was in dieser Beziehung passiert» (BATESON, G. 1988, p. 350).

3.4 Konstellations-Modelle

Ein Konstellationsmodell, welches mit der Formel:

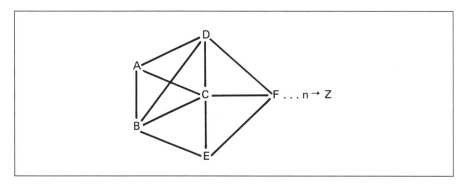

symbolisiert werden kann, berücksichtigt energetische, situative, temporale usw. Faktoren nicht nur in ihrer Summenhaftigkeit, sondern in ihrer wechselnden Konstellation. Diese bewegte Ganzheit bringt, wie in einem Ka-

285

leidoskop, immer wieder neue Konfigurationen hervor, die zur entscheidenden «Ursache» werden für Z. Um Z vorauszusagen oder gezielt eintreten zu lassen, genügt es nicht, einzelne Ursachen zu kennen; diese sind überdies in die wirksame raum-zeitliche Position zueinander zu setzen. Dieses Zueinander stellt eine neue Qualität, einen gegenständlich freilich nicht mehr fassbaren Beziehungskomplex dar. – Wir stehen damit vor ähnlichen Verhältnissen, wie sie der Metereologe vorfindet, der mit dem Pädagogen eine Reihe von Schwierigkeiten teilt:

– Beide können Wetter bzw. Erziehung nicht einfach «machen».
– Beide können sich aus ihrem Problemfeld nicht davonstehlen und von ausserhalb, einem wetterlosen bzw. beziehungslosen Raum her, operieren. Sie müssen sich den Elementen stellen. Wenn sie sich abschliessen, erkennen sie nicht mehr, was geschieht.
– Beide müssen sich mit wechselnden, kaum je identischen (höchstens ähnlichen) Konstellationen befassen, von denen aus nur kurzfristige, unsichere Voraussagen zu machen sind.

«Komplexe, nicht-lineare dynamische Systeme [sind] wie das Wetter so unglaublich empfindlich..., dass schon winzigste Details sie beeinflussen» (BRIGGS/PEAT, 1990 p. 97). «Unwichtige Dinge können in einem nicht-linearen Universum gewaltige Wirkungen haben... Die Gestalt des Ganzen hängt vom winzigsten Teil ab» (a.a.O. p. 107).

3.5 Offen-kreisförmige, autonome «Modelle»

Wir haben es hier, streng genommen, nicht mehr mit Modellen der vorgenannten Art zu tun, da eine unmittelbare, immanente Gesetzmässigkeit fehlt. Nicht nur können die Ursachen A-n die Wirkungen Z-n bewirken (Äquifinalität); Ursachen und Wirkungen gehen überdies kreisförmig ineinander über. Anstelle modellimmanenter gesetzmässiger Abläufe treten vorrangig Erzeuger, welche über die Ingangsetzung von Ursache-Wirkungs-Prozessen entscheiden

Schema 40 zeigt an einem einfachen Beispiel, wie das reflexive Subjekt innerhalb der physikalisch-biologisch-erfahrungsgeschichtlichen Grenzen über einen freien Entscheidungsraum verfügt, in welchem es sich auch reiz- und regelwidrig, nonkonform und eigengesetzlich verhalten kann.

BOLLNOW, O.F. (1959a) trifft in diesem Zusammenhang die für die Pädagogik bedeutsame Unterscheidung zwischen einer «mechanischen

(handwerklichen) und einer organischen Vorstellung von der Erziehung»
und macht damit auf die Unzulänglichkeit der ersten aufmerksam, die im
Rahmen eines technisch therapeutischen Denkens vorherrsche.

«Es ist die aktive Auflehnung des andern Willens gegen den des Erziehers. Und
diese Möglichkeit muss ich miteinbeziehen, wenn ich überhaupt den andern Menschen in seiner Freiheit anerkennen will, die ja immer zugleich eine Freiheit zum
Bösen (oder zu dem, was mir von meiner erzieherischen Zielsetzung her als böse
erscheint) ist. Der Zögling hat immer die Möglichkeit, den noch so gut gemeinten
Erziehungsversuch zu vereiteln. Und dies ist nicht mehr ein blosses Versagen des
Erziehers vor einer sachlichen Aufgabe; es ist ein Scheitern in seinem innersten
menschlichen Kern» (p. 134).

Wir befinden uns hier in Verhältnissen, wo Ursachen nicht nur Wirkungen, sondern Wirkungen zugleich Ursachen erzeugen und in denen die «Erfahrungen der Gegenseite» (BUBER, M. 1960a) zwar antizipiert werden können, wo hingegen deren Bestätigung oder Verwerfung partnerabhängig
bleibt. – Interpersonell relevante und damit subjektive «Fakten» entstehen
erst in der Konvergenz von Intention, Interpretation und gegenseitiger Legitimation der Handlungsvollzüge. Diesbezügliche Divergenzen lösen die
Faktizität auf oder halten sie so lange in der Schwebe, bis via **Verhand-
lungen** die Handlungen eindeutig festgelegt sind (Schema 42).

Desgleichen kann das auf der Objektebene geltende Gesetz, wonach die
Wirkung einer Ursache zeitlich nachgestellt ist, durch das Subjekt aufgehoben werden. Vergangenheit und Zukunft, Geschichte und Perspektive
werden auf der Subjektebene in der Vergegenwärtigung des Seins erzeugt. – Für die (diagnostische, beraterische, unterrichtliche, erzicheri-
sche,...) Praxis bedeutet dies, dass wir sog. Ontologisierungen (Vergegen-
ständlichungen, Vereigenschaftlichungen von Beziehungsphänomenen),
wie sie durch reduktiv-simplifizierende Vorstellungen und flapsigen
Sprachgebrauch («Peter hat ein POS») entstehen, immer wieder aufzulösen und zu verflüssigen haben (Schema 42).

So haben wir beispielsweise die «Psychopathische Lügenhaftigkeit», wie sie uns
die psychiatrische Systematik präsentiert, zurückzuführen auf

– den psychopathischen Lügner
– den Menschen, der auf ungewöhnliche Art lügt
– die durch lügenhafte Wirklichkeitsverzerrung bedingte Beziehungsstörung, die zwischen uns liegt
– unser gemeinsames Problem des Lügens/Leugnens und Belogen werdens

und haben in der Weise einen zum Quasi-Gegenstand geronnenen Beziehungskonflikt
wieder zu unserm gemeinsamen Thema zu machen (KOBI, E.E. 2.A. 1990).

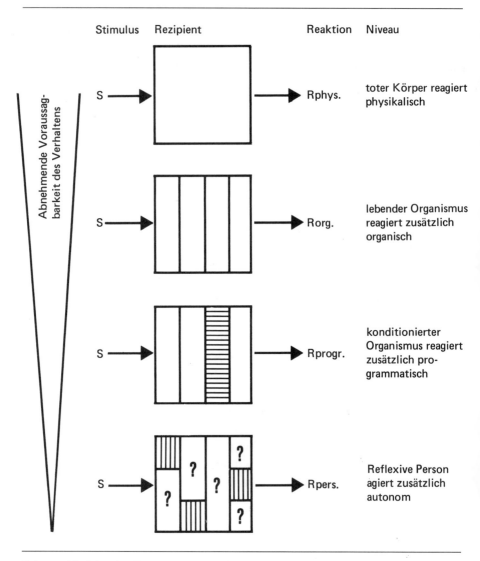

Schema 40: Stimulus-Beantwortung auf unterschiedlichen Verarbeitungsniveaus

Behinderungszustände stellen sich uns als psychodynamische Felder dar, deren Existenz nicht mehr bloss auf bestimmte kausal-linear nachweisbare Primär-Ursachen zurückgeführt und reduziert werden kann. Sie entwickeln vielmehr eine Eigendynamik, die nur noch über mannigfache, kaum rekonstruierbare Biegungen und Brechungen mit der Kausalkette in Verbindung steht (Schema 43)

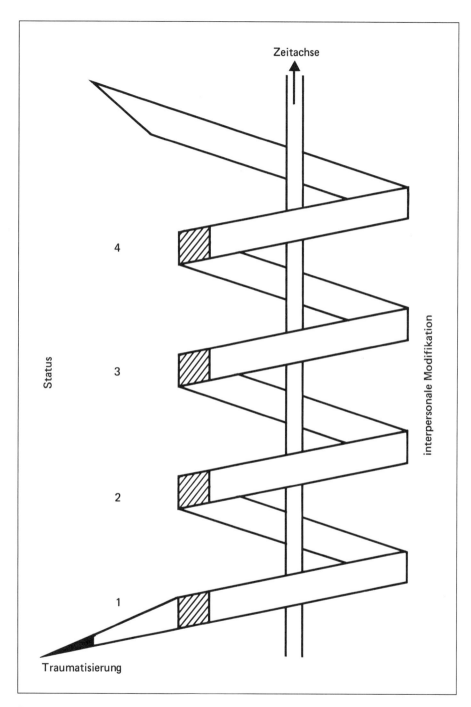

Schema 41: Lineare Kausalkette und zirkuläre Interaktions-Spirale

DETERMINISMUS

Erreger
(als prima causa)
↑↓
Krankheit (Es)
↑↓
Symptomatik

Depersonalisation →	Heteropoiese →	Personalisierung
Entfremdung		Einbindung
Veräusserlichung		Verinnerlichung
Erstarrung; Petrifikation		Verflüssigung
↑		↓
Abspaltung des Störenden		Sinnstiftende Verknüpfungen
von der Person		
↑		↓
Ontologisierung		Neukonstituierung von Seins-
(Vereigenschaftlichung)		weisen in Daseinsgestaltungs-
von Verhaltensweisen.		formen
Vom Tun zum Sein		
↑		↓
Lineare Kausalität.		Zirkuläre Homöostase. Ursache
Örtliche, zeitliche und		und Wirkung gehen kreisförmig
qualitative Trennung von		ineinander über
Ursache und Wirkung		
↑		↓
Individualisierung bzw.		Kontextverbindung; Figur-Grund-
Kontextablösung		Beziehungen
↑		↓
Kausalitätsbedürfnis.		Urheberschaftsfrage
Schuld wird ver-(ur-)-sachlicht		(Auctoritas; Autonomie)
↑		↓
Vergangenheitsgerichtete,		Zukunftsgerichtete, prospektive
retrospektive Aufmerksamkeit.		Aufmerksamkeit. Verantwor-
Schuld- und Schuldigkeitsthematik		tungs- und Verantwortlichkeits-
↑		thematik
Einengung des Themas		↓
durch Focussieren auf einen		Mea res agitur!
«Sach-»verhalt		Selbstorganisation/Selbsthilfe
↑		↓
Persönliches Problem wird	← Autopoiese ←	Lösung wird realisiert
definiert		(neue Homöostase)

Produkt
(Haltung und Verhalten)
↑↓
Ich (steuernde Instanz)
↑↓

Selbst (als auctoritas)

INDETERMINISMUS

Schema 42: Verfestigung und Verflüssigung in psychodynamischen Feldern

Beispiel: Wir können zwar in der Kausalkette, die als solche keinen immanenten Anfang hat, sondern sich letztlich in einen transzendenten Bereich hinein verliert, rein pragmatisch und willkürlich einen Beginn setzen und so etwa, von einer Nabelschnurumschlingung ausgehend, auf einen perinatalen Sauerstoffmangel schliessen, welcher eine frühkindliche Hirnschädigung bewirkte, die ihrerseits eine Reihe von angeborenen Verhaltensauffälligkeiten (Schlaf- und Essstörungen; erhöhte Reizempfindlichkeit; Psychomotorische Unruhe usw.) eines Kindes erklärt. – Die Art und Weise, **wie** nun die nähere Umgebung ein solches Verhalten interpretiert und bezeichnet, sich damit auseinandersetzt und darauf reagiert, ist für die Erfahrungsgeschichte dieses Kindes, aus der heraus es wieder seine Gegenreaktionen produziert, von wesentlicher Bedeutung.

Die «Primär»-Ursache verliert so im Laufe der Lebensgeschichte mehr und mehr ihre dominante Stellung und wird von vielfältigen Einflüssen überlagert, so dass das Verhaltensbild zu einem Zeitpunkt X (beispielsweise bei Schuleintritt) nicht ohne medizinale Simplifikation als «Status nach Hirnschädigung» bezeichnet werden kann (Schema 41).

Wir stehen somit vor der Notwendigkeit eines systemtheoretischen Ansatzes, der für die Heilpädagogik, soweit sie als **Pädagogik** tatsächlich einem sozial-phänomenologischen Denken folgte, allerdings seit je wegleitend war.

4. Systemtheoretischer Ansatz

Systemisches Denken und Handeln sind, auch in ihren reflektierten Formen, weitaus älter als die Bezeichnung und die neuerdings auch wieder in Pädagogik (HUSCHKE, R. 1990) und Heilpädagogik (SPECK, O., 2.A. 1988; HAGMANN, Th., 1990) einbezogenen Diskussionen.[2]

---

2 Ich finde es eine bemerkenswerte historische Reziprozität, dass in der Epoche, in der sich in der Pädagogik eine methodistische und rezeptologische Sichtweise zu installieren begann (von HERBART und ZILLER bis zu den gähnenden Höhen mathematisierter zwischenmenschlicher Beziehungen) ausgerechnet der Kriegstheoretiker CLAUSEWITZ, V. C. (1780–1831) in seinem postum erschienenen Werk «Vom Kriege» (1832ff.) nicht nur eine konsequent ganzheitliche (1980, p. 53) und zirkuläre Darstellung kriegerischer Auseinandersetzung bietet, (der Krieg «ist kein selbständig Ding», p. 41) sondern auch – dem zeitgenössisch naturwissenschaftlichen Konzept völlig konträr! – die hohe Bedeutung des Zufalls und des «Spielraums» (p. 37) zur Sprache bringt. «Der Krieg ist das Gebiet der Ungewissheit... des Zufalls» (p. 65).
In der Wissenschaftsgeschichte der Heilpädagogik repräsentiert insbesondere PAUL MOOR (1899–1977) ein ausgeprägt zirkuläres, kon«stella»-tives Denken, in welchem seine wissenschaftliche Herkunft aus Astronomie und Mathematik (!) transparent bleibt.

Nach DÖRNER, D. (1989, p. 109) ist ein System «ein Geflecht von miteinander verknüpften Variablen». Einen Themenbereich wie «Behindertsein» als ein System aufzufassen, bedeutet demnach, Erscheinungs- und Verhaltensweisen aus dem Zusammenspiel derartiger Variablen zu erklären und zu verstehen. – Diese Variablen können in einer positiven (mehr bringt mehr, weniger weniger) oder in einer negativen (mehr bewirkt weniger, weniger mehr) Rückkoppelung stehen. Positive **Rückkoppelungen** lassen ein System bald einmal durchdrehen, negative puffern es ab und stabilisieren es.

Zwischen «Theorie und Praxis» können sich freilich insofern Divergenzen auftun, als z.B. eine Vermehrung von Therapeutenstellen einen positiven, statt den erhofften negativen Rückkoppelungseffekt auf die Zahl der Patienten hat! – Was als plausibler Puffer bzw. Anreiz gedacht ist, kann in der Praxis überraschend paradoxe Wirkungen haben.

Ferner wird zwischen **kritischen Variablen,** die von vielen Variablen beeinflusst werden und ihrerseits viele beeinflussen und daher von zentraler Bedeutung sind (wie z.B. Personen in Leitungsfunktionen) und **Indikatorvariablen,** die von vielen anderen Variablen des Systems abhängen, selber aber einen nur geringen Einfluss auf diese ausüben (z.B. einzelne Schüler) unterschieden.

Für Systemänderungen ist es daher wichtig, zumindest ökonomisch, möglichst kritische bzw. zentrale Variablen zu stimulieren. – Dies gilt auch für das System einer Person, so dass es, wie etwa die Beispiele von AUGUST AICHHORN, A.S. MAKARENKO, MARA SELVINI, ERIKSON, VIRGINIA SATIR, u.a. belegen, mit zur systemisch effizienten Erzieherin/Therapeutin gehört, intuitiv und intellektuell raum-zeitlich hochintegrierte Schlüsselpunkte (pivots, um die sich «die ganze Sache dreht») zu vitalisieren, von denen aus dann – z.T. schlagartig und plötzlich – synergetisch-systemische Umstrukturierungen erfolgen können.[3] Das Verblüffende ist auch hier, dass es sich bei diesen Pivots (franz. so viel wie "Drehzapfen") um wichtige Nebensachen handelt, die sich oft hinter unwichtigen Hauptsachen verbergen.[4]

Soziale Systeme sind im weitern durch folgende Merkmale gekennzeichnet:

Offenheit: bedeutet, dass sie mit ihrer Umgebung in einem materiellen, energetischen, vor allem aber informationellen Austausch stehen.

---

3 SELVINI PALAZZOLI, MARA et al. (5.A. 1987) sprechen in diesem Zusammenhang treffend von «Saltologie»: Überraschende Ereignisse treten ein, wenn eine fundamentale («Spiel»-)Regel des Systems verändert wird (p. 14). Als Ps bezeichnen sie den «Knotenpunkt, dessen Veränderung die maximale Wandlung im System bei minimalen Energieaufwand erbringt» (p. 55)

4 Vgl. die Ausführungen zum Begriff der Nuance bei BRIGGS/PEAT, 1990

Für den Akteur bedeutet dies, dass

- er das System zwar als ein Ganzes betrachten kann und muss, damit es sich ihm überhaupt als Sinngestalt erschliesst
- es sich aber nicht totalisieren, d.h. mit sämtlichen Einflussgrössen in den Griff nehmen und beherrschen lässt.

Komplexität bezeichnet das Vorhandensein einer oft nicht überschaubaren da indefiniten Anzahl situations- und zustandsbestimmender Merkmale, die sich überdies wechselseitig beeinflussen. Die Komplexität ist umso höher, je grösser die Zahl der Merkmale und je enger deren gegenseitige Abhängigkeit (Interdependenz) ist.

Für den Akteur bedeutet dies, dass

- er mit einem Eingriff an einem bestimmten Ort stets das ganze System trifft
- er, zumal unter gelegentlichem Zeitdruck, handeln muss, ohne eine Übersicht über die Gesamtheit der Teile des Systems und deren Interdepedenz zu besitzen
- seine Intention (Absicht), die er über seinen Impuls (Handlung) an das System vermittelt, daselbst eine nach Ort und Zeit «systemkonforme» Interpretation und Verarbeitung erfährt
- er Neben- und Darüberhinaus-Wirkungen nur zum Teil abschätzen kann. Prozesse können sich durch Rückkoppelung nicht nur verlangsamen oder beschleunigen, sondern auch ihre Richtung ändern oder umschlagen
- seine Einwirkungsart daher, streng genommen, nicht informativ-instruierender, sondern induktiv-stimulierender Art ist. Ein System steuern heisst, nach einem Bild von BATESON, G. (1988): Mit einem Lastenzug mit Anhängern rückwärts fahren, wodurch permanent «systemische Verklappungen» drohen.
- auch ein Nicht-Handeln systemwirksam ist, desgleichen ein Aus- und Wegtreten.

Die subjektive Einschätzung der Komplexität eines Systems und damit dessen kompetente Steuerung wird somit abhängig von der Orientierung an «Superzeichen», die über Gestaltbildungen zustande kommen (z.B. Synaesthesie; Simultaneität; Regeln/ Algorithmen; Trendbeobachtung; u. a. m.)

Bereits von einem Autofahrer wird erwartet, dass er «stets an alles» denkt, ohne sich freilich an Details zu verlieren und so die kaleidoskopartig wechselnde Verkehrslage permanent beherrscht.

Dynamik bezeichnet den Umstand, dass Systeme einer immanenten Veränderung unterliegen. Es sind oder sie verhalten sich wie Organismen. Für den Akteur bedeutet dies, dass

- er mit seinen Eingriffen dem Faktor Zeit untersteht, so z.B. bzgl. des Zeitpunktes, des Tempos, der Frequenz... seiner Aktionen
- er mitunter unter Zeitdruck gerät und sich zum Handeln gezwungen sieht, noch bevor eine differenzierte Planung vorliegt
- er allgemeine, z.T. sehr vage Entwicklungstendenzen wahrzunehmen hat, um festzustellen, wo das ganze hinaus will
- dem «timing» insgesamt eine hohe (quantitative und qualitative) Wirkungsmacht zufällt. Der Zeitpunkt qualifiziert einen Eingriff als «goldrichtig» (da stimmig) oder aber als «daneben» (weil zu früh/zu spät)
- er jederzeit nicht nur sein Tun (Eingriff), sondern auch sein Lassen (Zurückhaltung) zu verantworten hat. Tun und Lassen sind systemisch von gleichrangiger Bedeutung.

Semitransparenz bezeichnet den Umstand, dass Systeme bzgl. ihrer Merkmale, Gestaltbildungen und Vernetzungen nur mehr oder weniger ein- und durchsichtig sind. Für den Akteur bedeutet dies, dass

- er in keinem Moment vollumfänglich weiss, was gerade jetzt «der Fall» ist
- er sich mit einer gewissen Unbestimmtheit der Planungs- und Entscheidungssituation abzufinden hat.

Kontrolliertheit bedeutet, dass Systeme zu ihrer Aufrechterhaltung und zur Erhaltung ihrer Identität auf Sicherungen (Kontrollmechanismen) angewiesen sind.
Für den Akteur bedeutet dies, dass

- er auf die dem System innewohnende Hierarchie (Verfügungsstrukturen) achtet. Der Hierarchie fällt ein umso grösseres Gewicht zu, je stärker die gegenseitige Abhängigkeit der Teile ist (vgl. z.B. Orchesterkonzert versus Unterrichtslektion; Akutspital versus Tagesschule)
- Kontrollmechanismen und Ordnungsstrukturen systemerhaltend sind, so weit mindestens, als sie dieses immer wieder in ein Fliessgleichgewicht (Homöostase) regeln.

Dem Akteur stellt sich insgesamt also die Aufgabe der Problembewältigung in **offenen, komplexen, vernetzten,** nur **partiell/passager transparenten, dynamischen,** auf einen **hierarchisierten** homöostatischen Ausgleich tendierenden Situationen/Zuständen.

Dies setzt die Beachtung verschiedener Regeln bzw. den Erwerb bestimmter Fähigkeiten voraus, so z.B.

– die Aneignung von «Strukturwissen», d.h. ein Wissen über die Art und Weise, wie die Variablen eines Systems konstellativ miteinander zusammenhängen
– das Vorhandensein eines expliziten und/oder impliziten Realitätsmodells, aus empirisch gewonnenen Regeln und Gesetzmässigkeiten von Zusammenhängen und/oder ein intuitives Gespür dafür, «wie der Hase läuft». – Solche Realitätsmodelle können zur Darstellung gelangen
  – als **Trend-Aussage,** die zumeist auf empirisch gewonnene Daten zurückgreift und diese per analogiam extrapoliert. Ein Trend hat somit stets eine mehr oder weniger starke Affinität zu Vergangenheit und Gegenwart (analoge Beziehung)
  – als **Szenario-Entwurf,** der zwar nicht erfahrungslos ist, sich aber doch – quasi durch einen «Sprung» – absetzt von dem, was war und ist (digitale Beziehung). Mit dem Durchspielen sog. Szenarien möchte man sich auch auf Überraschungen «vorbereiten» und/oder Extreme und Utopien (z.B. in Form Pädagogischer Provinzen) in Diskussion bringen
– die Fähigkeit, Einzelinformationen zu einem derartigen Realitätsmodell zu integrieren und sich ein Bild zu machen über das Ganze –: verstanden als Gestalterfassung, nicht als Totalität (vgl. KOBI, E.E. 1987)
– die Fähigkeit zur Selbstkontrolle (bzgl. Ziel, Mittel und Verlauf), die weitgehend identisch ist mit Operativer Intelligenz: «Was jemand mitbringt an Wissen über den Einsatz seiner intellektuellen Fähigkeiten und Fertigkeiten» (DÖRNER, D. 1988, p. 298).

Diese spielt «behinderungssystemisch» eine zentrale Rolle bzgl. der Art und Weise und mithin der Effizienz, mit der ein Behinderter mit seiner Behinderung umgeht bzw. seine Fähigkeiten meta (-motorisch, -perzeptiv, -kognitiv etc.) einzusetzen imstande ist («Stigmamanagement», nach GOFFMAN, E. 1975).

– Effizientes Sozialmanagement zeichnet sich dadurch aus, jene «mittlere» (optimale) Dichte, Konkretheit und Menge an Informationen zu sammeln, die entscheidungsnotwendig sind, um das Realitätsmodell (bzw. -konstrukt) lebendig und entwicklungsfähig zu halten.

Schema 43 fasst in zehn Thesen von GRAU, U./BRAUCKMANN, L., (in: ROTTHAUS, W. [2.A. 1989, p. 169–171]) die für uns wesentlichen Charakteristika eines Sozialen Systems, wie dem eines Behinderungszustandes, zusammen. Sie werden uns in ihren Konsequenzen bzgl. der teleologischen und der methodischen Frage (Kapitel VII und VIII) noch weiter beschäftigen.

---

1. Ein soziales System ist definiert durch die Beziehungen zwischen seinen Mitgliedern.
2. Als soziale Systeme können beliebige Gruppen von Menschen, die in Beziehungen zueinander stehen, betrachtet werden. Ebenso können Individuen als Systeme betrachtet werden. Sie werden hier als Subsysteme von sozialen Systemen aufgefasst.
3. Ein System ist in ständiger Veränderung begriffen.
4. Eine Veränderung bei einem Subsystem bewirkt mit hoher Wahrscheinlichkeit Veränderungen bei allen anderen in Relation stehenden Subsystemen.
5. Der jeweilige Zustand eines Systems oder Subsystems ist die derzeit mögliche optimale Anpassung an alle das System oder Subsystem beeinflussenden Gegebenheiten.
6. Der jeweilige Zustand eines Systems ist eine subjektive Rekonstruktion durch den Beobachter.
7. Unterschiedliche Rekonstruktionen eines Systems eröffnen unterschiedliche Veränderungsmöglichkeiten.
8. Interventionen können nicht eine bestimmte Veränderung in einem bestimmten System kausal verursachen.
9. Interventionen können einen Änderungsimpuls an ein System geben, wenn sie zum momentanen Zustand des Systems «passen».
10. Das «angeregte» System bestimmt selbst, in welcher Richtung und in welchem Ausmass der Impuls eine Veränderung anregt.

Die wechselseitigen, sehr komplexen Beeinflussungen in einem sozialen System, wie es von uns als Beobachtern konstruiert wird, sollen über ein Mobile als «Gedankending» veranschaulicht werden, dessen Fäden ins Ungewisse reichen, deren Aufhängepunkte sich zudem verändern.
Die einzelnen Elemente eines Systems beeinflussen sich gegenseitig, wodurch das System sich in einem ständigen Veränderungsprozess befindet. Verändert sich ein Element des Systems, verändert sich mit hoher Wahrscheinlichkeit das gesamte System (Thesen 3 und 4). In der Mobile-Metapher: Gerät ein Element des Mobiles in Bewegung, so werden dadurch auch alle anderen Elemente in kaum vorhersagbare Bewegungen geraten, deren Ausmass und Richtung aus der Beobachterperspektive oft überraschen; überraschend, nicht erwartungskonform aufgrund vielleicht kausal-linearer Annahmen jedoch nur aus der Aussenperspektive des Beobachters. Das System selbst ist perfekt, und die Elemente funktionieren im System in optimaler Anpassung an die relevanten Ge-

---

Schema 43: Thesen zur Charakteristik eines Sozialen Systems

gebenheiten (These 5). An dem Mobilebeispiel wird deutlich, dass «Fehlverhalten» eines Subsystems in einem sozialen System (wie z.B. ein «Problemschüler» in einer Klasse) als eine Rekonstruktion aus einer bestimmten Beobachterperspektive gedeutet werden kann. So wird auch in These 6 der jeweiligen

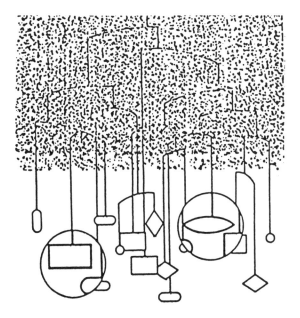

Zustand eines Systems (wie er z.B. Gegenstand einer Beratung ist) als subjektive Rekonstruktion durch den Beobachter bezeichnet. Im Mobile-Beispiel: Je nach eingenommener Perspektive rekonstruieren wir als Beobachter das System und die Funktionen der Subsysteme unterschiedlich. Wir wissen auch nicht genau, wie die Elemente im Mobile momentan zusammenhängen, oder anders ausgedrückt: Wir haben nur Vermutungen über die Vernetzung der Beziehungen zwischen den Mitgliedern eines Systems... Je nachdem, aus welchem Blickwinkel wir unser Mobile betrachten oder ein soziales System rekonstruieren, sehen wir unterschiedliche Funktionen der Elemente oder Subsysteme, und daraus ergeben sich auch unterschiedliche Möglichkeiten für Interventionen in ein komplexes Beziehungsgeflecht (These 7). Diese Interventionen können aufgefasst werden (in Absetzung vom kausal-linearen Schema: Ursache – Wirkung) als Impulse, die ein autonomes System 'anregen' zu selbstbestimmten Änderungen, und zwar dann, wenn die Interventionen zum momentanen Systemzustand «passen» oder ... strukturell gekoppelt sind (Thesen 8, 9, 10).

Schema 43: Schluss

VII. Die Teleologische Frage

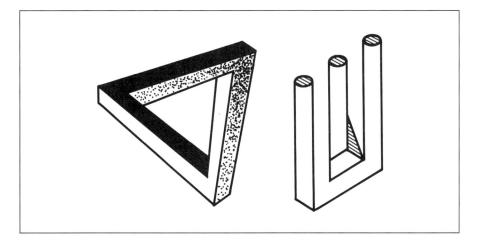

Unter der teleologischen Frage (grch. téle, svw. «fern, weit») Fragestellung befassen wir uns mit Ziel-, Wert- und Normvorstellungen, welche sowohl für das Erkennen und die Definition des behinderten Menschen, wie auch für den Umgang mit ihm und die gemeinsame Daseinsgestaltung richtungweisend sind. Die teleologische Frage lässt sich insofern nicht trennen von der phänomenologischen, als bereits Feststellungen über das Sein auf, (häufig freilich unreflektierten, unausgesprochenen), Vereinbarungen darüber beruhen, was und wem Realitätswert zukommen soll. Nicht nur das Sein, sondern auch das Seinsollen bestimmt das Bewusstsein.

Wir versuchen dementsprechend in diesem Kapitel Antwort zu geben auf die Frage:

Welchen Geltungsansprüchen und Legitimationen begegnen Heilpädagogik und Heilerziehung in der gesellschaftlichen Praxis?

1. Zur Apologie des Misslichen und einer Teratologie in der Umfassung durch das Seinsgute

Wie bereits im I. Kapitel dargestellt, unterscheidet sich Heilpädagogik von den meisten andern Wissenschaften dadurch, dass sie als Teratologie (= Wissenschaft vom Ungestalten, Missgebildeten, Missglückten) permanent auf die Sicherung ihrer Klientele und ihrer Thematik bedacht sein muss. Sie hat Sorge zu tragen dafür, dass ihre Vorhaben, Zielsetzungen und die gesamte Teleologie nicht buchstäblich gegenstandslos werden durch Abschaffung der Klientele und Entsorgung der Sorge. Heilpädagogischer Teleologie hat daher eine Apologie (Verteidigung, «Ent-Schuldigung») nicht nur des konkreten behinderten Menschen, sondern auch des Behindertseins – und im erweiterten Rahmen eines Seinsguten des Missgestalten und Imperfekten – voranzugehen. Dies freilich im Bewusstsein, dass es sich hierbei um apriorische Setzungen, eine Art Heilpädagogische Axiomatik, und nicht um wissenschafts**immanente** Ableitungen handelt.

Es gehört zu den Wesenseigentümlichkeiten des Menschen, sich und seine Welt zu transzendieren und damit auch über Sinn und Wert des Lebens und seiner Existenz nachzudenken.

Leben und Tod sind Grundthemata religiöser und philosophischer Diskurse, und so finden denn auch in jeder Epoche Auseinandersetzungen darüber statt,

– ob das Leben ein Gut an sich darstelle, das keiner menschlichen Qualifikation zugänglich und bedürftig ist, oder ob es zulässig sei, das Leben als ganzes und die verschiedenen Ausprägungen hievon menschlichen Wertvorstellungen zu unterstellen
– ob Leben und Tod schicksalsergeben hinzunehmen seien oder ob es statthaft und unumgänglich ist, dass der Mensch sich zum Herrn über Leben und Tod macht: Leben nach seinem Willen (er-)zeugt, «zur Welt bringt» (oder nicht), in Lebensformen korrigierend eingreift, Leben auch vernichtet:

was pflanzliche und tierische Lebewesen anbetrifft als Nahrungsmittel zur Existenzsicherung, ferner zu Versuchszwecken, auch zu Spass und Belustigung, was arteigenes Leben anbetrifft
– zum Zwecke der Vermeidung persönlicher psycho-physischer Belastung und/oder psychosozialer Unpässlichkeit (wie im Falle eines Schwangerschaftsabbruchs)
– zum Zwecke der Abwendung personaler oder kollektiver Existenzbedrohung (wie in kriegerischen Auseinandersetzungen)

- zum Zwecke der Rache, Sühne, Busse und Abschreckung (so im Zusammenhang mit Todesstrafe)
- zum Zwecke der Erhaltung eines kosmischen Ausgleichs und der göttlichen Wohlgesinntheit (rituelle Tötungen religiöser Art)
- zum Zwecke der abrupten Auflösung unerträglicher psychoreaktiver Spannungen im Verhältnis zu sich selbst und andern (Selbst-/Fremdtötung)

In diesem Gesamtrahmen von Leben und Tod, Zeugen und Töten ist es denn auch nicht überraschend, dass das Faktum «Behinderung/Behindertsein» in jeder Epoche Fragen nach Lebenswert und Daseinswert evoziert. Von ihrer Beantwortung sind Existenz, Umgangsweisen und Daseinsgestaltung von und mit als behindert geltenden Menschen unmittelbar abhängig. – In dieser Konsequenz finden auch Heilerziehung und Heilpädagogik ihre existentielle Bedeutung: Wer (behindertes) Menschen-Leben im allgemeinen oder im konkreten Einzelfall als sinn-, wert- und zwecklos deklariert, für den wird konsequenterweise auch jede weitere Besorgung hinfällig.

Sinn, Wert und Zweck sind nun allerdings nicht (Ding-)Eigenschaften, sondern personale Bezüge und als solche Ausdruck höchster Subjektivität: Sinn wird gestiftet, Wert zugemessen, Zweck verfolgt. Dies soll im folgenden näher erläutert werden:

Sinn bezeichnet einen Bedeutungszusammenhang zwischen Objekten, Subjekten, Situationen, Regeln usf. Sinn wird vom Betrachter und Mitgestalter her gestiftet. Sinngebung ist eine kreative Leistung. Sinn ordnet, ist von Kosmos schaffender («kosmetischer») Wirkung. Sinn bezieht mich ein in eine gemeinsame Welt des Erlebnis- und Erfahrungsaustausches. – Als Unsinn erscheinen Verbindungen und Bezüge, die aufgrund meiner Standpunktlogik falsch, unstimmig, unpassend sind. Unsinn irritiert, ärgert, provoziert. – Sinnlosigkeit schliesslich bezeichnet Unverbundenheit, Gestaltlosigkeit, Isolation. Sinnlosigkeit ängstigt, entsichert, ist befremdlich und un-heimlich.

Ob wir dem Leben als ganzem Sinn zu geben vermögen, so dass es uns insgesamt als Kosmos (d.h. ein Geordnetes) und nicht als Chaos erscheint, ist entscheidend von der uns direkt und indirekt vermittelten Weltwahrnehmung (-anschauung, -anhörung, -anfühlung) abhängig (SCHMID, P. 1981; 1982). Desgleichen ist die Ausdehnung dessen, was wir noch mit unsern «Sinnbändern» (SPRANGER, E.)[1] zu umfassen vermögen, orientierungsabhängig.

---

1 SPRANGER, E. (1924; 1955) Psychologie des Jugendalters (Heidelberg), p. 27

Extremsituationen bewirken freilich immer wieder Zerrungen und Risse in diesen Sinnbändern und lassen Unsinn und Sinnlosigkeit einbrechen. Im heilpädagogischen Bereich ergeben sich solche Situationen im Angesicht eines schwerst- und umfassend behinderten Kindes: Über ein wertwidriges (z.B. kriminelles) Verhalten hinaus, das immerhin noch Struktur aufweist, bricht hier eine Sinnkrise aus: Ein Kind, das wir als «idiotisch» zu bezeichnen pflegen, verletzt nicht ein ethisches, sondern ein kosmisches Empfinden. Eine derartige Existenzform erscheint als Auswurf sinnlosen Zufalls. Aus dem Erlebnis des Miss-Geschicks leiten sich denn auch Bezeichnungen wie «Missgeburt, Wechselbalg, lebensunwertes Leben» ab, in denen der Sinnverlust zum Ausdruck gelangt. Die Perspektive- und Zusammenhangslosigkeit erweisen sich als lebensfeindlich; sie sind für den Menschen existenzwidrig. Leben ruht freilich nicht statisch-seiend in sich selbst, sondern ist, in unendlicher Variabilität, in dauernder Wandlung begriffen. «Dass es dem Sein um etwas geht, also mindestens um sich selbst» (JONAS, H. 1984, p. 156) ist evident. «Der Modus seines Seins ist Erhaltung durch Tun» (a.a.O. p. 157), durch permanente «Autopoiese»/Sichselbst-Erschaffung (MATURANA/VARELA, 3.A. 1987). Leben stirbt nicht. Leben hält sich freilich durch Leben am Leben und setzt dadurch existentielle Schuld, die sich als solche nicht durch immanentistische Recht(s)-Fertigungen auflösen lässt.

Die Argumentation SINGERS (Schema 45) und seiner Anhänger zeigt in exemplarischer Weise ein derartiges Übersprungdenken von der Zweck- über die Wertebene in den Sinnbezirk. Sie offenbart ihre parteiische Unredlichkeit darin, dass lediglich zweckrational ausgegrenzte und zur Replikation unfähige Merkmalsträger (Schwerstbehinderte) zur Existenzberechtigungs-Diskussion gestellt werden. Hier erweist sich daher die in Kapitel I verfolgte Frage nach dem urteilenden Subjekt als unabdingbar. Mit derselben (Un-)Rechtsanmassung könnte auch über Leben und Tod von Zweckrationalisten, Bioethikern und Staatsanwälten debattiert werden. Wer über das Lebensrecht anderer glaubt entscheiden zu können, stellt auch das eigene in Frage. Die Rede von einer vita reducta ist möglicherweise selbst Ausdruck einer solchen.

Der Sinnhorizont eines rationalistischen Szientismus erweist sich somit als recht eng, fasst nur kleine Ausschnitte aus dem Variantenreichtum der Erscheinungsformen des Lebens und eignet sich daher nicht dazu, Gott und die Welt zu qualifizieren.

Aufgrund des Versagens geläufiger «Wissenschafts- und Alltagskriterien» kommt es dennoch nicht selten im Zuge einer sich selbsterfüllenden Logik zu **Feststellung** bzw. **Festlegung** einer 'Inkommensurabilität' der Lebensformen..., die stets die Tendenz zeigen, das Fremde noch mehr zu verfremden, es zu 'exotisieren'...» (DUERR, H.P., 3.A. 1979, p. 121).

Als grundlegend empfundene Unvereinbarkeit (Inkommensurabilität) von Lebensformen drängt, einem Entweder-Oder-Prinzip folgend, auf Invalidierung und Vernichtung. Es ist daher im Sinne eines reduktionistischen Rationalismus nur «logisch», dass er die ihn – auch bloss in stummer Existenz – in Frage stellende und über ihn hinausweisende Irrationalität zerstören will.

Umbringen kann ich allerdings auch nur das von mir als entfremdet-befremdlich oder bedrohlich anders Erlebte; sogar ein Suizid setzt akute Selbstentfremdung voraus.

Schwerstbehinderte stellen für ein Product-Management des Industrie-Kapitalismus psychodynamisch eine ähnliche Bedrohung dar, wie die Hexen der Renaissancezeit für die Rechtgläubigkeit und die Wilden für den zivilisierten Kolonialismus.

Was sich nicht nostrifizieren/uns angleichen (missionieren, überzeugen, therapieren, belehren, fördern, domestizieren, ausbeuten, kolonialisieren und endlich via «Taufe und Konfirmation» vereinnahmen) lässt, steht via Zweck-, Wert- und Sinnloserklärung zur Erledigung an.

Bleibt eine Sinnstiftung **jenseits** menschlicher Machenschaften («Was machen wir, wenn nichts mehr zu machen ist?») leer, wird sie verleugnet oder gar nicht versucht, so droht die Existenz eines zumal schwerstbehinderten Menschen denn auch am verengten und verhärteten Sinnhorizont seiner Mitwelt zu zerschellen. Zurück bleibt ein Wrack, das nichts mehr (in sich) trägt, zu dem kein Bezug mehr hergestellt wird, das keinen Verwendungszweck mehr besitzt, keine Formationsmöglichkeiten mehr aufweist und letzthin spurenlos verzichtbar bleibt. **Hinter** dem Sinnhorizont öffnet sich für **jede** menschliche Vergesellschaftungsform der Abgrund des Taygatos-Gebirges.[2]

Heilpädagogik und Heilerziehung können zwar unter sehr verschiedenen, zum Teil sogar widersprüchlichen normativen Ausrichtungen realisiert werden, und die christlich-abendländische Sittenlehre ist dabei lediglich eine unter zahlreichen andern, oft ebenbürtigen, zum Teil sogar weiter ausgreifenden Ethiken. Alle gründen jedoch in einer Gewissheit und Verheissung, dass unser Da- und Mitsein auch da Gestalteelement einer sinnvollen kosmischen Ganzheit darstellen, wo deren Totalität nur in unpassend-unpässlichen Bruchstücken erfahrbar ist.

«Wo Menschheit ist, ist Familiensache», stellt LAVATER (Schema 46)[3] in seiner Apologie menschlicher Verderbtheit fest. Einander als seinesgleichen erkennen, deuten und behandeln, hat nichts mit Spezietismus und dessen Überheblichkeit gegenüber Anders-Artigem zu tun. Erlebnisse des Verwandtseins und der Zusammengehörigkeit bewirken nicht zwangsläufig

2 S. Kapitel V/8.2
3 LAVATER, JOHANN CASPAR (1741–1801) Liberal gesinnter protestantischer Zürcher Pfarrer und Theologe der Sturm-und-Drang-Zeit. Bekannt durch seine physiognomischen Studien. In Gedankenaustausch mit GOETHE, HERDER, PESTALOZZI

eine Verächtlichmachung und Herabsetzung des nicht als zugehörig Empfundenen. Respektvolle, hausgemeinschaftliche (BLANKE, I./BUCHKREMER, H.J. 1986) Apartheid ist nicht nur denkbar, sondern grundsätzlich möglich und notwendig (JONAS, H. 1988). – Verwandtschaft bedingt andererseits nicht Selbstverlust. Verwandtschaft ist redundante Sich-selbst-Ähnlichkeit und nicht Kongruenz. – Heilpädagogen unterscheiden sich von Pädagogen lediglich dadurch, dass sie mehr Verwandte haben und sich auch im Panoptikum des nach menschlichen Wertmassstäben Nicht-Sein-Sollenden widerspiegeln lassen.

Wert bezeichnet eine Qualifikation, eine Auszeichnung und erscheint innerhalb einer Hierarchie (Rangordnung). Wert/Unwert schafft Nähe und Distanz, Anziehung (werden und haben sollen und wollen) und Abweisung (vermeiden und wegschaffen sollen und wollen). – Bewertungen können Dinge, Personen und Verhaltensweisen betreffen. Wertfreiheit bezeichnet einen Zustand der Neutralität, des Nicht- oder Noch-nicht-bewertetseins. – Werte sind nicht Eigenschaften sondern widerspiegeln eine Beziehung und Ausrichtung innerhalb eines situativen Kontextes. Derselbe Sachverhalt kann daher aus verschiedenen Wertsystemen heraus und desgleichen unter verschiedenen temporalen und topologischen Bedingungen sehr unterschiedliche Qualifikationen erfahren.[4] Wertungen erfolgen stets nach Massgabe von Massstäben, die ihrerseits Wertungen unterworfen werden können.

Mit Blick auf das Lebensganze und das menschliche Leben im besonderen, frage ich mich, ob es klassifikatorisch und formallogisch möglich und kosmologisch statthaft ist, wenn einzelne Lebewesen sich spezietistisch (als homo sapiens) über das Wesen des Lebens erheben und – scheinbar aus ihm heraustretend – Wertungen (Schädlinge, Nützlinge, Ungeziefer...) vornehmen. Persönlich empfinde ich es als ethische Tautologie und Paradoxie, wenn sich Leben rechtend und richtend über Leben stellt: bar jeder Mög-

---

4 Was uns innerhalb anerkannter Rahmenbedingungen sinnvoll erscheint, könnte für Ausserterrestrische völlig unerfindlich sein:
Einem grünen Marsblubbs – und vielleicht nicht nur diesem – käme ein hominides Fussballländerspiel, bei dem 22 lebensfrische Männer während $1^1/_2$ Stunden unter dem Gebrüll einer Menschenmenge einem Ball nachhetzen, um ihn alsbald wieder wegzutreten, sowie sie ihn erreicht haben, nicht minder sinnlos vor, als den Gebildeten unter ihren Verächtern die Besorgungen der Heilpädagogik. Und so, wie der Blubbs auf die unsinnige Idee kommen könnte, jedem der Fussballspieler einen Ball zu schenken, nach dem diese offenbar gieren, liegt für den Normalisten der Gedanke nahe, Behinderte wegzuräumen, um nach utilitaristischer Auffassung das Gesamtglück zu mehren.

lichkeit, ausser sich selbst zu sein und als eine Meta-Existenz einer andern Kategorie anzugehören. – Lebewesen können sich zwar gegenseitig das Leben streitig machen und zerstören, nicht aber ohne Anmassung göttlicher Omnipotenz zu- oder absprechen. Leben entzieht sich meines Erachtens daher auch einer immanentistischen Verrechtlichung. Es gibt kein «Recht» auf Leben, Tod, Zeugung, Vernichtung. Leben ist umfassender als menschliche Wertauslegungen je sein können. Es gibt zahlreiche Einwände gegen eine (allenfalls sogar legalisierte) Vernichtung menschlichen Lebens. Der spezifisch **pädagogische** Einwand ist der, dass durch die absichtliche und irgendwie begründete Tötung der Eindruck erweckt wird, Töten sei eine pädagogische Problemlösungsmethode. – Dies trifft in keiner Weise und in keinem Fall zu. Vernichtung von Leben löst kein pädagogisches Problem: weder als Todesstrafe noch als Abtreibung; weder als Heldentod noch als Suizid; weder als Mord noch als Totschlag. Wie auch immer die Legitimationen, Motivationen und Rechtfertigungen im einzelnen lauten mögen: eine genuin **pädagogische** Begründung für Tötung existiert nicht. «Töten» ist kein Stimulus und kein Beispiel, keine Strafe und kein Ideal, kein Lehrstück und keine Informationsgehalt, weder Entlastung noch Abschreckung. Und wenn es letzteres noch wäre, würde es sich eben dadurch aus der Pädagogik ausschliessen, da diese Schrecken (Terror) nicht zu ihren Anliegen und Methoden zählen kann.

Leben ist als das nach menschlichen Massstäben nicht qualifizierbare, schlechthinig Seinsgute - als göttlich/kosmologisches Sosein und Für-uns-Erscheinen - anzuerkennen. Dies in dem uns fassbaren Ganzen sowohl, wie im mikrokosmischen Individualfall, gemäss dem französischen Bonmot: «Une vie ne vaut rien, mais rien ne vaut une vie».

In jeder Wertung (so auch in dieser!) schwingt etwas von jener Hybris kosmologischer Anmassung mit, wie sie von Kosmologien denn auch stets verwarnt wurde. GÜNTHER AMENDT bringt die durch das Ordnungsprinzip des Wertens unausweichliche Tragik prägnant zum Ausdruck, wenn er feststellt: «Sublimste Form des Terrors ist das Menschenwertgesetz, dem prinzipiell alle unterworfen sind» (AMENDT, G. et al. 1960, p. 33). – So ist denn im Gegenzug dazu Abqualifiziertes immer wieder als Seinsgutes zu rehabilitieren. «Im Kampf gegen die Prädikate» gilt es, sich an die paradoxe Aussage von MAX STIRNER zu erinnern: «**Wirklicher** Mensch ist nur – der Unmensch» (STIRNER, M. 1845/1981 p. 63 und 194). Existentielle Anerkennung kann in der Tat nicht von bedingten innerweltlichen Moralismen abhängig gemacht werden. Der unbedingte Wert des Wertlosen, Abgewerteten ist nicht zu unterlaufen. Die Apologie, wie sie LAVATER (Schema 46) in der Gottebenbildlichkeit und der Gotteskindschaft begründet, widersteht immanentistischen Zweckrationalismen und Morallehren. Das Schlechte mag zwar schlecht sein so, **wie** es ist, trotzdem ist es gut, **dass** es ist.

Zweck bezeichnet eine Ziel-Mittel-Relation und ist ausgesprochen funktionell und instrumentell: zweckdienlich sind Mittel, Methoden, Werkzeuge, Instrumente, Apparate, Techniken etc.

Diese erfüllen ihren Zweck optimal dann, wenn sie rasch, oekonomisch und präzis zum Ziel führen. – Unzweckmässig sind eine Vorgehensweise oder ein Instrument, die wenig erfolgversprechend sind, ineffizient und umständlich. – Zwecklosigkeit bezeichnet den Zusammenbruch einer funktionalen und methodischen Beziehung zwischen einem Ausgangs- und einem Zielpunkt. – «Zweck**los**» bezieht sich auf ein Unterfangen oder Ansinnen als ganzes. «Zweck**frei**» ist demgegenüber ein Tun, ein Spiel etwa, das sich selbst genug ist und nichts über sich Hinausweisendes zu erreichen trachtet.

Wo von Zwecken die Rede ist, da werden Dinge, Personen und Beziehungen instrumentalisiert und funktionalisiert. Inbezug auf unser Thema stellt sich daher die Frage, welchen Zwecken Behinderte (als eine Kategorie des Imperfekten) dienlich sind. Soziologisch und sozialpolitisch betrachtet (vgl. MÜRNER, CH. 1982; 1990; CHRISTOPH, F. / MÜRNER, CH. 1990; KOBI, E.E. in: MÜRNER, CH. 1991) erfüllen sie z.B. Funktionen

– als Repräsentanten menschlicher Grenzsituationen und Markierungspunkte für gesellschaftliche Randständigkeit[5]
– als emotionale Animateure, Auslöser sensibler Betroffenheit und positiver Eigenwertempfindungen

---

5 In diesem Zusammenhang ist zu erinnern an die während Jahrhunderten und bis über das Mittelalter hinaus lebendig gebliebene Vorstellung über sogenannte «Erdrandmenschen», die als Monstra (Monstrum, von lat. 'monstrare' svw. zeigen, aufmerksammachen, hier im speziellen von Un-Ordnung, Ab-Normität, auch von Mahnung, Warnung) – als Hundsköpfler, Einbeiner, Brustgesichtler, Bartfrauen uvä. – eine detaillierte Beschreibung und Systematisierung erfuhren (vgl. dazu: PERRIG, A., in: KOEBNER, T./PICKERODT, G. (Hrsg.) [1987], Die andere Welt. Studien zum Exotismus (Frankfurt/M.). – Teratologisch Monströses wird z.B. alljährlich im Basler Fasnachts-Kult zelebriert. Man begegnet dabei bis in Details denselben (archetypischen?) Figuren, wie sie Perrig in seiner Historiographie zeigt. – Desgleichen wird auf jedem pharmakologischen Beipackzettel vor Missgeburten gewarnt.
Behinderte haben nach wie vor eine bedeutende sozialpsychologische Funktion als Marqueure.

- als Entsorgungsagenten für donatorische Bedürfnisse, deren Befriedigung altruistisch-soziale Qualitäten erst öffentlich macht
- als Identitätsbestätiger eigener Gesundheit, Normalität und Überlegenheit
- zur Befriedigung voyeuristischer Gelüste nach dem Schauerlich-Abgründigen
- als Vehikel zur Beförderung eigenen Seelenheils in Immanenz und Transzendenz
- durch Abnehmerangebote im psychosozialen Recycling-System der Reprivatisierung sozialer Ressourcen
- durch Befriedigung von Spende-Bedürfnissen, die Ermöglichung von Opfer-Symmetrien und mithin durch den Abbau von Polykrates-Ängsten der von Glück und Erfolg Heimgesuchten
- als Sinnvermittler, Handlungsveredler, als ethische Vor- und aesthetische Nachbilder, als Lebensakrobaten, Kompensationstalente, Entsagungskünstler und Trotzdem-Helden
- als «Katastrophenargument» (CHRISTOPH, F. / MÜRNER, CH. 1990, p. 7) und Fürchtebild zur Warnung vor schlechtem Lebenswandel bis hin zu Umweltzerstörung sowie als bildhaft-metaphorische Kennzeichnung von Missständen (MÜRNER, CH. 1990)
- und nicht zuletzt zur Rechtfertigung eines gigantischen Therapie- und sozialen Dienstleistungsbetriebes, an welchem auch die Heilpädagogik Anteil hat.

Ob diese Funktionen im allgemeinen und/oder im konkreten Einzelfall wert- und sinnvoll sind, steht hier nicht zur Debatte. Entgegenzutreten ist lediglich der Meinung, Behinderte seien generell von verminderter Zweckdienlichkeit. Solange und soweit die Mitglieder einer Gesellschaft einander im «Kommunikativen Beziehungsnetz» (Schema 59) zu deklinieren, konjugieren, komparieren, qualifizieren... pflegen, sind Behinderte auch nicht minder funktional als Nichtbehinderte. Auf der Ebene utilitaristischer Zweckrationalität erscheinen Behinderte und Nichtbehinderte gleichermassen in ihrem Tausch-, Nutz- und Kaufwert sowie als Geschäftspartner, die im günstigsten Fall faire Geschäfte obgenannter Art miteinander tätigen (STIRNER, M. 1845/1981, p. 301).

Sinn, Wert und Zweck überblenden sich auf einer Metaebene; sie widerspiegeln einander in Fragen nach Sinn, Wert und Zweck von Sinn, Wert und Zweck. Dabei brechen häufig Diskrepanzen auf zwischen sinnvollen Gestalten, wertvollen Perspektiven und zweckmässigen Massnahmen, zumal diese sich nicht auseinander ableiten lassen. Was sich mir als sinnvoll, «stimmig» erschliesst, kann auch wertwidrig sein (ein Bankraub beispielsweise). Andererseits kann ich etwas wertschätzen (ein Kunstwerk z.B.), dessen Sinngehalt mir nur fragmentarisch zugänglich ist. Durch ein zweckmässiges Vorgehen (ein «sauber» durchgeführtes Bombardement etwa) kann Wertvolles zerstört werden. Umgekehrt kann ein werthaltiges Ziel mit unzweckmässig-dilettantischen Mitteln angegangen werden, usf.

Wissenschaft, zumal die vorgeblich neutralistische, bewegt sich nun allerdings ausschliesslich auf dieser Ebene der Zweck-Mittel-Relationen und pflegt sich ihre Wertprämissen vom Saum des Glaubens und Für-Wahr-Haltens her besorgen zu lassen. Das heisst, dass sie über Sinn und Wert ihrer Machenschaften grundsätzlich in derselben Art zum Transzendieren und zur Mystifizierung genötigt ist, wie die von ihr bekämpften und verfolgten Irrationalismen und Mythologien. Wo sie Wert und Sinn auf Zweck glaubt reduzieren oder aus diesem ableiten zu können, fällt sie ihrem eigenen Mythos der «gereinigten Vernunft» zum Opfer.

Der Mensch ist, als Individuum sowohl wie als Gattungswesen, auf einen zweifelsfreien Raum angewiesen, innerhalb dessen er auch seinen «locus of control» installieren und von dem aus er dann **seine** Zweifel in die Welt setzen kann. Dieser zweifelsfreie Ort ist in **jedem** Fall ein Glaube: und zwar nicht im Sinne eines Für-wahr-haltens, sondern einer existenznotwendigen, un-bedingten Überzeugung und Gewissheit.

Was Heilpädagogik im speziellen anbetrifft hat diese axiomatisch davon auszugehen, dass

- Behindertsein ein komparativer Relativitätsbegriff ist, der stets von Perspektive und Kontext abhängig ist. Behinderung ist kulturbedingter Natur
- es normal ist, dass es Abnormität (besser: Variabilität) gibt, und dass es weder möglich noch erwünscht ist, starre Grenzen zwischen Normbereichen zu ziehen. Wo dies dennoch – wenngleich fiktiv – geschieht, wird deutlich, wie die dadurch geschaffenen Beschränkungen sowohl den Beschränkten wie auch den Beschränker treffen und strukturieren
- Behinderte im Sozialkörper verschiedene Funktionen haben. Die Wertung einer solchen Funktion kann nur in systemischer Abhängigkeit, unter einer vorbestimmten Perspektive und bezogen auf eine konkrete Situation, vorgenommen werden
- Behindertsein als soziales Strukturelement weder durch Vernichtung von Misfits noch durch Totalintegration aufzuheben ist. Wo immer Existenz-

vergleiche angestellt werden, kommt es zur Auszeugung von Abweichungen; Definitionen sind Wesenselement sozialer Austauschprozesse
– somit das auf soziale Kommunikation angelegte Wesen des Menschen die
sogenannte «Soziale Frage» a priori impliziert, und dass deren Verkennung oder Verdrängung die Theorie und Praxis der Vernichtung lebensunwerten Lebens nicht etwa von sich weist, sondern lediglich «sublimiert».
– Sinn und Wert und mithin auch Glück, Freude und Erfülltheit weder statistische Normalität noch rationale Schlüssigkeit zur Voraussetzung haben, sondern Dazugehörigkeit und Zugänglichkeit
– Leben als solches weder eine Bewertung noch eine Verrechtlichung zulässt und keine Widerspruchs- und Schuldfreiheit in Aussicht stellt. Töten als Anmassung, Lebenlassen als Zumutung! – Zu Selbstzufrieden-
heit und Selbstgerechtigkeit besteht im ethischen Konflikt kein Anlass.
Da gibt es nichts zu lösen, weil kein Problem vorliegt, sondern Schicksal, das verstummen lässt (JOHANNES 8/8). Wer Böses meidet, hat noch
kein Gutes erfüllt. Wer Gutes tut, ist damit Bösem nicht entronnen
– Unsittlichkeit nicht aufgrund kontextverlorener Inhalte und Verhaltensweisen auszumachen ist, sondern als Masslosigkeit zum Ausdruck
kommt: als Totalitarismus, Exklusivität und Unendlichkeit (Schema 47),
als Grössenwahn und exzessiver «Meliorismus» (JONAS, H. 1984, p. 79),
so dass wir genötigt sind, imperfekte Teile zu schützen, um das Ganze
zu erhalten
– Ehrfurcht, Scham und Scheu subjekthafte Grenzen zwischen den human
verantwortbaren Mass-Regelungssystemen der Ethik und kosmischer
Ordnung markieren. Sie zu überschreiten ist Sünde: nicht bloss profane
Sittenwidrigkeit, sondern Hybris. Gefordert ist demnach eine Ethik der
Optima und der Verantwortung sowie eine kosmologische «Heuristik der
Furcht» (JONAS, H. 1984, p. 64) und der Machbarkeitsverzichte. Nicht
gegen Unheilbares anzurennen, sondern Unheil zu vermeiden ist Aufgabe heilerzieherischer Präsenz
– der Mensch wesensmässig und grundsätzlich erziehungsbedürftig ist,
wozu unabdingbar ein Werden und sich Entfalten gehören. Wir benötigen daher nicht nur Bildungsweisen, welche Behinderte eingliedern
und implizit einem Normalitätszwang unterwerfen. Wo nichts mehr zu
«machen» ist, kehrt das Dasein ins Sein zurück. Hier bedarf es der
Appräsentation im erfüllten Nichttun, das auch das Absurde leben lässt
(CAMUS, A., 1964) und vom Veränderungs- und Beförderungsdrang einer Pädagogik des Bewerkstelligens zur einer solchen gemeinsamer Daseinsgestaltung findet (KOBI, E.E., 1986).

Der Kern der Sache ist freilich klar: die Tötung eines behinderten Säuglings ist nicht moralisch gleichbedeutend mit der Tötung einer Person. Sehr oft ist sie überhaupt kein Unrecht (p. 188).

Nichts von alledem soll besagen, dass jemand, der herumläuft und ziellos Babys umbringt, nicht schlechter ist als eine Frau, die eine Abtreibung vornehmen lässt, oder ein Mann, der es für einen netten Zeitvertreib hält, Enten zu schiessen. Wir sollten Kindstötung sicherlich nur unter sehr strengen Bedingungen erlauben... (p. 173).

Der Fötus, der stark zurückgebliebene, dahinvegetierende Mensch, selbst das neugeborene Kind – sie alle sind unbestreitbar Angehörige der Spezies homo sapiens, aber niemand von ihnen besitzt Selbstbewusstsein oder hat einen Sinn für die Zukunft oder die Fähigkeit, mit anderen Beziehungen zu knüpfen. Daher kann die Wahl zwischen den beiden Bedeutungen für unsere Antwort auf Fragen wie «Ist der Fötus ein menschliches Wesen?» einen grossen Unterschied ausmachen (p. 105).

Wenn ein Wesen unfähig ist, sich selbst als in der Zeit existierend zu begreifen, brauchen wir nicht auf die Möglichkeit Rücksicht zu nehmen, dass es wegen der Verkürzung seiner künftigen Existenz beunruhigt sein könnte. Und zwar deshalb nicht, weil es keinen Begriff von der eigenen Zukunft hat (p. 111). Eine Person zu töten, die es vorzieht weiterzuleben, ist daher falsch... (p. 112).

Dennoch erscheint es plausibel, dass die Fähigkeit, die eigene Zukunft ins Auge zu fassen, die notwendige Bedingung für den Besitz eines ernstzunehmenden Rechtes auf Leben ist (p. 115). Nichtfreiwillige Euthanasie kann auch im Falle derer in Erwägung gezogen werden, die einmal Personen und fähig waren, zwischen Leben und Tod zu wählen, aber jetzt, durch Unfall oder hohes Alter, diese Fähigkeit für immer verloren haben und die vor dem Verlust dieser Fähigkeit keinerlei Ansichten über Euthanasie unter solchen Umständen geäussert haben (p. 189). Sofern der Tod eines geschädigten Säuglings zur Geburt eines anderen Kindes mit besseren Aussichten auf glückliches Leben führt, dann ist die Gesamtsumme des Glücks grösser, wenn der behinderte Säugling getötet wird. Der Verlust eines glücklichen Lebens für den ersten Säugling wird durch den Gewinn eines glücklicheren Lebens für den zweiten aufgewogen (p. 183).

Von Handlungen aus Eigeninteresse muss sich zeigen lassen, dass sie mit Prinzipien vereinbar sind, die auf einer breiteren ethischen Basis beruhen, wenn sie moralisch vertretbar sein sollen; denn der Begriff Ethik enthält Vorstellungen von etwas Grösserem, als es das Individuum ist (p. 20).

Anstelle meiner eigenen Interessen habe ich nun die Interessen aller zu berücksichtigen, die von meiner Entscheidung betroffen sind. Dies erfordert von mir, dass ich alle diese Interessen abwäge und jenen Handlungsverlauf wähle, von dem es am wahrscheinlichsten ist, dass er die Interessen der Betroffenen maximiert. also muss ich den Handlungsverlauf wählen, der per saldo für alle Betroffenen die besten Konsequenzen hat... «beste Konsequenzen», das bedeutet, was nach reiflicher Erwägung die Interessen der Betroffenen fördert, und nicht bloss das, was Lust vermehrt und Unlust verringert (p. 24).

aus: SINGER, P. (1984) Praktische Ethik

Schema 45: P. SINGER, Zur Frage der Tötung behinderter Kinder

312

Menschheit in allen Verzerrungen ist immer noch bewundernswürdige Menschheit...
Auch der schlechteste Mensch, wie ist er doch so gewiss und so gut einzig in seiner
Art als du, unentbehrlich wie du, unersetzbar wie du!...
Er ist im Ganzen, ist in allen seinen unzähligen Theilen so individuell, wie du. Er weniger, und ein Buchstabe der Schöpfung fehlte so gut, wie wenn du nicht wärest! Er
weniger, er nicht so, wie er ist, und mit ihm oder vielmehr ohn' ihn unzählige Dinge
und Menschen anders, als sie sind! Er das Resultat aus millionen Dingen, und millionen Dinge das Resultat von ihm, von seiner so bestimmten Existenz, seiner so be-
schaffenen Natur!...
Schau' ihn an, untersuch' ihn, als wenn er allein wär'! Auch dann wirst du Kräfte und
Trefflichkeiten an ihm bemerken, die ohne Vergleichung mit Andern an sich schon
alle Aufmerksamkeit und Bewunderung verdienen. Und dann vergleich' ihn wieder
mit Andern, seine Aehnlichkeit, seine Unähnlichkeit mit so vielen seiner vernünftigen
Nebengeschöpfe! Wie wird dich diess in Erstaunen setzen, wie wirst du die Einzel-
heit, die Unentbehrlichkeit seines Daseins zu schätzen anfangen...
Kein Mensch hört auf, Mensch zu sein, und wenn er noch so tief unter die Würde der
Menschheit herabzusinken scheint...
Auch die schlechteste Physiognomie ist noch eine Menschenphysiognomie. Menschheit bleibt immer Ehre und Zierde des Menschen. So wenig ein Thier ein Mensch werden kann, obgleich es in manchen Geschicklichkeiten dem Menschen gleich kommt
oder ihn allenfalls übertrifft, so wenig wird ein Mensch ein Thier, obgleich sich man-
cher Mensch Dinge erlaubt, die wir nicht einmal an unvernünftigen Thieren ohne Abscheu ansehen könnten... Aber selbst die Fähigkeit, sich freywillig unter die Thierheit,
dem Scheine nach wenigstens, zu erniedrigen, selbst diese ist Ehre und Vorrecht der
Menschheit...
Also noch einmal: In jeder Menschenphysiognomie, so verdorben sie seyn mag, ist
noch Menschheit, das ist: Ebenbild der Gottheit!...
Also, Forscher der Natur, forsche, was da ist! Also, Mensch, sey Mensch in allen dei-
nen Untersuchungen! Vergleiche nicht sogleich, vergleiche nicht bloss mit willkühr-
lichen Idealen...
Wo Menschheit ist, da ist Familiensache...
O Mensch, freue dich dess, was sich seines Daseyns freut, und dulde, was Gott dul-
det!... freue dich der Unentbehrlichkeit aller deiner Nebenmenschen...
Freue dich dess!...

in: LAVATER, J.C. Physiognomische Fragmente zur Beförderung der Menschen-
kenntniss und der Menschenliebe (1775–1778; 1943) Ausgewählte Werke, Bd. II,
p.p. 165–168 (Zürich)

Schema 46: J.C. LAVATER: Zur Gottebenbildlichkeit des Menschen in ihren weltlichen
Verzerrungen

2. Erziehungsziele

2.1. Formale Erziehungsziele

Fragen wir irgendwelche Mütter und Väter nach dem Ziel ihrer erzieherischen Bemühungen, so werden wir, nach einem erstaunten Aufmerken über die scheinbare Albernheit unserer Frage, eine ganze Reihe von Antworten erhalten: Ein guter Mensch –, ein erfolgreicher Mensch –, ein senkrechter Bürger –, das Kind soll sich später einmal ehrlich durchs Leben bringen können –, kurz: es soll «etwas Rechtes» aus ihm werden. Statt der gesuchten einen Zielbestimmung erhalten wir also gleich einen ganzen Strauss von Antworten, womit das teleologische Problem aber erst aufbricht. Noch klarer tritt es zutage im Moment, wo wir weiter fragen, was denn ein rechter, guter, ehrlicher... Mensch sei? Wir stehen hier vor der Tatsache, dass uns lediglich formale, inhaltsleere Zielangaben gemacht wurden, die für die Praxis kaum weiterhelfen.

Diesem Formalismus begegnen wir nun allerdings nicht nur im erzieherischen Alltag, sondern auch in der pädagogischen Theorie. Auch hier vermögen die zwar sprachlich anspruchsvolleren, ja mitunter gestelzten Formulierungen nicht darüber wegzutäuschen, dass wir es mit Leerformeln zu tun haben.

Ziel der Erziehung ist z.B. nach PERQUIN, N. (1961) die «Reife», die «Erwachsenheit» des Menschen, wobei Perquin diese formalen Ziele ihrerseits wieder formal umschreibt.
Ziel der Erziehung ist nach LOEWISCH, D. (1969) die Mündigkeit des Menschen durch Freisetzung der geistigen Aktivität. Auch hier bleibt die Frage offen, was «Mündigkeit» sei, was «Freisetzung», «Geist», «Aktivität».

Wir stehen somit weiterhin vor dem Dilemma, dass sich zwar allgemeingültige und allgemein anerkannte Erziehungsziele aufstellen lassen, diese jedoch inhaltsleer sind, so dass wenig realisatorische Impulse davon ausgehen auf die Erziehungspraxis.

Dasselbe gilt für heilpädagogische Zielbestimmungen wie: Integration, Emanzipation, Normalisierung, Rehabilitation u.ä., die samt und sonders (btr. Ort und Zeit, personaler und sachlicher Inhalte) konkreter Bestimmungen und Vereinbarungen bedürfen, wenn sie mehr bedeuten sollen, als magische Beschwörungsformeln. Formale Erziehungsziele, wie sie uns auch in Präambeln zu Schulgesetzen begegnen, bleiben für die Praxis so lange bedeutungsarm, bis sie eine materiale Auffüllung in Ausrichtung auf eine konkrete Erziehungssituation erfahren. – Dabei ist freilich nicht zu verkennen, dass in der Erziehungspraxis weit häufiger ad hoc-Entscheidungen getroffen werden zur Lösung eines akuten Problems, als streng auf ein übergeordnetes Ziel ausgerichtete Entschlüsse.

2.2 Materiale Erziehungsziele

Der Umstand, dass formale Zielbestimmungen der Erziehungspraxis nicht viel weiterhelfen, hat im Laufe der Erziehungsgeschichte dazu geführt, dass man immer wieder versuchte, die formalen Aussagen zu konkretisieren, um so zu materialen Zielen zu gelangen. Die Leitbilder, die dadurch entstanden, enthielten zum Teil eine stark erzieherische Kraft. Sie eröffneten Erzieher und Zögling eine klare Perspektive, erfüllten die tägliche Erziehungs- und Unterrichtsarbeit mit einem Sinn und gaben dem erzieherischen Handeln die Richtung. Sie enthoben die Erzieherschaft der quälenden Frage: Wozu, wohin, weshalb soll ein Kind erzogen werden? – Ein Blick auf die Erziehungsgeschichte zeigt allerdings, dass auch diese Leitbilder dem historischen Wandel unterworfen sind und eine zeitliche und kulturelle Beschränktheit aufweisen:

Im alten Ägypten: der «rechte Schweiger», der im Gegensatz zum «Zornmütigen» eine überlegene Ruhe und loyale Haltung zu bewahren weiss
In Sparta: der opferbereite Soldat, der sich bedingungslos in den Dienst des Kollektivs stellt
Im Mittelalter: der edle Ritter, der sich nach den höfischen Sitten ausrichtet oder der weltentsagende Mönch, der sein Leben als Gottesdienst auffasst
In der Renaissance: der gebildete, aufgeschlossene Weltmann
Im 17. Jahrhundert: der vollkommene Kavalier und Gentleman
In der Klassik: die allseitig gebildete, harmonische Persönlichkeit
Im Sozialismus: der gebildete, schaffende Mensch; der im Dienste des Kollektivs stehende Werktätige
In der Jugendbewegung: der jugendliche, jung gebliebene Mensch
Im Nationalsozialismus: der blut- und bodenverhaftete, rassebewusste Arier

Diese Andeutungen lassen die Wandelbarkeit derartiger Leitbilder erkennen. Heute sieht man denn auch deren soziale Bedingtheit und Relativität deutlicher als in geschlossenen Gesellschaften früherer Epochen:

– Jedes Leitbild erfasst nur einen Ausschnitt des Lebens und engt die Lebensfülle und Daseinsgestaltungsmöglichkeiten für den einzelnen ein. Was nicht schon auf seiner Linie liegt, droht aus dem erzieherischen Bezug herauszufallen, wie dies am Beispiel des behinderten Kindes deutlich wird, das während Jahrhunderten durch keines der geläufigen Leitbilder einbewältigt werden konnte.

- Leitbilder tragen die Gefahr in sich, zu erstarren und als tote Relikte in eine Zeit hineinzuragen, der sie nichts mehr bedeuten und für die sie ihre Orientierungsfunktion nicht mehr ausüben können. Leitbildern haftet mehr Vergangenes und Gegenwärtiges an, als dies den Anschein erwecken mag; sie erweisen sich oft als Ausfluss extrapolierter Gegenwart.
- Leitbilder können missbraucht werden zu Propagandazwecken. Sie werden dabei abgelöst von der gemeinsamen Erfahrung des Lebenszusammenhanges und dienen als Machtinstrumente zur Durchsetzung einer bestimmten Daseinsform. «Aus **fixen** Ideen entstehen die Verbrechen» (STIRNER, M. 1845/1981 p. 225) auch einer Imperial-Pädagogik, die sich mit dem blanken Spaten des Seinsollenden über's Dickicht menschlicher Unzulänglichkeiten hermacht: Rasend rodend, den Rasen egalitären Integrationismus' im Auge, den achten Schöpfungstag begehend: alle und alles, immer und nur, müssen und sollen, auf immer und ewig, die subjektive Wirklichkeit zum kollektiven Wahn steigernd.
- Ein Mensch, der unter Zwang auf ein Leitbild verpflichtet wird, mit dem er sich nicht zu identifizieren vermag, droht entweder daran zu zerbrechen oder aber – im günstigeren Falle – aus dem Erziehungsfeld zu gehen, um das ungelebte Leben zu realisieren, gemäss der alten Weisheit, wonach aus Pastorensöhnen Generale und aus Generalssöhnen Pastoren werden.

Wo immer uns daher sogenannte Leit- und Menschenbilder angedient werden, lohnt es sich erst einmal, drei Schritte zurückzutreten, um deren Profil und Herkunftslinien ins Auge fassen zu können, durchzuatmen, um des Parfums der Eiferer gewahr zu werden und zu schweigen, um festzustellen, ob die Rede-Seligkeit die einzige der Sorte ist und darauf zu achten, wonach derweil die Hände grabschen.

Teleologische Grundsatzdebatten tragen ferner oft stark objektivistische Züge, d.h. sie drehen sich um ein scheinbares Materialobjekt, das nach einem vorausbestimmten Plan zugerüstet und hergestellt werden kann. Damit wird übersehen, dass materiale Vergleiche an der Wirklichkeit des Subjekts vorbeigehen. Der Erzieher begegnet als Subjekt einem Subjekt, mit dem er in einen Diskurs tritt, dessen Thema die gemeinsame Daseinsgestaltung darstellt. Erziehung stellt sich dar als ein permanentes **Aus**handeln eines modus vivendi von Personen und nicht als **Be**handeln von Gegenständen. Die Aufgabe der Erziehung ist daher **nicht,** wie wir bereits einmal feststellten, mit derjenigen eines Bildhauers vergleichbar, der einen Marmorblock nach seinem Bilde formt und dabei lediglich materiale Eigenheiten (des Steins) zu beachten hat. – Besser trägt das Bild des Architekten, der bei seinen Planvorstellungen zwar auch an materiale Gegebenheiten gebunden ist, der sich aber überdies – auf der Subjektebene – mit einem Bauherrn ins Einvernehmen zu setzen hat, der noch und noch seine laienhaften Vorstellungen und Wünsche mit ins Spiel bringt, welche mitunter die flotte architektonische Planung verunmöglichen, durchkreuzen, hemmen, verzögern und zu einem permanenten Ärgernis werden können.

Während über die formale Zielsetzung (ein «schönes» Haus bauen) rasch Einigkeit erzielt werden kann, pflegen auch hier ob den Detaildiskussionen die allgemeinen Zielsetzungen oft in den Hintergrund zu treten. – Trotzdem ist und bleibt der Bauherr Vertragspartner, welchem ein eminentes Interesse zugestanden werden muss daran, dass eine Wohnstätte entsteht, mit der auch er sich identifizieren kann.

Architekt und Bauherr sind überdies von einer Soziät umgeben, die ihrerseits via Baugesetze ihre Ansprüche berücksichtigt sehen will.

Schmückende Eigenschaftswörter (verantwortungsbewusst, emanzipiert, sozial aufgeschlossen, gemeinschaftsfähig usw.) erhalten eine unter Umständen dornenvolle Vieldeutigkeit, so, wenn beispielsweise die konkreten Inhalte eines Sexualkundeunterrichts oder eines andern epochal brisanten Themas zur Debatte stehen. Die gemeinsame **äussere** Realität, in der wir leben, verbirgt oft die Fremdheit der inhaltlichen Füllung in unsern persönlichen Wirklichkeitskonstrukten.

2.3 Strukturelle Erziehungsziele

Formalen, materialen und konventionellen Erziehungszielen ist gemeinsam, dass in ihnen der Wille dominiert, den Menschen schlechthin, ein bestimmtes Kind oder eine epochale Gruppe auf eine vorausbestimmte, zukünftige Daseinsform auszurichten. Erziehung kann unter dieser Blickrichtung geradezu als der Wille bezeichnet werden, andern die Zukunft zu verplanen. Wo immer der Versuch unternommen wurde, das Erziehungsgeschäft im Sinne einer «Pädagogik der Essenz» (SUCHODOLSKY, B., 1960) auf der Objektebene anzusiedeln und den Zögling als zu bearbeitendes, zu programmierendes Material auf ein vorbestimmtes Ziel hin auszurichten, nahmen dementsprechend der Stoff und die Methodik (verstanden als Summe der Bearbeitungs- und Beeinflussungstechniken) einen zentralen Platz ein. – Wo andrerseits Erziehung im Sinne einer «Pädagogik der Existenz» (SUCHODOLSKY, B. a.a.O.) konsequent auf der Subjektebene angesiedelt wurde und im Kind ein Vertrags- und Verhandlungspartner in Sachen Daseinsgestaltung gesehen wurde, nahmen umgekehrt die Struktur und die Dialogik die dominierende Stellung ein.

Der oben genannte Widerspruch zwischen inhaltsleerer Allgemeingültigkeit und disparater Konkretheit der Erziehungsziele rührt daher, dass letztere ausserhalb von Sein und Zeit, in einem Noch-nicht, angesiedelt werden, von dem man zugleich aber überzeugt ist, dass es eintreten wird bzw. herbeigezwungen werden kann. Zukunft wird im stillen Einvernehmen als produzierbare Gegenwart betrachtet und zwar in einer Art und Weise, wie dies vis-à-vis trägen, inerten (SARTRE, J.P. 1967) Fakten auf der Objektebene angemessen sein mag. – Wenn wir hingegen das menschliche Subjekt als das «Überraschungszentrum der Welt» (BUBER, M. 1962, p. 260) sowohl im intransitiven wie im transitiven Sinne verstehen – der Mensch als Wesen, das Ungewissheit erfährt, sich dauernd seiner selbst zu vergewissern hat und sich seinerseits aber auch der Vergewisserung zu entziehen vermag, indem es unwahrscheinlich zu handeln imstande ist – so erfahren alsogleich auch die objektivierten Bildungsinhalte, Erziehungsgrundsätze, Gegenstandsdefinitionen, Gebrauchsanweisungen und was der Machenschaften eines essentiellen Erziehungsbetriebes mehr sein mögen, etwas unbestimmt Schwebendes: Sie können durch einen subjektiven Umstrukturierungsakt in irgend ein Gegenteil verwandelt werden. Aus dem, was in essentieller Teleologie beliebt, kann existentiell Beliebiges erzeugt werden.

Existentieller Erziehung geht es daher nicht einfach um kindseitige **Verhaltensänderung,** sondern zugleich um erzieherseitige **Erfahrungsannäherung.**

Strukturelle Teleologie ist dadurch gekennzeichnet, dass sie

– existentieller und nicht essentieller Art ist. Ihr Augenmerk liegt auf den Bedingungen, unter denen ein Mensch seine Existenz mit und unter seinesgleichen finden kann. Es geht noch nicht um die kultur-, gesellschaftspolitisch und epochalspezifisch zu beantwortende Frage, **wie** die Daseinsgestaltung zu erfolgen hat, sondern um die Strukturen, die Gewähr dafür bieten, **dass** eine solche gemeinsam erfolgen **kann**

– die formale und materiale Zielfrage internalisiert, indem sie die Bedingungen aufzeigt, unter denen Ziele für die personale und soziale Daseinsgestaltung interpersonal gewählt und auf Vertragsbasis ausgehandelt werden können. Ihr Ziel ist, Zielfindungs- und Zielrealisierungsmöglichkeiten aufzuzeigen (Abschnitt 3)

– den materialen Widerspruch, mit schierer Gewissheit die Ungewissheit der Zukunft zu planen, aufhebt, indem sie die im materiell-inhaltlichen Wandel gleichbleibenden Bedürfnisse (die je gegenwärtig sind) thematisiert

- dementsprechend nicht von der Frage ausgeht, wie der Mensch (sowohl als Gattungswesen wie als Einzelner) in einer als hellseherisch voraussehbar und vorausbestimmbar geltenden Zukunft auszusehen hat unter den Bedingungen eines verabsolutierten Menschenbildes, sondern sich der Frage stellt, was der Mensch un-bedingt benötigt, um in der Zukunft (im Sinne der Ungewissheit) **selber** als sein **eigener** Zielfinder und Handlungsbevollmächtigter auftreten zu können.

Die nachfolgend genannten Strukturelemente zeigen somit auf, **woran** hierbei zu denken ist, nicht **was** zu denken ist. – Jeder Mensch bedarf, um als Subjekt existieren zu können,

- der Möglichkeit zur **Entfaltung** und **Expansion,** d.h. ein psychosoziales Feld, in dem er sich gegenüber sich selbst und andern präsentieren, darstellen, vergegenwärtigen kann
- des **Schutzes** und der **Sicherung** seiner Existenz. Die hohe physische und psychische Verletztlichkeit des Menschen (zumal in seiner Jugendform) erfordert sozietäre Massnahmen passiver (Fremdschutz) und aktiver (Vermittlung von Selbstschutzmöglichkeiten) Art, die ein Überleben gestatten
- der **Achtung** und **Anerkennung** seiner Personhaftigkeit im «konjugativen Beziehungsnetz» (Kapitel IX/1). Das Ich konstituiert sich in der Re-Spektion des Du, Wir, Er, Ihr, Sie. Achtung wird hier als existentielle und (noch) nicht als ethische Kategorie verstanden
- der **Bindung** und des **Kontakts,** da eine solitäre menschliche Existenz zwar theoretisch denkbar, empirisch jedoch weder nachweisbar noch realisierbar ist (Das Faktum der Asozialität bzw. Antisozialität bezieht sich bereits auf bestimmte Sozialgefüge und bedeutet daher keinen Einwand gegen diese These)
- der **Förderung** und **Anregung.** Der Mensch ist, mindestens in seiner Jugendform, förderungsbedürftig. Die ausschliesslich reifungsmässige Auszeugung seiner Naturanlagen reicht nicht aus, um das Kommunikationsniveau irgend einer, auch sogenannt «primitiven», menschlichen Vergesellschaftungsform zu erreichen
- der **Ordnung** und der **Strukturen.** Menschliche Daseinsgestaltung besteht darin, aus Chaos Kosmos, d.h. eine für uns als real geltende, sinnerfüllte Wirklichkeit herzustellen. Auch hierbei geht es noch nicht um die erkenntnistheoretische Frage, **was** realiter existiert, sondern **dass** etwas existent («heraus-ragend») ist
- des **Geleits** und der **Führung** innerhalb des und in bezug auf den

von Menschen erfassten und gestalteten Kosmos der Sach- und Personwelt

– des **Vertrauens** und der **Verlässlichkeit** in den situativen und chronologischen Verhältnissen. Erziehung benötigt als interpersonales Vertragswerk vertrauensbildende Massnahmen

– der **Ziele** und **Perspektiven** innerhalb der konkreten gesellschaftspolitischen, kulturellen und historischen Situation bezüglich der gemeinsamen
Daseinsgestaltung. In seiner Perspektive ist der Einzelne handlungsfähig
im und zugleich gegenüber dem Muster der konkreten Situation

– der **Mündigkeit** und **Selbständigkeit** hinsichtlich eigener Zielfindung
und -realisierung sowie der Vertragsfähigkeit und Verträglichkeit im interpersonalen Diskurs um gemeinsame Zielsetzungen.

Strukturell-existentielle Teleologie thematisiert somit, im Unterschied zu
material-essentiellen Zielsetzungen, die **Angebotsseite** der Erziehung (Was
hat Erziehung dem Daseinsgestaltungs-Laien «Kind» zu bieten?) und nicht
deren **Anforderungsseite** (Was soll aus diesem Kindermaterial, von einer
ausserhalb seiner Subjekthaftigkeit stehenden Instanz her betrachtet, werden?).

3. Zielfindung

Zwar gehört es zum Wesen der Erziehung, eines Systems überhaupt, dass
das, was wir als Problem, Ziel, Eingriff, Lösung etc. voneinander zu unterscheiden pflegen, keine Eigenschaften des Systems selber sind, sondern
Konstrukte unserer Sichtweise und als solche auch kreisförmig ineinan-
derfliessen und je nach Standort überdies ihre Bedeutung ändern (d.h., das
Ziel kann zum Ausgangspunkt, das Problem zur Lösung und dieses zum
Problem werden etc.).

Trotzdem sind wir dazu genötigt, derartige Simultanität (Gleichzeitig-
keit) als Sukzession (Abfolge) «zur Sprache» zu bringen. Der Umgang mit
einem und als System erheischt in diesem Sinne folgende «phasische» Auf-
merksamkeiten (DÖRNER, D., 1989):

3.1 Problemdefinition

Es geht hier generell um die Definition (Ein- und Ausgrenzung) dessen,
was als dysfunktionales, die Homöostase erschütterndes Phänomen er-

320

scheint. – Neben der Deskription spielt im weitern die Ortung (Wer hat/empfindet das Problem?) eine Rolle. Bei alledem ist die Frage im Auge zu behalten, unter welcher Perspektive es sich um ein Problem (das wesensgemäss einer Lösung zugeführt werden soll und kann), oder um eine Lösung oder um einen unaufhebbaren Modus handelt. Die Sicherstellung von Erlebnis-/Erfahrungskongruenzen und mithin eines gemeinsamen Wirklichkeitskonstrukts auf verschiedenen «Systemebenen» (SCHIEPECK, P., 1986, p. 16) ist dabei von zielführender Bedeutung in der Diagnostik (KOBI, E.E. 2.A. 1990 p. 24ff.).

3.2 Zieldefinition

Es geht hier nicht um die in Abschnitt 2 genannten formalen, materialen und strukturellen Zielbestimmungen, sondern um die «Konsistenz» (die Beschaffenheit und den innern Zusammenhang) dessen, was als Ziel herausgestellt wird. Diesbezüglich sind vor allem folgende Punkte von Bedeutung:

– Klarheit/Unklarheit: – Ist überhaupt ein vom status quo abgesetzter Zielhorizont erkennbar? «Wunschloses Unglück»[6] z.B. kann ein solches noch vermissen lassen. Desgleichen eine bildlose Komparation («Es muss alles besser werden!»). Utopien, Träume und Phantasmen sind existenznotwendige Haltepunkte menschlichen Lebens.
– Globalität/Spezifik: – Globale Zielsetzungen sind durch wenige Kriterien bezeichnet («Die Würde des Menschen achten» u.ä.); sie sind abstrakt, fern, ihrem Wesen nach nie ganz erreichbar («idealistisch»). – Spezifische Zielsetzungen sind durch viele Kriterien festgelegt; sie sind konkret, nahe und erreichbar
– Liegt Vielzieligkeit (Politelie) vor? – Falls die verschiedenen Ziele in dieselbe Richtung weisen, lassen sie sich einem Globalziel unterordnen.
– Zeigen sich Widersprüche, so sind diese auf einer Metaebene durch eine Neukalibrierung (Erweiterung) aufzulösen (wobei zumindest ein Konsens über den Dissens zu erreichen wäre). – Als Blockaden und Beziehungsfallen können sich politelische Mischungen aus negativen und positiven Zielsetzungen auswirken: ein behindertes Kind soll in eine Regelklasse integriert werden, von der man in der Folge ein son-

6 PETER HANDKE, Wunschloses Unglück. Roman (Frankfurt/M.)

derklassengemässes Entgegenkommen erwartet, ohne dass sie aber ihren Normalklassencharakter verliert. (Wunsch nach einem normalen Sonderstatus bzw. einem besonderen Normalstatus)

– Welche Preisgaben sind erforderlich zur Erreichung eines bestimmten Ziels? – Je exklusiver und überwertiger ein Ziel angepeilt wird, umsomehr müssen andere Destinationen vernachlässigt werden, was seinerseits die Gefahr eines «systemischen Kollaps» erhöht (wer alles auf eine Karte setzt, gewärtigt das ganze Spiel zu verlieren)

– Verhältnis zwischen (positiven) Wunschzielen und (negativen) Vermeidungszielen? – Vermeidungsziele sind dadurch charakterisiert, dass sie das zum Ausdruck bringen, was ich nicht will («Mein Kind soll keine Sonderklasse besuchen!»). Sie geben zwar an, **dass,** aber nicht **was** und **wohin** (etwas) zu ändern sei («Irgendwie muss es anders werden»). – Wunschziele hingegen bezeichnen (wenngleich zunächst in globaler Form) das Angestrebte.

Man kann dabei unterschiedlich deutliche Zielorientierungen ausmachen:
– «Mir ist flau!» (lediglich Zustandsbeschreibung mit frei schwebendem Veränderungswunsch)
– «Ich mag nicht mehr!» (diffuses Vermeidungsziel)
– «Ich brauch etwas zu essen!» (globales Wunschziel)
– «In der nächsten Gaststätte will ich eine Suppe essen» (spezielles, konkretes Wunschziel in Form einer Ich-Botschaft)
Im therapeutischen Bereich finden sich meist (spezifische) Vermeidungsziele (d.h., man will von einem störenden Etwas befreit werden/befreien). – Im Erziehungsbereich finden sich häufig (meist globale) Wunschziele (d.h. man möchte ein fehlendes Etwas erwerben/vermitteln)

– Wie wir gesehen haben (Kapitel VI/3.1), klammert ein kausal-lineares Wenn-Dann-Modell den Wirkfaktor «Zeit» aus und kann daher lediglich für träge und einfache Systeme (z.B. mechanischer Art) eine Berechtigung beanspruchen. – Soziale Systeme hingegen sind durchwegs «historischer», fliessender Art, so dass identische Eingriffe allein schon durch den zeitlichen Abstand an Kongruenz verlieren. – Diese Fluxivität (Flüssigkeit; Fliesscharakter) nötigt zu einer Tempo- und Zeitstreckenbeachtung, die mit den Bezeichnungen **kurz** (re-aktiv; unmittelbar nach Problemerfassung; naheliegend und damit umfangmässig begrenzt; not-dürftig und vor-läufig); **mittel** (nach Eintreffen erster Zustandsänderungen) und **lang** (nach Erreichen/Verpassen erster Etappenziele) nur ganz vage voneinander abzugrenzen sind. Wer sich zu sehr (oder gar ausschliesslich) auf kurzfristige Massnahmen einlässt, verfällt dem, was DÖRNER, D. (1989) «Reparaturdienstverhalten» nennt, das zur Folge haben kann,

- dass man die falschen bzw. belanglosen Probleme angeht und nicht aus dem Alltagskram hinausfindet
- dass man demjenigen beispringt, der am lautesten schreit, aber nicht unbedingt am meisten leidet. (Es gibt brennende Probleme, die man tatsächlich einer Umwandlung im Verbrennungsprozess überantworten kann)
- dass es zu einem Hin- und Herkippen zwischen Problemzuständen kommt («Hüst-und Hott-Verhalten»; ES mit Liebe und Strenge versuchen), dem man sich auch durch «Verbalintegration des Unvereinbaren» (DÖRNER, D. 1989, p. 103) [«Integration durch Separation!»] oder «Verschwörungstheorien» (a.a.O., p. 104) [«Die Schulaufsicht hintertreibt die besten Absichten»] nicht entziehen kann
- dass man dadurch in einen sog. «Flow-Zustand» gerät, der sich durch rasch wechselnde Spannungs-Entspannungserlebnisse (Problembedrohung → Angst → Bedrohungsabwendung → Triumph → erneute Bedrohung – etc.) auszeichnet, wodurch ein mittel- oder langfristiges Ziel gar nicht mehr angestrebt werden kann. Ein derartiger, von workaholics rauschhaft erlebter Flow-Zustand kann sich unter Umständen so sehr steigern, dass entweder das System oder aber der Akteur durchdreht.
- Es ist also unabdingbar, zwischen fixierender und distributiver Aufmerksamkeit bzw. Zielansteuerung zu wechseln und sich regulativ **mit** auf den Weg eingeleitender Massnahmen zu begeben (Kapitel VIII/3).

4. Norm und Normativität

4.1 Die Norm als variable Perspektive

Ob aus einer Schädigung eine Behinderung und aus dieser ein Behinderungszustand resultiert, ist nicht ausschliesslich von der Beschaffenheit der Merkmale, sondern auch von deren Wertung durch normbestimmende Instanzen abhängig. – Normalität bzw. Abnormität bezeichnen somit nicht bestimmte Eigenschaften, und sie sind ebensowenig durch typische Merkmale zu bestimmen. Normalität/Abnormität sind **Perspektiven** (GOFFMAN, E. 1975); jedes Merkmal kann per definitionem zum Indikator von Normalität/Abnormität erklärt werden.

Auszugehen ist von der nicht weiter hinterfragbaren Tatsache der Variabilität (Vielgestaltigkeit) des Lebendigen und so auch der menschlichen Erscheinungs- und Verhaltensformen. In dieser unendlichen Reihe von Lebens- und Daseinsgestaltungsformen kann nun

– jemand, d.h. eine ihrer selbst bewusste und sich dieser Vielgestaltigkeit gegenüberstellende Person
– von einem von ihr bestimmten Standpunkt aus
– nach einem von ihr aufgestellten Kriterienkatalog
– und unter einem Erfassungswinkel mit einer von dieser Person festgesetzten Winkelgrösse

einen Bereich als normal definieren (ausgrenzen), wodurch zwangsläufig auch ein Bereich der Abnormität entsteht. Normalität/Abnormität existiert nicht per se, sondern wird per definitionem erzeugt.

Mit einem solchen Definitionsakt brechen freilich alsogleich eine Reihe an diese Person zu richtende Fragen auf, da eine Definition unausweichlich auch den Definitor in ein Beziehungsverhältnis setzt zum Definierten:

– Wer ist diese Person? Als wen und was weist sie sich aus? (**Identitätsnachweis**).

Deckungslose Offenheit ist für eine Beziehungswissenschaft wie die Pädagogik in Praxis und Theorie eine unabdingbare Voraussetzung, wenn ein Beitrag zur gegenseitigen Verständigung geleistet werden soll. Wer sehen will, muss erst einmal sich selbst sehen lassen, um so dem Partner Gelegenheit zu geben, eine personale Relation herzustellen.

– Wodurch legitimiert sich diese Person zu ihrem Akt? Was gibt ihr das grundsätzliche Recht, eine derartige Definition vorzunehmen? In wessen Auftrag glaubt sie zu handeln? (**Legitimationsnachweis**).

Pädagogik und Erziehung bemühen sich um eine innerweltliche, zwischenmenschliche Daseinsdeutung und –gestaltung. Durch diese Profanität unterscheiden sie sich von Religionslehren und Heilsverkündigungen im Auftrag einer ausserweltlich-transzendenten Instanz. Sie müssen sich daher letztlich stets auch von der Personengruppe legitimieren lassen, auf die sich ihr Gestaltungs- und Lenkungswille richtet. Pädagogik und Erziehung vertreten menschliche Interessen **zwischen** der Erzieherschaft, der Jugend, der menschlichen Gesellschaft und der darin haltungs- und handlungswirksamen Weltanschauungen und Glaubensinhalte. Erziehung ist damit a priori ein zwischen Interessengegensätze gespanntes und dadurch konfliktreiches Unterfangen, das weder Verantwortung noch schuldhafte Verstrickungen auszuschliessen gestattet.

– Ist sich diese Person ihrer Standpunktgebundenheit bewusst? Anerkennt sie die prinzipielle Möglichkeit anderer Standpunkte (in Raum und Zeit) oder neigt sie zu Verabsolutierungen? (**Positionsnachweis**).
Erziehung ist stets nur relativ, d.h. in Abhängigkeit von bestimmten Prämissen, richtig, und sie ist relational, d.h. innerhalb eines Beziehungsmusters zu rechtfertigen. Es gibt im Feld zwischenmenschlichen Seins keine Absolutheit: weder ein «Nichts» noch ein «Alles». Vernullung wie Totalisation zerstören das Beziehungsnetz, stürzen es in Chaos. – Sogar die Toleranz geht an sich selbst zugrunde, wenn sie Intoleranz toleriert.

– Wie begründet und rechtfertigt diese Person die Wahl ihrer Kriterien, d.h. jener Merkmale aus einer unendlichen Merkmalsvielfalt, welche für sie den Charakter von Indikatoren (Hinweiszeichnen) für die Abgrenzung zwischen Normalität/-Abnormität haben? (**Kriteriennachweis**).
Die Wahl der Kriterien, nach denen Normalität/Abnormität geschieden werden sollen, ist vis-à-vis ideellen Richtigkeits- und Wertvorstellungen sowie kulturellen Anforderungsprofilen deutlich zu machen.

– Wie begründet und rechtfertigt sie die gewählte Weite des Erfassungswinkels, unter welchem sie Abweichungsgrade von Normalität feststellt? (**Toleranznachweis**).

– Die Wahl der jeweiligen «Winkelgrösse», die, geometrisch gesprochen, zwischen 180° (d.h.: alles ist normal) und einem lediglich die Individualnorm einer Person fassenden Minimum liegt, schwankt nach Massgabe und je nach Berücksichtigung der situativen und problemzentrierten Bedingungen und Toleranzen. Hierbei wird deutlich, dass Normalität/Abnormität praktisch in jedem Fall kontinuierlich ineinander übergehen oder sich miteinander verschränken, so dass klare Abgrenzungen nicht ohne Willkür möglich sind. Jedermann kann von einer gewählten Position aus und unter einem bestimmten Erfassungswinkel als abnorm erklärt werden. Umgekehrt gibt es keinen Behinderten, der aufgrund entsprechender Voraus-«Setzungen» und situativen Bedingungen nicht auch und zugleich als normal auszuweisen wäre.

Es ist daher ein zentrales Anliegen der Heilpädagogik, immer wieder auf derartige Relationen und mithin auf die **Verwandtschaft** zwischen Behinderten und Nichtbehinderten aufmerksam zu machen. Normalität lässt sich nicht absolut und endgültig bestimmen, sondern beruht auf endlos auszuhandelnden Konventionen (Übereinkünften) darüber, wer hier und jetzt dazu legitimiert sei, von einem bestimmten Standpunkt aus und auf Grund bestimmter Kriterien aus einem Spektrum zahlreicher Varianten einen Sektor der Normalität zu definieren und andererseits abnormitätsspezifische Sanktionen einzuleiten.[7]

4.2 Normarten

Abgesehen von diesen inhaltlichen Aspekten ist zu beachten, dass der Normbegriff, rein formal, wenigstens drei unterschiedlichen Bedeutungen nach verwendet werden kann, deren Abgrenzung viel zur gegenseitigen Verständigung beizutragen vermag.

a) Die **statistische Norm** oder Durchschnittsnorm umfasst das Häufige, Übliche, Gewöhnliche: das, was in grosser Zahl vorzukommen pflegt. – Abnorm bedeutet auf dieser Ebene dementsprechend eine Abweichung vom regelhaft Durchschnittlichen. Es ist dabei gleichgültig, welcher Art diese Abweichung ist: grösser/kleiner, höher/tiefer, mehr/weniger usw. Irgend eine Wertung ist damit nicht verbunden.

b) Die **teleologische Norm** oder Idealnorm umfasst das Erwünschte, das Gute und Erstrebenswerte. Idealnormen sind final, d.h. von einem Ziel und Zweck her definiert. PIEL, W. (in: Enzyklopädisches Handbuch, 1969) unterscheidet innerhalb der teleologischen Norm zudem noch die Maximal-Norm (welche das faktisch Mögliche, ein Leistungssoll z.B., umschreibt), die Optimal-Norm (welche das rechte Mass, die günstigste Ausprägung und Mischung bestimmt) und die Ideal-Norm (welche als solche vielleicht nicht erreichbar, aber doch richtungsweisend ist). – Abnorm ist auf dieser Ebene dementsprechend ein Zustand oder ein Verhalten, welche ausserhalb der festgesetzten Ziellinie und allfälliger Toleranzen liegen.

c) Die **funktionale Norm** oder Individualnorm bestimmt den Grad der Übereinstimmung einer Person und ihrer Befindlichkeit mit Form und Art ihrer Daseinsgestaltung. «Normal ist das dem Einzelnen Optimale, das der Einmaligkeit seiner Individualität spezifisch Zukommende... Diese Norm hat funktionalen Charakter (gesetzhafte Abhängigkeit einer

---

7 Krankheit und Behinderung haben unter den materialistisch-technokratischen Bedingungen des Medizinalsystems ihre metaphysische Bedeutung weitestgehend verloren. Krankheit ist Un-Sinn. Die Verteidigung dergestalt proklamierten Unsinns ist ihrerseits Ausdruck von Irr-Sinn. Sinnverlust führt in die Pathologie –, oder in die Kreativität (BATESON, G., 1988, p. 361).

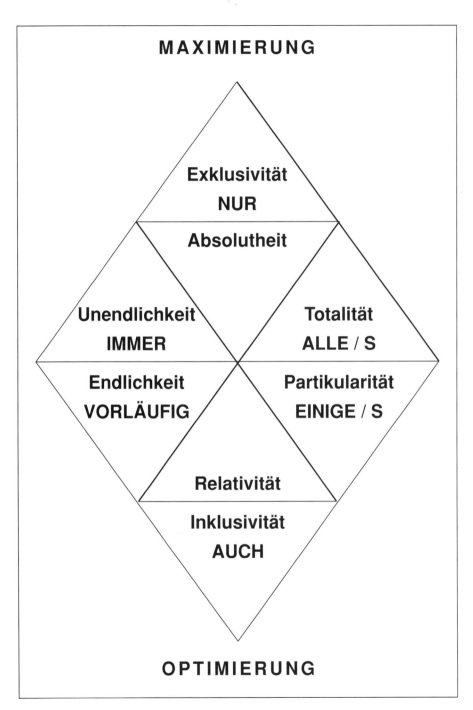

Schema 47: Maximierung versus Optimierung

Grösse von andern) und bedeutet psychologisch die Angepasstheit der Einzelperson an sich selbst... und an ihre Umgebung» (PIEL, W. a.a.O.). – Abnorm bedeutet dementsprechend auf dieser Ebene eine Dysharmonie und Unstimmigkeit zwischen dem Sein und der Befindlichkeit einer Person.

Diese Normen können, müssen aber nicht untereinander konvergieren. Dissonanzen zwischen den drei genannten Normebenen sind im heilpädagogischen Bereich die Regel; sie gehören zu ihrem Thema und Aufgabenbereich; Abnormitäten sind für Heilpädagogen etwas «Normales»!.

Der Alltag liefert tatsächlich Beispiele zu jeder hierzu denkbaren Kombination, wobei freilich nicht alle heilerzieherisch relevant werden müssen (Schema 48):

+ normgemäss – normwidrig	Individuum	Kollektiv
Statistische Norm (Durchschnittlichkeit)	a + b – c – d +	+ – + –
ideale Norm (Erwünschtheit)	e + f – g – h +	+ – + –
funktionale Norm (Stimmigkeit)	i + k – l – m +	+ – + –

Schema 48 : Verbindung verschiedener Normarten

Beispiele:
b/e/i) Abweichung von Kind und Erzieherkollektiv von blosser Durchschnittlichkeit in Richtung auf eine erwünschte Idealnorm bei Erhaltung des inneren Gleichgewichts
b/f/i) Kind und Erzieherschaft stehen gleichgerichtet ausserhalb der Durchschnitts- und der Idealnorm, leben jedoch in einer Art «negativer Harmonie» (z.B. Zigeunerkind vom sesshaften Bürger aus gesehen).

Denkt man in der Weise verschiedene Kombinationen durch, so wird ferner deutlich, dass auch, unabhängig von der Art eines Merkmals, durch jene Varianten heilpädagogisch relevante Behinderungszustände erzeugt werden, wo sich zwischen Individuum und Kollektiv ein entfremdungswirksamer Normenbruch auftut, welcher – zumal ein Kind – dadurch zu isolieren droht, dass seine ab-normen Erfahrungen daseinsanalytisch nicht mehr nachvollzogen werden (können) und die Befriedigung seiner personalen Existenzbedürfnisse daseinsgestalterisch nicht mehr gewährleistet wird.

So kann beispielsweise ein gesellschaftlich als «hochbegabt» qualifiziertes (d.h. positiv von der Durchschnittsnorm abweichendes) Kind in erhebliche Existenznöte und Identitätskrisen geraten durch den Umstand, dass es mit seinen Daseinserfahrungen und Verhaltensweisen in den Primärgruppen der Familie, der Altersgenossengruppe und der («Normal»)Schule Anstoss erregt.

Umgekehrt kann das ober erwähnte Romakind trotz des Umstandes, dass es unter der definitorischen Potenz z.B. staatsbehördlicher Machthaber als verwahrlost, asozial und ungebildet gilt unter der definitorischen Gegenpotenz seiner Sippe im konjugativen Beziehungsnetz (Kapitel IX/Schema 59) eine Ich-Identität und ein Wir-Gefühl entwickeln, die es problemlos an der Daseinsgestaltung teilhaben lassen.

In beiden und vielen ähnlich gelagerten Fällen können daher erzieherische Lösungsversuche auch in eine paradoxe Situation führen, indem sie – gerade dann, wenn sie erfolgreich sind – neue und meist noch tiefgreifendere Probleme schaffen. Es handelt sich hierbei um ein existentielles und nicht um ein moralisches Problem: die «Durchschnittsfamilie», aus welcher das hochbegabte Kind stammt, meint es gut und tut ihr Bestes, um ihr Kind an ihren untadeligen Daseinsformen Anteil haben zu lassen und Entfremdung zu vermeiden. Sie erzeugt aber gerade dadurch einen Existenznotstand. Jeder Versuch, diesem Kind zur Befriedigung seiner personalen, existentiellen Bedürfnisse zu verhelfen, ist ein Affront gegen die ethischen Garanten der Primärgruppe. – Umgekehrt müssen die sozialen und pädagogischen Verhältnisse in der Zigeunersippe unter dem Aspekt einer bürgerlichen Moral als mangelhaft, verderblich, verwahrlosend qualifiziert werden und Sanierungsmassnahmen als unabdingbar erscheinen lassen. Deren Preis sind Entfremdungseffekte. Ihre Vermeidung hätte zur Voraussetzung, die eigenen moralischen Maximen zu übersteigen und Verhältnisse zu bestätigen, die man persönlich ablehnt.

Es geht hier also nicht um Gut und Böse, sondern um Sein oder Nichtsein; es geht nicht um moralische Fragen, sondern die Moral selbst steht zur Diskussion. So, wie ein Mensch oder ein ganzes Kollektiv in unmoralischen Verhältnissen existieren können, können ein Einzelner und eine ganze Gruppe unter den Maximen einer totalitären Moral zugrunde gehen. Ich kann mich als Erzieher, desgleichen als Missionar und Politiker, nicht nur moralisch, sondern auch existentiell am Mitmenschen versündigen. Und ich denke, dass mehr Menschen gedemütigt und gefoltert wurden unter moralischem Anspruch und dass mehr Kriege unter weltgeistiger Eingebung geführt wurden, denn aus Unmoral und Liederlichkeit[8]. Es führt kein Weg vorbei an persönlicher Schuld. Diese liegt allein schon darin begründet, dass ich für den Andern der Andere bin.

Ein harmloses Beispiel wie «Linkshändigkeit» kann dies verdeutlichen:
Linkshändigkeit ist im statistischen Sinne eine abnorme Erscheinung, da in unserer Population nur mit etwa zehn Prozent Linkshändern zu rechnen ist. – Darüber, ob Linkshändigkeit bzw. Ambidextrie zu einer Idealnorm erhoben werden soll, liesse sich bereits streiten. Das Thema wurde zwar kaum je aktuell, doch gab es immerhin einmal um die Jahrhundertwende etwas kurios anmutende reformerische Bestrebungen (in England und anderswo), Kinder auf Beidhändigkeit zu trainieren. Auch der als Gründer der Pfadfinderbewegung berühmt gewordene BADEN POWELL soll diesen Gedanken nahegestanden haben, da er sich daraus eine Erhöhung der Schlagkraft der britischen Armee erhoffte. – (Heil-)pädagogisch entscheidend ist für die erzieherische Praxis jedoch die funktionale Norm, die besagt, dass ausgeprägte Linksdominanz zur Wesenseigentümlichkeit eines Kindes gehören kann, deren Unterdrückung unter Umständen erhebliche Identitätskonflikte heraufbeschwört. Die Idealnorm der Rechtshändigkeit wurde denn auch in den vergangenen Jahrzehnten zunehmend zugunsten der funktionalen Norm zurückgestellt. Wesentlich ist die Stimmigkeit zwischen Körperschema, Körperimago, Direktionalität, Lateralität und Handmotorik und nicht ein allenfalls auf deren Kosten erzwungenes rechtshändiges Hantieren.
Als ungelöstes Problem bleibt freilich die Tatsache zurück, dass dieser Mensch in der gemeinsamen Daseinsgestaltung mit einer vorwiegend rechtsorientierten Personenwelt permanent in Seitigkeitskonflikte gerät. In jedem Gestaltungselement – wie hier der Ausprägung der Linksdominanz – liegt Totalisierung und Entzweiung zugleich.
Wer alles ist, kann nicht mehr werden. Nichts und alles ist der Tod.

8 «Meines Erachtens ist die Frage offen, ob 'gute Absichten + Dummheit' oder 'schlechte Absichten + Intelligenz' mehr Unheil in die Welt gebracht haben. Denn Leute mit guten Absichten haben gewöhnlich nur geringe Hemmungen, die Realisierung ihrer Ziele in Angriff zu nehmen. Auf diese Weise wird Unvermögen, welches sonst verborgen bliebe, gefährlich, und am Ende steht dann der erstaunt-verzweifelte Ausruf: 'Das haben wir nicht gewollt!'
Ist es nicht oft gerade das Bewusstsein der 'guten Absichten', welches noch die fragwürdigsten Mittel heiligt? Den Leuten mit den 'guten Absichten' fehlt auf jeden Fall das schlechte Gewissen, welches ihre Mitmenschen mit den schlechteren Absichten vielleicht doch manchmal ein wenig am Handeln hindert. Es ist oft gesagt, aber selten gehört worden, dass der abstrakte Wunsch, allen Menschen das Paradies zu bereiten, der beste Weg zur Erzeugung einer konkreten Hölle ist. Das hängt mit den 'guten Absichten', die auch ohne jede Kompetenz zum Handeln antreiben, eng zusammen. (Denn das Gute muss man natürlich durchsetzen, koste es, was es wolle!)»
(DÖRNER, D. 1989, p. 16)

Unter der für die (Heil-)Erziehung und (Heil-)Pädagogik axiomatischen, sinngebenden Voraussetzung, interpersonale Daseinsgestaltungen zu arrangieren und sich als Beziehungswissenschaft auszuweisen, kann es daher nicht deren Ziel und Aufgabe sein, existenzvernichtende Endlösungen auszuhecken und zu realisieren, sondern die lebenslängliche Unendlichkeit des dialektischen Diskurses im Inter-Esse aufrecht zu erhalten, Entzweiung immer wieder aufzuheben, zu «totalisieren» (im Sinne von verganzheitlichen) (SARTRE, J.P. 1967) in einem Raum der Freiheit, in welchem Entzweiung jederzeit möglich ist, Sisyphos' Stein zu rollen, der für sein Sein konstitutiv ist. Die Unité de doctrine ist das Todesurteil für Erziehung und Pädagogik (Schema 47).

4.3 Normverhältnisse

Ausser den genannten Normarten spielen unterschiedliche Verhältnisse zwischen Normalität und Abnormität eine Rolle. Ich unterscheide im folgenden deren drei (Schema 49):

a) **Kontinuierliche Verhältnisse:** Normalität und Abnormität können in einem Verhältnis kontinuierlicher, fliessender Übergänge stehen zueinander. – Abnormität präsentiert sich hier als mehr oder weniger extremer Gegensatz zur Normalität.

Beispiel: Zwischen einer normalen Sehfähigkeit und Blindheit finden sich zahlreiche Übergangsstufen von einem physiologisch-altersbedingten Nachlassen der Sehkraft, über korrekturbedürftige und korrigierbare Formen der Kurz- und Weitsichtigkeit, weiter zu Sehbehinderungen, welche bereits spezielle (z.B. sonderschulische) Massnahmen erforderlich machen, bis hin zu Restsichtigkeit, Blindheit mit Sehresten, Praktischer Blindheit (Verlust der visuellen Gegenstandsunterscheidung bei noch möglicher Lichtwahrnehmung) und schliesslich zur Amaurose (Lichtlose Blindheit).

Die meisten Behinderungsarten stehen in einem solchermassen **extremen** Verhältnis zum Status der Unversehrtheit und Normalität. Daraus folgt, dass wir es stets mit einer breiten Zone von Übergangsformen zu tun haben, innerhalb derer Ermessensfragen bezüglich der Einweisung eines Verhaltens in die Kategorien Normal/Abnorm eine entscheidende Rolle spielen. Diese sind immer wieder nur in situativer Abhängigkeit und handlungszielorientiert zu beantworten.

Beispiel: Ein Schwerhöriger ist vis-à-vis auditiven Anforderungen handikapiert, in akustisch irrelevanten Situationen unauffällig.

b) **Verschränkte Verhältnisse:** Normalität und Abnormität können in einem Verhältnis gegenseitiger Verschränktheit stehen zueinander, indem ein bestimmtes Merkmal oder Verhalten sowohl normal als auch abnorm sein können und ihre indikative Bedeutung erst im situativen/temporalen Kontext erhalten. – Abnormität präsentiert sich in einem **dialektisch**-gespannten Gegensatz zur Norm.

Beispiel: Unter den Rahmenbedingungen unserer Gesellschaftsordnung nackt umhergehen. Dasselbe Merkmal oder Verhalten kann – je nach den Umständen – Normalität oder Abnormität anzeigen: körperliche Entblössung zu Badezwecken und zur ärztlichen Untersuchung ist normal (diesbezügliche Weigerungen wären abnorm) –, nicht aber in der Öffentlichkeit. Hier wird dasselbe Verhalten als anstössig, provokativ, abnorm... qualifiziert.

Weitaus die meisten der sogenannten Verhaltensstörungen erweisen sich im Grunde genommen daher als **Verhältnisstörungen,** indem nicht ein Verhalten als solches, sondern seine Unangemessenheit, das Herausfallen aus den situativen und temporalen Umständen, die Abnormität erzeugt.

Pädagogisch bedeutet dies, dass Kinder nicht nur Verhaltensweisen erlernen, sondern auch auf bedeutungsverschiebende Wechsel der Rahmenbedingungen achten müssen.

c) **Dichotome Verhältnisse:** Normalität und Abnormität können in einem dichotomen (zweigeteilten) Verhältnis zueinander stehen, womit gemeint ist, dass zwischen den beiden Zuständen ein Sprung des Entweder-Oder besteht. – Abnormität präsentiert sich diesfalls als **exklusiver** Gegensatz zur Normalität, d.h. ohne Übergang und Verschränkung.

Wenn wir auch hierzu Beispiele aus dem Bereich der Behinderungen aufzeigen möchten, geraten wir allerdings in Verlegenheit. Es gibt nach meinem Dafürhalten keine Behinderung, welche einen Menschen exklusiv trennt vom Nichtbehinderten. Das einzige, freilich nicht heilpädagogische, Beispiel für einen exklusiven Gegensatz, das mir präsent ist, ist das Verhältnis zwischen schwanger und nichtschwanger: Man (bzw. frau) kann nicht schwängerer sein als schwanger und kann auch nicht je nach den Umständen in anderen Umständen sein.

Künstlich dichotomisierte Verhältnisse finden sich allerdings zuhauf im institutionellen Bereich des Behindertenwesens, z.B. im Sonderklassensystem, indem z.B. in den kontinuierlichen Übergängen vom normalleistungsfähigen Schüler, zum schwächeren Normalschüler usf. plötzlich einmal die Scheidewand zwischen Normalschule und Hilfsklasse durchstossen wird, aufgrund derer ein Kind **entweder** ein Normalschüler **oder**

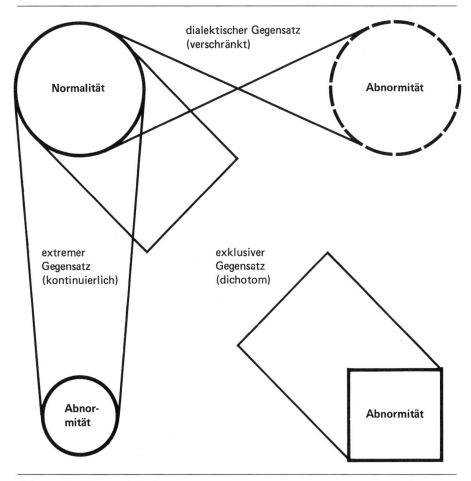

Schema 49: Normverhältnisse

ein Hilfsschüler wird. Man kann nicht, jedenfalls nicht innerhalb eines digitalisierenden Schachtel-Schul-Systems, beides zugleich und je nach dem sein.

Man könnte nach dem Gesagten zur Auffassung gelangen, auf die Bezeichnungen normal/abnorm sei zu verzichten. Damit wären wir zwar die Worte, nicht aber das Problem der (Dys-)Qualifikation los (Kapitel II/5.1). (DEVEREUX, G. 1974; KEUPP, H. 1979; MÜRNER, Ch. 1982; 1989), die überdies primär weit mehr in Handlungsweisen als durch Bezeichnungen zu erfolgen pflegt.

4.4 Definitionskonflikte

Es liegt auf der Hand, dass, zumal in einer wertpluralistischen Gesellschaft, die sich im Sinne einer Demokratie um Gleichberechtigung und die Verteilung der Macht bemüht, Definitionskonflikte unausweichlich sind. Macht und Definition stehen in einem gegenseitigen Abhängigkeitsverhältnis: Macht realisiert und bestätigt sich in hohem Masse darin, andere zu definieren und sie dazu zu veranlassen, diese Definitionen zu akzeptieren oder sich zumindest definitionsgemäss zu verhalten und einzurichten.

Umgekehrt erobert sich der/diejenige, dem/der es gelingt, seinen/ihren Definitionen Anerkennung zu verschaffen und eine Mitläuferschaft zu gewinnen, eine Machtposition.

Wir haben in den vergangenen Jahrzehnten unter dem Einfluss konkurrierender Zweige verschiedener Sozial- und Beziehungswissenschaften bekanntlich eine ganze Reihe gewaltiger Neu- und Umdefinierungen mit entsprechenden Umbenennungen bestimmter Verhaltensweisen erleben können. – Auch da, wo sich auf der Objektebene («de facto») nichts oder nur wenig geändert hat, sind **per definitionem** andere «Sach»-Verhalte erzeugt worden:

Der Sachverhalt: «Manuelle Reizung des Genitalorgans bis zum Eintritt des Orgasmus» hat unter der Bezeichnung Masturbation starke normative Bedeutungswandlungen erfahren, die zweifellos nicht ohne Rückwirkungen geblieben sind für das subjektive Erleben: Dieselbe Handlungsweise ist von der Jugendsünde und Selbstbefleckung zur harmlosen Ersatzbefriedigung geworden und stellt nach Meinung gewisser Sexualpsychologen sogar eine erwünschte Stimulation des Geschlechtsapparates dar. – Wer im 18./19. Jahrhundert onanierte, dem wurde Gehirnerweichung und Rückenmarkschwindsucht in Aussicht gestellt. Wer heute **nicht** onaniert, der kann es erleben, als verklemmter Sexualneurotiker abgestempelt zu werden.

Störungsbilder unterliegen offensichtlich **auch** dem gesellschaftshistorischen Wandel, wie z.B. ein Blick in die ältere pädagogische und psychiatrische Literatur zeigt:

Eine ganze Reihe sogenannter «Kinderfehler» sind aus dem einfachen Grunde verschwunden, dass sie nicht mehr als solche registriert werden: Das Naschen von Süssigkeiten – von Kirschen gar aus dem Pfarrgarten – war einst obligates Thema in Kinder- und Lesebüchern, und noch 1921 sah sich HÄBERLIN, P. veranlasst, in einem Buch über Kinderfehler z.B. dem «Schreien» ein ganzes Kapitel zu widmen.[9]
Desgleichen war die Hysterie noch ein zentrales Problem der Kinderpsychiatrie im ersten Drittel dieses Jahrhunderts; heute ist sie praktisch völlig aus den Lehrbüchern verschwunden.

9 HÄBERLIN, P. (1921) Kinderfehler als Hemmungen des Lebens (Basel)

Der Wert- und Etikettenwandel ist von besonderer Rasanz bezüglich der Gruppe derzeit als «verhaltensgestört» (vgl. SCHMID, P. 2.A. 1987) – (neuestens: «verhaltens-originell») bezeichneten Klientele.

Dasselbe gilt für kindliche Tugenden: Demut, Bescheidenheit, Ehrerbie-tung, ja sogar Dankbarkeit sind «out». Ein moderner Pädagoge (der sich heute Bildungsforscher zu nennen hat), würde sich um seinen wissen-schaftlichen Ruf bringen, wollte er sich noch mit derartigen Themata be-schäftigen. – Psychiatrie und Bildungsforschung sind freilich deswegen nicht arbeitslos geworden. Neue Krankheitsbilder (vielleicht aber auch nur Umdeutungen alter?) und im Laufe curriculumgestützter Sozialisations-prozesse zu erwerbende Verhaltenskompetenzen und Attitüden haben den Markt erobert:

Denken wir nur an den Siegeszug des Psycho-organischen Syndroms oder des Kind-lichen Autismus, welche z.B. im Lehrbuch der Kinderpsychiatrie von TRAMER, M. (1944) noch «kaum der Rede wert» waren: Sie haben sich innerhalb weniger Jahre epi-demieartig ausgebreitet: zumindest in den Köpfen und in der Optik der derzeit dienst-habenden Psychiatrie und der dieser eilfertig hintennach rennenden Heilpädagogen.

Desgleichen hat die Erzieherschaft für die Herstellung neuer Kompetenzen besorgt zu sein, mit denen die Pädagogik der Jahrhundertwende noch wenig hätte anfangen können: Kritikfähigkeit, sich (d.h. vor allem seine Bedürfnisse) artikulieren können, Emanzipationsbereitschaft, Selbstverwirklichung, Toleranz. Andere Fähigkeiten ha-ben eine neue Fassade erhalten: Aktives Zuhören, Ich-Botschaften adressieren können und kreativ statt schöpferisch zu sein.

4.5 Modelle der Auseinandersetzung mit Normabweichungen

So wie Krankheiten nicht nur einem naturhaften Wandel auf der Objekt-ebene und Verhaltensformen nicht nur einem solchen geschichtlicher und kultureller Art unterworfen sind, sondern auch durch Perspektivenwechsel umstrukturiert werden können, ändern sich auch die Umgangsformen. Die Definition markiert jeweils nur einen ersten Schritt, welcher alsogleich die Frage aufbrechen lässt, was nun mit dem Aus- und Abgegrenzten zu ge-schehen habe und wie man sich damit arrangiere. – Wir haben ferner be-reits festgestellt, das jede Definition den Definitor in ein Verhältnis setzt zum Definierten; wer andere definiert, definiert damit auch sich selbst.

Arzt und Patient, Erzieher und Zögling, Priester und Gläubige, Richter und Delin-quent bilden je eine Einheit, welche eine Zusammenschau erfordert. Jede Aussage über einen Menschen, jedes Gutachten, jede Diagnose, jede wissenschaftlich gemeinte Ver-lautbarung, kurz: jede «Adresse» sagt nicht nur über den Adressaten, sondern auch über den Absender etwas aus; er ist darin enthalten. Wer sich mit einem anderen ein-lässt, und wärs um ihn abzuqualifizieren, ist mit ihm verbunden.

Heilpädagogisch interessant ist daher die Frage, was nach erfolgter Definition geschieht, wie sich die in Schema 15 unter D genannten Erleichterungsbestrebungen gestalten, die dazu dienen, die durch eine Behinderung erschütterte psychosoziale Homöostase wieder herzustellen.

Vier Umgangsmodelle treten in Geschichte und Gegenwart, in zahlreichen Variationen und Durchmischungen, in Erscheinung. Ich belege sie mit den Etiketten,

- **Ghetto**
- **Therapie- bzw. Rehabilitation**
- **Transfer**
- **Neukalibrierung**

ohne damit eine Wertung zu verbinden. Jedes dieser Modelle lässt unterschiedliche Qualifikationen zu und ist nicht an sich besser oder schlechter als ein anderes (Schema 50)

a) Das **Ghettomodell** ist dadurch charakterisiert, dass Abnormität abgetrennt und durch eine, meist mehr oder weniger willkürliche und künstliche, (gedachte, kaum de facto nachweisbare), Grenzlinie ausgeschieden wird. Diese Abgrenzung kann dabei durchaus von beiden Seiten – in unserem Fall sowohl von Nichtbehinderten als auch von Behinderten – her erfolgen. Für Behinderte und von Behinderten werden eigene Lebens- und Sozialräume oder ökologische Nischen an der Peripherie oder ausserhalb des Kollektivs geschaffen (z.B. in Form spezieller Rollen, Berufssparten, eventuell mit speziellen Privilegien, Markierungen usw.), in denen sie, über die Selbsthilfe hinaus, von Gesandten des Systems versorgt, gepflegt, unterstützt und beschützt werden.

Vereinzelte Institutionen dieser Art finden sich bereits im Altertum speziell für Blinde, für Kriegsinvalide, gelegentlich auch für Geisteskranke. – Im Mittelalter existierten Asyle, Hospitäler, Bettelprivilegien und vereinzelte Berufsmonopole, ökologische und soziale Nischen (vor allem in Klöstern), welche Behinderten, wenngleich nur einer Minderheit, gewisse Daseinsgestaltungsmöglichkeiten boten. – Was spezielle Institutionen für Kinder anbetrifft, gehören wahrscheinlich Findel- und Waisenhäuser zu den ältesten (CHMELIK, P. 1978; DATLER, W. 1984; DENZLER, A. 1925). – In der bis in die Gegenwart fortgesetzten Tradition des Heim- und Anstaltswesens ist dieses Modell aktuell geblieben. Behinderte leben darin, in lockerer Verbindung mit dem Gesellschaftsganzen, in einer Welt für sich und unter sich.

b) Das **Therapie- oder Rehabilitationsmodell** steht unter der Zielsetzung der Überwindung der Abnormität. Aus dem Behinderten soll (wieder) eine gesunde und unversehrte Person hergestellt werden (Kapitel V/8.4).

Aktive Versuche, Störendes, Beängstigendes und Unerwünschtes loszuwerden, lassen sich in Form magischer Praktiken, von Beschwörungsritualen, Reinigungszeremonien, Teufelsaustreibungen u.ä. bis hin zu modernen Psychotherapien, Chemotherapien, Diätetischen Massnahmen und Chirurgischen Eingriffen aufzeigen. Sie begleiten das Faktum Behinderung durch die ganze Menschheitsgeschichte und gipfeln letztlich immer wieder im alten Wunschtraum, Herr über Schicksal und Tod zu werden.

Als geheilt gilt derjenige, dessen Schädigung nach Art und Ausmass so überwunden wurde, dass damit die funktionsbeeinträchtigende und die Lebensqualität beschneidende Behinderung aufgehoben wurde. – Als re-

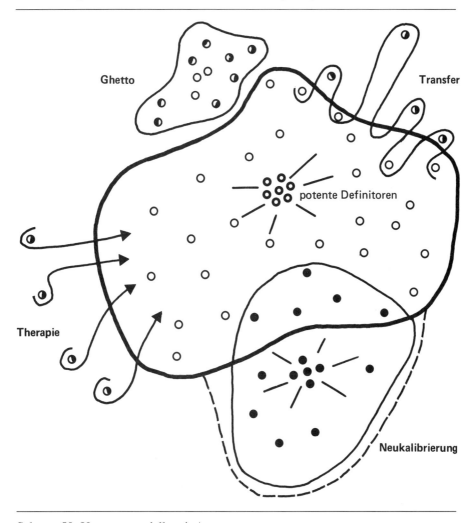

Schema 50: Umgangsmodelle mit Ausgenormtem

habilitiert gilt, wer, allenfalls auch ohne restitutio ad integrum, durch kompensatorisch entwickelte Fertigkeiten und/oder prothetische Hilfen innerhalb eines übergeordneten Funktionsganzen (z.B. der Arbeitswelt) wieder funktionabel wurde.

c) Das **Transfer-Modell** steht unter der Zielsetzung, zwischen Definitoren und Definierten, den Normalen und den Ausgenormten beziehungsstiftende Kontakte und ein Verhältnis der Responsivität herzustellen, einen Informations- und Rollenaustausch zu unterhalten, zu einer Art «Vertragsabschluss» und Verträglichkeit zu gelangen, Begrenzungslinien zwar nicht aufzuheben, jedoch immer wieder zu überschreiten.

Die genannte gegenseitige Abhängigkeit wird in diesem Modell besonders deutlich; sie hat sich in neuerer Zeit durch die Professionalisierung der Behindertenbetreuung noch verfestigt: Der Arzt ist in seiner Berufsrolle abhängig von einem Patientengut, der Richter vom Delinquenten, der Sozialarbeiter von seinen Sozialfällen, der Heilerzieher von der speziellen Erziehungsbedürftigkeit behinderter Kinder usf. Behinderungszustände sind deren Geschäft: sowohl im pekuniären wie im ideellen Sinne (Abschnitt 1).

Grenzüberschreitungen und die damit verbundenen Kontaminationen mit dem Nicht-sein-Sollenden bringen die Heilpädagogik in tradierten Ausgrenzungsstrukturen allerdings auch in Bedrängnis (KOBI, E.E., in: GERBER, G. 1987 und in: WERDER, H. 1991).

Der Heilpädagoge ist ein «Schmuggler», der, wenngleich toleriert, Grenzen der Normalität verletzt, die Heilpädagogin desgleichen eine Hagazussa (eine Hexe, wörtlich: eine Haghockerin), die «auf der Nahtstelle der Welten sitzt, mit dem einen Bein innerhalb und mit dem andern Bein ausserhalb der Kultur» (DUERR, H.P. 3.A. 1979, p. 159). Und so, wie der «Völkerkundler als... Grenzschützer der Vernunft» (a.a.O. p. 113) verstanden wird, wird der Heilpädagoge zum Grenzschützer der Normalität definiert, der auch einen entsprechenden Desintegrationsauftrag zu erfüllen hätte. Grenzbewohner haben solchermassen zwar die Chance, Fremdenangst (Xenophobie), die aus projizierter **Befremdungs**angst resultiert, abzubauen. Dies freilich um den Preis, dass ihnen das heimatlich Selbstverständliche gelegentlich unheimlich und unverständlich vorkommt. Die der Angst eigene Irrationalität hat zur Folge, dass ich mich in und durch heimatliche Bedrängnis oft mehr bedroht fühle, als durch das als gefährlich bezeichnete Fremde. Denn: «Nur wer den Zaun überschreitet, kennt die Bedeutung der Dinge innerhalb des Zauns» (DUERR, H.P., 1979, p. 94).

d) Das **Neukalibrierungs-Modell** steht unter der Zielsetzung, Normalität durch Perspektivenwechsel oder -ausdehnung herzustellen, d.h. durch Umwertung geltender Werte Abnormitätsdefinitionen ausser Kraft zu setzen. So kann eine Gruppe als abnorm Ausgesonderter versuchen, eine definitorische Gegenpotenz aufzubauen. Als trendsetters gehen sie damit freilich auf einen unter Umständen gefährlichen Kollisionskurs gegenüber den Potentaten geltender Normalität.

In der jüngern Vergangenheit sind z.B. im Rahmen von Selbsthilfegruppen Behinderter gehäuft derartige Versuche in die Wege geleitet worden. (Vgl. dazu den provokativen Buchtitel von KLEE, E. «Behindertsein ist schön», 1970). Nichtbehinderte werden im Gegenzug zu den von ihnen verübten Diskriminierungen je nach Gusto und Stossrichtung, als Kolonisatoren, Ausbeuter usw. tituliert und die Institutionen der Sozialhilfe als egoistisch, unfähig, knausrig, lediglich der Selbstbestätigung dienend, entlarvt. Der angeblich Nichtbehinderte wird damit zum eigentlichen Behindernden und Behinderten erklärt.

Krüppelbewegung, coming-out-Kampagnen von Schwulen und Lesben, Forderungen nach Anerkennung der Gebärdensprache Gehörloser als Landes- und Amtssprache, sind nach Inhalt und Motivation zwar sehr verschieden; gemeinsam ist ihnen jedoch das Anliegen der Umwandlung von Abnormität in Variabilität.

BUBER, M. (1962) weist denn auch generell auf die Verunsicherung hin, welcher Erzieher in einer pluralistischen Gesellschaft ausgesetzt sind:

«Die immer wieder vorgebrachte Frage: 'Wohin, worauf zu soll erzogen werden?' verkennt die Situation. Auf sie wissen nur Zeiten, die eine allgemeingültige Gestalt – Christ, Gentleman, Bürger – kennen, eine Erwiderung...» Wenn aber alle Gestalten zerbrachen, wenn keine mehr die gegenwärtige Menschheitsmaterie einzubewältigen, einzugestalten vermag, was ist da noch zu bilden? Nichts anderes mehr als das Ebenbild Gottes.
Das ist das undefinierbare, nur faktische Wohin des gegenwärtigen Erziehers, der in der Verantwortung steht. Eine theoretische Erwiderung auf die Frage: 'Worauf zu?' kann dies nicht sein, nur, wenn überhaupt, eine getane. Mit dem Nichttun getane. Der Erzieher steht jetzt mit in der Not, die er in der Umfassung erfährt, nur ein Stück Wegs tiefer in sie hinein» (p. 47).

«Wer auf die Frage: Was sollen wir tun? eine Antwort erwartet, der hat den Sinn dieser Frage nicht verstanden. Das ernstliche Stellen der Frage: Was sollen wir tun? ist selbst schon das Tun, nach dem die Frage fragt. Wir wollen lernen, unser ganzes Dasein in diese immer offene Frage hineinzustellen... Hier hilft kein Leitbild und kein theologischer Kurzschluss; hier gibt es keinen Vorgriff und keinen Entwurf. Der wahre Gang der Geschichte führt durch unbekanntes Land... Er wird nur von denen entdeckt und in seiner Wahrheit erfahren, die ihn in seiner ganzen Wahrheit als einen Gang ins Unbekannte zu gehen wagen. Was sollen wir tun? Wir wollen fragen und unterwegs sein. Das ist alles» (PICHT, G. 1975, p. 27).

Denn: «Was macht man mit Gott, wenn man ihn gefunden hat?» (BERMAN, M. 1985, p. 320) . Schnurstracks den andern auf den Pelz jagen?!

Es wäre heutzutage in der Tat denn auch naiv zu glauben, irgend eine Wissenschaft hätte diesbezüglich eine Lösung anzubieten. Wenn Wissenschafter dies gelegentlich selber in Aussicht stellen, indem sie Tausende von subjektiven Stellungnahmen zu einem statistischen Meinungsbrei kompostieren, so präsentieren sie uns in Wahrheit nur das geschichts- und gesichtslose, unpersönliche «On dit» einer veröffentlichten Meinung, in der Ich und Du, Er und Sie, Wir, Ihr und Sie nicht mehr konjugierbar sind (Kapitel IX/1).

Was wir benötigen, sind nicht einfach Meinungen der «Leute», sondern verantwortungswillige, verantwortungsfähige **Personen,** die im Bewusstsein der Vorläufigkeit und Unvollkommenheit ihres Tuns immer wieder neu Antworten geben können in **konkreten** Situationen –: auch auf das Risiko hin, dass diese sich als falsch und unzulänglich erweisen könnten.

VIII. Die Methodische Frage

Oft habe ich keine Ahnung, wie etwas auszuführen ist;
ich weiss nur, das weiss der Arbeiter dann schon.
Ein fades Gefühl gegenüber Handwerkern jeder Art.
Wenn sie die Stirn runzeln, so bin ich froh,
wenn sie mich nicht fragen, wie sie's machen sollen,
und ich entferne mich, wenn sie fluchen...[1]

Unter der methodischen (grch. méthodos, meta hodos, soviel wie «nachgehen», «der Weg zu etwas hin») Fragestellung befassen wir uns mit den Wegen, Mitteln, Organisationsformen, Institutionen und Handlungsweisen, welche auf die bezüglich der Lebensbewältigung und Daseinsgestaltung gesetzten Ziele hin zu führen versprechen. Wir versuchen dementsprechend in diesem Kapitel Antwort zu geben auf die Frage:

Wie kann die Daseinsgestaltung behinderter und mit behinderten Menschen sichergestellt werden?

Dabei werden wir freilich im Rahmen dieser die Allgemeine Heilpädagogik behandelnden Darstellung nicht auf behinderungs- und situationsspezifische Detailprobleme

– wie wird einem blinden Schulanfänger die Blindenschrift vermittelt?, wie ermöglicht man einem schwerhörigen Kind die optimale Ausnutzung eines Hörgeräts?, welche auditiven Differenzierungsübungen sind im Leseunterricht mit einem legasthenischen Kind hilfreich?, u.ä.

eingehen können. Es geht vielmehr darum, die Methode als solche im heilerzieherischen und heilpädagogischen Bereich zu thematisieren.
Ich unterscheide zu diesem Zweck zwei Gruppen von Methoden, die wesensmässig auf verschiedenen Ebenen liegen:
Erstens: Methoden des Umgangs (mit Etwas/Jemand). Es geht dabei um **Handlungs**weisen (im weitesten Sinne). Sie sind in unserm Fall vor allem auf die gemeinsame Daseinsgestaltung von und mit Behinderten bezogen.

1 MAX FRISCH (1975) Montauk. Roman

Zweitens: Methoden des Erkundens (von Etwas/Jemand). Es geht dabei um **Betrachtungs**weisen (im weitesten Sinne). Sie sind in unserm Fall vor allem auf die Erfassungsweisen von Behinderungszuständen bezogen.

Beide hängen explizit/implizit miteinander zusammen und voneinander ab.

1. Methode als Umgangsform

Unabhängig von den zwischen individuellen, gesellschaftlichen und ideologischen Perspektiven auszuhandelnden situationsspezifischen Zielsetzungen entfaltet sich uns die methodische Frage nach vier Richtungen (Destinationen), die ich mit den Stichworten

- **Behandlung**
- **Organisation**
- **Schulung**
- **Erfahrungsannäherung**

belege. In Ausrichtung auf Schema 51 möchte ich zeigen, dass sich alle die in den verschiedenen Sparten der Speziellen Heilerziehung nach Behinderungsart, Entwicklungsstufe, Zielsetzung usw. spezifizierten Methoden nach diesen vier Destinationen charakterisieren lassen.

1.1 Methoden der Behandlung

Methoden der Behandlung sind darauf gerichtet, bestimmte, den Behinderungsstatus einer Person charakterisierende Merkmale aufzuheben oder doch so zu modifizieren, dass sie in ihren als negativ erachteten Auswirkungen in den Hintergrund treten. Es handelt sich in diesem Sinne um eine Akkomodation des Merkmalsträgers an eine erwünschte Norm und in Ausrichtung auf eine ebensolche Zielsetzung. Im Zentrum solchen Bemühens steht somit das Merkmal (der Fehler), welcher korrigiert werden soll. Behandlung (Therapie) findet ihr Ziel in der Heilung. Als geheilt und heil gilt, wer kein störendes Etwas mehr «hat» und dem nichts als störend Empfundenes mehr «fehlt». Behandlung kann sich entweder auf die Ursachen eines Merkmals (einer störenden Symptomatik) richten oder aber – falls eine Kausalbehandlung nicht möglich ist – auf dessen störenden funktionellen Auswirkungen. Wir können in diesem Sinne von schädigungsorientierter (kausaler) bzw. von behinderungsorientierter (funktioneller) Behandlung

	Akkommodation Behinderter an die vorgegebene Person- und Sachwelt durch – Merkmalsveränderung und / oder – Kompetenzerweiterung	Assimilation der Sach- und Personenwelt durch – Umgebungsanpassung und / oder – Einstellungs- und Verhaltensänderung an die Bedürfnisse und Möglichkeiten Behinderter
Objekt-Sach-Ebene Objektivierter Merkmalsbestand **Adaptive Methoden:** zielen auf Kongruenz	störende Merkmale beseitigen oder positiv verändern durch **Behandlung / Therapie** A	Behinderungsspezifische Umgebungsgestaltung durch **Organisation** B
Subjekt-Person-Ebene Subjektivierte Erfahrungsweisen **Diskursive Methoden:** zielen auf Konkordanz	C Funktionelle und soziodynamische Beeinträchtigungen überwinden oder mildern durch **Schulung / Unterricht**	D Interpersonale Einstellungs- und Verhaltensänderung durch **Erfahrungsannäherung**

Schema 51: Methodische Destinationen

sprechen. Dementsprechend kann Heilung in einem (wieder) erreichten Zustand der Normalität bzw. dem einer Normalisierung gesehen werden.

Über das Verhältnis von Therapie und Erziehung (Schema 52) fand und findet eine kaum endenwollende Auseinandersetzung statt (vgl. KRAWITZ, R., 1992). Deren Gründe liegen in unterschiedlichen Systembedingungen (Medizinisches System versus Bildungssystem, Schema 34), in unterschiedlichen Sichtweisen (Paradigmen und Modellvorstellungen, KOBI, E.E. 1984), Sozialisationsgeschichten (medizinisch-paramedizinisches versus pädagogisches Personal), versicherungstechnischen Einschätzungen (mit entsprechenden pekuniären Folgen), Sozialprestige («Therapie» trägt den Nimbus des Medizinösen) und Depersonalisationsbedürfnissen («Therapie» evoziert die Vorstellung objektivierbarer Krankheit; (Nach-)Erziehung hingegen solche von Fehl-/Mangelerziehung oder Verwahrlosung).

Ein grosser Teil der heutigen Beziehungskonflikte zwischen Therapie und Erziehung ist schliesslich auf einen zunehmend inflationären Gebrauch des Terminus «Therapie» und auf einen dazu komplementär verengten Erziehungs-/Bildungsbegriff zurückzuführen. Es mag daher hilfreich sein, die Unterscheidung zu treffen zwischen mittelbaren und unmittelbaren Therapien (KOBI, E.E. 1988, p. 236 ff.):

Therapie	Erziehung
Therapie im klassisch-medizinischen Sinne ist **indikativ,** d.h. sie beruht auf einer jeweils speziellen Indikation. Therapiebedürftigkeit hat Krankheit/Leiden zur Voraussetzung.	Erziehung ist **imperativ,** d.h. aus der Seinssituation des Menschen heraus gefordert (aus biologischen, psychologischen, gesellschaftlichen Gründen). Erziehung kennt keine Frage der speziellen Indikation; Nicht-Erziehung wäre gleichbedeutend mit Verwahrlosung.
Therapie ist **additiv,** d.h. sie hat den Charakter von etwas Zusätzlichem, Aufgesetztem, Ausser-Gewöhnlichem. Der Mensch ist nicht grundsätzlich therapiebedürftig.	Erziehung ist **immanent,** d.h. in der conditio humana enthalten. Der Mensch ist grundsätzlich erziehungsbedürftig.
Therapie ist **sanitär,** d.h. in ihrer Zielsetzung auf Gesundheit ausgerichtet (was immer als solche definiert werden vermag).	Erziehung ist **edukativ,** d.h. in ihrer Zielsetzung auf Erzogenheit/Gebildetheit ausgerichtet (was immer in der personalen, sozialen und kulturellen Perspektive darunter verstanden werden mag).
Therapie ist **restaurativ,** d.h. es geht ihr um die Herstellung/Wiederherstellung eines im naturhaften Sinne normalen (individualen bzw. gattungsmässigen) Status.	Erziehung ist **innovativ,** d.h. es geht ihr um die Verwirklichung einer über den naturhaften Seins-Status hinausführenden Perspektive.
Therapie ist **kausal,** d.h. sie ist hinsichtlich der für sie wegleitenden Diagnostik an der Aufdeckung von (Störungs-)Ursachen interessiert.	Erziehung ist **final-prospektiv,** d.h. sie ist hinsichtlich der für sie wegleitenden Diagnostik an der Aufdeckung von Förderungs-, Erziehungs-, Bildungsmöglichkeiten interessiert.
Therapie ist **reparativ,** d.h. sie bemüht sich in erster Linie um die Ausschaltung der zur objektivierbaren Krankheit und zum subjektiv empfundenen Leiden führenden Ursachen.	Erziehung ist **emanzipatorisch,** d.h. sie bemüht sich in erster Linie um die Herausführung des Kindes aus dem Bannbezirk der Behinderungsfaktoren.
Therapie ist **objektiv,** d.h. sie macht sich am Objektstatus des Patienten – zum Teil unter gezielter Ausschaltung des Sub-	Erziehung ist **subjektiv,** d.h. sie beschäftigt sich mit dem Menschen in dessen Subjektstatus. Ihr Betätigungsfeld

Schema 52: Schematisierte Gegenüberstellung von Therapie und Erziehung
(aus: KOBI, E.E., 1979b)

Therapie	Erziehung
jekts – zu schaffen. Ihr Anwendungsfeld sind (Organ-)Systeme, die weitgehend ausserhalb der direkten Einfluss- und Steuerungsmöglichkeiten der Person stehen.	sind Interaktionssysteme, die weitgehend innerhalb der direkten Einfluss- und Steuerungsmöglichkeiten der Person stehen.
Therapie ist **medial,** d.h. sie wird appliziert über Mittel (apparatlicher, instrumenteller, chemischer, mechanischer ... Art).	Erziehung ist **personal,** d.h. «Mittel» treten hinter dem «Medium der Person» (BUBER, M.) und der personalen Vermittlung bedeutungsmässig in den Hintergrund.
Therapie ist **sporadisch,** d.h. sie tritt vorübergehend, zeitlich beschränkt allenfalls auch intermittierend, in die Lebensvollzüge (eine «lebenslängliche Therapie» wäre nach diesem Verständnis eine contradictio in adjecto. Eine Therapie, welche die sie definierende Zielsetzung der Heilung aufgeben muss, hebt sich selbst auf. Erhaltungsbemühungen, Pflege und Betreuung, sollten meines Erachtens aus dem Therapiebegriff ausgeklammert bleiben).	Erziehung ist **kontinuierlich,** d.h. immerwährend, zeitlich nicht auszusetzen. Sie findet vor, während, nach jeder Therapie statt. Fremderziehung geht dabei zunehmend und nach Massgabe der Eigensteuerungsfähigkeit in Selbsterziehung über.
Therapie ist **partikulär,** d.h. auf bestimmte Störungsherde gerichtet, und zwar auch dann, wenn diese durch eine multidimensionale Therapie angegangen werden.	Erziehung ist **ganzheitlich,** d.h. sie hat den Menschen umfassend auf sämtlichen Fähigkeitsbereichen anzusprechen.
Therapie ist **funktional,** d.h. der Therapeut hat gegenüber dem Patienten bestimmte Funktionen wahrzunehmen, die keine personale Kommunikation unabdingbar zur Voraussetzung haben oder auf eine solche abzielen. Das Therapie-Objekt wird nicht selten sogar bewusst «exkommuniziert» (sei dies physisch über eine Narkose oder psychisch über das Arztgeheimnis).	Erziehung ist **interaktional,** d.h. Kind und Erzieher agieren notwendigerweise in dichter, wechselseitiger Subjektivität auf einer gemeinsam herzustellenden Kommunikationsebene.

Schema 52: Schluss

- **Mittelbare Therapien** richten sich auf objektivierbare Formen bzw. Anteile einer als Krankheit, Störung, Behinderung, Defekt etc. definierten
Irregularität. Das Übel wird als eine in sich abgrenzbare Einheit, als etwas An-sich-Seiendes betrachtet, das die davon befallene Person bela-
stet, quält, sie zum Patienten macht. In dieser Perspektive ist dann die
Rede von einem Scharlach, von Krebs, von einem Beinbruch, den «**man
hat**» und zu dessen Erkennung und Bekämpfung ein mehr oder weniger
spezifisches Arsenal von Mitteln und Instrumenten zum Einsatz gelangt.
Derartige Mittelbare Therapien – wie sie hauptsächlich als Eingriffe mit
Messer, Strahl, Chemie erfolgen – stellen insofern die klassische Form
der Therapie dar, als hier einer objektivierbaren, definiten Krankheit mit
objektiven Mitteln begegnet wird.
- **Unmittelbare Therapien** sind dadurch gekennzeichnet, dass die Person
des Therapeuten unmittelbar (d.h. nicht via Mittel und Instrumente) Einfluss nimmt auf die Person des Patienten (und nicht auf die Störung als
solche). Das Übel wird in seiner subjektiven Bedeutungshaltigkeit, als
subjektivierungsbedürftiges Leiden, aufgefasst. In dieser Perspektive ist
dann die Rede von depressiv, ängstlich, gehemmt etc. **sein.** Es wird ein
Zustand angesprochen, aufgrund dessen ein Mensch der personalen Integrität im umfassenden sozialen Organismus und in seinen Sinnbezir-
ken verlustig zu gehen droht. Therapie vollzieht sich hier in der Kommunikation zwischen Subjekten und zielt auf verbesserte und
angemessenere Konstellationsbildungen, auf eine Neukonstitution der
Person in ihren sozialen, sachlichen und transzendenten Bezügen.
- Zwischen den klassischen Formen mittelbar-objektgerichteter Therapien,
bei denen der personale Bezug minimal sein kann, – allenfalls sogar störend
wäre – und unmittelbar-subjektgerichteten Therapien, bei denen der personale Bezug und Anspruch unverzichtbar und zentral ist, liegen zahlreiche Formen, die man generell als **Funktionelle Therapien** bezeichnen
kann. Sie nehmen insofern eine Mittenstellung ein, als sie einerseits or-
gan- oder funktionsgerichtet sind, ihr Erfolg andrerseits von der subjektiven Einstellung und Mitarbeit und nicht zuletzt von der Lernwilligkeit und
-fähigkeit des Patienten abhängig ist. Ich denke hier z.B. an die verschiedenen Anwendungsvarianten der Physiotherapie, der Ergotherapie, der
Psychomotorischen Therapie, der Logopädischen Therapien u.a.m.

Wir könnten somit die Frage: Was ist Therapie/Behandlung? Was ist Er-
ziehung/Belehrung? mit einer eleganten Formulierung beantworten, indem
wir feststellen:

Wer jemandem ein störendes Etwas **weg-**bringt, therapiert. Wer jemandem ein erwünschtes Etwas **bei-**bringt, unterrichtet.

Die Sache hat nun freilich gleich mehrere Haken:

- erstens dominieren in unserer Sozietät diesbezüglich institutionelle und professionelle Definitionen die funktionellen. D.h. entscheidend ist nicht, **was** jemand tut, sondern **wo** und **wer** etwas macht. Demzufolge ist Therapie alles, was innerhalb des Medizinalsystems (zumal in der Klinik) durch Medizinalpersonal (zumal durch Ärzte) gemacht wird (Schema 33)
- zweitens spielen therapie- bzw- unterrichtsorientierte Vorausdefinitionen eine entscheidende Rolle: je nach dem, ob aus einem Kind, das viele Rechtschreibfehler macht – per definitionem! – ein «schlechter Rechtschreiber» oder ein «gestörter Orthografiker» (= Dysorthograpghiker) gemacht wird, ergeben sich andere Konsequenzen: Nach dem badness-Prinzip («Schlechter Schüler») wird auf vermehrten, qualifizierten Rechtschreibunterricht erkannt werden. Dies mit dem Ziel, dem Kind etwas Fehlendes (die Rechtschreibung) beizubringen, es zu **belehren.** – Nach dem Madness-Prinzip («Gestörtes/krankes Kind» = Patient) erscheint eine Dysorthographie-Therapie indiziert mit dem Ziel, das Kind von einem Fehler (der Dysorthographie) zu befreien –, es zu **heilen.**
- drittens macht es auch bezüglich Identität und Rollenverhalten einen Unterschied, ob eine Person von definierenden Instanzen zum belehrungs- und erziehungsbedürftigen Schüler, oder zum behandlungs- und rehabilitationsbedürftiger Patienten erklärt wird.

Die derzeitigen Bewegungskonflikte und Konkurrenzen zwischen Therapie und Erziehung spielen sich somit auf zwei Ebenen ab:

- Einerseits findet sich eine traditionelle Skepsis der Pädagogen gegenüber der mittelbaren, «klassischen» medizinischen Therapien, wie sie sich polarisiert in Schlagwörtern wie: «Heilen statt strafen», «Madness or badness?», «Krankheit versus Beziehungsstörung», «Erklärbarer organischer Prozess versus verstehbare Sinnkrise» u.ä.

Rezentes Beispiel für derartige Auseinandersetzungen ist das Infantile Psycho-Organische-Syndrom: In der Sichtweise des Medizinalsystems handelt es sich um ein therapiebedürftiges Störungsbild, dessen Träger für übliche Erziehungs- und Schulungsversuche ein untaugliches Objekt darstellt. – In der Sichtweise des Bildungssystems wird dasselbe Syndrom (Konzentrationsstörungen, Unruhe, Affektlabilität etc.) hingegen oft als Camouflage für Verhaltens- und Leistungsstörungen mit problematischer Erziehungsgeschichte im Hintergrund beargwöhnt. – Hier der Versuch, die angebliche Hirnfunktionsstörung bei weitestgehender pädagogischer Ab-

347

stinenz und Schonkost medikamentös oder funktionell anzugehen –, dort der Protest gegen eben dieses Ansinnen, Verhaltens-, Beziehungs-, Befindlichkeitsstörungen und erzieherische Erschwernisse mit der Chemiewalze wegdrücken zu wollen (VOSS, R. 1983; 1984; 1987) bzw. wegzudressieren.[2]

– Aktueller sind Konflikte, die aus der Begegnung erzieherisch-unterrichtlicher Aktivitäten aus dem klassischen Bildungssystem und den oben genannten unmittelbaren und funktionellen Therapien resultieren. Einesteils sind diese Therapien herkunftsmässig, betreffend Selbstverständnis und Identität sowie in ihren Ordnungs- und Beziehungsstrukturen dem klassischen Medizinalsystem verbunden –, andrerseits bewegen sie sich aber doch zunehmend auf des Subjekt des Patienten, dessen Personhaftigkeit zu und operieren de facto lern-/lehrpsychologisch. Dieser Umstand wird höchstens dadurch verschleiert, dass sowohl die verschiedenen Psychotherapien und Selbsterfahrungsunternehmen, wie auch die funktionellen Therapien keine Stoffdarbietung betreiben, den Patienten also nicht in ein Sachgebiet einführen. Trotzdem werden fähigkeitsbereichakzentuiert Bildungsaufgaben wahrgenommen.[3]

So könnte es in der Tat für Therapeut/in – Pädagogen/in bzw. Patient/in, Student/in von identitätsbestätigender Bedeutung sein, wenn wir da, wo personale Lernprozesse anzustossen und zu lenken sind, von (sonder)pädagogischem Unterricht, da hingegen, wo personales Lernen eine unwesentliche Rolle spielt, von Therapie zu sprechen vermöchten.

2 Es ist kaum vorstellbar, was heutzutage an Pillen zur Stillegung von Störenfrieden verfüttert wird:

38%		«Konzentrationsstörungen»
40%	der Kinder mit	«Zappeligkeit»
34%		«Kopf- oder Magenschmerzen»
43%		«Schlafschwierigkeiten»
	schlucken «entsprechende» Medikamente	

(Quelle: Zentrum für Bildung und Gesundheit e.V. Dortmund, 1988)

Die gelegentliche Scheu professioneller Pädagogen/innen, einen Bezug zu finden zur trivialen Alltagstheorie, wonach es gelegentlich auch ungezogene Jungmenschen (Gofen, Gören, Plagen) geben soll, macht diese Angelegenheit allerdings auch nicht einfacher

3 Exemplarisch zeigt sich eine derartige offizielle (und als solche sehr zu begrüssende) Pädagogisierung in kritischen Aussenbereichen der Psychiatrie:

1.2 Methoden der Organisation

Methoden der Organisation sind darauf gerichtet, die Umweltsverhältnisse (hauptsächlich im Nahbereich) nach Art und Umfang an die funktionelle Beeinträchtigung zu adaptieren, so dass die störende Diskrepanz zwischen Anforderungen und Bedürfnissen einerseits und Kompetenz und Befriedigungsmöglichkeiten andererseits aufgehoben oder doch abgeschwächt wird. Es handelt sich in diesem Sinne um eine Assimilation der Aussenwelt in bezug auf die als solche unveränderten (unveränderbar-resistenten) Merkmale, welche eine Behinderung charakterisieren. – Die einzelnen Methoden der Organisation sind nicht nur behinderungsspezifisch, sondern auch situationsabhängig.

Beispiel: Am Arbeitsplatz eines Schwerhörigen werden akustische Signale durch optische ersetzt. Das Arbeitsteam erhält überdies Instruktionen, wie der Einzelne sein Kommunikationsverhalten der Schwerhörigkeit des Mitarbeiters anpassen kann.

Spezielle Organisationsstrukturen können auch grössere Sozialgebilde umfassen, wie das Beispiel der Sonderschulen und der Erziehungsheime zeigt. Behinderten-Institutionen sind verfestigte, überdauernde sozial-

FOUDRAIN, M. (1976) beschreibt einen durch seine Initiative zustandegekommenen Versuch, eine Psychiatrische Klinik («Upper Cottage») in eine «Schule» und die Patienten in «Studenten» umzudefinieren, ferner das gesamte medizinisch-therapeutische Vokabular aus der Umgangssprache zu verbannen, um dadurch eine destruktive «médicalisation du non médical» rückgängig zu machen: «Ich wollte diese ganze medizinische Konzeption und damit auch diese medizinische Sprache loswerden. Ich verbot den 'Patienten', noch länger diese Sprache zu benützen, und schlug vor, sie 'Students' zu nennen. Das Wort 'Patient' wurde tabu. Upper Cottage nannte ich eine 'school for living', und Julia bekam den Auftrag, ein grosses Schild anzufertigen: 'This is a school for living', und es an die Zimmerwand zu hängen. Das Schildchen 'Nursing office' änderten wir in 'Educational office' um; ich bat das Team, bei diesem Experiment mitzumachen und nannte sie 'assistent-educators'. Ich erzählte den neugeborenen 'Students', dass der Name 'hospital' besonders unglücklich gewählt sei und entschuldigte mich dafür. Kurzum, ich erzählte ihnen, dass wir in Upper Cottage zusammen in einer 'school for living' wären, in der man lernen konnte, was im Leben falsch gelaufen war und wie man es anders anpacken konnte. Ich selbst nannte mich 'Educator' und erklärte auch, die Worte 'ill', 'well', usw. für tabu. Ich erzählte meiner fassungslosen Gruppe neu getaufter 'students' und dem Personal, dass es so etwas wie Geisteskrankheit ('mental illness') nicht gäbe, dass das nicht existiere, sondern dass es besser sei, wenn sie sich als 'unwissend' hinsichtlich ihrer selbst und ihrer Beziehungsbildung anderen gegenüber betrachteten» (p. 296).
Dieses Beispiel macht erneut deutlich, wie rahmen- und perspektivenabhängig das ist, was wir in naiver Selbstverständlichkeit als «Krankheit», «Bildungsmangel», als «Therapie» und «Erziehung» bezeichnen.

politische «Assimilations-Schemata», die sich ein bestimmter Sozialkörper aufbaut, um die durch einen Behinderungszustand erschütterte psychosoziale Homöostase wieder herzustellen (Schema 39).

Adaptive Methoden der **Behandlung** und **Organisation** zielen somit generell auf Kongruenz oder doch weitestmögliche Übereinstimmung zwischen einem objektivierten Merkmalsbestand und objektiven Rahmenbedingungen auf der Objektebene. Es handelt sich um eine beidseitige Angleichung im Sinne einer Konvergenz. Das «Bild» einer identifizierten Behinderung und die Rahmenbedingungen der äusseren Situation werden aufeinander abgestimmt.

1.3 Methoden der Schulung

Methoden der Schulung sind darauf gerichtet, einer Person als sach- und lebensnotwendig erachtete Kompetenzen (in Form von Wissen und Fertigkeiten) zu vermitteln. Es handelt sich um eine Akkomodation der subjektgebundenen Handlungsmöglichkeiten in Ausrichtung auf konkrete Lebensverhältnisse, die zur gemeinsamen Daseinsgestaltung anstehen. Im Zentrum solchen Bemühens stehen Bildungsmängel, (Fehlendes), welche behoben werden sollen. Schulung findet ihr Ziel in Bildung und Ausbildung. Als gebildet gilt, wer dazu befähigt wurde, nach Massgabe seiner individuellen Möglichkeiten an der gemeinsamen Daseinsgestaltung teilzunehmen.

Auch da, wo die als behinderungsspezifisch geltenden Schädigungen und Funktionsstörungen nicht überwunden werden können, hat die gebildete Person ihre Behinderung subjektiv so weit im Griff, als diese an existenzbelastender Bedeutung verliert.

Methoden der Heilerzieherischen Schulung und deren bildungsmässige Zielsetzungen machen nun allerdings einen weiteren Definitionsrahmen erforderlich, als er üblicherweise, eingeschränkt auf die symbolistische Vermittlung der Kulturtechniken, Verwendung findet. Dieser erweiterte Definitionsrahmen soll sicherstellen, dass **jedes** Kind als bildungs- und schulungsfähig erkannt werden kann (Schema 53).

Die Beziehungen zwischen Bildung und Schulung sehe ich darin,

- dass «Schule» eine öffentliche Institution bezeichnet, welche dem Individuum Bildung ermöglicht (Schule als «Bildungs-Stätte»)
- dass in dieser Institution «Schule» das einzelne Individuum jedoch zugleich auch öffentlichen Anliegen begegnet, die es zu seinen eigenen zu

350

Schule
ist

– **eine institutionalisierte**
d.h., eine überdauernde, festgefügte, nicht nur sporadische Einrichtung oder ad hoc-Veranstaltung

– **Organisation**
d.h., eine verlässliche Organisationsstruktur muss die Lehr-Lernprozesse in allen Phasen durch Rahmenbedingungen ermöglichen und sicherstellen

– **zum Zwecke systematischen,**
d.h., der Lehrstoff folgt sowohl einem sachlogischen als auch einem personorientierten Aufbau

– **zielgerichteten,**
d.h., es handelt sich um ein intentionales, zweckbestimmtes Lehren und Lernen im Sinne einer finalen Verbindlichkeit

– **planmässigen,**
d.h., das Lehren erfolgt aufgrund eines Entwurfs nach Massgabe der Relationen zwischen Ziel und Ausgangsposition

– **stufig-phasischen,**
d.h., es sind die den Aneignungsprozessen eigenen Stufen und Phasen zu berücksichtigen

– **Erwerbs**
d.h., das Wissen, Können, Verhalten ist tatsächlich zu erwerben und zwar dahingehend, dass es der Schüler selber situationsgemäss, aus eigener Initiative und integriert einzusetzen, zu verwenden vermag. Entscheidend ist also letztlich nicht, was gelehrt, sondern was gelernt wurde

– **überindividuell bedeutsame**r,
d.h., es werden Kompetenzen vermittelt, die in der betreffenden Gesellschaft von weiterreichender Bedeutung sind. Schulung kann sich somit nicht ausschliesslich nach individuellen Bedürfnissen und Interessen ausrichten

– **trans-subjektiver,**
d.h., Schulung führt das Individuum über sich, seine unmittelbar erlebte Existenz hinaus. Schule lebt im und vom Diskurs mit Andern und Anderm

– **Fertigkeiten und Kenntnisse, Umgangs- und Seinsweisen**
d.h., Schulung erschöpft sich nicht in der Vermittlung eines Wissens über...; dieses ist von lediglich mittelbarer Bedeutung (für ein Können und Sein)

– **unter Leitung**
d.h., Schulung ist geleitetes, verantwortetes Lernen, was Rollenwechsel und eine indirekte Leitung (durch ein Medium) nicht ausschliesst

– **einer fachlich ausgewiesenen Lehrperson**
wobei sich fachliche Ausgewiesenheit nicht nur nach Sachkenntnissen, sondern ebenso nach den Vermittlungskompetenzen bemisst.

Unter Schule verstehe ich somit einen gerahmten Diskurs zwischen Subjekten, der dort anhebt, wo eine interessengeleitete Kompetenz-Vermittlung stattfindet.

Schema 53: Omnibus-Definition von «Schule»

machen hätte. Die Schule vermittelt Bildungsinhalte, die auch von öffentlichem, überindividuellem Interesse sind.

Schule als «öffentliche Bildungs-Stätte» bezeichnet nach dieser doppelten Sinngebung also: Eine öffentliche (d.h.: allgemeine, jedermann, ohne Ansehen der Person zugängliche) Institution, in welcher öffentliche (d.h.: für die Allgemeinheit verbindliche, mit ihr verbundene und sich verbindende, «integrale») Kenntnisse, Fertigkeiten, Verhaltens- und Umgangsformen zu erwerben sind.

Damit ist offengelassen, dass Bildung auch ausserhalb der Institution «Schule» möglich ist, und dass sich Bildungsprozesse auch ohne schulische Rahmenbedingungen vollziehen können. Bildung ist aber auch dahingehend umfassender als Schulung, als sie auch alle jene personzentrierten Assimilations- und Akkomodationsprozesse aus naturhafter oder sozialer Abhängigkeit überformt, die keinem öffentlichen Anliegen, keiner allgemeinen Notwendigkeit oder Interessen dienen und auch nicht darauf hin angelegt sind. Bildung **ist** frei (von öffentlicher Verpflichtung) und Bildung **macht** frei (von naturhafter oder sozialer Gebundenheit).

In dieser zweckfreien (nicht zwecklosen!), an Spiel gemahnenden Bewegung im persönlichen Freiraum, werden ein Lyrisches Gedicht, die wissenschaftliche Beschäftigung mit der linkswindenden Schneckenart Balea perversa (L.) und die Klebearbeit eines Geistigbehinderten – gerade über ihre merkantile Wertlosigkeit und Unverkäuflichkeit! – miteinander verwandt.

Wenn wir die Existenz des menschlichen Subjekts ernst nehmen, dann hat auch das auf eine einzige Person Beschränkte Sinn und Bedeutung.

Begriffe wie «bildungsunfähig», «schulunfähig», ja auch «Schulreife» werden aus dieser Sicht überfällig oder mindestens zweideutig und relativ: Für ein Kind, welches sich in einem vorgegebenen Bildungssystem und vis-à-vis einer bestimmten Bildungsideologie als bildungsunfähig erweist, sind die Strukturen so zu ändern und die Ideologien so weit zu überholen, dass sich eine Konkordanz via Erfahrungsannäherung wieder einstellen kann.

Unverrückbar, unaufhebbar, pädagogischer Angelpunkte ist die Existenz **dieser** Person und nicht ein bestimmtes System unter einem verabsolutierten Ideenhimmel.

1.4 Methoden der Erfahrungsannäherung

Die Subjekthaftigkeit des behinderten Menschen ist primär durch die Behinderung und sekundär durch die Negierung der subjektiven Fragestellung unter den Setzungen und Satzungen einer objektivierenden Wissenschaft

352

und einem entsprechend objektivistischen Umgang mit Personen bedroht (Kapitel I/6). Zumal in Extremsituationen, in denen sämtliche Machenschaften auflaufen, stellt sich die Frage, ob ein zu intentionaler Kundgabe unfähiges Wesen nicht identisch sei mit seinem Defekt? Was soll und kann Erziehung noch sein und bewirken gegenüber offensichtlicher Unveränderbarkeit eines status quo?

Derartige Fragen nach Steuerung, Veränderbarkeit, Machbarkeit usf. verraten jedoch erneut ihre exklusiv objektivistische Herkunft aus einer Ich-Es-Beziehung. Sie sind angemessen auf der Objektebene und finden daselbst in der Tat keine Antwort: «Als Organismus gesehen kann der Mensch nichts anderes sein als ein Komplex von Dingen (**its**), und die Prozesse, die letztlich einen Organismus umfassen, sind **Es-Prozesse**» (LAING, R. 1976b, p. 18). Wo nichts mehr zu machen ist, versickert objektivierendes Fragen und erlischt objektbezogenes Interesse.

Dabei wird freilich verkannt, dass die subjektivierende Frage sich nicht nur auf das befragte, sondern auch auf das fragende Subjekt richtet, sie **beide** in ihrer **Beziehung** anspricht und nicht bloss an der Veränderbarkeit des einen interessiert ist. – (Heil-)pädagogik hat intersubjektive Beziehungen und nicht Objekte im Auge und ist nicht an Objekt-, sondern an Beziehungsänderungen interessiert. Es geht ihr darum, Lebens-Rahmen zu finden, und nicht darum, Objekte nach einem vorgefassten Bild zu modeln.

Veränderung menschlicher Existenz kann stattfinden (Schema 15):

– auf der **Objektebene,** d.h. durch Änderungen am Objektstatus eines behinderten Menschen (Beispiel: Operative Behandlung einer Behinderung)
– auf der **Subjektebene** eines behinderten Menschen d.h. durch Ausweitung der personalen Kompetenzen (Beispiel: Vermittlung der Lautsprache an ein gehörloses Kind). Nicht die Behinderung wird dadurch behoben, wohl aber deren kommunikationseinschränkende Auswirkungen
– auf der **Subjektebene der Partner,** d.h. durch eine andersartige «Interpunktion» des Beziehungsverhältnisses und eine vom **Andern** her vorgenommene Erfahrungsannäherung (Beispiel: Erzieher lernen, auf jenen Erfahrungshintergrund zu achten, der für ein behindertes Kind verhaltensbestimmend ist; sie lernen damit die soziale Sprache dieses Kindes, aufgrund derer eine bessere zwischenmenschliche Verständigung möglich wird (vgl. dazu den Begriff der «Konviktion» bei LENZEN, Kapitel IX/1, sowie das «helicale Modell» von BARBARA FORNEBERG, Kapitel IV/1.4a + Schema 61).

– auf der **normativen Ebene,** d.h. durch eine Verschiebung oder Ausweitung der Perspektive und der Werthaltungen (Beispiel: Neudefinition von Linkshändigkeit als legitime Variante bezüglich der Seitendominanz).

Andrerseits ist jedes Subjekt in seinem «existentiellen Kern» unveränderbar und unantastbar (BOLLNOW, O.F. 1959a). Wenn dem nicht so wäre, könnte das Erziehungsgeschäft in Physik und Chemie transferiert werden. – Veränderbarkeit in einem **pädagogischen** Sinne bezieht sich auf die Veränderung von Beziehungsverhältnissen nach Massgabe der daran beteiligten Subjekte. GERSPACH, M. (1981) bezeichnet Heilpädagogik in diesem Sinne präzis als «Sozialisationshilfe zur Vervollständigung inkonsistenter Praxisfiguren» (p. 212).

Nicht die objekthafte Unveränderbarkeit, sondern die Erstarrung einer Beziehung verunmöglicht Erziehung. Die Erfahrung objekthafter Widerständigkeit enthält daher noch keine Antwort auf die subjektive Frage nach Sinn und Beziehung. Erziehung – verstanden als sinnvoll erachteter, wertorientierter Beziehungswandel – ist da unmöglich, wo entweder keine Subjekt-Beziehung aufgenommen wird, Gleichgültigkeit, Verwahrlosung Platz greifen, oder wo die Subjekte sich objektivieren, eine Beziehung sich neutralisiert und versteinert («Petrifikation», sensu LAING, R. 1976b).

Eine Beziehung ist entscheidend davon abhängig, ob und wieweit die begegnende Person sich selbst im andern zu erkennen vermag und welche «Interpunktionen» (sensu WATZLAWICK, P. 4.A. 1974) sie vornimmt. Die subjektive Frage lautet nicht: Was kann ich aus und mit diesem Zeug da machen?, sondern: Was bedeutet diese Beziehung für mich? Eine existentiell äusserst bedrohliche Schlussfolgerung – in der Art eines Kurzschlusses von der Objekt- auf die Subjektebene – ist freilich naheliegend: Etwas/Jemand, mit dem sich nichts machen lässt, ist auch bedeutungslos, da sich Bedeutungshaltigkeit via objektive Veränderbarkeit zu erfüllen hat! Sie ist existenzbedrohlich zumal für ein Individuum, das zur Selbstdarstellung und zur Replikation der ihm angehängten Definitionen nicht in der Lage ist. Gerade das schwerstbehinderte Kind ist daher, als eine «ontologisch unsichere Existenz» LAING, R. 1976b) auf «Existenzzusprache» und eine Subjektivierung im transitiven Sinne (KOBI, E.E., 1980a) angewiesen, wenn es nicht als lebensunwertes Leben aus dem gemeinsamen Dasein gekippt werden soll.

Methoden der Erfahrungsannäherung sind demgemäss darauf gerichtet, sich in seinem Verhalten und in seinen Handlungsweisen (hier speziell in der direkten Begegnung mit Behinderten) durch das Erleben des Andern (hier: des Behinderten) bestimmen lassen, um dadurch die aufgrund unterschiedlicher Erfahrungen eines Behinderungszustandes resultierende Kommunikationsverzerrung aufzuheben oder doch zu mildern und so die Voraussetzungen zu einer gemeinsamen Daseinsanalyse und Daseinsgestaltung zu schaffen. Um das Gemeinte zu verdeutlichen, ist die Unterscheidung zwischen (menschlichem) Verhalten und Erleben notwendig:

Wir haben bereits darauf hingewiesen, dass menschliches Verhalten nicht aufgrund eines einfach-linearen Reiz-Reaktionsschemas (Stimulus → Reaktion) interpretiert werden kann. Menschliches Verhalten ist entscheidend davon abhängig, wie und als was ein bestimmter Reiz erlebt und gedeutet wird; Verhalten ist erlebnisabhängig (Kapitel VI/3.5).

Somit gibt es zwei Möglichkeiten, sich in seinem Verhalten gegenüber einem (behinderten) Partner bestimmen zu lassen (Schema 54):

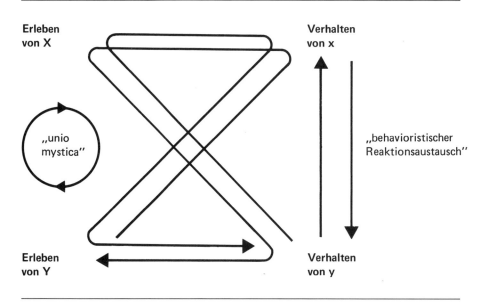

Schema 54: Beziehungen zwischen Erleben und Verhalten

1. X lässt sich in seinem Verhalten den Ypsilon gegenüber bestimmen durch sein persönliches Erleben und seine persönliche Interpretation eines y-Verhaltens. Das heisst, seine persönliche Definition von y-Verhalten ist ausschlaggebend und richtungweisend für seine Handlungsformen und

Verlautbarungen. – Normalerweise funktioniert dieses Kommunikationsmuster: einmal aufgrund des Umstandes, dass X im Laufe seiner Sozialisationsgeschichte gelernt hat, wie y-Verhalten richtig (d.h. den Ypsilons gemäss) zu interpretieren ist. Die Ypsilons geben X durch ihre nach denselben oder doch ähnlichen Mustern verlaufende Kommunikation überdies immer wieder zu verstehen, dass sie sich verstanden fühlen. Im Extremfall können sich X und Y, äusserlich betrachtet, auf einen scheinbar reinen «Behaviorismus» (d.h. einen blossen Reaktionsaustausch) beschränken und auf eine Sinnvergewisserung verzichten. Sie verhalten sich parallel bzw. komplementär, wie z.B. zwei aufeinander eingespielte Tänzer. – Ferner können sie sich – in bestimmten Situationen mindestens – äusserlich betrachtet auf eine scheinbar schlichte «unio mystica» (d.h. ein stimmungsmässiges Einssein) beschränken und auf eine gezielte Expression verzichten: Sie sind aufeinander eingestimmt, wie ein Liebespaar, das sich im Schweigen und Nichttun als «ein Herz und eine Seele» erlebt. – Dieses Kommunikationsmuster zerbricht nun freilich in dem Moment, wo die Interpretation des Verhaltens von Y durch X dem Erleben von Y nicht entspricht und somit auch das Verhalten von X durch Y nicht bestätigt werden kann. X benimmt sich aus der Sicht von Y ihm gegenüber daneben; Y fühlt sich von X nicht verstanden und verhält sich daher seinerseits für X unverständlich. Die Konfusion ist damit komplett, und zwar auch da, wo auf der perzeptiven Ebene derselbe Gegenstand «ins Auge gefasst» wird und wo auf der sprachlich-begrifflichen Ebene keine Divergenzen vorliegen: X und Y beziehen sich auf denselben Sachverhalt, sie benutzen dasselbe Zeichensystem und verstehen einander trotzdem nicht aufgrund des Umstandes, dass ihr Verhalten von einem unterschiedlichen Erlebnishorizont her bestimmt wird. – Y verhält sich aus der Sicht von X daher nicht Y-haft, sein Verhalten lässt sich jedenfalls nicht mehr in Richtung Y deuten und einordnen; es wirkt auf X wie Z, d.h. wie ein unbekanntes Drittes, das sich als Fremdkörper zwischen die Kommunikationsbemühungen keilt.

Aus dialogischer Sicht werden Behinderungen dadurch zu einem kommunikativen Problem, dass sie nicht nur zu **Verhaltens**auffälligkeiten führen, sondern primär die normalerweise als «gegeben» und selbstverständlich vorausgesetzte Kongruenz des **Erlebens** brüchig werden lassen. Behinderungen drohen, wie schon wiederholt erwähnt, Entfremdungseffekte nachsichzuziehen, die, falls das vorerwähnte Kommunikationsmuster nicht verlassen wird, den Behinderten in die Isolation drängen, indem sein Erleben permanent invalidiert und sein

Verhalten psychopathologisiert wird. Als «Un-person» und als «verrückt» definiert kann er hierauf lediglich in die für solche Fälle (eigentlich: «Un-Fälle») vorgesehenen Sonder-Rahmen eingeordnet werden:

Es ist der **Rahmen,** der das (Menschen-)Bild bestimmt. Die Rahmenmacher bestimmen die Wirklichkeit, und die Vergolder verabsolutieren sie.
Wer als dumm erscheint, gehört in den Rahmen der Hilfsschule –, im Rahmen der Hilfsschule gilt man als dumm. – Wer aus dem Verhaltensrahmen fällt, gehört nach einem badness/madness-Entscheid ins Gefängnis oder ins Irrenhaus –, wer im Gefängnis- bzw. Irrenhausrahmen lebt, ist kriminell bzw. verrückt: mit Ausnahme selbstverständlich des als Rahmenhalter tätigen Personals, das denn auch entsprechend an Leib und Seele zu uniformieren ist.

2. Das entgegengesetzte Kommunikationsmuster hat seinen Angelpunkt in der «Erfahrung der Gegenseite» (BUBER, M. 1960a):
X lässt sich in seinem Verhalten Y gegenüber bestimmen durch das Erleben von Y. Das heisst die Situationsanalyse und die Definitionen auch des Verhaltens von X (vonseiten Y) werden bestimmend für das Verhalten und die Handlungsweisen von X. – Ein derartiger Positionswechsel würde allerdings mit dem Begriff der Identifikation (mit dem Partner und dessen Erlebnisweisen) nur unzulänglich abgedeckt und zu leichthin als «durch guten Willen» vollziehbar dargestellt. Es fragt sich nämlich, ob eine derartige Identifikation mit einem andern (einem Nicht-Ich) überhaupt möglich ist. Die Identifikation mit einem behinderten Menschen wird ja nicht durch irgendwelche Handicap-Spielchen, in denen wir uns die Augen verbinden, die Ohren verstopfen oder im Rollstuhl herumschieben lassen, hergestellt. Eine wirkliche Identifikation ist wahrscheinlich letztlich nur so weit möglich, wie das eigene Betroffensein reicht. Das heisst, es ginge darum, Situationen zu reflektieren (und vorgängig überhaupt zu registrieren), in denen ich tatsächlich von einem visuellen, auditiven, sprachlichen, kognitiven oder sozialen Erlebnis ausgeschlossen bin aufgrund des Umstandes, dass mir infolge einer **realen** persönlichen Beschränktheit der Zugang hierzu verwehrt bleibt. Erfahrungsannäherung an Blinde, Gehörlose, Geistigbehinderte, Verhaltensgestörte... ist wahrscheinlich nur so weit möglich, als ich mich selbst **realiter** (und nicht bloss im Sinne eines Tun-als-Ob) relativ blind, gehörlos, geistigbehindert, verhaltensgestört usw. zu erfahren und zu reflektieren in der Lage bin.
Verstehen reicht nur so weit, wie die erlebte Verwandtschaft. – Ferner ist zu beachten, dass gelegentlich der Fall eintritt, wo ich mich auch gar nicht mit dem Erleben des Andern identifizieren **will,** da es mir aus situativen, chronologischen oder normativen Gründen nicht ent-

spricht. Entscheidend ist also nicht die Identifikation, sondern die Reproduktion meiner Person und Wirklichkeit im Erleben des Partners. Erfahrungen der Gegenseite machen heisst: sein Spiegelbild im Andern erkennen, **sich** einrahmen lassen. Solange meine Person, mein Verhalten und meine Realität sich im Erleben z.B. eines behinderten Kindes über weite Strecken inkongruent, bruchstückhaft und verzerrt abbilden, wird auch sein Verhalten kaum mit meinen Erwartungen korrespondieren können.

Mein Verhalten, z.B. einem behinderten Kind gegenüber, ist unter dem Gesichtspunkt der Erfahrungsannäherung dann richtig (d.h. konkordant), wenn mir das Kind durch sein Verhalten kundtut, dass es damit in der Zielrichtung unserer **gemeinsamen** Daseinsgestaltung liegt und auch ich mich darin wieder zu erkennen vermag.

Das DU ist nicht einfach ein zweites ICH, welches mein Verhalten in exakter Parallelprojektion abbilden und beantworten kann und will. Dies ist nur möglich, soweit wir phänomenal und intentional ineinander enthalten sind. Um sicherzustellen (bescheidener: die Wahrscheinlichkeit zu erhöhen!), dass sich mein Verhalten in deinem Erleben so abbildet, wie es sich meiner Absicht nach abbilden sollte (und tatsächlich auch würde, wenn ich dich wäre), muss ich mich gelegentlich anders verhalten (als es meinem Erleben entspräche, wenn ich dich wäre). Das Sprichwort: Wie man in den Wald ruft, so tönt es zurück! verliert in Zuständen (verzerrter) interpersonaler Kommunikation an Gültigkeit, da es einen physikalischen Vergleich der Objektebene benutzt.

Was ich hier mit viel verbalem Aufwand zu explizieren versuchte, stellt sich in weniger artverwandten Verhältnissen bedeutend einfacher dar: Wiewohl in den Sozialkontakten zwischen Mensch und Tier egozentrische Realitätsbestimmungen als sogenannte Anthropomorphismen auch vorkommen können, gilt es im allgemeinen doch als selbstverständlich, dass ein Tier eine Situation anders («artspezifisch») erlebt als wir. Mindestens im Rahmen der modernen Verhaltensforschung ist man demzufolge davon abgekommen, tierisches Verhalten anthropo-«logisch» (im Stil des alten ALFRED BREHM) zu deuten und zu werten. Fortschritte sind diesbezüglich auch in der Ethnologie sowie in der Religionsgeschichte zu verzeichnen, wo in zunehmendem Masse versucht wird, fremde Kulturen und Religionen von innen (emisch), aus sich und durch sich selbst darstellen zu lassen, anstatt sie exklusiv von aussen (etisch), aus einer christlich-abendländischen Sicht gar bloss, zu beschreiben und oft genug als «primitiv» zu disqualifizieren.

Diskursive Methoden der Schulung und der Erfahrungsannäherung zielen insgesamt also auf Konkordanz oder doch weitestmögliche Übereinkunft zwischen den subjektiven Bedürfnissen und Erfahrungen auf der Subjektebene eines Behinderungszustandes. Es handelt sich um eine gegenseitige Identifikation des und im (nicht unbedingt freilich **mit** dem) Andern. Die Präsentations- und Verhaltensformen werden auf gegenseitige Akzeptabilität abgestimmt.

Diskursive Methoden sind in der Heilerziehung von zentraler Bedeutung; jene der Adaption haben sich ihnen letztlich einzufügen.

Das Subjekt ist von übergeordnetem Interesse.

2. Methode als Erkundungsverfahren

Von den Methoden der (Heil-)Erziehung, die sich nach der Frage ausrichten: Wie kann im konkreten Einzelfall und im Detail eine als sinnvoll und erstrebenswert erachtete gemeinsame Daseinsgestaltung erreicht werden? sind die Methoden der (Heil-)-Pädagogik zu unterscheiden, die sich nach der Frage ausrichten: Wie gelangen wir zu jenen Erkenntnissen, aufgrund derer wir die heilpädagogischen Grundfragen in einer bestimmten gesellschaftshistorischen Situation beantworten können?

Auch in bezug auf diese theoretisch-wissenschaftlichen Methoden ist festzustellen, dass es je nach Ziel- und Fragerichtung unterschiedliche Erkundungsverfahren gibt. Wissenschaftliche Methoden sind nicht an sich richtig oder falsch, sondern sie sind je auf ihre Rechtmässigkeit und Angemessenheit hinsichtlich der Fragestellung, des Gegenstandes und der Thematik zu beurteilen. «Die Sache bestimmt die Erkenntnismethode, nicht umgekehrt» (TER HORST, W. 1983, p. 51).

2.1 Phänomenologische Methoden

Phainomenon (grch; «das in Erscheinung Tretende»). – Phänomenologische Methoden zielen darauf ab, eine «Sache» (das Vorfindbare, Gegebene) zur Darstellung zu bringen. Als Mittel dieser Darstellung wird traditionellerweise die Beschreibung (Deskription) benutzt, wiewohl zweifellos auch das Bild (Zeichnung, Fotografie, Film) als Dokumentationsmittel Verwendung finden kann.

Die phänomenologische Betrachtungsweise soll also an die Sache, das heisst in unserm Fall an das Phänomen «Erziehung» heranführen:

«Aufgabe des Deskriptiven in der Pädagogik ist es, das pädagogische Tun des Menschen richtig sehen, die Erziehung als Realität richtig kennen zu lehren, also eine interessenlose Erkenntnis der Erziehung anzubahnen. Ausgangspunkt der Forschung muss, als unmittelbar gegeben, das 'erzieherische Phänomen' sein» (LOCHNER, R., in: RÖHRS, H. 2.A. 1971, p. 82. FISCHER, A. (in: OPPOLZER, P. 1969), p. 97) nennt einen Tatbestand dann pädagogisch beschrieben, «wenn wir in den dabei beteiligten Menschen gewisse Motive und Zielvorstellungen als vorhanden und wirksam erweisen, die auf Beeinflussung von Menschen hindeuten, wenn wir an den beeinflussten Menschen alle Züge hervorheben, welche die Beeinflussbarkeit als möglich, ethisch und juristisch erlaubt und als notwendig erscheinen lassen. Gleichgültig ist dabei – für den Standpunkt der Deskription – unsere Wertung dieser Absichten und Ideale...». «Für die Beschreibung ist conditio sine qua non der wissenschaftlichen Brauchbarkeit und Ergiebigkeit, dass sie theoriefrei, in diesem Sinne voraussetzungslos, geschieht.» Diese theorifreie Beschreibung wird ebenso von BOLLNOW, O.F. (zit. nach RÖHRS, H., 2.A. 1971, p. 91) als Hauptaufgabe der Phänomenologie herausgestellt: «Es [das Wort Phänomenologie] meint... die Kunst der Beschreibung, die im Unterschied gegen alle konstruktiven Vorgriffe und gewaltsame Vereinfachung in der geduldigen Arbeit des Unterscheidens und Vergleichens die 'Phänomene' selber in den Blick zu bekommen versucht».

Von einer phänomenologischen Beschreibung wird ferner verlangt, dass sie möglichst weit ausgreifend und vollständig ist; «alles» ist zu berücksichtigen; Widersprüche und Ungereimtheiten müssen dabei ertragen werden. – Es handelt sich, wie CAMUS, A. (1964, p. 42) sagt, um eine «freischwebende» Aufmerksamkeit, welche der Phänomenologe benötigt. «Denken heisst nicht zusammenfassen, unter dem Gesichtspunkt eines grossen Prinzips die Erscheinung vertraut machen; Denken heisst wieder sehen lernen, heisst sein Bewusstsein lenken und aus **jeder** Vorstellung etwas Besonderes, Bevorzugtes machen. Oder anders ausgedrückt: Die Phänomenologie weigert sich, die Welt zu erklären, sie will nur Erlebtes beschreiben... Das Bewusstsein hält in der Erfahrung die Objekte seiner Aufmerksamkeit in der Schwebe...»[4] LANGEVELD, M. (4.A. 1963) bringt einen weiteren Gesichtspunkt ins Spiel, wenn er sagt: «Wir nehmen also nicht einen allge-

4 WELLEK, K. macht darauf aufmerksam, dass im Moment, wo «eine Erscheinung sogleich unter dem Gesichtspunkt der 'Bedingungsanalyse' gefasst und vor allem gefragt (wird), als Wirkung welcher Ursache sie zu betrachten sei, sie zum blossen Indiz oder Symptom (wird) jener gefragten Ursache – im Sinne ärztlicher Aetiolo-

meinen Begriff oder ein Axiom zum Ausgangspunkt, sondern das Phänomen selbst, so wie man es vorfindet in jener Erfahrung, an der wir alle teilhaben können, wenn wir nur bereit und imstande sind, diese Erfahrung gelten zu lassen und nicht schon in dieser Phase der Untersuchung den verfügbaren Einsichten vorgreifen.» Es handelt sich also nicht nur um eine rein persönliche Erfahrung von nur subjektiver Bedeutung, sondern um eine allgemein zugängliche. «Eine phänomenologische Arbeitsmethode erfordert, dass man – auch da, wo man eine andere, tiefere Gewissheit hat – dem Mit-Untersucher in dem Bereiche, über den man zu diskutieren wünscht, begegnet und nirgends anders» (a. a. O., p. 26).

Diese «schauende Hinwendung zu den Gegenständen in objektiver Grundhaltung, d.h. bei völliger Ausschaltung der eigenen Gefühls- und Wunschregungen...» will «durch die beschreibende Wesenserfassung der Phänomene gesicherte und evidente Kenntnisse gewinnen» (RÖHRS, H. 2.A. 1971, p. 77). Zeitlich geht solches Beschreiben dem Erklären und Deuten (Abschnitt 2.2) voran und bildet hiezu eine notwendige Voraussetzung.

Diesen Umschreibungen gemäss geht es bei der phänomenologischen Arbeitsweise also um eine «freischwebende» Bestandesaufnahme dessen, was ist und zwar nach den Kriterien der

– **Objektivität** (im Sinne der Sachtreue und Überprüfbarkeit)
– **Offenheit** (im Sinne eines breiten Spektrums der Beobachtung)
– **Genauigkeit** (im Sinne eines präzisen Festhaltens der einzelnen Daten)
– **Gleichwertigkeit** (im Sinne eines noch nicht akzentuierten Nebeneinander der einzelnen Fakten)
– **Vollständigkeit** (im Sinne einer möglichst umfassenden, reichhaltigen Sammlung von Beobachtungen)

Dabei sind nun freilich im Hinblick auf die in Kapitel I gemachten Überlegungen eine Reihe von Einschränkungen anzubringen:

– Eine völlig unvoreingenommene, interessenfreie Beobachtung und Beschreibung ist nicht möglich und «im Interesse» des Erziehungsgeschäftes auch nicht erwünscht. – Wer immer sich daran macht, Phänomene (wie in unserm Falle solche des Erzieherischen), zu beschreiben,

gie und Symptomalogie – und das Symptom in seiner unmittelbaren Eigenart das eigentliche Interesse, welches sich ganz auf die Ursache verlagert, verliert».
WELLER, K., (1952), Verstehende Psychologie (in: Lexikon der Pädagogik Bd. II, p. 848).

tut dies aus einem bestimmten Interesse heraus, aufgrund einer bestimmten Motivationslage und Zielsetzung.

- Gegenstand und Ausrichtungspunkt der Phänomenologie ist nicht einfach das Phänomen (als «Ding an sich»), sondern die Welt der Erscheinungen in der Konstruktion des Subjekts. Gegenstand ist das Sein als das mir/uns Erscheinende, welches sich in Erlebnis- und Denkakten zwischen der Person und der Welt präsentiert. Die phänomenologische Betrachtung richtet sich demgemäss auf ein **Verhältnis** zwischen Subjekt und Objekt; das Subjekt ist in der Betrachtung mitenthalten und geht mit ein in die Deskription.
- Desgleichen bleibt jede Darstellung gebunden an das benutzte Medium. Jede Beschreibung ist nur «objektiv» in den Grenzen der kultur- und geschichtsgeprägten Sprache und des von dieser oder anderweitigen Repräsentationsformen beeinflussten Denkens. Jede Dokumentation ist eine Komposition. So verwundert es nicht, wenn ausgerechnet die phänomenologische Methode, welche zu den «Sachen» zu führen verspricht, in der Pädagogik oft zum Opfer ihres Mediums (speziell der Sprache) wird, die «Phänomene» aus den Augen verliert und statt dessen einen verbalistischen Papierhimmel über sich errichtet. Diese in der traditionellen geisteswissenschaftlichen Pädagogik verbreitete, bibliotrop-pädophobe (d.h. vor dem Kind beim Buch Zuflucht suchende) Haltung war und ist zweifellos mit ein Grund dafür, dass das behinderte Kind in deren Gefilden bis heute weitum «erscheinungslos» blieb und man sich vorab an Fragen der sogenannt Höheren Bildung – d.h. mit und unter seinesgleichen – zu ergötzen beliebt.[5]
- Wenn Phänomenologie ferner zu mehr führen soll, als zu einer zufälligen Faktenhuberei und sie sich statt dessen «Wesenserfassung» zum Ziel setzt, so zeigt sich, dass dies nicht ohne Voraus-Urteile, Bedeutungsdifferenzierungen und Kategorisierungen möglich ist, womit sich notwendigerweise eine enge Verbindung mit der Hermeneutischen Methode (Abschnitt 2.2) ergibt.

---

5 «Weg mit Quintilianus!», der das Geschwätz zur Pädagogik machte, ruft der holländische Orthopädagoge TER HORST, W. (1983, p. 192/197) daher unwillig aus.
QUINTILIANUS (je nach Quelle: 35–90/40–120/30–96), römischer Rhetoriker, der nicht nur das schöne Reden zur Tugend, sondern den Redner desgleichen zum vir bonus erhob und durch seinen späteren Einfluss auf die redseligen Humanisten zur Papierblumensprache der Pädagogik beitrug.

– Und wenn schliesslich das Wesen und das Wesentliche eines Phänomens immer wieder im Charakteristischen, Bestimmenden, Definierenden, im Unverzichtbaren, Invarianten, Eigentlichen, Allgemeinen, «Objektiven» gesehen wird, so tritt die Aspektgebundenheit und mithin die Relativität und Relationalität (Kapitel I/2) in dem Moment zutage, wo nach den Rahmenbedingungen und dem Betrachtungswinkel der Verlautbarung einer Person (Kapitel VII/4.1) gefragt wird.

Die heilpädagogische Bedeutung der phänomenologischen Methode sehe ich zusammenfassend in folgenden Punkten:

– Sie bietet die Chance, auch das Unscheinbare, das Randständige, das Abtrünnige und Ausgeschlossene, ja sogar das Absurde und Unverständliche ins Blickfeld zu fassen, ins Bewusstsein zu heben und ihm damit Existenz zuzubilligen.
– Sie bietet zugleich aber auch die Chance, sich aus irgend einem Grund hervordrängende Phänomene, wie z.B. die Erzieherschaft unmittelbar und akut bedrängende Verhaltensauffälligkeiten, in übergreifenden Gesamtzusammenhängen zu sehen und ob der Dramatik das Alltägliche, Übliche und Banale nicht aus den Augen zu verlieren und auch einer sogenannt «stillen Symptomatik» (depressiver Bravheit z.B.) Aufmerksamkeit zu schenken.
– Da die phänomenologische Methode ferner nicht auf eine durch Masse auszuweisende Allgemeingültigkeit im positivistisch-naturwissenschaftlichen Sinne aus ist, sondern dem Vielen wie dem Einzelnen, dem Häufigen wie dem Einmaligen gleichermassen offen und bedacht gegenübertritt, erhält auch das in Zeit und Raum individuelle, nicht reproduzierbare und unwiederholbare Phänomen die ihm eigene Existenz, Wahrheit und Dignität zugesprochen. Sie kann damit auch all das zur Darstellung bringen, was von empirischer Seite (Abschnitt 2.5) mangels Masse, Dauer, Härte, Regelhaftigkeit und Signifikanz entweder von vornherein als zur «strengen» Erforschung untauglich weggeschoben oder als seiner Art nach zu wenig konsistent über Bord geworfen wird.

Die phänomenologische Methode ist damit insgesamt – innerhalb der vorerwähnten existentiellen Grenzen – zweifellos die weiteste und freieste –, freilich auch die vagste, unverbindlichste und für arrogant-anmassende egozentrische Setzungen und Satzungen anfälligste Methode zur Erkundung (heil-)erzieherischer Phänomene.

Ihr praktisches Anwendungsfeld liegt vor allem in der Beobachtung und Beschreibung erzieherischer Daseinsgestaltungsformen.

2.2 Hermeneutische Methoden

Hermeneúein (grch. svw. «ausdrücken, auslegen, übersetzen, ausdeuten»). – Hermeneutische Methoden zielen auf Interpretation, Verständnis, Sinnerfassung. Es geht um die Bedeutung dessen, was (phänomenologisch) in Erscheinung tritt. Das Phänomen ist nicht nur sich selbst, sondern ist Bedeutungsträger und steht in einem übergeordneten Sinnzusammenhang; es existiert im Hinblick auf einen Jemand (ein Subjekt), für den es etwas bedeutet. (Auch da, wo es ihm «nichts» bedeutet, ist die Frage nach der Bedeutung angesprochen).

Die Sinnfrage entfaltet sich somit stets nach zwei Seiten: Einerseits geht es um die Bedeutung eines Phänomens innerhalb eines Kontextes, eines z.B. gesellschaftshistorischen Hintergrundes, von dem sich eine Erscheinung abhebt. – Andererseits geht es um die Bedeutung eines Phänomens für das be-deutende Subjekt. – Über diesen beiden Bedeutungspolen geht es schliesslich um den Diskurs über die Bedeutung der Unterschiede, die sich allenfalls zwischen den Deutungen verschiedener Subjekte ergeben, sowie um die Bedeutung der Bedeutung («Was bedeutet es für mich, dass Dir dieses Kind soviel/so wenig/so etwas ganz anderes... bedeutet?»). TER HORST, W. (3.A. 1984, p. 231) geht so weit, dass er «Erziehung» geradezu als «Einführen in Bedeutungen» definiert!– Daher beruht auch das, was in einem landläufigen Sinne als «objektiv» gilt, auf einem subjekthaften (d.h. von Subjekten hergestellten) Verständnis. Objektiv ist das von Subjekten als allgemein verbindlich und gültig Erklärte und bezeichnet damit die «Sphäre der Gemeinsamkeiten» (DANNER,H. 2.A. 1989).

Wir können somit drei Stufen des Verstehens unterscheiden:

– auf einer ersten Stufe verstehe ich ein Phänomen so, wie ich es in meinen subjektiven Deutungshorizont einzufügen vermag: als Sein für mich
– auf einer zweiten Stufe verstehe ich es unter seinen Rahmenbedingungen: als Sein für sich
– auf einer dritten Stufe ordne ich es ein in ein gemeinsames Bezugssystem: als Sein für uns.

Hermeneutisches Vorgehen nimmt seinen Ausgangspunkt in jenem elementaren Verstehen, welchem wir im Alltag (als Einfühlung, Intuition) auf Schritt und Tritt begegnen. Der Unterschied liegt allerdings darin, dass es sich bei der Hermeneutik um ein bewusstes Verstehen handelt, das aus kritischer Distanz erfolgt, methodisiert ist und damit auf einer «Kultivierung der Verstandestätigkeit beruht» (LINKE, W. 1966, p. 132). «Zwischen Ausdruck und Aussage einerseits und zwischen Verstehen und Auslegung andrerseits befindet sich als vermittelnder Vorgang die denkende Verarbeitung» (a.a.O. p. 125). Hermeneutik zielt also generell auf das Verständnis von Sinnzusammenhängen. «Fremdes Dasein aber ist uns zunächst nur in Sinnestatsachen, in Gebärden, Lauten und Handlungen von aussen gegeben. Erst durch einen Vorgang der Nachbildung dessen, was so in einzelnen Zeichen in die Sinne fällt, ergänzen wir dies Innere... Sonach nennen wir Verstehen den Vorgang, in welchem wir aus sinnlich gegebenen Zeichen ein Psychisches, dessen Äusserungen sie sind, erkennen» (DILTHEY, W. , in: OPPOLZER, S., 1969, p. 25ff.).

Nun stellt sich allerdings die Frage: «Wie kann eine Individualität eine ihr sinnlich gegebene fremde individuelle Lebensäusserung zu allgemeingültigem objektivem Verständnis sich bringen?». DILTHEY, W. (a.a.O.), der diese Frage aufwirft, beantwortet sie wie folgt: «Die Bedingung, an welche diese Möglichkeit gebunden ist, liegt darin, dass in keiner fremden individuellen Äusserung etwas auftreten kann, das nicht auch in der auffassenden Lebendigkeit enthalten wäre» (a.a.O.). Mein Verständnis würde demnach nur so weit reichen, als ich im Fremden immerhin noch mir **Verwandtes** zu erblicken vermag: Ein Umstand, der, wie wir bereits feststellten (Kapitel VII/1), heilpädagogisch bedeutsame Konsequenzen hat.

FLITNER, W. (1963) räumt denn auch der hermeneutisch-pragmatischen Methode einen zentralen Platz ein in der Pädagogik. Sie wird seiner Auffassung nach besonders fruchtbar im Bereich **zwischen** den Sollens-Ansprüchen einer Pädagogik normativen Typs (Abschnitt 2.3) und den Facts pädagogischer Tatsachenforschung (Abschnitt 2.5): Hermeneutik soll vermeiden, dass die «pädagogische Forschung immer wieder in die blosse Tatsachenforschung nach der einen, oder in eine normative Pädagogik in Abhängigkeit von Theologie oder Philosophie nach der andern Seite abgleitet... Der empirischen Tatsachenforschung müssen Untersuchungen vorangehen, in denen sich der Begriff der pädagogischen Tatsache erst ergibt. Die normativ gegebenen Entscheidungen andrerseits können nicht ohne weiteres in pädagogische Anweisungen für die Praxis verwandelt werden: Sie müssen erst im pädagogischen Felde konkretisiert aufgesucht und dort in ihrem Beziehungs- und Wirkungsgefüge verstanden werden. Zwischen den Tatbeständen, auf welche die Empiriker blicken, und jenen, die durch die Wertphilosophie oder durch theologische oder politische Normierungen gestützt scheinen, befindet sich eine Zwischenwelt, in der das erzieherische Geschehen mit seiner Verantwortung liegt. An dieser Stelle beginnt die selbständige Besinnung und Forschung der wissenschaftlicher Pädagogik» (p. 23).

Hermeneutik, so können wir zusammenfassend sagen, hat im pädagogischen Bereich die Aufgabe

- phänomenologisch erkannte Tatbestände, Beobachtungsmaterialien und experimentelle Befunde zu ordnen und in einen sinnvollen Zusammenhang zu bringen,
- dabei jedoch auch das Bedingungsgefüge, in welchem eine Faktensammlung, ein Experiment oder eine deduzierte Formel stehen, aufzuzeigen und kritisch zu durchleuchten,
- die dergestalt in einen geordneten, sinnvollen Zusammenhang gebrachten Fakten im weitern auf ihre pädagogische Belangbarkeit und ihre erzieherische Bedeutungshaltigkeit hin zu prüfen
- und schliesslich (in diesem Punkt bestehen allerdings Meinungsverschiedenheiten) die möglichen erziehungspraktischen Konsequenzen einer Idee oder Ideologie bzw. eines Faktums zu ziehen oder mindestens zu durchdenken.

Die spezielle Bedeutung der hermeneutischen Methode für die Heilpädagogik sehe ich in folgenden Punkten:

Verständnis und Verständigung, Bedeutungsverleihung und Beziehungsstiftung sind zentrale Anliegen im interpersonellen Diskurs auf der Subjektebene. Auch das, was auf der Objektebene allenfalls **erklärt** werden kann, ist damit auf der Subjektebene noch nicht **verstanden.**

Eine geistige Behinderung in ihrer Genese (z.B. als «Status nach Hirnschädigung») erklären zu können, beinhaltet jedenfalls noch nicht, diesen geistigbehinderten Menschen und die durch seine Existenz erschütterte psychosoziale Homöostase – den Behinderungszustand – zu verstehen. Was eine Begründung findet, ergibt nicht ohne weiteres schon einen Sinn. – Entscheidend für ein (heil-)pädagogisches Verständnis ist das, was über den Objektstatus hinausreicht und im «Konjugativen Beziehungsnetz» (Kapitel IX/1) vielfältige subjektive Brechungen erfährt. Empirische Faktenhaufen psychologischer, psychiatrischer und quasipädagogischer Herkunft sind oft darum ausgesprochen uninteressant, weil sie «un-interessant» (nicht dazwischen-seiend) sind, in keine über sie hinausweisende sinnfällige Beziehung gesetzt werden (dürfen) und den Rezipienten mit seiner subjektiven Frage: Was soll das bedeuten? allein und leer lassen.

Verstehen ist nun allerdings nicht in eins zu setzen mit Billigung und persönlicher Identifikation im Sinne des «tout comprendre c'est tout excuser» (Kapitel I/7). – Ebensowenig ist Sinnhaftigkeit mit normativer Werthaltigkeit identisch; auch das von meinem Wertsystem aus als negativ zu Qualifizierende kann durchaus einen Sinn haben und in seiner Bedeutung verstanden werden (Kapitel VII/1). – Ziel des Verstehens ist also nicht Allgemeingültigkeit in dem Sinne, dass alle (MAN) ein bestimmtes Phänomen als bedeutungsgleich aufzufassen haben. Es geht vielmehr im dialogischen Diskurs darum, dass ICH DEIN Verständnis (eines Phänomens, einer Situation) verstehe –: auch dann, wenn MEIN Verständnis (meine Bedeutung) eine andere ist.

Im heilpädagogischen Bereich wird die hermeneutische Methode freilich auf eine bisweilen harte Bewährungsprobe gestellt, haben wir es hier doch mit Verhältnissen zu tun, die oft gerade wegen ihrer **Unverständlichkeit** als schwierig und hinderlich empfunden werden:

– So ist das Material, das Heilpädagogen zu interpretieren haben, nicht nur umfangreicher, sondern auch heterogener als im normalpädagogischen Bereich. Die Aufgabe, eine sinnvolle, in sich geschlossene Interpretation abzugeben über einen erzieherischen Sachverhalt, ist oftmals nur in unbefriedigender Weise zu lösen. Verschiedene Gründe können dazu führen, dass wir uns von einem erzieherischen Verhältnis «kein Bild machen» können. Da «der sinnfällige Eindruck, die denkende Verarbeitung und das sinndeutende Verstehen einen untrennbaren Zusammenhang bilden» (LINKE, W. 1966, p. 126), das Verstehen also auf Ausdruck angewiesen ist, liegt es auf der Hand, dass überall da, wo die Ausdrucksmöglichkeiten (Sprache, Gestik, Schrift, Mimik, zeichnerische Gestaltung usw. Kapitel IV) eines Kindes eingeschränkt sind, ein Verstehenwollen auf grösste Schwierigkeiten stösst.

– Verständigungsschwierigkeiten ergeben sich auch da, wo die Ausdrucksweisen heterogen und rasch wechselnd sind.

So bietet z.B. das instabile Kind zwar ein reiches Ausdrucksgebaren, das jedoch durch seinen kaleidoskopartigen Wechsel jeden Deutungsansatz zum Oszillieren bringt. Das Erziehungsverhältnis erhält dadurch etwas permanent Gleitendes, und die Erzieherschaft ist quasi ständig auf der Suche nach «dem» Kind, das – kaum erfasst und momentan verstanden – wieder ins Rätselhafte entgleitet (KOBI, E.E. 2.A. 1976).

– Eine weitere Schwierigkeit kann darin bestehen, dass die Bewegung des Verstehens bereits auf vergleichsweise niederen Stufen stehen bleibt:
So kann es mir aufgrund der Unmöglichkeit, existentielle Verwandtschaft zwischen mir und einem behinderten Kind zu entdecken, verwehrt sein, auch nur die erste Stufe des naiv-unmittelbaren Verstehens im Sinne eines existenzbestätigenden Wohlwollens zu erreichen – wie dies immer-

hin in den Worten ROUSSEAUS (Kapitel V/8.3) zum Ausdruck gebracht wird! Diese erste Stufe des Verstehens hat zur Voraussetzung, dass ich einen Behinderungszustand erkenne und anerkenne: auch da, wo ich mich persönlich davon absetze und die soziale Aufgabe auf andere (wie Rousseau auf die «Christenmenschen») abwälze. Das Beispiel macht überdies deutlich, dass persönliches Betroffensein nicht genügt, um ein erzieherisches Verhältnis zu stiften.[6]

Erst auf der zweiten Stufe des Verstehens erkenne ich die gemeinsamen, uns umschliessenden Rahmenbedingungen der gesellschaftlichen Situation. Das private Betroffensein in einer ICH-DU-Relation weitet sich aus zu einem politischen Problem. Jede Behinderung betrifft auch die Gesellschaft (die polis) als ganze, indem diese via Normen und Erwartungen an der Auszeugung eines Behinderungszustandes beteiligt ist. Hier zeigt sich die Bereitschaft, behinderungsspezifische Bedürfnisse in der dieser eigenen Bedeutungs- und Sinnhaltigkeit zu verstehen –: Auch dann, wenn sie nicht mit den meinen korrespondieren und diesen unter Umständen sogar widersprechen. Aus diesem Verständnis kann somit eine gewisse Liberalität resultieren, gemäss dem Motto, dass jeder nach seiner Façon selig werden möge («Chacun à son goût!»). Verschiedene subjektive Welten und Daseinsgestaltungsformen werden anerkannt –, dabei freilich von der eigenen dezidiert abgehoben. Als (historisches) Beispiel kann hier auf die Haltung von COMENIUS (Kapitel V/8.3) hingewiesen werden, wo in klassisch-wissenschaftlicher Manier verschiedene Begabungen und Lernformen unterschieden werden, die «es» – ausserhalb meiner selbst – «gibt».

Auf der dritten Stufe des Verstehens wird schliesslich (?) das über die ersten beiden Stufen hergestellte Bezugssystem, das Verstehen des personalen und interpersonalen Verständnisses, zu verstehen und zu deuten versucht und auf eine gemeinsame Sinnebene gestellt. Erst im Verstehen des Verstehens, unter Einschluss aller am Kommunikationsgeschehen (in unserm speziellen Fall: eines Behinderungszustandes) beteiligten Subjekte, wird der sogenannte «Hermeneutische Zirkel» geschlossen und wird «das Verstehen ein Wiederfinden des Ich im Du» (DILTHEY, W., zit. nach DANNER, H. 2.A. 1989, p. 68).

---

6 Hier ist denn auch häufig der Entstehungsort Unbeholfenen Helfens, engagierten Dilettantismus und destruktiver Gutgemeintheiten (Kapitel IX/3)

Damit zeichnen sich aber auch die Grenzen der hermeneutischen Methode ab –: speziell für die Heilpädagogik, die oft, zumal im Raume des common sense, mit Unverständlichem konfrontiert wird:

- Es gibt einen philologisch verengten Begriff der Hermeneutik, der sich von vornherein auf die Interpretation von Texten ausrichtet und demzufolge die hermeneutische Methode lediglich auf Schriftstücke angewandt sehen will. Hermeneutik dieser Art spielt demgemäss in der unter Abschnitt 2.1 erwähnten bibliophilen, lediglich historisierenden und textdeutelnden Pädagogik eine zentrale Rolle. Hermeneutik wird daselbst auf eine Art Leseanleitung reduziert. Textinterpretation spielt jedoch in der Heilpädagogik eine nur untergeordnet-sekundäre Rolle, so dass ich darauf verzichte, näher darauf einzutreten. Eine Pädagogik, die sich in Schriftgelehrsamkeit und narzisstischer Selbstauslegung erschöpft, bleibt praktisch ohne Daseinsgestaltungswert.

- Auch die Grenzen einer auf die Daseinsanalyse ausgeweiteten Hermeneutik treten da zutage, wo Unverständliches auftritt. Dabei bleibt freilich die oben erwähnte Frage permanent offen, wie weit mein persönliches Verständnis (motivational und differential) begrenzt ist und ob mir allenfalls ein anderer Verständnisansatz weiterhelfen könnte. In dieser Konsequenz hat sich daher die Heilpädagogik immer wieder **verschiedener** Deutungsmuster zu bedienen und muss in ihrer Deutungsnot pragmatisch-eklektisch vorgehen, wenn sie das Ziel eines möglichst weiterreichenden Verständnisses erreichen will.

- Heilpädagogik muss schliesslich im Extremfall auch **über** den hermeneutisch fassbaren Bereich, d.h. über das Verstehbare hinaus wirken und auch das unverständlich und absurd Erscheinende miteinschliessen und mittragen. Dies ist freilich nur möglich aufgrund eines aus den Rahmenbedingungen des heutigen Wissenschaftsbetriebs heraus nicht mehr belangbaren Glaubens an Sinnhaftigkeit schlechthin (Kapitel VII/1).

2.3 Deduktive Methoden

Deducere (lat. svw. «ableiten», in unserm Fall: die Ableitung von Folgerungen aus bestimmten Ober- und Vorsätzen, sogenannten Prämissen).

Wissenschaftstheoretisch pflegt man theoretische von empirischen Methoden zu unterscheiden. Diese Unterscheidung drängt sich weniger von der zu erforschenden Gegenstandswelt her auf, als von der psychologischen Erfahrung, dass es grundsätzlich zwei Arten schlussfolgernden Denkens gibt:

- die **Deduktion,** d.h. das Ausgehen vom Allgemeinen (einem übergeord-neten, als feststehend und unzweifelhaft geltenden Satz) zum Besonde-ren und Einzelnen (=Deduktives, spezialisierendes Verfahren).
- die **Induktion,** d.h. das Ausgehen vom Besonderen (von verschiedenen Einzelfällen) zum Allgemeinen (=Induktives, generalisierendes Verfah-ren).

Induktion und Deduktion stehen jedoch nicht in einem Verhältnis der Ausschliesslichkeit zueinander. Induktion setzt voraus, dass Schlüsse (als Hypothesen) vorweggenommen werden. Eine zielstrebige Induktion rich-tet sich jedenfalls auf ein erahntes, anvisiertes Ergebnis.– Umgekehrt erweisen sich die Prämissen von Deduktionen zumeist als Resultate vor-angegangener Induktionen. In der wissenschaftlichen Forschung sind De-duktion und Induktion somit eng aufeinander bezogen (Schema 55).De-duktionen spielen in der Weise in sämtlichen Wissenschaftsdisziplinen zwischen und in Verbindung mit anderweitigen Erkundungsmethoden vor-genannter Art eine bedeutende Rolle.

Wesentlich ist für ein deduzierendes Vorgehen, sei dies im wissen-schaftlichen Bereich oder in der Alltagspraxis,

- dass die Ausgangsposition (die Prämisse) hinlänglich deutlich gemacht und transparent gehalten wird

und

- dass die hierauf vollzogenen Ableitungen (Schlussfolgerungen) die Ver-bindung zur Ausgangsposition nicht verlieren und untereinander stim-mig bleiben.

Dementsprechend können deduzierte Erkenntnisse, die in Form von Aus-sagen oder Handlungsweisen präsentiert werden, sowohl einer **Aussenkri-tik** als auch einer **Binnenkritik** unterworfen werden:

- Die erstere richtet sich z.B. in Form eines dialektischen Gegenzuges (Ab-schnitt 2. 4) auf die Ausgangsposition: sei dies auf eine einzelne Prämisse oder aber auf die gesamten Rahmenbedingungen. Sie negiert oder rela-tiviert damit mehr oder weniger alle (z.B. systemimmanenten) Ablei-tungen: unter Umständen eines ganzen in sich stimmigen Denkgebäu-des.
- Die letztere akzeptiert zwar die Voraussetzungen, richtet sich jedoch ge-gen Form, Inhalt, Ausmass, Stringenz usw. einzelner Ableitungen, indem sie deren Logik und innere Stimmigkeit in Frage stellt.

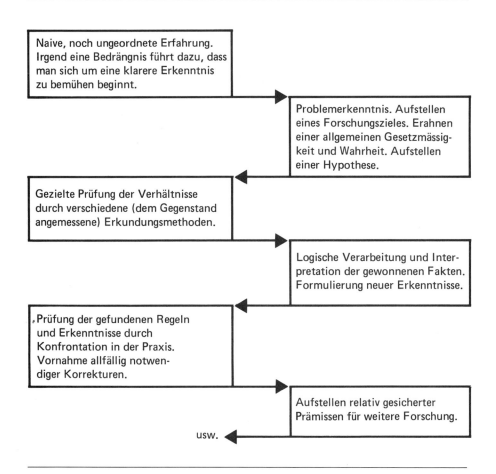

Schema 55: Deduktion – Induktion

Es liegt mir viel daran, deutlich zu machen, dass es, zumal im pädagogischen Feld, nicht nur verschiedene Ausgangspositionen gibt – was heutzutage auch kaum mehr bestritten wird –, sondern dass es überdies auch verschiedene Logiken (d.h. Denkweisen, Arten von Schlussfolgerungen und kognitive Stilformen) gibt, die trotz Prämissen-Kongruenz zu divergenten Stimmigkeiten führen können. Diesbezüglich tun sich auf einen logistischen Absolutismus versessene Einheits-Wissenschafter schwer: Sie akzeptieren zwar, dass man **Verschiedenes,** nicht aber, dass man **verschieden** denken kann (Kapitel I/6.1).[7] Die Freiheit wissenschaftlicher Lehre und Forschung besteht darin, alles darüber sagen zu dürfen, wie MAN ES auf der Objektebene für Jedermann zwingend beweist; die Unfreiheit wissenschaftlicher Lehre und Forschung besteht darin, nichts darüber sagen zu dürfen, wie ICH und WIR IHN und SIE für DICH und EUCH per definitionem erzeugen.

Dies führt uns schliesslich noch zum Thema normativ-ideologischer Deduktionen, d.h. zu Ableitungen aus Prämissen, die ihrerseits nicht mehr ableitbar sind, sondern den Charakter axiomatischer Grundentscheidungen tragen. – Jede Wissenschaft ist von einem «Saum des Glaubens» umgeben, unter welchem beweisbares Wissen in unbeweisbare Gewissheit übergeht oder naiverweise das Alltagswissen (sich)-selbst-verständlich wird: Was ich (nicht) weiss, das glaub' ich (nicht). Dass sich die Heilpädagogik dieser «Säumigkeit» vielleicht stärker bewusst ist, als objektivierende Wissenschaften, liegt daran, dass sie diesen Grenzbereichen näher liegt und sich immer wieder genötigt sieht, Grenzerfahrungen zu machen.

Normative Aussagen werden entweder von ausser- bzw. vorpädagogischen Bereichen – so etwa aus einem religiösen Glauben und Dogma, aus einer Weltanschauung, einer Ethik, einer philosophischen Lehre, einem politischen System – an die (Heil-)Pädagogik herangetragen mit dem Auftrag, hieraus die für die Erziehungspraxis wegleitenden (= «methodischen») Grundsätze und Verhaltensrichtlinien abzuleiten. Pädagogik ist in dem Moment nicht mehr Deutungsmuster (Kapitel II/2.2c); ihre reflexive Aufgabe wandelt sich zu einer präskriptiven. Sie degeneriert zu blosser Methodik und wird zu einer Kontrollinstanz für die Erziehungspraxis. «Auf diese Weise wird die Erziehungswissenschaft zur Methodik. Sie wird als eine Technologie verstanden. Die weitere Folge ist dann, dass auch die Praxis, auf welche sie einwirkt, zu einer blossen Technik herabsinkt, die mit dem aufwachsenden Menschen als ihren 'Material' arbeitet, Mittel und Zweck voneinander absondert und nicht mehr die Freiheit und Unmittelbarkeit des Gedankens bei sich hat» (FLITNER, W., 1963, p. 22). Deduktive Methoden dieser Art finden sich vor allem in pädagogischen «Systemen normativen Typs» (FLITNER, W. a.a.O., p. 21).

7 Ich finde es charakteristisch für RENÉ DESCARTES (1596–1650), den Kronzeugen des Rationalismus', dass er zwar an seiner Existenz (Bin ich überhaupt?) –, nicht aber an seinem Denken zweifelte. So schloss er denn aus der Unzweifelhaftigkeit seines (!) Denkens auf die Realität seiner Existenz: «Ich denke, also bin ich!» (Cogito ergo sum). Die Umkehrung dieser cartesianischen Formel ist von buchstäblich revolutionierender Bedeutung: «Ich bin, also denke ich! « («Ich bin ich, also gestatte ich mir, in meiner Weise zu denken!»). Am konseqentesten bei MAX STIRNER (1845; 1987)

Die Ausgangsfrage lautet diesbezüglich nicht: Wie und was ist Erziehung hic et nunc?, sondern: Was muss Erziehung sein aufgrund der Glaubensentscheidung, die ich getroffen habe oder der Weltanschauung, zu der ich mich bekenne? Oder: Wie müsste die Erziehung jenes Menschen beschaffen sein, von welchem ich mir als einer bestimmten Ideologie verpflichteter Theologe, Ethiker, Politiker usw. ein Bild mache? Ausgangspunkt ist nicht das Wirkliche, sondern das Zuverwirklichende, nicht das, was Erziehung ist, sondern das, worum es ihr zu gehen hätte. Nicht das konkrete Kind, sondern die Idee wird als gegeben betrachtet.

Ein Beispiel liefert MÄRZ, F. (1965), der feststellt: «Für den Christen (wird) neben Empirie und Spekulation die **Glaubenserkenntnis** treten müssen, jene Methode, die alle wissenschaftlichen Methoden transzendiert, indem sie sich der letzten, **personalen 'Methode'** anvertraut, JENEM, der von sich sagte: 'Ich bin der Weg, die Wahrheit und das Leben' (JOHANNES, 14/6).– Für die Hereinnahme dieser Methode in die eigene pädagogische Theorie bedarf es einer Glaubensentscheidung **und** der Gnade. Ohne sie entbehrt pädagogisches Denken und Tun letzter Sinngebung. Ihre Quelle ist die Offenbarung Gottes» (p. 41).

Bekenntnispädagogiken jedweder Couleur sind nach eben diesem Grundmuster angelegt.

Normative Aussagen können andererseits aber auch wissenschaftsimmanent, von einer scientific community, als verbindlich erklärt werden: in Form einer anerkannten-anzuerkennenden Theorie, die in der Folge nicht nur inhaltlich, sondern auch strukturell-organisatorisch, personal- und finanzpolitisch durchgesetzt wird. Herrschaftscliquen-Bildung ist heutzutage weit verbreitet im Wissenschaftsbetrieb.

Die der Normativen Pädagogik zum Vorwurf gemachten (ursprünglich noch von der Theologie aufgesetzten) Präskriptionen erscheinen diesfalls introjiziert –: in der (pädagogischen) Methodologie. Der Methodismus entzündet sich heute weniger an Unterrichts- und Erziehungsmethoden (diesbezüglich hat sich eher ein gewisser Probabilismus eingestellt), als an Fragen der Methodologie, durch welche die Pädagogik versucht, ihre Wissenschaftlichkeit auszuweisen. Die «Freiheit» der Erziehungsmethoden findet ihren Gegensatz in der Strenge der pädagogischen Methodologie.

In beiden Fällen und unabhängig davon, ob sich das Ideengebäude selbst als Religion, Wissenschaft, Politik versteht, können in bezug auf die Praxis der Daseinsanalyse und -gestaltung drei mal drei Einstellungsformen ausgemacht werden und zwar zwischen den Polen

- inklusiv/exklusiv betreffs **Zugänglichkeit**
- monoform/polyform betreffs **Geltungsanspruch**
- imperativ/indikativ betreffs **Verpflichtung.**

Es ergeben sich somit folgende Positionen, die in der Ideen- und Ideologiegeschichte ausserhalb und innerhalb der Pädagogik und der Erziehungspraxis nachweisbar sind (Schema 56).

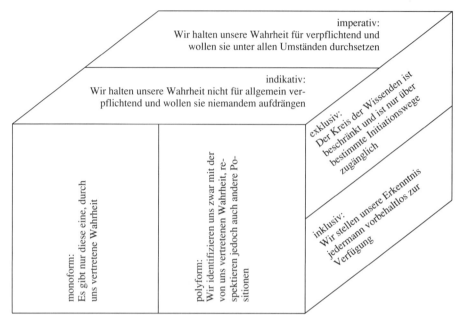

Schema 56: Einstellungsformen zur pädagogischen Daseinsanalyse

In diesem Zusammenhang interessiert namentlich jene Position, welche für das in Kapitel II/2 dargestellte Pädagogik-Verständnis massgebend ist und die gekennzeichnet wird durch die Dimensionen:

- **inklusiv,** d.h. durch allgemeine Offenheit und Zugänglichkeit
- **polyform,** d.h. dadurch, dass von ihr aus auch andere Wahrheits- und Wertsysteme respektiert werden
- **indikativ,** d.h. dadurch, dass von ihr aus die Erziehungswirklichkeit reflektierend dargestellt wird.

Pädagogik kann dieser Auffassung gemäss

- nicht exklusiv sein, wenn sie nicht zu einer Geheimbündelei (religiössektiererischer, szientistischer... Art) verkümmern soll,
- nicht monoform sein, wenn sie nicht zu einer verabsolutierten Heilslehre (religiöser, politischer, wissenschaftlicher... Art) verkommen will

– nicht imperativ sein, wenn sie nicht zu missionarischem Eifer und Gesinnungsterror (religiöser, politischer, wissenschaftlicher... Art) ausarten soll.

Die Bedeutung deduktiv-normativer Methoden liegt darin, dass sie die Verbindung herstellen zwischen Gewissheit und Wissen, Handlungsrahmen und Handlungsweisen, dem unmittelbar Vorausgesetzten und dem hieraus Vermittelten (Schema 58).

Es geht also nicht darum, Glaube, Ideologie, Spekulation oder wie auch immer die wissenschaftlich nicht fassbaren Einflussgrössen genannt zu werden pflegen, auszuklammern, indem man die Augen davor verschliesst, weil man als «objektiver» Wissenschaftler nichts damit zu schaffen haben will –, sondern sich im Gegenteil dieser unumgänglichen Einflüsse bewusst zu werden und sich damit auseinanderzusetzen. «Der Mensch kann nicht frei entscheiden, ob er Ideale haben will oder nicht, aber er hat die freie Wahl zwischen verschiedenen Idealen» (FROMM, E. 1954, p. 65).

Wo eine Ideologie mit einem pädagogischen und/oder erzieherischen Anspruch auftritt, muss sie es sich gefallen lassen, dass Pädagogik die aus einem derartigen Anspruch abgeleiteten theoretischen und praktischen Konsequenzen überprüft. Es geht dabei nicht um die Überprüfung der Ideologie oder der Glaubensinhalte – hiezu ist die Pädagogik weder berufen noch imstande –, sondern nur um jene der möglichen erzieherischen Auswirkungen. Die Pädagogik muss ferner bis an jene Grenzen vorstossen, an denen ein erziehungswissenschaftliches System auf glaubensmässigen Vorentscheidungen aufruht, und sie hat jene Punkte ausfindig zu machen, wo ideologische Einflüsse wirksam werden. Sie hat die verschiedenen «Einfüllstutzen» aufzuzeigen, an denen ideologische Gehalte eingegossen werden können und – da jede Pädagogik in Theorie und Praxis stets auch Bekenntnischarakter trägt – eingegossen werden **müssen.** Eine Pädagogik, die, einen falsch verstandenen Empirismus hochhaltend, darauf verzichtet, sich mit der Tatsache verschiedener Weltanschauungen zu beschäftigen und beispielsweise die Zielfrage aus ihrem Aufgabenbereich ausklammert, begibt sich auf ein – nicht zuletzt für sie selber – gefährliches Geleise. Sie könnte nämlich unversehens einer eigenen, naiv-unreflektierten Ideologie zum Opfer fallen oder aber ins Schlepptau einer von aussen über sie hereinbrechenden Ideologie geraten, in deren Diensten sie dann zu funktionieren hat.

Seit sich die Pädagogik aus der ancilla-Funktion gegenüber Theleologie und Philosophie zu befreien anschickte, musste sie sich immer wieder – bis in die Gegenwart hinein – Verabsolutierungs- und Dogmatisierungsversuche erwehren. Sie kann es jedoch nicht zulassen, dass sie von vornherein auf ein System von Glaubenssätzen und Behauptungen verpflichtet wird und ihr lediglich noch das technische Problem zur Lösung überlassen wird, Wege und Mittel zu finden, die es gestatten, die junge Generation rasch und reibungslos abzurichten und zu indoktrinieren. Diesen Autonomieanspruch, welchen die Pädagogik hochzuhalten hat, wenn sie ihren humanen Auftrag erfüllen will, hat NOHL, H. (1949) treffend zum Ausdruck gebracht: «Die Grundeinstellung der neuen Pädagogik ist entscheidend dadurch charakterisiert, dass sie ihren Augenpunkt unbedingt im Zögling hat, das heisst, dass sie sich nicht als Vollzugsbeamtin irgendwelcher objektiven Mächte dem Zögling gegenüber fühlt, des Staates, der Kirche, des Rechts, der Wirtschaft, auch nicht einer Partei oder Weltanschauung und dass sie ihre Aufgabe nicht in einem Hinziehen des Zöglings zu solchen bestimmten vorgegebenen objektiven Zielen erblickt, sondern – und das nennen wir ihre Autonomie, die ihr einen von allen andern Kultursystemen unabhängigen Massstab gibt, mit dem sie ihnen allen auch kritisch gegenübertreten kann –, dass sie ihr Ziel zunächst in dem Subjekt und seiner körperlich-geistigen Entfaltung sieht. Dass dieses Kind hier zu seinem Lebensziel komme, das ist ihre selbständige Aufgabe, die ihr niemand abnehmen kann» (p. 183).

2.4 Dialektische Methoden

Téchne dialektikè (grch. ursprünglich svw. «Kunst der Gesprächsführung» im Sinne des dialogisch angelegten Streitgesprächs).

Dialektik bezeichnet ein Denken, das sich im Dreischritt von These – Antithese – Synthese fortbewegt. «Damit steht dialektisches Denken in direktem Gegensatz zu allen Weisen 'einstrahligen' Denkens, das von einem Ausgangspunkt gradlinig zu 'Folgerungen' schreitet: sei es deduktiv von Axiomen zu analytisch oder kombinatorisch zu gewinnenden Untersätzen, sei es induktiv-generalisierend von einander nebengeordneten Feststellungen zu subsumierenden Gattungsbegriffen oder Obersätzen von wachsender Allgemeinheit» (KLAFKI, W. in: OPPOLZER, S., 1969, p. 162). Dialektisches Denken ist dadurch gekennzeichnet, dass es «eine unaufhörliche Bewegung zwischen den 'Momenten'» (KLAFKI, W., a.a.O., p. 163) vollzieht. «In dieser Bewegung aber bleiben letztere nicht das, als was sie je für sich erscheinen; vielmehr wird jedes Moment ständig neu vom andern her erfasst» (a.a.O., p. 163). Bildlich gesprochen bewegt sich dialektisches Denken auf einer elliptischen Bahn, wobei die Ellipse mit ihren zwei Brennpunkten nicht nur die Polarität als solche, sondern auch die ihr innewohnende Spannung zeigt (KOBI, E.E., 1966, p. 157). «Im Raum des handelnden Lebens bedeutet das nicht, dass zwischen beiden Seiten nun ewige Harmonie hergestellt wäre. Aber es bedeutet, dass man sich prinzipiell nicht für oder gegen eines der beiden Momente entscheiden darf, sondern vermöge des dialektisch gewonnenen Wissens aufgefordert ist, beide 'Seiten' in jeder konkreten Situation jeweils neu in der eigenen Entscheidung und im eigenen Handeln 'aufzuheben'... Die reale Überwindung dessen, was zunächst als Widerspruch erscheint, ist eine ständig neu gestellte Aufgabe» (KLAFKI, W., a.a.O., p. 164).

Eine solche «Überwindung», wie KLAFKI es etwas missverständlich nennt, darf man sich allerdings nicht in der Art einer Mischung, eines Kompromisses, einer Angleichung vorstellen, die allesamt zu einem Spannungsabfall führen würden. Zwischen den genannten zwei Polen gibt es nichts Drittes – es sei denn eben das unaufhebbare Spannungsfeld. «Aufhebung», «Überwindung» kann nur heissen: in diesem Kräftefeld in jedem Moment neu ein Gleichgewicht finden. NOHL, H. (zit. nach KLAFKI, W., a.a.O.) spricht treffend von einer «verantwortlichen Bereitschaftsstellung», die «dem Leben federnd gegenübersteht, alle Kräfte wachhält und zugleich geschlossen zusammennimmt» (p. 174). Dialektisches Denken ruht also nicht harmonisch in sich selbst, wie ein anderes, das – an das vorgenannte Bild anknüpfend – sich auf eine Kreisbahn begibt, einen Fokus zum Mittelpunkt macht und damit das Spannungsverhältnis fusionierend auflöst. Dialektisches Denken ist für die Heilpädagogik von zentraler Bedeutung und zwar aus folgenden Gründen:

– Es verhilft dazu, Einseitigkeiten und Verabsolutierungen zu vermeiden. Es zwingt den Einzelnen, in jedem Moment auch die «Erfahrung der Gegenseite» zu machen (BUBER, M., 1960a). Einreihig-lineares Denken ist demgegenüber immer wieder von tödlicher Wirkung für ein erzieherisches Verhältnis (KOBI, E.E. 1966).

– Es deckt die sowohl in den Objekten, wie auch in den Subjekten liegenden Antinomien auf, welche hinter den empirisch gespiegelten Tatsachen oft zum Verschwinden gebracht werden sollen. «Kein Ding sieht so aus, wie es ist», stellt WILHELM BUSCH einmal fest.

– Es geht stets von einer für Erziehung konstitutiven Zweiheit aus und führt auf diese zurück.

– Es kann eine enorme Brisanz entwickeln, wenn es darum geht, monolithische Denksysteme zu sprengen und Vorurteile aufzulösen.

- Die dialektische Methode kann angesichts der grossen Zahl polarer Beziehungen, die wir im Erziehungsfeld antreffen, als ausgesprochen lebensnah, lebensbejahend und in einem gewissen Sinne sogar als lebenserhaltend, lebenserzeugend bezeichnet werden.
- Dialektisches Denken überspringt immer wieder jene Rahmen, innerhalb derer empiristische Datenfriedhöfe angelegt zu werden pflegen, in der Erwartung, dass sich Quantität in Qualität wandeln möge.
- Es kann dadurch zu einer Ausweitung des Deutungshorizontes beitragen und mithin zu einem tieferen Verstehen führen. Dies tut sich vor allem in der dialektisch denkenden Person kund, die dadurch ihre Bereitschaft unter Beweis stellt, sich immer wieder in Bewegung zu setzen und das Leben tatsächlich zu **erfahren** und nicht nur zu **erstehen.**
- Dialektisches Denken hält auch mit dem Verrückten, dem Absurden, dem Un-Logischen, dem Unverständlichen und dem (aus empiristisch-positivistischer Sicht) fraglos Widerlegt-Erledigten das Gespräch aufrecht. Es kann somit dem Heilpädagogen helfen, Fremdes, der Isolation zum Opfer Gefallenes (und als solches Verwahrlosungsgefährdetes) wieder «hereinzuholen» in den gemeinsamen Diskurs und es, wenngleich vielleicht auch nicht zu verstehen, so doch als angehörig zu erfassen und es wenigstens interessant zu machen, d.h. in die Dazwischen-Stellung des «Interessanten» zu bringen. Wo einmal ein Interesse geweckt ist, bestehen auch für das Verstehen neue Chancen.
Dialektik sichert somit den Bestand des Selbst-, wie auch des Unverständlichen.
- Die durch dialektisches Denken aufgewiesenen Gegensätze bilden eine Klammer, durch welche die durch einstrahliges Denken entstandenen Exklusivitäten und Extremismen zusammengehalten werden. Dialektisches Denken weigert sich, logische Entweder-Oder-Entscheidungen anzuerkennen. Es zielt nicht auf Wahrheit im Sinne einer in sich ruhenden Allgemeingültigkeit, Widerspruchslosigkeit und immanenten Objektivität. Es geht ihm vielmehr darum, die Wahrheit **in Bewegung zu halten,** Widersprüche herauszuschälen –: nicht um sie zu lösen (auszumerzen), sondern um sie auszusöhnen, d.h. in ein bipolares Vertragsverhältnis zu bringen: z.B. in Form einer **gespannten Homöostas**e eines Behinderungszustandes.
- Dialektische Denkmethoden sind einer «Wissenschaft vom Auslösen der Freiheit», wie Ritzel, W. (1963) die Pädagogik einmal nennt, speziell angemessen, weil sie immer wieder nach jenem Widerspruch **suchen,** in welchem das menschliche Subjekt seine Freiheit findet. Der menschli-

378

che Geist ist ein Widerspruchs-Geist! Er ist in dem, was er denkt, sagt und tut nur so weit frei, als auch das Gegenteil denkbar, sagbar und tunlich ist. Wo, wie in einer objektivistisch-materialistischen Wissenschaft, dem Denkbaren nur das Undenkbare, dem Sagbaren nur das Unsagbare und dem Tunlichen nur das gegenüber steht, was man tunlichst bleiben lässt, wo also das Mögliche einen exklusiven Gegensatz bildet zum Unmöglichen: da herrscht Zwang in die Notwendigkeit; die Widerspruchs-Freiheit wird zur Strecke gebracht.

Existenz ist Widerspruch. Ich bin nicht durch mich selbst. Ich bin nicht mein eigener Existenzbeweis. Ich bin durch das, was ich nicht bin. Ich existiere aufgrund meiner Negation. Ich bin, soweit es Dich und Es gibt. Wir sind unser gegenseitiger Existenzbeweis. Dialektisches Denken sucht die Widerspruchsfreiheit nicht als Freiheit vom Widerspruch, sondern als Freiheit im Widerspruch.[8]

Beispiel: Die aufgrund der jeweiligen Standpunktlogik unabdingbaren Forderungen nach integrativer bzw. separativer Erziehung und Bildung Behinderter werden in ein spannungsgeladenes (und nicht etwa kompromittiert-abgeschlafftes!) Sowohl-als-auch-Verhältnis gesetzt, wodurch erst die Klammer des Gegensatzes geschaffen wird. Das eine ist ohne das andere nicht existenzfähig. Integration, die aus dem Widerspruch zur Segregation fällt, führt in die Fusion, wo der Einzelne nicht mehr auffindbar ist. Segregation, die aus dem Widerspruch zur Integration fällt, führt in die Isolation, wo das Ich in Ermangelung des Andern einen Existenzverlust erfährt. In beiden Fällen führt der Totalitätsanspruch ins Nichts (zu Begriff und Bedeutung von Integration vgl. EBERWEIN, H., 2.A. 1990).
Wie das Gespräch in Rede und Gegenrede an die intersubjektiv auszuhandelnde Wahrheit heranzuführen vermag, soll abschliessend an einem «klassischen» heilpädagogischen Beispiel verdeutlicht werden:

These: Gehörlose Menschen sollen sich mittels Gebärden verständigen.
Begründung: Die Gebärdensprache ist behinderungsspezifisch; sie ist dem Gehörlosen wesensgemäss. – Die Lautsprache dagegen ist für Gehörlose ein künstlich-aufgesetztes Kommunikationsmittel, mit dem sie sich nicht unmittelbar zu identifizieren vermögen.

Antithese: Gehörlose Menschen sollen die Lautsprache erlernen.
Begründung: Nur via Lautsprache eröffnet sich ihnen ein kommunikativer Zugang zu Hörenden. Mit der Gebärdensprache hingegen bleiben sie auf ihre Schicksalsgenossengruppe verwiesen.

8 **Freiheiten** können wir uns von vorgesetzten Instanzen zugestehen lassen, die man sodann «**hat**». **Freiheit** hingegen kann man sich nur verschaffen («Ich bin so frei!»), in der man sodann «**ist**» –: mit allen damit verbundenen Konseqenzen und Verantwortlichkeiten

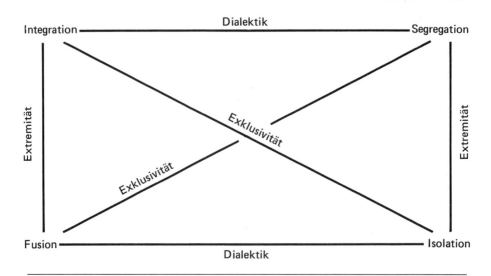

Schema 57: Integration / Segregation

Synthese: Gehörlose sollen durch eine auf ihre Bedürfnisse Rücksicht nehmende Erziehung und Bildung dazu befähigt werden, auch mit Nichtbehinderten in Kontakt zu treten.

These: Gehörlose sind demgemäss auf sonderpädagogische Massnahmen in einer segregierten Unterrichtssituation angewiesen.
Begründung: Der hierzu notwendige apparatliche, organisatorisch-technische und didaktisch-methodische Aufwand ist im Rahmen der Normalschule nicht zu erbringen. Die Normalschule vermag die lernpsychologischen Bedürfnisse Gehörloser nicht zu befriedigen; Normalpädagogik für Gehörlose ist vis-à-vis ihrer anthropologischen Situation gleichbedeutend mit Verwahrlosung.

Antithese: Gehörlose sind demgemäss auf normalpädagogische Massnahmen in einer integrierten Unterrichtssitution angewiesen.
Begründung: Nur in einer Normalsituation kann Normalität und Usanz im gegenseitigen Umgang zwischen Behinderten und Nichtbehinderten erlernt werden. – Jede Art von Sonderung ist gleichbedeutend mit Absonderung.

Synthese: Gehörlose (Behinderte überhaupt) und Normalhörende (Nichtbehinderte überhaupt) sollen in gegenseitigen Lern- und Austauschprozessen zu einer gemeinsamen Daseinsgestaltung befähigt werden.

These: Dies hat zur Voraussetzung, dass der Normalitätsbegriff erweitert wird.
Begründung: Ein Behinderter soll möglichst wenig Situationen erleben, in denen er sich als anders, nicht zugehörig und ausgeschlossen fühlt.

Antithese: Dies jedoch nur unter der Voraussetzung, dass ein Behinderter keinem Normalitätszwang und Integrationsfetischismus zum Opfer fällt.

380

Begründung: Auch Behinderte haben ein Recht auf individuelle Daseinsgestaltung und Rückzugsmöglichkeiten; Normalisierung und Integration dürfen nicht zum Prokrustesbett werden.

Synthese: Daseinsgestaltung soll nach Massgabe freier individueller Entscheidung und gegenseitiger Achtung der Persönlichkeitsrechte stattfinden, usw.

Das Beispiel zeigt, dass

- die in These und Antithese formulierten Aussagen themenzentriert bleiben müssen, da die Gesprächspartner sonst aneinander vorbei reden
- These und Antithese einen gemeinsamen Sinnhorizont aufweisen müssen, da die Gesprächspartner einander sonst nicht mehr verstehen
- These und Antithese begründbar und motivierbar sein müssen, da das Gespräch ansonsten in eine willkürlich-phantastische Spielerei ausartet
- These und Antithese einander nicht im Sinne von «richtig» und «falsch» oder gar von «gut» und «böse» gegenüberstehen, sondern je immanente «Wahrheiten» enthalten, die sich als gegenseitig unzerstörbar erweisen
- die zwischen These und Antithese aufbrechenden Widersprüche in der Synthese zwar «aufgehoben» (im Sinne von: «auf eine höhere Ebene heben» und: (dort) «aufbewahren»), jedoch weder aufgelöst und weggewischt, noch in der Art eines Kompromisses verniedlicht werden
- es daher im Verlauf der dialektischen Bewegung nicht um eine einstrahlige Falsifikation bzw. Verifikation gehen kann, durch welche letztlich eine Frage als endgültig und unisono beantwortet ad acta gelegt und quasi der Historik zur Archivierung übergeben werden kann.

Wenn wir die Phänomenologie als freieste, die Empiristik als die zwingendste, die Hermeneutik als die persönlichste Methode bezeichnen können, so erscheint mir die Dialektik als die ehrlichste und aufrichtigste Form, um auf dem Weg zur unbestimmbaren Verheissung (KOBI, E.E. 1990/91) zu bleiben. Dialektisch setzen wir uns immer wieder neu über die uns offen oder insgeheim auferlegten theoretischen oder praktischen Rahmenbedingungen und Standpunktlogiken hinweg.

Auch ein dialektisches Vorgehen kann freilich – wenn es sich, den eigenen Intentionen zuwiderlaufend, isoliert und verabsolutiert – zerfallen und ausarten in eine «ewige Analyse», die nichts mehr weiter als sich selbst produziert. Blosser Widerspruch, Kritik um der Kritik willen, das Zerreden eines Gesprächsgegenstandes, Wort- und Begriffsspielereien, können eine Form von Verantwortungslosigkeit sein. Dialektik ist daher stets auf Hermeneutik angewiesen: d.h. These, Antithese, Synthese müssen auf Verständnis und Verständigung angelegt sein im Sinne der in Kapitel II/1.4b genannten «Verstehenden Dialektik» (auch «dialektische Vernunft», BERMAN, M. 1983, p. 142).

2.5 Empirische Methoden

Empirie/empirisch (grch. /lat. empiria, experientia svw. «auf (sinnlicher) Erfahrung gründend»). – In der wissenschaftsmethodischen Bedeutung geht es um die Erforschung der «positiven», d.h. als selbstverständlich und als a priori (von vornherein) gegeben betrachteten Objektwelt.

Meta-physische Fragen werden entweder im buchstäblichen Sinne als «gegenstands-los» und bedeutungs-los erklärt oder aber in einen vor- und ausserwissenschaftlichen Bereich verwiesen.

Empirische Methoden richten sich demgemäss vor allem nach folgenden Perspektiven aus:

– Ausgangspunkt soll eine klar umgrenzte Fragestellung sein; der Erziehungswirklichkeit als Ganzes (über den Weg einer Induktion, der Aufreihung von Einzelfällen) habhaft werden zu wollen, wird als überrissener Anspruch abgelehnt.
– Objektivität ist zentrale Erfordernis. Subjektive Momente sind sowohl beim Forscher als auch beim Forschungsobjekt auszuschliessen. Von Interesse ist nicht das Subjekt, sondern die an diesem objektivierbaren Daten, die als solche ablesbar oder provozierbar sind und die wenn möglich eine mathematische Bearbeitung zulassen.
– Das Hauptaugenmerk gilt technischen Abläufen, die wiederholbar sein sollen. Experiment, Beobachtung usw. sollen ferner so aufgebaut sein, dass die beteiligten Variablen (Einflussgrössen) bekannt, klar ersichtlich, überschaubar und manipulierbar sind.
– Ziel ist die Formulierung allgemeingültiger Gesetze, situativ abhängiger Quasi-Gesetze oder statistischer Wahrscheinlichkeitsaussagen (Verifikation/Falsifikationen bezüglich der Ausgangs-Hypothesen).
– Die Resultate müssen intersubjektiv überprüfbar und kritisierbar sein und ihre Gültigkeit u.a. auch in Form sich bewahrheitender Voraussagen unter vergleichbaren Bedingungen erweisen.

Die Praxis-Relevanz von Fragestellung und Resultaten ist von untergeordneter Bedeutung. Ein strenger Empirismus nimmt es auch in Kauf, weite Bereiche der Erziehungsproblematik von vornherein auszuklammern und sich auf wenige, dafür jedoch sauber durchgeführte Experimente und exakte Befunde zu beschränken.

Empiristische Methoden setzen demzufolge eine oft extrem reduzierte Realität und eine entsprechend schmale, zum Teil eingeleisige Fragestellung voraus:

- Phänomenologie wird reduziert auf Beobachtung und Deskription auf der Objektebene unter betontem Ausschluss subjekthafter Anteile und Anteilnahme. «Phänomenal» (=in Erscheinung tretend) ist je das Andere, das als an-sich-seiend betrachtete, objektive, in seinem vom betrachtenden Subjekt unabhängigen So-Sein
- Hermeneutisches Verstehen wird reduziert auf kausal-lineares Erklären im Sinne des Auseinander-hervorgehens und Durch-einander-bedingt-seins
- Dialektik wird in ihrer spannungsgeladenen Polarität **entweder** nach These **oder** Antithese hin aufgelöst gemäss den Kriterien von richtig (oder doch wahrscheinlich) und falsch (oder doch unwahrscheinlich) oder aber als absurd und wissenschaftlich unstatthaft aus der Diskussion ausgeschlossen. Die vom Empirismus verfolgte Einheits-Logik duldet keine Widersprüche
- Deduktionen werden von vorgeblich ideologiefreien Axiomen, meist jedoch von Hypothesen bzw. theoretischen Konstrukten oder aber von als bewiesen geltenden Thesen aus vorgenommen

Der Wissenschaftsbegriff («Wissenschaftlichkeit») wird insgesamt also reduziert auf

- Empirismus, verstanden als Erkenntnisgewinnung aus dem sinnlich unmittelbar Erfahrbaren, d.h. aus dem, was als personunabhängige (an sich seiende) Realität betrachtet wird
- Positivismus, verstanden als Beschränkung auf das Gegebene, Tatsächliche, mit Händen zu Greifende und zu Be«hand»elnde unter Ausschluss metaphysischer Einflüsse
- Rationalismus, verstanden als strenges Bezogenbleiben auf die ratio, d.h. die (herkunftsmässig abendländische) Logik und Denkform
- Objektivismus, verstanden als möglichst weitgehender Ausschluss subjektiver Bedürfnisse und Interessen (vor allem des Erkenntnisobjekts).

Ziel ist nicht intersubjektive Anverwandlung auf einer gemeinsamen **Handlungs**basis, sondern die Unterwerfung des und die Verfügungsgewalt über das Erkenntisobjekt(s) auf einer **Behandlungs**basis.

Die hauptsächlichsten Methoden innerhalb der Empiristik sind

- **Beobachtung**
- **Kasuistik**
- **Experiment**
- **Befragung**

a) **Beobachtung:** Empiristisches Beobachten unterscheidet sich von phänomenologischen Methoden vor allem durch reduktive Systematik: Zwar findet sich auch hier, meist freilich in einer als «vorwissenschaftlich» bezeichneten Phase, die freie Beobachtung. Sie dient hauptsächlich der Problemdefinition und Hypothesengewinnung sowie der Konstruktion eines nach bestimmten Gesichtspunkten aufgebauten Beobachtungsrasters.

Die streng wissenschaftliche Beobachtung geht somit nicht mehr vom frei verfügbaren Sein in «schwebender Aufmerksamkeit» (Abschnitt 2.1), sondern von einer Theorie (d.h. einer vorbestimmten Sichtweise) aus, welche mittels einer ihr angemessenen Suchstrategie und den damit gefundenen Fakten verifiziert oder falsifiziert werden soll.

Oft werden die Beobachtungsschemata von vornherein so aufgebaut, dass später eine problemlose statistische Datenverarbeitung möglich ist.

Beobachtung beschränkt sich ferner auf das äusserlich wahrnehmbare Sein und Verhalten des Beobachtungsobjekts. Um dieses nicht zu beeinflussen, versucht sich der Beobachter soweit als möglich zu «desituieren»; d.h. er begibt sich an den Rand des Geschehens und beschränkt seine personalen Kontakte mit den Beobachtungsobjekten auf ein Minimum. Er «neutralisiert» gewissermassen seine Person.

Die Beobachtungsobjekte andrerseits werden über Sinn und Zweck der Beobachtung nur so weit in Kenntnis gesetzt, als dies notwendig erscheint, um sie «im Feld» zu behalten, ohne dass jedoch die Informationen ihrerseits von verhaltensbeeinflussender Wirkung sind.

Im Unterschied zum Experimenator (Abschnitt 2.5c) stellt der Beobachter keine spezielle Situation her, sondern sucht seine Beobachtungsobjekte in ihren angestammten Lebensverhältnissen auf (sog. «Feldbeobachtung»), und er greift auch nicht mit bestimmten Provokationen ins Geschehen ein. Seine Aktivitäten sind nachgehend – nachzeichnender Art.

Aus Gründen der Ökonomie wird ferner häufig ein Stichprobenverfahren gewählt. Das heisst, es wird nach dem Zufallsprinzip oder aber nach bestimmten Kriterien (Alter, Geschlecht, Schichtzugehörigkeit... oder was auch immer im Zusammenhang mit der Fragestellung als bedeutsames Kriterium erscheint) eine als repräsentativ geltende Untersuchungsgruppe zusammengestellt. Der Gültigkeitsbereich der ermittelten Resultate erstreckt sich somit auf vergleichbare Gruppen, die mit vergleichbaren Methoden erfasst wurden.

Je nach Fragestellung, (und speziell bei Vergleichsuntersuchungen), kann es notwendig sein, die Beobachtungen auf eine als neutral/durchschnittlich/normal oder in bezug auf ein bestimmtes Kriterium andersartig/extrem geltende Vergleichspopulation auszudehnen. Dies bietet die Möglichkeit, die ermittelten Resultate aus der Beobachtungsgruppe nicht nur in sich zu verarbeiten und zu interpretieren, sondern sie überdies in Beziehung zu setzen mit einer Aussenpopulation.

In temporaler Hinsicht können Querschnitt- und Längsschnitt-Beobachtungen unterschieden werden: Bei Querschnittbeobachtungen wird versucht, an einem möglichst breiten (bzw. repräsentativen) Material desselben Problemkreises «simultan» (d. h. gleichzeitig oder doch innerhalb eines kurzen Zeitraumes) Fakten zu gewinnen. – Längsschnittuntersuchungen verfolgen Veränderungen in der Zeit. Da eine permanente Beobachtung teils unmöglich, teils zu aufwendig und damit auch wieder unökonomisch ist, behilft man sich mit repräsentativen Zeitproben (time sampling), von denen Schlüsse auf die Gesamtzeit möglich erscheinen.

Die präzise Situations-, Gruppen- und Methodenbeschreibung ist wichtig, um den Geltungsbereich der Resultate abzustecken und die Nachvollziehbarkeit (intersubjektive Überprüfbarkeit) zu ermöglichen.

Beobachtungsmethoden spielen heilpädagogisch zweifellos eine hervorragende Rolle. Allwo sprachliche und anderweitig sinndeutende subjektive Ausdrucksformen wegfallen, bildet die Beobachtung den einzigen Weg, sich jenes Material über ein behindertes Kind zu verschaffen, aufgrund dessen wir versuchen können, uns ein Bild zu machen über seine Daseinsform und -gestaltungsmöglichkeiten. Damit verbindet sich freilich die Gefahr, dass eine zur Replik und Selbstdefinition unfähige Person (KOBI, E.E. 1980a) ausschliesslich als «Bild» unter den Rahmengesetzlichkeiten des Betrachters figuriert. – Das Beobachtungsmaterial ist daher nicht nur nach den üblichen topologischen Kriterien (Kapitel V/1) zu ordnen, sondern auch nach seinem subjektiven Bedeutungsgehalt zu differenzieren. Der Sinn einer solchen Faktendifferenzierung liegt darin, zu verhüten, dass uns ein Behinderter zu einem blossen Symptomhaufen verkommt.

Zu unterscheiden ist nach: **Daten, Symptomen (Syndromen), Eigenschaften, Zuständen, Bezeichnungen**

- **Daten** sind (numerische) Messwerte oder errechnete Resultate, die sich auf Quantitäten, Ausdehnungen (räumlich/zeitlich) usw. beziehen und auf einer jeweils entsprechenden Skala einen bestimmten Platz/Stellenwert einnehmen. Daten können sich auf ein einzelnes Kind oder auf Gruppen (z.B. in Form von Durchschnittswerten) beziehen. Mit Daten lässt sich rechnen (Kapitel III). – Beispiele: Grösse, Gewicht, Alter, IQ, Zeugnisnoten, sozialer Rangplatz usw.
- **Symptome** sind Zeichen, Anzeichen, Kennzeichen, Hinweise. Sie charakterisieren einen Zustand, sind mehr oder weniger typisch für einen solchen. Symptome lassen sich beschreiben und unterscheiden nach qualitativen Merkmalen. Symptome sind aber stets nur Zeichen, nicht der Zustand selbst.– Beispiele: Fieber, nächtliches Aufschrecken, Daumenlutschen, Rechtschreibfehler usw.– Tritt eine Gruppe von Symptomen mit einer gewissen Regelmässigkeit gemeinsam auf, spricht man von einem Syndrom. – Beispiel: Psycho-Organisches-Syndrom (P.O.S.)
- **Eigenschaften** sind Kennzeichen eines Individuums, Verhaltenseigentümlichkeiten auch, die eine Person in ihrem Habitus und Gebaren unterscheidbar, unaustauschbar machen. Eigenschaften sind relativ stabil und kommen in einer Konformität des Verhaltensstils in ähnlichen Situationen zum Ausdruck. Eigenschaften lassen sich als Seins-Qualitäten (blaue Augen, blondes Haar) unmittelbar erfassen oder aber via Verhalten erfahren (Temperament, Grundstimmung, psychisches Tempo, habituelle Verhaltensweisen usw.).
- In einem **Zustand** befindet sich ein Individuum. Mit Zustand ist eine momentane Existenzform, eine Seinsverfassung gemeint. Ein Zustand ist stets von verschiedenen Zustandsfaktoren abhängig: also nicht nur von der betreffenden Person. Ein Zustand meint stets etwas diese Person Um- und Einschliessendes. Zustände lassen sich über Zeichen erschliessen, nachempfinden, nachfühlen und via Identifikation/Erfahrungsannäherung verstehen.
- **Bezeichnungen** schliesslich sind sprachliche Chiffren, Sprachsymbole, die einen bestimmten Sachverhalt be-deuten bzw. im angesprochenen Adressaten Vorstellungen auslösen (sollen), die jenen des Informanten adäquat oder wenigstens ähnlich sind.– Durch/mit einer Bezeichnung werden häufig Daten, Symptome, Eigenschaften, Zustände auf einen gemeinsamen (Be-)Nenner gebracht und nicht mehr unterschieden.Bezeichnungen sind zu entschlüsseln, was allerdings einen Konsens zwischen Informator und Adressat zur Voraussetzung hat, einen gemeinsamen Code, da sonst Missverständnisse unvermeidbar sind. – Beispiele: Debilität, LRS, Röteln, Schizophrenie, usw.
  Es gibt Bezeichnungen phänomenologischer (Schwerhörigkeit), situativ/topologischer (Hemiplegie), chronologischer (frühkindliche Hirnschädigung), ätiologischer (metabolischer Schwachsinn), teleologisch/prognostischer (physiologisches Stammeln), methodisch/massnahmenbezogener (praktisch Bildungsfähige/Pflegebedürftige) und dialogischer (Erziehungsschwierige/Sorgenkinder/Schwererziehbare) Art.

Über durchführungstechnische, praktische Probleme psychologisch-(heil)-pädagogischer Beobachtung will ich mich hier nicht auslassen (vgl. dazu: KOBI, E.E. 2.A. 1990).

b) **Kasuistik** (casus, lat. «Fall»; hier speziell: Fallschilderungen) nimmt eine Zwischenstellung ein zwischen Phänomenologie und Empiristik.

Mit der Phänomenologie verbindet sie die («theoriefreie») Beschreibung der an einem konkreten Einzelfall auffindbaren Erscheinungsformen. Am Anfang steht der «Fall», d.h. in unserm Zusammenhang: eine «vom Leben» gestellte (heil-)erzieherische Aufgabe im Hier und Jetzt.

Mit der Empirie verbindet die Kasuistik die Konkretheit und Unmittelbarkeit.

Kasuistik ist primär personbezogen; ein bestimmtes Problem (ein Schulversagen; Hämophilie; ein epileptischer Anfallsverlauf, usw.) gelangt in «personifizierter», narrativer (=erzählender) Form zur Darstellung. Das Problem erscheint unter den Brechungsbedingungen des Subjekts und im Spiegel einer bestimmten gesellschaftshistorischen Situation.

Die Kasuistik hat insbesondere in der Medizin eine traditionsreiche Vergangenheit. Tausendfach wurden hier schon «Fälle von...» beschrieben und gedeutet. Ebenso sind aus der Psychopathologie, sowie aus psychotherapeutischen Kreisen eine Unzahl derartiger Fallschilderungen bekannt, die uns in exemplarischer Weise mit Krankheits- und Genesungsverläufen bekannt machen. Desgleichen sind Erfahrungsberichte und Biografien von Behinderten ein kaum zu überschätzendes Quellenmaterial für die Heilpädagogik: nicht obwohl, sondern **weil** sie subjektives Erleben zum Ausdruck bringen (SCHUCHARDT, ERIKA, 4.A. 1990).

Die Vorzüge der kasuistischen Methode sind für die Heilpädagogik in folgenden Punkten zu sehen:

– Erzieher haben stets – auch wenn ihnen eine Gruppe anvertraut ist – mit Einzelschicksalen zu tun, welche eine Einzeldarstellung geradezu herausfordern. Individuelle Unterschiede sind – je weiter wir uns von der allgemeinen, gewohnten, durchschnittlichen Erziehungssituation entfernen – oft so gross, dass sich generalisierende Darstellungen aus Gründen der Subjekttreue verbieten

– Kasuistik kommt damit auch dem Bedürfnis nach einer «Wissenschaft des Konkreten» (BERMAN, M. 1985, p. 330; ähnlich bei SACKS, O. 1988) entgegen.

– Ein kasuistisches Vorgehen gestattet diesfalls eine vertiefte, detaillierte, Schattierungen berücksichtigende Darstellung. Sie verhindert, dass das Individuelle sich in der grossen Zahl verflüchtigt.

– Die Kasuistik hält sich ferner an das vom einzelnen Forscher noch überschaubare «Material». Hier vermag er denn auch noch aus der lebendigen Vorstellung heraus seine Erkenntnisse zur Darstellung zu bringen.

– Einzelfalluntersuchungen eignen sich schliesslich auch für sogenannte pilot studies, durch die abgeklärt wird, was für Problembereiche mit welchen weiteren, aufwendigeren Methoden angegangen werden sollen.

Die Nachteile der Kasuistik liegen demgegenüber

– In ihrer beschränkten Aussagekraft. Wohl können an einem präzis geschilderten Einzelfall auch allgemeine Merkmale ansichtig gemacht werden; um Regelhaftigkeit und Korrelationen nachzuweisen sind jedoch umfangreichere Untersuchungen notwendig
– darin, dass Einzelfalldarstellungen die Sicht auf die Variationsbreite (derselben Behinderung z.B.) verstellen können. Ein bestimmtes, eindrücklich geschildertes Beispiel kann so unversehens zum Massstab werden, der sich in dem Moment jedoch als unzulänglich erweist, wo ein anderes Individuum derselben Behinderung seinen Stempel aufprägt.

c) **Experimente** dienen der Provokation bestimmter Erscheinungen, deren Reduktion auf überschaubare Abläufe (durch Isolation einzelner Bedingungsfaktoren), der Auffindung gewisser Regelmässigkeiten und damit dem Ziel, ganze Abläufe in den Griff zu bekommen, sie determinieren, vorausberechnen und steuern zu können.– Der Beobachter liest «die Natur», der Experimentator befragt sie.

Der experimentelle Nachweis einer These hat, durch seine Anschaulichkeit und immanente Konsequenz, etwas ungemein Überzeugendes. Dazu kommt, dass ein Experiment durch andere nachvollzogen und überprüft werden kann und damit das hohe wissenschaftliche Ziel der Übersubjektivität zu erfüllen verspricht. Das ideale Experiment zeigt, wie MAN ES macht, dass ES funktioniert. Die «Gleichsetzung von Wahrheit mit Nützlichkeit» (BERMAN, M. 1985, p. 47) und desgleichen von Zweck mit Sinn und Wert (Kapitel VII/1) ist damit allerdings naheliegend.

Was pädagogische Experimente im speziellen anbetrifft, müssen diese stets den pädagogischen «Gegenstand» – das Erzieher-Kind-**Verhältnis** – ins Auge fassen. Sie können sich nicht, wie ein psychologisches Experiment, auf Versuchs-«Objekte» richten.

Will man beispielsweise im Rahmen der Legasthenie-Forschung die Tauglichkeit einer Lesemethode A mit der einer Methode B vergleichen, so genügt es nicht, le-

388

diglich die Leseleistungen der Kinder verschiedener Versuchsgruppen zu überprüfen. Die pädagogische Fragestellung müsste lauten: Welche Methode führt in welchem Lehrer-Schüler-Verhältnis (Lern-/Lehr-Set) zu den als besser erachteten Resultaten?

Man wird desgleichen nicht mit verhaltensgestörten Kindern pädagogisch experimentieren können, ohne dass deren «Schwererziehbarkeit» im Verhältnis zu einem bestimmten (personalen) pädagogischen Kontext betrachtet wird.

Im Einzelfall ist also stets zu prüfen, ob überhaupt ein päd**agogisches**, ein Erziehungs**verhältni**s thematisierendes und nicht bloss ein pädistisches Experiment «mit Kindern» durchgeführt wird. Eine sog. «Pädagogische Psychologie» hat diesfalls sowenig mit Päd-**agogik** zu tun, wie Pädiatrie oder irgend eine andere kinderkundliche Veranstaltung.

Ferner darf der Einfluss des Experimentators nicht übersehen werden. Und zwar in einem durchaus positiven Sinne: Personale Einflüsse sind im pädagogischen Experiment nicht **aus-,** sondern im Gegenteil **auf**zuschliessen, da sie themen- und problemzugehörig sind.

Da jedes Experiment Tatbestände isoliert und vom Kontext des Lebens ablöst, können Enttäuschungen auch nicht ausbleiben, wenn seine Resultate nicht telquel in die Praxis übertragen werden können. Eine gewisse Lebensfremdheit und Künstlichkeit kann beim Experimentieren nie ganz ausgeschlossen werden. Das Bedingungsgefüge, innerhalb dessen die experimentalpädagogischen Ergebnisse gefunden wurden, setzt Grenzen. Zudem stellt jedes Experiment, zumal im Humanbereich, eine «Nötigung» dar (BERMAN, M. 1985, p. 29), so dass es Forscher oft eigener Forschheit zuzuschreiben haben, wenn sie auf versteiften Widerstand stossen.

Die Erziehungspraxis steht durchwegs auch unter dem Einfluss von Faktoren, die ausserpädagogischer Art sind und die daher von einer Wissenschaft, die sich auf reine Laborverhältnisse beschränkt, nicht berücksichtigt werden. Auch Versuchsanordnungen und Experimente sind nie völlig voraussetzungslos. Schon die Anlage eines Experiments impliziert eine ganze Reihe von Entscheidungen, ganz abgesehen davon, dass eine Versuchsanordnung schon in ihrem Ansatz auf die Verifikation/Falsifikation einer These aus ist und damit bereits einen bestimmten Lösungsweg impliziert. So ist denn auch der Experimentator stets ein Teil des Experiments und geht «spirituell» in dessen Resultate mit ein.

Der Zweig der «Experimentellen Pädagogik», wie er sich seit dem Ende des 19. Jahrhunderts herausgebildet hat, zeigt – soweit er nicht in blosse Kinderpsychologie abglitt – dass es durchaus Fragestellungen gibt (vor allem in den Bereichen der Behandlung, der Organisation und der Schulung, Abschnitt 1), die experimentell angegangen werden können. – Trotzdem bleibt zu beachten, dass das Experiment im pädagogischen Bereich keinen Vergleich aushält mit dem, was in den Naturwissenschaften so genannt wird.– Es überrascht daher nicht, dass die exklusive Experimentalpädagogik keinen nennenswerten Einfluss hatte auf die Erziehungswirklichkeit in Familie, Schule und Arbeitswelt. In der Tat: «Das psychologische Laboratorium ist wahrscheinlich der allerletzte Ort, um etwas über das Lernen zu lernen» (BERMAN, M. 1985, p. 240).

d) Mit **Befragungen** (Fragebogen, Explorationsschemata u.ä.) wendet sich die Forschung an Subjekte, die ihr zu einem bestimmten Problemkomplex Red' und Antwort stehen sollen. Es handelt sich damit um eine exklusiv «menschliche» Erkundungsmethode, die sprachliche Kommunikationsfähigkeit zur Voraussetzung hat. Dass Befragungsmethoden erst in neuerer Zeit eine weite Verbreitung erfuhren in den Humanwissenschaften, dürfte wahrscheinlich auch damit zusammenhängen, dass man das Subjekt und dessen Meinung in zunehmendem Masse überhaupt als frag»würdig» und des Befragens wert befand.

Es werden standardisierte und nicht standardisierte Interviews unterschieden, wobei bei der letztgenannten Form der Interviewer weitgehend frei ist in der Fragestellung und sich somit dem Befragten geschmeidiger anpassen kann als bei einer standardisierten Form, die vorgeschriebene Fragen aufweist, deren Ergebnisse andrerseits besser vergleichbar sind. Bei der standardisierten Form wird ferner unterschieden zwischen offenen Fragen (auf die der Befragte mit seinen eigenen Worten antworten kann) und geschlossenen Fragen, bei denen bestimmte Antwortmöglichkeiten vorgegeben sind. Schliesslich kann unterschieden werden zwischen persönlichen und anonymen (z.B. postalischen) Befragungen.

Der Vorteil einer Befragungsmethode liegt darin, dass relativ rasch ein grosses, allenfalls schon weitgehend geordnetes Material zusammenkommt. – Befragungen eignen sich insbesondere für die Erforschung von Meinungen, Einstellungen, Erlebnisdeutungen usw.

Subjektgerichtete Befragungsmethoden geraten allerdings gerade dann, wenn sie das Subjekt (sowohl des Fragenden als auch des Befragten) ernst nehmen, in Konflikt mit der empiristischen Forderung nach Objektivität:

– Einerseits muss zugestanden werden, «dass die Interview-Situation selbst eine soziale Situation ist, die das Verhalten eines Befragten [und

Fragenden!, EEK] in spezifischer Weise mitbestimmt» (MANGOLD, W.
p. 125 in: OPPOLZER, S. 1969) –
andrerseits wird der Interviewer auf strenge Neutralität (was immer
das sein mag) au-dessus-de-la-mêlée verpflichtet
– Einerseits wird dem Subjekt integrale Freiheit zugestanden –
andrerseits wird alles daran gesetzt, (z.B. via Kontrollfragen) jeden
Durchschlupf zur Lüge und Verstellung zu verstopfen oder doch kennt-
lich zu machen
– Einerseits soll sich das Subjekt in seiner Weise zur Darstellung
bringen –
andrerseits werden Diffusität und Ausdrucksschwierigkeiten (z.B.
durch vorstrukturierte Antworten) minimiert
– Einerseits wird dem Subjekt eine Eigenwelt zugestanden (zumal man
sich primär ja gerade dafür interessiert) –
andrerseits wird durch den Fragenkatalog eine Denkrichtung vor-
gespurt
– Einerseits wird das Subjekt eingeladen, sich frei und ohne Umschweife
zu äussern
andrerseits sollen die Antworten computergerecht deutlich und eindeutig («digital») sein. Verschränkte Dialektik und vage Zwischen-
töne sind nicht computerkonform
– Einerseits soll die subjektive Vielfalt (von Meinungen, Attitüden usw.)
der Personwelten zur Darstellung gelangen –
andrerseits soll diese im nachhinein aber doch auf die Einfalt der
hohen Signifikanz geschlichtet und genormt werden
– Einerseits soll der Einzelne als ein DU angesprochen werden –
andrerseits wird seine Verlautbarung dann doch ins MAN anonymi-
siert, indem die Signifikanz nicht in seiner Person, sondern im möglichst grossen Haufen gesucht und gefunden wird
– Einerseits soll dem Subjekt das Recht eingeräumt werden, seine Rahmenbedingungen selbst festzulegen –
andrerseits werden jedoch oft genug Passstücke gesucht für eine
implicite (dem Befragten meist verborgen bleibende) Typologie und
Klassifikation
– Einerseits soll das Subjekt seinen Interessenstatus präsentieren
können –
andrerseits und letztlich sind doch die Interessen des Forschers (an der
Verifikation/Falsifikation seiner Thesen) ausschlaggebend für Fragestellungen und Interpretationen

- Einerseits soll eine personale, ganzheitliche, «intime» Begegnung «von Mensch zu Mensch» und «face to face» stattfinden –
  andrerseits sind um der grossen Zahl willen dann aber doch Anonymisierungen und entfremdungsbegünstigte Funktionsteilungen notwendig: A formuliert aus seiner Sachkenntnis das Problem; B kreiert nach den Kunstregeln der Sozialwissenschaft ein «Questionary»; ein Dutzend Cs schwärmen als Interviewer aus und knöpfen sich ihre Frageopfer vor; D liefert mit Hilfe seines Computers die Verrechnungsresultate, die schliesslich wieder zu A gelangen, dem nicht viel anderes übrig bleibt, als der Glaube, er hätte nun tatsächlich «Erfahrungs»-Material in Händen
- Und last but not least soll einerseits ein dialogischer Bezug zwischen Personen hergestellt werden –
  der andrerseits zumeist ohne Antwort auf die Antwort bleibt, indem die Gewährspersonen nicht mehr darüber ins Bild gesetzt werden, wie ihre Äusserungen interpretiert und verwendet wurden. Die Interpretation der Interpretation unterbleibt, der Dialog bricht nach der Replik ab; eine Reversion ist nicht vorgesehen.

Zwar sind die Befragungsmethoden in den vergangenen Dezennien verfeinert, verbessert und z.T. auch auf taugliche Situationen und Zielsetzungen eingeschränkt worden. Ein inflationärer Versimpelungstrend bis hinein in die Boulevard-Presse hat sie andrerseits jedoch auch zunehmend in Misskredit gebracht, so dass sich, zumal in sensiblen Feldern von Behinderungszuständen, eine verständliche Skepsis auch gegen wissenschaftlich sich gerierende Fragen-Kreuzler ausgebreitet hat.[9] Die Jagd der Betreffenden auf Betroffene (von Inzest und Vergewaltigung, Xenophobie und Naturkatastrophen, bis hin zu Zölibat und politischer Verfolgung) trägt oft die Züge einer Sucht nach Geschichten in Ermangelung eigener Geschichte.

Die Dignität und einzigartige Humanität des Gesprächs in seinen vielgestaltigen Formen (wie sie BOLLNOW, O.F. und BUBER, M. ausgebreitet haben), des partnerschaftlichen Dialogs und dessen hohe Bedeutung für die Erfahrungsannäherung und die Konstituierung unserer gemeinsamen Welt, werden dadurch freilich nicht berührt.

Befragungsmethoden sind dann pädagogisch legitim, angemessen und verständnisfördernd, wenn sie «human» sind. Das heisst diesfalls: wenn sie partnerschaftlich-dialogisch bleiben, auf eine Daseinsanalyse von UNS ge-

---

9 Zur «Fragebogerei» vgl. BODENHEIMER, A.R. (1992, p. 144 ff.)

richtet sind, im gemeinsamen, reversiblen Diskurs die subjektive Wahrheit im «Konjugativen Beziehungsnetz» (Kapitel IX/1) widerspiegeln und reflektieren und sich ihre Anwender bewusst bleiben, dass sie damit lediglich der hier und jetzt veröffentlichten Meinung habhaft werden können. Auch Lüge und Verweigerung sind Ausdruck individueller Freiheit.

Heilpädagogik hat sich zweifellos als Erfahrungswissenschaft auszuweisen und hat insgesamt wahrscheinlich sogar eine ausgeprägtere Affinität zur Empirie als die Allgemeine Pädagogik. Empirie ist dabei freilich nicht ohne weiteres mit Erfahrung gleichzusetzen. Es gibt auch so etwas wie einen erfahrungslosen Empirismus, der sich lediglich noch von Lesefrüchten und Daten ernährt. Forscher, welche sich aus dem Schwerefeld der Praxis und der Alltags-Erfahrung hinauskatapultierten und sich in einem meta-empirischen Feld - umgeben von Theoremen, Codes und Konstrukten – bewegen, sind zwar in der Lage, «das Triviale präzise zu kontrollieren» (BERMAN, M. 1985, p. 240) und damit eine hohe Stufe der Bedeutungslosigkeit zu erreichen. Da Erziehungsprobleme jedoch nur in Gesamtzusammenhängen existieren und durch eine extreme Isolation und Spezifizierung ihren ursprünglichen Charakter verlieren, sind viele Resultate z.B. einer hochspezialisierten Lernpsychologie kaum mehr praxisrelevant –, auch wenn sie sich als «Grundlagenforschung» transvestiert (Kapitel VI/3. 3).

Es gehört meines Erachtens zum Wesen der Pädagogik – einer Beziehungswissenschaft überhaupt –, dass sie offen, öffentlich und im besten Sinne des Wortes populär ist. Die Flucht in Esoterik, in ein Fachidiom, in nekrophile Datenspielereien ist das letzte, worin eine in ihrer Bedeutung zuweilen noch verkannte Heilpädagogik ihr Heil finden könnte. Zur Wissenschaftlichkeit im modernen Sinne gehört unabdingbar die Dimension der sozialen Relevanz. Wissenschaft ist kein privater Spleen, welchem angeblich im Dienste einer abstrakten Wahrheit angehangen wird.Es ist daher sehr zu wünschen, dass auch die unmittelbare, **im existentiellen Bezug zum Kind gründende** Empirie wieder vermehrt Beachtung findet: im Sinne einer «lifespace»-Forschung, die sich an Ort und Stelle mit Taten und nicht nur mit Daten beschäftigt.

Unter Bezugnahme auf den in Kapitel VI erläuterten systemischen Konstruktivismus halten wir fest: «Es gibt keine neutrale Erfahrung, gewissermassen die Erfahrung selber» (DUERR, H.P., 3.A. 1979, p. 115). Erfahrung ist kein Ding (ein subjektabgehobenes Destillat «Erfahrenheit»), sondern bleibt eine Erlebnisweise. Erfahrung als Wirklichkeitskonstrukt (oder -entwurf) ist zu erwahren (verifizieren, ratifizieren) im sozialen Miteinander. Erfahrung «als solche» ist nie und immer ein Argument gegen andere. Aber auch die kollektiv erwahrte Erfahrung reicht nur bis an die Grenzen des Kollektivs, bleibt **unsere** Erfahrung und kann nicht zwangsläufig mit ihrer, seiner, deiner Erfahrung kongruent sein. – Erfahrung ist als Erlebnisqualität nicht quantifizierbar. Hundert für uns bedeutungsvolle Erfahrungen haben nicht mehr Gewicht als Deine einzige (für uns bedeutungslose).

Quantifizierte Normalität darf nicht zu einer Erfahrungsdiktatur werden, wozu Wissenschaft die Dogmen liefert und Daumenschrauben bereithält.

2.6 Methoden der Personalen Anteilnahme

Methoden der Personalen Anteilnahme (z.B. in Form der Teilnehmenden Beobachtung oder der Handlungsforschung, Biografische Lebensraum-Erkundung ua.m., die je freilich wieder verschiedene Spielarten kennen), gehören zwar auch zur «Empirie» im Sinne der direkten Erfahrungsgewinnung, werden zum Teil jedoch vom «nicht-partizipierenden Bewusstsein»[10] einer auf Objekt-Subjekt-Distanzierung bedachten Empiristik als unwissenschaftlich abgelehnt (BERMAN, M. 1985)

Dies ist insofern begreiflich, als sich hier ein Forscher aus der Sicht objektivierender Wissenschaft eine Reihe disqualifizierender Vorschriftswidrigkeiten zuschulden kommen lässt:

– Er verlässt seinen peripheren Beobachtungsposten au-dessus-de-la-mêlée und greift selbst handelnd in das Geschehen ein. Er wird damit selbst zu einem integrierenden Teil des Forschungsfeldes.
– Er gibt das Kriterium der Objektivität preis und frägt als ein Subjekt nach der Subjektivität seiner Handlungspartner.
– Mittel (Medium) der Erfahrungsgewinnung und -interpretation ist er selbst; seine Person widerspiegelt eine konkrete gesellschaftshistorische Situation.

---

10 «Nichtpartizipierendes Bewusstsein: Geisteszustand, in dem der Wissende, das Subjekt 'hier drinnen', sich radikal von den Objekten seiner Wahrnehmung, die er 'dort draussen' sieht, getrennt fühlt. Bei dieser Sichtweise bleiben die Phänomene der Welt die gleichen, unabhängig davon, ob wir gegenwärtig sind und sie betrachten oder nicht, und die Ansammlung von Wissen geschieht durch das Erkennen einer Distanz zwischen uns und der Natur. Wird auch Subjekt-Objekt-Dichotomie genannt» (BERMAN, M. 1985, p. 370).

- Er tritt dem Gegenstand nicht entgegen, sondern dringt in ihn ein. Er stiftet damit eine «mimetische Beziehung zur Umwelt oder zu dem Objekt unseres Interesses» (BERMAN, M. 1985, p. 302)[11]
- Im Unterschied zum Experimentator, der ein Betreffnis im Griff hat, sich auf überschaubare, wiederholbare bzw. reversible Eingriffe beschränkt und sich damit quasi «aus der Geschichte heraushält», werden teilnehmende Forscher selber zu einem geschichtlichen Faktum, zu von den Geschehnissen Mitbetroffenen. Sie können zwar darüber berichten, was unter welchen Konstellationen geschah, haben jedoch keine Möglichkeit, «die Geschichte» (in Variationen) zu wiederholen und für jedermann nachvollziehbar zu machen.
- Aus persönlicher Anteilnahme gewonnene Erfahrungen erfüllen daher auch nicht das Kriterium einer raum-zeitlichen Allgemeingültigkeit. Ihr Wert steht und fällt mit der Bereitschaft des Rezipienten, auch dem Einmaligen und Einzigartigen einen Wahrheits- und Bedeutungsgehalt zuzumessen.
- Nicht mehr einer objektiven Wahrheit, sondern der subjektiven Wahrhaftigkeit fällt somit das Primat zu. Deren Überzeugungskraft liegt nicht mehr in den Dingen oder einem bestimmten Arrangement, sondern in der dichten Subjektivität und der Stimmigkeit der Person, ihrer Darstellungs- und Handlungsweisen.[12]

---

11 «Mimesis: Griechisches Wort für Imitation, sowie die Wurzel der Wörter 'Mime' und 'Mimikry'. In weiterem Sinne bezieht es sich auf die Veranlagung von darstellenden Künstlern, auf das 'Aufgehen' in Ereignissen; bezeichnet den Bewusstseinszustand, in dem die Subjekt-Objekt-Dichotomie zusammenbricht und in dem die Person sich mit ihrer Wahrnehmung identifiziert. Auch partizipierendes Bewusstsein genannt» (BERMAN, M. 1985, p. 370).

12 Es stellt sich damit freilich die Frage, ob und wie eine derartige Wahrhaftigkeit, die sich nicht mehr an Allgemeingültigkeit und am geläufigen Begriff der Objektivität messen lässt, zu beurteilen ist. BOLLNOW, O.F. (1962a; in: OPPOLZER, S. 1969, p. 53 ff.) hat zu dieser Frage einige pädagogisch bedeutsame Gedanken geäussert, die ich im folgenden auszugsweise wiedergeben möchte:
«Das allgemeinste Merkmal aller Wissenschaft, durch das sie sich von unwissenschaftlichen Stellungnahmen unterscheidet, ist ihre Objektivität. Und Objektivität bedeutet in diesem Zusammenhang die Ausschaltung aller subjektiven Voreingenommenheiten». Als Kriterium für diese Objektivität «gilt seit Entstehung der modernen Naturwissenschaften die Allgemeingültigkeit. Insbesondere sind es zwei Züge, die innerhalb der Naturwissenschaften diese Allgemeingültigkeit gewährleisten. Das eine ist die beliebige Widerholbarkeit des Experiments und damit die Überprüfbarkeit der Ergebnisse des einen Forschers durch den andern. Das Zweite ist die Zurückführung aller zu untersuchenden Erscheinungen auf das Quantita-

tive, auf das Messbare, und damit die Ausschaltung aller nicht kontrollierbaren Empfindungen». Wenn wir von hier aus die Frage nach der Objektivität des Pädagogen stellen, müssen wir sogleich dessen Unzulänglichkeit erkennen. Allenfalls kann eine Deskription von pädagogisch relevanten Tatbeständen und eventuell auch die Herausarbeitung methodischer Regeln Forderungen der genannten Objektivität erfüllen. Interpretationen (von Texten oder Erziehungssituationen), sowie die Aufzeichnung historischer Verläufe jedoch vermögen ihr kaum mehr zu genügen. «So ist ein subjektives Element in den Geisteswissenschaften unvermeidbar. Die Frage ist nur, ob diese Subjektivität notwendig Objektivität ausschliesst».

BOLLNOW zeigt einen bedenkenswerten Ausweg aus diesem Dilemma, indem er die Unterscheidung trifft zwischen dem Begriff der Allgemeingültigkeit und dem der Objektivität: «Objektivität und Allgemeingültigkeit sind hiernach also zu unterscheiden, sie fallen weder zusammen, noch zieht das eine notwendig das andere nach sich. Es wird vielmehr behauptet, dass eine Preisgabe der Allgemeingültigkeit noch in keiner Weise eine Preisgabe der Objektivität bedeutet». Unter Allgemeingültigkeit verstehen wir «deren Unabhängigkeit von den Besonderheiten des erkennenden Menschen, d.h. ihre Zugänglichkeit und Verbindlichkeit für jedes erkennende Wesen schlechthin». Unter Objektivität will BOLLNOW also nicht den Ausschluss des Subjekts verstanden haben, sondern «die Wahrheit im Sinne der Angemessenheit einer Erkenntnis an ihren Gegenstand». «Man nimmt nämlich gewöhnlich das Wort Objektivität in einem andern Sinn und versteht darunter nicht positiv die Gerechtigkeit gegenüber dem Gegenstand, sondern negativ die Ausschaltung jeder inneren Beteiligung des erkennenden Subjekts». «Diese Objektivität ist vielleicht nicht mehr am Kriterium der Allgemeingültigkeit zu messen, aber es ist trotzdem auf die Sache bezogen, an die Sache hingegeben und führt in einer Weise an die Sache hin, dass diese dadurch in ihrem Wesen aufgeschlossen wird. Und das ist es ja schliesslich, was man sinnvoll mit dem Wort Objektivität meint». Es stellt sich nun die Frage, nach welchen Kriterien der Wahrheitsgehalt z.B. einer pädagogischen These geprüft werden kann, nachdem die Allgemeingültigkeit ausgeschaltet wurde. BOLLNOW nennt drei «Bedingungen der Wahrheit»:

– «Das eine ist der Widerstand der Sache, der sich nicht nach den entgegengebrachten Erwartungen richtet, sondern ihnen gegenüber standhält und eben dadurch zu einem immer tieferen Eindringen zwingt... Dass wir auf dem rechten Weg sind, merken wir daran, dass die Sache als etwas von unseren Erwartungen Unabhängiges sich immer wieder unserer Deutung widersetzt, so dass sie uns immer wieder zwingt, unseren ursprünglichen Ansatz zu korrigieren... Überall, wo eine Theorie gut aufgeht, wo sich alles reibungslos unter sie zu fügen scheint, da müssen wir befürchten, dass wir es nur mit unseren luftigen Phantasiegebilden zu tun haben...»

– «Das zweite ist die Übersubjektivität. Ich verstehe darunter die Möglichkeit, sich mit einem andern Menschen über seinen Gegenstand zu verständigen. Ich bezeichne diese Bedingung vorwegnehmend als die Offenheit der Wahrheit für den Menschen... Der einzelne Mensch hat noch keine Wahrheit, und es ist sinnlos, bei ihm von einer Wahrheit zu sprechen; erst wo sich mehrere Menschen treffen, kann so etwas wie Wahrheit entstehen... Das Wesentliche ist nicht, dass wir darin zu einer vollen inhaltlichen Übereinstimmung kommen, sondern dass wir in grundsätzlicher Gleichberechtigung, ohne jeden Hang, es besser wissen zu wol-

Subjektorientierte Beziehungswissenschaft (Kapitel I/8) kann und muss sich die Chance zunutze machen, ihre Erkenntnisse und Interpretationen vom partnerschaftlichen Subjekt her verifizieren/falsifizieren zu lassen. Ihre Wahrheit findet sie von Mal zu Mal im gemeinsamen Diskurs und Dialog.

len, gemeinsam nach der Wahrheit fragen, dass wir dabei immer die Möglichkeit anerkennen, dass wir selbst irren und der andere mit seiner abweichenden Auffassung recht hat, und so auch immer die Bereitschaft des Umlernens mitbringen. Diese Offenheit für das Gespräch ist die Voraussetzung für die Wahrheit...»

Ich würde hier nicht so weit gehen und dem einzelnen Menschen Wahrheit schlechthin absprechen. BOLLNOW selbst räumt ein, dass «eine Wahrheit denkbar ist, die nur für den einzelnen Menschen gilt, und sich überhaupt nicht in der Bestätigung an einem andern Menschen bewahrheiten lässt». Eine Wahrheit freilich, die nicht entäussert bzw. entgegengenommen werden kann, verbleibt ausserhalb des wissenschaftlichen Bereichs. – Umgekehrt darf aus BOLLNOWS Worten aber auch nicht der Schluss gezogen werden, eine These sei der Wahrheit um so näher, je mehr Leute sie zu bestätigen vermögen –, was wieder auf das Kriterium der Allgemeingültigkeit hinauslaufen würde, wobei nicht einmal eine derartige Allgemeingültigkeit in jedem Falle Wahrheit garantiert. Wahrheit kann nicht einfach durch Mehrheitsbeschluss zustande kommen.

Was BOLLNOW vielmehr im Auge hat, ist der dynamische, immer wieder zum Aufbruch zwingende sokratische Dialog, der uns vor Sektiererei und Selbstgenügsamkeit, aber auch vor Fanatismus, Pharisäertum, spiessbürgerlicher Enge und Besessenheit bewahren sollte.

– «Das dritte... ist die Rückbindung der an einem äussern Gegenstand erkannten Wahrheit an die Wahrhaftigkeit des erkennenden Subjekts... Das bedeutet, dass nur der innerlich wahrhaftige Mensch imstande ist, die Wahrheit zu erfassen, dass sie dagegen dem, der mit sich selbst in der Unwahrhaftigkeit lebt, notwendig verschlossen bleibt... Jede innere Unwahrhaftigkeit zwingt den Menschen, etwas in sich zu verschliessen, etwas – sei es bewusst, sei es unbewusst – zu verbergen, und es nimmt ihm so die vorbehaltlose Offenheit, die nun einmal die unerlässliche Voraussetzung für jede Wahrheit ist... BOLLNOW spricht in diesem Zusammenhang von der «Verschlingung der theoretischen mit der ethischen Fragestellung».

Hier geht es also nicht mehr um die Frage: Wie reinige ich mich von der Subjektivität? – sondern um die Reinigung der Subjektivität selbst. – Nicht Subjektivität schlechthin, sondern die ungereinigte, unreflektierte und unbedachte Subjektivität (im Sinne von Willkür und Launenhaftigkeit) ist es, die sich der Wahrheitsfindung hindernd in den Weg stellt.

Pädagogen können das Gebot der Objektivität so weit erfüllen, als wir darunter das strenge Bezogenbleiben auf unsere Sache verstehen. Objektivität meint die Hingabe an unser Thema, an das, was da ist, was sich da vollzieht. Subjekterschliessung hat Subjekterschliessung zur Voraussetzung; wer ein Du erkennen will, der muss sich als ein ICH präsentieren. Eine Verallgemeinerung ins MAN und ES lässt sich hieraus freilich nicht vornehmen.

Dass solches, wenngleich oft noch angstbesetzt, möglich ist, zeigen GROEBEN, M. und seine MitarbeiterInnen (1988). Sie erbringen in ihrem «Forschungsprogramm Subjektive Theorien» eine penible methodologische Aufarbeitung all dessen, was in ausseruniversitätswissenschaftlichen Erfahrungsbereichen der Psycho-, insbesondere der systemisch orientierten Therapien, zahlreicher Körpertherapien und Meditationsweisen östlicher Konvienz bis hin zu spiritualistischen Erfahrungen längst gelebte Praxis ist.[13] Sie zeigen an Dutzenden von Beispielen (bezeichnenderweise aus **Handlungs**feldern sowie aus z.b. pädagogischen **Alltags**-Situationen), wie unwissenschaftlich-stimmig, irrational-**psycho**logisch Menschen agieren und kommunizieren vom Moment weg, wo sie sich und einander als Subjekte – im biblisch umfassenden und durchdringenden Sinne – «erkennen». – Was LAING, R. in seiner Sozialphänomenologie mit einem 'Sprung' schafft, – grandios unwissenschaftlich in seinen 'Knoten' (1980) – versuchen GROEBEN and his crew in empirischer piece-meal-Annäherung, sorgsam darauf bedacht, die Nabelschnur zur mater scientia nicht zu zerreissen.

2.7 Methodenverknüpfung

Die wissenschaftliche Gepflogenheit, diverse Erkundungsmethoden zu unterscheiden darf einen nun allerdings nicht übersehen lassen, dass es sich hierbei lediglich um akzentuierte **Phasen der Erkenntnistätigkeit** handelt, die eng aufeinander bezogen und voneinander abhängig sind (Schema 58):

Jeder phänomenologischen Seins-Erfassung geht ein subjektiver Zuwendungsakt voraus, der seinerseits von einem Vor-Verständnis dessen abhängig ist, **was** unter bestimmten Rahmenbedingungen überhaupt als (Erziehungs-)Phänomen ins Auge «gefasst» werden soll –, und jedes Verstehen ist auf wahrnehmbare Phänomene und Zeichen (als das zu Deutende) angewiesen. – Eine nähere und präzisere Erfassung macht ferner alsobald die Überprüfung längerer und breiterer Erfahrungen unter bestimmten Rahmenbedingungen, d.h. ein kontrolliert-kontrollierbares empirisches Vorgehen, notwendig, unter Inkaufnahme freilich verengter, allenfalls sogar ar-

---

13 «Die modernen Lehrbücher entwerfen immer noch das Bild einer formal angewandten 'wissenschaftlichen Methode', einer Methode, bei der jede Ahnung von einem partizipierenden Bewusstsein gleichbedeutend mit Ketzerei ist. Trotzdem ist die Kluft zwischen dem offiziellen Bild und der tatsächlichen Praxis enorm; und wie die Wissenschaft vielleicht vage erkennt, würde die Exkommunikation der Ketzerei den Zusammenbruch des Rests der Kirche nach sich ziehen» (BERMAN, M 1985, p. 153).

tifizieller Bedingungen einer desituierten Exaktheit, in welcher das Subjekt (scheinbar) nicht mehr enthalten ist. – Verstehen ist ferner kein einmaliger, eindimensionaler Akt, sondern vollzieht sich in einer offen-spiraligen Bewegung. Diese Bewegung wird erzeugt in und durch Dialektik, d.h. durch die Infragestellung des errungenen Verständnisses aus der Gegenposition. In der Dialektik liegt damit ein wesentliches Stück wissenschaftlicher Freiheit: Die Freiheit einer Wissenschaft bemisst sich am Reichtum der Fragen, die sie zulässt.

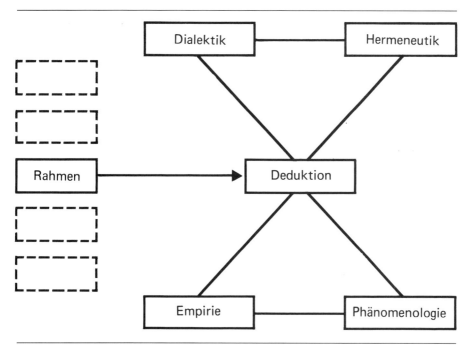

Schema 58: Methodenverknüpfung

Die Übersicht über die in der Heilpädagogik verwendbaren Methoden führt uns somit zusammenfassend zu folgenden Ergebnissen, wie sie zum Teil schon FLITNER, W. (1963) in prägnanter Form zum Ausdruck brachte:

– Es gibt keine Forschungsmethode, die als spezifisch heilpädagogisch bezeichnet werden könnte.[14] Die Heilpädagogik stützt sich vielmehr auf

14 Damit setzt sich Heilpädagogik freilich dem Vorwurf des Eklektizismus aus, der, wie PAUL MOOR freimütig zugibt, auch nicht abgewiesen werden kann:

Methoden, wie sie in den Kultur- und Gesellschaftswissenschaften bekannt sind, schliesst jedoch auch sogenannt naturwissenschaftliche Methoden mit ein.

- Charakteristisch für das erziehungswissenschaftliche Denken ist, «dass es beide Ansatzpunkte, den empirischen und den spekulativen, verbindet... Die Ermittlung des Tatsächlichen, wie die Sinnvergewisserung sind aufeinander bezogen und durcheinender gegeben. Beide Aufgaben sind 'dialektisch' zusammengehörig» (FLITNER, W. 1963, p. 23).

- «Zur Interpretation der sogenannten reinen Tatsachen gehört daher immer wieder eine geschichtliche Analyse des Tatbestandes und eine philosophische Sinnvergegenwärtigung, eine Erörterung der Ziele und des Ideellen hinzu. Die 'reine' Tatsache wird in dieser Betrachtung überhaupt erst fassbar» (FLITNER, W. a.a.O., p. 13). Dasselbe bringt KLAFKI, W. (in: OPPOLZER, S. 1969, p. 171) zum Ausdruck, wenn er sagt: «Was Erziehung ist, kann nur der feststellen, der schon eine gewisse Vorstellung davon hat, was Erziehung soll.»

- «Das Objekt rein erforschen wollen, ohne dass die existentielle Frage nach dem Sinn und Gehalt unseres Daseins ins Spiel kommt, ist nicht nur unmöglich, sondern muss blind machen für das, was am Objekt das eigentlich Interessante und Bedeutende ist» (FLITNER, W. 1963, p. 13).

- «Die normativ gegebenen Entscheidungen andrerseits können nicht ohne weiteres in pädagogische Anweisungen für die Praxis verwandelt werden; sie müssen erst im pädagogischen Felde konkretisiert aufgesucht und dort in ihrem Beziehungs- und Wirkungsgefüge verstanden werden»

«Ich verfuhr mit den Gedankengebäuden der einzelnen Schulen und Autoren etwa so, wie die Türken mit der Akropolis: Ich benützte sie nicht nur als Steinbruch, sondern ich schlug mir auch das Herausgebrochene noch so zurecht, dass es meinen pädagogischen Absichten sich einfügte... Ich hielt mich davon zurück, mir eine Vorstellung von der menschlichen Seele als solcher zu bilden und begnügte mich damit, brauchbare Vorstellungen zu gewinnen, mit deren Hilfe es möglich wäre, Überlegungen zu machen ohne Gefahr zu laufen, sich von der Wirklichkeit allzuweit zu entfernen, und, ich wiederhole es, von welchen ich die Grenzen ihres Anwendungsbereiches kannte... Wegleitend war mir immer die pädagogische Fragestellung, nicht die psychologische»
(aus einem Referat, 1966; abgedruckt unter den Titel «Heilpädagogik und Heilpädagogische Ausbildung», in: BHD-Informationen 10/1977, p. 12–26; siehe auch: KOBI, E.E., 1985)
Es ist in der Tat ein bezeichnendes Bild, das MOOR hier für sein methodisches Vorgehen gebraucht: Die «an sich» wertvolle Akropolis wird der «für uns» notwendigen Behausung geopfert, das Sein dem Haben letztlich übergeordnet. Haus oder Tempel? – das ist hier die Frage.

(FLITNER, W. a.a.O. p. 18). – Jede normativ-deduzierende Pädagogik, welche nicht immerfort die empirischen Tatsachen mitberücksichtigt und das Wagnis nicht auf sich zu nehmen gewillt ist, sich von der vordergründigen Realität in Frage stellen zu lassen, droht an der konkreten Erziehungsproblematik und am konkreten Kind vorbeizugehen oder aber – falls sie über einen Machtapparat verfügt - Kind und Erzieher zu vergewaltigen.

Die pädagogische Grundfrage lautet daher immer wieder dahin, was bestimmte empirische Fakten oder ein deduktiv gewonnenes System von Normen für den homo educandus bedeuten und welche Folgen sie für ihn haben könnten. «Die Erziehungswissenschaft ist ein Denken vom Standort verantwortlicher Erzieher aus» (FLITNER, W. 1963, p. 18) – eine Verantwortung, die dem Einzelnen weder von einem System noch von einem Tatsachenhaufen oder statistischen Signifikanzen abgenommen werden kann.

3. Methodiker und Methodisten: Wegsucher und Wegelagerer

Gestaltphilosophisch ausgedrückt hat es Heilpädagogische Teratologie (Kapitel VII/1) mit «Missgestalten» zu tun: Mit individualen und sozialen Daseinsweisen, die sich nicht in die gesellschaftsüblichen Formen einfügen lassen, diesen zuwiderlaufen, sie z.T. stören. In dieser Situation präsentiert sich der strukturelle Auftrag generell unter folgenden Destinationen:

- Missgestalten sollen so umgeformt werden, dass sie sich in den als verbindlich geltenden gesellschaftlichen Gesamtrahmen einfügen. – Dieser Zielsetzung entsprechen therapeutische Bemühungen.
- Missgestalten sollen, wenn nicht vernichtet (invalidiert) so doch kaverniert und ausserhalb der Gesellschaftsform gehalten werden, damit sie diese nicht stören oder auch nur in Frage stellen.
  Dieser Zielsetzung entsprechen separierende Massnahmen, wie sie in der Gefängnis- und Internierungspraxis, zum Teil auch im Heim- und Sonderschulwesen, ihren Niederschlag gefunden haben.
- Gesellschaftliche Gestaltelemente sollen so abgewandelt werden, dass die Misslichkeit der Missgestalt so etwas wie eine «ökologische Nische», eine Art Reservat, findet.
  Dieser Zielsetzung entsprechen Bemühungen um Adaptionen umweltlicher Rahmenbedingungen in den Unterganzen einer behinderungsspezi-

fischen «Sub-Kultur», wie sie im Heim- und Sonderschulwesen **auch** ihren Ausdruck finden.

– Missgestalten sollen dadurch aufgelöst werden, dass eine neue, erweiterte, d.h. sie **mit**umfassende Sinnstiftung vorgenommen wird.

– Dieser Zielsetzung entsprechen Bemühungen um eine grundsätzliche, apriorische Integration Behinderter.

Zwischen den vier genannten Destinationen (Schema 51) bestehen, in Praxis und Theorie, grosse Spannungen (Antinomien), auf die hier aber nicht weiter eingegangen werden soll (KOBI, E. E., 1988, p. 35 ff.).

Entscheidend ist demnach nicht nur die Methode, sondern der methodische Umgang mit einer solchen innerhalb eines homöostatischen Systems (vgl. SORRENTINO, A.M., 1988).

Methodik, d.h. die Summe der Vorgehensweisen und der zur Zielerreichung in Betracht gezogenen Mittel und Instrumente, weist eine starke Affinität zu bereits Bekanntem und Bewährtem auf. Ungewöhnliche, phantastische Zielsetzungen sind jedenfalls leichter auszuhecken, als ver-«rückte» Methoden. Mit «Strukturextrapolation» bezeichnet DÖRNER, D. 1989, p. 190) die Neigung, sich die Zukunft als Fortschreibung der Gegenwart vorzustellen. Damit verbaut man sich den Gedanken, dass die Zukunft auch Überraschungen enthalten kann.

Es gehört, wie bereits ausgeführt (Kapitel VI/4; Schema 43), zum Wesen einer Systembeeinflussung, dass diese nicht instruktiver, sondern stimulativer Art ist. – Erzieherische, sozialpsychologische Eingriffe überhaupt, sollten daher nicht «ballistisch» (DÖRNER, D. 1989, p. 267), sondern selbstregulativ erfolgen. – Ballistisch[15] heisst in diesem Zusammenhang: Eine Massnahme wird, nach mehr oder weniger umfangreichen Vorausberechnungen, vollzogen («abgeschossen») und hierauf sich selbst überlassen (auf dem Flug ins vorgesehene Zielgebiet). Verursacht sie (als «Volltreffer») die beabsichtigte Reaktion, so wird «man es» dabei bewenden lassen; allenfalls sind weitere, evtl. massivere oder veränderte Massnahmen (Trommelfeuer, gröberes Geschütz) notwendig. – Selbstregulativ heisst in diesem Zusammenhang: Eine Massnahme wird begleitet, z.B. kommentiert, erläutert, (auf ihrem «Flug ins Zielgebiet» justiert) unter permanenter Datenverwertung aus den markanten Punkten der Soziallandschaft und vor allem durch die «Reaktionen des Diskreditierten», (SPECK, O., 1987; 2.A. 1988, p. 143). – Sie wird ferner in ihren Auswirkungen weiterverfolgt und

---

15 Ballistik ist die Lehre von den Flugbahnen geworfener oder geschossener Körper.

kann je nach dem ergänzt, abgewendet, uminterpretiert, «entschuldigt» etc. werden.

Ballistisch sind beispielsweise Gerichtsentscheide, die zwar hoch präzis, d.h. gesetzesmässig, abgeschossen werden, ohne dass jedoch ihr tatsächlicher Verlauf, der Ort ihres Einschlagens und das Umfeld der (möglicherweise zerstörerischen) Wirkungen im Strafvollzug interessieren («Fiat justitia, pereat mundus»).

Ballistischem Denken und Handeln mit entsprechenden methodischen Hinweisen begegnen wir freilich auch im erzieherischen Denken und Handeln auf Schritt und Tritt.

Sie präsentieren sich in der im Erziehungsalltag geläufigen Frage: «Was macht man gegen...?» (Lügen, Stehlen, Trotz, Bettnässen usw.), wie auch im gigantischen Ausstoss von Heils-Antworten therapeutischer Sekten und Research-Zentren. – Es handelt sich dabei um Fragen und Antworten, wie man sie legitimerweise einem Ingenieur, Mechaniker oder Apotheker stellen (bzw. von ihm erwarten) kann, von Leuten also, die man um ein technisches Verfahren und Rezepte anzugehen pflegt.

Der Ausgangspunkt der Frage: «Was macht man gegen...» ist jedoch ausser-pädagogischer Art, so dass hierauf schlechterdings keine päd-**agogisch** weiterführende Antwort zu geben ist (Kapitel VI/3.1). Sie ist im Grunde genommen ebenso verquer, wie die Frage: «Wie bringe ich meinem Fahrrad das Fahren und meinem Bett das Schlafen bei?» (wobei wir auf derartige Verschiebungen von der Objekt- auf die Subjektebene freilich sensibler zu reagieren pflegen, als auf Verschiebungen in umgekehrter Richtung!).

Die genannte Frage geht von wenigstens vier pädagogisch unangemessenen, da mechanistischen (Kapitel VI/3.1) Voraussetzungen aus:

– dass ein unpersönliches MAN (irgendwer) erzieherisch etwas Bestimmtes auszurichten vermöge
– dass sich das Erzieherische im Bewerkstelligen, im «Machen» und damit in einer bestimmten Tätigkeit zeigen müsse
– dass die Symptomatik und das Bedingungsgefüge irgendwelcher «Kinderfehler» derart einheitlich und personunabhängig sind, dass sie mit gleichbleibenden Mitteln beeinflusst werden können
– dass die zum Einsatz gelangenden Mittel in ihren Wirkungen so berechenbar sind, dass sie, je nach Stärke und Umfang der störenden Symptome, dosiert verabreicht werden können.

Diese Tendenz, das Kind gemäss ballistischem Konzept als ein zu behandelndes Material aufzufassen und nach Mitteln zu rufen, wird im heilerzieherischen Sektor durch die notwendig enge Zusammenarbeit mit dem Medizinalsystem verstärkt. – Die «Mittel», welche der Heilerzieher einsetzt, sind dabei freilich ganz anderer Art, als jene, die der Arzt verwendet:

- So nimmt das medizinische Mittel (z.B. als Medikament) eine sehr viel unpersönlichere Stellung ein, als ein Erziehungsmittel. Irgend ein Arzt kann es verschreiben; die Wirkung bleibt durch die Vermittlung (fast) unbeeinflusst.
- Das Mittel des Arztes ist ferner dosierbar und lässt sich in seinen Wirkungen relativ genau vorausbestimmen. Die Streuungsbreite physischer Reaktionen auf ein bestimmtes Medikament ist geringer, als jene der psychischen Reaktionen auf ein Erziehungsmittel.

Man denke beispielsweise an das in Kapitel VI/3.3 erwähnte «Mittel» einer Ohrfeige: Ob es sich um jene vielgerühmte «Ohrfeige zur rechten Zeit» handelt oder nicht, kann keineswegs zum vornherein festgestellt werden. Deren Wirkung ist auch weit weniger von der Art dieses «Mittels» abhängig, als davon, wer, wem, wann, wo, weshalb und wozu diese Ohrfeige applizierte.

Es gibt nur insofern todsichere Erziehungsmittel, als diese den sichern Tod bedeuten für eine Erziehung, die sich darauf verlässt und die glaubt, in einem System von Mitteln aufgehen zu können.[16]

16 Eindrücklich und subtil zeigt PAUL MOOR (1965, p. 364/365) den Weg auf, über welchen ein ins technisch-therapeutische Denken verirrter Erzieher zu seiner erzieherischen Fragestellung zurückfinden müsste:
«Was tut man dagegen? Wo immer wir so fragen, da bezeugen wir damit, dass wir uns gänzlich verloren haben an die veräusserlichende Gefahr, die in den Erziehungsmitteln liegt, und da müssen wir Schritt für Schritt zurückzugehen versuchen bis dahin, wo sich unserm Blick wieder die ganze Erziehungsaufgabe enthüllt! Nicht:
was tut man **dagegen,** sondern
was tut man **dafür?!**

Der Kampf gegen das Unrechte ist notwendig; wichtiger aber ist die Förderung des Rechten. Wer möchte noch Erzieher sein, wenn man bloss gegen und nicht für etwas da sein könnte! Nicht:
was tut man dafür, sondern:
wie tut man dafür?!

Wichtiger als das Mittel, das man anwendet, ist die Art und Weise, wie man es anwendet. Nicht:
wie tut **man** etwas dafür, sondern:
wie tue **ich** etwas dafür?!

Erziehungsmittel wirken nur durch die Art der Vermittlung. Einen Gedanken von MARÇEL, G. (1964) aufgreifend, gilt es zu unterscheiden, ob und inwieweit ein Mensch über Techniken verfügt und in diesem Sinne autonom ist – und inwieweit ein anderer (wie etwa ein Erzieher) nicht autonom ist, da er seine Aktivität von seinem Subjekt abhängig machen muss. Was der Erzieher im Einzelnen tut oder unterlässt ist zwar nicht ohne Belang: Entscheidend ist aber immer wieder, **wer wie** handelt. So gibt es streng genommen nur ein einziges «Erziehungsmittel»: den Erzieher selbst in seiner Vermittlungsfunktion zwischen dem Kind und der Welt (vgl. BUBER, M. Kapitel II/1)

Ballistisches Verhalten befördert im Erziehungsbereich auch «Kompetenzillusionen» (DÖRNER, D., 1989, p. 270) und mag ein Grund dafür sein, katamnestische Studien gering zu achten. Das Schulsystem bringt es ferner mit sich, dass Schüler nach absehbarer Zeit aus dem Wirkungs- und Blickfeld des jeweiligen Pädagogen verschwinden, der sich daher beim Gedanken beruhigen kann, dass alles einen positiven Verlauf nahm.

Eine weitere Verlockung, sich der dynamischen Komplexität des (Erziehungs-)Systems zu entziehen besteht darin, sich sogenannt «ganz natürlich» ans Werk zu machen und sich dabei auf seinen «gesunden Menschenverstand» zu verlassen. «Dem Nichtwissenden stellt sich die Welt einfach dar» (DÖRNER, D. a.a.O. p. 144). Und er kann – wie die verschie-

Erziehungsmittel sind nicht dazu da, um mir Erziehungsschwierigkeiten vom Halse zu schaffen; sondern ich bin dazu da, um die Erziehungsaufgabe auf mich zu nehmen und sie zu tragen. Erst wenn ich nicht mehr Dank erwarte von meinen Kindern, sondern dankbar bin dafür, dass ich mich für sie sorgen darf, habe ich die rechte Haltung.
Nicht:
wie tue **ich** etwas dafür, sondern:
wie tun **wir** etwas dafür?!

Vater und Mutter, der Erzieher und seine Mitarbeiter, der Lehrer und seine Kollegen, sie müssen erst für sich selbst den Weg zu einer Gemeinschaft suchen; dann erst können sie dem Kinde diesen Weg zeigen.
Nicht:
wie **tun** wir etwas dafür, sondern:
wie müssen wir **sein**?!

Die Selbsterziehung des Erziehers bleibt das Wichtigste. Dass er in der Arbeit an sich selber und im Reifen seiner Liebe auf dem Wege bleibe, das ist die Voraussetzung dafür, dass er das Kind auf diesem Wege mitnehmen kann. Dann besteht alle Erziehung einfach darin, dass wir, das Kind und ich, beieinanderbleiben auf dem Wege solchen Suchens und Reifens».

denen Dummerjan-Geschichten in der Märchenliteratur weismachen – in der Tat Glück haben damit. Naive Unbekümmertheit hat gewiss etwas Betörendes, und der geniale Einfall plumpst nicht selten in einen leeren Geist.

Der Tölpel verriete sich jedoch in dem Moment als solcher, wo er sich zum Wiederholungstäter erdreistete und z.B. eine **Methode** zur Betörung von Prinzessinnen mittels toter Vögel entwickelte (frei nach GRIMM). Läuft die Sache schief, so hat auch er das tröstliche Argument, es gut gemeint zu haben, auf seiner Seite.

Naive Natürlichkeit gerät aber auch in dem Moment in Deutungsnöte, wo sich das Verhalten eines Kindes nicht mehr mit eigenen Erfahrungen deckt und keine Rückgriffe mehr gelingen auf eigenes Erleben. Je normaler ein Mensch bis dahin zu reagieren gewohnt war, um so irritierender wird für ihn das Verhalten eines dieser Eigenerfahrung nicht entsprechenden Kindes.

Desgleichen kann ein Verhalten, dessen Wirkungen man zu kennen glaubt, von einem Kind völlig anders aufgefasst und verarbeitet werden und unter Umständen konträre Wirkungen zeitigen (Abschnitt 1.4)

Eine freundliche Ermahnung kann als Schikane, ein bewusstes Schweigen als Zeichen der Schwäche, ein Lob als Aufforderung zu Distanzlosigkeiten usf. missdeutet und entsprechend negativ beantwortet werden.

Eine weitere Schwierigkeit ergibt sich aus der Tatsache, dass sich eine ganze Reihe von Erziehungsmitteln, die sich üblicherweise bewähren, im heilerzieherischen Bereich als untauglich oder als nur noch bedingt anwendbar erweisen.

Dass das Mittel der visuellen Veranschaulichung beim blinden Kind wegfällt, und dass beim gehörlosen die sprachliche Kommunikation stark eingeschränkt ist und somit die verschiedenen Formen des differenzierten Gesprächs Abstriche erfahren müssen, leuchtet zwar auch dem Laien unmittelbar ein.

Mit grösseren Verständnisschwierigkeiten haben wir auf dem Sektor der Verhaltensgestörtenerziehung zu rechnen, wiewohl hier das Grundproblem des Wirkungsverlustes dasselbe bleibt:

Was soll ein Appell an das Ehrgefühl eines Jugendlichen ausrichten, dessen Ehrgefühl und Selbstachtung im Keime erstickt wurden?

Was soll eine Beratung in Fällen, wo weder die äussere noch die innere Freiheit vorhanden sind, aus der heraus ein Ratschlag befolgt werden könnte?

Was soll ein Eckenstehen für ein Kind, das zeitlebens ein in-die-Ecke-gestellter Mensch war?

Was soll ein vorübergehender Ausschluss aus der Gemeinschaft, die möglicherweise in der durch einen Verwaltungsakt entstandenen Gruppe gar nicht existiert oder der sich ein Kind trotz leiblicher Anwesenheit nicht zugehörig fühlen kann?

Was soll eine Strafe ohne Sühnebereitschaft und Sühnefähigkeit?

In Dutzenden derartiger und ähnlicher Situationen müssen Heilerzieher/innen erfahren, wie wenig Ansatzpunkte ein Kind unter Umständen zeigt für erzieherisch Gutgemeintes, ja wie sie dadurch selbst immer wieder neue Angriffsflächen bieten für ein störendes Verhalten. In diesem Sinne kann daher HEINRICHS, K. (1931) durchaus zugestimmt werden, der sagt, normalerzieherische Massnahmen einem gebrechlichen Kind gegenüber hätten den Effekt einer Fehlerziehung.

In komplexen soziodynamischen Systemen vergeht ferner vergleichsweise viel Zeit, bis eine Massnahme und Stimulation greifen. Prozesse in biopsychischen und psychosozialen Systemen verlaufen **langsam** (KOBI, E.E. 1990b); Warten, Zeit verlieren zu können, ist, wie bereits J.J. ROUSSEAU in seinem «Emile» (1712) darlegte, von zentraler pädagogischer Bedeutung. – Währenddessen sind aber auch stets noch andere Einflüsse wirksam –: nicht zuletzt das System der Person, auf die die Massnahme zielte und die die nun ihrerseits das auf sie wirkende Einwirken zu einer veränderten Wirklichkeit «verwirkt».

Weil sogenannte Erziehungsmittel den erwünschten Erfolg – wenn überhaupt – meist nicht sofort bringen, ist ein ungeduldiges Nachdoppeln naheliegend (vgl. z.B. lehrerseitige Fragesalven, wenn sich Schülerantworten nicht sofort einstellen). Dieses Wiederholen kann im weitern Verlauf eine Uebersteuerung zur Folge haben, die den Anlass dazu abgibt, das Steuer herumzureissen. Das, was DÖRNER, D. (1989, p. 207) als «Girlandenverhalten» bezeichnet, begegnet uns im pädagogischen Bereich in Form eines inegalen Erziehungsstils.

Die sofortige, die mittel- und die langfristige Wirkung können ferner quantitativ und qualitativ sehr unterschiedlich sein (ein Spott kann nach zwanzig Jahren unter Umständen mehr schmerzen, als in den ersten drei Minuten). Unsere Daseinslegende ändert sich mit uns; wir pflegen unsere Geschichte(n) permanent umzuschreiben.

Der Umstand also, dass Systeme schwanken, Prozesse mäandern, Steuerungsimpulse zeitlich verzögert und über Zwischenglieder modifiziert wirksam werden, macht es notwendig, sich nach einer Rahmenordnung und Grobgestalt zu orientieren, sich im übrigen auf geringfügige Tuning-Prozeduren zu beschränken und auf plötzliche und massive Aenderungen (betreffend Richtung, Tempo, Wachstum etc.) zu verzichten. Erziehungs- und Bildungssysteme sind für abrupte «Revolutionen» denkbar ungeeignet.

Je komplexer und dynamischer ein System ist, umsomehr hätten Methoden, Regeln und Gesetze den Charakter von **Grundgestalten** mit lokal, personal und temporal wechselnden Transpositionen zu bewahren. Ein gut eingespieltes, stabiles Team kann einem System zu viel Flexibilität und Anpassungsvermögen verhelfen! Umgekehrt können Flexibilität und Umstellungsvermögen wesentlich zur Stabilität beitragen. Fähige Methodiker (= Wegsucher) krallen sich nicht an Positionen, sondern achten auf die Einhaltung der Destination.

Ausreichende Zwischenräume sind ferner nötig, um eingeschleuste Paradoxien auszuhalten, da diese sich systemzerstörend auswirken können. Ein System ist vor allem dann gefährdet, wenn kritische Variablen (Schulleiter z.B.; Kapitel VI/4) in eine Schachmatt-Situation manövriert werden. Es ist dann nicht selten, dass sich das System durch eine Rochade zwar vor Auflösung, aber auch vor Veränderung rettet («Köpfe rollen lassen» kann ausgesprochen systemerhaltend sein! Abgehackte Köpfe können nicht mehr lernen!).

Bedenklich sind vor allen Dingen zentralistisch-reduktive Theorien und Praktiken in der Trias: IMMER – NUR – ALLE/S (Schema 47), und dies unabhängig von den «an sich» ehrenwerten Zielsetzungen und Handlungsweisen. – Die Neigung zu methodischem Reduktionismus erklärt sich aus der moralischen, emotionalen und kognitiven Entlastung, die er verspricht.– Ein weiterer Grund kann in einer streckenweisen Erfolgsbestätigung liegen, die eine bestimmte Vorgehensweise bietet, die ihrerseits dann zu Uebergeneralisierungen, Maximismus («Mehr vom selben!», WATZLAWICK, P.; BATESON, G.; BERMAN, M. u.a.m.) und eine entsprechende Verkennung von Nebenwirkungen (wie z.B. Monotonie, Resistenz, Adaption, Übersättigung, Unzeitgemässheit, Widerstand, Kippphänomene, Mangelerscheinungen in nichtbeachteten Regionen u.a.m.) sowie sich ändernder Problemstrukturen und Kontexte zur Folge haben kann.– Paradoxerweise führt gerade ein reduktiver Methodismus vom ursprünglichen Problem weg, das er zu lösen vorgibt, und er sieht sich schliesslich genötigt, ihm gemässe Probleme zu erfinden oder so zurechtzubiegen, dass sie ihm adäquat sind.

In soziosystemischen Feldern ist heutzutage – so auch im heilpädagogischen Bereich – vor allem ein enormer Vollzugsbedarf festzustellen. Das heisst, es sind zwar Problemanalysen, Zielsetzungen, Massnahmenkataloge vorhanden und oft auch bereits Entscheidungen getroffen worden, ohne dass dann jedoch «etwas passiert». Dies zeigt, das weder Zielaffinität und -kongruenz noch Methodenbeherrschung eine Zielverwirklichung garantieren. Derartigen **Vollzugshemmnissen** können unter anderm folgende Ursachen zugrunde liegen:

408

- Ungenügende Problemanalyse, d.h. man entdeckt erst im Moment der Tätigung neue, wesentliche Problemaspekte
- Angstbedingter Perfektionismus und Totalisierungstendenzen: Man will immer noch mehr Informationen sammeln und gelangt vor lauter Daten nicht zu Taten. DÖRNER, D. (1989, p. 148) spricht in diesem Zusammenhang von «inverser Beziehung zwischen Informationssammlung und Entscheidungsfreudigkeit».
- Eine Methode kann aber auch in Form endloser «Projektemacherei» (DEFOE, D. 1697/1975) eingesetzt werden **gegen** eine Zielverwirklichung. Solange (z.B. pädagogische) Reformer mit der Ausarbeitung ihrer Pläne beschäftigt sind, ist sichergestellt, dass die Reform nicht stattfindet.
- Wortmagie oder die Verwechslung der Speisekarte mit dem Menü (BATESON, G.; WATZLAWICK, P.; BERMAN, M.; u.a.). Das heisst die Empfindung, was mit entsprechendem Nachdruck gesagt (verbalisiert, «artikuliert») wurde, sei weitestgehend auch getan.

Gedacht
→ bedeutet nicht
*gesag*t

Gesagt
→ bedeutet nicht
gehört

Gehört
→ bedeutet nicht
verstanden

Verstanden
→ bedeutet nicht
einverstanden

Einverstanden
→ bedeutet nicht
realisierbar

Realisierbar
→ bedeutet nicht
angewendet

Angewendet
→ bedeutet nicht
gekonnt

Gekonnt
→ bedeutet noch lange nicht
beibehalten

aus: **B. Zuschlag / W. Thielke**
Konfliktsituationen im Alltag
(Stuttgart, 1989, S. 223–224)

– Vor einem Vollzug können ferner «Horizontalflucht» bzw. «Vertikalflucht» (DÖRNER, D. 1989, p. 154) retten: d.h. man verzieht sich in eine schützende Ecke des Handlungsfeldes und betreibt daselbst kosmetische Kleindetailpflege. Oder aber man «hebt ab», angeblich um «das Ganze» noch umfassender, grundsätzlicher in Betracht ziehen zu können (angestrebte Generalrevision schützt vor Teilrevision!).

«Folgende Komponenten gehören also zur Kenntnis, die jemand haben sollte, der mit dem entsprechenden System handelnd umgehen möchte:

1. Der Handelnde muss wissen, von welchen anderen Variablen die Zielvariable, die er beeinflussen möchte, kausal abhängt. Er braucht also eine Kenntnis des Systems in der Form eines Wirkungsgefüges, also eines Gefüges der kausalen Abhängigkeiten der Variablen des Systems.
2. Der Handelnde muss wissen, in welcher Art und Weise die einzelnen Bestandteile eines Systems in Oberbegriffs/Unterbegriffshierarchien eingebettet sind. Dies muss er wissen, um gegebenfalls die unbekannte Struktur des Systems durch Analogieschlüsse ergänzen zu können.
3. Der Handelnde muss wissen, in welche Bestandteile die Elemente eines Systems zerlegbar sind und in welche Ganzheiten sie gegebenenfalls eingebettet sind. Dies muss er wissen, um Hypothesen über bislang unbekannte Beziehungen zwischen den Variablen eines Systems aufstellen zu können» (DÖRNER, D.1989, p. 116/117)

Fehler entstehen hauptsächlich durch:

«– Handeln ohne vorherige Situationsanalyse,
– Nichtberücksichtigung von Fern- und Nebenwirkungen,
– Nichtberücksichtigung der Ablaufgestalt von Prozessen,
– Methodismus: man glaubt, über die richtigen Massnahmen
  zu verfügen, weil sich keine negativen Effekte zeigen,
– Flucht in die Projektmacherei,
– Entwicklung von zynischen Reaktionen» (a.a.O. p. 32).

Der systemische Kreis schliesst sich auch bei DÖRNER, D. (1989) in einer Metapher, der wir bereits begegneten (Kapitel II/1.1 und Kapitel VI/4), indem er feststellt, «dass ein Akteur in einer komplexen Handlungssituation einem Schachspieler gleicht, der mit einem Schachspiel spielen muss, welches sehr viele (etwa: einige Dutzend) Figuren aufweist, die mit Gummifäden aneinanderhängen, so dass es ihm unmöglich ist, nur eine Figur zu bewegen. Ausserdem bewegen sich seine und des Gegners Figuren auch von allein, nach Regeln, die er nicht genau kennt oder über die er falsche Annahmen hat. Und obendrein befindet sich ein Teil der eigenen und der fremden Figuren im Nebel und ist nicht oder nur ungenau zu erkennen» (a.a.O., p. 66).

Damit sind wir bereits im Themenbereich der Dialogischen Frage, die uns abschliessend an den existentiellen Ausgangspunkt (Schema 1) zurückführt.

IX. Die Dialogische Frage

Metz, 8. Februar 1901.

Geehrter Herr Doctor!

Erlaube mir Sie zu benachrichtigen, dass ich Graf von Orloff für kurze Zeit engagiert habe. Derselbe ist von Prof. Rudolf Virchow, Berlin; Prof. Marks, Berlin; Prof. James Paget, London; Prof. Korff, Oxford Universität; Prof. Genett und Prof. Sayers, Bellevue-College, New-York; und hunderte anderen Autoritäten untersucht, und als das grösste Medizinische Problem anerkannt.

Prof. Virchow schreibt unter anderm:

„ Graf Orloff ist Gegenwärtig eines der interes-
„ santesten pathologischen Objecte, zugleich ein höchst
„ überzeugendes Beispiel der Accomodationsfähigkeit
„ der Menschen." (Siehe Berliner Deutsche Medizinische Wochenschrift. März 4. 1897, Nr. 10.)

Um den Herrn Aerzten Gelegenheit zu bieten, sich dieses menschliche Räthsel anzusehen, werde Graf von Orloff in einer Privat-Vorstellung am **Samstag den 9. Februar, Nachmittags 4 Uhr**, vorführen und erlaube mir, auch Sie höflichst dazu einzuladen.

Hochachtungsvollst

S. Wertheimer
Gartenstrasse 37.

Vorstellung findet im oberen Locale statt.

Separaterer Eingang

NB. — Dem Wunsche mehrerer Notabilitäten entgegenkommend, habe ich mich entschlossen diese Privat-Vorstellung vorzunehmen, und gebe mich der angenehmen Hoffnung hin, Ew. Hochwohlgeboren bei dieser einzigen **Privat-Vorstellung** begrüssen zu können D. O.

Unter der dialogischen (diálogos, grch. «Zwiegespräch») Frage geht es um die Daseins- und Sinnvergewisserung des einzelnen Subjekts in der Ansprache und Rücksprache mit einem andern Subjekt im Hier und Jetzt. Sie führt damit zum existentiellen Ausgangspunkt zurück. Das als ein An-Sich herausgestellte (**ex**ponierte) Phänomen, dessen Ort und Zeitumstände, Ursachen, die damit verbundenen Normen und Zielvorstellungen, die Erkundungs- und Umgangsweisen, mit denen wir uns in den vorangegangenen Kapiteln beschäftigten, werden ins Für-mich zurückgenommen (**im**-poniert).– Heilpädagogisch und heilerzieherisch heisst dies, dass eine Transposition von der phänomenologischen Ebene, auf welcher ein Krankheitsbild (eine Behinderung, eine Störung, oder wie auch immer ein Code verzerrter Kommunikation bezeichnet werden mag) ausgemacht wurde, stattfindet auf die interaktionale Bedeutungsebene im existentiellen Augenblick.

Mit der dialogischen Frage springen alle Fragestellungen wieder auf den Fragesteller zurück; er selbst wird in die Frage gestellt: Als Auctor (Urheber) des Frag-würdigen, Definitor des Seienden und als Handlungsplaner. Die dialogische Frage weist damit aber auch in einen nach- oder überwissenschaftlichen Bereich hinein. Ihre Antwort findet sie nicht mehr in einem gehorteten, abrufbaren Wissen, sondern in einer Gewissheit. Gewissheit ist ein un-bedingter, weder beweisbarer noch eines Beweises bedürftiger Seinszustand, der in der vollzogenen Daseinsgestaltung immer wieder neu realisiert wird.

Aus alledem ergibt sich, dass die dialogische Frage:

Wer bist du für mich und wer bin ich für dich?

je nur von der konkreten Person hier und jetzt beantwortet werden kann. Was wir «von aussen» dazu bereitstellen können, sind lediglich Dimensionen und formale, leere Raster.

1. Das konjugative Beziehungsnetz

Erziehung als bilateraler Prozess heisst: Beziehungen «konjugieren» lehren und lernen, mich und den/das Andere(n) in wechselnden Konstellationen erfahren und deuten, sich und Andere(s) «deplazieren», d.h. unter verschiedenen Perspektiven definieren und entdecken und damit eine

Grammatik des sozialen Umgangs entwickeln (LAING, R. et al., 1976a). Heilerziehung und Heilpädagogik haben es diesbezüglich mit dysgrammatischen Verhältnissen und einer entsprechend verzerrten Kommunikation zu tun. Die Positionen, von denen aus **Beziehungs-** und – als zukunfts- und wertorientierte Sonderform hievon – **Erziehungs**verhältnisse zu konjugieren sind, zeigt Schema 59.

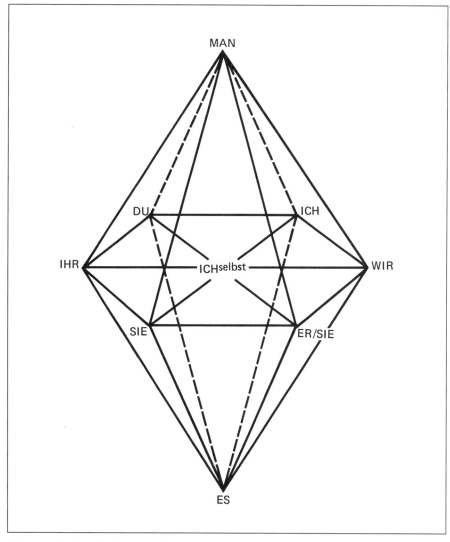

Schema 59: Das Konjugative Beziehungsnetz

Wir können darin erneut die in Kapitel I unterschiedenen Ebenen der Objekte und der Subjekte erkennen:

In der Vertikalen geht es um die Erforschung der Objektwelt in ICH-ES-Beziehungen und um die Formulierung von MAN-Gesetzen («Man stellt fest»; «Man macht das so»), die für jedermann zugänglich, gültig und anwendbar sind.

In der Horizontalen geht es um die Erkundung der Subjektwelten in konjugativen Beziehungen und um die Formulierung von Gesetzen (Verträgen) zur Daseinsgestaltung. (Ich erlebe das so; Du erlebst das so; worauf können wir uns einigen? Wie ist das für ihn/sie?, für euch und sie? Wie und worüber können wir kommunizieren?)

Die Komplexität und Labilität von Erziehungsverhältnissen geht daraus hervor, dass **jede** daran beteiligte **Person** je nach Perspektive **aus jeder Position heraus agiert**: Das ICHselbst ist der Beziehungspunkt der Beziehungen im Bewusstsein, sämtliche grammatikalische Personen zu repräsentieren. Es stellt in jedem Moment die sogenannte ICH-Identität her: verstanden als das Erlebnis und das Bewusstsein, dass das ICHselbst als «existentieller Kern» (BOLLNOW, O.F. 1959a) unwandelbar ist innerhalb der konjugativen Wandlungen des ICH:

ICHselbst   Die schlicht erlebende, erlebte, noch unbewusst-unreflektierte Existenz.

ICH   Die aus der Existenzwahrnehmung und dem Existenzvergleich gegenüber einem DU sich ergebenden Spiegelungen und Konjugationen des ICHselbst. Das über die Beziehungen zu einem DU über sich selbst ins Bewusstsein gesetzte ICHselbst.

DU   Das als wesensverwandt erfahrene personale Nicht-Ich in der direkten, unmittelbaren Beziehung. Das ICH, das ich nicht selbst bin, das ich per analogiam postuliere und das mir umgekehrt die Bestätigung meiner selbst liefert. Das DU ist die mir im Augenblick zugewandte Person.

ICH und DU bedingen sich gegenseitig; sie sind paarig angelegt. Das ICH entsteht nicht als autogame Frucht aus sich selbst z.B. via ein blosses Cogito ergo sum. Das ICH ist auf die Zeugenschaft eines DU, das DU auf die Zeugenschaft meines ICH angewiesen. ICH und DU sind auf gegenseitige Existenzzusprache angewiesen.

WIR   Die personale Verbindung, welcher sich ICH und DU in ihren gegenseitigen Wahrnehmungen und Spiegelungen situativ und temporal (hier und jetzt) zugehörig fühlen aufgrund personaler Merkmale und Perspektiven. ICH und DU als WIRbeide, unter Umständen auch fortgesetzt in einem grösseren Kreis sich nach einer gemeinsamen Definition ausrichtender Personen.

SIE/ER   Das personale Nicht-Ich in der mittelbaren, indirekten Begegnung. Die mir und uns im Moment abgewandte, als grammatikalisches Objekt existente, repräsentierte Person.

IHR   Die Verbindung von Personen, welche durch mich/uns aufgrund bestimmter Merkmale und unter bestimmten Perspektiven situativ und temporal (hier und jetzt) als zusammenghörig definiert werden und zu der ich/wir in einer direkten, unmittelbaren Beziehung stehen. Die mir/uns im Moment zugewandte Gruppe.

SIE   Die Verbindung von Personen in der mitttelbaren, indirekten Begegnung. Die mir/uns im Moment abgewandte, als grammatikalisches Objekt existente, repräsentierte Gruppe.

MAN   Die abstrakte («dekonkretisierte») Menge von Leuten; die nicht näher definierbare, indefinite Allgemeinheit, welche zugleich alles und nichts umfasst. MAN bedeutet nicht die Andern (IHR) oder Andere (SIE). Das MAN ist amorph (gestalt- und gesichtslos), weder subjektiv noch objektiv begegnungsfähig.

ES   Die als nicht wesensverwandt, apersonal, unverantwortbar-unverantwortlich erlebte Welt der Objekte, der Sachen, des zuhandenen Zeugs, zu welchem nur eine mittelbare und einseitige Beziehung herstellbar ist. ES kann wohl nach einer sachimmanenten Gesetzlichkeit re-agieren, jedoch nicht personemanent antworten.

Beispiel:

ICHselbst,	in meinen Beziehungen zum
ICH,	zu mir als Mutter, Ehegattin, Frau, Berufstätige... in meinen Selbsterfahrungen und Fremdurteilen
DU,	dieses Kindes, dem gegenüber ich mich wesensverwandt und verantwortlich fühle und das ich als ein Stück meiner selbst erlebe,
ES,	seiner Behinderung, die mir das DU verfremdet und das ich daher negiere
WIR,	von uns beiden und unserer Familie, das zu stiften mir und uns allen Mühe bereitet

417

ER,	z.B. meines Ehegatten und zum Vater dieses Kindes
IHR,	z.B. der Sippe, von deren Argwohn ich mich verfolgt glaube
SIE,	z.B. der Experten die mich, mein Kind, uns und unsere gegenseitigen Beziehungen begutachten
MAN	der Leute, dem auch ich zugehöre und mit dessen Einstellungen ich zugleich in Konflikt gerate.

Diese Wandelbarkeit des ICH im Konjugativen Beziehungsnetz ist heilpädagogisch von grosser Bedeutung, weil ein Behinderungszustand nicht nur von verschiedenen Personen unterschiedlich erlebt und interpretiert werden kann, sondern auch von **derselben** Person unterschiedlich erlebt, interpretiert und in der Folge be-«handelt» wird in Abhängigkeit von der jeweiligen Konjugation.

Beispiel: In der direkten ICH-DU-Beziehung kann ich dieses Kind in seinem So-Sein vorbehaltlos anerkennen, sorglos und ohne jeden Veränderungswunsch.– In der indirekten ICH-WIR-DU-Beziehung, d.h. wenn ich diesem Kind als Familienangehöriger begegne, fällt mir auf, dass es sich durch seine Behinderung, gemäss einem sozialen Figur-Grund-Effekt, wie eine Figur von uns abhebt: es ist anders, nicht so, wie wir und wie wir es zur Bestätigung unseres Wirgefühls wünschten. Die Befremdnis kann sich noch steigern, wenn ich das Kind aus der ICH-SIE-DU-Perspektive betrachte: Sie, die anderen (die Nachbarn, die Lehrer, die Ärzte usw.), mit deren Erleben und Interpretationen ICH mich stets auch identifiziere, machen mich auf unbestreitbare Mängel und Schwierigkeiten aufmerksam.

Damit soll zweierlei deutlich gemacht werden:

– Das ICH hat seinen Ausgangspunkt in einem DU, und ebenso wird eine Behinderung auf der für uns wesentlichen Subjektebene im Existenzvergleich per definitionem primär im DU und WIR erzeugt (in derselben Weise wie auch anderweitige Zuschreibungen). – Im Anfang steht das Betroffensein des Andern, der ein für ihn prägnantes Merkmal als «Behinderung» rahmt. – GOFFMAN, E. (1980) zeigt an Dutzenden von banalen Alltagsereignissen, wie Wirklichkeit in einer Welt «für uns» immer wieder neu durch Rahmungen und Rahmenanalysen hergestellt wird. – Bei sogenannten (und vorgängig: so gerahmten) Behinderungen wird dies sichtbar in Situationen, wo die Rahmenanalyse zunächst auf Schwierigkeiten stösst (Kapitel II/3. 1a).

– Eine Behinderung derangiert nicht nur die Beziehungen zwischen z.B. diesem behinderten Kind und mir, sondern überdies die Beziehungen zu meinen übrigen Beziehungen

Beispiel: Die Lernbehinderung dieses Schülers X (d.h.: unser gemeinsames unterrichtliches Kommunikationsproblem) derangiert auch meine Beziehungen zu dessen Vater, und möglicherweise akzentuiert sich für mich der gesamte Behinderungszustand in meinen Interaktionen mit der Grossmutter von X und damit weitab von dem, was auf der Objektebene als Behinderung ausgemacht wurde.

Es ist denn auch erstaunlich, welche Identifikations- und sozialen Orientierungsleistungen eine Person zu erbringen hat, wenn sie z.B. einem Behinderten begegnet und mit ihm ins Einvernehmen kommen möchte (Kapitel VIII/1. 4).

Systemische Betrachtungsweisen haben deutlich werden lassen, von welch entscheidendem Gewicht Meta-Regeln, «Metastrategien» (SCHIEPECK, K. 1986, p. 47), Meta-Kommunikation (LAING, R.; WATZLAWICK, P. u.v.a.) sind und wie sehr unsere «materialisierten» Handlungsweisen nicht durch «die Sache», sondern durch die Vorstellungen, die wir darüber haben, bestimmt werden.

LAING, R. et al. (3.A. 1976a) unterscheiden am Beispiel von Ehekonflikten eine direkte Perspektive, eine Meta-Perspektive und eine Meta-meta-Perspektive der gegenseitigen Definition und Identifikation. Schema 60 vermittelt einen allgemeinen Eindruck über die kaum mehr fassbare bzw. mit den Mitteln der Sprache darstellbare (vgl. LAING, R. 1980) Komplexität möglicher Beziehungsmuster. GOFFMAN, E. (1980) macht darauf aufmerksam, dass die hier lediglich angetippte Frage der semantischen und syntaktischen Unterscheidung «mehrerer Ichs» noch wenig untersucht ist.

Was BARBARA FORNEFELD (1989, p. 234) in ihrem Modell der Doppelhelix (Schema 61) unter Bezugnahme auf Kommunikationsweisen mit schwer geistigbehinderten Menschen an Phasen mit wechselnden Qualitäten und Intensitäten ausmacht, kann desgleichen in unterschiedlich teil-kongruenten Erfahrungsräumen gesehen werden:

Ein tanzendes Paar bewegt sich in mindestens fünf verschiedenen, dynamisch verbundenen kommunikativen Strukturformen...,
A tanzt
B tanzt
A tanzt mit B
B tanzt mit A
A und B tanzen miteinander
... die ihrerseits wechselnde Bezüge aufweisen
... zum Ort und Raum; zum sozialen Umfeld (wo?)
... zum Kontext der Musik, der Mittänzer (wonach?)
... zum Muster, zur Choreografie (wie?)
... zum Bedürfnis und Anlass (weshalb?)
... zu Motiv und Motivation (wozu?)
... zu den Zeitumständen; Dauer, Tempi (wann? Wie lange schon/ noch?)

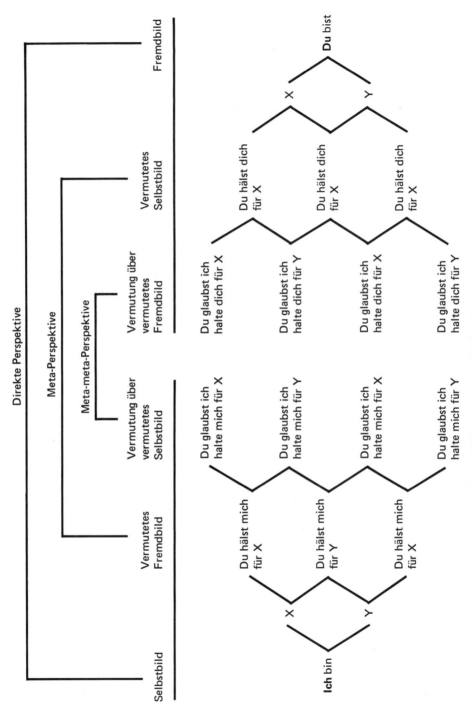

Schema 60: Identifikations-Perspektiven

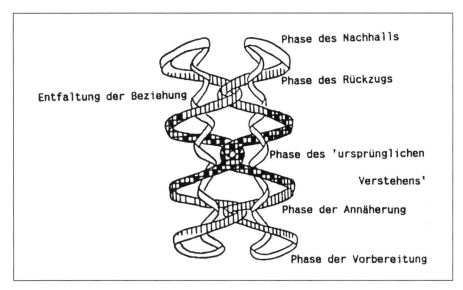

Schema 61: Doppelhelix (nach FORNEFELD, B., 1989, p. 234)

«Geist... ist die Art und Weise, in der wir der Welt gegenüberstehen»
(BERMAN, M. 1985, p. 200).

Während Normative Pädagogiken sog. «Bildungsaufträge» zu formulieren pflegen, die grundsätzlich auch Behinderten gegenüber wahrzunehmen sind, jenseits (sprachlicher) Symbolisierungsmöglichkeiten allerdings ins Leere stossen und «Bildungsunfähigkeit» markieren, nehmen existentielle, sich an der «Doppelhelix als Symbol der elementaren Beziehung» (FORNEFELD, BARBARA, 1989) sich orientierende Ansätze nicht zufälligerweise gerade in der Schwerstbehindertenpädagogik ihren Ausgang: Dort, wo externale Bildungsaufträge aufzulaufen oder zu versanden drohen. Helixale Verbundenheit richtet sich nicht nach der Frage, ob Beziehung sein soll, sondern geht aus vom Tatbestand, dass Beziehung apriorisch **ist** –: und als solche dann freilich zur gemeinsamen Ausgestaltung ansteht: zum Beispiel nach dem dreiphasigen Muster von BODENHEIMER, A. (2.A. 1992): Begleiten – Erweitern – Stören, auf das auch FORNEFELD Bezug nimmt.

In lebhafter Veranschaulichung schildert LENZEN, H. unter dem Begriff der «Konviktion» (svw. «Zusammenleben»; vgl. dazu auch die Bezeichnung «Erfahrungsannäherung», Kapitel VIII/1. 4) diesen gemeinsamen Akt von Beziehungsgestaltung:

«Unter 'Konviktion' wird eine erzieherische Haltung oder Einstellung verstanden, in der der erziehungsfähige Mitmensch nicht mehr sich selbst als 'sicher, gebildet, stark, gesund, vollkommen' erfährt, sondern nur als in der Situation 'sicherer, wissender, stärker, gesünder (?), fortgeschrittener oder trainiert' – also nur relativ weniger behindert als der Gebrechliche, Gefährdete oder Delinquente. In der 'Konviktion' erlebt der Erwachsene z.B. die Umgebung eines Kindes wie fehlsichtig oder schwerhörig oder bewegungsbehindert und muss Uninteressantes, Undeutliches, Unheimliches in immer neuen Ansätzen für sie beide interessant, deutlich, heimelig oder wenigstens etwas interessanter, deutlicher, heimeliger erfahrbar machen. Die Initialzündung von Lächeln oder Freude müsste dann in die (grammatikalisch als verrückt zu bezeichnenden) Formulierungen gefasst werden: 'Ich freue uns beide', bis das Mitmenschlein oder der einsame Andere sich selbst freuen kann.

In der 'Konviktion' können Daseinserfahrungen begründet, Fehlen von Sinnesorganen oder Gliedmassen kompensiert, menschlicher Kontakt überhaupt eröffnet, erste Muskelspannungen erzeugt und Sinneswahrnehmungen eröffnet werden, können Sinnes- und Gliedmassenfähigkeiten koordiniert, Sprache begonnen, zum Wachsen und zur Beherrschung geleitet werden, wenn Lallaute durch immer wieder provozierte Echolalien oder lockende Wiederholungen zur Muttersprache werden.

In der 'Konviktion' eröffnen sich aber auch alle Horizonte des Bemerkens: vom eigenartigen Harngeruch bei bestimmten Hirnschäden, der zur Entwicklung des Phenyl-Tests geführt hat, bis zur Erfassung des Verdauungsrhythmus, zur unverkrampften Sauberkeitserziehung und bis zum psychischen Mitvollzug von gewagten Bewegungen und Übungen – wie bei der guten Hilfe und Sicherung für Turnübungen.

Das sichere Bewusstsein von Krise oder 'Reifsein' einer Situation oder eines Menschen für die gesteigerte Leistung – wie der 'Stoss ins Wasser' zum Schwimmenlernen oder die Übernahme einer Rolle in einem öffentlichen Spiel oder die Übergabe der Verantwortung für Geld und Gut einer Klasse oder Gruppe, die Wahl des Härtegrades der Zumutung, der Frustration oder der Isolation sind nur zu rechtfertigen in der 'Konviktion'. Sie ermöglicht fortwährend die Regulierung von Bedürfnissen, Forderungen, Verhalten und Haltung im gemeinsamen, aufeinander bezogenen oder getrennten Tun oder Unterlassen – sei es durch persönliche Bejahungs- und Verneinungsphasen mit oder ohne Zärtlichkeits- oder Strafformen bei unbedingt aufrechterhaltener Kommunikation oder sei es durch Bewusstmachen: Benennung oder Bewertung von sachlich Korrektem, Vorbildlichem, Verkehrtem oder Abscheulichem.

'Konviktion' sichert Kommunikation, auch **ohne** Sprache, mit Idiomen oder Behelfssprachen, durch das gegenseitige 'Lesen' aus Gesicht, Haltung oder Gestik. Weil in der 'Konviktion' jede Äusserung einen enorm hohen Mitteilungswert hat, erfordert sie vom Erzieher dauernde Kontrolle, Verfügbarkeit, also Selbsterziehung! Das gilt für Grüssen, Kontaktnehmen überhaupt, über Essen, Trinken, Arbeiten, Spielen, Müssigsein usw. bis zu peinlichen oder tabuierten Situationen.

Kontrollierbare Belege für 'Konviktion' erhält man, wenn für die Beteiligten die **Zeit** anders als objektiv verläuft, als Langeweile oder Kurzweil wertvoll wird, wenn die **Raumerfahrung** subjektiv verwertbar wird: die 'Nähe' nicht aufgehoben ist, ob der Erzieher nun anwesend, abwesend oder gerade nicht 'da' ist, obwohl im Raum, ob er irgendein Ereignis intensivierend miterlebt oder aber distanzierend eliminiert oder auch den anderen allein die Verantwortlichkeit spüren lässt.

Damit bestimmt der Heilpädagoge im Mitvollzug die Selbst-, Umwelt- und Welterfahrung als Entwicklung, Erweiterung, Vertiefung und Festigung, als Menschsein mit Mitmenschen in einem niemals sinnlosen Leben!

422

So kann durch die Erfahrung zuverlässiger Menschen und einer verlässlichen Umwelt Vertrauen wachsen in eine – trotz situationaler Verkehrtheiten, Mängeln und Härten – insgesamt 'heile Welt', in der es sich lohnt, zu leben und nach dem **Sinn** der Ereignisse zu fragen!»[1]

Das Bedürfnis nach Objektivierung und die damit verbundene Hoffnung auf Verallgemeinerungsfähigkeit, Regelhaftigkeit, Handhabbarkeit und eine möglichst ökonomische, kräftesparende Gebrauchsanweisung – die einem sagt, wie MAN ES macht – ist zwar durchaus verständlich und legitim. Objektivierung dient zweifellos **auch** der Daseinsgestaltung, und es wäre unvorstellbar, dass die einzelnen Individuen ohne MAN- und ES-Gesetze und deren Anwendung den Anforderungen der Sach- und Personwelt gewachsen sein könnten.

Objektivierung genügt unter dem (heil-)pädagogischen und (heil-)erzieherischen Aspekt jedoch nicht. Sie bildet eine **notwendige** Voraussetzung, um über die bloss subjektive Anmutung und Betroffenheit hinauszukommen-, sie ist jedoch keine **zureichende** Voraussetzung für eine interpersonale Beziehungsstiftung. Hierzu muss die Objektivierung in einem weiteren Schritt zurückgenommen werden. Diesen dialektischen Gegenzug bezeichne ich als «Rückbiegung zum Subjekt».

2. Rückbiegung zum Subjekt

Erziehung gründet, darauf hat BUBER unermüdlich hingewiesen, im Verhältnis Ich-Du, in einem Verhältnis also, in welchem wir mit dem Kriterium wissenschaftlicher Objektivität nicht mehr durchkommen.

Weil dem Erzieher nicht ein Objekt oder ein zu objektivierender «Sach»-Verhalt gegenübersteht, sondern ein Subjekt, muss er ihm – um ihm gerecht zu werden – in und mit seiner Subjektivität begegnen. – Eine objektiv-objektivierende Haltung ist Objekten gegenüber notwendig. Ein erzieherisches Erfordernis ist jedoch auch, dass ich aus solcher Objektivität heraustrete und **mich** sehen lasse dem Kind gegenüber. Wo ich als Erzieher objektiv ans Subjektive herangehe, da vergewaltigte ich dieses ebenso, wie wenn ich subjektiv irgendwelche Sachverhalte deute. Es gibt nicht nur eine unangemessene und damit störende Subjektivität, sondern auch eine inadäquate Objektivität.

---

1 aus: LENZEN, H. (1973) Probleme des behinderten Kindes (München), siehe auch ders. in: SCHMID, F. (2.A. 1987) Das Down-Syndrom (Münsterdorf) p. 19 ff.

Eine wissenschaftlich angestrebte Objektivierung eines Kindes kann daher von geradezu zerstörerischer Wirkung sein für das Erziehungsverhältnis. Es ist bemerkenswert, dass ein Empiriker aus dem Wissenschaftsbereich der Soziologie zur Erkenntnis gelangt: «In der Erziehung verhindert die psychologische Vergegenständlichung des 'Erziehungsobjekts' immer mehr das Eingehen eines echten personellen Lehr- und Lernverhältnisses...» (SCHELSKY, H. 1961)[2] und damit die Gefahr aufdeckt, welche in der fortschreitenden Psychologisierung des Erziehungsgeschehens liegt. Keine Psychologie vermag ein Erziehungsverhältnis zu stiften; deren Resultate können allein durch die personale Vermittlung fruchtbar werden für die Erziehung; Objektivität und Subjektivität sind zwar Gegensätze, als solche jedoch wertfrei.

Mit Subjektivität meinen wir im Bereiche des Erzieherischen das, was BUBER, M. (1960a) in prägnanter Kürze als «da sein» bezeichnet hat. Dies hört sich zunächst recht simpel an. Wie hoch diese Anforderung aber tatsächlich ist, erfährt der Erzieher in dem Moment, wo er mit BUBER's Wort: «und so muss denn aber dieser Mensch auch wirklich dasein. Er darf sich nicht durch ein Phantom vertreten lassen... er muss wirklich da sein» (p. 39). – ernst zu machen versucht: sich auf den Weg zu sich selbst macht, ja sogar aus der Erzieher«Rolle» heraustritt, um nicht mehr einen Erzieherberuf auszuüben, sondern Erzieher/in zu **sein.** Wo man Objektivität verwirklichen wolle, so liessen wir uns von BOLLNOW, O.F. (1962a) sagen, da müsse der unmittelbare existentielle Bezug aufgehoben sein. In diesem «existentiellen Bezug» aber wurzelt jede Erziehung. Erziehung kann, so verstanden, nur subjektiv sein. «Diese Subjektivität ist nicht vermeidbar, sie ist vielmehr umgekehrt die notwendige Verbindung der Erkenntnis» (p. 137). In diesem Sinne stellt auch FROMM, E. (1954, p. 120) vom psychotherapeutischen Erfahrungsbereich her fest: «Objektivität verlangt nicht nur, dass man das Objekt so sieht, wie es ist, sondern auch, dass man sich selbst so sieht, wie man ist».

Mit der für den Erzieher wichtigsten und für das erzieherische Gelingen bedeutsamsten dialogischen Frage bringt sich der Erzieher als Subjekt mit ins Spiel. Mit dieser Frage erst hebt jene Selbstbesinnung an, welche von allem Anfang an das erzieherische Tun und Lassen begleiten müsste und aus der heraus es sich immer wieder neu zu verstehen und zu rechtfertigen versucht. Nach dieser Frage richten sich letztlich alle vorgenannten Fragen und Antworten aus (Schema 1): Was ist **mir** – aus meiner momentanen Lage

2 SCHELSKY, H. (1961) Soziologie der Sexualität (Hamburg) p. 107 ff.

und Kraft meiner Persönlichkeit – hier und jetzt möglich mit **diesem** Kind? Diese Frage nach «uns beiden», die wir hier in einem erzieherischen Verhältnis stehen oder stehen sollten – uns möglicherweise aber auch in einer unentwirrbaren Verstrickung befinden – diese Frage kann dem einzelnen Erzieher weder abgenommen, noch von einer ausserhalb liegenden Instanz beantwortet werden. Das Wir und das Man können nicht stellvertretend die Frage nach meinem Sosein lösen. Wir können – von aussen her – lediglich an den Erzieher appellieren, nicht bloss das Kind zum «Gegenstand» seiner Bemühungen zu machen, sondern das dialogische Verhältnis im Auge zu behalten, wo es nicht nur um ein bestimmtes Tun, sondern um ein erzieherisch bestimmtes Sein geht. Wenn NIETZSCHE, F. feststellt: «Der Psychologe muss von sich absehen, um überhaupt zu sehen»,[3] so lautet dieser Satz, auf den Erzieher abgewandelt: Der Erzieher muss auf sich selbst sehen, um überhaupt gesehen zu werden.

Diese entscheidende dialogische Frage hat die empiristische, in Anlehnung an die Naturwissenschaften des 19. Jahrhunderts positivistisch ausgerichtete Erziehungswissenschaft, welche aus sich eine Technik zur Kinderbeeinflussung entspringen lassen wollte, umgangen und zum Teil bis in die Gegenwart hinein als «unwissenschaftlich» disqualifiziert:

«Diese (wissenschaftliche) Einstellung fragt nach den Sein. Wie ist das Kind? Sie fragt nicht nach dem Beobachter, nicht, wie wirkt das Kind auf mich? Die grossen Pädagogiker (Pestalozzi u.a.)... empfinden gegenüber dem Kind: Rührung, Liebe, Mitleid, Hoffnung, Abscheu, Entsetzen. Und dies ihr Gefühl, ihre persönliche Reaktion auf das Sein, ist ihnen das Problem, ist ihnen Angelpunkt ihrer Lehre, ist ihr Beobachtungsinstrument. Sie sehen nicht das Kind, wie es ist, sondern im Grunde nur das Kind und sich selbst, eins auf's andere bezogen...» (BERNFELD, S. 1967, p. 36)

Was Bernfeld hier als unwissenschaftlich ablehnt, entspricht genau dem, was sich dem Erzieher als die dialogische Fragestellung aufdrängt. Ich habe in keinem mir bekannten Werk aus der pädagogischen Literatur eine knappere, treffendere Darstellung des dialogischen Problems gefunden, wie ausgerechnet in BERNFELD's Schmähschrift über die unwissenschaftlichen «Pädagogiker» – PESTALOZZI, ROUSSEAU, HERBART, JEAN PAUL u.a. –, die der Autor ersetzt haben möchte durch FREUD und MARX: «Sie sehen nicht das Kind, wie es ist, sondern im Grunde nur das Kind und sich selbst, eins auf's andere bezogen».

Die Erziehungsgeschichte zeigt, dass PLATON, ROUSSEAU, PESTALOZZI und viele andere hervorragende Pädagogen und Erzieher, die samt und son-

3 NIETZSCHE, F. Götzendämmerung

ders mit ihrem Tatsachenmaterial, ihrer geringen Zahl der «Fälle von...» und ihren unzulänglichen Methoden vor einem empirischen Tribunal nicht bestehen könnten, Pädagogiken entwarfen, deren Teilaspekte eine objektivierende Wissenschaft nur mühsam zu fassen vermag.

Und so kommt es auch nicht von ungefähr, dass jene «Pädagogiker», die aus objektivistischer Sicht als unwissenschaftlich disqualifiziert zu werden pflegen, weitgehend identisch sind mit jenen Autoren, die auch heute noch – unbeschadet ihres Alters – gelesen werden, **da** sie uns über **sich** und ihre Erfahrungsweise zeitlos Wesentliches zu sagen haben, während die «Wissenschafter» noch und noch – zum Teil schon zu Lebzeiten – stille Beerdigungen erfahren auf ihren Datenfriedhöfen: im «Papierkorb der Geschichte» enden, wie Tucholsky, K. sagen würde.

3. Unheilpädagogik

Erziehung nimmt ihren Ausgang stets in einer Person, die die Erziehungsbedürftigkeit eines Kindes zu **ihrem** Problem macht. Und darin ist nicht nur die Gefahr eines Scheiterns, sondern auch die Möglichkeit beschlossen, dass diese Erziehungsperson ihrerseits dem Kind zum Problem werden kann (vgl. Kobi, E. E., 1993).

Heilpädagogik ist, aus ihren Entstehungsbedingungen heraus, Appell einer (christlichen) «Klagereligion» (Canetti, E. 1960); dasselbe auch sozialistisch profanisiert von Gebet und Bitte zu Forderung und «Recht auf...» – Formel. Sie ist per se existentieller Vorwurf an eine besser sein sollende Welt: Nichts ist gut genug; vieles bleibt zu wenig und das Bessere der Feind des Guten.

Heilpädagog/innen meinen es also prinzipiell gut mit dem Schlechten. Ergo hat sich Selbstkritik unnachsichtig auf das Schlechte dieses Guten (Watzlawick, P., 1986) zu richten. «Wer das summum bonum will, setzt damit auch schon das summum malum» (Watzlawick, P., 1983, p. 4).

Lichtvoll Gütiges eines Schattens zu verdächtigen, zog allerdings seit je denselben Unwillen auf sich, wie im verfinstert Bösen einen Funken Helligkeit auszumachen. Beschreibung und Kritik, psychosoziale Analyse gar, von Nötigung, missionarischem Eifer, Liebestyrannei, caritativer Aufdringlichkeit, Polykratischer Opferbedürfnisse, kurz der «Gier nach Geben» (Lawrence, zit. nach Brandon, D. 1983) haben Philosophen der Antike bis hin zum Giftler Nietzsche den Ruf der Misanthropie und der Demoralisation eingetragen. Dennoch ist Selbstkritik im Sinne Watzlawicks unabdingbar (Mürner, Ch. / Schriber, Susanne, 1993).

Heilpädagogik organisiert sich als System absichtsvoll und programmatisch positiven Wirkens innerhalb von Behinderungszuständen entschieden um Begriff und Faktum des **Helfens.** Aus historischen (ausgeprägte Mitleidsethik im 18./19. Jahrhundert, vor allem in pädagogiknahen Feldern des deutschsprachigen Kulturraums), wie auch aus herkunftsmässigen (Caritas/Sozialmedizin) Gründen lag es nahe, dass das in dieser Zeit sich herausbildende Heilpädagogische Konzept «Hilfe» nicht nur als Faktum betrachtete, sondern gar zum Prinzip erhob. Sie untersteht damit dem Auxiliaren Paradoxon (Kapitel IV/2.1): Hilfe neigt sich hinab, um aufzurichten und markiert durch eben diese Bewegung die tiefere Position des Beholfenen. Hilfe wirkt peiorativ; sie kann, mitleidverbunden, schamlos beschämend sein.

«Helfen & Geben» sind gleichermassen wie «Liebe & Geduld», «Teamwork & Engagement» heilpädagogische «Schnapper»: Als solche bezeichne ich Assoziationen und Gestaltbildungen, archetypische Pictogramme auch, die sich reflexhaft einstellen, sowie nur ein Fragment von «Behindertsein» unsere Gegenwart touchiert: Das kann «Rollstuhl» sein (gefesselt an), «Möngi» (herzhaft lachend), «Flüchtling» (en route), «Heim» (Bett an Bett) u.a.m. – Derartige Schnapper setzen dann diesen Vorstellungen und Phantasien entsprechende Handlungsketten in Gang, die in der Regel zwar moralisch einwandfrei und unangreifbar sind, Abhängige hingegen in existentielle Bedrängnis bringen können.

Mittlerweile liegt allerdings ein umfangreiches, hauptsächlich kasuistisches, Schrifttum vor, das unter Stich- und Schlagwörtern wie «Hilflose Helfer», «Helfersyndrom», «Macht und Gefahr beim Helfer», «Erlernte Hilflosigkeit», «Burn-out», «Therapieschäden», «iatrogene und magisterogene Fehlentwicklungen» die Problematik unqualifizierten Helfens thematisiert. Insgesamt werden dabei zwar kaum Erfahrungen beigebracht, die nicht schon aus dem bis in die Antike zurückreichenden Diskurs «Vom Nutzen und Nachteil des Mitleids» (KRONAUER, U., 1990) bekannt sind. Bemerkenswert ist immerhin, dass das alte Thema über den Umweg einer (individualen) Pathologisierung überhaupt wieder interessant werden durfte. Wer sich krank geholfen hat oder einen Therapieschaden erlitt, als professionelle/r Helfer/in psychisch nicht mehr klarkommt, die Klientele tyrannisiert und sich an ihr schadlos hält, der/die offenbar eine Individualproblematik, die dann allerdings erneut systemimmanent (supervisorisch, therapeutisch und damit in zweiter Potenz «helfend») angegangen wird. Das System rettet sich/wird in dieser «Tendenz zur Individualisierung der Problematik» (KLEIBER, D. / ROMMELSPACHER, E., 1986, p. 8) gerettet, indem defekte Teile aus dem Verkehr gezogen und zur Reparatur durch Helfershelfer aufgedockt werden.

Aus jüngerer Zeit erst stammen sozialempirische Studien, welche nicht (nur) die Individual- und Wertproblematik, sondern die **strukturellen** Charakteristika altruistischen Verhaltens und dessen Entartungen zum Thema machen. Dazu gaben unterschiedliche Faktoren Anlass:

– Der Umstand, dass immaterielle (psychosoziale) Notzustände nicht oder nur sehr bedingt mit materiellen Mitteln und ensprechendem Cargo-Kult entspannt und auf Dauer behoben werden können

– Notzustände wurden im Zuge der Profanisierung (Kapitel V/8) zunehmend in einen immanenten Kausal- sowie in einen menschlich-sozialen Verantwortlichkeitszusammenhang gesetzt. Damit löste sich in weiten Kreisen die helfende Bedeutung des Trostes in Ausrichtung auf eine transzendentale (religiös bestimmte) Verheissung auf oder verschob sich in Situationen und Phasen, wo «nichts mehr zu machen» ist.

– Die Erfahrung, dass mangelhafte «fittings» (motivationaler, idealer, situativer, temporaler... Art) zwischen Helfern und Beholfenen sowie instrumentelle und funktionelle Inkompatibilitäten (die klimatischer, transporttechnischer... bis hin zu tätigkeitsritueller Art sein können), Hilfe selbst dort zunichte machen oder gar paradoxe Wirkungen zeitigen, wo sie, bemessen nach geläufigen Sinn-, Wert- und Zweckkategorien, als durchaus richtig gelten könnten. Beispiele grossen Massstabs sind aus sogenannter Entwicklungshilfe an Länder der sogenannten Dritten Welt bekannt, solche kleineren Ausmasses z.B. aus abgestürzten Schulversuchen, kleine aus dem heilpädagogischen Alltag, wo uneinsichtige Eltern und widerborstige Jugendliche die für sie nach einhelliger Expertenmeinung beste Lösung verschmähen und den gesamten pädagogisch-therapeutischen Hilfskonvoi des Fachteams in the middle of nowhere stehen lassen.

– Ferner die «Verwesentlichung», das heisst die Institutionalisierung von Erziehung, Bildung, Behindertenhilfe etc. zum Erziehungs-, Bildungs-, etc. Behinderten**wesen.** Es gehört zum Wesen derartiger «Wesen», dass sie sich zwar als Advokaturen verstehen und als solche zweifellos auch wirksam sind, dabei aber aufgrund eines nachhinkenden Bewusstseins oft aus dem Tritt geraten bezüglich der Entwicklungen in jenem Problemfeld, dem sie ursprünglich erwuchsen. Sie schweben in einer systemimmanenten Homöostase, zeigen eine dem Trägheitsgesetz folgende Sich-selbst-Erhaltungstendenz (WATZLAWICK,

P., 1988, p. 60; 125) und verlieren dabei an Bodenhaftung. Sie bewegen sich in einer selbstreflexiven Vorstellungswelt, die strecken- und phasenweise nur noch wenig Übereinstimmung aufweist mit den Erlebniswelten ihrer Mandanten/innen und deren Daseinsproblematik. «Manchmal drängt sich der Eindruck auf, dass die Hilfsorganisationen zunächst einmal denjenigen nützen, die in ihnen beschäftigt sind» (BIERHOFF, H.W., 1988, p. 241). – SCHNEIDER, H.D. (a.a.O., p. 16) macht ferner darauf aufmerksam, dass ein Hilfswesen das Wesen der Hilfe – verstanden als Anstoss zu eigenbestimmter neuer Gestaltbildung – zerstört, wenn es in systematisierter Totalpräsenz in Erscheinung tritt: Freunde und Laienhelfer (z.B.) ziehen sich vor der Professionalität zurück, wiewohl sie von Hilfesuchenden, zumal in psychosozialen Notlagen, oft bevorzugt würden.– Fügt sich das im einzelnen Richtige nicht synergetisch zu einem Ganzen, kann Hilfe nicht nur nutzlos, sondern schädlich sein.

– Ein weiteres Problem, das aus einer Lösung resultiert, bilden massenmedial klischierte Topoi des Gefühlsausdrucks und der helfenden Gebärde. – Insbesondere das Fernsehen zeigt nicht nur, was Behinderung ist, sein und bedeuten kann für Betroffene und Angehörige, sondern liefert darüber hinaus den moderierten Affekt und dessen Ausdrucksweise, die moralische und sozialpolitische Qualifikation, die Anklage und den Appell bis hin zur Entspannungsmöglichkeit via Spenden-Konto. Das Schema ist dabei völlig unabhängig vom Thema und dem Ort des Geschehens; wichtig ist die Performance (der exhibitionistisch/voyeuristische Schauwert) eines Leidens. Auch gutgemeinte Hilfe wird hier durch tausendfache Reproduktion in ähnlicher Weise verschliffen, wie DÜRERS «Hände» und DA VINCIS «Mona Lisa» durch die Rotationspresse.

Das Gute und Absichernde an diesen entfremdeten Hilfsaktionen ist die **Moralität.** Diese begründet sich zeitgeistgemäss darin, dass die Message a) ankommt und damit beweist, dass sie weitum sowohl captative als auch donatorische Bedürfnisse befriedigt und dass sie b) wirksam/funktional ist und belegen kann, dass sie Millionen zu bewegen vermag: Sowohl von Menschen wie auch von Spendengeldern. Das Schlechte an eben diesem Guten ist seine Behinderte als Gegenstand der permanenten Sorge konturierende **Existenz.** Wir befinden uns hier an jenem Punkt, wo es um die Frage geht: Wie moralisch ist Hilfe – wie hilfreich ist Moral? – Die «Pejoration» (BODENHEIMER, A., 2.A. 1992) nahm im Zusammenhang mit massenmedial weltweit angefachter Hilfe zwangsläufig **auch** gigantische Ausmasse an.

Hilfe ist ein homöostasierender Akt, der primär dem Helfer und – wenns stimmig ist – im weiteren dann auch dem Beholfenen Entspannung bringt.– Homöostase wird bewahrt in dynamischer Optimierung; Maximierung (auch des Guten und Wirkungsvollen) erzeugt Ungleichgewichte. Optimale Hilfe beteiligt sich an der Schaffung passender Wirklichkeit: Exemplarisch ins Bild gesetzt durch zwei Personen, die gemeinsam einen Schrank tragen, den sie je aus Gründen des Gewichts und des Volumens, der Kraftverteilung sowie der visuo-motorischen Koordination nicht in der Lage wären, allein zu transportieren.

Diese Optimalform ist in der vorgenannten Rückbiegung auf das Subjekt anzustreben durch Selbstbegrenzung, Selbstbe- und -verantwortung sowie durch die Konstituierung einer **gemeinsamen** Welt von Helfern und Beholfenen (WARTENWEILER, D., 1989):

Sozialarbeiter und desgleichen Heilpädagogen hätten sich vorab mit ihren **Vorstellungen** über Notzustände, die sie zu wenden trachten, zu befassen. Diese sind es – und weder die objektiven Sachverhalte noch die Erlebnisweisen der Beholfenen – welche ihre Massnahmen quantitativ und qualitativ, räumlich, zeitlich etc. auslösen und steuern.

Dieselbe Handlung erhält eine andere Bedeutung je nach dem Muster, nach welchem sie abläuft. Es ist nicht die Handlung als solche, sondern die «Script» (d.h. die Summe der Erwartungen und Bedeutungen über eine Ereignissequenz), welche bedeutungsverleihend ist.

BIERHOFF, H.W. (a.a.O.) unterscheidet vier «Modelle der Hilfeleistung» (p. 242 ff.):

- **Medizinisches** Modell: Der Patient ist weder für das Problem noch für dessen Lösung verantwortlich
- **Moralisches** Modell: Der Bürger ist für das Problem und dessen Lösung weitgehend selber verantwortlich (oder muss sich die geeignete Hilfe selber organisieren)
- **Aufklärungs**modell: Die Verantwortung für das Problem liegt (tendenziell) beim Klienten (schicksalshaft auch beim «Sünder»), jene für die Lösung/Erlösung übernehmen die (Heils-)Kundigen, die Wissenden/Erfahrenen
- **Kompensatorisches** Modell: Die Verantwortung für das Problem liegt «in den Umständen», jene für die Lösung beim Klienten.

Was Begründungskonzepte des Helfens anbetrifft, lassen sich in Anlehnung an SCHNEIDER, H.D. (in: BIERHOFF, H.W. / MONTADA, L., 1988, p. 9 ff) folgende Bezugspunkte unterscheiden:

- **Verantwortlichkeit:** (gegenüber übergeordnetem Gesetz: «Der Starke hilft dem Schwachen!»)
- **Gegenseitigkeit** («Wie du mir, so ich Dir!»)
- **Austausch** (Bedürfnisbefriedigung: «Gibst Du mir die Wurst, lösch ich Dir den Durst!»)
- **Gleichheit** (Befriedigung durch gleichmässige Verteilung: «Jedem dasselbe!»)
- **Gerechtigkeit** (Hilfe als Beitrag zu universaler/kosmischer Gerechtigkeit: «Jedem das Seine!»)
- **Nützlichkeit** (Hilfe zum Eigennutz: «Helfen hilft mir selbst!»)

Die **pädagogische** Problematik des Prinzips Hilfe[4] – zumal gegenüber einer Mitleids-Ethik ausgesetzten behinderten Kindern – besteht strukturell (und damit auch unabhängig von Ziel, Inhalt und Methode) darin, dass es sich um eine asymmetrische Interaktion handelt («Problem der asymmetrischen Kontingenzen», nach BIERHOFF, H.W., a.a.O., p. 228). Derartige Asymmetrien tendieren systemimmanent zwar dazu, sich kompensatorisch einzumitteln. Ein Kind ist allerdings nur selten in der Lage, «Rückzahlungsmöglichkeiten» (a.a.O.) bewusst zu erleben, auch wenn es de facto darüber verfügt. Gelingen derartige Ausgleichungen langfristig nicht, so können abrupt-aggressive Befreiungsversuche, von Helfern als Undankbarkeit beklagt, die Folge sein. Donatorisch Bedrängte müssen sich **psycho**-logischerweise manchmal durch Diebstahl und Verschwendung Luft verschaffen und Gefütterte die stopfende Hand beissen. Dem Wehrlosen freilich drohen symbiotische Abhängigkeit und Identitätsverlust.

In einer Matrix (Schema 62) zeigt BIERHOFF, H.W., (1988, p. 243), dass die Feststellung, wer für das Problem und wer für dessen Lösung als verantwortlich gilt, für das Muster der Hilfeleistung wesentlich ist.

Eine Milderung des Auxiliaren Paradoxon sieht BIERHOFF, H.W. (a.a.O.) in der «Verantwortungsverdoppelung» (p. 249): Als Helfer übernehme ich die Verantwortung dafür, alles daran zu setzen, dass der Beholfene die Eigenverantwortung für die Lösung übernehmen kann. Heilpädagogik hat sich jedenfalls heillos davor zu hüten, Menschen zu gelernten Hilfeempfängern zu machen, indem sie ein System unterstützt, in welchem exzessiv donatorische Bedürfnisse von Helfern sich zirkulär verbinden mit ebensolchen captativen Bedürfnissen der Beholfenen. NIETZSCHES Verdacht, dass sich

---

4 Am klarsten herausgestellt in der Pädagogik von MARIA MONTESSORI (1870–1952), in welcher das Prinzip: «Hilf mir, es selbst zu tun!» einen zentralen Platz einnimmt

	Verantwortung für die Lösung des Problems			
	Hoch		Niedrig	
Verantwortung für die Entstehung des Problems	Hoch	Niedrig	Hoch	Niedrig
Modell	Moralisches	Kompensatorisches	Aufklärungs	Medizinisches
Grundlegender Prozess	Leistung erbringen	Fairness herstellen	Kontrollverlust erleiden	Reparatur durchführen
Selbst-wahrnehmung	«Versager»	depriviert	schuldig	krank
Erwartete Handlung von Selbst	Sich durchsetzen	Sich durchsetzen	Annehmen	Annehmen
Pathologie	Egozentrismus	Egozentrismus	Abhängigkeit	Abhängigkeit
Handlungen, die von anderen erwartet werden	Ermahnungen zum Guten	Mobilisierung der eigenen Kräfte	Anweisungen und Befehle	Anweisungen und Befehle
Implizites Menschenbild	stark	gut	schlecht	schwach
Typisierung	«Einzelkämpfer»	Interessen-vertreter	Fanatiker	Kranker
Beispiel	Leistungs-gesellschaft	Frauengruppe	Splittergruppen	Medizin

Schema 62: Modelle des Helfens

unter den rührig Wohltätigen «physiologisch Gehemmte» befänden,[5] die sich schadlos halten an Schwächeren sowie Umkehrverhältnisse, in denen der Therapeut am Patienten zu genesen hofft oder der Helfer zum Alptraum für den Beholfenen wird (BRANDON, D., 1983) sind von dauernder Aktualität. Desgleichen karikiert eine Person, die ihre Behinderung zu Beruf und Berufung macht, nicht minder das soziale System wie der professionelle Patient das medizinale.

5 NIETZSCHE, F. Genealogie der Moral

432

Keine (End-)Lösung zwar, jedoch eine Umgangsweise mit Misslichem sehe ich auch hier in einer «Ethik der Optima» (Berman, M., 1985, p. 283): Der Weg von einem heilpädagogisch beliebten (Zweck-) Optimismus zu einem (Wert-) Optimalismus, der Imperfektheiten da aushält und gelegentlich sogar verteidigt, wo es um den Schutz des übergeordneten Ganzen geht (Kapitel VII/1), ist durch seine Nähe zu Opportunismus, Indolenz und Fatalismus zwar äusserst schmal und glitschig – doch welcher «Tugendpfad» wäre das nicht? – kann jedoch das Seinsgute des Lebens bewahren helfen auch dann, wenn es, menschlicher Einschätzung gemäss, unvollkommen ist.

Hilfe sollte, um den pejorativen Anstrich zu minimalisieren, von Behinderten soweit als möglich selbst angefordert, geholt, erbeten werden. Sind Behinderte die definitorische Instanz für das, was (für sie) das Problem ist und Hilfe wäre, so beinhaltet dies zwar nicht automatisch Einvernehmlichkeit punkto Lösungsweg, aber immerhin einen partnerschaftlichen Ausgangspunkt hiefür. Aufgenötigte und inadäquate Hilfen werden hingegen, ebenso wie liberalistisch gemeinte Emanzipationsdrängelei, als lästig erfahren. Und so, wie Freiheit auch jene zur Bindung umfasst, gehören auch unterlassene und verweigerte Hilfe zur Helfenden Beziehung.

Erzieher haben sich in aller Bescheidenheit ausserordentlich wichtig zu nehmen und insbesondere Heilerziehern sollte es gelingen, die Problematik des behinderten Kindes so weit zu integrieren, dass sie sie auch als eigene erkennen:

«Erst wenn der Mitleidende in seinem Mitleid sich so zu dem Leidenden verhält, dass er im strengsten Sinne begreift, dass es seine Sache ist, um die es hier geht, erst wenn er sich so mit dem Leidenden zu identifizieren weiss, dass er, indem er um seine Erklärung kämpft, **für sich selber kämpft,** aller Gedankenlosigkeit, Weichheit und Feigheit entsagend, erst dann bekommt das Mitleid Bedeutung, und erst dann findet es vielleicht Sinn, dass der Mitleidende von dem Leidenden darin verschieden ist, dass er in einer höheren Form leidet» (Kierkegaard, S., 1971, p. 303).

Personenregister

Sachregister

439

Literatur

AMENDT, P. (Hrsg.) [1968], Kinderkreuzzug (Hamburg)

ANANJEW, B.G. [1969; 1974], Der Mensch als Gegenstand der Erkenntnis (Berlin)

ANSTÖTZ, Ch. [1990], Ethik und Behinderung (Berlin)

ANTES, P. et al. [1984], Ethik in nichtchristlichen Kulturen (Stuttgart)

ARNIM v., G. et al. (Hrsg.) [1974] Zum Heilpädagogischen Kurs Rudolf Steiners (Stuttgart)

ARNIM v., G. et al. (Hrsg.) [2.A. 1981] Beiträge zur heilpädagogischen Methodik (Stuttgart)

AUGSBURGER, W. et al. [1977] Rehabilitation. Praxis und Forschung (Berlin)

AUTORENKOLLEKTIV [1977a], Bildungs- und Erziehungsprogramm für rehabilitationspädagogische Förderungseinrichtungen des Gesundheits- und Sozialwesen der DDR (DDR-Berlin)

AUTORENKOLLEKTIV [1977b], Grundlagen der Bildung und Erziehung anomaler Kinder (DDR-Berlin)

BACH, H. (Hrsg.) [13.A. 1989], Sonderpädagogik im Grundriss

BACHMANN, W. [1985], Das unselige Erbe des Christentums. Die Wechselbälge: zur Geschichte der Heilpädagogik (Giessen)

BALLAUF, TH. [1962], Die pädagogische Unzulänglichkeit biologischer Anthropologie (Essen)

BASAGLIA, F. [1973], Die negierte Institution (Frankfurt/M.)

BASAGLIA, F. (Hrsg.) [1974], Was ist Psychiatrie? (Frankfurt/M.)

BATESON, G. [1982], Geist und Natur (Frankfurt/M.)

BATESON, G. [1981; 2.A. 1988], Oekologie des Geistes (Frankfurt/M.)

BAUDISCH, W. et al. [2.A. 1984], Korrektiverziehung in der Hilfsschule (DDR-Berlin)

BECKER, K.-P. et al. [1971], Welches Kind muss sonderpädagogisch betreut werden? (DDR-Berlin)

BECKER, K.-P. [1972], Rehabilitationspädagogik im Sozialismus. Ein Beitrag zur theoretischen Klärung von weltanschaulich-ideologischen Grundproblemen. (in: Wissenschaftl. ZS der Humboldt-Universität zu Berlin / Heft 1)

BECKER, K.-P. et al. [2.A. 1984], Rehabilitationspädagogik (DDR-Berlin)

BENNER, D. [1973 f.], Hauptströmungen der Erziehungswissenschaft (München)

BERMAN, M. [1981/85], Wiederverzauberung der Welt (Hamburg)

BERNFELD, S. [1925; 1967], Sisyphos oder die Grenzen der Erziehung (Frankfurt/M.)

BESCHEL, E. [3.A. 1965], Der Eigencharakter der Hilfsschule (Weinheim)

443

BIERHOFF, H.W. / MONTADA, L. [1988] Altruismus (Göttingen)

BIERHOFF, H.W. [1990] Psychologie hilfreichen Verhaltens (Stuttgart)

BILSKI, W. [1989] Angewandte Altruismusforschung (Bern)

BINSWANGER, L. [1953], Grundformen und Erkenntnis menschlichen Daseins (Zürich)

BLACKERT, P. [1983], Erziehen aus Verantwortung: Grundlagen der Heilpädagogik Paul Moors (Berlin)

BLANKE, INGRID [1984], Erziehung und Sittlichkeit (Wassenberg)

BLANKE, INGRID / BUCHKREMER, H.J. (Hrsg.) [1986] Umwelt und Schule (Frankfurt/M.)

BLATT, B. / KAPLAN,F. [1974] Christmas in Purgatory (New York)

BLATT, B. [1976], Revolt of the Idiots: A Story (Glen Ridge/N.Y.)

BLEIDICK, U. [5.A. 1984], Pädagogik der Behinderten (Berlin)

BLOCH, E. [1948/1971], Paedagogica (Frankfurt/M.)

BODENHEIMER, A.R. [1992] Verstehen heisst antworten (Ditzingen)

BOESCH, E.E. [1971], Zwischen zwei Wirklichkeiten. Prolegomena zu einer ökologischen Psychologie. (Bern)

BOLLNOW, O.F. [1955], Existenzphilosophie (Stuttgart)

BOLLNOW, O.F. [1959)a], Existenzphilosophie und Pädagogik (München)

BOLLNOW, O.F. [1959)b], Wesen und Wandel der Tugenden (Frankfurt/M.)

BOLLNOW, O.F. [1962)a], Mass und Vermessenheit des Menschen (Göttingen)

BOLLNOW, O.F. et al. [1962)b], Der Mensch in Theologie und Pädagogik (Heidelberg)

BOLLNOW, O.F. [1964], Die pädagogische Atmosphäre (Heidelberg)

BOLLNOW, O.F. [1966], Krise und neuer Anfang (Heidelberg)

BOLLNOW, O.F. [3.A. 1983], Anthropologische Pädagogik (Bern/Stuttgart)

BONDERER, E. (Hrsg.) [1981], Schweizer Beiträge zur Integration Behinderter (Luzern)

BRACK, U.B. [1986], Frühdiagnostik und Frühtherapie (München; Weinheim)

BRANDON, D. [1983], Zen in der Kunst des Helfens (München)

BRIGGS, J. / PEAT, F.D. [1990], Die Entdeckung des Chaos (München; Wien)

BRUSTEN, M. / HOHMEIER, J. (Hrsg.) [1975] Stigmatisierung Bde. 1 + 2 (Köln)

BUBER, M. [1958], Schuld und Schuldgefühle (Heidelberg)

BUBER, M. [1960)a], Reden über Erziehung (Heidelberg)

BUBER, M. [1960)b], Urdistanz und Beziehung (Heidelberg)

BUBER, M. [1962], Das Dialogische Prinzip (Heidelberg)

BUBER, M. [1971], Das Problem des Menschen (Heidelberg)

BUNDSCHUH, K. [2.A. 1984], Einführung in die sonderpädagogische Diagnostik (München/Basel)

BUNDSCHUH, K. [1992] Heilpädagogische Psychologie (München)

BÜRLI, A. (Hrsg.) [1977], Sonderpädagogische Theoriebildung/Vergleichende Sonderpädagogik (Luzern)

CALLAHAN, J. [1992], Don't worry. Weglaufen geht nicht (Frankfurt/M)

CAMUS, A. [1964], Der Mythos von Sisyphos (Hamburg)

CAMUS, A. [1979], Die Verteidigung der Freiheit (Hamburg)

CANETTI, E. [1960], Masse und Macht, Bd. I und II (München)

CHMELIK, P. [1978], Armenerziehungs- und Rettungsanstalten (Zürich)

CHRISTOPH, F. / MÜRNER, CH. [1990], Der Gesundheits-Fetisch: über Inhumanes in der Oekologiebewegung (Heidelberg)

CIOMPI, L. [1982], Affektlogik (Stuttgart)

CIOMPI, L. [1988], Aussenwelt-Innenwelt (Göttingen)

CLAUSEWITZ v. C. [1832; 1980] Vom Kriege (Stuttgart)

COMBS, A. et al. [1975], Die Helfenden Berufe (Augsburg)

COMENIUS, J.A. [1982], Grosse Didaktik (Stuttgart)

COOPER, D. [1971], Psychiatrie und Antipsychiatrie (Frankfurt/M.)

COOPER, D. [1977], Von der Notwendigkeit der Freiheit (Frankfurt/M.)

COOPER, D. / LAING, R.D. [1973], Vernunft und Gewalt (Frankfurt/M.)

DANNER, H. [2.A. 1989], Methoden geisteswissenschaftlicher Pädagogik (München/Basel)

DATLER, W. (Hrsg.) [1984], Interdisziplinäre Aspekte der Sonder- und Heilpädagogik (Basel/München)

DEFOE, D. [1697], An Essay on Projects. [dtsch. 1890; 1975] Ueber Projektemacherei (Wiesbaden)

DENZLER, A. [1925], Jugendfürsorge in der alten Eidgenossenschaft. Ihre Entwicklung in den Kantonen Zürich, Freiburg, St. Gallen und Genf bis 1798. (Zürich)

DEVEREUX, G. [1974], Normal und Anormal (Frankfurt/M.)

DICKOPP, K.-H. [1983], Lehrbuch der systematischen Pädagogik (Düsseldorf)

DISCHNER, GISELA [3.A. 1980], Ein Gegenbild zum «Eindimensionalen Menschen» (in: HÄSING, HELGA et al., Narziss: Ein neuer Sozialisationstypus? (Bensheim)

DITTLI, DANIELA / STURNY, G. [1991], Besondere Schulung im Bildungssytem der Schweiz (Luzern)

DÖRNER, D. [1989] Die Logik des Misslingens (Hamburg)

DUERR, H.P. [1981], Der Wissenschaftler und das Irrationale, Bd. I + II (Frankfurt/M.)

DUERR, H.P. [1978; 3.A. 1979], Traumzeit. Ueber die Grenze zwischen Wildnis und Zivilisation (Frankfurt/M.)

DURKHEIM, E. [1973], Le Suizide (1902); Der Selbstmord (Berlin)

DURSCH, G.M. [1853], Hitopadesas oder heilsame Unterweisung, Bd. 1 + 2 (Tübingen)

EBERWEIN, H. (Hrsg.) [1987], Fremdverstehen sozialer Randgruppen (Berlin)

EBERWEIN, H. (Hrsg.) [2.A. 1990), Behinderte und Nichtbehinderte lernen gemeinsam. Handbuch der Integrationspädagogik (Weinheim)

EHRHARDT, H. [1965], Euthanasie und Vernichtung «lebensunwerten» Lebens (Stuttgart)

ELIAS, N. [l989], Ueber den Prozess der Zivilisation, Bd. 1 + 2 (Frankfurt/M.)

ENZYKLOPÄDISCHES Handbuch der Sonderpädagogik, Bd. I–III [1969 ff.] (Berlin)

ERFAHRUNGEN, [1970] 14 Autoren zum Thema «Der Behinderte und seine Umwelt» (Bern)

ERTLE, CH. / MÖCKEL, A. [1981], Fälle und Unfälle der Erziehung (Stuttgart)

FANDREY, W. [1990], Krüppel, Idioten, Irre (Stuttgart)

FEIL, H.-D. [1974], Erziehungswissenschaft zwischen Empirie und Normativität (Stuttgart)

FERTIG, L. (1984], Zeitgeist und Erziehungskunst: eine Einführung in die Kulturgeschichte der Erziehung in Deutschland von 1600 bis 1900 (Darmstadt)

v. FEUCHTERSLEBEN, E. [1838; 1879], Zur Diätetik der Seele (Leipzig)

FEYERABEND, P. [1977], Wider den Methodenzwang (Frankfurt/M.)

FEYERABEND, P. [1980], Erkenntnis für freie Menschen (Frankfurt/M.)

445

FLITNER, W. [1963], Das Selbstverständnis der Erziehungswissenschaft in der Gegenwart (Heidelberg)

FORNEFELD, BARBARA [1989], «Elementare Beziehung» und Selbstverwirklichung geistig Schwerstbehinderter in sozialer Integration (Aachen)

FOUCET, CH. [1978], Euthanasie und Vernichtung «lebensunwerten» Lebens unter Berücksichtigung des behinderten Menschen (Oberbiel)

FOUCAULT, M. [1963; 1991] Die Geburt der Klinik (Frankfurt/M.)

FOUDRAINE, J. [1976], Wer ist aus Holz? (München)

FROMM, E. [1954], Psychoanalyse und Ethik (Konstanz)

FROMM, E. [1966], Die Furcht vor der Freiheit (Frankfurt)

GAUCH, S. [2.A. 1986], Besondere Erziehung (Mainz)

GEORGENS, J.D. / DEINHARDT, H. [1861; 1979], Die Heilpädagogik mit besonderer Berücksichtigung der Idiotie und der Idiotenanstalten (Leipzig/Giessen)

GERBER, GISELA (Hrsg.) [1987], Universitäre Sonder- und Heilpädagogik (München; Basel)

GERNER, B. (Hrsg.) [1965], Personale Erziehung (Darmstadt)

GERSPACH, M. [1981] Kritische Heilpädagogik (Frankfurt)

GLAESER, F. [1963], Existenzielle Erziehung (München)

GLUCKSMANN, A. [1985; 1990], Die Macht der Dummheit (Frankfurt/M.)

GOFFMAN, E. [1974; 1980], Rahmenanalyse (Frankfurt/M.)

GOFFMAN, E. [1973], Asyle (Frankfurt/M.)

GOFFMAN, E. [1975], Stigma (Frankfurt/M.)

GROEBEN, N. et al. [1988], Das Forschungsprogramm Subjektive Theorien (Tübingen)

GROSS, H. [1967], Zur Rehabilitation behinderter Kinder und Jugendlicher (Frankfurt/M.)

GROSSMANN, E.M. [1967], Die Problematik des Dazwischenstehens (München)

GROSSMANN, G. (Hrsg.) [1990], Beiträge zur Erziehung geschädigter Kinder (Halle/S.)

GÜNTHER, K.-H. [3.A. 1989], Das Bildungswesen der Deutschen Demokratischen Republik (DDR-Berlin)

GUGGENBÜHL-CRAIG, A. [4.A. 1983], Macht als Gefahr beim Helfer (Basel)

GUMIN, H. / MEIER, H. (Hrsg.) [1992], Einführung in den Konstruktivismus (München)

HABERMAS, J. [7.A. 1974], Technik und Wissenschaft als «Ideologie» (Frankfurt/M.)

HABERMAS, J. [4.A. 1977], Zur Logik der Sozialwissenschaften (Frankfurt/M.)

HAEBERLIN, U. [1985], Das Menschenbild für die Heilpädagogik (Bern)

HAGMANN, Th. [1990], Systemisches Denken und die Heilpädagogik (Luzern)

HAHN, M. [1981], Behinderung als soziale Abhängigkeit (München)

HAMMER, G. [1979], Die Begründung der Erziehungsziele (Freiburg i.Br.)

HANDBUCH der Sonderpädagogik, [1979 ff.] Bde. I–XI (Berlin)

HANSELMANN, H. [1941], Grundlinien zu einer Theorie der Sondererziehung (Zürich)

HANSELMANN, H. [1930; 4.A. 1953), Einführung in die Heilpädagogik (Zürich)

HEITGER, M. [1969], Erziehung und Manipulation (München)

HENGSTENBERG, H.E. [1966], Zur Anthropologie des geistig und körperlich behinderten Kindes und Jugendlichen (in: Bundesausschuss für gesundheitliche Volksbelehrung, Hilfe für das behinderte Kind (Stuttgart)

HENSLE, U. [4.A. 1988], Einführung in die Arbeit mit Behinderten (Heidelberg)

HIERDEIS, H. [1973], Sozialistische Pädagogik im 19. und 20. Jahrhundert (Bad Heilbronn/OOB.)

HOFFMANN-AXTHELM, D. [1987], Sinnesarbeit: Nachdenken über Wahrnehmung (Frankfurt/M.)

HOFSTADTER, D.R. [1979/2.A. 1985), Gödel, Escher, Bach. Ein Endloses Geflochtenes Band (Stuttgart)

HOLZINGER, F. [2.A. l984], Sonderpädagogik (Wien)

HOMFELDT, H.G. [1974], Stigma und Schule (Düsseldorf)

HÜBNER, P. (Hrsg.) [1964], Information (Hamburg)

HURRELMANN, K. / ULICH, D. (Hrsg.) [2.A. 1982], Handbuch der Sozialisations-forschung (Weinheim, Basel)

HUSCHKE, R. [1990], Systemische Pädagogik (Köln)

ILLICH, I. [1975], Die Enteignung der Gesundheit (Hamburg)

ILLICH, I. [1978], Fortschrittsmythen (Hamburg)

JANTZEN, W. [1982], Sozialgeschichte des Behindertenbetreuungswesens (München)

JANTZEN, W. [1987/1990], Allgemeine Behindertenpädagogik: ein Lehrbuch Band I + II (Weinheim; Basel)

JARVIS, G. [3.A. 1978], Kritisches Handbuch der Psychiatrie (Frankfurt/M.)

JONAS, H. [1979/1984], Das Prinzip Verantwortung (Frankfurt/M.)

KECKEISEN, W. [1974], Die gesellschaftliche Definition abweichenden Verhaltens (München)

KEUPP, H. [1972)a], Psychische Störungen als abweichendes Verhalten (München)

KEUPP, H. (Hrsg.) [1972)b], Der Krankheitsmythos in der Psychopathologie (Berlin)

KEUPP, H. [1979], Normalität und Abweichung (München)

KIERKEGAARD, S. [1971], Werke, Bde. I + II (Düsseldorf)

KIRK, S.A. [1962; 1971], Lehrbuch der Sondererziehung (Berlin)

KLEE, E. [1974], Behindertsein ist schön (Düsseldorf)

KLEE, E. [1978], Psychiatrie-Report (Frankfurt/M.)

KLEE, E. [1980], Behindert (Frankfurt/M.)

KLEIBER, D. et al. (Hrsg.) [1986], Die Zukunft des Helfens (Weinheim; München)

KLINK, J.G. (Hrsg.) [1966], Zur Geschichte der Sonderschule (Heilbronn)

KOBI, E.E. [1966], Die Erziehung zum Einzelnen (Frauenfeld)

KOBI, E.E. [2.A. 1976], Psychomotorische Unruhe im Kindesalter (Bern)

KOBI, E.E. / NÜESCH, MARLIES / SCHREYVOGEL, KATHRIN. [1979)a], Kinder zwischen Medizin und Pädagogik (Luzern)

KOBI, E.E. [1979)b], Heilpädagogik als Herausforderung (Luzern)

KOBI, E.E. [1980)a], Das schwer geistig behinderte Kind aus heilpädagogischer Sicht (in: HAGMANN, Th. (Hrsg.), Beiträge zur Pädagogik Geistigbehinderter (Luzern)

KOBI, E.E. [2.A. 1980)b], Die Rehabilitation der Lernbehinderten (München/Basel)

KOBI, E.E. [4.A. 1982], Heilpädagogik im Abriss (Liestal)

KOBI, E.E., BÜRLI, A., BROCH, E. (Hrsg.) [1984], Zum Verhältnis von Pädagogik und Sonderpädagogik: Referate der 20. Arbeitstagung der Dozenten für Sonderpädago-gik in deutschsprachigen Ländern (Luzern)

KOBI, E.E. [1985], Personorientierte Modelle der Heilpädagogik in: Handbuch der Sonderpädagogik, Bd. 1 (Berlin)

KOBI, E.E. [1986], Das schwerstbehinderte Kind: Grenzmarke zwischen einer persönlichkeitsorientierten Pädagogik des Bewerkstelligens und einer personorientierten Pädagogik gemeinsamer Daseinsgestaltung (in: THALHAMMER, M. (Hrsg.): Gefährdung des behinderten Menschen im Zugriff von Wissenschaft und Praxis (München/Basel)

KOBI, E.E. [1987], Überlegungen zu einer holistisch-subjektorientierten Beziehungswissenschaft. Dargestellt am Beispiel der Heilpädagogik (in: EBERWEIN, H. (Hrsg.): Fremdverstehen sozialer Randgruppen (Berlin)

KOBI, E.E. [1988)a], Heilpädagogik von gestern – heute? (in: Jahrbuch zur Schweizer Heilpädagogik (Luzern)

KOBI, E.E. [1988)b], Heilpädagogik: wodurch, wozu und wie? (in: BLICKENSTORFER, J. et al. (Hrsg.): Ethik in der Sonderpädagogik (Berlin)

KOBI, E.E. [1988)c], Heilpädagogische Daseinsgestaltung (Luzern)

KOBI, E.E. [1989], Defiziente und defizitäre Wissenschaftlichkeit. Zum Beispiel einer Behinderten Pädagogik (in: Offene Sonderpädagogik. Innovationen in sonderpädagogischer Theorie und Praxis (Frankfurt/M.)

KOBI, E.E. [1990)a], Kontinuität integrativer Erziehung im Bildungswesen (in: Staatsinstitut für Frühdiagnostik und Familienforschung/München (Hrsg.): Handbuch der integrativen Erziehung behinderter und nichtbehinderter Kinder (München)

KOBI, E.E. [1990)b], Aussichten einer zukünftigen Heilpädagogik aufgrund gegenwärtiger Einsichten und Absichten (in: RAEMY, D. et al. (Hrsg.) Heilpädagogik im Wandel der Zeit (Luzern)

KOBI, E.E. [2.A. 1990)c], Was bedeutet Integration? – Analyse eines Begriffs (in: EBERWEIN, H. (Hrsg.): Handbuch der Integrationspädagogik (Weinheim)

KOBI, E.E. [2.A. 1990)d], Diagnostik in der heilpädagogischen Arbeit (Luzern)

KOBI, E.E. [1991)a], Vom Grenznutzen des Utilitarismus und den Nutzungsgrenzen des Inutilen (in: MÜRNER, Ch. (Hrsg.), Ethik-Genetik-Behinderung (Luzern)

KOBI, E.E. [1991)b], Behinderte Kinder (in: BATTEGAY, R. / RAUCHFLEISCH, U. (Hrsg.) Das Kind in seiner Welt (Göttingen)

KOBI, E. E. [1990/1991)c], Erziehung zwischen Hoffnung und Erwartung. In: Berufsverband der Heilpädagogen (Hrsg.) Bekenntnisse zum Leben (Büdelsdorf BRD)

KOBI, E.E. [1992], Behindertsein aus heutiger Zeit (in: HAUPT, URSULA / KRAWITZ, R. (Hrsg.) Anstösse zu neuem Denken in der Sonderpädagogik (Pfaffenweiler)

KOBI, E.E. [1993], Vom unbeholfenen Helfen (in MÜRNER, CH. / SCHRIBER, SUSANNE (Hrsg.) Selbstkritik der Sonderpädagogik (Luzern)

KÖNIG, K. [2.A. 1978], Sinnesentwicklung und Leiberfahrung (Stuttgart)

KOLAKOWSKI, L. [1967], Traktat über die Sterblichkeit der Vernunft (München)

KOLAKOWSKI, L. [1971], Die Philosophie des Positivismus (München)

KORCZAK, J. [2.A. 1969], Wie man ein Kind lieben soll (Göttingen)

KOTY, J. [1933], Die Behandlung der Kranken bei den Naturvölkern (Stuttgart)

KRAUS, K. [1968], Sittlichkeit und Kriminalität (Frankfurt/M.)

KRAWITZ, R. [1992], Pädagogik statt Therapie (Bad Heilbronn)

KRONAUER, U. [1990], Vom Nutzen und Nachteil des Mitleids (Frankfurt/M.)

KRUMREY, H.-V. [1984], Entwicklungsstrukturen von Verhaltensstandarden: eine soziologische Prozessanalyse auf der Grundlage deutscher Anstands- und Manierenbücher von 1870–1970 (Frankfurt/M.)

KRUSE, L. / GRAUMANN, C.-F. / LANTERMANN, D. (Hrsg.) [1990], Oekologische Psychologie: ein Handbuch in Schlüsselbegriffen (München)

LAING, R. D. [1969; 1979], Die Politik der Familie (Hamburg)

LAING, R.D. et al. [3.A. 1976)a], Interpersonelle Wahrnehmung (Frankfurt/M.)

LAING, R.D. [1976)b], Das geteilte Selbst (Hamburg)

LAING, R.D. [9.A. 1977], Phänomenologie der Erfahrung (Frankfurt/M.)

LAING, R.D. [1980], Knoten (Hamburg)

LAKO (Hrsg.) [1987], Handbuch Sozialwesen Schweiz (Zürich)

LANGEVELD, M.J. [1964], Studien zur Anthropologie des Kindes (Tübingen)

LEBER, A. (Hrsg.) [1980], Heilpädagogik (Darmstadt)

LENK, H. [1971], Neue Aspekte der Wissenschaftstheorie (Braunschweig)

LENZEN, D. (Hrsg.) [1980], Pädagogik und Alltag (Stuttgart)

LEONGARD, E.I. et al. [1977], Welches Kind gehört in Spezielle Vorschuleinrichtungen? (DDR-Berlin)

LESEMANN, G. [2.A. 1963], Lebendige Krücken. Geistesstützen und Erziehungshilfen für Schwache an Geist (Berlin)

LINKE, W. [1966] Aussage und Deutung in der Pädagogik (Heidelberg)

LIPPROSS, O. [1971], Medizin und Heilerfolg (Frankfurt/M.)

LÖHMER, CORNELIA. [1989], Die Welt der Kinder im fünfzehnten Jahrhundert (Weinheim)

LOEWISCH, D.J. [1969], Pädagogisches Heilen (München)

LOUX, F. [1980], Das Kind und sein Körper in der Volksmedizin (Stuttgart)

MAKARENKO, A.S. [1959ff.], Werke Bde. I–VIII (DDR-Berlin)

MANNONI, MAUD [1973], Der Psychiater, sein Patient und die Psychoanalyse (Olten)

MARBACHER, PIA [1991] Bewegen und Malen (Dortmund)

MARCEL, G. [1964], Philosophie der Hoffnung (München)

MARCUSE, H. [1967], Der eindimensionale Mensch (Neuwied)

MÄRZ, F. [1963], Erzieherische Existenz (München)

MÄRZ, F. [1965], Einführung in die Pädagogik (München)

MATURANA, H.R. / VARELA, F.J. [1984; 3.A. 1987] Der Baum der Erkenntnis

MEHRINGER, H. [1976], Eine kleine Heilpädagogik (München)

MEINERTZ, F.I. / KAUSEN, R. / KLEIN, F. [8.A. 1992], Heilpädagogik: eine Einführung in pädagogisches Sehen und Verstehen (Bad Heilbrunn)

MENKE, A. [1964], Das Gegenstandsverständnis personaler Pädagogik (Wiesbaden)

MERKENS, LUISE [1988] Einführung in die historische Entwicklung der Heilpädagogik in Deutschland unter integrativen Aspekten (Dortmund)

MESCHENDORFER, ANITA [1991], Bürgerliche Kindheit im Deutschland des 18. Jahrhunderts (Frankfurt/M.)

MEYER, R. [1979], Der Kulturimpuls der anthroposophischen Heilpädagogik (Bingenheim)

MITSCHERLICH, M. [1960], Medizin ohne Menschlichkeit (Frankfurt/M.)

MÖCKEL, A. [1988], Geschichte der Heilpädagogik (Stuttgart)

MOGEL, H. [1984], Oekopsychologie: eine Einführung (Stuttgart)

MOLLENHAUER, K. [1972], Theorien zum Erziehungsprozess (München)

MOLLENHAUER, K. [1973], Bewertung und Kontrolle abweichenden Verhaltens (in: Offensive Sozialpädagogik, Göttingen)

MOOR, P. [2.A. 1960), Heilpädagogische Psychologie, Bde. I + II (Bern)

MOOR, P. [1961], Gehorchen und Dienen (Zürich)

MOOR, P. [1965 f.], Heilpädagogik (Bern)

MOOR, P. [1971], Selbsterziehung (Bern)

MOOR, P. [1981] Reifen, Glauben, Wagen (Zürich)

MÜLLER, M. [1991] Denkansätze in der Heilpädagogik (Heidelberg)

MÜRNER, CH. [1982], Normalität und Behinderung (Weinheim)

MÜRNER, CH. [1989], Die Normalität der Kunst. Das Bild, das wir Normalen uns von Behinderten machen (Köln)

MÜRNER, CH. [1990], Behinderung als Metapher: Pädagogik und Psychologie zwischen Wissenschaft und Kunst am Beispiel von Behinderten in der Literatur (Bern)

MÜRNER, CH. (Hrsg.) [1991], Ethik, Genetik, Behinderung (Luzern)

MÜRNER, CH. / SCHRIBER, SUSANNE (Hrsg.) [1993] Selbstkritik der Sonderpädagogik (Luzern)

MUTH, J. (Hrsg.) [1973], Behinderte –, inmitten oder am Rande der Gesellschaft? (Berlin)

MYRDAL, G. [1971], Objektivität in der Sozialforschung (Frankfurt/M.)

M....R, F. [1826] Buckeliana (Leipzig)

NAUDASCHER, B. [1978], Jugend und Peer Group (Bad Heilbronn)

NEUBERT, D. / CLOERKES, G. [1987], Behinderung und Behinderte in verschiedenen Kulturen: eine vergleichende Analyse ethnologischer Studien (Heidelberg)

NEUHÄUSER, G. [1982], Genetische Aspekte der Behinderung: Einführung für pädagogische, medizinische und verwandte Berufe (Berlin)

NIPPERT, I. [1988], Die Geburt eines behinderten Kindes (Stuttgart)

NOHL, H. [1949], Pädagogik aus dreissig Jahren (Frankfurt/M.)

NOHL, H. [1962], Schuld und Aufgabe der Pädagogik (Stuttgart)

NOHL, H. [6.A. 1963], Die pädagogische Bewegung in Deutschland und ihre Theorie (Frankfurt/M.)

OBLINGER, H. [1968], Schweigen und Stille in der Erziehung (München)

OPP, K.D. [1974], Abweichendes Verhalten und Gesellschaftsstruktur (Darmstadt)

OPPOLZER, S. (Hrsg.) [1969], Denkformen und Forschungsmethoden in der Erziehungswissenschaft, Bd. I+II (München)

PACHE, W. et al. [1956], Heilende Erziehung (Arlesheim)

PERQUIN, N. [1961], Pädagogik (Düsseldorf)

PESTALOZZI, J.H. [1946], Werke, Bd. I–VIII (Zürich)

PICHT, G. [1957], Unterwegs zu neuen Leitbildern (Würzburg)

PLANCK, M. [1971], Sinn und Grenzen der exakten Wissenschaft (München)

POPPELREUTER, W. [1933], Psychokritische Pädagogik (München)

PRESBER, W. et al. [1973], Planung und Organisation der Rehabilitation in der DDR (DDR-Berlin)

PROBST, H. (Hrsg.) [1979], Kritische Behindertenpädagogik in Theorie und Praxis (Oberbiel)

PROHASKA, L. [1961], Pädagogik der Begegnung (Freiburg)

REICHMANN, E. [1984], Handbuch der kritischen und materialistischen Behindertenpädagogik und ihrer Nebenwissenschaften (Oberbiel)

REINER, H. [1964], Die philosophische Ethik (Heidelberg)

REST, W. [1962], Das Menschenkind (Bochum)

RICHTER (JEAN PAUL), [1806; 1963], Levana (Bad Heilbrunn)

RIESMAN, D. [1960], Die einsame Masse (Hamburg)

RITZEL, W. [1963], Die Pädagogik und ihre Disziplinen (Stuttgart)

RÖHRS, H. (Hrsg.) [1964], Erziehungswissenschaft und Erziehungswirklichkeit (Frankfurt/M.)

RÖHRS, H. [2.A. 1971], Forschungsmethoden in der Erziehungswissenschaft (Stuttgart)

ROSS, A.O. [1964; 1967], Das Sonderkind (Stuttgart)

ROTH, H. [1971], Pädagogische Anthropologie, Bd. I + II (Berlin)

ROTH, L. (Hrsg.) [1991], Pädagogik. Handbuch für Studium und Praxis (München)

ROTTHAUS, W. (Hrsg.) [2.A. 1989], Erziehung und Therapie in systemischer Sicht (Dortmund)

RUDNICK, M. [1991], Aussondern – Sterilisieren – Liquidieren (Berlin)

RUETHER, W. [1975], Abweichendes Verhalten und labeling approach (Köln)

RUTSCHKY, KATHARINA [1983], Deutsche Kinderchronik (Köln)

RUTSCHKY, KATHARINA [1984], Schwarze Pädagogik (Frankfurt/M.)

SACKS, O. [1988], Der Mann, der seine Frau mit einem Hut verwechselte (Hamburg)

SARTRE, J.P. [1967], Kritik der dialektischen Vernunft (Hamburg)

SARTRE, J.P. [1979], Was kann Literatur? (Hamburg)

SCHALLER, K. [1978], Einführung in die Kommunikative Pädagogik (Freiburg)

SCHIEPEK, G. [1986], Systemische Diagnostik in der klinischen Psychologie (Weinheim, München)

SCHIFFLER, H. [1985], Tausend Jahre Schule (Stuttgart; Zürich)

SCHINDLER, A. [1979], Geschichte und heutiger Stand der schulischen Heilpädagogik in der deutschsprachigen Schweiz (Luzern)

SCHMIDBAUER, W. [1983], Helfen als Beruf: die Ware Nächstenliebe (Hamburg)

SCHMIDBAUER, W. [1985], Die hilflosen Helfer: über die seelische Problematik der helfenden Berufe (Hamburg)

SCHMID, P. [1981], Der pädagogische Ansatz zu einem möglichen Glauben (in: Erziehung aus der Kraft des Glaubens? (Zürich)

SCHMID, P. [1982], Behinderung und Lebenssinn: drei kritische Aufsätze zum vergangenen Jahr des Behinderten (Lenzburg)

SCHMID, P. [2.A. 1987], Verhaltensstörungen aus anthropologischer Sicht (Bern)

SCHMIED-KOWARZIK, W. [1974], Dialektische Pädagogik (München)

SCHNEEBERGER, F. (Hrsg.) [1979], Erziehungserschwernisse (Luzern)

SCHOHAUS, W. [1969], Erziehung zur Menschlichkeit (Frauenfeld)

SCHUCHARDT, ERIKA [4.A. 1990], Biographische Erfahrung und wissenschaftliche Theorie (Heilbronn)

SCHULZ, W. [2.A. 1974], Philosophie in der veränderten Welt (Pfulligen)

SEEBAUM, K. [1979], Rehabilitation und Kosmetik (Berlin)

SELIGMANN, M.E.P. [3.A. 1986], Erlernte Hilflosigkeit (München; Weinheim)

SELVINI PALAZZOLI, MARA. et al. [1978], Der entzauberte Magier (Stuttgart)

SELVINI, MARA et al. [5.A. 1987], Paradoxon und Gegenparadoxon (Stuttgart)

SEYWALD, AIGA [2.A. 1978), Physische Abweichung und soziale Stigmatisierung (Rheinstetten)

SIEGRIST, J. [2.A. 1975], Lehrbuch der Medizinischen Soziologie (München)

SINGER, P. [1979; 1984], Praktische Ethik (Stuttgart)

SOLAROVÁ, SVETLUSE (Hrsg.) [1983], Geschichte der Sonderpädagogik (Stuttgart)

SORRENTINO, ANNA MARIA, [1988], Behinderung und Rehabilitation (Dortmund)
SOZIALISTISCHES Menschenbild und Rehabilitation [1972] (DDR-Berlin)
SPECK, O. [1987; 2.A. 1988], System Heilpädagogik (München/Basel)
SPECK, O. [1991], Chaos und Autonomie in der Erziehung (München/Basel)
SPRANGER, E. [3.A. 1964), Der Sinn der Voraussetzungslosigkeit in den Geistes-
wissenschaften (Heidelberg)
SPRANGER, E. [1968], Die Heilpädagogik im Rahmen der Normalschulpädagogik (in:
VON BRACKEN, H. (Hrsg.), Erziehung und Unterricht behinderter Kinder (Frank-
furt/M.)
STEINER, R. [3.A. 1965], Heilpädagogischer Kursus (Dornach)
STIPPEL, F. (Hrsg.) [1961], Ausgangspunkte pädagogischen Denkens (München)
STIRNER, MAX [SCHMIDT, J.C.] [1845; 1981], Der Einzige und sein Eigentum
(Stuttgart)
STOCKSMEIER, U./HERMES, G. (Hrsg.) [1981], Psychologie in der Rehabilitation (Rhein-
stetten)
STOLK, J. / EGBERTS, M.J.A. (Hrsg.) [1987], Ueber die Würde geistig behinderter
Menschen (Marburg/L.)
STRECK, B. (Hrsg.) [1987], Wörterbuch der Ethnologie (Köln)
SUCHODOLSKI, B. [1966], Pädagogik am Scheideweg (Zürich)
SUHRWEIER, H. [1983], Grundlagen der Rehabilitationspädagogischen Psychologie
(DDR-Berlin)
SZASZ, T.S. [1974], Die Fabrikation des Wahnsinns (Olten)

TER HORST, W. [1983], Einführung in die Orthopädagogik (Stuttgart)
THALHAMMER, M. (Hrsg.) [1986], Gefährdungen des behinderten Menschen im Zugriff
von Wissenschaft und Praxis (München; Basel)
THEINER, CH. / KÜNNE, EVA / BECKER, K.-P. [1977], Zur Theorie und Praxis der
Erziehung und Bildung Geschädigter in sozialistischen Ländern (DDR-Berlin)
THIMM, W. [1972], Soziologie der Behinderten (Neuburgweier)
THIMM, W. [1977], Mit Behinderten leben (Freiburg)
THIMM, W. et al. [1989], Ethische Aspekte der Hilfen für Behinderte: unter besonderer
Brücksichtigung von Menschen mit geistiger Behinderung (Marburg/Lahn)
THOMAS, D. [1980], Sozialpsychologie des Behinderten Kindes (München)
THÜRKAUF, M. [1982], Adams Apfel. Giftige Früchte vom Baum der Wissenschaft
(Schaffhausen)
TOMBERG, F. [1973], Bürgerliche Wissenschaft (Frankfurt/M.)
TSCHAMLER, H. [2.A. 1982], Wissenschaftstheorie. Eine Einführung für Pädagogen
(Bad Heilbrunn)

UNESCO: [1977], Terminology: Special education (Paris)

VALENTI, E.J.G. [1843], Der Wahnsinn, in seinem Verhältnis zur Sünde, so wie zu der
Macht und Wirksamkeit des Teufels in der Welt (Basel)
VOSS, R. (Hrsg.) [1983], Pillen für den Störenfried? (München)
VOSS, R. (Hrsg,) [1984], Helfen, aber nicht auf Rezept: Alternativen und vorbeugen-
de Massnahmen aus gemeinsamer Verantwortung für das auffällige Kind (Mün-
chen; Basel)
VOSS, R. [1987], Anpassung auf Rezept (Stuttgart)

WARTENWEILER, D. [1989] Sozialarbeit, Seelenarbeit (Bern)

WATZLAWICK, P. et al. [4.A. 1974], Menschliche Kommunikation (Bern)

WATZLAWICK, P. [1974], Lösungen (Bern)

WATZLAWICK, P. [1976; 12.A. 1984], Wie wirklich ist die Wirklichkeit? (München)

WATZLAWICK, P. / WEAKLAND, J.H. (Hrsg.) [1980], Interaktion (Bern)

WATZLAWICK, P. (Hrsg.) [1981; 3.A. 1985], Die erfundene Wirklichkeit (München, Zürich)

WATZLAWICK, P. [1986] Vom Schlechten des Guten (München)

WATZLAWICK, P. [1988], Münchhausens Zopf (Bern)

WEIDMANN, R. [1990] Rituale im Krankenhaus (Wiesbaden)

V. WEIZÄCKER, C.F. [1971; 2.A. 1982], Die Einheit der Natur (München)

WERDER, H. (Hrsg.) [1991] Zwanzig Jahre Institut für Spezielle Pädagogik und Psychologie der Universität, Basel (Basel)

WIEDL, H. [1986], Rehabilitationspsychologie (Stuttgart)

WISWEDE, G. [1973], Soziologie abweichenden Verhaltens (Stuttgart)

WITTE, W. [1988], Einführung in die Rehabilitations-Psychologie (Bern)

WULFF, E. [1972], Psychiatrie und Klassengesellschaft (Frankfurt/M.)

Biografische Notiz

EMIL E. KOBI, Dr. phil. habil., *1935 in Kreuzlingen (Schweiz). Besuch der Schulen und des Lehrerseminars daselbst (Dir. Dr. W. SCHOHAUS). Mehrjährige Tätigkeit als Primarlehrer. – Sonderklassenlehrerausbildung am Heilpädagogischen Seminar, Zürich (Prof. Dr. P. MOOR). Studium der Pädagogik/Philosophie/Heilpädagogik und Religionsgeschichte in Zürich, Wien, Tübingen. – Tätigkeit als klinischer Heilpädagoge/Psychologe an der Kinderpsychiatrischen Poliklinik und am Kinderspital (1962/64), als Schulpsychologe (1964/65) und als Lehrer für Psychologie und Pädagogik am Kantonalen Lehrerseminar (1965–1972), Basel. – Daneben schul- und erziehungsberaterisch sowie in der Erzieherausbildung und der Lehrerfortbildung tätig.

Seit 1972 leitender Dozent am interfakultären «Institut für Spezielle Pädagogik und Psychologie» der Universität Basel. Diesem obliegt die Ausbildung von SonderklassenlehrerInnen, LogopädInnen, heilpädagogischen StützlehrerInnen sowie, gemeinsam mit der «Höheren Fachschule im Sozialbereich» bzw. der «Gymnastikdiplomschule», jene von VorschulheilpädagogenInnen (FrüherzieherInnen) bzw. PsychomotoriktherapeutInnen.

Spezielle Interessengebiete: Anthropologische und interkulturelle heilpädagogische Fragestellungen.

Bitte beachten Sie folgende Seiten!

Monika A. Vernooij

Hampelliese - Zappelhans

Problemkinder mit Hyperkinetischem Syndrom
Unter besonderer Berücksichtigung des individual-
psychologischen Aspektes

Schriftenreihe «Erziehung - Unterricht - Sozialarbeit - Therapie»,
Band 2
151 Seiten, 14 Abbildungen,
kartoniert Fr. 34.–/DM 39.–/öS 304.–
ISBN 3-258-04482-1

Marcus Ehinger / Felix Mattmüller

Tatort Schule!
Wider den pädagogischen Ernst!

Ein heiteres Lesebuch für jung und lebendig gebliebene
Zeitgenossinnen und Zeitgenossen

Schriftenreihe «Erziehung - Unterricht - Sozialarbeit - Therapie»,
Band 1
2., veränderte Auflage, 246 Seiten, 29 Zeichnungen, 31 schwarz-
weisse Abbildungen, kartoniert Fr. 42.50/DM 49.–/öS 382.–
ISBN 3-258-04417-1

Haupt

Urs Haeberlin

Allgemeine Heilpädagogik

mit Ergänzungen von Jean-Luc Lambert

Schriftenreihe «Einführung in die Heilpädagogik», Band 1
herausgegeben von Urs Haeberlin
3., unveränderte Auflage, 92 Seiten, kartoniert
Fr. 16.50/DM 19.50/öS 152.–
ISBN 3-258-04572-0

Renè Simmen

Heimerziehung im Aufbruch

Alternativen zu Bürokratie und Spezialisierung im Heim

Schriftenreihe «Beiträge zur Heil- und Sonderpädagogik»
3., unveränderte Auflage, 174 Seiten, 16 Abbildungen, kartoniert
Fr. 28.–/DM 34.–/öS 265.–
ISBN 3-258-04824-X

Haupt